Escritos de Direito Notarial
e Direito Registal

Escritos de Direito Notarial e Direito Registal

2015

Mónica Jardim
Doutorada em Ciências Jurídico-Civilísticas
Professora Auxiliar da Faculdade de Direito da Universidade de Coimbra
Regente da disciplina de Direito das Coisas (segunda turma),
de Direitos Reais II e de Direito dos Registos e de Notariado

ESCRITOS DE DIREITO NOTARIAL
E DIREITO REGISTAL
AUTORA
Mónica Jardim
EDITOR
EDIÇÕES ALMEDINA, S.A.
Rua Fernandes Tomás, nºs 76-80
3000-167 Coimbra
Tel.: 239 851 904 · Fax: 239 851 901
www.almedina.net · editora@almedina.net
DESIGN DE CAPA
FBA.
PRÉ-IMPRESSÃO
EDIÇÕES ALMEDINA, S.A.
IMPRESSÃO E ACABAMENTO

Maio, 2015
DEPÓSITO LEGAL

Apesar do cuidado e rigor colocados na elaboração da presente obra, devem os diplomas legais dela constantes ser sempre objecto de confirmação com as publicações oficiais.
Toda a reprodução desta obra, por fotocópia ou outro qualquer processo, sem prévia autorização escrita do Editor, é ilícita e passível de procedimento judicial contra o infractor.

 GRUPOALMEDINA

BIBLIOTECA NACIONAL DE PORTUGAL – CATALOGAÇÃO NA PUBLICAÇÃO

JARDIM, Mónica, 1970-

Escritos de direito notarial e direito registal. – (Monografia)
ISBN 978-972-40-6022-4

CDU   347

PREFÁCIO

O livro que agora é publicado compõe-se por uma colectânea de textos que foram redigidos, entre o ano de 2002 e o de 2014, sobre temas candentes de Direito Notarial e Direito Registal e que, na sua maioria, foram apresentados em congressos ou conferências nacionais e internacionais.

Todos os referidos textos e respectivas apresentações foram feitos no intuito de fazer a "ponte" entre o Direito das Coisas e o Direito Notarial e Registal. Isto porque, tendo nós um especial gosto pelo Direito das Coisas, desde muito cedo nos apercebemos de que não poderíamos, efectivamente, compreendê-lo se não nos empenhássemos em conhecer, pelo menos, os aspectos essenciais, mais polémicos e actuais do Direito Notarial e do Direito Registal (*maxime* o Registo Predial).

Ocorre que, no ano lectivo de 2007/2008, assumimos a regência da, então, nova disciplina optativa de Direito dos Registos e do Notariado, na Faculdade de Direito da Universidade de Coimbra, e, desde essa data, nunca fizemos um manual para os alunos, além do mais, porque estivemos a redigir a nossa dissertação de doutoramento até Fevereiro de 2012.

Defendida a Tese, há cerca de dois anos, já nada justificava que os alunos de Registos e de Notariado continuassem sem um Livro que os ajudasse na compreensão e problematização das matérias leccionadas, bem como no respectivo estudo, mesmo que não fosse o manual esperado.

Tal justifica a escolha dos textos que integram o presente livro – são aqueles que abordam muitos dos temas leccionados na disciplina de Direito dos Registos e do Notariado. Mas, como há data em que foram escritos não houve o intuito de os tornar parte da bibliografia obrigatória da disciplina, alguns deles repetem assuntos já anteriormente analisados. No entanto, a sua publicação, sem alterações de fundo, foi consciente: não quisemos correr o risco de perder a lógica da exposição com a eliminação de trechos de um escrito concebido como um todo coerente.

Esperamos, com a presente obra poder auxiliar todos quantos lidem com o Direito das Coisas, o Direito Notarial e o Registo Predial – em Portugal, em Angola, em Cabo Verde, no Brasil, *etc.* –, mas, em virtude do exposto, é aos alunos da disciplina de Registos e do Notariado que a mesma é dedicada.

Uma palavra especial é devida à Faculdade de Direito de Coimbra que depositou em nós grande expectactiva, ao atribuir-nos a Regência de Direitos de Registos e de Notariado, quatro anos e meio antes da entrega da nossa Tese de Doutoramento – incutindo-nos, assim, enorme confiança e ânimo e, correlativamente, uma enorme responsabilidade.

Por fim, um agradecimento final, agora e sempre, para o Senhor Prof. Doutor Henrique Mesquita, o nosso Mestre, que foi quem, mais do que ninguém, nos incentivou a estudar e a escrever sobre estes temas.

A Segurança Jurídica Preventiva como Corolário da Actividade Notarial[1]

I. A segurança jurídica como corolário da actividade do notário latino
A certeza e a segurança constituem necessidades fundamentais do indivíduo dentro dos ordenamentos jurídicos, não só quanto à elaboração e formulação das normas que constituem o direito objectivo, mas também quanto às relações concretas e situações subjectivas de que a pessoa é titular, consideradas no duplo aspecto de facto e de direito.

Sem segurança não há direito nem bom nem mau.

O ordenamento jurídico tem como uma das suas missões específicas combater a incerteza e a insegurança, dever que cumpre de duas formas: *a posteriori*, através do processo, resolvendo a incerteza actual; e *a priori* ou preventivamente, evitando a incerteza futura, procurando dar certeza e segurança às situações e às relações concretas intersubjectivas, criando meios e instrumentos aptos a produzir tal certeza e segurança, colocando-os à disposição dos particulares.

A actividade notarial situa-se no segundo destes planos: suposta a certeza do direito objectivo, a actividade notarial tende a conseguir preventivamente a certeza da sua aplicação às relações e situações jurídicas e aos direitos.

Prevenir e evitar conflitos é consequência ou resultado normal da intervenção notarial.

---

[1] Texto que serviu de base à intervenção feita na Conferência "O Notariado em Portugal, na Europa e no Mundo", em 8 de Abril de 2003, em Lisboa.

Antes de fundamentarmos esta afirmação, cumpre fazer uma precisão, que é esta:

O sistema latino de notariado é o único que realmente realiza a prevenção de litígios, ou seja, é o único que gera uma segurança jurídica preventiva ao lado da segurança correctiva, reparadora ou *a posteriori*, que decorre da decisão judicial.

Tal segurança preventiva não existe nos países anglo-saxónicos, nos quais a função notarial, na limitada medida em que existe, é externa, posterior e sobreposta ao documento. Aí o notário é estranho ao conteúdo do documento e a fé pública ou autenticidade não atinge esse conteúdo.

Vejamos com mais pormenor:

O sistema anglo-saxónico baseia-se numa técnica jurídica específica e numa visão própria das fontes de direito. Tem na base o costume comum a todos os cidadãos (*common law*). Costume comum que é revelado e aplicado pela jurisprudência, que ocupa um lugar predominante na criação do direito. As decisões judiciais constituem aí a base de toda a ordem jurídica. O precedente fixado pelos tribunais superiores é vinculativo para os juizes inferiores.

As leis têm uma função auxiliar, complementar e esclarecedora do sistema do direito comum.

Da relevância da jurisprudência e do precedente judiciário como fonte de direito, características deste sistema, resulta a importância da equidade, a predominância da prova oral sobre a escrita e a não distinção entre direito público e privado.

No mundo anglo-saxónico os notários (exceptuados os *scriveners notaries*, notários de Londres) limitam-se a identificar os subscritores do documento, a reconhecer a sua assinatura, a colocar o respectivo selo e assinatura no documento como garantia da não alteração deste ou, quanto muito, a recolher a declaração das partes segundo a qual o conteúdo do documento corresponde à vontade das mesmas.

O notário anglo-saxão não assessora os particulares na preparação e celebração dos seus actos e contratos. Não recebe, não interpreta, nem dá forma legal à vontade dos particulares. Tão pouco qualifica essa vontade ou se preocupa que para a formulação da mesma concorram os requisitos que a tornam conforme à lei.

Consequentemente, neste sistema, desconhece-se o documento autêntico, a sua eficácia de fé pública e a figura do notário como autor desta.

Ao invés, o notário latino é o profissional de direito encarregado de receber, interpretar e dar forma legal à vontade das partes, redigindo os instrumentos adequados a esse fim e conferindo-lhes autenticidade.

O notário é um jurista ao serviço das relações jurídico privadas mas ao mesmo tempo é um oficial público que recebe uma delegação da autoridade pública para redigir documentos autênticos dotados de fé pública. E, como tal, está submetido ao controlo do Estado que é quem confere o título de Notário ou a investidura notarial.

Nos países do sistema latino, a lei atribui ao documento notarial um especial grau de eficácia que contrasta com a que atribui ao documento particular. De facto, o documento notarial tem o carácter de documento público e autêntico, goza da eficácia especial como meio de prova e tem força executiva. E isto é assim, porque a lei considera que o documento notarial é obra de um técnico de Direito, que contribui de uma maneira imediata e decisiva, mediante a assessoria ou conselho, para que a vontade das partes, vertida no documento, satisfaça as condições necessárias para a produção dos efeitos previstos na lei e pretendidos pelos particulares.

O notário exerce, a par da função estritamente documental, uma função jurídica que corresponde, além de outras tarefas, à adaptação, adequação ou conformação da vontade dos particulares ao ordenamento jurídico.

Porque assim é, no sistema notarial latino, a segurança preventiva é uma consequência manifesta da actividade do notário.

A segurança que o notário (latino) proporciona é, antes de tudo, uma **segurança documental**, derivada da eficácia do instrumento público, dotado de autenticidade, eficácia essa que se expande pelo tráfico jurídico, pelo processo e em variadas outras direcções (eficácia probatória, executiva, registal, legitimadora, etc.).

Mas a importância desta segurança formal não pode fazer esquecer que antes dela há uma outra – a **segurança substancial** – que requer que o acto ou contrato documentado seja válido e eficaz, segundo as prescrições do ordenamento jurídico. O instrumento público só pode ter por conteúdo um negócio válido. A função do notário não consiste em dar fé a tudo o que veja ou oiça, seja válido ou nulo, mas em dar fé conforme à lei. Existe, portanto, um controle da legalidade do negócio, cabendo ao notário detectar: incapacidades, erros de direito ou de facto, coacções encobertas, fraudes à lei, e, eventualmente, reservas mentais e simulações, absolutas ou relativas.

Assim, através da redacção e autorização de documentos válidos e conformes à lei, pelo seu conteúdo, e eficazes e executórios pela sua forma, os notários facilitam, encurtam ou tornam desnecessária a intervenção dos tribunais.

Mas, quem recorre ao notário latino não busca um documento em si e por si, nem busca apenas uma prova pré-constituída, por mais valiosa que ela seja, nem visa evitar um conflito que nem imagina que pode vir a ocorrer. O que visa é o resultado querido, para cuja perfeição jurídica recorre ao notário. Quem compra um imóvel quer ser proprietário livre de ónus e encargos, com a contribuição predial em dia, sem ocupantes que perturbem a sua posse, sem antecedentes registais que o possam ameaçar, numa palavra, interessa-lhe o resultado que se propõe obter, por isso recorre ao notário, pessoa tecnicamente habilitada, imparcial e responsável. Quando as partes celebram o contrato não visam pré-constituir uma prova que as favoreça num próximo litígio a propósito do mesmo, visam apenas a realização dos seus desejos.

De nada servirá aos particulares terem um documento comprovativo da celebração de um acto ou contrato e da sua conformidade à lei, se com ele não puderem atingir os fins práticos por eles pretendidos.

Por isso, o cabal exercício da função notarial no sistema latino supõe, perante o requerimento dos interessados, desde logo, a indagação sobre o que as partes efectivamente pretendem (o que exige que se escute atentamente e se tente obter através de perguntas adequadas, a maior quantidade possível de informação).

Uma vez determinados, claramente, os propósitos dos requerentes, o notário deve informá-los do enquadramento legal, do alcance dos seus direitos e obrigações, das consequências – não só jurídicas, mas também, muitas vezes, económicas, familiares, patrimoniais e sociais. O notário deve sugerir opções e dar o seu conselho, indicando aquela que considera que melhor se harmoniza com os interesses revelados. Tal como é importante que o notário entenda cabalmente a vontade dos outorgantes (pois há-de respeitar a autonomia e o poder normativo e decisório das partes), também é necessário que o notário fique certo de que as partes compreenderam o alcance jurídico do negócio que pretendem. A ideia de que toda a gente sabe o que quer, e que só ignora os procedimentos técnicos jurídicos mais adequados para o conseguir, nem sempre é verdadeira, ou mais rigorosamente, é amiúde falsa. A vontade que os outorgantes afirmam ao notário, é muitas vezes uma vontade deformada, errónea, incompleta, ilegal e o notário com as suas informações, conselhos e mediação ajuda a formar a verdadeira vontade, a única a que pode dar fé.

Só quando o notário está certo de que as partes compreendem o alcance jurídico do negócio é que reduz a vontade das partes a escrito, porque só nessa altura a formação do negócio estará correcta e estará assegurado o seu bom resultado.

O notário latino, diferentemente do notário anglo-saxão, tem uma **função plena, formativa, assessora e autenticante**. Não se limita a dar fé aos actos que ocorrem na sua presença, vai mais além, encaminhando a vontade declarada das partes, evitando, assim, a possibilidade de litígio. Nas palavras de CARNELUTTI o notário é um escultor do direito e um interprete jurídico.

Por último, cabe realçar que o notário latino é um terceiro imparcial, que deve estar sempre acima dos interesses comprometidos: a sua profissão obriga-o a proteger as partes com igualdade, libertando-as, com as suas explicações imparciais e oportunas, dos enganos a que poderia conduzi-las a sua ignorância. O notário, um só notário, tem de cuidar dos interesses de ambas as partes e, buscando o ponto de equilíbrio, servir a vontade comum, obtendo uma composição duradoura, e se possível definitiva, dos interesses opostos. O notário serve as partes e nenhuma em particular. Para o notário não há clientes, há apenas outorgantes, e todos merecem o mesmo tratamento e protecção. A vontade que há de indagar e à qual deve dar forma legal não é a de uma ou de outra parte, mas a vontade comum.

E a imparcialidade do notário latino é assegurada por um regime severo de incompatibilidades, mediante a obrigação de segredo profissional e a sujeição a um sistema de responsabilidades.

Torna-se, assim, claro que a função do notariado latino, com o seu amplo conteúdo de assessoria, assegura a realização pacífica e expontânea do Direito, prevenindo futuros litígios baseados no desconhecimento do ordenamento jurídico (desconhecimento que hoje se agudiza perante crescente actividade legislativa), na falta de uma verdadeira comunicação entre as partes, na existência de um desequilíbrio entre elas, numa equívoca apreciação das consequências dos actos e negócios jurídicos, etc. A certeza que acompanha a intervenção notarial, gera verdade, credibilidade, confiança e assim segurança jurídica, tornando desnecessário que esta se estabeleça ou restabeleça de forma coactiva ou meramente ressarcitória por acção dos tribunais, diminuindo os custos económicos e sociais.

Apresentada esta justificação, podemos reafirmar que a actividade notarial gera segurança preventiva. Pois, resumindo aquilo que até agora foi afirmado:

A intervenção notarial harmoniza os interesses das partes, dissipa mal entendidos e interpretações erróneas, equilibra as relações, configura-as legalmente e dota-as – mediante a redução a documento público – de força probatória e executiva, e por último, fomenta o respeito pela autonomia da vontade e o cumprimento voluntário das obrigações, reduzindo, consequentemente, custos pessoais, psicológicos, económicos e sociais ao evitar consequências inicialmente não queridas, tais como o litígio, com os seus habituais corolários de ruptura de relações, incerteza quanto ao tempo a despender e quanto à solução final, que só agradará a uma das partes, pois se uma ganha, é porque a outra perde.

II. A reforma da actividade notarial em Portugal.

A) *Manifestação de algumas convicções pessoais.*

Numa época em que se repensa o exercício da actividade notarial, permitam-me que manifeste algumas convicções sobre esta matéria:

1ª A segurança preventiva gerada pela actividade notarial não deve ser descurada pelo facto de existir uma segurança à posteriori ou reparadora. De facto, se é verdade que a existência de um independente poder judicial, encarregado de resolver os conflitos que surjam entre os membros da sociedade, produz nesta segurança jurídica, também é verdade que tal segurança reparadora só se produzirá, se o funcionamento do aparelho jurisdicional for discretamente limitado. Todo o funcionamento excessivo do aparelho jurisdicional produzirá o efeito contrário de insegurança jurídica, gerando na sociedade o receio, com desprestigio para a tarefa legislativa, a cuja imperfeição se assacará a responsabilidade da abundância de controvérsia;

2ª A exigência de escritura pública surgiu para a defesa do comércio jurídico e não para entravar o seu desenvolvimento, e creio que tem cumprido a sua função; por isso, há que ter cautela perante uma tendência excessiva para a desformalização;

3ª A segurança preventiva gerada pela actividade notarial passa em grande parte pelo facto de o notário ser um terceiro imparcial face às partes. Há que assegurar tal imparcialidade.

4ª A segurança preventiva que hoje é gerada pela actividade notarial não será atingida caso se retire ao notário o controlo preventivo da legalidade e se reforçe o controle da legalidade do conservador. E isto porque, enquanto o notário presta assessoria às partes e conforma a vontade destas à lei, devendo, por isso, tentar detectar os motivos que as impulsionam, as incapacidades, os erros de direito ou de facto, as reservas mentais e simulações, etc. O conservador confronta-se com o título já redigido, só podendo averiguar se o negócio, tal como se apresenta, é conforme à lei; o conservador não tem, assim, qualquer hipótese de saber se as partes foram devidamente elucidadas do sentido e alcance do negócio, se alguma delas foi coagida, etc.

E com esta afirmação, não pretendo negar que a actividade do conservador gere, também, segurança preventiva. É claro que gera, mas é diferente daquela que é gerada pela actividade notarial. E ambas são necessárias e ambas devem ser preservadas.

B) *Análise e crítica dos argumentos avançados por quem defende a desformalização.*

Ninguém nega que a forma garante a firmeza dos convénios, impedindo o erro, a ignorância ou dolo e aumentando a confiança das partes e da sociedade na contratação. É evidente que a liberdade de forma facilita o engano e multiplica os litígios, favorecendo sempre os contraentes menos escrupulosos.

Não obstante, nos últimos anos, entre nós, surgiu uma tendência para a desformalização. Tendência essa que se agudizou agora que se repensa a actividade notarial.

Perante esta realidade, a questão que se coloca é a de saber porque é que se pretende prescindir das vantagens oferecidas pela forma.

Vejamos quais os argumentos que têm sido avançados, e avaliemos da sua solidez:

1) *Há quem afirme que a forma impõe um procedimento demasiado complexo e moroso.*

Talvez seja verdade. Mas, nesse caso, é preciso perguntar: porque é que o procedimento é complexo e moroso?

a) É porque a lei exige uma série de documentos e a verificação prévia de uma série de elementos?
   Se sim, será mais lógico repensar os preceitos legais que fazem tais exigências, mantendo a forma e as suas vantagens.
   b) Ou será que o procedimento é complexo e moroso porque o número de notários é insuficiente?
   A insuficiência é notória. Mas, para quem considera, como eu, essencial o papel que o notário desenvolve na sociedade, é evidente que a solução não passa pela desformalização, passa, ao invés, por medidas que assegurem o aumento significativo do número de notários. Medidas essas que, na minha perspectiva, não implicam a abolição do *"numerus clausus"* no acesso à profissão. O *"numerus clausus"* deve ser mantido, pois só assim se assegurará a qualidade científica daqueles que venham a exercer tão importante função.
2) *Por outro lado, há quem defenda a desformalização como forma de evitar ao cidadão custos elevados.*
   No entanto, se é esse o objectivo, antes de eliminar a exigência de forma, devemos perguntar:
   a) Pode ser mantida a forma a custos inferiores?
   b) Se for eliminada a forma, os juristas que passarem a redigir os contratos irão cobrar menos?
   c) Os custos de um futuro processo judicial não serão bem mais elevados?
3) *Por último, há quem pretenda prescindir da forma para, assim, afastar o controlo de legalidade efectuado pelo notário.*
   As razões avançadas para recusar o controlo de legalidade efectuado pelo notário têm sido, ao que se sabe, duas:
   a) Por um lado, afirma-se que tal controlo entorpece o desenvolvimento do comércio jurídico.
   Mas porque será assim? Não se limita o notário a cumprir a lei? É claro que sim.
   Então o problema é das exigências impostas pela lei, e há que ter coragem de o reconhecer, em vez de continuarmos a afirmar a bondade da lei em abstracto e a recusá-la nos casos em concreto. Até porque, se o controlo do notário for eliminado e a lei for mantida, e se os negócios passarem a ser celebrados contra

a lei, mais tarde ou mais cedo os particulares verão os seus interesses (contrários à lei), serem postos em causa pelo conservador ou pelo juiz. E, obviamente, não será assim que se assegurará a celeridade do comércio jurídico.

b) Por outro lado, afirma-se que o controlo da legalidade efectuado pelo notário é desnecessário, uma vez que o conservador também o tem de fazer. Diz-se, portanto, que o que se recusa não é o controlo preventivo da legalidade, mas sim, um duplo controle.

No entanto, é preciso lembrar que:

1. Se a exigência de forma for eliminada, nem por isso o cidadão comum passará, subitamente, a saber redigir contratos. Consequentemente, passará a recorrer a outros juristas (solicitadores; advogados; assistentes; professores das faculdades de direito; etc.). Juristas esses que, esperamos, não aceitarão redigir contratos contrários à lei, continuando, assim, o duplo controlo da legalidade.

   A função será mantida, o agente que a desenvolve é que passará a ser outro.

   Sendo assim, quem pretende a desformalização, caso pretenda que se continuem a redigir negócios conformes à lei, deve assumir que apenas quer mudar o agente.

   O que colocará a questão de saber porquê. Sobretudo quando se sabe que a função só é verdadeiramente desempenhada por alguém que seja imparcial face às partes e que não tenha interesse perante um eventual conflito futuro.

2. O conservador perante um título redigido por quem não seja notário será, ainda, mais cauteloso e, consequentemente, mais moroso o controlo de legalidade por si efectuado.

   Mas, dir-me-á quem pretende a desformalização que tal não ocorrerá, pois está prevista a criação de algo fantástico: o Registo Público de Pessoas e Bens, que vai agregar os vários registos actualmente existentes e acelerar a actividade do conservador.

   Independentemente do mérito ou demérito que o Registo Público de Pessoas e Bens venha a ter, uma coisa é certa, o controlo de legalidade efectuado pelo conservador não tornará desnecessário o controle preventivo que é feito antes de ser redigido o título. Pois, o conservador continuará a confrontar-se com o título já redigido, só podendo averiguar se o negócio, tal como se apresenta, é conforme à lei; o conservador continuará sem saber se as partes foram devidamente elucidadas do sentido e alcance do negócio, se alguma delas foi coagida, etc.

E, por outro lado, cabe perguntar: não será mais prudente criar primeiro o Registo Público de Pessoas e Bens, experimentá-lo, apurar das suas virtualidades e depois sugerir mudanças?

C) *Dúvidas não esclarecidas por quem propõe a desformalização*

Os defensores da desformalização afirmam que pretendem afastar a forma e, assim, o controlo preventivo da legalidade por parte do notário, reforçando o controlo preventivo do conservador e implementando um sistema de registo "obrigatório".

A expressão utilizada é, efectivamente, "registo obrigatório"[2], não obstante, quando se analisa os argumentos avançados pelos defensores da abolição da forma, parece que o pretendido é um sistema de registo constitutivo – um sistema no qual o registo se apresente como condição necessária para a aquisição de direitos e não apenas como condição de oponibilidade a terceiros, como ocorre actualmente.

Se esta interpretação estiver correcta, se se visar implementar um registo constitutivo, é preciso tomar consciência de que tal suporá prévias e profundas alterações do sistema de direito substantivo.

De facto, suporá o abandono do actual sistema de aquisição de direitos reais, consagrado no artº 408º, nº 1, do Código Civil, – o sistema de título – e a adopção de um sistema de título e modo. Ou seja, de um sistema em que a aquisição de direitos reais dependerá do acordo de vontades das partes (existente, válido e procedente) + registo.

A reforma notarial suporá, assim, uma prévia reforma do direito substantivo, bem como, do direito registal.

Afirmo que a reforma do direito substantivo tem de ser prévia porque, como se sabe, o direito notarial é direito adjectivo, como tal instrumental relativamente ao direito civil. De facto, é o direito notarial que está ao serviço do direito civil e não o contrário. Consequentemente, não se pode pretender introduzir alterações profundas no direito substantivo

---

[2] Registo obrigatório é, como se sabe (ou como se devia saber), aquele que não sendo feito dentro de um determinado prazo conduz à aplicação de sanções penais, contra-ordenacionias ou pecuniárias.

como consequência de alterações anteriormente feitas no direito notarial adjectivo.

Não obstante, até hoje, ninguém sugeriu a reforma do direito substantivo. Este facto, conjugado com a afirmação de que o pretendido é um registo obrigatório, deixa-nos grandes dúvidas quando ao regime legal (substantivo e registal) que passaria a existir caso vingasse a posição que defende a abolição da exigência de forma.

Se o efectivamente pretendido, por quem defende a ausência de forma, for a implementação de um sistema de título e modo, surgem-nos mais algumas dúvidas, que passamos a expor:

Quem pretende a eliminação do duplo controlo da legalidade, defende que as partes devem continuar a ter a possibilidade de incumbir o notário de efectuar o controlo preventivo da legalidade, e que caso o façam deve ser dispensado o controle da legalidade no acto de registo.

Mas que implicações terá esta posição?

Se as partes optarem pelo controlo preventivo do notário como ocorrerá a aquisição do direito real e que valor terá o registo?

Nesta hipótese, o direito real será adquirido por mero efeito do contrato e o registo será apenas condição de oponibilidade a terceiros?

Se assim for, o nosso ordenamento substantivo passará a consagrar dois sistemas de aquisição de direitos reais bem como dois sistemas quanto aos efeitos do registo. O que será no mínimo bizarro.

Se, ao invés, o registo for condição de aquisição de direitos, mesmo nesta hipótese, fica por explicar o que acontecerá caso o negócio celebrado pelo notário seja contrário à lei. O conservador, ainda assim, estará obrigado a registar? E, nesse caso, o registo poderá depois ser destruído? Serão ou não defendidos os terceiros?

Precisamos de ser esclarecidos!

A "Privatização" do Notariado em Portugal[1]

1. Breve resenha histórica

Documentos históricos[2] revelam que o notariado – designado por Tabelionato, Tabelionado ou Tabeliado, é uma das mais velhas instituições de Portugal, sendo os notários (então designados como tabeliães) já conhecidos, muito provavelmente, antes do séc. XII e, portanto, antes da fundação de Portugal, que ocorreu, como se sabe, em 1143.

No entanto, os primeiros tempos da nacionalidade foram marcados pela inexistência de normas disciplinadoras da função notarial o que é perfeitamente compreensível, tendo em conta que nesses tempos as guerras eram constantes – com os árabes e com os outros reinos da Península Ibérica (sobretudo com os Reinos de Leão e de Castela) e que, consequentemente, o pensamento que dominava a nação era o da sua defesa.

Apesar das contingências, a existência de regras disciplinadoras da actividade dos tabeliães de notas já é revelada em documentos de D. Afonso III (1248-1278). No Reinado de D. Dinis (1279-1325) surgiram, em 1305, as primeiras normas referentes, especificamente, à actividade dos tabeliães[3].

Posteriormente às leis de D. Dinis e até 23/12/1889 (data da primeira Lei Orgânica do Notariado) a actividade dos tabeliães foi principalmente regida pelas Ordenações do Reino.

---

[1] Texto que serviu de base à apresentação feita no XXXI Encontro de Oficiais de Registros de Imóveis do Brasil, realizado a 21 de Outubro de 2004 em Macéio-Brasil.
[2] Documentos extraídos dos Cartórios do Mosteiro de Lorvão, de Santa Cruz de Coimbra e de outros arquivos eclesiásticos da época.
[3] Sobre a evolução histórica do Notariado em Portugal, *vide*, entre outros, NETO FERREIRINHA/ZULMIRA NETO DA SILVA, *"Manual de* Direito *Notarial – Teoria e Prática"*, Coimbra, Almedina, 2004, 2ª ed. rev. act. e aum., p. 7 e ss.

De facto, é historicamente incontestável que sempre foi orientação da coroa portuguesa colocar o notariado na sua dependência. Os monarcas portugueses regularam o ofício de tabelião como exclusivamente público, como parte integrante da afirmação do poder do Reino sobre os poderes privados (*maxime* dos senhorios e dos clérigos) e como função que àquele poder competia.

O notário era um oficial público, funcionarizado, que agia em nome e munido de autoridade do rei.

A função notarial era eminentemente pública e intrinsecamente desligada e acima dos interesses privados, tornando-se uma componente do "*ius imperii*"

A título de exemplo em que se traduzia, nesses tempos, a actividade dos tabeliães de Notas, cita-se, parte do Relatório da Delegação Brasileira ao IX Congresso Internacional do Notariado Latino, reunido em Munique, em Setembro de 1967:

"Aquando da descoberta do Brasil (22-04-1500), Pedro Álvares Cabral levava a bordo da sua frota um escrivão, Pero Vaz de Caminha, que se destinava ao serviço de uma colónia portuguesa instalada na Índia. Foi este homem quem escreveu ao rei de Portugal – D. Manuel I – a carta do descobrimento da nova terra. O Brasil surgiu, assim, para o mundo, com um acto de notário, o qual é classificado pelos historiadores como a certidão de nascimento do país..."

Ao findar o séc. XIX e no dealbar do séc. XX, a 23-12-1899, surgiu o que se pode considerar a primeira Lei Orgânica do Notariado Português. Lei esta que veio reorganizar os serviços do notariado, prescrevendo, de forma inovadora, além do mais, que os notários eram magistrados de jurisdição voluntária, que só podiam ser nomeados de entre bacharéis formados em direito ou pessoas diplomadas com o curso superior do notariado (curso este que nunca chegou a existir) e, ainda, que a actividade notarial era controlada pelo Conselho Superior do Notariado.

O direito notarial português, nas suas múltiplas vicissitudes de então, acabou por se inspirar na ideia, já aplicada noutros países, do estabelecimento de uma única classe de notários, diferenciando-se, em consequência, as funções judiciais, notariais e administrativas.

E a autonomia do notariado teve uma expressão bem visível na existência do Conselho Superior do Notariado, órgão composto em parte por notários[4], eleitos pelos seus pares, para o governo e representação da respectiva classe.

No ano seguinte, surgiu o Decreto de 14 de Setembro de 1900 que voltando a reorganizar os serviços do notariado, manteve o Conselho Superior, bem como a sua composição, e, pela primeira vez, atribuiu aos até então denominados "notários públicos" a designação simplificada de "notários", embora os tenha passado a chamar de funcionários públicos (tal como a Lei francesa de 1803 – Lei de 25 Ventoso, Ano XI – e a Lei espanhola de 28 de Maio de 1862), provavelmente para deixar claro que o notário exercia a função pública de autenticar os actos e os contratos que formalizasse.

O Conselho Superior do Notariado acabou por ser dissolvido pelo Decreto de 24 de Outubro de 1910, sendo restabelecido pelo Decreto nº 4.170, de 26 de Abril de 1918[5].

Não obstante, daí por diante a escassa autonomia do notariado português não foi fortalecida, muito ao invés, a partir de 1923 começaram a ser publicadas disposições legais acentuando progressivamente a funcionarização dos notários[6].

E em 1949, por iniciativa do Estado Novo, foi nacionalizada a actividade notarial e foram funcionarizados os notários. Situação que se manteve até à actualidade.

2. Da incongruência da funcionarização dos notários num país que adopte o modelo latino do notariado

Não obstante, a referida nacionalização e funcionarização, a verdade é que Portugal se integrava no sistema jurídico romano-germânico, e continuou a conservar o referido sistema dentro da União Internacional do Notariado Latino (fundada em 2/10/1948).

---

[4] O Conselho Superior do Notariado era composto pelo presidente do Tribunal da Relação de Lisboa, por dois juízes nomeados pelo governo e por dois notários eleitos pelos seus pares.
[5] Refira-se que, posteriormente, o Decreto nº 5.625, de 10 de Maio de 1919, veio impor uma nova composição ao Conselho Superior do Notariado: um presidente nato – o presidente do Tribunal da Relação de Lisboa –, um notário de Lisboa e um magistrado do Ministério Público, nomeados pelo governo.
O Conselho Superior do *Notariado*, pela sua composição, passou, assim, a ser mais judiciário que do *notariado*.
[6] A título de exemplo, recordamos o Decreto nº 12.260, de 2 de Setembro de 1926, que veio extinguir de novo e agora definitivamente o Conselho Superior do Notariado.

Os notários, na sua grande maioria, não se comportavam como meros funcionários públicos, os utentes não os viam como tais e até o legislador lhes reconhecia mais funções do que a eminentemente pública ou documental[7].

Ou seja, não obstante a funcionarização, os notários portugueses sentiam-se notários latinos, desenvolviam todas as funções características do notário latino e assim satisfaziam o que era de si pretendido, quer pela sociedade quer pelo poder instituído.

Apesar de tudo, a sua funcionarização manteve-se, incompreensivelmente, mesmo após o 25 de Abril de 1974.

A situação era incompreensível porque, como se sabe, o estatuto do notário – enquanto conjunto de normas do ordenamento jurídico que dão a caracterização do notário e estabelecem o regime do exercício da sua função – varia consoante as contingências históricas e geográficas do povo ou sistema jurídico em questão.

De facto, o estatuto do notário varia tentando dar resposta às necessidades da vida colectiva e varia consoante as características do povo ou do

---

[7] De facto, refira-se que, por exemplo, o Ministério da Justiça, na edição oficial do código de 1967, em anotação ao artigo 1º, no qual era afirmado que a função notarial tem essencialmente por fim o de dar forma legal e conferir autenticidade aos actos jurídicos extrajudiciais, esclareceu que o legislador português optou por "apenas fixar aquilo que, no consenso comum, constitui o essencial da função em causa, ou seja, a formalização dos actos jurídicos extrajudiciais, aliada à autenticidade que o notário lhes imprime, por via da fé pública de que goza». Mas que a fórmula adoptada permitia que não pudessem ser consideradas estranhas à esfera da actividade dos notários múltiplas manifestações funcionais da mais diversa espécie e variado alcance. É que, dizia-se: "(...) além dos actos jurídicos (expressão compreensiva quer dos negócios jurídicos propriamente ditos, quer das declarações volitivas unilaterais de carácter negocial), a eventual intervenção do notário abrange numerosos factos e actos não negociais, para os quais as exigências da vida moderna, dia a dia com maior frequência, reclamam garantias de autenticidade.
Por outro lado, o trabalho dos profissionais da nota, que por largo tempo se circunscreveu, fundamentalmente, à elaboração material de documentos comprovativos de determinados negócios, desde há muito deixou de ser dominado pela exclusividade do ritualismo formal dos actos para tornar-se actividade complexa, simultaneamente autenticadora e assessora dos interesses privados. Assim, se a finalidade primária, a razão de ser da instituição notarial, consiste na elaboração, com garantia de autenticidade, da prova documental da manifestação de vontade das partes no domínio do direito privado, ao notário cabe, também por dever de ofício, prestar assistência aos particulares, orientando-os com o seu saber sobre a melhor forma de ajustar a vontade declarada às exigências legais, condicionantes da plenitude da sua eficácia jurídica, e, consequentemente, da efectiva realização dos objectivos desejados ou acordados."

sistema em que se integra no momento histórico considerado. Ora, tendo em conta este facto indiscutível, a circunstância de em 1974 se ter posto termo à ditadura, implementando-se um Estado de Direito Democrático e, ainda, o facto de o notário português, desde há muito, desempenhar as funções do notário do sistema latino dando, assim, satisfação aos interesses da comunidade em que se encontrava inserido, é evidente que a funcionarização do notariado já devia ter terminado.

Mas, vejamos com mais pormenor: no início da década de oitenta do século passado existiam três modelos diferentes de notariado – o do notariado anglo-saxónico, o do notariado latino e o do notariado administrativo ou estatizado.

Ao nível do órgão (notário), notava-se que no modelo anglo-saxónico e no modelo latino o notário era um profissional independente, desvinculado do Estado. Ao invés, no modelo do notariado administrativo, o notário encontrava-se inserido numa estrutura hierárquica e burocrática, como um mero funcionário ou empregado do Estado.

O estudo e a comparação destes três modelos constituíram o objecto do XVI Congresso Internacional do Notariado Latino, reunido em Junho de 1982, em Lima (Perú), onde se concluiu que cada um deles correspondia a um sistema jurídico distinto: dois deles, o modelo anglo-saxónico e o modelo latino, ao chamado mundo ocidental; e o terceiro, o modelo administrativo, derivado de uma filosofia social, política e económica oposta, correspondente ao chamado mundo socialista e/ou das democracias populares.

O modelo anglo-saxónico – em que o notário não é necessariamente jurista, nem consultor imparcial, nem configurador do documento – não deixava de ser natural numa economia assente na iniciativa privada, no quadro de um sistema jurídico de base consuetudinária e elaboração judicial, que ignorava as distinções entre o direito público e o direito privado e entre o documento autêntico e o particular, e onde a segurança jurídica tendia a ser substituída pela segurança económica[8].

---

[8] Nos países anglo-saxónicos, a função notarial, na limitada medida em que existe, é externa, posterior e sobreposta ao documento. Aí o notário é estranho ao conteúdo do documento e a fé pública ou autenticidade não atinge esse conteúdo.
Vejamos com mais pormenor:
O sistema anglo-saxónico baseia-se numa técnica jurídica específica e numa visão própria das fontes de direito. Tem na base o costume comum a todos os cidadãos (*common law*). Costume

O modelo do notariado latino era natural, no âmbito da economia de mercado, por corresponder a um sistema jurídico de tradição romano--germânica, onde a lei escrita sempre foi a fonte básica do direito e onde a missão dos tribunais sempre consistiu, essencialmente, na interpretação e aplicação da lei.

Finalmente, o modelo do notariado administrativo ou estatizado era natural nos países que o acolhiam por estar de acordo com a filosofia inspiradora do sistema colectivista, que proibia a apropriação privada dos meios de produção e a esse nível reconhecia uma margem mínima de autonomia à liberdade e à iniciativa dos particulares.

Mas o modelo administrativo ou estatizado não era natural, bem pelo contrário, num país como Portugal, integrado no sistema ocidental, da propriedade privada, de livre-empresa, de liberdades públicas.

Esta incongruência foi notada no referido XVI Congresso Internacional do Notariado Latino, quer pela intervenção espanhola, que lhe atribui uma raiz autoritária, quer pela intervenção italiana, que se revelou surpreendida pelo facto de as transformações democráticas, subsequentes a 1974, não terem abrangido o campo do notariado[9].

---

comum que é revelado e aplicado pela jurisprudência que ocupa um lugar predominante na criação do direito. As decisões judiciais constituem aí a base de toda a ordem jurídica. O precedente fixado pelos tribunais superiores é vinculativo para os juizes inferiores.
As leis têm uma função auxiliar, complementar e esclarecedora do sistema do direito comum. Da relevância da jurisprudência e do precedente judiciário como fonte de direito, características deste sistema, resulta a importância da equidade, a predominância da prova oral sobre a escrita e a não distinção entre direito público e privado.
No mundo anglo-saxónico os notários (exceptuados os *scriveners notaries*, notários de Londres) limitam-se a identificar os subscritores do documento, a reconhecer a sua assinatura, a colocar o respectivo selo e assinatura no documento como garantia da não alteração deste ou, quanto muito, a recolher a declaração das partes segundo a qual o conteúdo do documento corresponde à vontade das mesmas.
O notário anglo-saxão não assessora os particulares na preparação e celebração dos seus actos e contratos. Não recebe, não interpreta, nem dá forma legal à vontade dos particulares. Tão pouco qualifica essa vontade ou se preocupa que para a formulação da mesma concorram os requisitos que a tornam conforme à lei.
Consequentemente, neste sistema, desconhece-se o documento autêntico, a sua eficácia de fé pública e a figura do notário como autor desta.
[9] Sobre tudo o que acabámos de referir, quanto aos três modelos diferentes de Notariado existentes na década de oitenta do século passado, *vide*: ALBINO MATOS, "*O estatuto natural do notário*", in "Temas de Direito Notarial – I (Doutrina – Jurisprudência – Prática)", Coimbra, Almedina, 1992, p.153-154.

E contra esta incongruência insurgiram-se os notários, ou alguns notários portugueses.

Em 1982, no I Congresso de Notários Portugueses, Albino Matos, ilustre notário de Portugal, manifestando o seu desagrado pela situação vigente, começou a sua comunicação afirmando:

> "Há cerca de trinta anos, um Autor do país vizinho notava a existência de um fenómeno social consistente em cada função querer ser uma outra função distinta, subindo na escala de uma suposta hierarquia de funções. E exemplificava com o Notário, a querer ser Magistrado de jurisdição voluntária, o Registador da Propriedade, a pretender-se Juiz territorial, o Juiz, arvorando-se em Legislador, etc.
>
> Ora em Portugal, nesta penúltima década do século, os Notários em atitude a que se não pode negar coerência pretendem ser, muito simplesmente... Notários. (...)
>
> Somos Notários, não somos funcionários!"

Os notários portugueses, ou alguns notários, contestavam a funcionarização afirmando, além do mais, que a mesma era incompatível com as funções típicas do notariado latino, onde se sentiam integrados e pretendiam permanecer[10].

E tinham razão!

Vejamos porquê:

O notário latino é simultaneamente um oficial público e um profissional do direito.

Como oficial público exerce a fé pública notarial que tem e sustenta um duplo conteúdo: na esfera dos factos, a exactidão dos que o notário vê, ouve ou percebe pelos seus sentidos; na esfera do direito, a autenticidade e força probatória das declarações de vontade das partes no instrumento público, redigido segundo as leis.

Como profissional do direito tem a missão de assessorar os que pedirem a sua intervenção, aconselhando os meios jurídicos mais adequados para atingir os fins lícitos que se desejem alcançar[11].

---

[10] *Vide*, sobretudo, ALBINO MATOS, "*O estatuto natural do notário*", in "Temas de Direito Notarial – I (Doutrina – Jurisprudência – Prática)", ob. cit., p. 181 e ss.

[11] O que acabamos de dizer quanto à função notarial resulta de forma bem explícita do art. 1º do Regulamento Notarial de Espanha (Decreto de 2 de Junho de 1944).

Ou seja, o notário latino é o profissional de direito encarregado de receber, interpretar e dar forma legal à vontade das partes, redigindo os instrumentos adequados a esse fim e conferindo-lhes autenticidade.

O notário é um jurista ao serviço das relações jurídico-privadas mas ao mesmo tempo é um oficial público que recebe uma delegação da autoridade pública para redigir documentos autênticos dotados de fé pública.

Como oficial público exerce uma função pública, documental ou de autenticação; função dirigida ao documento, na sua expressão externa de autenticidade dos factos ou das declarações de vontade, do acto ou da relação jurídica, configurando, digamos, como que um notário-autenticador[12].

Como profissional de Direito exerce uma função jurídica privada: função assessora, de assistência, conselho e formação da vontade das partes e de adequação ou conformação daquela vontade ao ordenamento jurídico; configurando, digamos, como que um notário intérprete e documentador.

A função jurídica privada refere-se à preparação do documento, à recolha da vontade das partes, ao conselho, à pedagogia e auxílio dessa vontade e à sua interpretação, bem como, à expressão da vontade das partes, à redacção e conformação do acto ou relação jurídica.[13]

Sobre a função do notário latino, *vide*, entre outros: BORGES DE ARAÚJO, *"Prática Notarial"*, 3ª ed., ver. e act., Coimbra, Almedina, 2001, p. 7 e ss.; ALBINO MATOS, *"O estatuto natural do notário"*, in "Temas de Direito Notarial – I (Doutrina – Jurisprudência – Prática)", ob. cit., p. 181 e ss.; CAMARA, "El notario latino y su función", in *Revista de Derecho Notarial* (Espanha), nº 76, 1972; PELOSI, "Es funcionario publico el escribano?", in *Revista del Notariado* (Argentina), 1977, p. 371; CASTRO, "El escribano es funcionario publico?", in *Revista del Notariado* (Argentina), 1977, p. 542.

[12] Pois, como se sabe, nos países do sistema latino, a lei atribui ao documento notarial um especial grau de eficácia que contrasta com a que atribui ao documento particular. De facto, o documento notarial tem o carácter de documento público e autêntico, goza da eficácia especial como meio de prova e tem força executiva.

[13] Quem recorre ao notário latino não busca um documento em si e por si, nem busca apenas uma prova pré-constituída, por mais valiosa que ela seja, nem visa evitar um conflito que nem imagina que pode vir a ocorrer. O que visa é o resultado pretendido, para cuja perfeição jurídica recorre ao notário. Quem compra um imóvel quer ser proprietário livre de ónus e encargos, com a contribuição predial em dia, sem ocupantes que perturbem a sua posse, sem antecedentes registais que o possam ameaçar, numa palavra, interessa-lhe o resultado que se propõe obter, por isso recorre ao notário, pessoa tecnicamente habilitada, imparcial e responsável. Quando as partes celebram o contrato não visam pré-constituir uma prova que as favoreça num próximo litígio a propósito do mesmo, visam apenas a realização dos seus desejos.

O notário latino, diferentemente do notário anglo-saxão, tem uma função plena, formativa, assessora e autenticante. Não se limita a dar fé aos actos que ocorrem na sua presença, vai mais além, encaminhando a vontade declarada das partes.

Nas palavras de CARNELUTTI o notário é um escultor do direito e um intérprete jurídico.

Posto isto, podemos afirmar que a originalidade do conceito de notário radica na ambivalência da respectiva função: pública, por um lado, com referência ao documento; jurídica privada, por outro, com respeito à relação jurídica[14]. Mas a componente pública da sua função não justifica

---

De nada servirá aos particulares terem um documento comprovativo da celebração de um acto ou contrato e da sua conformidade à lei, se com ele não puderem atingir os fins práticos por eles pretendidos.
Por isso, o cabal exercício da função notarial no sistema latino supõe, perante o requerimento dos interessados, desde logo, a indagação sobre o que as partes efectivamente pretendem (o que exige que se escute atentamente e se tente obter através de perguntas adequadas, a maior quantidade possível de informação).
Uma vez determinados, claramente, os propósitos dos requerentes, o notário deve informá--los do enquadramento legal, do alcance dos seus direitos e obrigações, das consequências não só jurídicas, mas também, muitas vezes, económicas, familiares, patrimoniais e sociais. O notário deve sugerir opções e dar o seu conselho, indicando aquele que considera que melhor se harmoniza com os interesses revelados. Tal como é importante que o notário entenda cabalmente a vontade dos outorgantes (pois há-de respeitar a autonomia e o poder normativo e decisório das partes), também é necessário que o notário fique certo de que as partes compreenderam o alcance jurídico do negócio que pretendem. A ideia de que toda a gente sabe o que quer, e que só ignora os procedimentos técnicos jurídicos mais adequados para o conseguir, nem sempre é verdadeira, ou mais rigorosamente, é amiúde falsa. A vontade que os outorgantes afirmam ao notário, é muitas vezes uma vontade deformada, errónea, incompleta, ilegal e o notário com as suas informações, conselhos e mediação ajuda a formar a verdadeira vontade, a única a que pode dar fé.
Só quando o notário está certo de que as partes compreendem o alcance jurídico do negócio é que reduz a vontade das partes a escrito, porque só nessa altura a formação do negócio estará correcta e estará assegurado o seu bom resultado.
[14] Exercendo o notário, a par da função estritamente documental, uma função jurídica privada – que corresponde, além de outras tarefas, à adaptação, adequação ou conformação da vontade dos particulares ao ordenamento jurídico – a segurança preventiva é uma consequência manifesta da actividade do notário.
A segurança que o notário (latino) proporciona é, antes de tudo, uma segurança documental, derivada da eficácia do instrumento público, dotado de autenticidade, eficácia essa que se expande pelo tráfico jurídico, pelo processo e em variadas outras direcções (eficácia probatória, executiva, registal, legitimadora, etc.).

a qualificação do notário como funcionário público, apenas a sua qualificação como oficial público.

E, ainda assim, deve entender-se que a função de tal oficial público é de exercício privado, porque nela vão indissociavelmente ligados aspectos de interesse privado que não compete ao Estado assumir ou tutelar, quando em causa esteja um Estado de Direito Democrático.

Em causa estão, de facto, relações privadas, dos particulares entre si, não de uma qualquer relação indivíduo-Estado. Em causa estão somente interesses privados que os respectivos sujeitos particulares dispõem ou regulamentam, como entendem, exercendo a autonomia privada.

A um Estado de Direito Democrático não se reconhece legitimidade para intervir na harmonização ou composição de tais interesses, estando obrigado a respeitar as disposições dos respectivos titulares – salvo ofensa da lei, da ordem pública ou dos bons costumes – e isto em obediência ao princípio da liberdade individual, da autonomia da vontade e da liberdade contratual.

Um Estado de Direito Democrático tem apenas o dever de se assegurar que tais funções sejam desempenhadas por profissionais científica e moralmente qualificados e independentes, que gozem da confiança dos particulares e que estes possam livremente escolher.

A função jurídica privada impõe, pela sua natureza e pelo seu objecto, que o notário seja um profissional que só à lei e à vontade das partes deva obediência.

O notário enquanto operador jurídico, da lei e da vontade das partes, tem de ser (é, por definição) completamente independente no exercício da sua função, autónomo e responsável, não subordinado.

O notário não pode ser funcionário do Estado.

Mas a importância desta segurança formal não pode fazer esquecer que antes dela há uma outra – a segurança substancial – que requer que o acto ou contrato documentado seja válido e eficaz, segundo as prescrições do ordenamento jurídico. O instrumento público só pode ter por conteúdo um negócio válido. A função do notário não consiste em dar fé a tudo o que veja ou oiça, seja válido ou nulo, mas em dar fé conforme à lei. Existe, portanto, um controlo da legalidade do negócio, cabendo ao notário detectar: incapacidades, erros de direito ou de facto, coacções encobertas, fraudes à lei, e, eventualmente, reservas mentais e simulações, absolutas ou relativas.

Assim, através da redacção e autorização de documentos válidos e conformes à lei, pelo seu conteúdo, e eficazes e executórios pela sua forma, os notários facilitam, encurtam ou tornam desnecessária a intervenção dos tribunais.

O notário, como nos diz ROÁN MARTINEZ[15], é o grande defensor e impulsionador da autonomia privada; por isso são suas características fundamentais: a autonomia da função e o seu exercício imparcial, independente e livre.

A funcionarização não é compatível com o notariado latino. A funcionarização do notariado é um mal próprio dos povos desprovidos de liberdade.

3. Dos males resultantes da funcionarização dos notários portugueses

Acresce que os notários portugueses, porque funcionarizados, apenas tinham uma participação no rendimento gerado pelo serviço do cartório[16], a grande maioria do rendimento pertencia ao Estado, consequentemente, não investiam, nem tinham que investir no cartório onde desempenhavam as suas funções. Cabia ao Estado assegurar que as instalações dos cartórios notariais tivessem a dignidade condizente com a função lá exercida, tal como cabia ao Estado equipar devidamente tais instalações, formar mais notários e criar novos cartórios.

Mas, a verdade é que, apesar dos vários milhões de escudos ou euros que os cartórios anualmente entregavam ao Estado, este não investia nos existentes, nem abria novos cartórios em número suficiente para dar resposta às necessidades da sociedade; utilizava o valor embolsado sobretudo para financiar o sistema prisional português.

Consequentemente, o notariado português começou a revelar uma grande deficiência da capacidade de resposta aos cidadãos e às empresas, uma vez que não tinha notários e cartórios notariais em número suficiente[17], nem instalações condignas, nem os equipamentos modernos que podia e devia ter.

Os agentes sociais e económicos necessitavam de um serviço mais célere, mais eficiente e moderno e os notários, porque espartilhados pela funcionarização, não revelavam poder vir a ter capacidade de resposta satisfatória. A tal ponto que o notariado português começou a ser apon-

---

[15] Autor citado por ALBINO MATOS, "O estatuto natural do notário", in "Temas de Direito Notarial – I (Doutrina – Jurisprudência – Prática)", ob. cit., p. 199.

[16] Para além de auferirem uma componente remuneratória fixa.

[17] Temos em Portugal 396 cartórios notariais, para servir dez milhões de pessoas, enquanto a grande Madrid, que tem cerca de três milhões de habitantes, dispõe de 342 notários. São números que ilustram bem a diferença entre Portugal e Espanha nesta matéria.

tado como um entrave burocrático ao desenvolvimento social e económico de Portugal.

A recuperação e garantia do valor acrescentado da actividade notarial exigiam a sua modernização e adequação às exigências da sociedade e da competitividade da economia.

Em resumo: era premente alterar o estatuto do notário português, era premente pôr termo à funcionarização.

4. Actuação política que antecedeu a "privatização" do notariado

E foi neste quadro que surgiu o Dec.-Lei nº 26/2004, de 04 de Fevereiro, impondo a privatização do notariado.

Antes de referirmos as inovações mais importantes do citado diploma, cumpre salientar dois aspectos relevantes:

- primeiro, antes do Dec.-Lei nº 26/2004 o poder político já havia tentado alterar, sem êxito, o estatuto do notariado vigente;
- segundo, o referido diploma foi aprovado com a oposição de alguns dos partidos representados na Assembleia da República, nomeadamente com a oposição do grupo parlamentar do Partido Socialista que havia apresentado um Projecto de Lei de Bases da Reforma do Serviço Público de Registos e Notariado, onde era defendido um futuro bem diverso para o notariado português.

Assim, quanto ao primeiro aspecto enunciado, cumpre afirmar que o governo do Prof. Cavaco Silva chegou a ter pronta a reforma em 1995, mas o diploma foi vetado pelo Presidente Mário Soares. Posteriormente, a privatização foi proposta pelo Partido Socialista, por iniciativa do então ministro Vera Jardim, mas foi reprovada na Assembleia da República pelos votos contrários do Partido Social Democrata e do Partido Comunista Português.

Em face disso, o último governo do PS retirou do programa a privatização do notariado e avançou em alternativa com uma série de medidas de simplificação e desformalização.

Quanto ao segundo aspecto referido – o facto do Dec.-Lei nº 26/2004 ter sido aprovado com a oposição de alguns dos partidos representados na Assembleia da República, nomeadamente com a oposição do grupo parlamentar do Partido Socialista – cumpre dar-lhe maior atenção, pois teve como precedente uma ampla discussão por parte dos partidos políticos, dos notários e de parte da comunidade científica, quanto ao futuro que devia ser traçado para o notariado português.

O Partido Socialista elaborou um projecto de Lei de Bases da Reforma do Serviço Público de Registo e Notariado, que apresentava, entre outras, as seguintes inovações:

1ª a actividade notarial passaria a ser exercida em regime de profissão liberal;

2ª seria expressamente proibida a adopção de regimes ou práticas restritivas da concorrência, nomeadamente: a adopção de *"numerus clausus"* no acesso à profissão; a delimitação territorial da actividade; o tabelamento de honorários;

3ª seria abolida a exigência de escritura pública como condição de validade de qualquer acto;

4ª os particulares optariam, consequentemente, por recorrer a um notário ou não, sempre que desejassem celebrar um negócio jurídico;

5ª um determinado acto jurídico passaria a estar sujeito a um só controlo da legalidade, ou do notário ou do registrador; pondo-se, assim, fim ao duplo controlo de legalidade até ali existente;
(A eliminação do duplo controlo da legalidade ocorreria da seguinte forma: caso o(s) particular(es) optasse(m) por efectuar o negócio jurídico dando-lhe a forma de documento particular, o registrador efectuaria o controlo da legalidade do acto antes de efectuar o registo constitutivo; caso o(s) particular(es) optasse(m) por efectuar um negócio jurídico dotado de forma autêntica, mediante recurso a um notário, este procederia ao controlo da legalidade e o registrador, a quem fosse requerido o registo, não procederia a qualquer controlo da legalidade.)

Este projecto de lei mereceu o apoio de grande parte dos advogados portugueses, e de muitos empresários; mas mereceu a crítica dos notários em geral que viam nele "a morte anunciada" do notariado.

Aquando da discussão pública, a Associação Portuguesa de Notários pediu-me que me pronunciasse sobre o futuro do notariado português, em duas conferências por si organizadas. Acedi ao pedido e estive presente, primeiro, numa conferência realizada em Coimbra e, depois, na conferência, intitulada "O Notariado em Portugal e no Mundo", realizada em Lisboa. E em qualquer das duas conferências manifestei a minha convicção de que o futuro legal do notariado português passava pela sua plena integração no notariado latino e, consequentemente, pela desfuncionarização ou "privatização" da actividade notarial. Manifestei, ainda, logicamente, o meu repúdio pelo referido Projecto de Lei de Bases apresentado pelo grupo parlamentar do Partido Socialista.

Parte do que na altura disse, é o que agora vos passo a ler:

"Manifestação de algumas convicções pessoais

Numa época em que se repensa o exercício da actividade notarial, permitam-me que manifeste algumas convicções sobre esta matéria:

1ª A segurança preventiva gerada pela actividade notarial não deve ser descurada pelo facto de existir uma segurança à posteriori ou reparadora. De facto, se é verdade que a existência de um independente poder judicial, encarregado de resolver os conflitos que surjam entre os membros da sociedade, produz nesta segurança jurídica, também é verdade que tal segurança reparadora só se produzirá, se o funcionamento do aparelho jurisdicional for discretamente limitado. Todo o funcionamento excessivo do aparelho jurisdicional produzirá o efeito contrário de insegurança jurídica, gerando na sociedade o receio, com desprestígio para a tarefa legislativa, a cuja imperfeição se assacará a responsabilidade da abundância de controvérsia.

2ª A exigência de escritura pública surgiu para a defesa do comércio jurídico e não para entravar o seu desenvolvimento, e creio que tem cumprido a sua função; por isso, há que ter cautela perante uma tendência excessiva para a desformalização.

3ª A segurança preventiva gerada pela actividade notarial passa em grande parte pelo facto de o notário ser um terceiro imparcial face às partes. Há que assegurar tal imparcialidade[18].

---

[18] O notário latino é, necessariamente, um terceiro imparcial, que deve estar sempre acima dos interesses comprometidos: a sua profissão obriga-o a proteger as partes com igualdade, libertando-as, com as suas explicações imparciais e oportunas, dos enganos a que poderia conduzi-
-las a sua ignorância. O notário, um só notário, tem de cuidar dos interesses de ambas as partes e, buscando o ponto de equilíbrio, servir a vontade comum, obtendo uma composição

4ª A segurança preventiva que hoje é gerada pela actividade notarial não será atingida caso se retire ao notário o controlo preventivo da legalidade e se reforce o controlo da legalidade do registrador. E isto, porque, enquanto o notário presta assessoria às partes e conforma a vontade destas à lei, devendo, por isso, tentar detectar os motivos que as impulsionam, as incapacidades, os erros de direito ou de facto, as reservas mentais e simulações, etc., o registrador confronta-se com o título já redigido, só podendo averiguar se o negócio, tal como se apresenta, é conforme à lei; o registrador não tem, assim, qualquer hipótese de saber se as partes foram devidamente elucidadas do sentido e alcance do negócio, se alguma delas foi coagida, etc.
E com esta afirmação, não pretendo negar que a actividade do registrador gere, também, segurança preventiva. É claro que gera, mas é diferente daquela que é gerada pela actividade notarial. E ambas são necessárias e ambas devem ser preservadas.

Análise e crítica dos argumentos avançados por quem defende a desformalização

Ninguém nega que a forma garante a firmeza dos convénios, impedindo o erro, a ignorância ou dolo e aumentando a confiança das partes e da sociedade na contratação. É evidente que a liberdade de forma facilita o engano e multiplica os litígios, favorecendo sempre os contraentes menos escrupulosos[19].

Não obstante, nos últimos anos, entre nós, surgiu uma tendência para a desformalização. Tendência essa que se agudizou agora que se repensa a actividade notarial.

Perante esta realidade, a questão que se coloca é a de saber por que é que se pretende prescindir das vantagens oferecidas pela forma.

---

duradoura, e, se possível definitiva, dos interesses opostos. O notário serve as partes e nenhuma em particular. Para o notário não há clientes, há apenas outorgantes, e todos merecem o mesmo tratamento e protecção. A vontade que há de indagar e à qual deve dar forma legal não é a de uma ou de outra parte, mas a vontade comum.
[19] Citando Lacordaire direi: "entre o fraco e o forte é a liberdade que oprime e a forma do direito que protege."

Vejamos quais os argumentos que têm sido avançados e avaliemos da sua solidez:

1) *Há quem afirme que a forma impõe um procedimento demasiado complexo e moroso.*
   Talvez seja verdade. Mas, nesse caso, é preciso perguntar: por que é que o procedimento é complexo e moroso?
   a) É porque a lei exige uma série de documentos e a verificação prévia de uma série de elementos?
   Se sim, será mais lógico repensar os preceitos legais que fazem tais exigências, mantendo a forma e as suas vantagens.
   b) Ou será que o procedimento é complexo e moroso porque o número de notários é insuficiente?
   A insuficiência é notória. Mas para quem considera, como eu, essencial o papel que o notário desenvolve na sociedade, é evidente que a solução não passa pela desformalização, passa, ao invés, por medidas que assegurem o aumento significativo do número de notários. Medidas essas que, na minha perspectiva, não implicam a abolição do *"numerus clausus"* no acesso à profissão. O *"numerus clausus"* deve ser mantido, primeiro porque só assim se assegurará a qualidade científica daqueles que venham a exercer tão importante função; segundo porque só assim se adequará às necessidades a oferta de serviços notariais, por forma a assegurar que os notários tenham a sua subsistência como tal garantida, dentro de certos limites, conservando-se, assim, a concorrência sã e justa.

2) *Por outro lado, há quem defenda a desformalização como forma de evitar ao cidadão custos elevados.*
   No entanto, se é esse o objectivo, antes de eliminar a exigência de forma, devemos perguntar:
   a) Pode ser mantida a forma a custos inferiores?
   b) Se for eliminada a forma, os juristas que passarem a redigir os contratos irão cobrar menos?
   c) Os custos de um futuro processo judicial não serão bem mais elevados?

Por último, há quem pretenda prescindir da forma para, assim, afastar o controlo de legalidade efectuado pelo notário.

As razões avançadas para recusar o controlo de legalidade efectuado pelo notário têm sido, ao que se sabe, duas:

a) Por um lado, afirma-se que tal controlo entorpece o desenvolvimento do comércio jurídico.
Mas por que será assim? Não se limita o notário a cumprir a lei? É claro que sim.
Então o problema é das exigências impostas pela lei, e há que ter coragem de o reconhecer, em vez de continuarmos a afirmar a bondade da lei em abstracto e a recusá-la nos casos em concreto. Até porque, se o controlo do notário for eliminado e a lei for mantida, e se os negócios passarem a ser celebrados contra a lei, mais tarde ou mais cedo os particulares verão os seus interesses (contrários à lei), serem postos em causa pelo registrador ou pelo juiz. E, obviamente, não será assim que se assegurará a celeridade do comércio jurídico.

b) Por outro lado, afirma-se que o controlo da legalidade efectuado pelo notário é desnecessário, uma vez que o registrador também o tem de fazer. Diz-se, portanto, que o que se recusa não é o controlo preventivo da legalidade, mas sim, um duplo controlo.

No entanto, é preciso lembrar que:

1. Se a exigência de forma for eliminada, nem por isso o cidadão comum passará, subitamente, a saber redigir contratos. Consequentemente, passará a recorrer a outros juristas (solicitadores, advogados, assistentes, professores das faculdades de direito, etc.), juristas esses que, esperamos, não aceitarão redigir contratos contrários à lei, continuando, assim, o duplo controlo da legalidade.
A função será mantida, o agente que a desenvolve é que passará a ser outro.
Sendo assim, quem pretende a desformalização, caso pretenda que se continuem a redigir negócios conformes à lei, deve assumir que apenas quer mudar o agente.
O que colocará a questão de saber porquê. Sobretudo quando se sabe que a função só é verdadeiramente desempenhada por alguém que seja imparcial face às partes e que não tenha interesse perante um eventual conflito futuro.

2. O registrador perante um título redigido por quem não seja notário será, ainda, mais cauteloso e, consequentemente, mais moroso o controlo de legalidade por si efectuado.

5. "Privatização" do notariado português

O Projecto de Lei de Bases do grupo parlamentar do Partido Socialista – que publicamente critiquei, da forma como terminei de vos ler – acabou por não vingar, uma vez que a maioria parlamentar defendia, tal como nós e os notários portugueses em geral, que o futuro legal do notariado português passava pela sua plena integração no notariado latino (e, consequentemente, pela desfuncionarização ou "privatização" da actividade notarial).

Notariado latino que está implantado, lembramos, da Alemanha ao Perú, da Bélgica ao Brasil, da Áustria ao Canadá, da Espanha à Rússia, da França ao Japão, da Grécia à Indonésia, da Itália ao México, da Suíça aos notários de Londres, da Turquia à China, da Holanda ao Vaticano, da Luisiana aos notários da Florida, etc., etc.

Surgiu então o Dec.-Lei nº 26/2004, de 04 de Fevereiro, que impondo a privatização[20] do notariado, veio impor, a alteração do estatuto jurídico do notariado português, adaptando-o aos princípios do notariado latino[21].

No referido Decreto pode ler-se:

" (...) Cada sistema notarial deve traduzir o modelo de sociedade e o sistema de Direito vigentes. E tanto a fisionomia que a actual Constituição Portuguesa confere à primeira como a raiz romano-germânica do segundo impõem a consagração entre nós do modelo do notariado latino.

(...)

---

[20] Quanto ao termo privatização, cumpre afirmar que não prima pela propriedade. Uma vez que, nem os notários nem os cartórios passarão a ser privados com a desfuncionarização. Os primeiros, porque não deixarão de ser oficiais públicos pelo facto de exercerem a sua actividade como profissional liberal – tal como a função jurídica privada impede a sua funcionarização, a função pública impede a sua privatização em sentido estrito, admitindo apenas a sua desfuncionarização. Os segundos – os cartórios, porque independentemente do lugar em que se instalem e não obstante a sua apropriação por parte do notário, não poderão deixar de se considerar como repartições públicas para os efeitos pertinentes, como públicos são os instrumentos, os livros de notas, o arquivo, etc. Pelo que vai dito preferimos a expressão «desfuncionarização».

[21] Refira-se que o referido Dec.-Lei não alterou, por qualquer forma, o duplo controlo da legalidade – efectuado primeiro pelo notário e depois pelo registrador – que desde há muito é imposto pela legislação portuguesa.

Com a presente reforma, e consequente adopção do sistema de notariado latino, consagra-se uma nova figura de notário, que reveste uma dupla condição, a de oficial, enquanto depositário de fé pública delegada pelo Estado, e a de profissional liberal, que exerce a sua actividade num quadro independente. Na verdade, esta dupla condição do notário, decorrente da natureza das suas funções, leva a que este fique ainda na dependência do Ministério da Justiça em tudo o que diga respeito à fiscalização e disciplina da actividade notarial enquanto revestida de fé pública e à Ordem dos Notários, que concentrará a sua acção na esfera deontológica dos notários."

Do referido diploma, cumpre salientar, os aspectos que consideramos mais relevantes:

1º consagrou-se o princípio do *numerus clausus*[22] e a regra da competência territorial[23], limitada a determinado âmbito dentro do conjunto nacional (delimitação territorial da função)[24].

---

[22] De facto, o art. 6º, do Dec.-Lei nº 26/2004, estipula:
"1 – Na sede de cada município existe, pelo menos, um notário, cuja actividade está dependente da atribuição de licença.
2 – O número de notários e a área de localização dos respectivos cartórios constam de mapa notarial publicado em anexo ao presente diploma.
3 – O mapa notarial a que se refere o número anterior pode ser revisto de cinco em cinco anos, sem prejuízo de, a todo o tempo, ouvida a Ordem dos Notários, se poder aumentar ou reduzir o número de notários com licença de instalação de cartório notarial quando se verificar alteração substancial da necessidade dos utentes."
[23] Efectivamente, o art. 7º, do Dec.-Lei nº 26/2004, prescreve:
"1 – A competência do notário é exercida na circunscrição territorial do município em que está instalado o respectivo cartório.
2 – Sem prejuízo do disposto no número anterior, o notário pode praticar todos os actos da sua competência ainda que respeitem a pessoas domiciliadas ou a bens situados fora da respectiva circunscrição territorial.
3 – Excepcionalmente, e desde que as circunstâncias o justifiquem, a competência do notário pode ser exercida em mais de uma circunscrição territorial contígua, mediante despacho do Ministro da Justiça, ouvida a Ordem dos Notários."
[24] Optou-se por esta solução, e bem, por um lado, porque apesar do notário passar a exercer a sua função no quadro de uma profissão liberal, ser-lhe-ão atribuídas prerrogativas que o farão participar da autoridade pública, devendo, por isso, o Estado controlar o exercício da actividade notarial, a fim de garantir a realização dos valores servidos pela fé pública e uma saudável concorrência entre notários. E, por outro, porque, só por esta via se assegura a implantação em todo o território nacional de serviços notariais.

2º assegurou-se que na sede de cada município existirá, pelo menos, um notário[25].

3º impôs-se o exercício em exclusividade da actividade notarial, com respeito pelos princípios da legalidade, da autonomia, da imparcialidade e da livre escolha do notário por parte dos interessados[26].

---

[25] Cfr. nº 1 do art. 6º, do Dec.-Lei nº 26/2004, transcrito na nota 21
[26] Conforme decorre dos arts. 10º a 16º, do Dec.-Lei nº 26/2004, que passamos a transcrever:

Artigo 10º
Enumeração
O notário exerce as suas funções em nome próprio e sob sua responsabilidade, com respeito pelos princípios da legalidade, autonomia, imparcialidade, exclusividade e livre escolha.

Artigo 11º
Princípio da legalidade
1 – O notário deve apreciar a viabilidade de todos os actos cuja prática lhe é requerida, em face das disposições legais aplicáveis e dos documentos apresentados ou exibidos, verificando especialmente a legitimidade dos interessados, a regularidade formal e substancial dos referidos documentos e a legalidade substancial do acto solicitado.
2 – O notário deve recusar a prática de actos:
a) Que forem nulos, não couberem na sua competência ou pessoalmente estiver impedido de praticar;
b) Sempre que tenha dúvidas sobre a integridade das faculdades mentais dos participantes, salvo se no acto intervierem, a seu pedido ou a instância dos outorgantes, dois peritos médicos que, sob juramento ou compromisso de honra, abonem a sanidade mental daqueles.
3 – O notário não pode recusar a sua intervenção com fundamento na anulabilidade ou ineficácia do acto, devendo, contudo, advertir os interessados da existência do vício e consignar no instrumento a advertência feita.

Artigo 12º
Princípio da autonomia
O notário exerce as suas funções com independência, quer em relação ao Estado quer a quaisquer interesses particulares.

Artigo 13º
Princípio da imparcialidade
1 – O notário tem a obrigação de manter equidistância relativamente a interesses particulares susceptíveis de conflituar, abstendo-se, designadamente, de assessorar apenas um dos interessados num negócio.
2 – Nenhum notário pode praticar actos notariais nos seguintes casos:
a) Quando neles tenha interesse pessoal;
b) Quando neles tenha interesse o seu cônjuge, ou pessoa em situação análoga há mais de dois anos, algum parente ou afim em linha recta ou até ao 2º grau da linha colateral;

4º contemplou-se um elenco de direitos, dos quais se realça: a prerrogativa do uso do selo branco enquanto símbolo da fé pública delegada[27].

c) Quando neles intervenha como procurador ou representante legal o seu cônjuge, ou pessoa em situação análoga há mais de dois anos, algum parente ou afim em linha recta ou até ao 2º grau da linha colateral.

Artigo 14º
Extensão dos impedimentos

1 – Os impedimentos do notário são extensivos aos seus trabalhadores.
2 – Exceptuam-se as procurações e os substabelecimentos com simples poderes forenses e os reconhecimentos de letra e de assinatura apostas em documentos que não titulem actos de natureza contratual, nos quais os trabalhadores podem intervir, ainda que o representado, representante ou signatário seja o próprio notário.

Artigo 15º
Princípio da exclusividade

1 – As funções do notário são exercidas em regime de exclusividade, sendo incompatíveis com quaisquer outras funções remuneradas, públicas ou privadas.
2 – Exceptuam-se do disposto no número anterior:
a) A participação em actividades docentes e de formação, quando autorizadas pela Ordem dos Notários;
b) A participação em conferências, colóquios e palestras;
c) A percepção de direitos de autor.

Artigo 16º
Princípio da livre escolha

1 – Sem prejuízo das normas relativas à competência territorial, os interessados escolhem livremente o notário.
2 – É vedado ao notário publicitar a sua actividade, recorrendo a qualquer forma de comunicação com o objectivo de promover a solicitação de clientela.
3 – Exclui-se do âmbito do número anterior a publicidade informativa, nomeadamente o uso de placas afixadas no exterior dos cartórios e a utilização de cartões de visita ou papel de carta, desde que com simples menção do nome do notário, título académico, currículo, endereço do cartório e horário de abertura ao público, bem como a respectiva divulgação em suporte digital."

[27] De acordo com o art. 21º, do Dec.-Lei nº 26/2004:
"1 – O notário tem direito a usar, como símbolo da fé pública, selo branco, de forma circular, representando em relevo o escudo da República Portuguesa, circundado pelo nome do notário e pela identificação do respectivo cartório, de acordo com o modelo aprovado por portaria do Ministério da Justiça.
2 – O notário tem ainda direito a usar o correspondente digital do selo branco, de acordo com o disposto na lei reguladora dos documentos públicos electrónicos.
3 – O selo branco e o seu correspondente digital, pertença de cada notário, são registados no Ministério da Justiça e não podem ser alterados sem autorização do Ministro da Justiça.

5º fixou-se um regime de substituição dos notários[28].
6º estabeleceu-se que o notário será retribuído pela prática dos actos notariais nos termos constantes de uma tabela aprovada por portaria do Ministério da Justiça[29].
7º assegurou-se uma remuneração mínima aos notários que, pela sua localização, não produzam rendimentos suficientes para suporta-

---

4 – Em caso de cessação definitiva de funções, o Ministério da Justiça deve ser informado de imediato, podendo autorizar o uso do selo branco e o do seu correspondente digital pelo substituto designado pela direcção da Ordem dos Notários, devendo, nesses casos, fazer-se expressa menção da situação em que é usado o selo branco ou o seu correspondente digital."
[28] Conforme prescreve o art. 9º, do Dec.-Lei nº 26/2004:
"1 – Nas ausências e impedimentos temporários que sejam susceptíveis de causar prejuízo sério aos utentes, o notário é substituído por outro notário por ele designado, obtido o consentimento deste.
2 – Quando não seja possível a substituição nos termos do número anterior, a direcção da Ordem dos Notários designa o notário substituto e promove as medidas que tiver por convenientes.
3 – A direcção da Ordem dos Notários procede ainda à designação do notário substituto, nos termos do número anterior, nos casos de:
a) Suspensão do exercício da actividade notarial;
b) Ausência injustificada do notário por mais de 30 dias seguidos;
c) Cessação definitiva do exercício da actividade do notário.
4 – A identificação do notário substituto e quaisquer medidas adoptadas por causa da substituição devem ser afixadas no cartório notarial em local acessível ao público.
5 – A fim de garantir as substituições, a Ordem dos Notários mantém uma bolsa de notários.
6 – Salvo situações excepcionais, devidamente fundamentadas, a substituição não pode exceder seis meses."
[29] Segundo o art. 17º, do Dec.-Lei nº 26/2004:
"1 – O notário é retribuído pela prática dos actos notariais, nos termos constantes de tabela aprovada por portaria do Ministério da Justiça.
2 – A tabela pode determinar montantes fixos, variáveis entre mínimos e máximos, ou livres e é revista periodicamente pelo menos de dois em dois anos.
3 – Sempre que os montantes a fixar sejam variáveis ou livres deve o notário proceder com moderação, tendo em conta, designadamente, o tempo gasto, a dificuldade do assunto, a importância do serviço prestado e o contexto sócio-económico dos interessados."
Ou seja, a actividade do notário é remunerada pelo cliente como nas profissões liberais, mas de acordo com uma tabela fixada pelo poder político.
A tabela é inseparável da noção de serviço público.
A liberdade dos preços do acto notarial implicaria para o notário a faculdade de recusar a sua intervenção nos actos não rentáveis e, em consequência, o risco de que esses actos nunca fossem legalizados. Por isso, a remuneração é determinada por lei e limita, no interesse público, a concorrência profissional.

rem os encargos do cartório, remuneração essa que será realizada através do fundo de compensação inserido no âmbito da Ordem dos Notários[30].

8º procedeu-se à enumeração dos deveres a que o notário fica adstrito, como seja o de obediência à lei e às normas deontológicas, o de sigilo, o de contratar e manter um seguro de responsabilidade civil profissional, etc.[31].

9º regulou-se o acesso à função notarial[32].

---

[30] De facto, o art. 61º, do Dec.-Lei nº 27/2004, de 4 de Fevereiro, que instituiu a Ordem dos Notários, prevê:
"1 – Os notários de cartórios deficitários têm direito a uma prestação de reequilíbrio, entregue mensalmente nos termos do contrato de gestão celebrado entre a Ordem dos Notários e a instituição financeira gestora.
2 – O montante da prestação de reequilíbrio é calculada em função do montante dos honorários, apurados trimestralmente, cobrados pelo notário titular do cartório deficitário."

[31] Nos termos do art. 23º, nº 1, do Dec.-Lei nº 26/2004, constituem deveres dos notários:
"*a)* Cumprir as leis e as normas deontológicas;
b) Desempenhar as suas funções com subordinação aos objectivos do serviço solicitado e na perspectiva da prossecução do interesse público;
c) Prestar os seus serviços a todos quantos os solicitem, salvo se tiver fundamento legal para a sua recusa;
d) Guardar sigilo profissional sobre todos os factos e elementos cujo conhecimento lhe advenha exclusivamente do exercício das suas funções;
e) Não praticar qualquer acto sem que se mostrem cumpridas as obrigações de natureza tributária ou relativas à segurança social, que o hajam de ser antes da sua realização;
f) Comunicar ao órgão competente da administração fiscal a realização de quaisquer actos de que resultem obrigações de natureza tributária;
g) Prestar informações que lhe forem solicitadas pelo Ministério da Justiça para fins estatísticos;
h) Satisfazer pontualmente as suas obrigações, especialmente para com o Estado, a Ordem dos Notários e os seus trabalhadores;
i) Dirigir o serviço de forma a assegurar o bom funcionamento do cartório;
j) Denunciar os crimes de que tomar conhecimento no exercício das suas funções e por causa delas, designadamente os crimes de natureza económica, financeira e de branqueamento de capitais;
l) Não solicitar ou angariar clientes, por si ou por interposta pessoa;
m) Contratar e manter seguro de responsabilidade civil profissional de montante não inferior a € 100 000."

[32] Segundo o art. 25º, do Dec.-Lei nº 26/2004, são requisitos de acesso à função notarial:
"*a)* Não estar inibido do exercício de funções públicas ou interdito para o exercício de funções notariais;
b) Possuir licenciatura em Direito reconhecida pelas leis portuguesas;

10º estabeleceu-se um período transitório de dois anos, durante o qual coexistirão notários públicos e privados, na dupla condição de oficial público e profissional liberal. Durante este período transitório, os notários terão de optar pelo modelo privado ou, em alternativa, manter o vínculo à função pública, sendo, neste caso, integrados em conservatórias dos registos. No entanto, é reconhecido aos notários que optarem pelo novo regime de notariado o benefício de uma licença sem vencimento com a duração máxima de cinco anos contados da data de início de funções, e, ainda, a possibilidade de requererem, durante os referidos cinco anos, o regresso ao serviço na Direcção-Geral[33].

Quanto aos funcionários, estes poderão, com o acordo do notário titular da licença, aderir ao regime privado ou, em alternativa, manter o vínculo à função pública e, nesse caso, tal como os notários, serem integrados em conservatórias dos registos. Ao transferirem-se para o regime privado, poderá ser concedida aos oficiais uma licença sem vencimento por cinco anos, no termo da qual poderão regressar à função pública, com garantia do direito à integração em conservatórias dos registos[34].

Na sequência do Dec.-Lei nº 26/2004, tornou-se necessário:

1º criar a Ordem dos Notários e aprovar o respectivo Estatuto, ordem profissional essa que, em parceria com o Ministério da Justiça, regulasse o exercício da actividade notarial – e tal ocorreu através do Dec.-Lei 27/2004, de 4 de Fevereiro);
2º elaborar a tabela de honorários e encargos da actividade notarial – e tal tabela surgiu com a Portaria nº 385/2004 de 16 de Abril;
3º abrir o primeiro concurso para a atribuição de licenças de instalação de Cartório Notarial, ao qual se pudessem habilitar aqueles que já fossem, em face da lei anterior, notários, conservadores (registradores) ou auditores dos registos e do notariado – e tal verificou-se a 20 de Abril de 2004.

c) Ter frequentado o estágio notarial;
d) Ter obtido aprovação em concurso realizado pelo Conselho do Notariado."
[33] Cfr. art. 107º do Dec.-Lei nº 26/2004.
[34] Cfr. art. 108º do Dec.-Lei nº 26/2004.

4º aprovar o Regulamento de Atribuição do Título de Notário e fixar o programa das provas do concurso tendente à atribuição do referido título – e tal ocorreu através da Portaria nº 398/2004 de 21 de Abril;

5º abrir o concurso de provas públicas para a atribuição do título de notário, ao qual se pudessem habilitar os licenciados em Direito por universidade portuguesa ou os possuidores de habilitação académica equivalente em face da lei portuguesa, que pretendessem passar a exercer a actividade notarial – e tal verificou-se no dia 6 deste mês.

Mas, a verdade é que, o processo de "privatização" do notariado, que teve o apoio prévio da grande maioria da classe, depois de se ter iniciado com o Dec.-Lei nº 26/2004, de 04 de Fevereiro, não tem sido pacífico, uma vez que boa parte dos notários portugueses viram frustradas parte das expectativas que tinham, nomeadamente, porque:

1º não foi, como seria da mais elementar justiça, concedida a possibilidade de aposentação antecipada a notários e oficiais, após, em muitos casos, mais de 20 e 30 anos de notariado;
(E estes, não querendo ou não podendo transitar para o sector privado, vêem-se forçados a ingressar nas conservatórias dos registos, sendo certo que, alguns deles, no final do período de formação, pelo qual, necessariamente, terão que passar, já terão o tempo necessário para se aposentarem.)

2º o governo, em defesa do interesse público, estabeleceu honorários fixos a grande parte dos actos notariais e não apenas um limite máximo como era esperado pelos notários.

3º o governo, na tabela de honorários fixada, consagrou a obrigatoriedade de o Notário pagar um tributo ao Estado por cada acto que venha a praticar, como contrapartida pelo acesso aos sistemas de comunicação, de tratamento e de armazenamento da informação do Ministério da Justiça, bem como pela utilização do Arquivo

Público e pelos Serviços de Auditoria e Inspecção; – estando ainda por apurar se tal tributo será devido a título de imposto, de taxa, ou de qualquer outra figura até agora, obviamente, inédita.

4º os notários consideram excessivo o número de licenças postas a concurso (543).

5º o governo, através da Portaria nº 398/2004 de 21 de Abril, facilitou em excesso o processo tendente à obtenção do título de notário: não impôs como condição de admissão ao concurso de provas públicas para a atribuição do título de notário a frequência prévia de qualquer curso de formação específica (para além, claro está, do curso de Direito), nem a prévia realização de um estágio notarial; reduziu o período de estágio, a realizar após a aprovação nas provas públicas, a três meses, quando o inicialmente previsto era de 18 meses (cfr. art. 27º do Dec.-Lei nº 26/2004)[35].

Por estes e outros factos, o processo tem vindo a ser alvo de diversas impugnações judiciais, tendo, consequentemente, sofrido atrasos e não se podendo, ainda, afirmar quando existirão os primeiros notários privados em Portugal.

Mas estamos convictos de que a "privatização" do notariado veio para ficar.

Não se voltará à funcionarização e esperamos que nunca se venha a adoptar um modelo idêntico àquele que foi proposto pelo grupo parlamentar do partido socialista. Uma vez que, como habitualmente se afirma em Portugal, nem oito nem oitenta. No meio é que está a virtude. E a virtude, neste caso, é sinónima da plena integração do notariado português no notariado latino!

---

[35] Consideramos que o acesso ao concurso de provas públicas, para a atribuição do título de notário, devia estar condicionado à prévia frequência de um curso de formação específica e à prévia realização de um estágio notarial, cuja duração devia ser de 18 meses ou mais, uma vez que, na nossa opinião, só dessa forma haveria a possibilidade de apurar quais os candidatos efectivamente qualificados para desempenhar as funções de notário.

De Novo, uma Análise da Actividade Notarial em Portugal – o Antes e o Depois da Entrada em Vigor do Decreto-Lei nº 26/2004 que Impôs a "Privatização"/Desfuncionarização[1]

Sumário: 1. Brevíssima resenha histórica do período que antecedeu o Decreto-Lei nº 26/2004; 1.1. Das consequências nefastas da funcionarização dos notários portugueses; 1.2. A actuação política que antecedeu a "privatização"/desfuncionarização do notariado; 2. A entrada em vigor do Decreto-Lei nº 26/2004 que impôs a "privatização"/desfuncionarização da actividade notarial e suas consequências imediatas; 3. Da posterior – e aparentemente inexplicável – desvalorização da actividade notarial; 4. Da situação de desigualdade em que se encontram os diversos agentes que desempenham a actividade notarial; 5. Conclusão.

1. Brevíssima resenha histórica do período que antecedeu o Decreto-Lei nº 26/2004

O notariado é uma das mais velhas instituições de Portugal[2/3]. De facto, documentos históricos[4] revelam que, muito provavelmente, os notários

---

[1] Texto que serviu de base à apresentação feita, no dia 6 de Março de 2014, no 3º Congresso do Notariado Português – 800 Anos de Notariado Português, realizado pela Ordem dos Notários de Portugal e que reproduz em grande parte o texto que serviu de base à apresentação feita, no dia 19 de Novembro de 2012, em Salvador da Bahia, no XIV Congresso Brasileiro de Direito Notarial e de Registro, realizado pela ANOREG/BR e pela ANOREG/BA.
[2] No ponto 1, 1.1. e 1.2. seguiremos de perto o nosso texto A privatização do Notariado em Portugal publicado na *Revista de Direito Imobiliário*, 58/278, Jan.-Jun. de 2005. Para mais pormenores sobre a evolução histórica do Notariado em Portugal, *vide*, entre outros, NETO FERREIRINHA/ZULMIRA NETO DA SILVA, *Manual de Direito Notarial – Teoria e Prática*, Coimbra, Almedina, 2004, 2ª ed. rev. act. e aum., p. 7 e ss;
[3] O notariado era na época designado por Tabelionato, Tabelionado ou Tabeliado.

(então designados como tabeliães) já eram conhecidos, antes do séc. XII, ou seja, antes da fundação de Portugal.

Por seu turno, a existência de regras aplicáveis à função notarial – embora não criadas especificamente para disciplinar tal actividade – é já patente em certos documentos do reinado de D. Afonso III (1248 a 1279).

Posteriormente, no Reinado de D. Dinis (1279-1325) surgiram, em 1305, as primeiras normas referentes, especificamente, à actividade dos tabeliães.

Após as leis de D. Dinis e até 23/12/1889 (data da primeira Lei Orgânica do Notariado) – apesar de terem sido publicados vários diplomas legais – a actividade dos tabeliães foi principalmente regida pelas Ordenações do Reino.

De facto, é historicamente incontestável que sempre foi orientação da Coroa portuguesa colocar o notariado na sua dependência. Efectivamente, os monarcas portugueses, desde sempre, regularam o ofício de tabelião como parte integrante da afirmação do poder do Reino sobre os poderes privados (*maxime* da nobreza e do clero) e como função que àquele poder competia.

Assim, o notário era um oficial público, funcionarizado, que agia em nome e munido de autoridade do rei.

A 23/12/1899 surgiu o que se pode considerar a primeira Lei Orgânica do Notariado Português, que veio reorganizar os serviços do notariado, prescrevendo, de forma inovadora, além do mais, que os notários eram magistrados de jurisdição voluntária, que só podiam ser nomeados de entre bacharéis formados em Direito ou pessoas diplomadas com o Curso Superior do Notariado (curso este que nunca chegou a existir) e, ainda, que a actividade notarial era controlada pelo Conselho Superior do Notariado.

A efectiva constituição do Conselho Superior do Notariado – órgão composto em parte por notários[5], eleitos pelos seus pares, para o governo e representação da respectiva classe – exprimiu de forma inequívoca a autonomia da função notarial perante as funções judiciais e administrativas. Mas, o Conselho Superior do Notariado acabou por ser dissolvido pelo Decreto de 24 de Outubro de 1910 e, não obstante ter sido restabelecido

---

[4] Documentos extraídos dos Cartórios do Mosteiro de Lorvão, de Santa Cruz de Coimbra e de outros arquivos eclesiásticos da época.

[5] O Conselho Superior do Notariado era composto pelo presidente do Tribunal da Relação de Lisboa, por dois juízes nomeados pelo governo e por dois notários eleitos pelos seus pares.

pelo Decreto nº 4.170 (de 26 de Abril de 1918)[6], daí por diante a autonomia do notariado português não foi fortalecida, muito ao invés, a partir de 1923 começaram a ser publicadas disposições legais acentuando progressivamente a funcionarização dos notários[7].

E, em 1949, por iniciativa do Estado Novo, a actividade notarial foi nacionalizada sendo, consequentemente, funcionarizados os notários.

Não obstante a funcionarização, os notários portugueses, na sua grande maioria, não se comportavam como meros funcionários públicos, os utentes não os viam como tais e até o legislador lhes reconhecia mais funções do que a eminentemente pública ou documental[8].

---

[6] Refira-se que, posteriormente, o Decreto nº 5.625, de 10 de Maio de 1919, veio impor a seguinte composição do Conselho Superior do Notariado: um presidente nato – o presidente do Tribunal da Relação de Lisboa –, um notário de Lisboa e um magistrado do Ministério Público – nomeados pelo governo.
O Conselho Superior do *Notariado*, pela sua composição, passou, assim, a ser mais judiciário que do *notarial*.

[7] Por isso, o Decreto nº 12.260, de 2 de Setembro de 1926 extinguiu de novo e agora definitivamente o Conselho Superior do Notariado.

[8] De facto, refira-se que, por exemplo, o Ministério da Justiça, na edição oficial do Código de 1967, em anotação ao artigo 1º – no qual era afirmado que a função notarial tinha essencialmente por fim o de dar forma legal e conferir autenticidade aos actos jurídicos extrajudiciais –, sentiu necessidade de esclarecer que o legislador português havia optado por apenas fixar aquilo que, no consenso comum, constituía o essencial da função em causa, ou seja, a formalização dos actos jurídicos extrajudiciais, aliada à autenticidade que o notário lhes imprimia, por via da fé pública de que goza. Acrescentando, de seguida, que a fórmula adoptada permitia que não pudessem ser consideradas estranhas à esfera da actividade dos notários múltiplas manifestações funcionais da mais diversa espécie e variado alcance.
Em concreto, afirmava:
"(...) além dos actos jurídicos (expressão compreensiva quer dos negócios jurídicos propriamente ditos, quer das declarações volitivas unilaterais de carácter negocial), a eventual intervenção do notário abrange numerosos factos e actos não negociais, para os quais as exigências da vida moderna, dia a dia com maior frequência, reclamam garantias de autenticidade.
Por outro lado, o trabalho dos profissionais da nota, que por largo tempo se circunscreveu, fundamentalmente, à elaboração material de documentos comprovativos de determinados negócios, desde há muito deixou de ser dominado pela exclusividade do ritualismo formal dos actos para tornar-se actividade complexa, simultaneamente autenticadora e assessora dos interesses privados. Assim, se a finalidade primária, a razão de ser da instituição notarial, consiste na elaboração, com garantia de autenticidade, da prova documental da manifestação de vontade das partes no domínio do direito privado, <u>ao notário cabe, também por dever de ofício, prestar assistência aos particulares, orientando-os com o seu saber sobre a melhor forma de ajustar a vontade declarada às exigências legais, condicionantes da plenitude da</u>

Ou seja, apesar da funcionarização, os notários portugueses sentiam-se notários latinos, desenvolviam todas as funções características do notário latino e assim satisfaziam o que era de si pretendido, quer pela sociedade quer pelo poder instituído. Inclusive, Portugal foi um dos países fundadores da União Internacional do Notariado, no ano de 1947, com mais 17 países, e, podemos afirmar, sem dúvidas, que a funcionarização ocorrida ou concluída em 1949, não conduziu a que Portugal deixasse de estar integrado no sistema jurídico romano-germânico.

No entanto, a verdade é que a referida funcionarização se manteve durante mais de sessenta anos, o que se passou a revelar, manifestamente, incompreensível após o 25 de Abril de 1974, data em que foi posto termo à ditadura e Portugal passou a ser um Estado de Direito Democrático, integrado no sistema ocidental da propriedade privada, de livre-empresa, de liberdades públicas[9], onde os notários desempenhavam as funções típicas do notário latino.

E, como se sabe, apesar da originalidade do conceito de notário latino radicar na ambivalência da respectiva função – jurídica privada, por um lado, com respeito à relação jurídica; pública, por outro, com referência ao documento –, a componente pública não justifica a qualificação do notário como funcionário público, apenas a sua qualificação como oficial público[10/11].

___
sua eficácia jurídica, e, consequentemente, da efectiva realização dos objectivos desejados ou acordados." (Sublinhámos).
[9] Esta incongruência foi notada no referido XVI Congresso Internacional do Notariado Latino, quer pela intervenção espanhola, que lhe atribui uma raiz autoritária, quer pela intervenção italiana, que se revelou surpreendida pelo facto de as transformações democráticas, subsequentes a 1974, não terem abrangido o campo do notariado.
Sobre os três diferentes modelos de Notariado existentes na década de oitenta do século passado, vide: ALBINO MATOS, O estatuto natural do notário, in *Temas de Direito Notarial – I (Doutrina – Jurisprudência – Prática)*, Coimbra, Almedina, 1992, p. 153-154.
[10] O notário latino é o profissional de direito encarregado de receber, interpretar e dar forma legal à vontade das partes, redigindo os instrumentos adequados a esse fim e conferindo-lhes autenticidade. Ou seja, notário é um jurista ao serviço das relações jurídico-privadas mas ao mesmo tempo é um oficial público que recebe uma delegação da autoridade pública para redigir documentos autênticos dotados de fé pública.
Assim, é simultaneamente um oficial público e um profissional do direito.
Como oficial público exerce a fé pública notarial que tem e sustenta um duplo conteúdo: na esfera dos factos, a exactidão dos que o notário vê, ouve ou percebe pelos seus sentidos; na esfera do direito, a autenticidade e força probatória das declarações de vontade das partes no instrumento público, redigido segundo as leis. Deste modo, exerce uma função pública, documental ou de autenticação; função dirigida ao documento, na sua expressão externa

de autenticidade dos factos ou das declarações de vontade, do acto ou da relação jurídica, configurando, digamos, como que um notário-autenticador.

Como profissional de Direito exerce uma função jurídica privada: função assessora, de assistência, conselho e formação da vontade das partes e de adequação ou conformação daquela vontade ao ordenamento jurídico; configurando, digamos, como que um notário intérprete e documentador. Ou seja, a função jurídica privada refere-se à preparação do documento, à recolha da vontade das partes, ao conselho, à pedagogia e auxílio dessa vontade e à sua interpretação, bem como, à expressão da vontade das partes, à redacção e conformação do acto ou relação jurídica lei.

O notário latino, diferentemente do notário anglo-saxão, tem uma função plena, formativa, assessora e autenticante. Não se limita a dar fé aos actos que ocorrem na sua presença, vai mais além, encaminhando a vontade declarada das partes.

Nas palavras de CARNELUTTI o notário é um escultor do direito e um intérprete jurídico. Por último, cabe realçar que o notário latino é um terceiro imparcial, que deve estar sempre acima dos interesses comprometidos: a sua profissão obriga-o a proteger as partes com igualdade, libertando-as, com as suas explicações imparciais e oportunas, dos enganos a que poderia conduzi-las a sua ignorância. O notário, um só notário, tem de cuidar dos interesses de ambas as partes e, buscando o ponto de equilíbrio, servir a vontade comum, obtendo uma composição duradoura, e se possível definitiva, dos interesses opostos. O notário serve as partes e nenhuma em particular. Para o notário não há clientes, há apenas outorgantes, e todos merecem o mesmo tratamento e protecção. A vontade que há de indagar e à qual deve dar forma legal não é a de uma ou de outra parte, mas a vontade comum.

E a imparcialidade do notário latino é assegurada por um regime severo de incompatibilidades, mediante a obrigação de segredo profissional e a sujeição a um sistema de responsabilidades.

[11] Exercendo o notário, a par da função estritamente documental, uma função jurídica privada – que corresponde, além de outras tarefas, à adaptação, adequação ou conformação da vontade dos particulares ao ordenamento jurídico – a segurança preventiva (prevenir e evitar conflitos) é uma consequência ou resultado normal da sua intervenção.

A segurança que o notário (latino) proporciona é, antes de tudo, uma segurança documental, derivada da eficácia do instrumento público, dotado de autenticidade, eficácia essa que se expande pelo tráfico jurídico, pelo processo e em variadas outras direcções (eficácia probatória, executiva, registal, legitimadora, *etc.*).

Mas a importância desta segurança formal não pode fazer esquecer que antes dela há uma outra – a segurança substancial – que requer, como já resulta do exposto, que o acto ou contrato documentado seja válido e eficaz, segundo as prescrições do ordenamento jurídico. O instrumento público só pode ter por conteúdo um negócio valido. A função do notário não consiste em dar fé a tudo o que veja ou oiça, seja válido ou nulo, mas em dar fé em conformidade com a lei. Existe, portanto, um controlo da legalidade do negócio, cabendo ao notário detectar: incapacidades, erros de direito ou de facto, coacções encobertas, fraudes à lei, e, eventualmente, reservas mentais e simulações, absolutas ou relativas.

Assim, torna-se claro que a função do notariado latino, com o seu amplo conteúdo de assessoria, assegura a realização pacífica e espontânea do Direito, prevenindo futuros litígios baseados no desconhecimento do ordenamento jurídico (desconhecimento que hoje se agudiza

De facto, deve entender-se que a função de tal oficial público é de exercício privado, uma vez que nela vão indissociavelmente ligados aspectos de interesse privado que não compete a um Estado de Direito Democrático assumir ou tutelar. Isto porque, em causa estão: relações privadas, dos particulares entre si, não qualquer relação indivíduo-Estado. Ou seja, interesses somente privados que os respectivos sujeitos particulares dispõem ou regulamentam, como entendem, exercendo a autonomia privada. Ora, como se sabe, um Estado de Direito Democrático não tem legitimidade para intervir na harmonização ou composição de tais interesses, estando, ao invés, obrigado a respeitar as disposições dos respectivos titulares – salvo ofensa da lei, da ordem pública ou dos bons costumes. Isto em obediência ao princípio da liberdade individual, da autonomia da vontade e da liberdade contratual.

Na verdade, um Estado de Direito Democrático tem apenas o dever de se assegurar que tais funções sejam desempenhadas por profissionais científica e moralmente qualificados e independentes, que gozem da confiança dos particulares e que estes possam livremente escolher.

O notário enquanto operador jurídico, da lei e da vontade das partes, tem de ser (é, por definição) completamente independente no exercício da sua função, autónomo e responsável, não subordinado, devendo obediência apenas à lei e à vontade das partes[12].

---

perante crescente actividade legislativa), na falta de uma verdadeira comunicação entre as partes, na existência de um desequilíbrio entre elas, numa equívoca apreciação das consequências dos actos e negócios jurídicos, *etc*.. A certeza que acompanha a intervenção notarial, gera verdade, credibilidade, confiança e, assim, segurança jurídica, tornando desnecessário que esta se estabeleça ou restabeleça de forma coactiva ou meramente ressarcitória por acção dos tribunais, diminuindo os custos económicos e sociais. Por isso, começámos por afirmar que: a segurança preventiva é uma consequência ou resultado normal da sua intervenção.

[12] Como ensina RICARDO DIP, uma aproximação analítica do exercício notarial permite aferir, além do mais, que

"(e) o notário não há de ser um amanuense, mas um jurista que, para ser um criador independente e imparcial da *res iusta*, exercita ofício público;

(f) mas esse ofício ou serviço público do notário (ao menos se considerarmos o tipo do notariado latino) não é função estatal;

(g) pois uma fortuita subordinação hierárquica do saber próprio do notário feriria de morte a função notarial, que, por exigência metafísica, ao ser função social, de interesse público, não por isso se acomoda em ser função supeditada aos interesses secundários do Estado;

(h) efetivamente, o objeto imediato da atividade notarial são, sobretudo, interesses privados dos outorgantes e não o interesse do Estado;

Em resumo, a funcionarização não é compatível com o notariado latino. A funcionarização do notariado é um mal próprio dos povos desprovidos de liberdade!

1.1. Das consequências nefastas da funcionarização dos notários portugueses

Os notários portugueses, porque funcionarizados, apenas tinham uma participação no rendimento gerado pelo serviço do cartório[13]. A grande maioria do rendimento pertencia ao Estado, consequentemente, os notários não investiam, nem tinham que investir, no cartório onde desempenhavam as suas funções. Cabia ao Estado assegurar que as instalações dos cartórios notariais tivessem a dignidade condizente com a função lá exercida, bem como equipar devidamente tais instalações, formar mais notários e criar novos cartórios.

Mas, a verdade é que, apesar dos vários milhões de escudos ou euros que os cartórios anualmente entregavam ao Estado, este não investia nos existentes, nem abria novos cartórios em número suficiente para dar resposta às necessidades da sociedade. Isto porque, o valor embolsado era utilizado, sobretudo, para financiar o sistema judicial e prisional português.

Em virtude de tal realidade, o notariado português começou a revelar uma grande deficiência da capacidade de resposta aos cidadãos e às empresas – não tinha notários e cartórios notariais em número suficiente[14], nem instalações condignas, nem os equipamentos modernos que podia e devia ter.

Os agentes sociais e económicos necessitavam de um serviço mais célere, mais eficiente e moderno e os notários – espartilhados pela fun-

---

(i) por isso, não estaria mal até mesmo dizer que a função do notário é para-pública (Savatier) ou incindivelmente público-privada (Rodríguez Adrados);"
(*Vide* RICARDO DIP, Lineamentos da prudência notarial, texto que se encontra para publicação e que serviu de base à apresentação feita pelo Autor na Faculdade de Direito da Universidade de Coimbra, no dia 10 de Setembro de 2012, no I Encontro de Direitos Reais e Direitos dos Registos e do Notariado, organizado, em conjunto, pelo Centro de Estudos Notariais e Registrais (CENoR), pela Escola Paulista da Magistratura e pela Universidade do Registro (UniRegistral).

[13] Para além de auferirem uma componente remuneratória fixa.

[14] Tínhamos em Portugal 396 cartórios notariais, para servir dez milhões de pessoas, enquanto a grande Madrid, que tinha cerca de três milhões de habitantes, dispunha de 342 notários. São números que ilustram bem a diferença que existia, nesta matéria, entre Portugal e Espanha.

cionarização – não tinham capacidade de resposta satisfatória. Por isso, o notariado português, indevidamente, começou a ser apontado como um entrave burocrático ao desenvolvimento social e económico de Portugal. Tal ocorreu, sobretudo, no final dos anos 80 e início dos anos 90 do século XX, altura em que houve um rápido e grande incremento no número de actos notariais – especialmente nas compras e vendas de imóveis –, fruto de uma abertura, nunca antes vista, no crédito bancário. Subitamente, os cartórios notariais públicos eram chamados a dar resposta a uma realidade para a qual não estavam preparados. E, tornou-se manifesto que a recuperação e garantia do valor acrescentado da actividade notarial exigiam a sua modernização e adequação às exigências da sociedade e da competitividade da economia.

Assim, passou a ser premente alterar o estatuto do notário português. O mesmo é dizer, pôr termo à funcionarização.

1.2. A actuação política que antecedeu a "privatização"/desfuncionarização do notariado

Foi neste quadro que surgiu o Dec.-Lei nº 26/2004, de 4 de Fevereiro, impondo a "privatização" [15]/desfuncionarização do notariado.

Saliente-se, no entanto, que anteriormente o poder político já havia tentado alterar, sem êxito, o estatuto do notariado vigente.

De facto, o governo do Prof. Doutor Cavaco Silva chegou a ter pronta a reforma em 1995, mas o diploma foi vetado pelo Presidente Mário Soares. Posteriormente, a privatização foi proposta pelo Partido Socialista, por iniciativa do então ministro Vera Jardim, mas reprovada na Assembleia da República, pelos votos contrários do Partido Social Democrata e do Partido Comunista Português.

---

[15] Quanto ao termo privatização, cumpre afirmar que não prima pela propriedade, uma vez que, nem os notários nem os cartórios passaram a ser privados com a desfuncionarização. Os primeiros, porque não deixaram de ser oficiais públicos pelo facto de exercerem a sua actividade como profissional liberal – tal como a função jurídica privada impede a sua funcionarização, a função pública impede a sua privatização em sentido estrito, admitindo apenas a sua desfuncionarização. Os segundos – os cartórios –, porque independentemente do lugar em que se instalem e não obstante a sua apropriação por parte do notário, não podem deixar de ser considerados como repartições públicas para os efeitos pertinentes, como públicos são os instrumentos, os livros de notas, o arquivo, *etc.*.
Em virtude do afirmado, preferimos utilizar a expressão desfuncionarização.

Em face disso, o Partido Socialista retirou do seu programa de governo a privatização do notariado e apresentou, em alternativa, uma série de medidas de simplificação e "desformalização"[16].

Por isso, quando em 2004 foi desfuncionarizada a função notarial o respectivo diploma foi aprovado com a oposição de alguns dos partidos representados na Assembleia da República. Designadamente, com a oposição do grupo parlamentar do Partido Socialista que, defendendo um futuro bem diverso para o notariado português, havia apresentado um Projecto de Lei de Bases da Reforma do Serviço Público de Registos e Notariado.

No referido Projecto, o Partido Socialista defendia que fossem implementadas, entre outras, as seguintes medidas:

1ª a actividade notarial passaria a ser exercida em regime de profissão liberal;
2ª seria abolida a exigência de escritura pública como condição de validade de qualquer acto;
3ª os particulares optariam, consequentemente, por recorrer a um notário ou não, sempre que desejassem celebrar um negócio jurídico.

O Projecto de Lei de bases da Reforma do Serviço Público de Registo e Notariado – que, na altura, publicamente critiquei – acabou por não vingar, uma vez que a maioria parlamentar defendia, tal como nós e os notários portugueses em geral, que o futuro legal do notariado português passava pela sua plena integração no notariado latino e, consequentemente, pela desfuncionarização ou "privatização" da actividade notarial, não pela "desformalização".

2. A entrada em vigor do Decreto-Lei nº 26/2004 que impôs a "privatização"/desfuncionarização da actividade notarial e suas consequências imediatas

Decorrido um ano, em Fevereiro de 2005, tomaram posse os primeiros notários desfuncionarizados ou notários públicos de gestão privada.

Só no primeiro ano de implementação da reforma, entre notários, ajudantes do notariado e escriturários, foram 600 os que deixaram os quadros da função pública para passarem a trabalhar como profissionais liberais

---

[16] Colocamos a expressão desformalização entre aspas pelas razões que exporemos na nota 17.

ou colaboradores destes. Outros tantos foram recrutados no mercado de trabalho, muitos deles desempregados ou licenciados em direito sem ocupação compatível com a sua formação académica.

Portugal passou, assim, com o início de funções dos primeiros notários desfuncionarizados, praticamente de um momento para o outro, a dispor de um notariado moderno e eficaz. O notariado juntou à eficácia na prevenção de conflitos, que já lhe era reconhecida, uma capacidade de resposta irrepreensível às necessidades dos cidadãos e das empresas, passando os notários a exercer a sua actividade em instalações modernas, devidamente apetrechadas com equipamentos e meios electrónicos eficazes. E, tudo isto, sem custos para o Estado.

Por isso, sem hesitação, pode afirmar-se que a "privatização" ou desfuncionarização do notariado foi um êxito e poderá vir a servir como um "*case study*".

3. Da posterior – e aparentemente inexplicável – desvalorização da actividade notarial

Não obstante, aparentemente de forma inexplicável, após a desfuncionarização, surgiram diversos textos legais que desvalorizam claramente a intervenção do notário e as suas funções ao serviço do sistema de justiça preventiva.

A provar o acabado de afirmar, a lei veio permitir, por um lado, que a generalidade dos actos, anteriormente reduzidos a escritura pública, pudessem ser celebrados por documento particular autenticado e, por outro, que diversas entidades passassem a praticar actos que, antes, só aos notários competiam.

A este propósito passou a falar-se de um movimento de "desformalização"[17], que atingiu o seu auge em 2008/2009 e que conduziu ao quase esvaziamento da actividade notarial efectivamente exercida.

---

[17] O executivo até agora utilizou a palavra "desformalizar" sempre que tornou facultativo o recurso ao notário para a prática de determinado acto que até então tinha assegurada a sua intervenção por imposição legal.
No entanto, como é evidente, a vontade juridicamente relevante, para produzir efeitos, tem que revestir uma qualquer forma: nem que seja a verbal. E, no caso concreto, quando é utilizada a expressão "desformalizar" ou "desformalização", em regra, pretende-se afirmar que um determinado acto, anteriormente reduzido a escritura pública, pode, agora, constar de documento particular autenticado.

Antes de darmos conta dos diplomas legais tendentes à "desformalização" – que surgiram após a desfuncionarização do notariado –, cumpre, no entanto, salientar que já anteriormente o legislador português havia adoptado algumas medidas de "desformalização". No entanto, a verdade é que, tais medidas não punham em causa a subsistência da actividade notarial, conforme foi conhecida durante séculos em termos de competências[18].

[18] Sem pretendermos ser exaustivos e visando, apenas, demonstrar o afirmado, passaremos, de seguida, a fazer referência a alguns dos referidos diplomas legais:
– O Decreto-Lei nº 255/93, de 15 de Julho veio dispensar a escritura pública na compra e venda com mútuo, garantido ou não por hipoteca, referente a prédio urbano ou fracção autónoma destinada a habitação, desde que o documento fosse lavrado na instituição de crédito mutuante (o que constituía uma excepção aos artigos 875º do Código Civil e 80º, nº 1 do Código do Notariado).
– O Decreto-Lei nº 343/98, de 6 de Novembro – que alterou o Código das Sociedades Comerciais e o Código do Mercado de Valores Mobiliários e estabeleceu outras regras fundamentais relativamente ao processo de transição para o euro – dispensou, no seu art. 20º, de escritura pública: a redenominação de valores mobiliários; as modificações estatutárias que visassem a alteração da denominação do capital social para euros; as alterações de contratos que visassem adoptar os novos capitais sociais mínimos até 1 de Janeiro de 2002.
– Decreto-Lei nº 28/2000, de 13 de Março, atribuiu, a várias entidades, competência para a extracção de fotocópias dos originais que lhes fossem presentes para certificação e para certificar da conformidade das fotocópias com os documentos originais (aos operadores do serviço público de correios; às Juntas de Freguesia; aos advogados e aos solicitadores)
– O Decreto-Lei nº 36/2000, de 14 de Março, alterou o Código das Sociedades Comerciais, permitindo que muitos actos, anteriormente celebrados por escritura pública, pudessem ser titulados por acta lavrada pelo secretário da sociedade, a saber: a alteração do contrato de sociedade, desde que não respeitasse a alteração do montante do capital ou do objecto social da mesma (cfr. art. 85º do Código das Sociedades Comerciais) e a dissolução deliberada pela Assembleia-Geral (art. 145º do Código das Sociedades Comerciais).
Acresce que passaram a poder ser lavrados por documento particular outros actos (cfr. art. 270-A do Código das Sociedades Comerciais), de entre os quais destacamos:
– a constituição originária de sociedade unipessoal, desde que não fossem efectuadas entradas em bens diferentes de dinheiro para cuja transmissão fosse necessária a escritura pública;
– a transformação da sociedade por quotas em sociedade unipessoal ou em Estabelecimento Individual de Responsabilidade Limitada (EIRL), se da sociedade não fizessem parte bens para cuja transmissão fosse necessária a escritura pública.
– O Decreto-Lei nº 64-A/2000, de 22 de Abril, dispensou a escritura pública para formalização de arrendamentos sujeitos a registo, de arrendamentos para comércio, indústria ou o exercício de profissão liberal. E, ainda, para: a cessão de exploração de estabelecimento comercial ou industrial; trespasse e cessão da posição de locatário nos arrendamentos para o exercício de profissões liberais.
– O Decreto-Lei nº 108/2001, de 6 de Abril, alterando os arts. 13º e 77º do Código Cooperativo (a Lei nº 51/96, de 7 de Setembro), passou a exigir a escritura pública apenas para as alterações

De facto, foi a partir de Julho de 2005 – **menos de seis meses após a tomada de posse dos primeiros notários desfuncionarizados** – que se iniciou o que já foi denominado como "movimento de desmantelamento da profissão de notário"[19].

Em concreto:

Através do referio Decreto-Lei nº 111/2005, de 8 de Julho, foi criada a figura da Empresa na Hora perante as Conservatória do Registo Comercial e nos seus postos de atendimento localizados nos Centros de Formalidades de Empresas. Assim, os interessados na constituição de uma sociedade comercial ou civil sob forma comercial, podem, em geral, desde que optem por um pacto ou acto constitutivo de modelo aprovado pelo Instituto dos Registos e do Notariado, constituir uma sociedade e registá-la em acto imediato.

De seguida, em 2006, em virtude do Decreto-Lei nº 76-A/2006, a competência, anteriormente concedida – pelo Decreto-Lei nº 237/2001, e 30 e Agosto – às câmaras de comércio e indústria, aos advogados e aos solicitadores, para efectuarem reconhecimentos de assinaturas com menções especiais, por semelhança, e traduções (ou certificações de tradução) de documentos, foi ampliada, passando a ser permitido a tais entidades fazer reconhecimentos simples, presenciais e por semelhança, elaborar termos de autenticação de documentos particulares e certificar (ou fazer certificar) traduções de documentos, nos termos da lei notarial, com a mesma força probatória que teriam se tivessem sido realizados por um notário.

---

aos estatutos de cooperativa que dissessem respeito a alterações ao montante do capital social mínimo ou ao objecto.

– *O Decreto-Lei nº 237/2001, de 30 de Agosto* – alterando a alínea *h*) do nº 2 do art. 80º do Código do Notariado – dispensou de escritura pública o penhor das participações sociais que passou a poder ser feito por escrito particular (cfr. também o nº 3 do art. 23º do Código das Sociedades Comerciais).

O mesmo diploma "desformalizou", ainda, a transmissão de parte social em sociedades em nome colectivo, bem como a constituição de direitos reais de gozo sobre a mesma (art. 182º do Código das Sociedades Comerciais). No caso das sociedades por quotas, a unificação e divisão de quota resultante de partilha ou divisão entre contitulares também passou a poder ser titulada por documento particular (arts. 219º e 221º do mesmo Código).

Acresce que este Decreto-Lei também veio permitir que pudessem ser feitos reconhecimentos de assinaturas com menções especiais, por semelhança e traduções (ou certificações de traduções) de documentos, pelas câmaras de comércio e indústria, advogados e solicitadores, com a mesma força probatória que teriam se fossem feitos por notários.

[19] A este propósito, *vide* NETO FERREIRINHA/ZULMIRA NETO DA SILVA, *Manual de* Direito *Notarial – Teoria e Prática*, ob. cit., p. 34 e ss.

Mais, este diploma legal atribuiu todas estas competências também aos conservadores e oficiais de registo.

Por fim, foi eliminada a obrigatoriedade de escritura pública num vasto leque de actos relativos a sociedades comerciais – mas, na verdade, a "desformalização" no âmbito do Direito Comercial não parou por ali, tendo sido concluída em 2008 com a abolição da escritura pública em todos os actos societários, mesmo nas constituições ou aumentos de capital com entrada de imóveis.

Acresce que, em 2007, através do Decreto-Lei nº 263-A/2007, de 23 de Julho, foi criado um procedimento especial de transmissão, oneração e registo imediato de *prédio urbano*[20], da competência do serviço de Registo Predial da área da situação do prédio: o procedimento *Casa Pronta*. Tal procedimento abrangia os seguintes negócios: a compra e venda; o mútuo e demais contratos de crédito e de financiamento celebrados por intermédio de instituições de crédito e de financiamento com hipoteca e com ou sem fiança; hipoteca; sub-rogação nos direitos e garantias do credor hipotecário; outros negócios a definir por Portaria do Ministério da Justiça.

Em causa estava um procedimento especial que não supunha escritura pública em sentido técnico, uma vez que o documento que titulava o negócio era elaborado pelo serviço de registo, de acordo com o modelo previamente escolhido pelos interessados.

Assim, todas as operações e actos necessários eram realizados num único balcão, num único atendimento. Por isso, deixou de se exigir aos interessados, por exemplo, a obtenção de certidões de registo civil e comercial junto de outras conservatórias.

Posteriormente, com o Decreto-Lei nº 40/2007, de 24 de Agosto, foi criado o balcão da Associação na Hora em que os interessados – à semelhança do que já acontecia na Empresa na Hora –, se podem deslocar a um balcão denominado "Associação na Hora" e, desde que escolham um modelo de estatutos previamente aprovado, no mesmo acto, conseguem constituir a associação que é imediatamente publicitada.

Também, na área do direito das sucessões por morte e partilha por divórcio, o Estado praticamente "renacionalizou" a actividade que tinha

---

[20] O referido procedimento não era aplicável a prédio misto, prédio urbano formado no próprio acto, a partir e outros, por fraccionamento ou emparcelamento e, ainda, a prédio descrito em várias conservatórias.

desfuncionarizado há tão pouco tempo, através do *Balcão das Heranças* e do *Balcão Divórcio com Partilha*.

De facto, com Decreto-Lei nº 324/2007, de 28 de Setembro, passou a ser possível aos herdeiros habilitarem-se a uma herança, partilhar os bens e registar aqueles sujeitos a registo, também em regime de Balcão Único: o *Balcão das Heranças*.

O mesmo Diploma legal também criou, como se referiu, o *Balcão Divórcio com Partilha*, no qual os interessados podem fazer de imediato a partilha do património comum, efectuar o registo dos bens sujeitos a registo que sejam partilhados e proceder ao cumprimento das obrigações fiscais associadas, em atendimento presencial único.

Posteriormente, em 2008, através do Decreto-Lei nº 116/2008, de 4 de Julho, foram alterados vários preceitos do Código Civil, no sentido de dispensar a escritura pública e passar a permitir a formalização da generalidade dos contratos que têm por objecto bens imóveis por mero documento particular autenticado[21].

---

[21] Por isso, a partir de 1 de Janeiro de 2009, passou a poder ser celebrado por documento particular autenticado, a título de exemplo:
– a aquisição, a modificação, a divisão ou a extinção dos direitos de propriedade, de usufruto, de uso e habitação, de superfície ou de servidão sobre coisas imóveis;
– o contrato-promessa com eficácia real, se essa forma não for exigida para o contrato prometido;
– a cessão de créditos hipotecários, quando a hipoteca recaia sobre imóveis;
– os actos de constituição, alteração e distrate de consignação de rendimentos e de fixação ou alteração de prestações mensais de alimentos, quando onerem coisas imóveis;
– os actos de constituição e de modificação de hipotecas, a cessão destas ou do grau de prioridade do seu registo e a cessão ou penhor de créditos hipotecários;
– as divisões de coisa comum e as partilhas de patrimónios hereditários, societários ou outros patrimónios comuns de que façam parte coisas imóveis;
– a resolução da venda a retro se esta tiver por objecto bens imóveis;
– a doação de imóveis;
– os actos de constituição e liquidação de sociedades civis, se esta for a forma exigida para a transmissão dos bens com que os sócios entram para a sociedade;
– a constituição ou modificação da propriedade horizontal;
– a constituição ou modificação do direito real de habitação periódica;
– todos os demais actos que importem reconhecimento, constituição, aquisição, modificação, divisão ou extinção dos direitos de propriedade, de usufruto, de uso e habitação, de superfície ou de servidão sobre imóveis, para os quais a lei não preveja forma especial.
– os actos de alienação de herança ou de quinhão hereditário, quando existam bens cuja alienação anteriormente devesse obedecer à forma de escritura pública.

Deste modo, o Estado procedeu à quase completa "desformalização" dos actos jurídicos em Portugal, dispensando a intervenção do notário em quase todos os negócios jurídicos, autorizando conservadores, advogados, solicitadores e, também, câmaras de comércio e indústria a autenticar documentos particulares de transmissão e oneração de imóveis.

Por fim, o Decreto-Lei nº 122/2009, de 21 de Maio, veio simplificar os procedimentos no registo predial alterando o regime da *Casa Pronta*. Assim, actualmente, o serviço Casa Pronta, disponibilizado pelos serviços do Ministério da Justiça, permite realizar de forma imediata todas as formalidades necessárias à: compra e venda, doação, permuta, dação em pagamento, *de prédios urbanos, mistos ou rústicos,* com ou sem recurso a crédito bancário; à transferência de um empréstimo bancário para compra de casa de um banco para outro; à realização de um empréstimo garantido por uma hipoteca sobre a casa, num único balcão de atendimento. No serviço Casa Pronta também é possível realizar a constituição de propriedade horizontal[22].

De referir, ainda, que este Diploma legal veio conferir competência própria aos oficiais de registo para todo o procedimento *Casa Pronta* (formalização do contrato e respectivo registo). Oficiais estes que, em regra não são juristas e aos quais era exigida a escolaridade obrigatória até 1990 e a partir desse ano passou a ser exigido o 11º ano de escolaridade[23].

Saliente-se que, também, o art. 80º do Código do Notariado foi alterado, sendo revogado o princípio basilar do ordenamento jurídico português segundo o qual estavam sujeitos à forma de escritura pública os actos que importassem reconhecimento, constituição, aquisição, modificação, divisão ou extinção dos direitos de propriedade, usufruto, uso e habitação, superfície ou servidão sobre coisas imóveis, passando exigir-se apenas que tais actos fossem formalizados por documento particular autenticado.

[22] Sublinhe-se que este procedimento se inicia com a anotação no diário dos factos sujeitos a registo, seguida da elaboração dos documentos que titulam os negócios jurídicos, de acordo com o modelo previamente escolhido pelos interessados, seguido da leitura e explicação do respectivo conteúdo (cfr. nº 1 do art. 8º).

Ou seja, ao contrário o habitual, primeiro efectua-se o registo, só depois se elabora o título.

[23] Vigorando entre nós o princípio da consensualidade e o princípio da causalidade a solução adoptada revela-se gravíssima.

Vejamos com mais pormenor.

Segundo o princípio a consensualidade, para que o direito real se transmita ou constitua, em regra, é apenas necessário e suficiente um título de aquisição sendo, portanto, desnecessário um modo.

Título de aquisição tem aqui o sentido de fundamento jurídico ou de causa que justifica a aquisição, podendo abranger, em princípio, todas as razões em que se funda a aquisição de um *ius in re*, quer se trate de lei, quer de sentença, quer de acto jurídico, unilateral ou contratual. E o modo, que entre nós é, em regra, desnecessário, traduz-se no acto pelo qual se realiza efectivamente essa aquisição (por exemplo, a *traditio* ou o registo).
Considerando o sistema jurídico-português, o efeito real como causado exclusivamente pelo acto em que se manifesta a vontade de constituir ou transmitir, com exclusão de qualquer outra "formalidade" ulterior, afirma-se, também, o princípio da causalidade – não o princípio da abstracção da justa causa de atribuição. Assim, por um lado, o registo não é, em regra, condição necessária nem suficiente para que a constituição ou transmissão de qualquer direito real ocorram. E, por outro, é evidente que a constituição ou transmissão de qualquer direito real depende da causa jurídica que precede essas mesmas consequências. Ficando a existência do direito em questão enquanto estiver em questão o próprio acto que o titula.
Em face do exposto, quanto à relevância do título no nosso sistema jurídico para a constituição e transmissão de direitos reais – título esse que não pode padecer de causas de inexistência, há-de ser válido e apto a produzir efeitos reais –, torna-se clara a importância do saber de quem lavra o título para a constituição e transmissão dos direitos reais. Isto, claro está, para quem não desconhece que a segurança jurídica é uma consequência da actividade do notário latino, e para quem sabe que a chave fundamental para o desenvolvimento económico consiste em atribuir aos cidadãos títulos de direitos reais seguros.
Acresce que, no âmbito o Registo Predial, nos termos do nº 2 do art. 75º-A do Cód.Reg.Pred., os oficiais têm agora competências próprias para os seguintes actos de registo:
– penhora de prédios;
– aquisição e hipoteca de prédios descritos antes de titulado o negócio;
– aquisição por compra e venda acompanhada da constituição de hipoteca, com intervenção de instituições de crédito e sociedades financeiras;
– hipoteca voluntária, com intervenção das referidas entidades;
– locação financeira e a transmissão do direito do locatário;
– transmissão de créditos garantidos por hipoteca;
– cancelamento de hipoteca por renúncia ou por consentimento;
– averbamentos à descrição de factos que constem de documento oficial;
– actualização da inscrição quanto à identificação dos sujeitos dos factos inscritos;
– averbamento de desanexação dos lotes individualizados em consequência da inscrição de operações de transformação fundiária decorrente de loteamento, já confirmada pelo conservador ou seu substituto legal, e abertura das respectivas descrições;
– abertura das descrições subordinadas da propriedade horizontal inscrita;
– abertura das descrições das fracções temporais do direito de habitação periódica inscrito.
– etc..
Ora, não alcançamos a razão que levou o legislador português a atribuir competência própria aos oficiais para lavrarem tais actos de registo.
Efectivamente, "sendo a qualificação a tarefa mais nobre e responsabilizante do conservador, não compreendemos como possa ser feita por outrem, salvo sob sua delegação. E isto, independentemente de se reconhecer que a função registal tem aspectos da função jurisdicional e da

Assim, rigorosamente, ao notário, em regime de exclusividade, restaram apenas três tipos de actos:

- O testamento;
- A procuração irrevogável
- A certificação de factos presenciados pelo notário.

E, incrivelmente, o seu principal concorrente são os serviços registais[24].

função administrativa e que a função de qualificar se aproxima mais da função jurisdicional do que da administrativa.
De facto, quando a lei impõe a qualidade de jurista para se assumir a função de conservador e incumbe a este o dever de zelar pela segurança jurídica, enquanto fim último de um Sistema Registal que gera efeitos substantivos e não mera publicidade notícia, não encontramos explicação para o facto de ter sido atribuída aos oficiais competência própria para qualificarem. É certo que temos perfeita consciência de que a atribuição de competência própria aos funcionários não prejudica em nada a direcção da Conservatória e que, consequentemente, a distribuição do serviço continua a estar afecta ao respectivo conservador (cfr. nº 1 do art. 93º do Decreto 55/80 de 8 de Outubro.). E, também sabemos que, conforme o disposto no nº 1 do art. 75º-A do Cód.Reg.Pred., o conservador, em regra, é o funcionário competente para o registo. Não obstante, não podemos deixar de questionar:
Não teria sido mais sensato admitir apenas a delegação?
Entendemos que sim!
Mais, na nossa perspectiva, o legislador, indirectamente, assumiu-o ou, pelo menos revelou insegurança quanto à decisão acabada de tomar, designadamente, quando estatuiu que em caso de impugnação da decisão do oficial, é o conservador que tem competência para apreciar o despacho recorrido no sentido de sustentar ou reparar a decisão nele contida, conforme se pode constatar pelo disposto nos artigos 142º-A nº 1 e 144º nº 3 do Cód.Reg.Pred..
Em suma, para nós é claro que só deve qualificar quem tiver profundos conhecimentos jurídicos. Admitir que tal função seja realizada, como competência própria, pelos oficiais, por mais experientes e habilitados que sejam, implica, necessariamente, colocar em causa o princípio da legalidade e, consequentemente, não simplificar procedimentos eliminando obstáculos ou dificuldades mas, isso sim, fragilizar o sistema.
Situação que se agrava quando se sabe que a atribuição de competência própria aos oficiais não depende de qualquer formação jurídica, nem sequer do tempo de serviço." (Cfr. MÓNICA JARDIM, A delimitação de jurisdição, territorial e na matéria – reflexo nos efeitos registais, texto que se encontra para publicação e que serviu de base à apresentação feita no dia 10 de Março de 2012, no Salão Nobre da Reitoria da Universidade do Porto Museu, por ocasião da Conferência "Simplicidade com Credibilidade – O Direito à Segurança Jurídica", organizada pelo Conselho Distrital do Porto da Ordem dos Advogados e pela Associação Sindical dos Conservadores dos Registos).
[24] O principal argumento do executivo para justificar o exercício da actividade notarial por parte dos serviços registais foi a quebra de receitas, mas a KPMG realizou um estudo através do qual se veio a demonstrar que o Estado não perdeu receita em virtude da desfuncionarização

4. Da situação de desigualdade em que se encontram os diversos agentes que desempenham a actividade notarial

Como acabámos de referir o Estado atribuiu competências notariais a outros agentes, nomeadamente a advogados, a solicitadores, câmaras de comércio e industria, conservadores e oficiais de registo.

No entanto, inexplicavelmente, não se verifica uma uniformização nas regras aplicáveis aos diversos agentes.

Assim, e a título de mero exemplo:

- A possibilidade de fazer publicidade, quanto aos notários, limita-se, e bem, a uma mera publicidade informativa – ao contrário, designadamente, dos advogados, pelo menos de acordo com a letra do artigo 89º do Estatuto da Ordem dos Advogados.
- É completamente díspar a área territorial de actuação dos diversos agentes tituladores. Os notários só podem praticar actos dentro do concelho onde se encontra situado o seu cartório, ao invés, os demais agentes fazem-no sem qualquer limitação, havendo o executivo tido inclusive o cuidado de acabar com a competência territorial das conservatórias[25].

---

dos notários, mas, pelo contrário, aumentaram os fluxos financeiros e, simultaneamente, registou-se uma maior eficiência e um acréscimo de actividade induzido no sector pelos notários. O que efectivamente se passou foi uma redução da receita do Ministério da Justiça e um aumento exponencial da receita do Ministério das Finanças através do Imposto sobre o Rendimento das Pessoas Singulares (IRS) – que os notários pagavam à taxa máxima, tendo em conta os rendimentos à altura obtidos –, bem como um aumento da receita do Ministério do Trabalho e da Segurança Social, em virtude dos descontos dos novos colaboradores dos notários.

[25] O princípio da competência territorial – que tanto quanto sabemos se encontra consagrado em todos os Sistema Registais da Europa – é um garante da transparência e da imparcialidade do processo registal, elementos imprescindíveis a qualquer Sistema de Registo.

Não obstante, como referimos, foi suprimido entre nós.

"Bem sabemos que tal decisão de por termo à competência territorial das conservatórias só foi tomada porque o registo é, todo ele, suportado por uma base de dados nacional e que se visou facilitar a vida ao utente evitando-lhe deslocações.

Mas, a verdade é que o mesmo objectivo teria sido atingido se se tivesse permitido que o utente entregasse o pedido do registo em qualquer conservatória, ficando esta responsável pelo seu envio para a conservatória competente.

É claro que contra se poderá argumentar que, desse modo, o utente não poderia escolher a conservatória que presta o melhor serviço, com melhor qualidade, de forma mais rápida e com melhor atendimento.

- Os advogados e solicitadores não estão sujeitos à fiscalização do Ministério da Justiça e nunca lhes foi imposto, de forma directa, a criação de um arquivo relativo aos actos em que intervém como tituladores.
- A formação exigida para a prática dos actos é distinta, sendo muitíssimo mais exigente para os notários – que, inclusive, estão sujeitos à prestação de Provas Públicas – do que para os advogados, solicitadores e oficiais de registo[26].

Mas tal supõe esquecer que em causa não está um serviço privado, mas público; o qual deve ser prestado com a melhor qualidade e da forma mais rápida por qualquer conservatória.
Ora, se na prática tal não ocorria, então o problema não devia ter sido mascarado, devia, isso sim, ter sido eliminado (por exemplo, impondo a frequência de mais cursos de formação que assegurassem uma maior uniformidade decisória; aumentando o número de funcionários nas conservatórias com mais serviço; *etc*.).
Permitir a livre escolha da conservatória é permitir a escolha do responsável pelo registo, ou seja, daquele que deve actuar apenas com obediência à lei.
A qualificação é imposta com vista à obtenção da segurança jurídica e, por isso, reclama a independência e imparcialidade decisória de seu agente, a mesma independência e imparcialidade que tem o juiz para proferir as suas decisões.
Quando o utente escolhe um responsável pelo registo e não outro, e tal fica a dever-se às condições físicas e materiais da conservatória ou à falta de funcionários, não será porque o escolhido não é imparcial ou é menos exigente?
Se o legislador tiver colocado esta questão e lhe tiver dado resposta positiva, então isso não quererá dizer que admitiu e admite a existência e permanência em funções de conservadores parciais e menos exigentes – que "qualificam por defeito" – ou de conservadores demasiado exigentes – que "qualificam por excesso"?
Independentemente do questionado, a possibilidade de o utente escolher a conservatória onde será lavrado o registo só nos faz recordar o *forum shoping* e a sua proibição. De facto, porque não pode o interessado escolher livremente o Tribunal e o juiz que há-de decidir a causa, mas já pode escolher o responsável pela feitura do registo?
Por fim, claro que não desconhecemos que sendo solicitada a feitura do registo *on-line* o utente não tem a possibilidade de escolher a pessoa que há-de lavrar o registo.
Mas, tal não nos sossega o espírito, uma vez que, naturalmente, quem quer escolher o responsável pela feitura do seu registo não formula o pedido on-line. (Cfr. MÓNICA JARDIM, A delimitação de jurisdição, territorial e na matéria – reflexo nos efeitos registais, cit.)

[26] Até 2004, ano em que entrou em vigor o Decreto-Lei nº 26/2004, de 4 de Fevereiro (Estatuto do Notariado), nos termos do disposto no Decreto-Lei nº 206/97, de 12 de Agosto, regulamentado pelo Decreto-Lei nº 92/90, de 17 de Março, para se ser notário era necessário: *Como condições de admissão* (art. 2º do Decreto-Lei nº 206/97, de 12 de Agosto):
– Ser licenciado em Direito por universidade portuguesa ou possuir habilitação académica equivalente, em face da lei portuguesa;
– Preencher os requisitos gerais para o ingresso na função pública, uma vez que os notários, nessa data, eram ainda funcionários públicos.

Para o ingresso na carreira (art. 3º do Decreto-Lei nº 206/97, de 12 de Agosto), os candidatos tinham que passar por quatro fases, todas elas obrigatórias e qualquer uma delas eliminatória:
– Realizar provas nacionais de aptidão (art. 7º do Decreto-Lei nº 206/97, de 12 de Agosto) – um exame psicológico e provas de conhecimentos jurídicos, consistindo estas em três provas escritas: uma de resolução de questões práticas de Direito Civil e de Direito Processual Civil; outra de resolução de uma questão prática de Direito Comercial; e a terceira que consistia na elaboração de uma nota de síntese a partir de documentos respeitantes a problemas jurídicos. As provas realizavam-se perante um júri presidido pelo Director-Geral dos Registos e do Notariado e constituído ainda por dois docentes da Faculdade de Direito da Universidade de Coimbra, pelo Subdirector-Geral com tutela da Direcção de Serviços Jurídicos e por três vogais do Conselho Técnico da Direcção-Geral dos Registos e do Notariado (art. 6º do Decreto-Lei nº 206/97, de 12 de Agosto).
Os candidatos aprovados nestas provas passavam a ter a qualidade de auditores dos registos e do notariado.
– Frequentar o Curso de Extensão Universitária, o qual sempre funcionou na Faculdade de Direito da Universidade de Coimbra, com a duração de seis meses, e que tinha uma componente teórica que incidia especialmente nas áreas do Direito Comercial, do Direito das Obrigações, do Direito das Coisas, do Direito das Sucessões e do Direito da Família – cujas aulas eram leccionadas por Professores daquela faculdade –, e uma componente prática de Direito Notarial e de Direito Registal (Predial, Comercial, Civil e Automóvel) – cujas aulas eram leccionadas por notários e conservadores que se tivessem destacado no desempenho da sua actividade, normalmente membros do Conselho Técnico.
Findo o curso, os candidatos voltavam a ser avaliados, mediante a realização de provas escritas;
– Realização do Estágio, com a duração de doze meses (art. 19º do Decreto-Lei nº 206/97, de 12 de Agosto), sob a orientação de conservadores e notários, decorrendo quatro meses numa Conservatória do Registo Civil e igual período numa Conservatória de Registo Predial e Comercial e num Cartório Notarial, com a elaboração pelo formador de um relatório final sobre o aproveitamento e aptidão do auditor, finda cada uma destas três fases do estágio;
– Prestação de provas finais, escritas e orais – tendo em vista apreciar a preparação e a capacidade dos candidatos para o exercício das suas funções e permitir a graduação do mérito relativo dos concorrentes –, sendo quatro escritas, de resolução de questões práticas de registo civil, predial, comercial e de notariado, e uma prova oral, todas realizadas perante o mesmo júri.
Aprovados os candidatos nestas provas e completado o ciclo de ingresso, os mesmos passavam a ter a qualidade de adjuntos de conservador ou notário e eram colocados numa repartição, de acordo com a sua preferência e a graduação de mérito.
A partir de 2004, com a entrada em vigor do Decreto-Lei nº 26/2004, de 4 de Fevereiro, que implementou a reforma do notariado e desfuncionarizou a função, criou-se um *regime transitório*, com a duração de dois anos (cfr. nº 1 do art. 106º).
A Portaria nº 398/2004, de 21 de Abril, ao abrigo do disposto no nº 1 do art. 125º do Estatuto do Notariado, veio provisoriamente regular a atribuição do título de notário.
Para se ser notário seria aconselhável frequentar um curso de formação, promovido pelo Ministério da Justiça junto de uma Universidade de Direito, cujo conteúdo seria o do programa das provas e que teria duração não inferior a 125 horas (art. 3º da aludida Portaria).

Para se poderem habilitar ao concurso de atribuição do título de notário os candidatos deviam reunir as seguintes condições (art. 4º da aludida Portaria):
– Ser licenciado em Direito por universidade portuguesa ou possuir habilitação académica equivalente, à face da lei portuguesa;
– Não estar inibido do exercício de funções públicas ou interdito para o exercício das funções a que se candidata.
Após a admissão ao concurso de atribuição do título de notário, os candidatos realizavam provas públicas, conforme o programa de provas publicado em anexo à referida Portaria, as quais consistiam em:
– Provas escritas, com carácter eliminatório e das quais estavam dispensados os Doutores em Direito; as provas escritas eram: uma de Direito Privado, com a duração de duas horas; outra de Direito Público, com a duração de uma hora; e, por fim, uma de Direito Notarial, com a duração de três horas.
O peso destas provas, na graduação dos candidatos, era de cinquenta por cento;
– Prova oral, denominada como "Entrevista", sem carácter eliminatório, à qual só acediam os candidatos que tivessem obtido, pelo menos, 12 valores na prova escrita (art. 7º da Portaria). A referida "Entrevista" tinha por base uma dissertação sobre um tema proposto pelo candidato no âmbito do programa de provas publicado em anexo à mesma Portaria e destinava-se a avaliar a sua preparação técnica e a capacidade de expressão e comunicação.
O peso desta prova, na graduação dos candidatos, era de cinquenta por cento, excepto para os dispensados das provas escritas, caso em que o respectivo peso seria de cem por cento.
Concluídas as provas públicas, os candidatos eram graduados de acordo com os resultados obtidos e passavam a frequentar um estágio em cartório notarial, com a duração de três meses, sem carácter eliminatório, devendo, no entanto, elaborar um relatório das actividades desenvolvidas (art. 9. da Portaria).
Terminado o estágio, era atribuído aos candidatos o título de notário, ficando os mesmos aptos a concorrer à atribuição de licença de instalação de cartório (art. 10º da Portaria).
No entanto, o Estatuto do Notariado estabelece um regime de acesso à função notarial e atribuição do título de notário (art. 25º e ss. do mesmo Estatuto) diverso que ainda não foi totalmente aplicado e que consiste no seguinte:
Como *requisitos de acesso à função notarial* (arts. 25º, 26º e 27º do Estatuto do Notariado):
a) Ser português ou nacional de um Estado membro da União Europeia ou de outro Estado signatário de acordo com Portugal visando o reconhecimento mútuo de qualificações profissionais para o exercício da função notarial em regime de reciprocidade;
b) Ser maior de idade;
c) Não estar inibido do exercício de funções públicas ou interdito para o exercício de funções notariais;
d) Possuir licenciatura em Direito;
e) Ter frequentado o estágio notarial;
f) Ter obtido aprovação em concurso promovido nos termos dos artigos 31º e 32º do presente Estatuto.- Não estar inibido do exercício de funções públicas ou interdito para o exercício de funções notariais;
Ter frequentado estágio notarial, cuja realização é requerida à Ordem dos Notários, com duração de 18 meses e realizado sob a orientação de notário com, pelo menos, 7 anos de

Sublinhe-se, ainda, que estes últimos aspectos já foram reconhecidos pela Exma. Senhora Ministra da Justiça, no discurso que proferiu no II Congresso do Notariado Português, subordinado ao tema O Notariado no Século XXI, realizado no dia 14 de Novembro de 2011.

Na verdade, no referido discurso pode, além do mais, ler-se:

> *"O exercício da função notarial exige uma formação específica e deontológica que não é conferida pela mera licenciatura em direito ou, mesmo, pela simples inscrição noutra qualquer outra ordem profissional.*
>
> *Daí que entenda que a prática notarial deve estar sujeita, independentemente de quem pratique os actos, <u>a requisitos de exigência, de controlo, de registo, e de fiscalização, o que não existe no actual sistema.</u>*

Mais, no mesmo discurso, pode, também, ler-se:

> *"Não podemos ter desformalização à custa de menor segurança e de rigor. Mas diferente de desformalizar é atribuir a outros profissionais, sem que existam regras aplicáveis a todos na forma e modo de agir e de praticar os actos.*
>
> *Não basta ser Licenciado em Direito, ou Advogado, ou Solicitador, para se ter as competências necessárias para celebrar uma escritura ou um acto desformalizado equivalente. Há uma formação própria, específica e necessária a que se deverão sujeitar todos os que pratiquem actos notariais, ainda que desformalizados."*

No entanto, decorridos dois anos e quase 4 meses, lamentavelmente, o defendido, no discurso que acabámos de citar, não passou das palavras.

---

exercício de funções; a duração deste estágio é reduzida a metade caso se trate de Doutor em Direito, magistrado judicial ou do Ministério Público, conservador, ajudante ou escriturário, desde que com classificação não inferior a Bom, ou de Advogado inscrito na respectiva ordem durante, pelo menos, 5 anos.

Concluído o estágio, o notário patrono elabora uma informação, na qual se pronuncia sobre a aptidão do estagiário para o exercício da função notarial, ou seja, sobre o aproveitamento do candidato (art. 29º do Estatuto do Notariado);

– Ter obtido aprovação em concurso realizado pelo Conselho do Notariado – ao qual só acedem os candidatos que concluam o estágio com aproveitamento. O concurso consiste na prestação de provas públicas de avaliação da capacidade para o exercício da função notarial, com parte escrita e oral, cujo conteúdo, duração e júri constarão do aviso de abertura do respectivo concurso (art. 32º do Estatuto do Notariado).

<u>É atribuído o título de notário</u> a quem obtenha aprovação no concurso, sendo a graduação feita tendo em conta as classificações obtidas nas provas do concurso e as constantes dos respectivos títulos académicos (art. 33º do Estatuto do Notariado).

De facto, até hoje, o executivo não adoptou nenhuma medida sobre esta matéria!

Por fim, cumpre ainda salientar que:

- Os Balcões dos serviços registais não cobram o imposto de valor acrescentado (IVA), o que, naturalmente, conduz a que o utente pague um preço inferior, introduzindo, consequentemente, graves distorções de concorrência, não só relativamente aos notários, mas ainda às demais entidades que formalizam contratos.
- Os actos de titulação praticados por conservadores e oficiais de registo são os únicos que não estão sujeitos ao controlo de legalidade por outrem[27]. O que é, obviamente, incompreensível, para quem defende o denominado: "duplo controlo da legalidade".

5. Conclusão

Em face do exposto, não se pode negar que as opções dos diversos governos, desde 2006, geraram o perigo de extinção da profissão de Notário, tal como sempre a conhecemos.

No entanto, contra o que seria expectável ou, eventualmente, desejável para alguns, o Notariado subsistiu – para bem da sociedade.

Subsistiu porque se adaptou e reinventou. Pois, às funções por si tradicionalmente assumidas, aceitou tarefas não típicas do notariado latino (assim, por exemplo, o processo de inventário).

Pois bem, transposta esta fase negra, acreditamos que o notariado português subsistirá, mesmo que não venha a ocorrer qualquer inversão na política do Estado, pelo menos mais oitocentos anos.

---

[27] A este propósito MOUTEIRA GUERREIRO, Algumas Ideias em Torno dos Registos e da Sua Relação com o Notariado, 2009, trabalho não publicado, afirma:
"(...) Há ainda que sublinhar o seguinte: exactamente por tudo isto as funções de registar e de titular não devem ser exercidas pela mesma pessoa ou pela mesma entidade. Não pode quem titula declarar que o título que elaborou ingressa *qua tale* no sistema registral, assim como não pode quem tem de dizer se o acto pode ou não ingressar (e ingressar definitivamente) ser a mesma pessoa ou entidade que o titulou. Evidentemente que, em qualquer dos casos, não está isento face à qualificação registral: qualquer pessoa tem a sua própria opinião, mas, como é óbvio, nunca pretenderá que o acto que praticou (e que visava a sua adequada titulação) seja depois, por si próprio, recusado ou posto em causa.
"Existe, portanto, uma subjacente incompatibilidade e conflito de interesses que afasta a vantagem e pertinência de essas duas funções (salvo em reconhecidas hipóteses) serem exercidas pela mesma pessoa. No entanto, sendo-o, é a própria segurança do comércio jurídico, bem como a eficácia e confiabilidade do registo, que ficam (necessariamente) prejudicadas."

Registo Imobiliário Constitutivo ou Registo Imobiliário Declarativo/Consolidativo? Qual Deles Oferece Maior Segurança aos Terceiros?[1]

Sumário: 1. Registo Imobiliário constitutivo e Registo Imobiliário declarativo/consolidativo; 2. O princípio segundo o qual o sujeito activo de um facto jurídico que deveria ter acedido ao Registo, sob pena de não ocorrer a mutação jurídico-real ou sob pena de não se consolidar a eficácia da mutação jurídico-real já ocorrida, não verá a sua posição jurídica prevalecer em face de um terceiro adquirente, de um direito total ou parcialmente incompatível, que haja obtido o correspondente registo; 3. O princípio segundo o qual o titular de um direito, caso deixe de constar do registo como sendo o actual titular registal (ou o único titular registal), em virtude da inscrição registal de um facto jurídico que seja inexistente, nulo, padeça de uma causa de anulabilidade ou esteja sujeito a uma causa de cessação de eficácia *ex tunc*, não verá a sua posição jurídica prevalecer em face de um terceiro que haja adquirido do então titular registal e obtido o correspondente registo, se em data anterior não constar do registo um assento que alerte para a discrepância, existente ou futura, entre a realidade tabular e extratabular; 3.1. O princípio da fé pública registal; 4. A diversa eficácia e intensidade da garantia prestada ao terceiro pelo sistema registal; 5. Da eventual correlação entre os sistemas de protecção máxima/mínima e os sistemas que reconhecem ao registo um efeito constitutivo e os sistemas nos quais o registo assume uma função declarativa/consolidativa; 6. A protecção forte ou máxima e o e o seu "suporte" – o controlo da legalidade exercido pelo registrador ou a qualificação registal; 6.1. O princípio da fé pública registal e os obstáculos que podem impedir a sua adopção adoptado e, assim, o estabelecimento de um sistema registal íntegro e exacto.

---

[1] Texto que serviu de base à apresentação feita no Café Ultramarino, realizado pela Escola Paulista de Magistratura, em Dezembro de 2013.

1. Registo Imobiliário constitutivo e Registo Imobiliário declarativo/consolidativo

O registo assume uma função constitutiva nos ordenamentos jurídicos que que impõe a primeira inscrição como condição necessária para que o imóvel não permaneça fora do tráfico jurídico. O assento registal é um requisito indispensável para que se opere a mutação, previamente acordada, da situação jurídico-real. Nestes sistemas, os direitos reais – que, como é consabido, são dotados de eficácia real[2] – não se constituem, não se transmitem, nem se modificam à margem do Registo e, se assim é, evidentemente que a sua oponibilidade depende do registo. Antes do assento registal não faz qualquer sentido falar de oponibilidade *erga omnes*[3].

Ao invés, o registo assume uma função declarativa/consolidativa nos ordenamentos jurídicos que admitem que os direitos reais se constituam, transmitam e modifiquem à margem do Registo, mas impõe ao titular do direito real, a inscrição registal como condição de oponibilidade perante certos e determinados terceiros ou, mais rigorosamente, como forma de consolidar a oponibilidade *erga omnes* do seu direito real, perante certos e determinados terceiros.

Não obstante o acabado de afirmar, cumpre referir que os ordenamentos que consagram o registo constitutivo, em regra, apenas o impõem nas

---

[2] O direito real é absoluto – eficaz *erga omnes* –, sem excepção. Não existem direitos reais desprovidos de eficácia *erga omes*. Consequentemente, nos ordenamentos que admitem que os direitos reais se constituam, transmitam e modifiquem à margem do Registo, mas impõem a inscrição registal dos correspondentes factos jurídicos, sob pena de inoponibilidade em face de certos e determinados terceiros, a função que há-de ser reconhecida à referida inscrição é a de "apenas" consolidar a eficácia *erga omnes* anteriormente obtida.

[3] No entanto, nos sistemas da *civil law* de registo constitutivo, a transmissão, constituição ou modificação dos direitos reais, e a correlativa oponibilidade *erga omnes*, não depende apenas da inscrição registal. E isto, quer em causa esteja um sistema de modo complexo, como o existente no ordenamento jurídico alemão, quer em causa esteja um sistema de título e modo – complexo ou não –, como o existente no ordenamento jurídico austríaco, suíço, brasileiro, *etc*.. De facto, num sistema de modo, como o alemão, o efeito real não depende apenas do registo,), mas de um processo que envolve um negócio de disposição (*Einigung*) havido como abstracto, mas que tem de ser válido, e a inscrição no livro fundiário (*Eintragung*). Por seu turno, num sistema de título e modo considerando-se o efeito real como causado não só pelo modo mas também pelo título, o princípio que rege é o da causalidade, não o da abstracção. Assim, o modo – não obstante ter efeitos constitutivos, pois dele depende a produção do efeito real –, na ausência de um título válido e procedente, não tem a virtualidade de, por si só, constituir, modificar ou extinguir a situação jurídico-real. Podendo dizer-se que o modo é, quando é, condição necessária mas não suficiente para que se produza o efeito real pretendido.

mutações jurídicas decorrentes de negócios voluntários celebrados *inter vivos*. Consequentemente, outras formas de aquisição (*v.g.*, a aquisição originária, a sucessão legal *mortis causa a* título de herança, a expropriação, *etc.*) são eficazes *erga omnes* independentemente do correspondente registo, traduzindo-se, portanto, em formas de aquisição extratabular. Porque assim é, quando devam aceder ao registo, o correspondente assento visa "apenas", por um lado, consolidar a eficácia *erga omnes* anteriormente adquirida em face de terceiros e, por outro, legitimar o adquirente do direito real a alienar ou onerar, uma vez que, enquanto a inscrição registal não ocorrer, o titular do direito real estará impedido de o fazer de acordo com o princípio da legitimação e com o princípio da continuidade ou do trato sucessivo.

Acresce que, nestes sistemas, as limitações legais, as restrições de direito público e algumas servidões produzem a sua eficácia típica à margem do registo.

Por seu turno, os sistemas jurídicos que reconhecem ao assento registal "apenas" o papel de consolidar a eficácia *erga omnes* da situação jurídico-real, em regra, consagram hipóteses de inscrições de factos jurídicos que, caso não cheguem a aceder ao registo, nem por isso deixam de ser oponíveis *erga omnes*, hipóteses essas em que a inscrição no registo não visa consolidar, portanto, a eficácia *erga omnes* da situação jurídico-real pré-existente e, portanto, nas quais assume apenas a função de publicidade-notícia ou, por outras palavras, gera apenas um efeito enunciativo (por exemplo: a aquisição originária; a aquisição *ex vi legis*; as decisões administrativas impositivas e as cessões amigáveis em matéria de expropriação por utilidade pública, *etc.*).

2. O princípio segundo a qual o sujeito activo de um facto jurídico que deveria ter acedido ao Registo, sob pena de não ocorrer a mutação jurídico-real ou sob pena de não se consolidar a eficácia da mutação jurídico-real já ocorrida, não verá a sua posição jurídica prevalecer em face de um terceiro adquirente, de um direito total ou parcialmente incompatível, que haja obtido o correspondente registo

Qualquer ordenamento jurídico que consagre um sistema de publicidade registal, independentemente do cariz constitutivo ou declarativo/consolidativo reconhecido ao assento registal consagra a regra segundo a qual *o sujeito activo de um facto jurídico que deveria ter acedido ao Registo, sob pena de não ocorrer a mutação jurídico-real ou sob pena de não se consolidar a eficácia da mutação jurídico-real já ocorrida, não verá a sua posição jurídica prevalecer em face de um terceiro adquirente, de um direito total ou parcialmente incompatível, que haja obtido o correspondente registo.* Isto porque, uma vez afirmando-se que os "terceiros" são afectados ou prejudicados pelas situações jurídicas publicadas, ainda que não tenham tido conhecimento efectivo delas – visto que a publicidade registal gera cognoscibilidade geral –, também se tem de afirmar que não são oponíveis, aos terceiros adquirentes, as situações jurídicas não publicadas que eram susceptíveis de o ter sido – para, assim, obterem ou consolidarem a oponibilidade –, dado que eles (os "terceiros") nunca estiveram colocados em posição de conhecê-las.

Por outra via, se a inscrição registal faz com que as situações jurídico--reais produzam ou consolidem a oponibilidade *erga omnes* que lhes é conatural, a ausência da inscrição registal impede que as situações jurídicas, susceptíveis de serem registadas, que não tenham acedido ao Registo, produzam ou continuem a produzir tal eficácia, gerando, assim, a sua inoponibilidade.

Vejamos com mais pormenor:

I) Num sistema em que o registo seja constitutivo, o conflito que surge na hipótese de alienação ou oneração do mesmo imóvel, pelo mesmo *dante causa* – o titular registal –, a mais do que um sujeito, resolve-se, pelo menos num primeiro momento, a favor daquele que primeiro solicitou a inscrição registal[4].

---

[4] Dizemos pelo menos num primeiro momento porque, verificadas as condições previstas na lei – que excedem manifestamente o mero conhecimento do primeiro negócio obrigacional, supondo, ao invés, em regra, um prejuízo causado por um comportamento doloso contrário aos bons costumes (cfr., por exemplo, § 826 do *BGB* e art. 41, n. 2, do Código das Obrigações suíço) –, o adquirente do direito real pode incorrer em responsabilidade extracontratual perante o titular do direito de crédito e, eventualmente, ser obrigado a proceder à reparação *in natura*. (A este propósito, *vide*: CHARLES-PHILIPPE MERCIER, *Faut Il Admettre l'Existence du Ius Ad Rem en Droit Suisse?* Thèse de Licence et de Doctorat, Université de Lausanne, 1929, p. 169 e ss.; DUBISCHAR, Doppelverkauf und "ius ad rem", *Juristische Schulung (Zeitschrift)*, 1970, p. 8 e ss.; GRISONI *Les Conceptions Française et Suisse de La Publicité Foncière et Leurs Effets*, Thèse, Université de Lausanne – Faculté de Droit, 1990, p. 229; KÖTZ/WAGNER, *Deliktsrecht* Auflage 10, München, Spurt, 2006, nº 261; WAGNER, § 826 BGB, in *Münchener Kommentar, Band 5, Schuldrecht. Besonderer Teil 111*, §§ 705-853, München, C.H. Beck, 2004, Nr. 50, p. 1914. Contra o afirmado pronuncia-se WACKE, § 892 BGB, in *Münchener Kommentar zum Bürgerlichen Gesetzbuch*, Band 6, *Sachenreccht*, §§ 854-1296, 4. Auflage, München, 2004, p. 308, recusando a aplicação do § 826 *BGB*, em virtude do prejuízo causado à segurança jurídica.

Nestes sistemas, a hipótese de dupla alienação ou oneração perde, em regra, relevância jurídico-real, uma vez que o não inscrito não é, apenas, o inoponível a terceiros, mas sim o que não existe enquanto direito real ou, por outras palavras, é o inoponível a terceiros porque não é um direito real. De facto, quando um mesmo imóvel é alienado ou onerado sucessivamente a duas pessoas, aquele que adquiriu primeiro mas não obteve a inscrição registal, não perfeccionou a alienação ou oneração e, portanto, não pode opor um qualquer direito real a alguém que adquira depois do mesmo *dante causa* e se torne titular registal definitivo, uma vez que este adquire, na realidade, de quem continuava efectivamente a ser o proprietário do imóvel[5].

Ou, noutra perspectiva, o "segundo" (e verdadeiro) adquirente não invoca, nesta hipótese, que confiou numa situação tabular aparente desconforme com o direito. De facto, a situação tabular, ao não publicitar a primeira alienação, não publicita uma realidade diversa da juridicamente existente, uma vez que a falta da inscrição impossibilitou a transmissão.

Acresce que, como referimos, num sistema registal em que a inscrição seja, em regra, constitutiva, também existem situações jurídicas que são oponíveis *erga omnes* antes de acederem ao Registo. Nestas hipóteses – em que o registo não funciona como *modus adquirendi* – a inscrição registal é, como vimos, normalmente, imprescindível para que se consolide a oponibilidade, anteriormente obtida, em face de certos "terceiros". Consequentemente, se a referida inscrição não for realizada, aquele que adquiriu o direito real à margem do Registo não o poderá depois opor, procedentemente, em face de um terceiro que "adquira" um direito do titular registal inscrito e que beneficie da tutela do sistema registal[6]. Ou seja, em face de um terceiro que preencha determinados requisitos legais e que, por isso, não possa ser prejudicado pelo facto de a situação tabular existente à data da sua aquisição não "espelhar" a realidade extratabular.

---

[5] Por isso, regra geral, os sistemas registais que consagram a inscrição constitutiva não regulam de forma expressa esta hipótese.

[6] Cumpre referir que a generalidade das obras de direito registal não se refere, a propósito destes sistemas registais, à inoponibilidade mas, apenas, à fé pública registal. No entanto, na nossa perspectiva, se o terceiro é protegido pelo princípio da fé pública registal, o titular do direito deixa de poder opor-lho procedentemente e, em consequência, nestes sistemas, a fé pública registal e a inoponibilidade não podem ser dissociadas.

Assim, por exemplo, na Alemanha e na Suíça, quem adquire um direito real mediante aquisição *mortis causa* e, consequentemente, à margem do Registo, há-de solicitar a correspondente inscrição registal (não obstante esta não ser constitutiva), se não quiser correr o risco de ver o seu direito decair ou ficar onerado em benefício de um terceiro de boa fé que, entretanto, haja "adquirido" um direito do titular registal inscrito.

O afirmado pode ser ilustrado com o seguinte exemplo:

1. *A* passava por herdeiro legal de *B* e, como tal, inscreveu a sua aquisição. Descobre-se, depois, um testamento do qual resulta que o herdeiro é *C*. Durante todo o tempo transcorrido desde a data da inscrição, o conteúdo do Registo foi inexacto. Se, entretanto, *A* constituiu uma hipoteca a favor de *D*, estando este de boa fé, *C* vai ter de suportá-la, depois de pedir e obter a rectificação do registo e passar a constar como proprietário. E isto, não obstante o terceiro ter adquirido de quem, tendo obtido uma inscrição registal, nunca foi, efectivamente, titular do direito[7].

Um outro exemplo pode ser dado a propósito do ordenamento jurídico austríaco, onde, ao contrário do que ocorre na Alemanha e na Suíça, é admitida a usucapião extratabular (§ 1468 do *ABGB*) e, consequentemente, a possibilidade de situações de facto contrastantes com a realidade tabular virem a prevalecer sobre esta.

De acordo com o *ABGB*, o possuidor adquire o direito mediante a usucapião extratabular se exercer a posse material da coisa durante trinta anos (cfr. § 1468 do *ABGB*) e se durante todo esse período estiver de boa fé (cfr. § 1477 da *AGBG*)[8].

---

[7] No Direito Civil brasileiro (por força do art. 1784 Código Civil), ocorrendo o óbito, há transferência imediata do património do falecido para os sucessores, mesmo que não seja praticada nenhuma formalidade e mesmo que os beneficiários nem sequer saibam da existência dessa situação.
De facto, pelo instituto da saisina ocorre a investidura legal e instantânea dos herdeiros e legatários nos direitos do de cujus, sendo o domínio adquirido pela sucessão, e não pela partilha, que é um mero acto declarativo da propriedade.
Havendo título anteriormente registado, que não corresponda a realidade extratabular, o titular registal só prevalece por força do princípio da prioridade e apenas até à data em que for cancelado o respectivo registo.
[8] De facto, segundo este artigo, não ocorre a aquisição originária mediante a usucapião, não obstante o decurso do prazo previsto na lei, se for produzida prova de que o possuidor

Em virtude da *außerbücherliche Ersitzung*, o possuidor, para além de adquirir o direito real (efeito próximo), passa a ter o direito (consequente e, por isso, claramente distinto) de intentar acção judicial contra o precedente titular visando o reconhecimento (*Zuerkennung*) da aquisição originária e a consequente possibilidade de obter a entabulação (§ 1498 do *ABGB*); a acção tendente ao reconhecimento do direito previamente obtido é intentada de forma a obter uma sentença que constitua título para a inscrição no livro fundiário.

Não obstante, a verdade é que, segundo o § 1500 do *ABGB* e o § 71 da *GBG*, o direito adquirido com a usucapião não pode prejudicar quem sob a fé do livro fundiário, antes da entabulação do direito usucapido – que é lavrada com base na sentença transitada em julgado que reconheça a aquisição originária –, tenha adquirido um direito sobre o bem em causa[9].

Sendo o direito adquirido mediante a usucapião e estando, consequentemente, a *facti-species* aquisitiva já perfeita à margem do Registo, o facto de o titular do referido direito estar privado de tutela em face de eventuais terceiros adquirentes, de boa fé, do precedente titular, permite-nos afirmar que, nesta hipótese, o assento registal assume a função de consolidar a eficácia *erga omnes* do direito real adquirido à margem do Registo e que na sua ausência tal direito real decai.

Tendo em conta o exposto, podemos afirmar que a inscrição do direito usucapido tem por escopo não tanto o de prejudicar o titular registal, que já perdeu a propriedade do bem, mas o de consolidar a oponibilidade da aquisição em face de um terceiro de boa fé que "adquira" o direito do aparente titular que, efectivamente, já não o é.

---

exercia posse de má fé. E, de acordo com o § 326 do *ABGB*, exerce posse de má fé quem sabia ou devia suspeitar, tendo em conta as circunstâncias, de que a coisa objecto da sua posse pertencia a outrem.
Ao invés, o *ABGB* não exigiu que a posse se fundasse em justo título. A não consagração deste requisito é justificada, uma vez que esta figura da usucapião visa "sanar" o defeito da entabulação (no sentido, precisamente, de fazer adquirir a propriedade ao possuidor não inscrito); não dando relevância, consequentemente, a qualquer aspecto relacionado com a proveniência do título (*a non domino* ou *a domino*) ou aos seus vícios (salvo se se reflectirem na boa fé do possuidor).

[9] Refira-se que, na hipótese de o autor da acção obter a anotação registal da mesma, a sentença que constitua título para a inscrição prejudica aqueles que adquiram após o referido assento provisório de conteúdo negativo, uma vez que ele afasta a possibilidade de adquirir *sob a fé no livro fundiário*.

II) Num sistema registal que consagre a inscrição declarativa – Num sistema registal que não atribua, em geral, ao assento registal a função de *modus adquirendi*, como é evidente, o referido princípio — segundo o qual o sujeito activo de um facto jurídico que deveria ter acedido ao Registo, sob pena de não ocorrer a mutação jurídico-real ou sob pena de não se consolidar a eficácia da mutação jurídico-real já ocorrida, não verá a sua posição jurídica prevalecer em face de um terceiro adquirente, de um direito total ou parcialmente incompatível, que haja obtido o correspondente registo — conduz a que quem intervém num facto jurídico aquisitivo de um direito real se torne titular do mesmo, desde que o negócio exista, seja válido e apto a produzir efeitos reais (de acordo com o princípio da consensualidade e com o princípio da causalidade). Mas, caso não obtenha a respectiva inscrição registal, não consolida a eficácia *erga omnes* do respectivo direito real em face de certos e determinados terceiros que obtenham o registo.

Consequentemente, os factos jurídicos sujeitos a registo e não registados não podem afectar os terceiros adquirentes que hajam registado com anterioridade, porque se considera justo que o que foi negligente e não consolidou a eficácia *erga omnes* da sua aquisição através da inscrição registal sofra "o castigo" de ver a sua aquisição *tornar-se inoponível* perante o terceiro que, diligentemente, solicitou e obteve o registo definitivo[10/11].

---

[10] Rigorosamente, o que foi negligente e não consolidou a eficácia erga omnes da sua aquisição através da inscrição registal vê o seu direito extinguir-se ou ser onerado. Ou seja, quem adquire e não obtém o correspondente registo não pode opor o seu direito a um terceiro, porque o registo definitivo lavrado a favor deste conduz à extinção ou oneração do direito daquele.

[11] Em Portugal, o nº 1 do art. 5º do Cód.Reg.Pred. prescreve que "os factos sujeitos a registo só produzem efeitos contra terceiros depois da data do respectivo registo". E segundo o nº 4 do mesmo preceito legal "terceiros, para efeitos de registo, são aqueles que tenham adquirido de um autor comum direitos incompatíveis entre si."

Em Espanha, o art. 32 da Lei Hipotecária determina que "os títulos de domínio ou de outros direitos reais sobre imóveis, que não estejam devidamente inscritos ou anotados no Registo da Propriedade, não prejudicam terceiros". (Tradução nossa).

Segundo o art. 2644 do Código Civil italiano, os actos enumerados no artigo precedente não terão efeito em face de terceiros que por qualquer título tenham adquirido direitos sobre os imóveis, em virtude de actos transcritos ou inscritos com anterioridade a esses mesmos actos. Realizada a transcrição ou inscrição, não pode ter efeito, contra aquele que a obteve, nenhuma transcrição ou inscrição de direitos adquiridos do mesmo titular, mesmo que a aquisição tenha ocorrido em data anterior.

No direito francês, segundo o art. 30 do Decreto de 4 de Janeiro de 1955, os actos e decisões judiciais submetidos à publicidade, em virtude do art. 28, se não forem publicados serão ino-

3. O princípio segundo o qual o titular de um direito, caso deixe de constar do registo como sendo o actual titular registal (ou o único titular registal), em virtude da inscrição registal de um facto jurídico que seja inexistente, nulo, padeça de uma causa de anulabilidade ou esteja sujeito a uma causa de cessação de eficácia ex tunc, não verá a sua posição jurídica prevalecer em face de um terceiro que haja adquirido do então titular registal e obtido o correspondente registo, se em data anterior não constar do registo um assento que alerte para a discrepância, existente ou futura, entre a realidade tabular e extratabular

Nem todos os sistemas registais consagram este princípio regra, pois a mesma implica negar ao verdadeiro titular do direito a possibilidade de impugnar ou destruir, com eficácia retroactiva real, um facto jurídico publicitado pelo Registo (por exemplo, solicitando a declaração de inexistência ou de nulidade ou requerendo a anulação, a resolução, a rescisão, *etc.*), bem como a possibilidade de opor a terceiros a extinção do facto jurídico ocorrida em virtude da verificação de um evento resolutivo, quando aquele que "adquiriu" o direito real, em virtude do referido facto jurídico, depois tenha alienado ou onerado o seu direito a um terceiro que, tendo obtido a inscrição registal a seu favor, desconhecia que o facto jurídico registado a favor do seu *dante causa*[12] era inexistente[13], nulo, podia vir a ser anulado ou destituído de eficácia, porque, à data da sua aquisição, no Registo não constava um assento que alertasse para discrepância, existente ou futura, entre a realidade tabular e extratabular. O mesmo é dizer que nem todos os sistemas registais consagram este princípio porque o mesmo restringe o

---

poníveis a terceiros que, sobre o mesmo bem, tenham adquirido direitos do mesmo titular, em virtude de acto ou decisão judicial também sujeito à publicidade e publicado anteriormente.
São igualmente inoponíveis os actos e decisões judiciais, submetidos à publicidade, que sejam publicados posteriormente aos actos, decisões, privilégios ou hipotecas invocados pelos terceiros.
O mesmo ocorre com os privilégios e as hipotecas não inscritos, de acordo, respectivamente, com o art. 2377 e com o art. 2425 do Código Civil.
Preceitos similares existem na Bélgica e no Luxemburgo. Assim, veja-se: na Bélgica, os arts. 1, 28 e 81 da *Loi Hypothécaire*; no Luxemburgo, o art. 11 da *Loi sur la transcription des droits réels immobiliers* de 25 de Setembro de 1905, o Decreto de 19 de Março de 1804, que regula a inscrição dos privilégios e das hipotecas, e os arts. 2106 e 2134 do Código Civil.

[12] Referimo-nos ao *dante causa imediato ou mediato*.
[13] Como é evidente, o facto jurídico registado a favor do dante causa do terceiro pode padecer de inexistência material ou de inexistência jurídica.

princípio *nemo dat quod non habet*, o princípio *quod nullum est nullum producit effectum* e o princípio *resoluto iuris dantum resoluto ius accipiens*, em benefício do terceiro registal[14].

Concretizando:

Num sistema registal que adopte a regra em apreço, se, por exemplo, *A*, proprietário de um imóvel e titular registal, celebrar com *B* um acordo translativo nulo, e este obtiver o registo a seu favor; e se, de seguida, *B* alienar a *C* o direito de propriedade sobre o referido imóvel, ou se constituir a favor de *C* um direito de usufruto, ou qualquer outro direito susceptível de ser registado e efectivamente inscrito, desconhecendo este a disparidade existente entre a realidade tabular e extratabular; *C* não verá a sua situação jurídica afectada e o seu direito prevalecerá em face do direito de *A*, uma vez que este não obteve, atempadamente, um assento registal que desse publicidade à eventual nulidade do facto aquisitivo de *B*.

Nestes ordenamentos, o terceiro adquirente, que preencha os requisitos previstos na lei registal, está sempre seguro de que o seu facto aquisitivo não virá a ser posto em causa em virtude da invalidade ou da cessação da eficácia *ex tunc* do facto jurídico do seu *dante causa*, se à data da sua aquisição o Registo não o tiver advertido para tal possibilidade.

---

[14] Tanto assim é que os ordenamentos jurídicos que não adoptaram aquele princípio em detrimento destes, regra geral, apesar de preverem o registo das acções de invalidade ou das acções tendentes à cessação da eficácia *ex tunc* de um negócio jurídico *inter vivos* ou de uma disposição *mortis causa*, caso a acção venha a ser julgada procedente, não sancionam a ausência de registo com a inoponibilidade da situação jurídico-real em face de terceiros, reconhecendo, assim, ao verdadeiro titular do direito a possibilidade de impugnar ou destruir, com eficácia retroactiva real plena, o facto jurídico definitivamente registado.

Efectivamente, caso a acção não registada venha a ser julgada procedente, o verdadeiro titular do direito não está impedido de, numa nova acção proposta contra o "terceiro", impugnar o facto jurídico "aquisitivo" deste, uma vez que ele padece de uma invalidade consequencial. E, tal, mesmo quando o verdadeiro titular do direito nunca tenha assumido a condição de titular registal.

Na verdade, nestes ordenamentos jurídicos, a questão que se coloca é a de saber se deve ser reconhecida à sentença, que julgue procedente a acção, eficácia directa em face do terceiro que obtenha o registo do correspondente facto aquisitivo após o registo da acção ou se, ao invés, não obstante o registo prioritário da acção, deve impor-se ao autor vitorioso o encargo de iniciar um novo processo contra o terceiro (é o que ocorre, por exemplo, na Bélgica.

Ou, noutra perspectiva, tal invalidade ou cessação de eficácia, porque não publicitada pelo Registo, não é oponível a um terceiro[15]. E isto, porque o ordenamento jurídico consagra o princípio da fé pública registal, em sentido rigoroso.

3.1. O princípio da fé pública registal

A fé pública registal é o princípio segundo o qual, a favor de terceiros de boa fé, o conteúdo dos livros do Registo é íntegro e exacto, ainda que seus assentos não correspondam à realidade jurídica extra-registal[16]. Este princípio protege, assim, os terceiros que confiaram no conteúdo registal, desde que preencham as restantes condições exigidas pela lei.

A protecção derivada do princípio da fé pública registal supõe, sempre, a verificação dos requisitos que de seguida se enunciam.

- Que alguém tenha adquirido de boa fé, daquele que constava como titular registal.
- Que, à data da aquisição – a qual varia, naturalmente, consoante o sistema em causa reconheça, ou não, à inscrição carácter constitutivo – o Registo não seja completo ou exacto e, por isso, não reflicta fielmente a real situação jurídica do imóvel.
- Que o terceiro adquirente haja obtido o registo a seu favor.

Verificados esses pressupostos, e os demais previstos em cada uma das legislações registais, a fé pública do Registo produz um duplo efeito:

1º As inscrições consideram-se completas ou íntegras: o terceiro não pode ser prejudicado por factos jurídicos que o Registo não publi-

---

[15] Assim, por exemplo, o sistema germânico (cfr. o art. § 892 do *BGB*), o sistema espanhol (cfr., entre outros os arts. 34 e 40 da *Ley Hipotecaria*), o sistema suíço (cfr. o art. 973 do Código Civil suíço).

[16] A limitação da regra de direito comum *nemo plus iuris ad alium transferre potest quam ipse habet* e a consagração do princípio da fé pública são conquistas do direito prussiano decorrentes da consagração do princípio da legalidade: considerando-se que o juiz fundiário, no âmbito do processo registal, efectuava um controlo preventivo não só sobre a forma mas também sobre a substância dos actos a inscrever, em virtude da regra do caso julgado, considerou-se, primeiro, necessário atribuir uma presunção legal de exactidão e de verdade a todos os direitos inscritos no Registo (foi o que ocorreu com a *Allgemeine Hypothekenordnung* de 20 de Dezembro de 1783). E, depois, na mesma lógica, considerou-se necessário tutelar os terceiros, através do princípio da fé pública (que encontra uma formulação precisa no art. 8.º do *Allgemeines Landrecht für die Preussischen Staaten* de 1794).

que no momento de sua aquisição, isto é, os factos jurídicos não publicitados antes da inscrição feita a favor do terceiro são havidos, face a si, como inexistentes.

2º As inscrições consideram-se exactas, por um lado, porque, o terceiro adquire o direito com a extensão e conteúdo com que o mesmo aparece publicitado, sendo mantido na sua aquisição mesmo que o seu *dante causa*, afinal, nunca tenha sido titular do direito ou, tendo-o sido, depois tenha visto o seu facto aquisitivo destruído com eficácia retroactiva real.

Assim, por exemplo, se *C* obtiver o registo de uma hipoteca, confiando no conteúdo do Registo, nos termos do qual o direito de propriedade pertence a *B*, obtém o referido direito real de garantia, ainda que, posteriormente, o facto aquisitivo de *B* venha a ser declarado inexiste, nulo, seja anulado ou resolvido em virtude de uma causa não constante do Registo. E se, por exemplo, *A* celebrar um negócio jurídico válido tendente à constituição de uma hipoteca, no valor de *x*, a favor de *B*, e este obtiver o registo a seu favor, mas da inscrição registal constar um valor superior a *x*, e, de seguida, *B* transmitir a *C* o direito de hipoteca, sendo este facto jurídico registado, *A* ficará com o seu direito real, efectivamente, onerado com uma hipoteca de valor correspondente à cifra inscrita.

Por outro lado, as inscrições consideram-se exactas, porque o terceiro está seguro de que o direito ainda se mantém na esfera jurídica do seu *dante causa* pois, não tendo sido cancelada a inscrição deste, os seus efeitos mantêm-se. Assim, por exemplo, se um direito de usufruto se tiver extinguido mas a respectiva inscrição registal permanecer em vigor, e se o ex-usufrutuário constituir sobre o seu "direito" uma hipoteca, o credor será protegido, adquirindo, efectivamente, o direito real de hipoteca (enquanto subsistir a inscrição, ante o terceiro o direito inscrito existe, ainda que este já esteja extinto na realidade jurídica extratabular).

Por fim, como a inscrição se extingue mediante o cancelamento, perante um terceiro o direito cancelado não existe ainda que o mesmo, efectivamente, subsista na realidade jurídica extratabular. Portanto, se *A* adquirir um direito de propriedade que, anteriormente, esteve onerado com uma hipoteca devidamente registada, mas cuja inscrição já havia sido cancelada à data da aquisição da propriedade, adquire este direito livre e desonerado e, assim, manterá o seu direito, mesmo que o referido cancelamento tenha ocorrido indevidamente, uma vez que a inscrição da hipoteca, indevidamente cancelada, não poderá vir a ser restabelecida com prejuízo para A.

Portanto e em suma, para o terceiro, que preencha os requisitos impostos por lei, para beneficiar do funcionamento do princípio da fé pública registal, *a inscrição vale título*[17].

4. A diversa eficácia e intensidade da garantia prestada ao terceiro pelo sistema registal

Como resulta do exposto, a eficácia e intensidade da garantia prestada ao terceiro são distintas nos diversos sistemas de Registo, consoante adoptem ou não o princípio da fé pública registal em sentido rigoroso.

Assim, de forma simplificada, podemos integrar os sistenas registais em dois grupos:

- Sistemas de protecção fraca;
- Sistemas de protecção forte.

---

[17] Mas, cumpre chamar a atenção para o facto de existirem seis aspectos que modelam os efeitos da fé pública:

a) O terceiro pode ser imediatamente tutelado, logo que obtenha o registo a seu favor ou, ao invés, apenas ser tutelado decorrido um determinado lapso de tempo durante o qual o verdadeiro titular do direito pode reagir;

b) O terceiro pode ser tutelado independentemente da forma como adquire o seu direito ou, ao invés, apenas na hipótese de adquirir mediante negócio jurídico;

c) O terceiro pode ser tutelado apenas na hipótese de adquirir mediante negócio jurídico oneroso;

d) A consagração de excepções ao funcionamento do princípio – ou seja, factos jurídicos ou direitos que, apesar de não constarem do Registo, não são afectados pelo funcionamento do princípio da fé pública

Todos os sistemas que consagram o princípio da fé pública registal reconhecem hipóteses em que certos factos jurídicos aquisitivos dos direitos reais produzem a sua eficácia típica à margem do Registo, sem que a ele tenham de aceder – nem sequer para consolidar a sua oponibilidade (por exemplo, as limitações legais, as restrições de direito público, algumas servidões, *etc.*).

A existência de tais gravames à margem do Registo supõe sempre uma imperfeição no sistema e traduz-se numa excepção aos efeitos do sistema, em particular à fé pública. Esta é uma das preocupações do Livro Verde da União Europeia sobre o Crédito Hipotecário.

e) A boa fé exigível ao terceiro adquirente pode ser a boa fé em sentido psicológico ou em sentido ético;

f) A extensão do princípio da fé pública pode abranger apenas os assentos registais ou, também, os documentos apresentados aquando da solicitação da inscrição e que ficam arquivados.

Os primeiros (os de protecção fraca) apoiam-se na ideia de que entre dois actos dispositivos sucessivos, outorgados pelo mesmo titular, sobre um mesmo imóvel ou direito, o primeiro que acede ao registo prevalece sobre o outro, na medida em que sejam incompatíveis ou contraditórios entre si. Portanto, não visam proteger o "terceiro" que, integrando-se numa e mesma cadeia de transmissões, possa ver a sua posição afectada por uma ou várias causas de inexistência, invalidade ou de cessação de eficácia *ex tunc* que atinjam actos anteriores àquele em que foi interveniente. Por isso, a inexistência, a invalidade ou a cessação de eficácia *ex tunc* das situações jurídicas registadas afectam sempre o "terceiro" adquirente que haja obtido o registo a seu favor; mesmo quando o sistema registal sujeita a registo a acção de nulidade, de anulação, de resolução, de revogação, *etc.*, e tal registo não seja lavrado antes do registo do facto jurídico aquisitivo do "terceiro". E, regra geral, as situações jurídicas registadas e depois "indevidamente canceladas" (tendo em conta a realidade substantiva), que voltem a obter eficácia registal *ex tunc*, também afectam o "terceiro" que haja adquirido e registado na vigência do "assento de cancelamento".

Em resumo, nestes sistemas, de protecção fraca, o registo é "completo ou íntegro"[18] mas, não é exacto[19].

Os sistemas de protecção forte, porque consagram o princípio da fé pública registal, ao invés, publicam e garantem titularidades (assim, por exemplo, o sistema alemão, o suíço, o austríaco, o espanhol), por isso, o

---

[18] Colocamos a expressão "completo e íntegro" entre aspas porque, na verdade, o registo nunca é completo, uma vez que, por um lado, a ele não tem de aceder a constituição *ex vi legis* de direitos reais limitados sobre imóveis nem a aquisição originária.
E, por outro, porque existem factos jurídicos e decisões judiciais que podendo e devendo aceder ao registo, mesmo que não sejam publicitados, nem por isso deixam de ser eficazes *erga omnes*. Consequentemente, o terceiro só pode estar seguro em face de factos que deviam ter acedido ao registo sob pena de inoponibilidade. Nunca pode estar seguro perante a aquisição *ex vi legis* ou perante a aquisição originária de um direito, uma vez que o direito, assim adquirido, é oponível e prevalece em face de direitos registados (tal é o caso, por exemplo: das servidões legais; da acessão imobiliária; da aquisição mediante a usucapião; etc.). E, também, não pode estar seguro em face de factos jurídicos que mesmo quando não chegam a aceder ao registo, nem por isso deixam de ser oponíveis *erga omnes* (por exemplo: as decisões administrativas impositivas e as cessões amigáveis em matéria de expropriação por utilidade pública; as decisões judiciais que constatem uma causa de inexistência, invalidade ou ineficácia *ex tunc* – não convencionada pelas partes; etc.).

[19] O terceiro adquirente que regista não pode confiar na exactidão das inscrições.

registo é "completo ou íntegro"[20] e exacto – o terceiro pode confiar na exactidão das inscrições, pois tudo o que consta do registo para si existe tal qual é publicado e, pelo contrário, tudo o que não seja revelado pelo registo há-de considerar-se inexistente perante si, mesmo que tal não corresponda à realidade.

Nestes sistemas o Registo designa, definitivamente, em face de um terceiro, quem é o titular de cada direito, e tal designação fica garantida, de modo que o adquirente, verificados os requisitos impostos por lei, pode tê-la por segura sem necessidade de posterior exame.

A lógica seguida por estes sistemas é a seguinte: se o Registo é uma instituição destinada a dar segurança ao tráfico jurídico imobiliário, deve proteger definitivamente aqueles que adquiriram direitos sobre os imóveis confiando nas suas informações.

Terceiro não é apenas aquele que adquira de um *dante causa* que, afinal, já não era titular do direito, em virtude de outrem já haver anteriormente, adquirido. É, sobretudo, aquele que, integrando-se numa e mesma cadeia de transmissões, poderia ver a sua posição afectada por uma ou várias causas de inexistência, invalidade ou cessação da eficácia *ex tunc* que atinjam um acto translativo ou constitutivo de direitos anterior àquele em que foi interveniente, ou por um ou vários vícios que firam registos anteriores ao seu[21].

Por isso, as causas determinantes de inexistência, invalidade ou cessação da eficácia *ex tunc* das situações jurídicas registadas não afectam o terceiro que haja obtido a inscrição do correspondente facto aquisitivo, se em data anterior não constar do Registo um assento que alerte para a discrepância, existente ou futura, entre a realidade tabular e extratabular. O mesmo ocorrendo com os vícios registais que afectem registos anteriores ao seu.

E as situações jurídicas registadas e depois "indevidamente canceladas" (tendo em conta a realidade substantiva) que voltem a obter eficácia registal *ex tunc*, também não afectam o terceiro que haja "adquirido" do então titular registal e obtido o correspondente registo, se em data anterior não tiver sido publicitada a impugnação do assento de cancelamento.

---

[20] Colocamos a expressão "completo e íntegro" entre aspas porque, também nestes sistemas, o registo não é, em absoluto, completo, uma vez que existem direitos reais ou actos que produzem a sua eficácia típica à margem do registo.

[21] Ou seja, por vícios decorrentes da violação de preceitos de direito registal e não por "vícios" do registo que sejam mera consequência dos que inquinam o títulol.

Assim, nestes sistemas, o Registo, além de desempenhar a função negativa típica dos ordenamentos de cepo latino que consiste na garantia oferecida ao terceiro de que o não registado perante si não existe, desempenha ainda uma função positiva, pois protege o terceiro que adquiriu de boa fé do titular registal mesmo que o facto aquisitivo deste seja, afinal, inexistente, inválido ou veja a sua eficácia cessar *ex tunc*, ou mesmo que o registo no qual confiou padeça de vícios, por si e em si[22].

---

[22] Sublinhe-se, ainda, que a consagração do princípio da fé pública registal não favorece apenas os terceiros. De facto, a maior segurança do tráfico por si gerada interessa também àquele a quem efectivamente pertence o direito.
Vejamos com mais pormenor.
Aparentemente, a segurança jurídica está em contradição com o interesse daquele que quer adquirir um direito. Este tem interesse em que a aquisição se produza tal como a previu; que não seja afectada por circunstâncias que ele, enquanto potencial adquirente desconheceu. Esta é uma exigência imperiosa da segurança do tráfico.
Quando aquele que queria adquirir já adquiriu o direito de maneira segura e plena, poder-se-á pensar que deixará de ter interesse na segurança do tráfico, e que só lhe passará a interessar a segurança do direito. No entanto, a verdade é que, indirectamente, também estará interessado na segurança do tráfico caso queira, por sua vez, transmitir o seu direito a outrem, na medida em que terá mais facilidade em encontrar um interessado em adquirir, uma vez que este terá a certeza de que fará uma aquisição segura.
O acabado de referir foi afirmado por Victor Ehrenberg, há mais de um século. De facto, Ehrenberg, apesar de afirmar que a segurança jurídica e a segurança do tráfico "se repelem mutuamente", na sua obra também convida o leitor a contemplar a segurança jurídica e a segurança do tráfico como peças distintas de um mesmo mecanismo; como o verso e o reverso de um mesmo fenómeno, que não é outro senão aquele que facilita ao titular do direito – e não ao terceiro adquirente – o aproveitamento do valor económico do seu direito.
Como resulta do exposto, nesta segunda perspectiva, o interesse do terceiro adquirente desaparece de cena; a segurança jurídica e a segurança do tráfico, dois vassalos distintos, servem agora a um mesmo senhor: o titular do direito.
Deixa de haver contraposição ou conflito: a segurança do tráfico é uma modalidade de actuação da segurança jurídica e, por conseguinte, uma modalidade de protecção do direito, uma vez que uma das formas de proteger o titular é valorizando e, assim, facilitando a transmissão do seu direito, e isso, precisamente – facilitar a transmissão dando garantias ao adquirente – é a função da segurança do tráfico.
Portanto, só no momento de tensão no qual uma das partes vê o perigo de perder contra a sua vontade um direito ou de o ver comprimido e a outra parte percebe, por sua vez, o perigo de não poder adquirir um direito, só nesse instante é que entram em conflito a segurança do direito e a segurança do tráfico.
Em resumo: a maior segurança do tráfico gerada pelo princípio da fé pública registal interessa também àquele a quem efectivamente pertence o direito porque a segurança do tráfico é uma modalidade de actuação da segurança jurídica e, por conseguinte, uma modalidade de

5. Da eventual correlação entre os sistemas de protecção forte/fraca e os sistemas que reconhecem ao registo um efeito constitutivo e os sistemas nos quais o registo assume uma função declarativa/consolidativa

Quando se tenta encontrar uma correlação entre os sistemas de protecção máxima/mínima e os sistemas que reconhecem ao registo um efeito constitutivo e os sistemas nos quais o registo assume uma função declarativa ou consolidativa da eficácia *erga omnes* das situações jurídico-reais pré-existentes, constatamos que, regra geral, os sistemas de protecção máxima são, também, os sistemas que reconhecem ao registo uma função constitutiva (por exemplo, o sistema alemão, o suíço e o austríaco). E que, ao invés, os sistemas de protecção mínima são, também, os sistemas nos quais o registo assume uma função consolidativa (por exemplo, o sistema francês, o belga e o luxemburguês).

Não obstante, existem excepções, assim, o sistema registal grego, o holandês e o brasileiro são sistemas de título e modo, sendo o modo o registo, e nenhum deles reconhece o princípio da fé pública registal.

Acresce que existem sistemas registais de protecção máxima nos quais a inscrição é declarativa, assim, por exemplo, o sistema espanhol.

Porque assim é, podemos afirmar que a protecção máxima concedida aos terceiros não depende do facto de ao registo ser reconhecida uma função constitutiva.

Na verdade, a regra da protecção máxima é compatível quer com os sistemas registais de inscrição constitutiva quer com os sistemas registais de inscrição declarativa, a prova está na existência do sistema segistal espanhol.

6. A protecção forte ou máxima e o e o seu "suporte" – o controlo da legalidade exercido pelo registrador ou a qualificação registal

Na verdade, a referida protecção forte ou máxima concedida aos terceiros só é possível nos sistemas em que a publicidade deriva do controlo técnico que um jurista especializado – o conservador ou registrador –, desenvolve antes de efectuar o registo, através da função da qualificação registal. Ou seja, a protecção máxima depende necessariamente do controlo de legali-

---

protecção do direito, porquanto uma das formas de proteger o titular é valorizando e, assim, facilitando a transmissão do seu direito.

dade sobre o que acede ao Registo e merece ser publicado. Controlo esse – de forma e de fundo dos documentos apresentados, tanto por si sós, como relacionando-os com os eventuais obstáculos que o Registo possa opor ao assento pretendido – que permite que o conteúdo do Registo se presuma íntegro e exacto, e surja como a "verdade oficial" em face de terceiros.

Pelo contrário, nos sistemas onde inexiste um prévio controlo de fundo da legalidade dos factos jurídicos que se submetem à publicidade prevista pelo legislador, o mesmo legislador vê-se impossibilitado de declarar fiáveis as inscrições do Registo – o registador não controla a validade substancial dos documentos que lhe são apresentados e, consequentemente, o Registo não garante tal validade. Consequentemente, estes sistemas apenas podem conceder aos terceiros o que se denomina como protecção fraca ou mínima.

Na verdade, os sistemas onde inexiste um prévio controlo de fundo da legalidade dos factos jurídicos que se submetem à publicidade registal nem sequer consagram as presunções, ilidíveis, de que o direito existe e pertence ao titular inscrito, nos precisos termos em que consta do Registo – assim, em França, Bélgica, Luxemburgo; Itália, etc.).

Isto porque, naturalmente, nos sistemas registais em que os assentos só podem ser realizados após o cumprimento do princípio da legalidade em sentido amplo, encontra-se justificada a particular força probatória que lhes é reconhecida. Ao invés, os sistemas registais que consagram o princípio da legalidade enquanto mero controlo formal dos títulos não podem, mesmo por via da presunção, atestar a existência do direito na esfera jurídica do titular aparente.

A correlação entre a protecção máxima e o exercício do poder de qualificação, na sua dimensão máxima, pelo responsável pelo registo é um princípio lógico[23/24].

---

[23] Neste sentido vide Pau Pedrón, *Elementos de Derecho Hipotecario*, Madrid, Comillas, 2003, p. 103.
[24] Qualificar vem do latim *qualificare* e significa atribuir ou reconhecer qualidade.
Diz-se qualificação registal o juízo prudencial, positivo ou negativo, da aptidão de um título para permitir o ingresso de um facto jurídico no Registo.
Em causa não está um juízo especulativo acerca da registabilidade de um título, mas sim de uma decisão prudencial sobre a efetiva operação de um registo determinado.
Decisão prudencial no sentido de arte de decidir correctamente, ou seja, de tomar a decisão acertada de admitir (e em que termos), ou não, a inscrição ou o averbamento pretendido, aplicando, para tanto, naturalmente, à realidade, o Direito tabular e o Direito material (ou seja: Direito Civil, Direito do Urbanismo, Direito Fiscal, Direito Administrativo, *etc., etc.*).

6.1. O princípio da fé pública registal e os obstáculos que podem impedir a sua adopção e, assim, o estabelecimento de um sistema registal íntegro e exacto

Sendo indiscutíveis as vantagens da consagração do princípio da fé pública registal e, consequentemente, do estabelecimento de um sistema registal que conceda uma forte tutela ao terceiro, cumpre recordar que um sistema registal que assegure em absoluto os direitos que publicita, porque afasta o princípio *nemo plus iuris in alium transferre potest* e o princípio *resoluto iuris*

Enquanto jurista, profissional do Direito numa área específica que é o Direito Registal, o conservador tem de ser o primeiro intérprete no procedimento registal, é ele quem deve decidir da admissibilidade do ingresso nas tábuas.
Através do exercício da função qualificadora o registrador efectua uma "depuração" dos actos que é chamado a registar, assegurando que o registo não seja um mero arquivo de documentos, mas o crivo por onde só passam os actos que o ordenamento jurídico consente.
Como é evidente, a actuação qualificadora que deixámos descrita não poderá o registrador omiti-la, sob pena de violação grave dos poderes/deveres que a lei lhe impõe.
Qualificar é, indiscutivelmente, o acto mais prestigioso de toda a actuação do registrador, quer tendo em conta a sua relevância para a segurança jurídica, quer tendo em conta a independência e imparcialidade com que o mesmo há-de ser praticado em conformidade com a lei. Mas, como é evidente, a qualificação também é a sua tarefa mais delicada e responsabilizante.
 Sobre a função qualificadora do registrador, entre outros, vide: *La Calificación Registral (Estudio de las principales aportaciones doctrinales sobre la calificación registral)*, tomo I, ed., a cargo de FRANCISCO JAVIER GÓMEZ GÁLLIGO, Madrid: Editorial Civitas, 1996; FRANCISCO JAVIER GÓMEZ GÁLLIGO, La calificación registral en el pensamiento de Don Jerónimo González. su vigencia actual, *Revista Critica de DerechoInmobiliario*, ano LXIX, 1993, 1853 e ss.; JOSÉ Mª DE MENA Y SAN MILLÁN, *Calificación registral de documentos judiciales*, Bosch, Barcelona, 1985.; OLIVA RODRÍGUEZ, Reflexiones acerca del principio de legalidad, *Revista critica de Derecho Inmobiliario*, Jan., 200º, nº 657, p. 481 e ss.; JOSÉ MARÍA CHICO Y ORTIZ, Presente y futuro del principio de calificación registral, in: *Revista Critica de Derecho Inmobiliario*, Ano 1973, nº 496, p. 579 e ss. e *Calificación jurídica – conceptos básicos y formularios registrales*, Marcial Pons, Madrid, 1987; MOUTEIRA GUERREIRO, *Noções de Direito Registral (Predial e Comercial)*, 2ª ed., Coimbra, Coimbra Editora, 1994, p. 84 e ss.; RAFAEL GÒMEZ PAVÓN, Comentarios a la calificación registral, *Revista Critica de Derecho Inmobiliario*, ano 1949, T. XXII, p. 109 e ss.; RICARDO DIP, Sobre a qualificação no registro de imóveis, *Revista de Direito Imobiliário*, nº 29, Jan.-Jun., 1992; SASTRE, Mª ROCA/ MUNCUNILL, ROCA-SASTRE, Derecho Hipotecario – Dinámica Registral », T. IV, 8ª ed., rev., ampl. e act., Barcelona, Bosch, 1997, p. 1 e ss.; SERPA LOPES, *Tratado dos Registos Públicos* – 2 Registo de Títulos e Documentos – Registo de Imóveis, 4.ª ed., 1960, Livraria Freitas Bastos, p. 345 e ss.; SILVA PEREIRA, *Registo das acções (efeitos)*, in http://www.fd.uc.pt/cenor/textos/doc070314-004.pdf. e *O princípio da legalidade, o registo das decisões finais e a força do caso julgado*, p. 13, in http://www.fd.uc.pt/cenor/textos/DOC070314-004.pdf; TÓMAS OGAYAR AYLLÓN, Impugnación de la calificación registral, in: *Revista Critica de Derecho Inmobiliario*, Ano1974, Nº 500, p. 11 e ss..

dantum resoluto ius accipiens, pioince afasta os allium transferre potest e e logo, da necessidade de se informar acaba por privar o verdadeiro titular do seu direito.

De facto, se *A*, que compra o prédio a *B* (pessoa que o registo publicita como proprietário e afinal não o é), se torna dono do prédio, isto só sucede à custa do verdadeiro proprietário que se verá despojado do seu direito. Do mesmo modo, se *A* (pessoa que o registo publicita como proprietário do prédio *x* e afinal não o é) constitui a favor de *B* uma hipoteca que onera o referido prédio e este se torna efectivamente credor hipotecário, isto só sucede à custa do verdadeiro proprietário que verá onerado o seu direito e poderá ser dele privado no âmbito de uma acção executiva.

Consequentemente, a referida protecção só deve ser concedida quando, previamente, o ordenamento jurídico haja criado um conjunto de condições que reduza, ao mínimo, a possibilidade de tal efeito "expropriatório" vir a ocorrer – uma vez que só assim se evita o colapso do sistema registal. Em resumo: a referida protecção supõe que a arquitectura organizacional e a gestão do sistema registal sejam, praticamente, à prova de erros. Uma vez que, se houver um volume de erros relevante, o número de "expropriações" tornar-se-á intolerável e o sistema entrará em colapso.

Porque assim é, a consagração do princípio da fé pública registal e, consequentemente, o estabelecimento de um sistema registal que conceda uma forte protecção ao terceiro, não pode ocorrer num ordenamento jurídico em que, designadamente:

- Seja extrema a facilidade com que, em alguns serviços de finanças, se inscrevem "falsos prédios" na matriz.
- Seja enorme o número de prédios rústicos que se encontram duplicados no Registo
- Não haja qualquer controlo da titularidade do direito em caso de falecimento, desde que os prédios não estejam registados.
- Títulos falsos continuem a servir de base à feitura do registo.
- Inexista um sistema de georeferenciamento ou um cadastro actualizado.

Acresce que, entendemos que, sendo consagrado o princípio da fé pública registal, dever-se-ia seguir o exemplo espanhol e, quando em causa estivesse um terceiro adquirente ou subadquirente do primeiro titular inscrito ou adquirente ou subadquirente de um herdeiro, só se deveria admitir o funcionamento do princípio da fé pública registal após o decurso de dois anos sobre a data em que foi lavrada a primeira inscrição ou a data da morte do *de cuius*, respectivamente[25]. Isto porque só assim se asseguraria a possibilidade de o verdadeiro titular do direito impugnar a falsa titularidade do terceiro.

Mais, naturalmente, ter-se-ia de proteger o terceiro perante a possibilidade de ser invocada livremente a usucapião, sempre que à data da sua aquisição (do titular registal), o tempo de posse já fosse o suficiente para usucapir. E, também quanto a esta matéria, entendemos que se poderia adoptar uma solução próxima à consagrada no ordenamento jurídico espanhol. Em concreto, apenas admitir a usucapião contratabular, fundada em tempo de posse decorrido antes da aquisição do terceiro, quando:

- Se demonstrasse que o adquirente conhecia ou teve meios razoáveis e motivos suficientes para conhecer, antes de perfeccionar a sua aquisição, que o imóvel era possuído de facto por pessoa diversa do seu *dante causa*.
- Não tendo o adquirente inscrito conhecido nem podido conhecer a posse contrária, posteriormente nela tivesse consentido, expressa ou tacitamente.

---

[25] Já quanto ao princípio nos termos do qual o sujeito activo de um facto jurídico que deveria ter acedido ao Registo, sob pena de não ocorrer a mutação jurídico-real ou sob pena de não se consolidar a eficácia da mutação jurídico-real já ocorrida, não verá a sua posição jurídica prevalecer em face de um terceiro adquirente, de um direito total ou parcialmente incompatível, que haja obtido o correspondente registo, entendemos que, num sistem que reconheça ao registo "apenas" uma função declarativa/consolidativa, deveria operar automaticamente, sob pena de o sistema deixar de conceder aos terceiros a tutela mais básica: a típica dos sistema fracos.

A Euro-Hipoteca e os Diversos Sistemas Registais Europeus[1]

1. Da necessidade da euro-hipoteca[2]

Apenas 1% do crédito hipotecário europeu é transfronteiriço, percentagem esta que é manifestamente baixa e que revela a pouca flexibilidade dos diferentes sistemas de direito europeus no que diz respeito a garantias transfronteiriças, bem como, obviamente, um problema da economia europeia.

A pouca utilização do crédito hipotecário transfronteiriço fica a dever--se às grandes dificuldades e aos excessivos gastos com que se depara uma entidade de crédito caso pretenda conceder um empréstimo garantido com uma hipoteca que onere um direito de propriedade que tenha por objecto um bem situado noutro país; dificuldade e gastos esses que derivam, desde logo, da necessidade de se informar, previamente, das disposições legais que regem as garantias reais imobiliárias nesse país – tendo em conta o princípio da *lex rei sitae* –, pagando, evidentemente, a assessoria jurídica para obter tais informações e perdendo tempo (logo, dinheiro) para as obter, por forma a minimizar o risco envolvido na operação financeira.

Como consequência desta realidade, por um lado, as entidades de crédito europeias não podem competir em igualdade de condições, uma vez que as entidades de crédito domiciliadas no país onde se encontra o bem imóvel que servirá de garantia ao empréstimo estão, sempre, em situação

---

[1] Texto que serviu de base à apresentação feita no Colóquio: Euro-hipoteca, Mercado Financeiro e Harmonização Internacional do Direito das garantias, em Abril de 2008, na Faculdade de Direito de Coimbra.

[2] Esther Muñiz Espada, *Bases para una propuesta de Eurohipoteca*, Valência, Tirant lo Blanch, 2005; The Eurohypothec Research Group, Spanish Section, Response to the Green Paper-Mortgage Credit in the EU of the European Commission, in http://ec.europa.eu/internal_market/finservices-retail/docs/home-loans/comments/priv-es_eurohypothec-es.pdf.

de manifesta vantagem, já que os gastos financeiros, jurídicos, de tempo e os riscos são, para si, muito menores. E por outro lado, qualquer potencial devedor vê reduzido o leque de potenciais credores e, obviamente, não beneficia das vantagens económicas que decorreriam de uma efectiva e sã concorrência entre as entidades de crédito dos diversos Estados-Membros.

Em face do exposto e perante as dificuldades práticas de aplicação do princípio do reconhecimento mútuo em matéria de crédito garantido através de uma garantia real imobiliária[3], bem como da utópica – pelo menos a curto e a médio prazo – unificação dos diversos direitos nacionais em matéria de garantias reais imobiliárias[4], compreende-se o esforço que tem sido desenvolvido no sentido de criar um direito real de garantia imobiliária, comum a toda a Europa, que facilite o mercado de crédito hipotecário transnacional[5]. Um direito real de garantia pan-europeu, transnacional,

---

[3] A impossibilidade prática da aplicação do princípio do reconhecimento mútuo em matéria de crédito assegurado mediante um direito real de garantia imobiliária decorre do facto de o mesmo envolver a perda da competência dos Estados nesta matéria, onde a diversidade legislativa (a nível do direito civil, processual, registal, etc.) é imensa.
Sobre esta questão, *vide* ESTHER MUÑIZ ESPADA, *Bases para una propusta de Eurohipoteca*, Valência, ob. cit., p. 67 e ss.

[4] A propósito da dificuldade de unificação dos diversos direitos nacionais em matéria de garantias reais imobiliárias, *vide* ESTHER MUÑIZ ESPADA, *Bases para una propusta de Eurohipoteca*, ob. cit., p. 85 e ss.

[5] Refira-se que a proposta de criação de um direito real de garantia imobiliária comum a toda a Europa é praticamente tão antigo como a criação da Comunidade Europeia. De facto, já em 1966, um grupo de trabalho presidido por Claudio Segré, num relatório sobre o "desenvolvimento de um mercado de capitais europeus", realizado para a Comissão Europeia, considerando que a diversidade de direitos de garantia imobiliária era uma fonte de dificuldades, aconselhava a harmonização como uma tarefa prioritária e apresentava como uma possível solução a introdução de um direito de garantia imobiliária uniforme em todos os Estados-Membros, a par das garantias nacionais, que tivesse por modelo a "hipoteca independente" alemã (*Grundschuld*).
A "hipoteca independente" ou "dívida fundiária" (*Grundschuld*), de acordo com § 1191 do BGB, apresenta como marca distintiva o facto de não ser acessória em face de uma dívida. De facto esta hipoteca, ao constituir-se, prescinde de toda e qualquer obrigação garantida e do "papel do devedor". Na hipoteca independente, o devedor é, como observa WOLFF o próprio imóvel – por isso esta hipoteca também é denominada como dívida territorial ou dívida fundiária –, e o credor pode ser um qualquer indivíduo, incluindo o proprietário do imóvel hipotecado. Assim, a hipoteca já não é um mero instrumento de garantia de uma obrigação pessoal pré--existente, consiste numa parte do valor do prédio autonomizado do domínio e independente. Esta hipoteca não se extingue em virtude da extinção da obrigação garantida, nem é afectada pelos vícios substanciais que afectem a mesma; extingue-se apenas em virtude do seu próprio

cancelamento ou invalidação. Acresce que, se o proprietário do imóvel onerado satisfizer os interesses do credor, impedindo assim que este actue contra o imóvel, pode depois optar por não cancelar a hipoteca, tornando-se seu titular para poder continuar a usá-la, indefinidamente, como fonte de crédito, sem necessidade de a constituir ou inscrever de novo.

A hipoteca independente ou dívida territorial subdivide-se em duas modalidades no que diz respeito à sua constituição:

1. Pode ser uma hipoteca meramente inscrita no livro de registos – *Buchhypothek*.
2. Pode ser uma hipoteca "de cédula" (*Briefhypothek*) que, além da inscrição, supõe a entrega de um título representativo do direito inscrito.

Esta diversa forma de constituição tem, obviamente, interesse aquando da transmissão que na segunda modalidade é facilitada.

A hipoteca independente alemã, à qual nos pode pertencer ao próprio dono do imóvel ou a um terceiro. Neste último caso, a hipoteca é denominada, com propriedade, por "dívida territorial ou fundiária" (*Grundschuld*). No primeiro, trata-se de uma hipoteca independente ou dívida territorial do, ou para o, proprietário (*Eingentümergrundschuld*).

A "hipoteca do proprietário" – ou a favor dele – contraria a ideologia romana, segundo a qual a hipoteca se extingue desde que se reúnam na mesma pessoa os conceitos de credor hipotecário e proprietário do bem onerado. No entanto, como referimos na nota anterior, segundo Wolff, o dono da coisa hipotecada não é exactamente o devedor hipotecário, mas sim o dono da coisa endividada pelo montante de dinheiro susceptível de ser cobrado às custas dela. Se aquele exerce o seu direito de pagar essa soma, antes de o credor intentar a acção de cobrança contra o imóvel, tornar-se-á credor do imóvel na porção da quantia paga.

A "hipoteca do proprietário" funda-se na ideia de que a hipoteca, uma vez constituída, tem existência própria e autónoma, de tal forma que pode entrar no património do dono do imóvel como elemento *per se stante*, sem ser absorvida pelo domínio. Desta forma evita-se que o valor criado seja destruído inutilmente e garante-se que continue a servir como um eficaz instrumento de crédito.

Por outro lado, a "hipoteca do proprietário" assenta na ideia de que o grau é fixo. Na hipoteca tradicional, se o devedor hipotecário paga a primeira de várias hipotecas que oneram o seu imóvel, as hipotecas de grau inferior ascendem a um melhor posto. Esta ascensão automática e *ope legis* prejudica o dono do imóvel hipotecado e beneficia, sem motivo legítimo, os "segundos" credores hipotecários. Prejudica o dono do imóvel, pois este não pode oferecer a ninguém o lugar prioritário, assegurado pela primeira e antiga hipoteca, como forma de garantir um novo crédito; o mesmo é dizer que não pode obter uma soma de dinheiro igual à que pagou e conduziu à extinção da primeira hipoteca. E favorece ou enriquece sem causa os "segundos" credores hipotecários, porque estes, quando se tornaram credores privilegiados, apenas tiveram em conta o valor de garantia da coisa hipotecada que excedia o valor da primeira hipoteca, e ao ascenderem obtêm uma melhor posição que lhes assegura uma maior segurança de virem a satisfazer o seu crédito, sem qualquer razão e à custa do dono do imóvel, cuja órbita do crédito se reduz.

A hipoteca "do proprietário", ao invés, após o pagamento, deixa à disposição do dono do prédio a hipoteca, permitindo-lhe oferecê-la a um novo credor, para assim obter, de novo, dinheiro e sem que tal prejudique, por qualquer forma, os demais credores que continuam exactamente na posição que *ab initio* aceitaram ocupar.

Esta hipoteca pode assumir duas modalidades:
1 – A que se cria *ab initio* a favor do dono da coisa hipotecada.
2 – A que se inscreve, inicialmente, a favor de um terceiro, e que depois passa à titularidade do dono do imóvel porque, por exemplo, o crédito se extingue ou o credor renuncia à hipoteca.
A hipoteca "do proprietário" também pode ser de *cédula* ou de *livro*; a primeira costuma adoptar-se quando se cria uma dívida independente a favor do proprietário, a segunda quando a hipoteca "do proprietário" nasce após o pagamento ao credor – titular primitivo.
No entanto, cabe referir que a hipoteca de *livro* "do proprietário" que inicialmente tenha sido uma hipoteca a favor de um terceiro também não implica a criação de uma nova hipoteca; ou seja, não motiva uma nova inscrição, bastando que, por nota marginal, se faça constar do registo que fica na disposição do proprietário; e caso este a ceda, também por nota marginal, tal ficará expresso no registo.
Em 1971 o Max Planck Institut de Hamburgo, incumbido pela Comissão Europeia, elaborou um relatório sobre a necessidade da harmonização da hipoteca na Europa que foi continuado por um outro relatório da Federação Bancária da Comunidade Económica Europeia (1973), onde foi defendida a adopção, por todos os Estados-Membros, da hipoteca do proprietário existente na Alemanha.
Em 1987, a União do Notariado Latino, num relatório que remeteu à Comissão Europeia, apresentou um modelo de garantia imobiliária comum a toda a Europa, para além das garantias reais imobiliárias já existentes em cada Estado-Membro, denominada de euro-hipoteca, muito próxima da hipoteca de Cédula suíça (*Schuldbrief*).
A cédula hipotecária pode ser definida como um papel-valor que incorpora um crédito garantido por um direito real de garantia (cfr. 842 e arts. 856 a 858, todos do Código Civil suíço). O direito de crédito e a garantia real formam um todo indissociável, uma vez que o papel-valor incorpora ambos os direitos.
De acordo com a art. 842 CC, a cédula hipotecária garante um crédito pessoal, portanto o devedor também responde pela satisfação deste crédito com todos os bens existentes no seu património.
O crédito garantido, que é sempre de montante fixo, não está subordinado a quaisquer reservas ou condições (art. 854 CC), sendo assim favorecida a negociabilidade do título.
A cédula hipotecária traduz-se, também, no reconhecimento de uma divida. Dívida esta que é abstracta (cfr. art. 854 do CC e art.17 do CO).
A constituição da cédula hipotecária faz nascer um novo crédito – um crédito que resulta do reconhecimento da dívida por parte do devedor, de tal modo que se extingue, por novação, a antiga obrigação que esteve na base da constituição da cédula hipotecária (art. 855, al. 1, CC), por isso, em princípio, o credor deixa de ter, contra o devedor, outro direito para além do que resulta da cédula hipotecária.
A cédula hipotecária, para além de ser materializada numa folha de papel – título –, tem de ser inscrita no registo.
A cédula é um título nominativo quando é criada em nome de um credor determinado (um terceiro ou o proprietário do imóvel onerado) – é um título à ordem (cfr. art. 1145 ss CO); quando é criada ao portador (o primeiro portador pode ser o proprietário ou um terceiro), a cédula é, obviamente, um título ao portador (art. 978 ss CO).

Quando a cédula hipotecária é criada a favor de um terceiro supõe a celebração de um contrato de garantia imobiliária. Através deste contrato, o devedor obriga-se perante o credor a constituir a seu favor a cédula hipotecária nominativa ou ao portador e, consequentemente, a atribuir-lhe um direito de garantia real sobre determinado imóvel, designado no título hipotecário, para assegurar o cumprimento da sua dívida. Por seu turno, o credor obriga-se a devolver o título logo que veja satisfeito o seu crédito.
Além do negócio obrigacional válido, é ainda necessária a celebração de um distinto negócio de disposição que é um negócio unilateral, identificado com a declaração de consentimento proferida pelo proprietário do imóvel e dirigida ao responsável pelo registo para que ocorra a inscrição registal da cédula hipotecária (esta declaração assume, assim, uma função quer no domínio do direito tabular formal quer no do direito material, na medida em que, por um lado, o consentimento para a inscrição emanado do titular registal é necessário para se efectuar a inscrição registal e, por outro, integra o pressuposto substancial para que ocorra a modificação da situação jurídico-real).
Quando a cédula hipotecária é criada a favor do proprietário do imóvel supõe uma declaração unilateral do referido proprietário que exprima a sua vontade em onerar o imóvel e uma requisição escrita dirigida ao responsável pelo registo para que ocorra a inscrição registal. Nesta hipótese, como é evidente, a qualidade de proprietário do imóvel onerado e a qualidade de credor encontram-se reunidas numa única pessoa.
Segundo o art. 856, al. 1 do CC deve ser emitido um título para cada cédula hipotecária inscrita no registo. O título apenas pode ser emitido se o devedor e o proprietário do imóvel derem o seu consentimento por escrito (art. 857 al 3 CC). (Cfr. STEINAUER, *Les droits réels*, Tome III, 2e éd., Berne, 1996, p. 251-257; STEINAUER, *Les droits réels*, Tome II, 2e éd., Berne, 1994, p. 215-218; VESNA STANIMIROVIC, *La cedule hypothecaire comme garantie de la banque, en particulier le transfert de propriété à titre de sûrete*, disponivel in http://www.unige.ch/droit/mbl/upload/pdf/MEMOIREVesnaStanimirovic.pdf).
Os trabalhos a nível oficial na Europa não conduziram a nenhuma conclusão definitiva e despoletaram na doutrina a discussão sobre qual o melhor modelo de hipoteca comum – a par das garantias imobiliárias já existentes em cada Estado-Membro – tendo em conta os diversos ordenamentos europeus e a os interesses do mercado multinacional (*Vide*, entre outros, WEHRENS, Überlegungen zu einer Eurohypothek, *Wertpapier Mitteilungen*, num. 14, April 1992, Der schweizer Schuldbrief und die deutsche Briefgrundschuld. Ein Rechtsvergleich als Basis für eine zukünftige Eurohypothek, *Österreichische Notariats-Zeitung*, num. 7, 1988; STÖCKER, *Die Eurohypothek*, Berlin, Ed. Duncker & Humblot, 1992, Diskussionspapier: Nicht akzessorisches Grundpfand für Mitteleuropa, *Zeitschrift für Bankrecht und Bankwirtschaft* (ZBB), núm. 4, 1998; WACHTER, La garantie de crédit transfrontalier sur les immeubles au sein de l'Union européenne. L'Eurohypothèque, *Notarius International*, Vol. 4, 1999).
Entretanto, a vaga da europeização da *civil law* em todas as áreas patrimoniais conduziu à formação de diversos grupos de trabalho que dedicaram a sua atenção à euro--hipoteca. De entre estes grupos destacamos o Grupo de Investigação Europeu sobre a Eurohipoteca (*The Euroypothec: a common mortgage for Europe*, www.eurohypothec.com). Este grupo de trabalho nasceu em finais de 2003, com o objectivo de redigir uma proposta de Directiva para a Comissão Europeia que contivesse as linhas básicas para a regulação de um direito de hipoteca comum a toda a Europa: a euro-hipoteca.

abstracto e não causal, não acessório em face da obrigação garantida, que surja como um *plus*, ao lado da garantias imobiliárias existentes em cada um dos Estados-Membros, cujo emprego seja facultativo, que possa inclusive servir para garantir contratos de mútuo estritamente nacionais e que seja regulado (incluindo o correspondente registo) pela lei do Estado-Membro onde se situe o imóvel (*lex rei sitae*); direito este que nos últimos anos tem sido denominado como euro-hipoteca e cujo objectivo primordial é o de promover a consecução de um verdadeiro mercado europeu, o princípio da livre circulação de capitais e a dinamização da economia europeia[6].

Não nos cumpre analisar as características e os princípios que devem reger a euro-hipoteca[7], mas sim, a par de outros autores[8], alertar para o

O referido grupo de trabalho centrou os seus esforços em simplificar ao máximo as linhas básicas sobre as quais devia sustentar-se a euro-hipoteca, com o fim de criar uma instituição suficientemente flexível e segura e, ao mesmo tempo, o menos intrusiva possível para os ordenamentos jurídicos europeus.
A proposta que este grupo de trabalho realizou sobre a euro-hipoteca, encontra-se publicada integralmente em *Working Paper Basic Guidelines for a Eurohypothec*, Basic Guidelines for a Eurohypothec. Outcome of the Eurohypothec workshop November 2004/April 2005, Polish Mortgage Credit Foundation, Maio de 2005. Sobre a euro-hipoteca *vide*, ainda, NASARRE-AZNAR, *The Eurohypothec: a common mortgage for Europe*, The Conveyancer and Property Lawyer (United Kingdom), Thomson-Sweet & Maxwell, January-February 2005, p. 32 a 52 e *Looking for a model for a Eurohypothec*, Real Property Law and Procedure in the European Union, in http://www.iue.it/LAW/ResearchTeaching/EuropeanPrivateLaw/Projects/Real%20Property%20Law%20Project/Background%20Paper%20Eurohypothec.pdf).
[6] Uma garantia imobiliária comum a toda a Europa poderá ser um factor que assegure, além do mais:
– Uma autêntica e real concorrência entre as entidades de crédito.
– A criação de um verdadeiro mercado hipotecário europeu que atraia um maior número de potenciais credores a cada Estado.
– Uma clara melhoria da situação dos potenciais devedores que, em face do aumento de concorrência entre as entidades de crédito, poderão ver aumentada a possibilidade de negociar e renegociar o contrato de mútuo garantido através da garantia real imobiliária, deixando de estar condicionados a ter de negociar com as entidades nacionais.
– Uma posição igualitária entre os potenciais devedores da comunidade europeia.
– Um aumento do número de empréstimos solicitados em simultâneo a diversas entidades de crédito europeias.
– Uma maior possibilidade de serem cedidos créditos hipotecários com finalidade refinanciadora.
– O crescimento económico do mercado europeu em geral, uma vez que, como se sabe, sem crédito não existe tal crescimento.
[7] De qualquer forma, de seguida, passamos a apresentar alguns aspectos essenciais da euro--hipoteca de acordo com o *Working Paper Basic Guidelines for a Eurohypothec*.

– A euro-hipoteca deve ser criada pelo proprietário do bem imóvel ou móvel sujeito a registo, e deve ser publicitada pelo registo nacional competente em conformidade com o direito interno.
– A euro-hipoteca é inoponível em face de terceiros enquanto não for registada. O direito interno de cada Estado-Membro determinará se o registo tem ou não um efeito constitutivo.
– O direito interno pode prever que a euro-hipoteca seja um direito real de garantia confirmado por um título (uma letra hipotecária) – que pode ser um título electrónico – ou um direito não confirmado por um título, de acordo com a vontade das partes. Caso o direito interno preveja as duas possibilidades, é necessário fazer menção da eventual letra no livro de registos. Na hipótese de em causa estar um direito não confirmado por um título, como é evidente, só o direito é inscrito no livro.
– O direito interno de cada Estado-Membro pode prever que a euro-hipoteca possa ser constituída a favor do proprietário do bem. Nesta hipótese, o proprietário permanecerá titular da hipoteca caso transfira o direito de propriedade.
– A euro-hipoteca pode existir antes da conclusão do contrato de concessão de crédito, precisamente para facilitar a celebração do contrato de mútuo.
– A euro-hipoteca pode ser utilizada para garantir créditos transfronteiriços mas, também, relações creditícias relacionadas com um só país.
– A euro-hipoteca pode garantir vários créditos do mesmo credor.
– A euro-hipoteca pode servir de garantia a um nova relação creditícia estabelecida entre as mesmas partes, logo que o crédito inicialmente garantido esteja total ou parcialmente satisfeito; desta forma evitar-se-á a constituição de uma nova hipoteca e os custos a ela associados.
– É igualmente possível manter a mesma euro-hipoteca como direito real de garantia imobiliária quando o crédito inicial seja substituído por um novo crédito. Do mesmo modo, um crédito concedido para um período determinado de tempo pode ser prolongado ou substituído, após o decurso do prazo estipulado, por um crédito para um período subsequente.
– A euro-hipoteca, graças à sua natureza não acessória, pode ser transmitida a outro credor para garantir um diverso direito de crédito.
– Se a euro-hipoteca não constar de uma letra, a cessão do direito apenas é oponível a terceiros após a sua inscrição no registo.
A inscrição da cessão requer o consentimento do titular já inscrito no registo. O direito interno pode exigir, ainda, um acordo entre o anterior e o futuro titular como condição indispensável à cessão.
Quando a euro-hipoteca consta de um título ou letra a cessão do direito é regida pela lei do Estado da situação do bem. A cessão produz os seus efeitos apenas quando o título é entregue ao novo titular.
– Quando os créditos garantidos sejam totalmente satisfeitos o proprietário do imóvel poderá solicitar o cancelamento do registo da euro-hipoteca ou a transferência desta para si ou para uma pessoa escolhida por si.
– A euro-hipoteca extingue-se pelo cancelamento do correspondente registo, após consentimento do titular da euro-hipoteca e do proprietário do bem.
A euro-hipoteca não se extingue em virtude de pagamento das dívidas garantidas, nesta hipótese a garantia passa para a titularidade do proprietário do imóvel.

facto de a euro-hipoteca não poder assumir a relevância prática que dela se espera enquanto não se verificar uma atitude de uniformização também a nível registal[9].

2. A diversidade dos sistemas registais vigentes na Europa

Os sistemas registais desempenham funções essenciais numa economia de mercado, não só em relação ao desenvolvimento dos mercados creditícios hipotecários mas, também, em relação ao funcionamento eficiente do sistema económico no seu conjunto[10/11].

A função económica de qualquer sistema registal foi manifestada, explicitamente, pelos legisladores dos diversos países quando começaram a gizar os respectivos sistemas registais: fomentar o crédito territorial, ou

---

(*Vide Working Paper Basic Guidelines for a Eurohypothec*. Basic Guidelines for a Eurohypothec. Outcome of the Eurohypothec workshop November 2004/April 2005, Polish Mortgage Credit Foundation, Maio de 2005).

[8] *Vide*: HENDRIK PLOEGER/BASTIAAN VAN LOENEN, At the beginning of the road to harmonization of land registry in Europe, *European Review of Private Law*, pp. 379-387, Harmonization of land registry in Europe,TS18 – Comparative Aspects of Land Administration Systems, From Pharaohs to Geoinformatics, FIG Working Week 2005 and GSDI-8, Cairo, Egypt April 16-21, 2005, in http://www.fig.net/pub/cairo/papers/ts_18/ts18_02_ploeger_vanloenen. pdf e Response to the Green Paper on Mortgage Credit in the EU, in http://ec.europa.eu/internal_market/finservices-retail/docs/home-loans/comments/priv-nl_ploeger_vanloenen-en.pdf; PLOEGER HENDRIK/NASARRE-AZNAR/BASTIAAN VAN LOENEN, EuroTitle: a standard for European Land Registry. Paving the road to a common real estate market, GIM-International. *The Global magazine for Geomatics*, (www.gim-international.com), 2005.

[9] Segundo as *Basic Guidelines* a importância económica da euro-hipoteca, bem como de todas as hipotecas, depende do seu ambiente legal, em particular de um sistema de registo imobiliário transparente (que permita ao eventual credor informar-se sobre todos os direitos que tenham por objecto o imóvel) e de um processo de execução efectivo.

[10] *Vide* MÉNDEZ GONZÁLEZ, Registro de la Propiedad y desarrollo de los mercados de crédito hipotecario, *Revista Critica de Derecho Inmobiliario*, 2007, n.º 700, p. 571 e ss.; ENRIQUE RAJOY BREY, La hipoteca: análisis económico y social de una preferencia, *Ponencias y Comunicaciones presentadas al XV Congresso Internacional de Derecho Registral*, Centro Internacional de Derecho Registral, Fundación Registral, 2007, p. 266 e ss.

[11] É sabido que o registo predial tem como principal finalidade dar publicidade à situação jurídica da propriedade imobiliária de modo a garantir segurança ao tráfico imobiliário e às operações de crédito predial. Toda a história do registo predial se desenvolve, efectivamente, em torno da ideia da protecção de terceiros, interessados em investir as suas disponibilidades em transacções sobre imóveis ou por estes garantidas, através dum sistema que torne facilmente conhecida a posição da propriedade imobiliária.

seja converter os direitos sobre bens imóveis em activos económicos, capazes de servir de garantia ao crédito.

Para que os imóveis possam cumprir esta função é preciso que a propriedade sobre os bens imóveis seja segura e facilmente transmissível.

Com efeito, quando quem adquire um direito de propriedade não pode estar seguro de que para todos os efeitos o adquire do verdadeiro dono, sem quaisquer ónus ou encargos para além dos que lhe foram revelados, mesmo que tal não corresponda à realidade, é claro que a propriedade, assim adquirida, não servirá de objecto de garantia e, consequentemente, não acederá ao mercado de capitais.

Pois bem, o funcionamento dos diversos Registos Prediais existentes nos Estados Comunitários não envolveria quaisquer problemas para a adopção da euro-hipoteca caso todos eles, por um lado, fornecessem certeza ao credor hipotecário sobre a titularidade do direito de propriedade que passaria a estar onerado e, por outro, se publicitassem todos os encargos que onerassem a referida propriedade e que fossem susceptíveis de lhe ser oponíveis[12]. E isto de forma clara, exacta e compreensível, sem que houvesse necessidade de procurar documentos adicionais.

Refira-se que o potencial credor hipotecário, tal como qualquer outro terceiro, para estar seguro, não necessita que o sistema registal atribua ao titular inscrito o direito de propriedade que publicita como sendo dele, caso tal não corresponda à realidade extra-registal; o credor hipotecário apenas necessita de ter a certeza de que a eventual invalidade ou ineficácia do facto jurídico aquisitivo ou do registo do seu *dante causa* em nada podem afectar a sua situação jurídica.

Porque assim é, o facto de na generalidade dos sistemas registais europeus o registo não ser condição suficiente para que ocorra a mutação da situação jurídico-real existente, não se traduz em qualquer obstáculo ao desenvolvimento do mercado hipotecário[13].

---

[12] Como é evidente estes dois aspectos são cruciais para qualquer mercado hipotecário; sem eles nunca o potencial credor está seguro de que efectivamente virá a satisfazer o seu crédito, à custa do valor do bem, com preferência em face dos restantes credores. O mesmo é dizer que sem eles o credor hipotecário assume sempre uma margem de risco e, portanto, nunca está seguro quanto à garantia que detém.

[13] Apenas em alguns países europeus da *common law*, nomeadamente, em Inglaterra e em Gales – onde vigora, uniformemente, o *Land Registration Act* de 2002 e as *Land Registration Rules* de 2003 –, bem como na Escócia – onde o *Land Registration Act* de 1979 está, lentamente, a substituir o antigo *Register of Saisins* – o registo para além de ser constitutivo pode assumir-se

O que assume relevância é a eficácia e intensidade da garantia prestada ao terceiro em face do facto registado.

Ora acontece que, na União Europeia, tal como no resto do mundo, a eficácia e a intensidade da garantia prestada ao terceiro em face do facto registado são distintas nos diversos sistemas de Registo.

Provavelmente, na actualidade, não existem dois sistemas registais que concedam, exactamente, a mesma tutela aos terceiros em face dos factos registados, uma vez que os sistemas registais já não existem de modo puro encontrando-se todos eles em transição. Ou seja, o que outrora foram modelos puros hoje estão em fase de evolução.

Não obstante esta realidade, para facilitar a exposição, arriscamo-nos a integrar os diversos sistemas registais europeus em dois grandes grupos:

- Os sistemas registais que concedem uma protecção fraca aos terceiros em face do facto registável.
- Os sistemas registais que concedem uma protecção forte aos terceiros em face do facto registável.

como condição suficiente para que ocorra a mutação da situação jurídico-real existente, uma vez que o titular inscrito beneficia de uma forte protecção denominada como *indefeasibility* (inatacabilidade), de tal forma que mesmo tendo sido parte de um negócio inválido, quando considerado por si e em si, é protegido, *desde que esteja de posse do imóvel e enquanto se mantiver na posse do imóvel*, uma vez que o registo, feito a seu favor, não pode ser rectificado sem o seu consentimento, salvo nos casos em que ele próprio, com fraude ou falta de cuidado adequado (*lack of proper care*), tenha causado ou contribuído determinantemente para o erro.

Em Inglaterra e em Gales também constitui excepção à qualified indefeasibility a existência de "qualquer outra razão pela qual seria injusto não rectificar" o registo desconforme com a realidade extratabular. Trata-se, como é manifesto, de uma cláusula aberta.

Em virtude das excepções apontadas, nestes países da *common law*, a posição do titular registal que foi parte num negócio inválido não pode definir-se como absoluta e imediatamente inatacável (*immediate indefeasibility*), uma vez que, verificada uma das referidas excepções, o registo pode ser rectificado sem o seu consentimento, mas é inegável que o registo pode ser a condição suficiente para que ocorra a mutação da situação jurídico-real existente.

Tanto assim é, que a rectificação do registo, quando excepcionalmente seja possível, apenas produz efeitos para o futuro. Consequentemente, aquele que constou como titular registal, efectivamente, é havido como titular do direito durante o lapso de tempo em que o registo não foi rectificado. O "verdadeiro" titular do direito volta, "apenas", a ser dono, não sendo considerado como se nunca tivesse sido destituído do seu direito.

A) Os sistemas registais que concedem uma protecção fraca aos terceiros em face do facto registável

O mínimo de garantia que qualquer registo imobiliário oferece é a chamada força negativa ou preclusiva da publicidade: aquele que pretende adquirir sabe que, se inscrever a sua aquisição no registo, fica a salvo dos ataques de qualquer terceiro que haja adquirido do mesmo *dante causa*, um direito incompatível e também sujeito a registo, sempre que este não tenha obtido o registo a seu favor ou o tenha obtido posteriormente a si.

Por exemplo, *num sistema em que o registo não seja elemento imprescindível para a aquisição do direito*, se *A* transmitir um direito de propriedade sobre um imóvel a *B* e este não solicitar o registo, posteriormente, *A* pode apresentar-se perante *C* como proprietário e constituir uma hipoteca sobre o referido imóvel. Caso *C* solicite e obtenha o registo a seu favor, depois já não lhe poderá ser oposto o direito de *B*, uma vez que o facto aquisitivo de *B* não foi registado com anterioridade.

Este género de protecção é a prestada pelos sistema francês, belga, luxemburguês, etc., ou seja pelos sistemas denominados, habitualmente, como sistemas de inoponibilidade.

O Registo não assegura ao possível credor hipotecário que *A* é o proprietário do imóvel, assegura apenas que *A* ainda não alienou ou onerou o direito de propriedade; e mesmo isto resulta de modo implícito do registo: basta que nele não conste nenhum assento que publicite tal alienação ou oneração.

Assim, a tutela prestada ao credor hipotecário (ou a outro subadquirente), por estes sistemas de registo, não consiste em assegurá-lo de que *A* é proprietário. Poderá sê-lo ou não. E o credor hipotecário vê a sua "aquisição" afectada por uma causa de invalidade ou ineficácia *ex tunc* – não estabelecida numa cláusula sujeita a registo – que atinja o "facto aquisitivo" do seu *dante causa*. Se este falsificou um título para, assim, obter o registo do direito de propriedade, ou se adquiriu de quem nunca foi dono, ou mediante contrato celebrado em virtude de coacção, etc., em qualquer destes casos, a sua falta de titularidade repercute-se na do credor hipotecário, seu subadquirente, de acordo com o princípio *nemo plus iuris ad allium transferre potest quam ipse habet* e o princípio *resoluto iuris dantum resoluto ius accipiens*.

Em resumo, o referido credor hipotecário apenas pode ter por certo o seguinte: qualquer alienação ou oneração efectuada por *A*, que não conste do Registo, não lhe poderá ser oposta, desde que obtenha o registo prioritariamente.

B) *Os sistemas registais que concedem uma protecção forte aos terceiros em face do facto registável*
Existem sistemas registais que publicam e garantem titularidades e, por isso, são dotados de maior eficácia, pois concedem uma protecção forte aos terceiros em face do facto registável: são os sistemas que consagram o princípio da fé pública registal em sentido rigoroso – o sistema alemão, suíço, austríaco, espanhol, etc..

Nestes sistemas o registo designa, definitivamente, em face de um terceiro, quem é o titular de cada direito, e tal designação fica garantida, de modo que o adquirente, verificados os requisitos impostos por lei[14], pode tê-la por segura sem necessidade de posterior exame.

Assim, se por hipótese, na Alemanha, A consegue que no registo se inscreva a seu favor o direito de propriedade sobre um imóvel, com base no consentimento formal do até ali titular registal mas inexistindo acordo real e, de seguida, onera com uma hipoteca o referido direito a favor de um adquirente de boa-fé, sem dúvida que esse adquirente, ao obter o registo a seu favor, se torna credor hipotecário, uma vez que o registo lhe garantiu, não apenas que A não havia anteriormente vendido a outra pessoa, mas, exactamente, que A era o proprietário. E, se por exemplo, um direito de usufruto se tiver extinguido mas a respectiva inscrição registal permanecer em vigor e o ex-usufrutuário constituir sobre o seu "direito" uma hipoteca, o credor será protegido, adquirindo, efectivamente, o direito real de hipoteca.

A lógica seguida por estes sistemas é a seguinte: se o Registo é uma instituição destinada a dar segurança ao tráfico jurídico imobiliário, deve proteger definitivamente aqueles que adquiriram direitos sobre os imóveis confiando nas suas informações.

Assim, nestes sistemas, o registo, além de desempenhar a função negativa típica dos ordenamentos de cepo latino que consiste na garantia oferecida ao terceiro de que o não registado perante si não existe, desempenha ainda uma função positiva, pois protege o terceiro que adquiriu de boa-fé

---

[14] Que variam em função do ordenamento jurídico em causa, mas de entre os quais constam sempre: a aquisição de boa-fé, de quem conste como titular registal e a obtenção do registo a seu favor.

do titular registal mesmo que o facto aquisitivo deste seja, afinal, inválido ou ineficaz, ou mesmo que o registo no qual confiou seja inválido, por si e em si.

A consagração do princípio da fé pública registal é o que assegura, plenamente, a referida protecção do terceiro.

O princípio da fé pública registal impede, em relação aos terceiros de boa-fé, a prova do facto contrário ao constante do registo, garante-lhes a existência, a extensão e a titularidade dos direitos reais registados e, portanto, assegura-lhes a manutenção da sua aquisição[15].

Assim, o conteúdo do registo considera-se completo ou íntegro e também exacto em relação a terceiros adquirentes de boa-fé. Quem adquire um direito real confiando na integralidade e exactidão do registo, torna-se, efectivamente, seu titular, ainda que depois se constate que o seu *dante causa* já não era ou nunca foi titular do direito que o registo havia publicitado.

Tal não implica que o negócio real em que interveio o seu *dante causa* não possa ser declarado nulo, ser anulado ou desprovido de eficácia, pois

---

[15] A protecção derivada do princípio da fé pública registal supõe, sempre, a verificação de três elementos:
a) um subjectivo:
– que alguém tenha adquirido confiando no conteúdo do Registo.
b) dois objectivos:
– que exista divergência entre aquilo que o Registo publica e a real
– situação jurídica do imóvel;
– que o terceiro adquirente haja obtido o registo a seu favor.
Mas, cumpre chamar a atenção para o facto de existirem seis aspectos que modelam os efeitos da fé pública:
a) o terceiro pode ser imediatamente tutelado, logo que obtenha o registo a seu favor, ou, ao invés, apenas ser tutelado decorrido um determinado lapso de tempo durante o qual o verdadeiro titular do direito pode reagir;
b) o terceiro pode ser tutelado independentemente da forma como adquire o seu direito ou, ao invés, apenas na hipótese de adquirir mediante negócio jurídico;
c) o terceiro pode ser tutelado apenas na hipótese de adquirir mediante negócio jurídico oneroso;
d) podem existir excepções ao funcionamento do princípio – ou seja, direitos que, apesar de não constarem do registo, não são afectados pelo funcionamento do princípio da fé pública;
e) a boa-fé exigível ao terceiro adquirente pode ser a boa-fé em sentido psicológico ou em sentido ético;
f) a extensão do princípio da fé pública pode abranger apenas os assentos registais ou, também, os documentos apresentados aquando da solicitação da inscrição e que ficam arquivados.

a inscrição, apesar de, nestes sistemas, gerar a presunção de que o registo é exacto e íntegro a favor do titular registal, não "sana" os vícios ou limitações dos actos ou contratos inscritos. Significa, no entanto, que a referida invalidade ou ineficácia não será dotada de eficácia retroactiva real plena e que, consequentemente, não prejudicará o terceiro que adquiriu, cumprindo os requisitos estabelecidos na lei, permanecendo este, portanto, como titular do direito[16].

Por outro lado, tal também não impede que o registo, lavrado a favor do *dante causa*, que padeça de vícios intrinsecamente registais, possa ser declarado nulo ou rectificado, mas implica que a declaração de nulidade ou rectificação de tal registo não afecte a posição jurídica do terceiro.

Em resumo, para o terceiro, que preencha os requisitos impostos por lei, para beneficiar do funcionamento do princípio da fé pública registal, *a inscrição vale título*.

Em síntese, atendendo aos efeitos do registo na perspectiva dos terceiros em face do facto registável, podem distinguir-se sistemas de protecção fraca (os sistemas registais de documentos) e sistemas de protecção forte (os sistemas registais de direitos). Nos de protecção fraca, o terceiro está protegido apenas em face dos direitos sujeitos a registo e não publicitados por ele. Nos de protecção forte, o terceiro está protegido em face dos direitos não publicitados, das limitações e das causas de invalidade ou ineficácia que podem afectar as situações jurídicas que constem do registo.

Por outras palavras, no primeiro caso, o registo é "completo ou íntegro"[17], mas não exacto – o terceiro adquirente que regista não pode confiar na

---

[16] É claro que, desta forma, aquele que impugna o acto inválido ou ineficaz, apesar de ser o verdadeiro titular do direito real, acaba por perdê-lo ou por vê-lo onerado, podendo, apenas, exigir uma indemnização àquele que, tendo obtido o registo a seu favor, depois transmitiu ou constituiu o direito a favor do terceiro.

[17] Colocamos a expressão "completo e íntegro" entre aspas porque, na verdade, o registo nunca é completo, uma vez que, por um lado, a ele não tem de aceder a constituição *ex vi legis* de direitos reais limitados sobre imóveis nem a aquisição originária.

E, por outro, porque existem factos jurídicos e decisões judiciais que podendo e devendo aceder ao registo, mesmo que não sejam publicitados, nem por isso deixam de ser eficazes *erga omnes*. Consequentemente, o terceiro só pode estar seguro em face de factos que deviam ter acedido ao registo sob pena de inoponibilidade. Nunca pode estar seguro perante a aquisição *ex vi legis* ou perante a aquisição originária de um direito, uma vez que o direito, assim adquirido, é oponível e prevalece em face de direitos registados (tal é o caso, por exemplo: das servidões legais; da acessão imobiliária; da aquisição mediante a usucapião; etc.). E, também, não pode estar seguro em face de factos jurídicos que mesmo quando não chegam a

exactidão das inscrições; no segundo, o registo é "completo ou íntegro"[18] e exacto – o terceiro pode confiar na exactidão das inscrições, pois tudo o que consta do registo existe tal qual é publicado e, pelo contrário, tudo o que não seja revelado pelo registo há-de considerar-se inexistente, mesmo que tal não corresponda à realidade[19/20].

3. A necessidade de harmonização a nível registal, para que a euro--hipoteca possa assumir a relevância prática que dela se espera

Perante a realidade descrita, torna-se claro que a implementação da euro--hipoteca não vai conseguir, por si só, o desejado incremento do crédito hipotecário transfronteiriço, uma vez que os potenciais credores continuarão a ver-se confrontados com a incerteza, agora relacionada com o tipo de sistema registal vigente no Estado-Membro onde se situam os bens, consequentemente, manter-se-á a necessidade de obter informações precisas sobre esta matéria, o que, obviamente, suporá a contratação de assessores jurídicos e, assim, o dispêndio de tempo e dinheiro, bem como a ausência

---

aceder ao registo, nem por isso deixam de ser oponíveis *erga omnes* (por exemplo: as decisões administrativas impositivas e as cessões amigáveis em matéria de expropriação por utilidade pública; as decisões judiciais que constatem uma causa de inexistência ou invalidade; etc.).

[18] Colocamos a expressão "completo e íntegro" entre aspas porque, também nestes sistemas, o registo não é, em absoluto, completo, uma vez que existem direitos reais ou actos que produzem a sua eficácia típica à margem do registo.

[19] Vide a este propósito, por todos, PAU PEDRÓN, *Elementos de Derecho Hipotecario*, ob. cit., p. 34 e 35 e *La convergência de los sistemas registrales en Europa*, ob. cit., p. 45 e ss..

[20] No documento *Land Administration Guidelines*, da ONU, atribui-se a estes dois sistemas as denominações expressivas de *primary evidence* – que equivale à protecção mínima – e *details guarantee* – que equivale à protecção máxima: "In some systems, the State then guarantees the details recorded in the register, so that if a mistake were to occur, compensation would be paid. In others, the registers are treated as primary evidence rather than definitive proof". (Cfr. ONU, *Land Administration Guidelines*. [On-line] consultado em 10 de Agosto de 2006 às 10 horas. Disponível: in http://www.unece.org/env/hs/wpla/docs/guidelines/lag.Html. Refira-se ainda que, no referido documento, se afirmou a superioridade do sistema da máxima protecção sobre o sistema da protecção mínima, ao considerar-se que o sistema ideal de registo deve reunir os princípios do espelho, da cortina e da garantia (*the mirror principle, the curtain principle, the insurance principle*). Segundo estes princípios, respectivamente, o registo deve reflectir fielmente a realidade, deve bastar a consulta do registo (sem necessidade de quaisquer averiguações extraregistais) e o registo deve garantir a exactidão do que publica (Cfr. *Land Administration Guidelines, II, The legal framework. C. Deeds registration and title registration*. [On-Line] consultado em 10 de Agosto de 2006 às 11 horas. Disponível: http://www.unece.org/env/hs/wpla/docs/guidelines/ch2-sub3.html.

de uma autêntica e real concorrência entre as entidades de crédito estrangeiras e as entidades de crédito do país onde se situam os bens objecto da eventual euro-hipoteca.

Acresce que mesmo que alguma entidade, como por exemplo o European Land Information Service (EULIS)[21], passe a fornecer *on-line* toda a informação sobre o tipo de tutela concedida por todos os sistemas registais vigentes nos Estados-Membros, é evidente que tal conduzirá, no mínimo, a que as entidades de crédito dos Estados-Membros onde vigorem sistemas registais de protecção forte não venham a conceder crédito, mediante a aquisição de uma euro-hipoteca que onere bens situados em Estados-Membros onde estejam implantados sistemas registais de protecção fraca; uma vez que, como é evidente, não se sujeitarão ao risco de perder a euro--hipoteca em virtude de um vício que afecte, com eficácia retroactiva real, a valia ou a eficácia do facto jurídico aquisitivo do direito de propriedade por ela onerado.

À final o mercado da euro-hipoteca, tal como o mercado hipotecário nacional de cada Estado-Membro, assumirá uma relação directa com o sistema de registo vigente no Estado onde se situe o bem onerado. Consequentemente, os países com sistemas registais que concedem uma forte tutela aos terceiros, e que já são aqueles que tem os mercados hipotecários nacionais de maior dimensão, serão aqueles cujos imóveis passarão a estar onerados com a euro--hipoteca. Tal será o caso, por exemplo, da Alemanha, que tem o mercado hipotecário nacional com maior dimensão em termos absolutos. A dimensão da sua dívida hipotecária equivale a mais de 54% do seu PIB.

Mas, sendo assim, o objectivo visado com a euro-hipoteca não será atingido, ou não o será em toda a sua amplitude.

Sendo utópico supor que a solução para este problema possa passar, imediatamente, pela harmonização dos diversos sistemas registais existentes

---

[21] EULIS (European Land Information Service) é um consórcio de Serviços de Registo Imobiliário Europeus.
O portal EULIS é a central à qual estão conectados os serviços de registo imobiliário e de cadastro dos seguintes países europeus: Áustria, Escócia, Finlândia, Holanda, Inglaterra e Gales, Lituânia; Noruega, Suécia.
Para obter mais pormenores sobre a informação fornecida actualmente pelo Portal EULIS *vide* http://www.eulis.org/.

na Europa, a solução já defendida[22] foi a da criação de um assento registal europeu, o denominado euro-título. Ou seja, de um assento registal, comum a toda a Europa, que se apresentaria como uma alternativa, mas não como um substituto, para os assentos registais nacionais.

Assim, seriam os particulares a decidir se pretendiam um assento registal nacional que eventualmente pode ser produto de um sistema registal de documentos que concede uma fraca protecção aos terceiros ou, ao invés, um assento registal europeu que asseguraria o mais alto nível de certeza aos direitos publicitados e, consequentemente, de segurança ao mercado jurídico.

O euro-título, por um lado, garantiria a certeza aos direitos publicitados, ou seja converteria os direitos sobre bens imóveis em activos económicos, capazes de servir de garantia ao crédito. Por outro lado, permitiria um fácil acesso à informação registal, assegurando, também, um alto nível de cognoscibilidade aos terceiros.

O euro-título não implicaria a introdução de um serviço de registo europeu, uma vez que os Estados-Membros assegurariam a sua feitura nos serviços nacionais e seriam por eles responsáveis.

Mas, na nossa perspectiva, o euro-título suporia a introdução de um novo sistema registal comum a toda a Europa, que se apresentaria como um *plus* em face dos sistemas registais nacionais. Sistema esse que se integraria na família dos sistemas de direitos que concedem uma forte protecção aos terceiros[23].

---

[22] HENDRIK PLOEGER/BASTIAAN VAN LOENEN, At the beginning of the road to harmonization of land registry in Europe, *European Review of Private Law*, pp. 379-387, Harmonization of land registry in Europe, TS18 – Comparative Aspects of Land Administration Systems, From Pharaohs to Geoinformatics, FIG Working Week 2005 and GSDI-8, Cairo, Egypt April 16-21, 2005, in http://www.fig.net/pub/cairo/papers/ts_18/ts18_02_ploeger_vanloenen.pdf e Response to the Green Paper on Mortgage Credit in the EU, in http://ec.europa.eu/internal_market/finservices-retail/docs/home-loans/comments/priv-nl_ploeger_vanloenen-en.pdf; PLOEGER HENDRIK/NASARRE-AZNAR/BASTIAAN VAN LOENEN, EuroTitle: a standard for European Land Registry. Paving the road to a common real estate market, GIM-International. *The Global magazine for Geomatics*, (www.gim-international.com), 2005.

[23] Ou que forneceria, eventualmente, uma segurança acrescida, uma vez que poderia consagrar o registo como condição suficiente para que ocorresse a mutação da situação jurídico--real existente, concedendo ao próprio titular inscrito uma forte protecção, de tal forma que, mesmo que este tivesse sido parte de um negócio inválido cuja causa de invalidade não fosse consequencial, adquirisse o direito.

Como é evidente, deste modo, estaria assegurada, na medida do necessário, a uniformidade em matéria registal até agora inexistente. No entanto, é preciso lembrar que um sistema registal que assegure em absoluto os direitos que publicita, porque afasta o princípio *nemo plus iuris in allium transferre potest* e o princípio *resoluto iuris dantum resoluto ius accipiens, pioince afasta os allium transferre potest e e logo, da necessidade de se informar* acaba por privar o verdadeiro titular do seu direito. De facto, se *A*, que compra o prédio a *B*, pessoa que o registo publicita como proprietário e afinal não o é, se torna dono do prédio, isto só sucede à custa do verdadeiro proprietário que se verá despojado do seu direito. Do mesmo modo, se *A*, pessoa que o registo publicita como proprietário do prédio *X* e afinal não o é, constitui a favor de *B* uma hipoteca que onera o referido prédio e este se torna efectivamente credor hipotecário, isto só sucede à custa do verdadeiro proprietário que verá onerado o seu direito e poderá ser dele privado no âmbito de uma acção executiva.

Consequentemente, a referida protecção só deve ser concedida quando, previamente, o ordenamento jurídico haja criado um conjunto de condições que reduza, ao mínimo, a possibilidade de tal efeito "expropriatório" vir a ocorrer - uma vez que só assim se evita o colapso do sistema registal. Em resumo: a referida protecção supõe que a arquitectura organizacional e a gestão do sistema registal sejam, praticamente, à prova de erros. Uma vez que, se houver um volume de erros relevante, o número de "expropriações" tornar-se-á intolerável e o sistema entrará em colapso.

Porque assim é, entendemos que os Estados-Membros que até agora não afastaram ou reduziram ao mínimo a possibilidade de serem descritos no registo prédios inexistentes ou de ser descrito mais de uma vez o mesmo prédio, não publicitaram as aquisições *mortis causa*, não consagram o princípio do trato sucessivo[24], nem o princípio da legalidade no seu sen-

---

[24] O princípio do trato sucessivo significa que nenhum registo definitivo de inscrição de transmissão de direitos ou constituição de encargos sobre os bens pode ser efectuado sem que haja uma inscrição prévia em nome do transmitente ou do sujeito passivo do encargo, de modo a formar-se uma cadeia ininterrupta de transmissões. De acordo com este princípio, o transmitente de hoje tem de ser o adquirente de ontem e o titular inscrito de hoje tem de ser o transmitente de amanhã.

Através deste princípio assegura-se uma publicidade contínua, ou seja, o conhecimento de toda a cadeia de transmissões que afectou o imóvel, bem como da cadeia de sucessivos titulares do direito, evitam-se lacunas e assegura-se a possibilidade de um eventual interessado obter uma informação completa.

tido mais amplo[25], etc., não poderão implementar, sem mais, a par do seu sistema registal nacional de protecção fraca, um sistema registal de protecção forte comum a toda a Europa, como pressupõe o euro-título.

---

[25] Ou seja, como controlo de legalidade de forma e de fundo dos documentos apresentados, tanto por si sós, como relacionando-os com os eventuais obstáculos que o Registo possa opor ao assento pretendido.

A Eficácia Constitutiva do Assento Registal da Hipoteca ou A Constituição da Hipoteca Enquanto Excepção ao Princípio da Consensualidade[1]

Sumário: 1. A função desempenhada pela publicidade registal na alteração da situação jurídico-real nos países da civil law. 2. A função desempenhada pela publicidade registal na alteração da situação jurídico-real em Portugal: a eficácia declarativa do assento registal definitivo. 3. Breve excurso histórico sobre a função do registo na constituição da hipoteca convencional em Portugal. 4. A actual polémica existente na doutrina nacional sobre a questão de saber se o registo da hipoteca assume uma função constitutiva, ou seja, se a constituição da hipoteca se traduz numa excepção ao princípio da consensualidade. 4.1. Posição adoptada. 5. A indevida consagração do princípio da obrigatoriedade do registo da hipoteca.

1. A função desempenhada pela publicidade registal na alteração da situação jurídico-real nos países da *civil law*

Atendendo à função desempenhada pelo assento registal na aquisição, transmissão, modificação e extinção dos direitos reais sobre imóveis é habitual distinguir entre os sistemas nos quais o registo é constitutivo e os sistemas nos quais o registo é declarativo ou consolidativo[2].

---

[1] Reproduzimos, adaptando, o afirmado por nós in *Efeitos Substantivos do Registo Predial – Terceiros para Efeitos de Registo*, Coimbra, Almedina, 2013, maxime na p. 47 a p. 55 e na p. 477 a 492.
[2] Na actual doutrina nacional, verifica-se alguma fluidez na terminologia empregue; no entanto, geralmente, a doutrina estrangeira utiliza a expressão registo constitutivo e registo declarativo com os significados indicados no texto. Ou seja: o registo é constitutivo quando, sem ele, o direito real não se constitui, não se transmite, não se modifica nem se extingue; o registo é declarativo quando a constituição, transmissão, modificação e extinção do direito real ocorre extratabularmente.

Nos primeiros, o assento registal é um requisito indispensável para que se opere a mutação, previamente acordada, da situação jurídico-real. Os direitos reais que tenham por objecto imóveis – ou móveis sujeitos a registo – não se constituem, não se transmitem, não se modificam nem se extinguem antes de ser lavrado o respectivo assento registal[3].

Nos segundos, a constituição, transmissão, modificação e extinção dos direitos reais sobre imóveis ocorre à margem do Registo e, consequentemente, o assento registal visa "apenas" consolidar a eficácia *erga omnes*, da respectiva relação jurídico-real, perante certos e determinados terceiros[4].

Tendo em conta o afirmado quanto à função desempenhada pela publicidade registal na alteração da situação jurídico-real, quando nos debruçamos sobre o problema da constituição, transmissão, modificação e extinção dos direitos reais sobre imóveis ou móveis sujeitos a registo, verificamos que, segundo a terminologia romana, são três os sistemas que fundamentalmente estão em confronto: o sistema do modo, o sistema do título e do modo, e o sistema do título[5].

---

[3] Não obstante, os ordenamentos que consagram o registo constitutivo, em regra, apenas o impõem nas mutações jurídicas decorrentes de negócios jurídicos voluntários celebrados *inter vivos*. Consequentemente, outras formas de aquisição (*v.g.*, a aquisição originária, a sucessão legal *mortis causa* a título de herança, a expropriação, *etc.*) são eficazes *erga omnes* independentemente do correspondente registo, traduzindo-se, portanto, em formas de aquisição extratabular. Porque assim é, quando devam aceder ao registo, o correspondente assento visa "apenas", por um lado, consolidar a eficácia *erga omnes* anteriormente adquirida em face de terceiros e, por outro, legitimar o adquirente do direito real a alienar ou onerar, uma vez que, enquanto a inscrição registal não ocorrer, o titular do direito real estará impedido de o fazer de acordo com o princípio da legitimação e com o princípio da continuidade ou do trato sucessivo.
Por outro lado, nestes sistemas, as limitações legais, as restrições de direito público, e algumas servidões produzem a sua eficácia típica à margem do registo.
[4] Refira-se que os sistemas jurídicos que reconhecem ao assento registal "apenas" o papel de consolidar a eficácia *erga omnes* da situação jurídico-real, em regra, consagram hipóteses de inscrições de factos jurídicos que, caso não cheguem a aceder ao registo, nem por isso deixam de ser oponíveis *erga omnes*, hipóteses essas em que a inscrição no registo não visa consolidar, portanto, a eficácia *erga omnes* da situação jurídico-real pré-existente (por exemplo: a sucessão legal *mortis causa* a título de herança; a aquisição originária; a aquisição *ex vi legis*; as decisões administrativas impositivas e as cessões amigáveis em matéria de expropriação por utilidade pública, *etc.*).
[5] A este propósito, seguiremos de perto ORLANDO DE CARVALHO, *Direito das Coisas*, Coimbra, Centelha, 1977, p. 268 e ss..

Título tem aqui o sentido de fundamento jurídico ou de causa que justifica a mutação da situação jurídico-real, podendo abranger, em princípio, todas as razões em que se funda a aquisição, modificação ou extinção de um *ius in re*, quer se trate de lei, quer de sentença, quer de acto jurídico, unilateral ou contratual. E o modo traduz-se no acto pelo qual se realiza efectivamente essa aquisição, modificação ou extinção (*v.g.*, a *traditio* e o registo)[6].

No ordenamento jurídico alemão vigora o sistema do modo. O efeito real não depende, por qualquer forma, do negócio obrigacional em que se manifesta a vontade de atribuir e adquirir o direito real sobre o imóvel (*Verpflichtungsgeschäft*), mas de um processo que envolve um negócio de disposição (*Einigung*) havido como abstracto e a inscrição no livro fundiário (*Eintragung*). Vigora, assim, um sistema de modo em que o modo é complexo, pois não se reduz à inscrição; envolve, também, a *Einigung* que, como resulta do exposto, não se confundindo com o negócio obrigacional (*Verpflichtungsgeschäft*), é o acordo executivo das obrigações que aquele firmou.

À irrelevância liminar do título corresponde uma abstracção do efeito do título – um princípio de abstracção.

E porque, no sistema do modo, o efeito real depende de um acto *ad hoc* de produção desse efeito, diferente do acto em que se exprime a vontade de o alcançar, é claro que o efeito não se liga a este último, não havendo, por isso, também, lugar a um princípio da consensualidade em matéria de aquisição, modificação ou extinção do direito real.

Por fim, o assento registal, enquanto elemento do modo complexo *supra* referido, é constitutivo, uma vez que é imprescindível para que a aquisição, modificação ou extinção ocorra, mas não é suficiente[7].

Na esteira de ORLANDO DE CARVALHO, *vide*: JOÃO CALVÃO DA SILVA, Cumprimento e sanção pecuniária compulsória, *Boletim da Faculdade de Direito*, Coimbra, 1987, nota 193, p. 86 e ss.; VASSALO DE ABREU, Uma *relectio* sobre a acessão da posse (artigo 1256 do Código Civil), *in Nos 20 anos do Código das Sociedades Comerciais: Homenagem aos Profs. Doutores A. Ferrer Correia, Orlando de Carvalho e Vasco Lobo Xavier*, vol. II, *Vária*, Coimbra, Coimbra Editora, 2007, nota 32, p. 73 e ss..

[6] Para mais desenvolvimentos *vide*: ORLANDO DE CARVALHO, *Direito das Coisas*, ob. cit., p. 269 e ss.; VASSALO DE ABREU, Uma *relectio* sobre a acessão da posse (artigo 1256 do Código Civil), loc. cit., nota 32, p. 74.

[7] O Código Civil alemão exige, no § 873, a concorrência do acordo real e da inscrição para a constituição, modificação e transmissão de direitos sobre imóveis. O § 875 do *BGB* segue

No sistema de título e modo a aquisição, modificação ou extinção de direitos reais depende de um título – fundamento jurídico ou causa que justifica a mutação jurídico-real – e de um modo: acto pelo qual se realiza efectivamente a aquisição, modificação ou extinção do direito real, acto através do qual se executa o prévio acordo de vontades.

Por exemplo, na Áustria, na Suíça, em certas zonas da Itália[8], na Holanda e na Grécia a aquisição, modificação ou extinção de um direito real, sobre um imóvel, fundada em contrato depende, não apenas da validade desse contrato, mas ainda do modo que é, ou supõe, o assento registal[9].

Na legislação espanhola a aquisição e transmissão de um direito real fundada em negócio depende da validade desse negócio – obrigacional, mas com o qual se perfecciona, também, o acordo das partes quanto ao futuro efeito real – e, ainda, da entrega da coisa (tradição), mesmo quando se trate de uma coisa imóvel.

No sistema de título e modo, dependendo o efeito real "de um acto *ad hoc*"[10] de produção desse efeito, diferente do acto em que se exprime a vontade de o alcançar, é claro que o efeito não se liga apenas a este último, não havendo, por isso, lugar a um princípio da consensualidade.

E, considerando-se o efeito real como causado não só pelo modo mas também pelo título, o princípio que rege é o da causalidade, não o da abstracção. Assim, o modo – não obstante ter efeitos constitutivos, pois dele depende a produção do efeito real –, na ausência de um título válido e

---

o mesmo critério quanto à extinção, exigindo a declaração do titular que abandona o direito e o assento de cancelamento.

[8] No ordenamento jurídico italiano convivem – embora em zonas territorialmente diversas – dois sistemas: o do título e o habitualmente denominado do título e do modo.
O sistema de título e modo vigora nas zonas que pertenceram ao império austro--húngaro antes da I Guerra Mundial, sendo o modo a entabulação ou extabulação no livro fundiário. Ou seja, em toda a Província de Trieste, Gorizia, Trento e Bolzano, em duas comunas do distrito fiscal de Salò, na Província de Brescia, em algumas comunas dos distritos fiscais de Cervignano del Friuli, Palmanosa e Pontebba, na Província de Udine e em duas comunas do distrito fiscal de Asiago, na Província de Vicenza.

[9] Na Áustria, na Holanda e na Suíça, como veremos, vigora o sistema do título e do modo, sendo este complexo. Ou seja, o título – que produz efeitos meramente obrigacionais – tem de ser acompanhado por um modo que não se reduz, contra o que poderia pensar-se, à inscrição. Efectivamente, nos ordenamentos jurídicos em apreço, concorrem na formação do modo de aquisição dois elementos: o negócio real e a inscrição.

[10] Colocamos a expressão entre aspas uma vez que o modo pode ser complexo e, por isso, não se reconduzir a um só acto.

procedente, não tem a virtualidade de, por si só, constituir, modificar ou extinguir a situação jurídico-real. Podendo dizer-se que o modo é, quando é, condição necessária mas não suficiente para que se produza o efeito real pretendido.

Por fim, no sistema de título e modo, quando em causa estejam bens imóveis, consoante o modo envolva a a inscrição registal (como acontece na Áustria[11], na Suíça[12,] em certas zonas da Itália[13], na Holanda[14] e na Grécia[15]) ou a *traditio* (como ocorre em Espanha[16]), o registo assume eficácia constitutiva ou declarativa, respectivamente.

No sistema do título, consagrado em Portugal[17], em França[18], na Bélgica[19], na maioria do território italiano[20] e no Luxemburgo[21], para que o direito real se constitua, transmita, modifique ou extinga, em regra, é apenas necessário e suficiente um título, sendo, portanto, desnecessário um modo.

Considerando-se o efeito real – fora da produção deste efeito *ex vi legis* – como causado pelo acto em que se manifesta a vontade de alterar a situação jurídico-real existente, o princípio que rege será o da causalidade – não o princípio de se abstrair da justa causa de atribuição. Assim, a constituição, transmissão, modificação ou extinção do direito real depende da existência, da validade e da procedência da causa jurídica que precede essa mesma consequência.

Por outro lado, dada a dependência do efeito em face do aludido consenso, com exclusão de qualquer outra "formalidade" ulterior, é claro que

---

[11] Cfr. os §§ 380, 431 e 444 do Código Civil e os §§ 4 e 8 da *GBG*.
[12] Cfr. os arts. 656, nº 1, 731, 734, 746, 748, 783, 799, 971 e 972, todos do Código Civil.
[13] Cfr. o art. 2 do *Regio Decreto* n. 499 de 28 de Março de 1929 e art. 8 do *Nuovo Testo della Legge Generale sui Libri Fondiari*.
[14] Cfr. os arts. 3:84 e 3:89 do Código Civil.
[15] Cfr. o art. 1033 do Código Civil.
[16] Cfr. os arts. 606, 609 e 1462 do Código Civil, e o art. 32 da *Ley Hipotecaria*.
[17] Cfr. art. 408º do Código Civil e os arts. 4º e 5º do Cód.Reg.Pred..
[18] Cfr. os arts. 711, 1138, 1583 e 1703, todos do Código Civil, bem como o art. 28 e o art. 30 do Decreto sobre *Publicité Foncière*, de 4 de Janeiro de 1955.
[19] Cfr. os arts. 711, 1138, 1583 e 1703, todos do Código Civil e o art. 1 da *Loi Hypothécaire* de 16 de Dezembro de 1851.
[20] Cfr. arts. 1376 e 2644 do Código Civil.
[21] Cfr. os arts. 711, 1138, 1583, 1703, 2106 e 2134, todos do Código Civil, o art. 11 da *Loi sur la transcription des droits réels immobiliers* de 25 de Setembro de 1905, e o Decreto de 19 de Março de 1804.

neste sistema vigora o princípio da consensualidade. E, porque assim é, o registo não é, em regra, condição necessária nem suficiente para alterar a situação jurídico-real existente[22]. O assento registal assume uma função declarativa e, por isso, visa apenas consolidar a oponibilidade *erga omnes* perante certos e determinados terceiros.

2. A função desempenhada pela publicidade registal na alteração da situação jurídico-real em Portugal: a eficácia declarativa do assento registal definitivo

O actual Código Civil, mantendo a opção feita pelo legislador do Código de Seabra[23], no n.º 1 do art. 408º do Código Civil, consagrou o denominado *princípio da consensualidade*[24], estatuindo:

---

[22] Saliente-se que certos ordenamentos, apesar de consagrarem como regra a inscrição declarativa, impõem a inscrição como pressuposto do surgimento de certos direitos reais, afirmando-se, nestas hipóteses, que o registo assume uma função constitutiva. É o que ocorre em relação à hipoteca em Espanha (cfr. o art. art. 146 e 159º da *Ley Hipotecaria*) e em Itália (cfr. o 2º parágrafo do art. 2808 e o art. 2827 do Código Civil).

[23] No direito português anterior ao Código de Seabra, o sistema vigente era o sistema do título e do modo, sendo este a *traditio*.

No entanto, refira-se que a jurisprudência dos romanos, que passou para as nossas Ordenações, estava já consideravelmente modificada ao tempo da promulgação da Lei, não só nas transmissões entre vivos onde a cláusula *constituti*, considerada uma espécie de tradição simbólica, se havia tornado sacramental nos contratos de alienação com vista a substituir a tradição na transferência da posse mas, sobretudo, nas transmissões por morte, para as quais os alvarás de 9 de Novembro de 1754 e de 4 de Setembro de 1810 tinham já estabelecido a solução consagrada no Código Civil, nos arts. 483º, 2011º e outros.

O Código de Seabra, por sua vez, como afirmámos no texto, seguindo abertamente o direito francês, no art. 715º, consagrou o princípio da consensualidade, nos termos do qual, nas alienações de coisas certas e determinadas, a transferência da propriedade se operava por mero efeito do contrato, sem dependência de tradição ou de posse, quer material, quer simbólica, salvo havendo acordo das partes em contrário.

Portanto, para a perfeição dos contratos, o legislador bastou-se em regra com o consentimento e foi mesmo além do sistema da legislação francesa, uma vez que, estando em causa móveis, não consagrou a regra *posse vale título*. De facto, de acordo com o Código Civil de 1867, a coisa móvel vendida sucessivamente a duas pessoas pertencia ao primeiro a quem fosse vendida, ainda que houvesse sido entregue ao segundo e só este tivesse pago o preço (cfr. art. 718º), reputando-se nula a segunda venda, por não ser possível transferir o direito, uma vez que este já não existia na esfera jurídica do causante.

Deste modo, o legislador afastou-se do nosso antigo Direito que exigia a tradição para a aquisição do domínio e, portanto, não reconhecia como perfeita a transmissão de domínio

"A constituição ou transferência de direitos reais sobre coisa determinada dá-se por mero efeito do contrato, salvas as excepções previstas na lei."

Por isso, como afirmámos, em Portugal vigora o sistema do título.

Consequentemente, por um lado, o registo não é pressuposto para que ocorra a constituição, transmissão ou extinção do direito cujo facto jurídico é publicado. Assim, a inscrição registal definitiva não assume, em regra, a função de *modus adquirendi*, desempenha "apenas" uma função declarativa: os direitos reais adquirem-se, modificam-se e extinguem-se à margem do Registo.

Mas, estando os correspondentes factos aquisitivos, modificativos ou extintivos sujeitos a registo, só vêem a sua oponibilidade *erga omnes* – adquirida à margem do Registo – consolidada, definitivamente, perante certos

---

sem a transmissão da posse. Mas, também, se afastou dos sistemas de título e modo, onde este é ou integra o registo.

Portanto, o registo não era pressuposto para que ocorresse a constituição, transmissão, modificação ou extinção do direito. Era, "apenas", em regra, condição para que se consolidasse a oponibilidade *erga omnes*, já anteriormente obtida, em face de certos terceiros.

Desta forma, o ordenamento português consagrou, como regra geral, a inscrição "meramente declarativa". De facto, O art. 951º do Código Civil garantia aos terceiros que, perante si, só produziam efeitos os títulos sujeitos a registo que efectivamente tivessem sido registados com prioridade. Esta garantia era reafirmada em matéria de: consignação de rendimentos (cfr. art. 875º); doação de bens imóveis (cfr. § único do art. 1459º e art. 1471º); compra e venda (cfr. arts. 1549º, 1580º, 1591º); arrendamento (cfr. arts. 1621º e 1622º); renda e censo consignativo (cfr. art. 1646º); enfiteuse (cfr. art. 1670º); transmissão de bens e direitos imobiliários (cfr. art. 1722º). Saliente-se, ainda, que a regra segundo a qual não podiam ser opostos a terceiros os factos jurídicos sujeitos a registo (sob pena de inoponibilidade) e não registados (ou não registados prioritariamente – cfr. art. 956º do Código Civil), foi complementada pelo art. 1580º. De facto, este artigo regulando a hipótese de dupla venda de coisa imóvel pelo mesmo vendedor a diversas pessoas, determinava que prevalecia a venda primeiramente registada.

Na hipótese de nenhuma das vendas ter sido registada prevalecia a venda mais antiga em data e caso não fosse possível verificar a prioridade da data prevalecia a venda feita àquele que se achasse na posse da coisa (cfr. os arts. 1580º e 1578º do Código Civil).

[24] A propósito da origem filosófica e histórica do princípio da consensualidade *vide*: VIEIRA CURA, O fundamento romanístico da eficácia obrigacional e da eficácia real da compra e venda nos Códigos Civis espanhol e português, *Boletim da Faculdade de Direito de Coimbra*, STVDIA IVRIDICA, 70, Colloquia – 11, Separata de Jornadas Romanísticas, Universidade de Coimbra, Coimbra, 2003, p. 47 e ss.; MARIA CLARA SOTTOMAYOR, *Invalidade e Registo – A Protecção do Terceiro Adquirente de Boa Fé*, Coimbra, Almedina, 2010, p. 165 e ss..

e determinados "terceiros", após a respectiva inscrição registal, obtida com prioridade[25/26].

[25] Tal como parte da doutrina nacional, entendemos que o registo definitivo obtido pelo primeiro adquirente assume o papel de consolidar a eficácia *erga omnes* do direito já adquirido, impedindo o funcionamento da *condição legal resolutiva*, constituída pelo registo prioritário de uma "aquisição" a favor de um sucessivo adquirente do mesmo autor. (Neste sentido, *vide* ANTUNES VARELA/HENRIQUE MESQUITA, Anotação ao acórdão do Supremo Tribunal de Justiça de 3 de Junho de 1992, R*evista de Legislação e de Jurisprudência*, Ano 126º, 1993/1994, p. 383-384; OLIVEIRA ASCENSÃO, *Direito Civil, Reais*, (reimpressão), Coimbra, Coimbra Editora, 2000., p. 372-373; *idem*, Efeitos substantivos do registo predial na ordem jurídica portuguesa, , *Revista da Ordem dos Advogados*, 1974, Ano 34, p. 28).

[26] Como se sabe, o registo é obrigatório, de acordo com o art. 8º-A do Cód.Reg.Pred., introduzido pelo Dec.-Lei 116/2008, de 4 de Julho, desde 1 de Janeiro de 2009. Mas, o regime da obrigatoriedade do registo apenas se aplica aos factos, acções e outros actos sujeitos a registo ocorridos após a entrada em vigor do diploma.
Saliente-se que o Dec.-Lei 116/2008, através do nº 1 do art. 8º-B do Cód.Reg.Pred., impôs a obrigação de solicitar a inscrição a diversas entidades, mas, de acordo com o estatuído no nº 2, sempre que a obrigatoriedade recaísse sobre mais do que uma entidade, apenas a que figurasse em primeiro lugar estava vinculada à sua promoção (Cfr. nº 2 do art. 8º-B do Cód. Reg.Pred.) e, no caso de promoção do registo fora do prazo, era responsabilizada pelo pagamento de quantia igual à que estiver prevista a título de emolumento (cfr. os n.ºs 1 e 3 do art. 8º-D do mesmo diploma legal).
De acordo com a redacção actual do referido artigo, salvo o disposto no nº 3, devem promover o registo dos factos obrigatoriamente a ele sujeitos as entidades que celebrem a escritura pública, autentiquem os documentos particulares ou reconheçam as assinaturas neles apostas ou, quando tais entidades não intervenham, os sujeitos activos do facto sujeito a registo. Estão ainda obrigados a promover o registo:
a) Os tribunais no que respeita às acções, decisões e outros procedimentos e providências judiciais;
b) O Ministério Público quando, em processo de inventário, for adjudicado a incapaz ou ausente em parte incerta qualquer direito sobre imóveis;
c) Os agentes de execução, ou o oficial de justiça que realize diligências próprias do agente de execução, quanto ao registo das penhoras, e os administradores judiciais, quanto ao registo da declaração de insolvência.
E, a obrigação de pedir o registo, continua a cessar no caso de este se mostrar promovido por qualquer outra entidade que tenha legitimidade.
De acordo com o nº 2 do art. 8º-A do Cód.Reg.Pred., exceptuam-se do regime da obrigatoriedade do registo:
i) Os factos que devam ingressar provisoriamente por natureza, nos termos do disposto no nº 1 do artigo 92º;
ii) A aquisição sem determinação de parte ou direito;
iii) Os factos que incidam sobre direitos de algum ou alguns dos titulares da inscrição de bens integrados em herança indivisa;

iv) As acções de impugnação pauliana e dos procedimentos mencionados na alínea *d)* do nº 1 do artigo 3º, isto é os que tenham por fim o decretamento do arresto e do arrolamento, bem como de quaisquer outras providências que afectem a livre disposição de bens;
v) A constituição de hipoteca e o seu cancelamento, neste último caso se efectuado com base em documento de que conste o consentimento do credor;
vi) A promessa de alienação ou oneração, os pactos de preferência e a disposição testamentária de preferência, se lhes tiver sido atribuída eficácia real.
vii) A providência cautelar, quando já tenha sido registada a acção principal – sendo o procedimento cautelar um seu apenso, justifica-se a suspensão da obrigatoriedade do registo, pois estará já tutelado o direito do autor.
Como se sabe, o registo é obrigatório, de acordo com o art. 8º-A do Cód.Reg.Pred., introduzido pelo Dec.-Lei 116/2008, de 4 de Julho, desde 1 de Janeiro de 2009.
Saliente-se que o Dec.-Lei 116/2008, através do nº 1 do art. 8º-B do Cód.Reg.Pred., impôs a obrigação de solicitar a inscrição a diversas entidades, mas, de acordo com o estatuído no nº 2, sempre que a obrigatoriedade recaia sobre mais do que uma entidade, apenas a que figure em primeiro lugar está vinculada à sua promoção (Cfr. nº 2 do art. 8º-B do Cód.Reg. Pred.) e, no caso de promoção do registo fora do prazo, é responsabilizada pelo pagamento de quantia igual à que estiver prevista a título de emolumento (cfr. os n.ºs 1 e 3 do art. 8º-D do mesmo diploma legal).
"Nos termos da lei, não há dúvidas de que pelo pagamento dos emolumentos e taxas, por um lado, é responsável o sujeito activo dos factos (art. 151º/2), e pelo pagamento do agravamento do emolumento, por outro lado, é responsável o sujeito obrigado à promoção do registo (art. 8º-D/3)"
Saliente-se ainda que "a possibilidade de cumprir o dever jurídico de registar em circunstância alguma fica impedida pelo mero decurso do prazo definido – a ponto de a propósito dos prazos fixados no art. 8º-C ser acertado dizer que afinal são, não tanto *prazos para registo, tout-court –* pois que o procedimento tendente à feitura do acto é sempre accionável por quem para isso disponha de legitimidade, por mais *passado* que o prazo se mostre –, como sobretudo prazos para registo *sem aplicação de sanção pecuniária*. A ameaça do agravamento-sanção visa compelir os sujeitos obrigados a pressurosamente cuidarem de actualizar o registo, pondo termo ao estado de desencontro que a ocorrência do facto registando veio introduzir no plano tabular em face da realidade jurídico-substantiva; e a aplicação dele, constatado o desrespeito do prazo, pune objectivamente a falta de diligência revelada.
O decurso do prazo não extingue a obrigação de registar – «só» torna a feitura do registo em mora substancialmente mais onerosa." (Cfr. o parecer do Conselho Técnico dos Registos e do Notariado proferido no processo CP 22/2009 SJC-CT, recolhido na base de dados do Instituto dos Registos e do Notariado – Doutrina – Pareceres do Conselho Técnico, Registo Predial/ Casa Pronta, 2009, [on-line] consultado em 3 de Novembro de 2011. Disponível: http://www. irn.mj.pt/IRN/sections/irn/doutrina/pareceres/predial/2009
De acordo com o nº 2 do art. 8º-A do Cód.Reg.Pred., exceptuam-se do regime da obrigatoriedade do registo:
a) Os factos que devam ingressar provisoriamente por natureza, nos termos do disposto no nº 1 do artigo 92º;
b) A aquisição sem determinação de parte ou direito;

Por outro lado, não se encontra consagrado entre nós o princípio da abstracção – tal como não se encontrava, na vigência do Código de Seabra –,

c) Os factos que incidam sobre direitos de algum ou alguns dos titulares da inscrição de bens integrados em herança indivisa;
d) As acções de impugnação pauliana e os procedimentos mencionados na alínea *d)* do nº 1 do artigo 3º, isto é os que tenham por fim o decretamento do arresto e do arrolamento, bem como de quaisquer outras providências que afectem a livre disposição de bens;
e) A providência cautelar, quando já tenha sido registada a acção principal – sendo o procedimento cautelar um seu apenso, justifica-se a suspensão da obrigatoriedade do registo, pois estará já tutelado o direito do autor.
Acresce que o regime da obrigatoriedade do registo apenas se aplica aos factos, acções e outros actos sujeitos a registo ocorridos após a entrada em vigor do diploma.
Recordamos que o registo obrigatório foi adoptado pela primeira vez na ordem jurídica portuguesa pelo Decreto-Lei nº 36 505, de 11 de Setembro de 1947 (cfr. art. 2º), estabelecendo-se, então, a obrigatoriedade da descrição no Registo Predial apenas dos prédios compreendidos nos concelhos submetidos ao cadastro geométrico da propriedade rústica e impondo-se a conjugação oficiosa do registo com o cadastro.
Através da Lei nº 2049, de 6 de Agosto de 1951, pretendeu-se, gradualmente, colocar em prática a obrigatoriedade de registo à medida que fosse sendo completado o referido cadastro. Nessa sequência, vigorou no nosso país uma dualidade de regimes em matéria de registo: obrigatório nos concelhos submetidos ao regime cadastral e, dependente exclusivamente da vontade dos interessados, ou facultativo, nos restantes casos.
No Dec.-Lei nº 40603, de 18 de Maio de 1956, o legislador renunciou à ideia de condicionar o início da vigência da obrigatoriedade do registo à antecipada conjugação oficiosa do registo predial com o cadastro, uma vez que a mesma (a conjugação oficiosa) se tinha revelado impraticável – como se refere no preâmbulo no referido diploma legal. No entanto – porque se continuou a pretender tornar efectiva a obrigatoriedade –, nos concelhos de registo obrigatório, por um lado, previu-se que o incumprimento sujeitava os responsáveis, primeiro, a uma simples multa e, depois, caso continuassem sem requerer o registo, a um procedimento criminal no qual podia ser-lhes aplicada uma pena correspondente ao crime de desobediência qualificada. Por outro, estatuiu-se que nenhum documento destinado à prova do acto ou factos sujeitos a registo podia ser lavrado pelos notários ou funcionários com atribuições notariais sem que no texto se mencionassem os números das respectivas descrições na conservatória. Por fim, determinou-se que nos actos *inter vivos*, pelos quais se transmitissem direitos ou contraíssem encargos, também devia ser mencionada a quota da inscrição desses direitos em nome de quem os alienasse ou onerasse.
Com o Código do Registo Predial de 1967 foi mantida a dualidade de regimes de registos. Ou seja, o registo era obrigatório nos concelhos submetidos ao cadastro geométrico da propriedade rústica – que correspondiam a menos de metade da extensão do país – e era facultativo nos restantes.
Não obstante as medidas promovidas no sentido de compelir os interessados ao cumprimento, nos concelhos de registo obrigatório, a verdade é que o inadimplemento era muitíssimo frequente, revelando-se o sistema judicial incapaz de "dar resposta" às infracções.

uma vez que, como se sabe, considerando-se o efeito real como causado pelo acto em que se manifesta a vontade de constituir ou transmitir, com exclusão de qualquer outra formalidade ulterior, o princípio que rege é, necessariamente, o princípio da justa causa de atribuição ou o princípio da causalidade, nos termos do qual sem justa causa, isto é, sem a existência, a validade e a procedência (ou aptidão para produzir efeitos reais) do título, o efeito real não se produz.

Assim, em resumo, nos direitos reais – ou nos direitos das coisas – convencionalmente estabelecidos, para a produção do efeito real é condição necessária e suficiente um título, mas tal título há-de existir, ser válido e eficaz: o mesmo é dizer, não pode padecer de causas de inexistência, ser inválido ou inapto a produzir efeitos reais.

3. Breve excurso histórico sobre a função do registo na constituição da hipoteca convencional em Portugal

Até à entrada em vigor do Código do Registo Predial de 1959, de acordo com o art. 951º do Código de Seabra, todos os factos sujeitos a registo sob pena de inoponibilidade a terceiros, na ausência da respectiva inscrição registal, podiam ser invocados em juízo entre as partes, seus herdeiros e representantes.

Perante este artigo, e partindo do pressuposto de que a preferência não era imprescindível à existência da hipoteca, parte da doutrina afirmava que o registo do negócio jurídico hipotecário, como o registo de qualquer facto aquisitivo de outro direito real, assumia uma função meramente declarativa, constituindo-se, portanto, a hipoteca voluntária por mero efeito do negócio jurídico.

Para melhor compreensão do acabado de afirmar, passamos a citar GUILHERME MOREIRA que, contestando a noção de hipoteca constante do art. 888º do Código de Seabra[27], afirmava:

Foi perante esta realidade que o legislador português, em 1984, optou por consagrar o princípio da legitimação registal e, assim, impôs, de certo modo, a "obrigatoriedade indirecta do registo".
O Dec.-Lei 116/2008 não obstante consagrar a obrigatoriedade do registo, nos termos anteriormente expostos, manteve, e bem, o princípio da legitimação registal.

[27] O art. 888º do Código de Seabra tinha a redacção que de seguida se transcreve:
"Hipoteca é o direito, concedido a certos credores, de serem pagos pelo valor de certos bens imobiliários do devedor, e com preferência a outros credores, achando-se os seus créditos devidamente registados."

"Na noção que se deu de hipoteca, considerou-se como elemento fundamental a preferência que dela resulta para o credor hipotecário e, para essa preferência, atendeu-se ao registo. Ora a hipoteca representa mais do que uma preferência concedida por lei ao credor em concurso com outros credores do devedor, há consequências que resultam da hipoteca independentemente do registo, e outras que podem tornar-se efectivas independentemente da insolvência do devedor.

A hipoteca tem por fim garantir o credor contra esta insolvência; mas esta garantia dá-se pela constituição dum direito na cousa hipotecada, em virtude do qual *o credor fica tendo sôbre esta um direito real, considerando-se a coisa hipotecada como alienada no valor correspondente ao crédito por ela garantido*. Assim se explica que, pelo direito que o credor hipotecário tem sôbre a cousa, esta possa ser executada em poder de qualquer possuidor, e que, embora o devedor tenha outros bens, o credor não possa proceder contra estes sem que tenham sido previamente arrematados os bens hipotecados.

O direito de hipoteca pode constituir-se por contrato entre o devedor e o credor, produzindo êsse contrato os seus efeitos entre eles, independentemente do registo (art. 951º). E assim temos que, havendo sido constituída hipoteca sôbre bens determinados, para garantia do credor, o devedor, embora a hipoteca não tenha sido registada e não haja consequentemente execução hipotecária (cód. proc. civ., art. 951º), não poderá nomear à penhora senão os bens hipotecados (cód. proc. civ., art. 812º), e entendemos que o devedor se pode opor a que o credor nomeie outros bens, enquanto não forem excutidos os bens hipotecados. Pela hipoteca foram designados, por acôrdo entre o devedor e credor, certos bens para o cumprimento da obrigação, *esses bens* não só foram designados para êsse fim, mas *consideram-se alienados no valor corrêspondente a essa obrigação, havendo assim entre os bens e a obrigação uma relação especial que, uma vez estabelecida, nem o devedor nem o credor podem pôr de lado, desde que o contrato de hipoteca produz efeitos entre eles independentemente de registo.*

(...)

Em harmonia com as considerações que acabamos de fazer, pode definir-se hipoteca como *o direito real constituído numa cousa em virtude do qual o credor fica com o direito de se pagar pelo preço dessa cousa*."[28/29]

---

[28] Vide GUILHERME MOREIRA, *Instituições de Direito Civil Português*, II, *Das Obrigações*, Coimbra, Coimbra Editora, 1925, p. 398-399. O itálico é nosso.

Ao invés, boa parte da doutrina, considerando imprescindível a preferência, entendia que, antes do registo, não existia hipoteca, afirmando:

- "o que dá importância e valor à hipoteca é precisamente a sua eficácia para com os terceiros. Considerada apenas nas relações entre o credor hipotecário e o devedor, ela nada acrescenta ao valor do título constitutivo do crédito. Nem sequer as vantagens do processo de execução hipotecária, que não pode ser instaurado sem a certidão do registo da hipoteca (cód. de proc. civ., art. 951º).

  Sem o registo a hipoteca não pode produzir os seus efeitos próprios e característicos."[30]

- "Nos têrmos do artigo 1006º do Código Civil as hipotecas só são causa de preferência sendo registadas e, segundo o disposto no artigo 1018º, ainda que legalmente constituídas, *não se achando registadas*, serão ùnicamente admitidas a pagamento nos mesmos têrmos em que o forem os credores comuns, seja qual fôr a procedência da dívida, ou o documento que as prove.

  Não podemos, pois, deixar de reconhecer que o registo é um elemento necessário à aquisição do direito de preferência, por parte do credor: transforma-lhe o crédito comum em crédito hipotecário, tornando-lhe possível a respectiva execução hipotecária.

  Quere dizer: com relação à hipoteca (...) o registo é necessário à aquisição de direitos «inter partes» não bastando o simples consentimento para os constituir."[31/32]

---

[29] Não obstante não o afirmarem, os defensores da existência da hipoteca antes da respectiva inscrição registal provavelmente defenderiam que, após a celebração do negócio hipotecário, a hipoteca já poderia ser oposta ao subadquirente do direito de propriedade ou a um adquirente de um direito real menor de gozo, desde que tal direito tivesse sido adquirido posteriormente, estivesse sujeito a registo sob pena de inoponibilidade e não tivesse sido lavrada a respectiva inscrição registal. Ou seja, os defensores da tese em apreço, apesar de negarem à hipoteca a característica da preferência, não lhe deveriam negar a característica da sequela.

[30] *Vide*: JOSÉ TAVARES, *Princípios Fundamentais de Direito Civil*, Tomo 1, Coimbra, Coimbra Editora, 1922, p. 573-574. Em idêntico sentido, *vide*: CUNHA GONÇALVES, *Tratado de Direito Civil em Comentário ao Código Civil Português*, vol. V, Coimbra, Coimbra Editora, 1932, p. 565); PAULO CUNHA, *Da Garantia das Obrigações*, II, ob. cit., p. 304.

[31] LOPES CARDOSO, *Registo Predial, Sistema, Organização, Técnica, Efeitos*, Coimbra, Coimbra Editora, 1943, p. 146 e 147.

(...)
O Registo Predial – segundo o disposto no artigo 951º do Código Civil, registo público extensivo – funciona, na prática, quanto às hipotecas (...) como um verdadeiro registo constitutivo. É uma formalidade necessária, na prática, para que a hipoteca produza efeitos entre o devedor e credor."

Refira-se que Vaz Serra, aquando da elaboração do projecto do actual Código Civil, deu por assente que o registo da hipoteca não assumia uma função constitutiva e que a hipoteca não registada, não obstante não beneficiar de preferência, produzia os seguintes efeitos *inter partes*[33]:

Este Autor afirma ainda: "É manifesto que *a inscrição da hipoteca é elemento essencialmente constitutivo da sua adquisição, da mesma forma que a* intavolazione *no sistema austríaco o é geralmente para a aquisição dos direitos reais e, especialmente, para a hipoteca.*" (o itálico é nosso).

[32] Sublinhe-se que a polémica em torno do carácter declarativo ou constitutivo do registo da hipoteca apenas dizia respeito à hipoteca convencional especial, isto é, susceptível de ser registada apenas sobre bens certos e determinados do devedor.
De facto, não se suscitavam dúvidas quanto ao carácter constitutivo do registo da hipoteca convencional geral – susceptível de ser registada sobre quaisquer bens do devedor –, uma vez que, sendo a *especialidade* ou a necessidade de determinação dos imóveis um carácter essencial da hipoteca e sabendo-se que só através da inscrição registal se efectuava a especificação dos imóveis, não havia como negar o carácter constitutivo do respectivo registo.
Acresce que também nunca se duvidou do carácter constitutivo do registo da hipoteca legal, quer especial, quer geral, e depois da hipoteca judicial – que sempre foi geral – desde logo, porque a especificação dos bens sempre ocorreu com o registo, nunca se tendo, por isso, afirmado que o direito real "nascia" ou era constituído em virtude da disposição legal ou da sentença condenatória, respectivamente.
Como se sabe, a hipoteca legal não resulta imediatamente da lei. Efectivamente, a lei limita-se a permitir a constituição da hipoteca, atribuindo a certos credores a faculdade de solicitarem a inscrição registal, sendo pacífico que *o acto de constituição é o registo*.
A hipoteca judicial, por seu turno, não é constituída pela sentença – que não é constitutiva –, concedendo a lei ao credor apenas a faculdade de promover o registo com base em tal título. Assim, pode afirmar-se que a hipoteca judicial é aquela que "nasce" de uma *sentença* (transitada ou não em julgado) condenatória do devedor à realização de uma prestação em dinheiro ou outra coisa fungível (o título) e do *registo* da referida sentença de condenação (o modo).
A hipoteca judicial tem, e sempre teve, em Portugal, o valor de uma pré-penhora. Após a sentença de condenação, o devedor que ainda não possa ou não queira intentar uma acção executiva solicita o registo da sentença de condenação (que apenas será lavrado como definitivo se a sentença já tiver transitado em julgado) para assim obter uma garantia real que assegure a satisfação do seu crédito, à custa de bens certos e determinados inscritos no Registo como pertencentes ao devedor, com preferência em face dos demais credores que não beneficiem de uma garantia prioritária, garantia esta que é idêntica à derivada da penhora e do respectivo registo.

[33] Vaz Serra, Hipoteca, *Boletim do Ministério da Justiça*, 1957, nº 62, p. 57.

- Caso fosse intentada acção executiva, não podiam ser excutidos outros bens do devedor enquanto não tivessem excutidos os bens hipotecários.
- O credor podia exigir do devedor o reforço da garantia e, na falta de reforço, o cumprimento imediato da obrigação, o qual poderia ser pedido desde logo se a deterioração fosse devida à culpa do devedor (cfr. arts. 741º e 901º, ambos, do Código Civil).
- No caso de morte do devedor, transferindo-se o prédio hipotecado para um só herdeiro, o credor poderia exigir o pagamento só a este e proceder à execução sobre o prédio, no caso de incumprimento.

No entanto, VAZ SERRA, a propósito da constituição da hipoteca, depois de se questionar sobre a existência de razões que aconselhassem a consagração de uma excepção à regra da função declarativa do registo, concluiu: "Assim parece.

Na verdade, a eficácia da hipoteca entre as partes e seus herdeiros, independentemente do registo, conduz a resultados chocantes (...):

É verdade que resultados igualmente chocantes se podem dar noutras hipóteses, (...) mas, aqui, pode observar-se que a exigência do registo para a eficácia da hipoteca entre as partes e seus herdeiros se justifica especialmente, dado que a hipoteca se destina sobretudo a produzir efeitos em relação a terceiros, e que, portanto, não se impõe um encargo incomportável ou injusto com o facto de se obrigar a registar a hipoteca a quem tirar dela quaisquer vantagens.

Parece pois, que a hipoteca deve carecer de registo para produzir efeitos entre as partes e em relação a terceiros."[34]

Acresce que VAZ SERRA, no articulado geral, no nº 5 do art. 8º – com a epígrafe *"Especialidade da hipoteca. Efeitos do registo"* –, propôs:

"O registo marca o momento em que a hipoteca começa a produzir os seus efeitos, ainda que a obrigação garantida seja futura ou condicional"[35].

---

[34] VAZ SERRA, Hipoteca, loc. cit., p. 58.
Refira-se ainda que VAZ SERRA, de forma expressa – a propósito da questão de saber se o cancelamento do registo deveria ou não ser consagrado como causa de extinção da hipoteca –, afirmou: "(...) apesar de se ter proposto também a doutrina de que a hipoteca, antes do registo, não existe como tal, nem sequer entre as partes (...)" (*Idem*, p. 320. Sublinhámos).
[35] *Idem*, p. 341.

Por fim, refira-se que o legislador nacional, no preâmbulo do Código do Registo Predial de 1959, manifestou de forma expressa a sua intenção de atribuir função constitutiva ao registo da hipoteca, afirmando:

"A orientação que tem prevalecido na legislação nacional é, como vimos, a que atribui ao registo função *declarativa*.

O novo código não se afasta desse regime, que a experiência, tanto entre nós como noutros países, tem revelado suficientemente apto para assegurar, em grau apreciável, a eficácia da instituição. *Abre, no entanto, uma excepção, ao considerar o registo como essencial para a constituição da hipoteca, o que aliás só representa verdadeira inovação, dentro do sistema vigente, em relação às hipotecas contratuais e corresponde à aceitação de um princípio hoje consagrado pela generalidade dos próprios sistemas legislativos do tipo latino.*"[36/37].

Depois de termos citado o legislador de 1959, que claramente reconheceu ao registo da hipoteca negocial, até àquela data, uma função não constitutiva ou meramente declarativa, não podemos terminar esta breve referência histórica sem sublinhar que não obstante ser inegável que o negócio hipotecário, antes do respectivo registo, produzia efeitos, na nossa perspectiva, tal não podia conduzir a que se afirmasse que a hipoteca se constituía *solo consensu*, uma vez que, como explicitaremos, não concebemos uma hipoteca desprovida de preferência.

---

[36] O itálico é nosso.

[37] Como é evidente, a opção legislativa, feita no Código do Registo Predial de 1959, não se prendeu com a tutela dos terceiros, uma vez que a defesa dos interesses destes estava assegurada quer se reconhecesse à inscrição registal valor declarativo ou constitutivo. De facto, não sendo efectuado o registo, o direito seria inoponível a terceiros.
Portanto, a opção só pode ter sido feita porque se considerou que não fazia sentido continuar a afirmar a existência de uma hipoteca desprovida de preferência, ou (e) para evitar que o devedor constituísse sucessivamente mais do que uma hipoteca sobre o mesmo prédio, por dívidas que ultrapassassem o valor real do objecto, ou e porque se pretendeu tutelar o próprio credor, contra a sua negligência.
Em idêntico sentido *vide* FERREIRA DE ALMEIDA, *Publicidade e Teoria dos Registos*, , Coimbra, Almedina, 1966, p. 209 e 210.

4. A actual polémica existente na doutrina nacional sobre a questão de saber se o registo da hipoteca assume uma função constitutiva, ou seja, se a constituição da hipoteca se traduz numa excepção ao princípio da consensualidade

De acordo com o art. 687º do Código Civil e o nº 2 do art. 4º do Cód.Reg. Pred. *a hipoteca deve ser registada, sob pena de não produzir efeitos, mesmo em relação às partes.*

Portanto, na falta de registo não há sequer produção do efeito real.

Perante estas regras, a propósito da hipoteca voluntária, tem sido colocada a questão de saber qual é, na ausência de registo, o valor do negócio hipotecário.

A maioria da doutrina considera o registo um elemento condicionante de eficácia absoluta e afirma que, antes da sua feitura, o negócio é válido mas absolutamente ineficaz[38];

CARVALHO FERNANDES entende que o registo é um elemento formativo do negócio; sem o registo o negócio não está perfeito[39].

Por fim, ORLANDO DE CARVALHO[40] e RUI PINTO DUARTE[41] consideram que o registo é um elemento da regular produção do efeito real.

---

[38] Entre outros, *vide*: PIRES DE LIMA/ANTUNES VARELA, *Código Civil Anotado*, vol. I, 4ª ed. rev. e act., Coimbra, Coimbra Editora, 1987, p. 706; ANTUNES VARELA, *Das Obrigações em Geral*, vol. II, reimp. da 7ª ed., Almedina, Coimbra, 2001, p. 557; ALMEIDA COSTA, *Direito das Obrigações*, 12ª ed. rev. e act., Coimbra, Almedina, 2009, p. 938 e nota 2 da mesma página; OLIVEIRA ASCENSÃO, Efeitos substantivos do registo predial na ordem jurídica portuguesa, loc. cit., p. 15; *idem, Direito Civil, Reais*, ob. cit., p. 357-358; CARLOS FERREIRA DE ALMEIDA, *Publicidade e Teoria dos Registos*, ob. cit., p. 210 e 211; LUÍS MENEZES LEITÃO, *Garantias das Obrigações*, Coimbra, Almedina, 2008, p. 213; HÖRSTER, A função do registo como meio de protecção do tráfico jurídico, *Regesta*, nº 70, 1986, p. 273 e ss., *Regesta*, 1986, nº 71, 1986, p. 282, nota 9; MARIA CLARA SOTTOMAYOR, *Invalidade e Registo – A Protecção do Terceiro Adquirente de Boa Fé*, ob. cit., p. 215-216; ISABEL MENÉRES CAMPOS, *DA HIPOTECA – Caracterização, Constituição e Efeitos*, reimp., Coimbra, Almedina, 2003, p. 187-188.

[39] Cfr. CARVALHO FERNANDES, *Lições de Direitos Reais*, 6ª ed., reimp., Lisboa, Quid Juris, 2010, p. 134: "o negócio jurídico de que nasce a hipoteca, só por si, não é título suficiente da constituição desse direito, ainda que seja elemento necessário. Deste modo, só com o registo esse negócio se torna *perfeito*, apto a produzir os seus efeitos.

Ao negócio constitutivo da hipoteca, quando não registado, falta, pois, um elemento."

[40] Cfr. ORLANDO DE CARVALHO, *Direito das Coisas*, Cap. IV – *As grandes formas de ordenação do domínio. Modalidades de direitos das coisas*, adenda policopiada, Coimbra, 1977, nº 10, p. 6 e Terceiros para efeitos de registo, *Boletim da Faculdade de Direito* de Coimbra, vol. LXX, 1994, p. 99.

[41] Cfr. RUI PINTO DUARTE, *Curso de Direitos Reais*, 2ª ed. rev. e aum., Estoril, Principia, 2007, p. 143-144 e p. 220.

Nesta perspectiva, o negócio válido e eficaz é uma condição necessária, mas não suficiente, para a produção de efeitos reais; é ainda necessária a verificação de um modo – a feitura do registo.

4.1. Posição adoptada

Aderimos à última tese apresentada. De facto, entendemos que o regime da constituição de hipoteca convencional consubstancia uma excepção ao princípio da consensualidade, uma vez que a sua constituição depende de um negócio (*titulus*) – existente, válido e procedente – e do respectivo registo (*modus adquirendi*).

Explicitando, na nossa perspectiva, quando o negócio hipotecário não padece de causas de inexistência, de invalidade ou de ineficácia verifica-se uma condição necessária para a produção do efeito real, mas a mesma não é suficiente. Sem registo não há direito real de hipoteca. Assim sendo, como é evidente, cumpre distinguir as questões atinentes à existência, validade e à eficácia do negócio, do quesito da existência de registo. Recordamos, por um lado, que o negócio hipotecário é objecto de um exame de legalidade a realizar pelo Conservador nos mesmos termos de qualquer outro negócio. Por isso, naturalmente, o negócio há-de existir, ser válido e eficaz ou ser apto a produzir efeitos reais, antes da apresentação para registo[42]. E, por outro, que a ineficácia do negócio pode resultar de uma causa distinta da falta de realização do registo (*v.g.*, da representação sem poderes, nos termos do art. 268º, que se projecta no registo, sendo a inscrição lavrada como provisória por natureza, nos termos da al. *f)*, do nº 1, do art. 92º, do Cód. Reg. Pred.).

No mesmo sentido *vide*, ainda, ANA MARIA TAVEIRA DA FONSECA, Publicidade espontânea e publicidade provocada de direitos reais sobre imóveis, *Cadernos de Direito Privado*, nº 20, p. 15.

[42] Em face do exposto, não concordamos com HÖRSTER que defende o carácter não constitutivo da hipoteca convencional e considera que tal é revelado pelo seguinte exemplo:
"Um interdito por anomalia psíquica contraiu, durante um intervalo lúcido prolongado, um empréstimo hipotecário. Ao sair do cartório do notário, cruza-se com o seu tutor ao qual dá de imediato conta da sua proeza. Obviamente, o tutor pode pedir a anulação do negócio, ou seja, dos «factos constitutivos da hipoteca», sem promover o seu registo."
De facto, é evidente que pode ser pedida a anulação do negócio hipotecário, uma vez que, como afirmámos no texto, cumpre distinguir as questões atinentes à existência, validade e à eficácia do negócio, do quesito da existência de registo, mas tal não obsta a que se afirme que a existência da hipoteca convencional depende de um *título* (existente, válido e procedente) e de um *modo*, sendo este o registo.

Em síntese, segundo o nosso entendimento, o registo não é elemento formativo do negócio, nem tão-pouco um requisito de eficácia do negócio. Mas é elemento da própria constituição deste direito real de garantia. Neste caso, o registo é requisito da própria produção do efeito real. Sem registo não existe hipoteca. Daí que reconheçamos a este registo uma função ou efeito constitutivo.

Antes do registo do negócio hipotecário, segundo o nosso entendimento, apenas existe, na esfera jurídica do credor, a faculdade de solicitar a inscrição registal do título, a qual, uma vez lavrada, fará surgir a hipoteca[43].

Vejamos com mais pormenor.

Actualmente é inquestionável que a soberania que confere um direito real de garantia *não se traduz apenas no poder de o seu titular satisfazer o seu crédito, à custa do valor da coisa onerada, mediante recurso à venda judicial*, mas sim *no poder de o seu titular promover tal venda, de modo a satisfazer o seu crédito, à custa do valor da coisa onerada*[44], *com preferência sobre os credores comuns, bem como sobre os credores que disponham de uma garantia de grau inferior*[45].

De facto, hoje, não existem dúvidas de que a soberania própria dos direitos reais de garantia se traduz *no poder de execução privilegiada de coisa certa e determinada*. Por isso, tornou-se inquestionável o facto de a característica da preferência ser conatural a um direito real de garantia[46]. Efecti-

---

[43] Para RUBINO, L'ipoteca immobiliare e mobiliare, in *Trattato di Diritto Civile e Comerciale*, diretto dai professori Antonio Cicu e Francesco Messineo, vol. XIX, p. 229, antes do registo há um «direito pessoal à hipoteca», ou «um direito a adquirir a hipoteca».

[44] Excepção feita, claro está, à consignação de rendimentos que atribui ao seu titular o direito de satisfazer o seu crédito à custa dos rendimentos da coisa onerada e, por isso, não lhe concede qualquer poder de promover a venda judicial.

[45] Como se sabe, nada obsta a que sobre a mesma coisa incidam várias garantias reais. De facto, tal poder "admite a concorrência de direitos congéneres desde que exista uma escala ou graduação. Ora é essa graduação que resulta, na nossa lei, (...) para a hipoteca, do art. 686º, 1, para os privilégios, dos arts. 745º e segs., e, para o direito de retenção, do art. 759º, 2." (Cfr. ORLANDO DE CARVALHO, *Direito das Coisas*, Coimbra, Centelha, 1977, p. 237).
Por outra via, não existe incompatibilidade entre diversas garantias reais válidas e eficazes que recaiam sobre a mesma coisa, uma vez que o direito real de garantia permite a concorrência ou é "em si mesmo talhado para ser compatível com ela". Relativamente à mesma coisa, pode surgir um conflito entre dois ou mais direitos de garantia, válidos e plenamente eficazes, dirime-se o conflito conferindo preferência no pagamento a determinado credor (em regra ao credor cuja garantia se tornou eficaz em primeiro lugar) ou, por outras palavras, graduando ou hierarquizando as garantias.

[46] Para o concurso de hipotecas cfr. art. 713º. Para o concurso de hipotecas e privilégios cfr. art. 751º; para o concurso entre hipoteca e consignação de rendimentos cfr. art. 686º, 1;

vamente, uma garantia real desprovida de prioridade ou de preferência é algo de inconcebível, porque contrária à soberania própria do direito real em apreço. Ou seja, tal como não se pode falar de um qualquer direito real desprovido de eficácia *erga omnes* e de um direito real de gozo destituído de prevalência, também não se pode falar de um direito real de garantia sem preferência ou prioridade.

Porque assim é, naturalmente, hoje seria inaceitável definir o direito real de garantia como *o direito real constituído numa coisa em virtude do qual o credor fica com o direito de se pagar pelo preço dessa coisa*[47].

Acresce que, sempre que a preferência de uma garantia real dependa do registo, o mesmo é dizer, sempre que o grau da garantia seja fixado pela data da inscrição do facto jurídico, antes da respectiva inscrição registal, não se pode dizer que a garantia existe, é oponível *erga omnes* e que apenas não viu consolidada tal oponibilidade. Na verdade, em virtude de a preferência da garantia real depender do registo, a própria garantia depende dele. Ou seja, antes do registo não há preferência e sem preferência não há oponibilidade *erga omnes*; portanto, antes do registo não há direito real de garantia.

Contra, não procede a objecção segundo a qual também os direitos reais de gozo só são oponíveis a quaisquer terceiros depois de serem publicitados pelo Registo e, portanto, só com este beneficiam da característica da prevalência. De facto, para além das situações serem diversas, não corresponde à verdade que os direitos reais de gozo só beneficiem da característica da preferência após a respectiva inscrição registal. Efectivamente, o titular de um direito real de gozo adquire o direito antes de obter o correspondente registo e o mesmo é eficaz *erga omnes*. Por isso, mesmo antes do registo, o poder em que se traduz (de usar, fruir, dispor e, eventualmente, transformar) pode ser plenamente exercido, prevalecendo, não só perante os direitos de crédito e os direitos pessoais de gozo que não possam aceder ao Registo, mas, ainda, perante aqueles que, podendo aceder, efectivamente, não tenham sido publicitados. E isto, porque o direito real é naturalmente oponível *erga omnes*, enquanto um direito de crédito e um direito pessoal de gozo apenas são oponíveis *inter partes* e, mesmo

para o concurso entre hipoteca e direito de retenção cfr. art. 759º, 2. Para o concurso entre privilégio imobiliário e hipoteca ou (e) consignação de rendimentos ou (e) direito de retenção cfr. art. 751º.

[47] Noção de hipoteca nas palavras de GUILHERME MOREIRA, como já referimos.

que possam ser publicitados pelo Registo, para se tornarem oponíveis *erga omnes*, como é evidente, enquanto tal não ocorrer, só são eficazes *inter partes*. Acresce que um direito real de gozo, mesmo que não publicitado, prevalece sobre todos os outros direitos reais posteriormente constituídos, com ele incompatíveis, se também estes estiverem sujeitos a registo – sob pena de não serem oponíveis a "terceiros"– e não tiverem sido publicitados, de acordo com a regra *prior in tempore potior in iure* – que, segundo o nosso entendimento, não é mais do que um corolário do carácter *absoluto do direito real e da eficácia dele decorrente*[48]. Por fim, tendo em conta que, segundo o nosso entendimento, o legislador português adoptou, indevidamente, a concepção restrita de terceiros (cfr. n.º 4 do art. 5º do Cód.Reg.Pred.), quem adquira o direito de propriedade ou um direito real de gozo susceptível de ser transmitido e não obtenha o correspondente registo, verá o seu direito prevalecer sobre um arresto, uma penhora ou uma garantia obtida contra o seu dante causa, posteriormente[49], bem como, segundo a nossa perspectiva, perante o adquirente em venda judicial ocorrida no termo da respectiva acção executiva.

Em resumo, o direito real de gozo nasce e é plenamente eficaz, beneficiando, consequentemente, da prevalência e da sequela, antes do registo, perante quem quer que seja. Mas, caso um terceiro – em sentido rigoroso e restrito – adquira posteriormente um direito incompatível e obtenha com prioridade o registo, verá o seu direito prevalecer e, em consequên-

---

[48] Considerando a soberania típica dos direitos reais de gozo, ou seja, o poder de praticar sobre a coisa determinados actos (de uso, fruição, disposição e, eventualmente, transformação) indicados por lei, facilmente se conclui que não é possível a incidência simultânea de dois direitos reais de gozo conflituantes e incompatíveis sobre a mesma coisa. De facto, o poder directo e imediato sobre uma coisa, em que tal direito se traduz, exclui a existência de outro poder directo e imediato incompatível sobre a mesma coisa, o mesmo é dizer de outro direito real de gozo que atinja as faculdades que ele se reserva sobre a *res*.
O acabado de afirmar não impede, naturalmente, que sobre a mesma coisa incidam em simultâneo diversos direitos reais quer de género diverso, quer do mesmo género, mas implica que sobre determinada coisa só possa existir um *jus in re* na medida em que ele seja compatível com outro *jus in re* que recaia sobre ela.
Portanto, o poder directo e imediato em que um direito real de gozo se traduz faz com que este prevaleça em relação a todos os direitos de igual natureza que sobre a mesma coisa se constituam em momento posterior e com ele sejam incompatíveis.
[49] Segundo o nosso entendimento, a adopção, indevida, da concepção restrita de terceiros, no nº 4 do art. 5º do Cód.Reg.Pred., conduziu à revogação parcial do nº 2 do art. 824º do Código Civil.

cia, porque não podem passar a existir dois direitos incompatíveis sobre o mesmo objecto, o direito que nunca acedeu ao Registo decai ou é onerado.

Ao invés, um direito real de garantia cuja preferência seja determinada pela data do registo, efectivamente, só existe e é eficaz *erga omnes* depois de ser publicitado pelo Registo. De facto, *o poder de execução privilegiada de coisa certa e determinada* não existe antes do registo e, portanto, o seu pretenso titular não o pode exercer em data anterior, uma vez que não passa de um credor quirografário. Por isso, não poderá reclamar o seu crédito numa acção executiva movida por outro credor, mesmo que este também seja credor comum[50]. Por outro lado, sendo certo que, antes do registo, o pretenso titular da *garantia real* pode intentar uma acção executiva e vê-la ser julgada procedente com prejuízo para outros credores comuns, não se pode duvidar que tal ocorre, não porque o exequente seja titular de qualquer garantia real antes da propositura da acção, mas sim porque obtém a penhora dos bens e o respectivo registo.

Por fim, tendo em conta a concepção restrita de terceiros, adoptada pelo legislador português, no nº 4 do art. 5º do Cód.Reg.Pred., o pretenso titular de uma *garantia real* de fonte negocial que não obtenha a correspondente inscrição e que se limite a intentar a acção executiva e a obter o registo da penhora, não conseguirá satisfazer o seu crédito à custa do valor do bem "onerado", se o devedor, em data anterior ao registo da penhora, o tiver alienado ou sobre ele tiver constituído um direito real menor, e isto mesmo que o adquirente não tenha obtido o correspondente registo[51].

---

[50] E isto, porque o processo de execução deixou de ter, desde 1961, o carácter colectivo universal que revestia em 1939 – e o aproximava da falência ou da insolvência civil –, só admitindo a intervenção dos credores com garantias reais sobre os bens penhorados (cfr. nº 1 do art. 865º do actual Cód.Proc.Civil) e, portanto, independentemente do facto de se considerar que a penhora atribui ao exequente um direito real de garantia.

[51] De facto, tendo em conta a indevida consagração legal da concepção restrita de terceiros, nesta hipótese, segundo o nosso entendimento, o adquirente do do direito de propriedade que não obteve o respectivo registo com prioridade pode deduzir embargos, obstando assim à venda.

Mais, na nossa perspectiva, em virtude da concepção restrita de terceiros, o adquirente em venda executiva – tal como o exequente – actualmente não é terceiro perante aquele que adquiriu o direito de propriedade com base na vontade do devedor executado e não obteve o respectivo registo com prioridade, nem deduziu embargos. Por isso, este não está impedido de intentar e ver julgada procedente uma acção de reivindicação, uma vez que a venda executiva há-de ser considerada nula e perante si absolutamente ineficaz (cfr. art. 825º do Código Civil e art. 839.º, al. *c)* do Cód.Proc.Civil).

Em face do exposto, a partir do momento em que se aceite que a hipoteca é um direito real de garantia, tem de se reconhecer que esta atribui ao seu titular a soberania ou o poder característico de qualquer direito real de garantia, ou seja, *o poder de execução privilegiada de coisa certa e determinada* e não, apenas, *o direito de se pagar pelo preço da coisa certa e determinada*[52]. Consequentemente, há-de negar-se a existência de uma hipoteca desprovida de preferência. E, obviamente, sendo a preferência da hipoteca determinada pela data da respectiva inscrição registal e não pela data ou pela qualidade do título, não haverá como negar que o registo desempenha uma função constitutiva, uma vez que dele depende a oponibilidade *erga omnes* da hipoteca, ou seja, a sua existência enquanto direito real.

Portanto, antes da data da inscrição registal não se pode afirmar que existe uma hipoteca, uma vez que tal implica reconhecer a existência de uma hipoteca desprovida de preferência, ou seja, uma hipoteca que não confere ao seu titular o poder, típico de um direito real de garantia, de satisfazer o seu crédito, à custa do valor da coisa, com prioridade em face dos demais credores e, consequentemente, uma hipoteca destituída de eficácia *erga omnes*.

Por fim, defendendo-se que em virtude da concepção restrita de terceiros, por um lado, o adquirente em venda executiva não é terceiro e, por outro, que o nº 2 do art. 824º do Código Civil se encontra parcialmente revogado, também se tem de afirmar que o pretenso titular da garantia real de fonte negocial sujeita a registo, que não obtenha a correspondente inscrição e que se limite a intentar a acção executiva e a obter o registo da penhora, não verá o bem "onerado" ser vendido livre de quaisquer ónus, se o devedor, em data anterior ao registo da penhora, tiver constituído um direito real menor de gozo não tendo sido lavrado o respectivo registo. De facto, nesta hipótese, considerar-se-á que o adquirente do direito real menor de gozo – que não obteve o respectivo registo com prioridade – não está impedido de deduzir embargos, obstando assim à venda, e mesmo que não os deduza não verá o seu direito real menor de gozo (não registado) caducar em virtude da venda executiva, fundada na penhora e não na garantia real constituída voluntariamente.

[52] Recordamos que o nº 1 do art. 686º do Código Civil dá a seguinte noção de hipoteca. "A hipoteca confere ao credor o direito de ser pago pelo valor de certas coisas imóveis, ou equiparadas, pertencentes ao devedor ou a terceiro com preferência sobre os demais credores que não gozem de privilégio especial ou de prioridade de registo."
Acresce que o art. 695º do Código Civil estatui a nulidade da convenção que proíba o respectivo dono de alienar ou onerar os bens hipotecados, "já que, com a alienação ou oneração da coisa, em nada são prejudicados os direitos do credor, dados os direitos de sequela e de prioridade que lhe são atribuídos". (Cfr. PIRES DE LIMA/ANTUNES VARELA, *Código Civil Anotado*, vol. I, 4ª ed. rev. e act., Coimbra, Coimbra Editora, 1987, p. 718).

Como resulta do acabado de afirmar, mesmo que actualmente existisse uma disposição legal nos termos da qual a hipoteca negocial, tal como qualquer outro negócio real, antes do respectivo registo, era inoponível a terceiros[53], desde que o seu grau ou preferência fosse determinado pela data da respectiva inscrição registal, teríamos de negar carácter real à "hipoteca", antes de ser lavrada a respectiva inscrição registal. De facto, se tal ocorresse, não poderíamos negar que o negócio hipotecário, antes do assento registal, produzia efeitos em relação às partes, seus herdeiros e representantes, mas não lhe reconheceríamos efeitos reais. Concretizando, entenderíamos que, antes do registo, o negócio hipotecário, por um lado, fazia surgir, na esfera jurídica do credor, do devedor e de qualquer interessado, a faculdade de solicitar a inscrição registal e, por outro, produzia certos efeitos obrigacionais – *v.g.*, o credor, nas hipóteses previstas na lei, poderia exigir o reforço ou a substituição da garantia convencionada, mas ainda não existente; o herdeiro a quem coubesse, na partilha *mortis causa*, o objecto do negócio hipotecário, perante o credor, seria o responsável pela dívida e por ela responderia o bem herdado; caso fosse intentada acção executiva, não podiam ser excutidos outros bens do devedor enquanto não tivesse excutido o bem objecto do negócio hipotecário. Mas, o negócio hipotecário, antes do registo, não constituiria a hipoteca. Isto porque, se é certo que, entre nós, é ao legislador que compete elencar os direitos reais, tal como determinar o critério pelo qual se fixa o grau dos direitos reais de garantia, também é inquestionável que não compete ao legislador dar a definição de direito real e que lhe está vedada a possibilidade de prever a existência de um direito real destituído de eficácia *erga omnes*, uma vez que tal eficácia, como referimos, não é mais do que um corolário da soberania que caracteriza o *ius in re*[54].

Por isso, perante o art. 687º do Código Civil e o nº 2 do art. 4º do Cód. Reg.Pred., nos termos dos quais *a hipoteca deve ser registada, sob pena de não produzir efeitos, mesmo em relação às partes*, não temos dúvidas em reafirmar que o registo da hipoteca convencional, tal como o da hipoteca legal, ou judicial, desempenha uma função constitutiva, assumindo, por isso, o papel de modo.

---

[53] Para efeitos do art. 5º do Cód.Reg.Pred..

[54] Por outra via, não tendo o "credor hipotecário", antes da inscrição registal, o direito de ser pago com preferência em face dos restantes credores não poderia ser havido como titular de um direito dotado de eficácia *erga omnes*.

Portanto, em matéria de hipoteca (legal, judicial ou convencional), vigora a modalidade de aquisição típica de um sistema de *título* e de *modo*: não basta o título para que nasça o direito real de garantia; é, ainda, preciso um *modo* – a inscrição registal. Havendo título, antes do registo, na esfera jurídica do credor, apenas existe *a faculdade jurídica*, concedida por lei, *de solicitar a inscrição registal*.

Em resumo, quando em causa esteja uma hipoteca convencional, o negócio hipotecário, tal como qualquer outro negócio real, é, simultaneamente, obrigacional e dispositivo, uma vez que através dele se perfecciona, também, o acordo das partes quanto à constituição da hipoteca, mas é insuficiente para produzir o efeito real, sendo necessário o registo. Assim, antes do registo do negócio hipotecário, não obstante já haver um título existente, válido e procedente, ainda não existe, na esfera jurídica do credor, a hipoteca. Existe, isso sim, *a faculdade de solicitar a inscrição registal* do título[55], a qual, depois de lavrada, faz surgir a hipoteca[56/57/58].

[55] Através de uma declaração unilateral e receptícia dirigida aos serviços de registo.
Sublinhe-se que, como resulta implicitamente do exposto, a inscrição registal pode e deve ser lavrada com base no pedido do credor desacompanhado de qualquer declaração de consentimento do devedor para que possa ocorrer a modificação do estado tabular.
Por fim, saliente-se que, sendo celebrado o negócio hipotecário, a faculdade de solicitar a inscrição registal não é concedida, por lei, apenas ao credor, mas, também, ao devedor, a qualquer interessado e a qualquer pessoa obrigada a promover o registo.
Recordamos que o princípio da instância encontrava-se consagrado no art. 4º do Cód.Reg. Pred. de 1967 e no art. 41º do Cód.Reg.Pred. de 1984 – antes do Dec.-Lei 116/2008 –, e significava que, em regra, o processo de registo era desencadeado a pedido dos interessados. O nosso sistema, em princípio, deixava aos particulares a opção de tomarem a iniciativa para que os actos de registo se pudessem efectuar, estando vedado ao conservador, normalmente, fazer o registo sem que este lhe tivesse sido pedido, sob pena da sua nulidade (cfr. al. *e*) do art. 16º do Cód. Reg.Pred.).
A reforma introduzida, pelo Dec.-Lei 116/2008, manteve inalterado o princípio da instância (cfr. art. 41º do Cód.Reg.Pred.), tendo apenas alterado o elenco de legitimados a solicitar o registo: os sujeitos, activos ou passivos, da respectiva relação jurídica e, em geral, todas as pessoas que nele tenham interesse *ou que estejam obrigadas à sua promoção* (cfr. art. 36º do Cód. Reg.Pred.).
[56] Contra o carácter constitutivo da hipoteca convencional, não procede, também, o argumento segundo o qual a lei não prevê a extinção da hipoteca decorrente do cancelamento do registo efectuado com base no válido consentimento do credor, desde logo, porque, apesar da ausência de previsão legal, na nossa perspectiva, na hipótese em apreço, a hipoteca convencional, efectivamente, extingue-se, uma vez que fica privada de grau ou preferência. Recordamos que, provavelmente, o legislador nacional não previu a extinção da hipoteca decorrente do cancelamento do registo com base no válido consentimento do credor porque

tal foi a posição defendida por Vaz Serra aquando da elaboração do projecto do actual Código Civil.

Passamos a transcrever o afirmado, a este propósito, pelo insigne Mestre:

"Em regra, o cancelamento faz-se quando se extingue a hipoteca; e, como o registo foi considerado elemento constitutivo da hipoteca no Código italiano, indicou-se aí o cancelamento como causa de extinção das hipotecas (art. 2.878º, nº 1º)

No entanto, apesar de se ter proposto também a doutrina de que a hipoteca, antes do registo, não existe como tal, nem sequer entre as partes, parece preferível não mencionar o cancelamento entre as causas de extinção da hipoteca. É que poderia supor-se que, cancelado o registo da hipoteca, esta não pode tornar a ser registada, quando pode acontecer que o cancelamento não implique tal impossibilidade.

O registo da hipoteca pode, por exemplo, ser cancelado devido a nulidade da inscrição por deficiência de formalidades, o que não impede que se faça de novo o registo sempre com base no título constitutivo da hipoteca." (Cfr. Vaz Serra, Hipoteca, loc. cit., p. 320).

Refira-se, por fim, que, entendendo-se que o cancelamento do registo, com base no válido consentimento do credor, não obsta a uma posterior inscrição da hipoteca convencional, mediante a apresentação do mesmo título, naturalmente, tem de se afirmar que a nova inscrição apenas produz efeitos *ex nunc* e, portanto, que a hipoteca só "renasce" para o futuro.

[57] O art. 6º, nº 2 do Cód.Reg.Pred. determinava que as hipotecas registadas com a mesma data concorriam entre si na proporção dos respectivos créditos, introduzindo assim uma excepção à regra geral prevista no nº 1.

No entanto, tal preceito foi revogado, tendo, consequentemente, passado a valer a regra geral, nos termos da qual a data do registo coincide com a da anotação no Livro Diário e esta, por seu turno, com a data da apresentação do pedido que actualmente tem por referência a hora do meridiano de Greenwich, assinalada nas certidões de registo pela aposição do acrónimo UTC (Universal Time Coordinated).

A alteração introduzida deixou por resolver o problema do concurso entre inscrições hipotecárias que devam ser anotadas sob o mesmo número de ordem, o qual podia ocorrer, antes da entrada em vigor do Dec.-Lei nº 125/2013, de 30 de Agosto se as apresentações de pedidos de inscrição de hipoteca fossem feitas por correio ou por via imediata e que actualmente, eliminados que foram os pedidos por via imediata, pode ocorrer se as apresentações de pedidos de inscrição de hipoteca forem feitas por correio.

De facto, de acordo com a anterior redacção do nº 4 do art. 60º do Cód.Reg.Pred., quando as apresentações fossem feitas por correio ou por via imediata, os pedidos eram anotados imediatamente após a última apresentação por telecópia recebida entre as 0 horas e a hora de encerramento ao público do serviço de Registo. Ora, como é evidente, sendo feitas diversas apresentações de pedidos de inscrição de hipoteca, por um destes meios, as referidas apresentações eram havidas como simultâneas e, em consequência, tinham de ser anotadas pela ordem de antiguidade dos factos e quando os factos tivessem a mesma data, sob o mesmo número de ordem (cfr. art. 63º do Cód.Reg.Pred.). Mas a lei não resolvia o concurso entre inscrições hipotecárias que deviam ser anotadas sob o mesmo número de ordem e, consequentemente, cabia ao juiz decidi-lo.

Actualmente, tendo sido eliminado o pedido por via imediata, o problema exposto manteve-se para os pedidos feitos por correio. Assim, de acordo com o actual nº 4 do art. 60.º do Cód.Reg. Pred., os documentos apresentados (pelo correio) são anotados imediatamente após a última apresentação pessoal, observando-se o disposto no artigo 63º, se necessário. No entanto, a lei continua sem resolver o concurso entre inscrições hipotecárias que devam ser anotadas sob o mesmo número de ordem e, consequentemente, caberá ao juiz decidi-lo.

Na nossa perspectiva, tal poderia ter sido evitado, bastava para tanto que se tivesse estatuído que as hipotecas registadas sob o mesmo número de ordem concorriam entre si na proporção dos respectivos créditos.

[58] Sendo o registo da hipoteca constitutivo, o legislador, através do Dec.-Lei 116/2008, não deveria ter previsto a sua obrigatoriedade, uma vez que esta se revelava desnecessária: por um lado, porque não existia a possibilidade de surgir um conflito capaz de perturbar o comércio jurídico imobiliário e, por outro, porque a eficácia constitutiva da inscrição era mais forte para os interessados do que qualquer coacção para forçar a que se inscrevesse. Acresce que, estando em causa uma hipoteca convencional, como é evidente, limitava-se a possibilidade de o credor optar entre solicitar ou não a feitura do registo e, assim, ver ou não constituída a hipoteca. O acabado de referir era evidente quando se sabia que, estando em causa um negócio hipotecário, a obrigação de promover o registo impendia, em primeira linha, sobre o titulador e não sobre o credor, sujeito activo do negócio hipotecário (cfr. nºs 1 e 2 do art. 8º-B do Dec.-Lei 116/2008).

Do mesmo modo, o Dec.-Lei 116/2008 não devia ter imposto a obrigatoriedade do registo de cancelamento da inscrição da hipoteca quando este era lavrado com base no consentimento do credor. De facto, também aqui a obrigatoriedade se revelava desnecessária – a eficácia constitutiva do assento de cancelamento que conduzia à extinção da hipoteca era mais forte para os interessados do que qualquer coacção para forçar à feitura do registo; e podia limitar a liberdade do credor que, não obstante já ter consentido no cancelamento da inscrição da hipoteca, bem podia pretender solicitar o assento registal mais tarde.

Não limitaria a liberdade do credor sempre que o documento de que constasse o seu consentimento, para que fosse efectuado o cancelamento da hipoteca, fosse assinado na presença de funcionário de serviço de Registo no momento do pedido (cfr. nº 2 do art. 56º).

Ao invés, já poderia ocorrer tal limitação se o referido documento contivesse a assinatura do credor reconhecida presencialmente, uma vez que, nos termos do nº 7 do art. 8º-B do Cód. Reg.Pred., quando o registo de cancelamento de hipoteca devesse ser requerido isoladamente, a respectiva promoção constituía obrigação do titular do direito de propriedade.

O acabado de afirmar acabou por ser reconhecido pelo legislador que, no Decreto-Lei nº 125/2013 de 30 de Agosto, logo no preâmbulo, veio afirmar: "reformula-se o regime da obrigatoriedade de submissão de actos a registo, tornando-o facultativo quanto a factos que não são susceptíveis de produzir efeito real antes do registo. Uma vez que, relativamente a estes factos, não existe possibilidade de conflito capaz de perturbar o comércio jurídico imobiliário, não se justifica tal obrigatoriedade, com o prazo e a cominação que lhe são inerentes.". E que, em consonância, alterou a al. a) do n.º 1 do art. 8.º-A, tendo passado a integrar como factos não sujeitos a registo obrigatório "iv) a constituição de hipoteca e o seu cancelamento, neste último caso se efectuado com base em documento de que conste o consentimento do credor".

Panorama del Sistema Registal Portugués[1]

Sumario: 1. Nota introductoria; 2. Análisis del actual sistema registal portugués: A) Los servicios; B) Dependencia jerárquica y poder de dirección; C) El responsable por la realización de los registros; 3. Modalidades de los actos de registro cuanto a su contenido y función; 3.1. Tipos de inscripciones considerando su eficacia; 4. Hipótesis en que puede ocurrir a rechaza del registro; 5. Recurso jerárquico e impugnación judicial; 6. Principios del registro; 7. Efectos del registro; 8. Usucapión y registro; 9. Observaciones finales.

1. Nota introductoria

Teniendo en cuenta el objetivo de la presentación, realizaremos una exposición tan sucinta cuanto posible. Precisamente por eso: no haremos siquiera una reseña histórica del Derecho Registal Portugués; no presentaremos el sistema de Registro Comercial – que sufrió grandes alteraciones con el denominado Registro por Depósito que, en nuestra perspectiva, de registro, sólo tiene el nombre; no daremos cualquier indicación doctrinal o jurisprudencial; *etc.*.

2. Análisis del actual sistema registal portugués
A) *Los servicios*

El sistema de registro predial portugués está a cargo de servicios públicos (las Conservatorias del Registro Predial) dependientes de un servicio cén-

---

[1] Texto que serviu de base à apresentação feita na Conferência, de 27 de Novembro de 2012, na Real Academia de Jurisprudencia y de Legislación de España.

trico (Instituto de los Registros y del Notariado, IP) integrado en la orgánica del Ministerio de la Justicia. Es, pues, un sistema público.

Además es un sistema de folio real.

Para efectos de organización del servicio, el territorio nacional está dividido por áreas establecidas en función de circunscripciones administrativas circunscripciones administrativas. No obstante, desde Enero de 2009, extrañamente, dejó de vigorar la regla de la cualificación territorial.

B) *Dependencia jerárquica y poder de dirección*

De los términos de la legislación en vigor, parece resultar una indiscutible vinculación jerárquica del responsable por la realización del registro ante el Director-General del Instituto de los Registros y del Notariado. A este último compite, además de la dirección, también la gestión, la coordinación y lo contrólo e los servicios. De una forma genérica, le cumple asegurar la gestión permanente de las respectivas unidades orgánicas superentendiendo todos los servicios de su Dirección-General, asegurando la unidad de dirección, etc.

También en la ley verificamos la subordinación jerárquica del responsable por la realización del registro al Ministro de la Justicia, a través del Director-General.

Pero, si el responsable por la elaboración del expediente es orgánicamente funcionario de la administración, sustancialmente se encarga de funciones de valoración específicamente jurídicas típicas de un árbitro imparcial y no de un burócrata al servicio de la administración.

Con respecto al juicio concreto, el responsable por la realización del registro, al tomar la decisión, no si encuentra en ninguna relación de subordinación funcional. O sea, no existe cualquier deber de obediencia jerárquica en el momento en que le cumple decidir sobre la admisibilidad del registro. El juicio de cualificación es libre de las determinaciones del Director-General o del Ministro.

Al tomar la decisión (al calificar) no hay consulta a la Dirección-General sobre el sentido a dar a la misma. Lo que ocurre, en la práctica, y que es acertado, son pedidos de consulta dirigidos al Consejo Técnico de la dicha Dirección-General y cuya naturaleza no ultrapasa el carácter meramente consultivo.

C) El responsable por la realización de los registros

Tradicionalmente, los registros eran hechos sólo por los conservadores. Sin embargo, en el ámbito del Registro Predial, en los términos de la nº 2 del art. 75º -A del Cód.Reg.Pred., los oficiales tienen ahora cualificaciones propias para un enorme número de actos.

No alcanzamos la razón que llevó el legislador portugués a atribuir cualificación propia a los oficiales para que labren tales actos de registro.

Efectivamente, siendo la cualificación la tarea del conservador más noble y qué genera más responsabilidades, no comprendemos como pueda ser hecha por otro salvo bajo su delegación. Y esto, independientemente de reconocerse que la función registal tiene aspectos de la función jurisdiccional y de la función administrativa y que la función de calificar se aproxima más de la función jurisdiccional que de la administrativa.

Efectivamente, cuando la ley impone la calidad de jurista para asumirse la función de conservador y incumbe a este el deber de celar por la seguridad jurídica, mientras fin último de un Sistema Registal que genera efectos sustantivos y no mera publicidad noticia, no encontramos explicación para el hecho de haber sido atribuida a los oficiales cualificación propia para que califiquen.

En suma, para nosotros es claro que sólo debe calificar que quién tenga profundos conocimientos jurídicos. Admitir que tal función sea realizada, como cualificación propia, por los oficiales, por más experiencia qué tengan y por más habilitados que sean, implica, necesariamente, colocar en causa el principio de la legalidad y, consecuentemente, no simplificar procedimientos eliminando obstáculos o dificultades pero, eso sí, fragilizar el sistema.

Situación que se agrava cuando se sabe que la atribución competencial propia a los oficiales no depende de cualquier formación jurídica y, ni siquiera, del tiempo de servicio.

3. Modalidades de los actos de registro cuanto a su contenido y función
A) Descripción

La descripción tiene por objeto la finca y es el acto de registro que se dirige a la identificación física, económica (valor patrimonial) y fiscal de cada finca.

Es costumbre decir que es un retrato escrito de la finca. Pero, en nuestra opinión, es un retrato terrible.

B) *Inscripción*

La inscripción es el acto de registro que revela la situación jurídica de la finca.

Se inscriben los hechos jurídicos que tienen por objeto la finca para dar publicidad a los derechos.

La inscripción se hace mediante extracto de los hechos relativos a cada finca, con identificación de los respectivos sujetos.

C) Anotaciones – Las anotaciones pueden ser a la descripción o a la inscripción. Surgen para modificar, completar o rectificar la descripción o completar, restringir o actualizar la inscripción.

3.1. Tipos de inscripciones considerando su eficacia

A – Definitiva: cuando el interesado solicita el registro y el responsable, después de la cualificación, concluye que el mismo puede ser labrado y producir la eficacia que le es propia sin cualquier reserva.

B – Provisional: por dudas o por naturaleza.

i) Los registros son labrados como provisionales por dudas siempre que el responsable por la suya realización no los pueda labrar en conformidad con el pedido, por ejemplo, en las siguientes hipótesis: incumprimento del principio del trato sucesivo; falta de prueba del cumplimiento de las obligaciones fiscales; rasuras o interlineas en los documentos; falta de un certificado; *etc.*.

El registro provisional por dudas tiene un plazo de vigencia de seis meses y se convierte en definitivo cuando las referidas dudas son eliminadas dentro de su plazo de vigencia.

ii) Los registros son labrados como provisionales por naturaleza, sólo en las situaciones del art. 92º del Código de Registro Predial. Por ejemplo, es labrado como provisional por naturaleza: el registro de hipoteca judicial antes de ocurrir el transito en juzgado de la sentencia de condena; el registro de adquisición antes de titulado el contrato.

El plazo regla el registro provisional por naturaleza es y seis meses, pero la ley establece múltiples excepciones y además, en ciertas hipótesis, puede ser renovado.

El registro provisional por naturaleza se convierte en definitivo cuando ocurre un otro hecho que aleje la causa qué impidió su carácter definitivo. Así, en los ejemplos datos, cuando la decisión judicial transite en juzgado y cuando fuera titulado el contrato de compraventa y venta, donación, *etc*..

4. Hipótesis en que puede ocurrir a rechaza del registro
Sólo puede haber rechaza del registro en las hipótesis previstas en el art. 69º del Cód.Reg.Pred..

A saber:

- Cuando fuera manifiesto que el hecho no está titulado en los documentos presentados.
- Cuando se verifique que el hecho constante del documento ya está registrado o no está sujeto a registro.
- Cuando fuera manifiesta nulidad de los actos.
- Cuando el registro ya hubiera sido labrado como provisional por dudas y estas que no se mostraran removidas.

5. Recurso jerárquico e impugnación judicial
El interesado puede optar por el recurso jerárquico – para el Presidente del Instituto de los Registros y del Notariado – o contencioso – a través de impugnación judicial para el tribunal del área y circunscripción a la que pertenece el servicio y registro.

El recurso y la impugnación judicial tienen que ser interpuestos en el plazo y 30 días.

En ambos casos, es supuesto presentar la respectiva petición en el servicio y registro la que pertenecía el operario que profirió la decisión recurrida. Compite al conservador, en el plazo de diez días, emitir despacho a sostener o a notar la decisión.

Siendo mantenida la decisión, el proceso debe ser remitido a la entidad competente.

Cuando el recurso jerárquico es deferido, debe ser dado cumplimiento a la decisión. (art. 144º, nº 3).

Si la decisión del Director-General non juzga procedente el recurso jerárquico, el interesado puede aún impugnar judicialmente la decisión inicial. De hecho, la posterior impugnación judicial es, también, interpuesta contra la decisión del operario de los servicios del registro y no de la decisión del Director-General (art. 145º).

De la sentencia proferida cabe siempre interponer recurso para el Tribunal de la Relación.

6. Principios del registro

Cuanto a esta materia sólo referiré lo que distingue el sistema portugués del Español, por eso, no haré referencia al principio el trato sucesivo ni al principio de la prioridad y voy a ser muy breve cuanto a los demás principios que son comunes.

A) *Principio de la instancia (cfr. art. 36º do Cód.Reg.Pred.)*

El registro se efectúa, en regla, a pedido de los interesados (el sujeto activo o pasivo de la relación jurídica y todos aquellos que en él hayan interés) y, aún, los obligados a la su promoción – esto teniendo en cuenta que, desde 1 de Enero de 2009, el registro, pasó a ser, en regla, obligatorio, de acuerdo con el art. 8º -A del Cód.Reg.Pred., introducido por el Dec.-Ley 116/2008, de 4 de Julio.

B) *Principio de la legalidad (cfr. art. 68º del Cód.Reg.Pred.)*

El principio de la legalidad, tal como en España, puede ser definido como *lo controlo de legalidad de forma y de fondo de los documentos presentados, tanto por sí solos, como relacionándolos con los eventuales obstáculos que el Registro pueda oponer al asiento pretendido.* Pero, como ya fue referido, actualmente, tal controlo de la legalidad pude, ahora, ser realizado por los oficiales de registro que, en regla, no tiene formación jurídica, y esto, independientemente del tiempo de servicio.

C) *Principio de la legitimación (cfr. art. art. 9º del Cód.Reg.Pred.)*

No pueden ser titulados actos jurídicos de que resulte la transmisión de derechos o la constitución de gravámenes sobre inmuebles sin que esté hecho el registro a favor de quien transmite o grave.

El titulador debe rechazarse a labrar la escritura pública o a autentificar el documento particular autentificado siempre que el transmitente no le demuestre que tiene lo registro a su favor.

Excepciones al principio:

   i) Art. 9º, nº 3, del Cód.Reg.Pred.: Actos relativos a edificios situados en zonas donde no vigoró el registro obligatorio entre 1947 y 1984, o sea, donde no estuvo implantado el régimen del registro geométrico de los edificios rústicos.

En estos casos, el legislador alejó el principio cuanto al 1º acto traslativo o constitutivo posterior la 1/10/1984, permitiendo la titulación desde que sea exhibido documento acreditativo de la adquisición del transmitente o simultáneamente justificado tal derecho.

ii) Art. 9º, nº 2, *a)*, del Cód.Reg.Pred.: La expropiación, la venta ejecutiva, el embargo, el arresto, la declaración de insolvencia y otras providencias que afecten la libre disposición de los inmuebles.

Destáquese que, que en la hipótesis de ser solicitado el registro de un arresto, de un embargo o de una declaración de insolvencia, sobre bienes no inscritos a favor del deudor, ejecutado o insolvente, la ley registal admite el registro provisional por naturaleza (cfr. la alinea *a)* de la nº 2 del art. 92º del Cód.Reg.Pred.). Registro este que se convierte en definitivo si el titular registal, después de citado, que diga que el bien no le pertenece o que nada dijera (cfr. art. 119º del Cód.Reg.Pred.).

iii) Art. 9º, nº 2, *b)*, del Cód.Reg.Pred.: Hipótesis en que el mismo instrumento titula dos actos sucesivos y encadenados o en que existan dos instrumentos con la misma fecha. Por ejemplo: acto de transmisión o oneração otorgado por quien haya adquirido, en instrumento labrado el mismo día, el bien transmitido o encarecido.

iv) Art. 9º, nº 2, *c)*, del Cód.Reg.Pred.: Casos de urgencia objetiva.

Cuanto a los principios cabe, por fin, destacar, aunque tenemos que volver al tema, que no vigora en Portugal el principio de la fe pública registal. Principio este que impide, en relación a los terceros de buena-fe, la prueba del hecho contrario al constante del registro, les garantiza la existencia, la extensión y la titularidad de los derechos reales registrados y, por lo tanto, les asegura el mantenimiento de su adquisición. Haciendo, así, con que el contenido del registro se considere no sólo completo o íntegro, pero, aún, exacto en relación a terceros adquirentes de buena-fe.

7. Efectos del Registro

A) *Las presunciones iuris tantum derivadas del asiento registal definitivo*

El Código de Registro Predial estatué que el registro definitivo constituye presunción no sólo de que el derecho existe, tal como consta del respectivo asiento (v.g., extensión, límites, condiciones, etc.), pero, aún, de que pertenece al titular inscrito, en los precisos términos en que el registro lo define.

Así pues, el titular registal está legitimado para actuar en el tráfico y en el proceso como titular del derecho, bastándole, para tal, presentar el acreditativo del registro.

Se trata de presunciones *iuris tantum* (cfr. el art. 350º del Código Civil), pero con un enorme alcance práctico: quien que quiera demostrar el contrario es que tiene la carga de la prueba y, si quisiera obtener lo cancelación del respectivo registro, hay-de impugnar judicialmente el hecho jurídico inscrito, invocando su inexistencia o invalidad.

Refiérase, aún, que el Código de Registro Predial no consagra, al contrario de lo que ocurre en España, la presunción de que el titular registal ejerce posesión en los términos del derecho inscrito. Ni la presunción, para efectos de la usucapión, de que el titular registal poseyó de forma pública, pacífica, ininterrumpidamente y de buena fe, durante el tiempo de vigencia del asiento. Ni, por fin, la presunción de la extinción del derecho si ocurra lo cancelación del respectivo asiento.

B) *Efecto consolidativo*

El actual Código Civil – de 1967 –, en la estera del anterior, en lo nº 1 del art. 408º do Código Civil, consagra el denominado principio de la consensualidade.

Ora, este principio, en su rigurosa acepción técnico-jurídica en materia de Derecho de las Cosas, significa que, en los derechos reales convencionalmente establecidos, para la producción del efecto real, regla general, basta, o es condición suficiente, un «título» – o sea, un fundamento jurídico o causa que justifica la mutación de la situación jurídico-real (ley; sentencia; acto jurídico unilateral o contractual), siendo innecesario un modo (la traditio; el registro).

Por lo tanto, el registro no es, en regla, condición necesaria ni suficiente para alterar la situación jurídico-real existente.

El asiento registal asume, en general, una función consolidativa, o sea, visa consolidar la oponibilidad *erga omnes* ante correctos y determinados terceros.

Es la función típica del registro entre nosotros: el registro consolida la eficacia *erga omnes* de la situación jurídico-real. El registro se junta la una adquisición ya ocurrida en el plan substancial y tiene por función asegurar en el tiempo los efectos del acto, impidiendo el funcionamiento de la condición legal resolutiva, constituida por el registro de una adquisición a favor de un sucesivo adquirente del mismo autor común que no padezca de otra causa de invalidad para además de la ilegitimidad del tradens decurrente de la anterior disposición válida.

C) *Efecto constitutivo*

El registro asume un papel constitutivo cuando es condición necesaria, aunque no suficiente, para la alteración de la situación jurídico-real. El mismo es decir que, un registro es constitutivo cuando asume la función de un modo, o sea, cuando sin él el derecho real no se constituye, no se transmite, no se modifica, ni se extingue, a pesar del negocio no padecer de causas de inexistencia, ser perfectamente válido y eficaz.

Como resulta del expuesto el registro constitutivo, en Portugal, tiene carácter excepcional. Pero, constituye ejemplo de él el registro de la hipoteca. Esto porque, para que exista la hipoteca no basta el título. De hecho, siendo la hipoteca un derecho real de garantía, atribuye a su titular la soberanía o el poder característico de cualquier derecho real de este tipo, o sea, *el poder de satisfacer su crédito, a la cuesta de cosa cierta y determinada con preferencia ante los otros acreedores que no beneficien de garantía prioritaria.* Luego, no existe una hipoteca sin preferencia. Y, obviamente, siendo la preferencia de la hipoteca determinada por la fecha de la respectiva inscripción registal y no por la fecha o por la calidad del título, no habrá como negar que el registro desempeña una función constitutiva, una vez que de él depende la oponibilidad *erga omnes* de la hipoteca, o sea, su existencia mientras derecho real.

D) *Efecto enunciativo*

El registro es enunciativo cuando desarrolla una función atípica, limitándose a dar noticia de los hechos publicados que siempre serían oponibles a terceros, o que no perderían su eficacia, aunque no accedieran al registro. Es lo que ocurre con el registro de la adquisición por usucapión y con el registro de una servidumbre aparente (cfr. nº 2º del art. 5º el Cód.Reg. Pred.).

E) *Efecto atributivo*

El registro es atributivo cuando sin él el derecho no sería adquirido, en virtud del principio *nemo plus iuris ad alium transferre potest quam ipse habet,* una vez que el título padece de una invalidad (propia o consequencial) y, por tal hecho, podría ser declarado nulo o anulado, consonante el vicio en causa. Sin embargo, no podemos dejar de subrayar que la expresión "registro atributivo" tampoco es enteramente rigurosa, una vez que, como veremos, la adquisición del derecho no resulta sólo del registro, pero de este y del hecho adquisitivo, que cuando analizado aisladamente es válido.

En Portugal, el registro puede considerarse adquisitivo para el titular registal, en dos hipótesis:

I) Cuando dos personas adquieren del mismo autor o causante derechos total o parcialmente conflituantes y es el segundo adquirente, lo *a non domino*, quien primero obtiene el registro a su favor – cfr. art. 5º el Cód.Reg.Pred..

II) Cuando una persona, integrándose en una y misma cadena de transmisiones, podría ver su posición afectada por una o varias causas de invalidad anteriores al acto en que fue interviniente. – cfr. art. 291º del Código Civil.

Analicemos cada una las hipótesis brevemente.

I) *Cuando dos personas adquieren del mismo autor o causante derechos total o parcialmente conflituantes y es el segundo adquirente, lo* a non domino, *quien primero obtiene el registro a su favor)*

Según el nº 1 del art. 5º del Código de Registro Predial:

"Los hechos sujetos a registro sólo producen efectos contra terceros después de la fecha del respectivo registro."

En la falta de registro, el titular del derecho real, naturalmente, eficaz *erga omnes*, no consolida tal eficacia, por eso corre el riesgo de ver constituida y registrada a favor de otro una situación jurídica incompatible con la emergente de su negocio y sobre ella prevaleciente.

Para estarnos ante un tercero tutelado por el art. 5º del Cód.Reg.Pred., es supuesto:

a) Ser tercero ante el acto. Están así excluidas, las propias partes del hecho adquisitivo o sus herederos (cfr. Lo nº 1 del art. 4º del Cód. Reg.Pred.);

b) No ser representante legal vinculado por la obligación de promover el registro, ni heredero de este (cfr. lo nº 3 del art. 5º del Cód.Reg.Pred.);

c) Ser "titular" de un derecho sujeto a registro bajo pena de inoponibilidade y haber obtenido el correspondiente asiento con prioridad.
d) Haber participado de un negocio que cuando analizado en sí y por sí es válido (no padeciendo de invalidad propia ni consequencial). O sea, el art. 5º no protege el tercero contra la invalidad del propio título, ni contra a de títulos anteriores inscritos; tutela el tercero en faz de actos no inscritos, pero no en faz de vicios de actos inscritos.
f) Haber obtenido una inscripción definitiva que no padezca de inexistencia o de una causa de nulidad diversa de haber sido labrado a pesar del negocio, efectivamente, ser nulo en virtud de la ilegitimidad del tradens decurrente de la anterior disposición válida.
d) Existir un conflicto entre adquirentes del mismo autor o causante (cfr. lo nº 4 del art. 4º del Cód.Reg.Pred.).

El art. 5º del Cód.Reg.Pred., como ya resulta el expuesto, es un precepto legal próximo al art. 32 de la Ley Hipotecaria Española, limita su acción al conflicto entre un titular inscrito y otro no inscrito, protege contra los ataques de extraños al Registro o, por otras palabras, protege el tercero en faz y hechos jurídicos adquisitivos no inscritos.

Por lo tanto, en el artículo 5º do Cód.Reg.Pred., el legislador garantiza a los terceros la integralidad o plenitud del registro.

Cumple, sin embargo, destacar que mayoría la doctrina portuguesa no condiciona la protección del art. 5º al hecho del tercero haber adquirido de quien aparecía, en los libros, como titular registal (de igual manera que los dualistas en España), pues el tercero, del art. 5º, es el tercer latino – o sea aquel que es protegido en los sistemas de protección débil – y el referido precepto legal no es expresión de la fe pública en sentido negativo.

Además la generalidad de la doctrina portuguesa tampoco exige como requisito de la tutela del tercero la adquisición a título oneroso[2].

---

[2] Esto porque:
El primero adquirente sólo corre el riesgo de ver su derecho decaer, o ser encarecido, si no obtuviera el registro del correspondiente hecho adquisitivo con prioridad. Desde que obtenga el respectivo asiento registal consolida, definitivamente, la eficacia erga omnes de su derecho. Consecuentemente, si cada uno acautelar sus propios intereses, obteniendo la inscripción registal de los respectivos hechos adquisitivos, el art. 5º del Cód.Reg.Pred. nunca vendrá a ser aplicado.
Es verdad que, antes del registro ser obligatorio entre nosotros, muchos no solicitaban la inscripción registal, no acautelando, por lo tanto, sus propios intereses; también es correcto

Al contrario, la mayoría la doctrina portuguesa exige la buena fe del tercero a la fecha de la adquisición.

Por fin, refiérase que, en nuestra perspectiva, en causa está una adquisición derivada peculiar o *sui generis a non domino* que ocurre por fuerza de la ley, asumiendo, por lo tanto, naturaleza legal y no negocial. Esto porque, según nuestra comprensión, el registro labrado a favor del segundo adquirente no hace operante el negocio jurídico. En la verdad, la adquisición del segundo adquirente resulta de una facti-species adquisitiva autónoma, facti-species esa que es legal, compleja y de formación sucesiva, una vez que el negocio inválido – sólo en virtud de la ilegitimidad del tradens decurrente de la anterior disposición válida – y el respectivo registro definitivo y "válido" son elementos igualmente importantes.

que el actual régimen de obligatoriedad, con su sanción por el cumplimiento tardío, no garantiza que todos los hechos sujetos a registro, efectivamente, sean publicitados. Pero, como es evidente, tal realidad no puede conducir la que se afirme que no deben ser los interesados a sufrir las consecuencias. De hecho, por qué razón las consecuencias de lo descuido de alguien y, ahora, de la falta de cumplimiento de un deber, se deberán abatir, no en la respectiva esfera jurídica, pero en la esfera jurídica del tercero adquirente a título gratuito?
Recordamos, aún, que negar la tutela a los adquirentes a título gratuito implica reconocer que estos sólo tienen interés en obtener el registro si pretendan alienar o encarecer su derecho o caso pretendan beneficiar de plazos más cortos para la invocación de la usucapión. Sin embargo, actualmente, el registro es obligatorio quiere en causa esté una adquisición a título gratuito, quiere a título oneroso, lo que, naturalmente, suscita la cuestión de saber en qué medida la obligatoriedad del registro de las adquisiciones gratuitas no se revelará excesiva si los adquirentes a título gratuito no beneficien de la tutela concedida por el art. 5º del Cód.Reg.Pred.
Es correcto que, según el art. 1º del Cód.Reg.Pred., el registro se destina "esencialmente a dar publicidad a la situación jurídica de los edificios, con miras a la seguridad del comercio jurídico inmobiliario".
Y, es evidente que el comercio jurídico inmobiliario no se desarrolla por operaciones gratuitas; pero, también parece obvio que no es protegiendo el descuido, la negligencia y, ahora, el incumprimento de un deber que se promueve su seguridad.
Por otro lado, nadie puede negar que a los acreedores tanto interesa saber de la situación de los bienes adquiridos a titulo oneroso, como de los adquiridos a título gratuito.
Quien afirma que el tercero del art. 5º del Cód.Reg.Pred. es sólo aquel que adquirió a título oneroso, y niega, consecuentemente, a los acreedores del adquirente a título gratuito cualquier protección derivada del art. 5º, no deja de reconocer que, si los acreedores exigieran garantías reales, que las registren y que estén de buena fe podrán ser protegidos, no obstante tales garantías que recaigan sobre bienes que el deudor "adquirió" gratuitamente a non domino, por el alienante ya anteriormente haber alienado el bien, una vez que tales acreedores podrán, eventualmente, beneficiar de la tutela del art. 291º del Código Civil.
Sin embargo, la tutela del art. 291º del Código Civil no es, como se verá, inmediata.

II) *Cuando una persona, integrándose en una y misma cadena de transmisiones, podría ver su posición afectada por una o varias causas de invalidad anteriores al acto en que fue interviniente. – cfr. art. 291º del Código Civil.*

Para estarnos ante un tercero tutelado por el art. 291º del Código Civil, es supuesto:

- Ser tercero ante el acto cuya validez sea puesta en causa; la ley sólo protege de una o varias invalidades consecuenciales;
- Haber adquirido por negocio jurídico;
- Haber adquirido derechos sobre bienes inmóviles o muebles sujetos a registro;
- La adquisición haber sido a título oneroso;
- Estar de buena fe (en sentido ético, no conocer ni deber conocer la invalidad del acto anterior a aquel en que intervino) a la fecha de la adquisición;
- Haber registrado antes de la fecha del registro de la acción de nulidad o de anulación o el registro del acuerdo entre las partes acerca de la invalidad del negocio. Registro este que, como es evidente, hay--de ser definitivo y no puede padecer de una causa de inexistencia o de otra causa de nulidad registal para además de la decurrente del hecho de publicitar un negocio consecuencialmente nulo, en virtud de la eficacia retroactiva real de la nulidad o de la anulación del negocio anterior.
- Si la acción de invalidad sea propuesta y registrada, serlo después del registro de adquisición del tercero y transcurridos más de tres años sobre la fecha de conclusión del negocio originariamente inválido.

A través de este precepto legal, el legislador de 1967 visó tutelar los intereses de los terceros adquirentes de buena fe a título oneroso y los intereses del tráfico jurídico en general, ante la eficacia retroactiva de la nulidad o de la anulación del negocio jurídico de su dante causa.

Pero, en simultáneo, por un lado, pretendió estimular la obtención de la inscripción registal – en una época en que el registro sólo era obligatorio en los concelhos sometidos al registro geométrico de la propiedad rústica –, por eso la tutela de los terceros se quedó condicionada al registro prioritario del respectivo hecho adquisitivo. Y, por otro, no se quiso desproteger por completo el verdadero titular del derecho – privándolo inmediatamente de él – y los restantes interesados en la invalidad; es decir comprobado por el hecho de la protección del tercero – que llene los requisitos previstos en lo nº 1 del art. 291º – no ser automática, manteniéndose la tutela del propietario y de quien más pueda arguir la invalidad durante un periodo de tres años después de la conclusión del negocio inválido.

Consecuentemente, en el ámbito del art. 291º del Código Civil, el criterio de la prioridad del registro predial, labrado a favor del tercero de buena fe y adquirente a título oneroso, tiene sólo un valor secundario, en la medida en que, a pesar de la adquisición del tercero que deba ser registrada antes del registro de la acción de nulidad o anulación, para que el tercero pueda beneficiar de la protección legal, la referida inscripción prioritaria no se revela suficiente. De hecho, aunque la acción sea propuesta e inscrita después del registro labrado a favor del tercero, desde que lo sea durante el plazo de tres años previsto en la ley, el tercero es afectado por la eficacia refleja de la sentencia, no verificándose cualquier excepción al principio *nemo plus iuris ad alium transferre potest quam ipse habet*.

Ante el expuesto, no tenemos dudas en afirmar que, a pesar del legislador nacional sujetar a registro la acción de nulidad y de anulabilidad y de conceder tutela al tercero de buena fe, el art. 291º no se traduce en una manifestación del principio de la fe pública registral típica de los sistemas registrales de protección fuerte (como el español). Prueba el acabado de afirmar el hecho de entre los requisitos previstos en el art. 291º del Código Civil constar la buena fe sobre la situación jurídico-real y no sobre la discrepancia existente entre la realidad tabular y extratabular. Por otro, la circunstancia de entre los referidos requisitos no constar el hecho del tercero haber celebrado el negocio jurídico con el titular registral, nada impidiendo, por lo tanto, el tercero – que obtenga el registro de su hecho adquisitivo antes del registro de la acción, desde que esta no sea propuesta y registrada antes de transcurridos tres años sobre la conclusión del acto originariamente inválido – de ser protegido en la hipótesis del hecho jurídico adquisitivo de su dante causa sólo ser publicitado después del registro de su propia adquisición y, por lo tanto, aún cuando no haya confiado, ni pudiera confiar, en el contenido de las "tablas". Por fin, la ausencia de tutela del "tercero" – afirmada por la generalidad de la doctrina y de la jurisprudencia nacional, en conformidad con la letra de la ley – siempre que el vicio originario sea la inexistencia y no la nulidad o la anulabilidad.

Para terminar, cumple subrayar que tiendo en cuenta la función desempeñada por todos los requisitos impuestos por el art. 291º para que el tercero adquiera el derecho, consideramos que en causa está una adquisición derivada peculiar o *sui generis*.

Concretamente, en nuestra perspectiva, estamos ante una adquisición derivada peculiar o *sui generis a non domino* que ocurre por fuerza de la ley, asumiendo, por lo tanto, naturaleza legal y no negocial. En la verdad, la adquisición del segundo adquirente resulta de una facti-species adquisitiva autónoma, facti-species esa que es legal, compleja y de formación sucesiva, una vez que todos los requisitos enumerados en el art. 291º si revelan elementos imprescindibles.

8. Usucapión y registro

Siendo para nosotros inequívoco que el sistema registal portugués es íntegro pero no exacto y, por eso, sólo concede una protección débil a los terceros, entendemos que nada obsta la que la usucapión subsista autónomamente ante el Registro, operando libremente e inclusive sobreponiéndole, en la mayoría de las situaciones, sus propios efectos.

En la verdad, en el ordenamiento jurídico portugués, por un lado, el registro labrado a favor del poseedor no se presenta como un presupuesto para que ocurra la usucapión – conduciendo sólo a la reducción del plazo para usucapir y, por otro, la existencia de un registro a favor de otro no consubstancia un obstáculo a la adquisición por usucapión.

En resumen, el ordenamiento jurídico portugués, además de reconocer la usucapión extratabular, admite la usucapión contratabular.

Así, ocurriendo un conflicto típico del art. 5º del Cód.Reg.Pred., el primero adquirente que no obtuvo el registro y, por eso, vio decaer o ser gravado su derecho, puede invocar triunfantemente la usucapión, cuando el lapso de tiempo de su posesión sea suficiente y, por eso, no tenga que lo unir al tiempo de posesión de los anteriores poseedores.

Por lo tanto, el segundo adquirente y titular registal – que previamente haya sido tutelado por el art. 5º del Cód.Reg.Pred. – puede ver decaer o ver gravado su derecho, siempre que el primero sea el poseedor de la cosa, por lapso de tiempo suficiente que le permita invocar la usucapión y, así, adquirir originariamente el derecho.

O sea, la usucapión en nada es perjudicada por las vicisitudes registrales; vale por sí. Por eso, lo que se fió en el registro pasa al frente de los títulos sustantivos existentes pero nada puede contra la usucapión.

Añádase, por fin, que reconocer al primero adquirente, que no solicitó atempadamente el registro, la posibilidad de invocar la usucapión desde que el lapso de tiempo de su posesión sea suficiente, no coloca en causa el sistema registal, pues no vacía de utilidad la tutela por sí concedida a los terceros. Esto porque no se puede afirmar que el primero adquirente y poseedor no tiene motivos para consolidar la oponibilidad de su derecho mediante la obtención del respectivo registro y que el segundo adquirente, después de ser tutelado por el art. 5º del Cód.Reg.Pred., acabará por ver decaer su derecho.

De hecho, tal no corresponde a la verdad, pues el segundo adquirente que obtenga con prioridad el registro y, por eso, si haga titular del derecho, desde que ponga término a la posesión del primero, mantendrá el derecho adquirido, por fuerza de la ley, mediante adquisición derivada *a non domino*. Concretamente, el segundo adquirente sólo tiene que intentar y registrar una acción de reivindicación contra el primero para pasar a tener la cosa en su poder, eliminando, así, la posibilidad de venir a ser invocada la usucapión.

Efectivamente, el segundo adquirente que beneficie de la tutela del art. 5º del Cód.Reg.Pred. sólo no verá juzgada procedente la acción de reivindicación si el primero adquirente ya fuera titular del derecho potestativo de invocar la usucapión y lo ejercer, deduciendo pedido reconvencional. El mismo es decir, si el primero adquirente ya ejercer posesión pacífica y pública durante el largo tiempo previsto en la ley e invocar la usucapión.

En conclusión, tal como el primero adquirente, que prioritariamente obtuvo el registro y, así, consolidó la oponibilidad *erga omnes* de su derecho ante "terceros", nunca puede ver su posición jurídica prevalecer ante quien invoque la usucapión, aunque desconociera la situación posesoria efectivamente existente, también el segundo adquirente – tercero para efectos del registro – no lo puede.

Cuestión que ha sido debatida en la doctrina y en la jurisprudencia es a de saber si el primero adquirente que no obtuvo el registro del respectivo hecho adquisitivo puede, en los términos del dispuesto en el art. 1256º del Código Civil, juntar al lapso de tiempo de su posesión lo de las posesiones de sus antecesores[3], remontando hasta donde que sea necesario, para completar el plazo que le permita invocar la usucapión contra el segundo adquirente que, previamente, benefició de la tutela del art. 5º del Cód.Reg.Pred..

---

[3] No apenas a de su causante.

Aparentemente – tiendo sólo en cuenta las normas relativas a la posesión y la letra del art. 5º que se refiere a la inoponibilidade de los hechos sujetos a registro, entre los cuales, como se sabe, no consta la posesión –, nada parece impedir el primero adquirente que no obtenga el registro y, por eso, vea decaer su derecho, de recurrir al art. 1256º del Código Civil para invocar la usucapión contra el segundo adquirente, después de este haber obtenido el derecho derivadamente, *a non domino*, por fuerza de la ley.

Sin embargo, tal como parte de la doctrina y la generalidad de la jurisprudencia más reciente defendemos que el primero adquirente no puede recurrir a lo art. 1256º del Código Civil para invocar la usucapión contra el tercero protegido por el registro, bajo pena de la regla de la inoponibilidade por falta de registro no tener, en la práctica, cualquier eficacia.

Esto porque, por un lado, tal solución implicaría conceder al primero adquirente un equivalente de la solicitud del registro en el plan de la oponibilidad de la adquisición ante un tercero, lo que, por un lado, sería altamente engañoso para el segundo adquirente que primero obtiene el registro, pagando los respectivos emolumentos. Y, por otro, es manifiestamente contraria a la regla de la obligatoriedad del registro que impende sobre el primero adquirente. De hecho: lo que llevaría el primero adquirente y poseedor a solicitar y a pagar el registro?

Por fin, según nuestra comprensión, el precepto en analice no puede ser interpretado al margen del resto del ordenamiento jurídico. Ora, tiendo en cuenta todo el ordenamiento jurídico y, por lo tanto, también las normas registrales y el interés público por sí asegurado, no podemos dejar de rechazar la tesis en los términos de la cual el primero adquirente y no titular registral, después de ver decaer su derecho, puede completar el tiempo necesario para la prescripción, uniendo al suyo el de sus antecesores e invocar la usucapión, desde que haya pasado a ejercer posesión (adquirida derivadamente) y aunque esta sólo dure hace algunos días o horas.

En realidad, la solución contraria sólo salvaguarda los intereses de aquel que no cumplió la obligación de solicitar el registro, no valorando, por un lado, por cualquier forma, la explotación de la cosa o el aprovechamiento económico de la misma por el poseedor en contraste con la inercia o la inacción del titular del derecho y, por lo tanto, no alcanzando el fin público visado con el reconocimiento de la adquisición por usucapión. Por último, tal tesis desconsidera, por completo, los intereses públicos subyacentes a la onerosa implementación de un sistema registal.

9. Observaciones finales

Cuando intentamos integrar el sistema registal portugués dentro de uno de los sistemas tipo, verificamos que no lo conseguimos: por un lado, es un sistema de folio real que publicita derechos adquiridos inter vivos o mortis causa y adopta los principios de la legalidad (en su sentido más amplio), del trato sucesivo (en la primera y en la segunda modalidad) y de la legitimación, consagrando simultáneamente las presunciones de que el derecho existe y pertenencia al titular registal – lo que es claramente típico de un sistema que concede una fuerte protección a los terceros. Por otro, no asegura el tercero cuanto a la exactitud del Registro y, consecuentemente, le concede una protección débil.

Del punto de vista del derecho a constituir, no tenemos dudas que debe pasar a ser concedida una fuerte protección a los terceros, siendo consagrado el principio de la fe pública registal. Lo cual no favorece sólo los terceros. De hecho, la mayor seguridad del tráfico por sí generada interesa también a aquel a quién efectivamente pertenece el derecho. Esto porque la seguridad del tráfico es una modalidad de actuación de la seguridad jurídica y, así pues, una modalidad de protección del derecho, por cuanto una de las formas de proteger el titular es valorando y, así, facilitando la transmisión de su derecho.

No obstante el expuesto, entendemos que, siendo consagrado el principio de la fe pública registal, que se deba-iba a seguir el ejemplo español y, cuando en causa estuviera un tercero adquirente o subadquirente del primero titular inscrito o adquirente o subadquirente de un heredero, sólo debería beneficiar e la fe pública registral después del decurso de dos años sobre la fecha en que fue labrada la primera inscripción o la fecha de la muerte de lo *de cuius*, respectivamente. Esto porque sólo así se aseguraría la posibilidad del verdadero titular del derecho impugnar la falsa titularidad del tercero.

Aumenta que, naturalmente, tenerse-iba de proteger el tercero ante la posibilidad de ser invocada libremente la usucapión, siempre que a la fecha de su adquisición (del titular registal), el tiempo de posesión ya fuera el suficiente para usucapir. También cuanto la esta materia, entendemos que se podría adoptar una solución próxima a la consagrada en el ordenamiento jurídico español. Concretamente, sólo admitir la usucapión contratabular, fundada en tiempo de posesión transcurrido antes de la adquisición del tercero, cuando:

- Si demostrara que el adquirente conocía o tuvo medios razonables y motivos suficientes para conocer, antes de perfeccionar su adquisición, que el inmueble era poseído de hecho por persona diversa de su dante causa.
- No tiendo el adquirente inscrito conocido ni podido conocer la posesión contraria, posteriormente en ella hubiera consentido, expresa o tácitamente.

A pesar de todo el afirmado hasta ahora, la verdad es que entendemos que el principio de la fe pública registal sólo podrá ser consagrado en el ordenamiento jurídico portugués después de que sean eliminados o, por lo menos, substancialmente reducidos los obstáculos que lo impiden de ser un sistema exacto. Como lo son, por ejemplo: el enorme número de fincas rústicos que se encuentran duplicados en el Registro; la inexistencia de uno cualquiera controlo de la titularidad del derecho en caso de fallecimiento, desde que las fincas no estén registradas; la gran facilidad con que pueden ser prestadas falsas declaraciones y con base en ellas ser labrada una escritura de justificación de derechos tendente a la primera inscripción o ser obtenido un "título formal" en un proceso de justificación y, de seguida, obtenerse el registro de un derecho que efectivamente pertenece a otro, cuando la finca no está descrito en el Registro o cuando sobre ella no incida inscripción de adquisición o equivalente; el número de títulos falsos que aún ingresan en el registro; *etc.*.

Ante todos estos obstáculos se hace evidente que aún no puede ser consagrado, en Portugal, el principio de la fe pública registal.

De hecho, es preciso recordar que un sistema registal que asegure en absoluto los derechos que publicita, porque aleja el principio *nemo plus iuris in alium transferre potest y el principio resoluto iuris dantum resoluto ius accipiens*, acaba por privar el verdadero titular de su derecho. Consecuentemente, la referida protección sólo debe ser concedida cuando, previamente el ordenamiento jurídico haya creado un conjunto de condiciones que reduzca, al mínimo, la posibilidad de tal efecto "expropiatorio" venir a ocurrir – una vez que sólo así se evita el colapso del sistema registal. En resumen: la referida protección supone que la arquitectura organizacional y la gestión del sistema registal sean, prácticamente, a la prueba de errores. Una vez que, si hubiera un volumen de errores relevante, el número de "expropiaciones" hacerse-á intolerable y el sistema entrará en colapso.

A Delimitação de Jurisdição, Territorial e na Matéria – Reflexos nos Efeitos Registais[1]

1. Nota prévia

Antes de iniciarmos a análise do tema que nos foi proposto – "A delimitação, territorial e na matéria – reflexos nos efeitos Registais, cumpre fazer duas ressalvas. Primeira, enquanto estudiosos do Direito do Registo Predial, vamos cingirmos a este domínio. Deste modo, ficarão, portanto, Vossas Excias. com o ónus de extrapolar as afirmações que serão feitas para as outras áreas do Direito Registal.

A segunda ressalva é a seguinte: por facilidade de exposição, começaremos por fazer uma breve referência à importância de um qualquer sistema registal digno dessa denominação, de seguida analisaremos os Sistemas Registais vigentes na Europa quanto à eficácia e à intensidade da garantia prestada ao terceiro, de seguida apresentaremos a nossa opinião sobre a tutela actualmente concedida pelo sistema nacional e àquela que deveria ser concedida no futuro, por fim abordaremos o tema da qualificação registal e pronunciar-nos-emos sobre o tema da conferência.

2. A importância de um Sistema Registal

O ordenamento jurídico tem como uma das suas missões específicas combater a incerteza e a insegurança, dever que cumpre de duas formas: *a posteriori*, através do processo, resolvendo a incerteza actual; e *a priori* ou

---

[1] Texto que serviu de base à apresentação feita no dia 10 de Março de 2012 no Salão Nobre da Reitoria da Universidade do Porto Museu, por ocasião da Conferência: "simplicidade com Credibilidade – O Direito à Segurança Jurídica, organizada pelo Conselho Distrital do Porto da Ordem dos Advogados e pela Associação Sindical dos Conservadores dos Registos.

preventivamente, evitando a incerteza futura, procurando dar certeza e segurança às situações e às relações concretas intersubjectivas, criando meios e instrumentos aptos a produzir tal certeza e segurança, colocando--os à disposição dos particulares[2].

A actividade registal, tal como a notarial, situam-se no segundo destes planos: suposta a certeza do direito objectivo, as referidas actividades tendem a conseguir preventivamente a certeza da sua aplicação às relações e situações jurídicas e aos direitos.

Prevenir e evitar conflitos é consequência ou resultado normal da intervenção dos referidos profissionais, uma vez que lhes está incumbido o controlo da legalidade[3].

E, citando JUAN BOLÁS ALFONSO: "Já ninguém discute hoje o facto de a segurança jurídica preventiva ser uma das «variáveis institucionais» da qual depende o desenvolvimento do mercado.

Com carácter geral, tanto os estudos realizados sobre "Análise Económica do Direito" como o relatório do Banco Mundial para 1996, coincidem em estacar a importante incidência dos sistemas jurídicos sobre a vida económica.

É de tal forma importante conhecer o correcto ou incorrecto funcionamento das instituições jurídicas quando se projecta «um investimento» num determinado país, que em todos os relatórios contratados para ava-

---

[2] Como afirma MOTA PINTO, MOTA PINTO, *Direitos Reais*, (lições coligidas por Álvaro Moreira e Carlos Fraga), Coimbra, 1971, p. 119 e 120, "o tráfico jurídico tem de ser fluente, não pode sofrer demoras excessivas no seu processamento e, sobretudo, tem de ser seguro, certo, as pessoas não podem estar à mercê de surpresas".

[3] Sobre a necessidade de contextualizar a qualificação registal no plano do sistema global de segurança preventiva ou cautelar, *vide* entre outros: CELESTINO PARDO NÚÑES, Seguridad del tráfico inmobiliario y circulación del capital, *Revista Critica de Derecho Inmobiliario*, 1994, nº 623, p. 1521 e ss.; CHICO Y ORTIZ, La importancia jurídica del Registro de la Propiedad, *Revista General de Legislación y Jurisprudencia*, Julh., 1982, nº 1, p. 20 e ss. e Proyecciones de la seguridad jurídica, *Revista Critica de Derecho Inmobiliario*, Ano 1984, nº 563, p. 797 e ss.; GARCÍA GARCÍA, *Introducción al Derecho Hipotecário*, Madrid, 1970, pág. 102 e La función registral y la seguridad del tráfico inmobiliario, *Revista Critica de Derecho Inmobiliario*, 1994, nº 625, p. 2239 e ss.; JOSÉ LUIS MEZQUITA DEL CACHO/JESÚS LÓPEZ MENDEL, *El Notariado y los Registros: orientación vocacional y de estudios*, Centro de Pubicações Secretaría General Técnica, 1986; LINO RODRÌGUEZ OTERO, *Cuestiones de Derecho Inmobiliario*, Dijusa, 2005, p. 162 e ss. e Seguridad del tráfico inmobiliario y circulación del capital, *Revista Critica de Derecho Inmobiliario*, Ano 1994, nº 623, p. 1521 e ss.; PAZ-ARES, Seguridad Jurídica y Seguridad del Trafico, *Revista de Derecho* Mercantil, 1985, p. 7 e ss.; RAMÓN DE LA RICA Y MARITORENA, Esquemas sobre la valoración actual del Derecho hipotecario, *Revista Critica de Derecho Inmobiliario*, 1982, T. LVIII, p. 9 e ss..

liar a rentabilidade potencial do investimento, figura sempre o indicador referente a «Instituições e Segurança Jurídica» que evidencia a qualidade institucional do país em questão (um investidor pode calcular a incidência da conflitualidade laboral, a oscilação da moeda, os aumentos salariais, a facilidade das comunicações, etc., mas a segurança jurídica não pode quantificar-se em termos económicos. Por outras palavras: não há comércio sem investimento, não há investimento sem financiamento e não há financiamento sem garantias"[4].

3. A diversidade dos sistemas registais vigentes na Europa quanto à eficácia e intensidade da garantia prestada ao terceiro em face do facto registado

"É sabido que o registo predial tem como principal finalidade dar publicidade à situação jurídica da propriedade imobiliária de modo a garantir segurança ao tráfico imobiliário e às operações de crédito predial. Toda a história do registo predial se desenvolve, efectivamente, em torno da ideia da protecção de terceiros, interessados em investir as suas disponibilidades em transacções sobre imóveis ou por estes garantidas através dum sistema que torne facilmente conhecida a posição da propriedade imobiliária"[5].

Mas, na Europa, tal como no resto do mundo, a eficácia e a intensidade da garantia prestada ao terceiro em face do facto registado são distintas nos diversos sistemas de Registo.

Provavelmente, na actualidade, não existem dois sistemas registais que concedam, exactamente, a mesma tutela aos terceiros em face dos factos registados, uma vez que os sistemas registais já não existem de modo puro encontrando-se todos eles em transição. Ou seja, o que outrora foram modelos puros hoje estão em fase de evolução.

Não obstante esta realidade, para facilitar a exposição, arriscamo-nos a integrar os diversos sistemas registais europeus em dois grandes grupos:

---

4 (Cfr. JUAN BOLÁS ALFONSO, O papel do notário na economia, in O Notariado no séc. XXI, p. 159, Lisboa, Ordem dos Notários, 2007).
5 Cfr. preâmbulo do Código do Registo Predial de 1959.
Vide, ainda, MÉNDEZ GONZÁLEZ, Registro de la Propiedad y desarrollo de los mercados de crédito hipotecario, *Revista Critica de Derecho Inmobiliario*, 2007, nº 700, p. 571 e ss.; ENRIQUE RAJOY BREY, La hipoteca: análisis económico y social de una preferencia, *Ponencias y Comunicaciones presentadas al XV Congresso Internacional de Derecho Registral*, Centro Internacional de Derecho Registral, Fundación Registral, 2007, p. 266 e ss.

- Os sistemas registais que concedem uma protecção fraca aos terceiros em face do facto registado.
- Os sistemas registais que concedem uma protecção forte aos terceiros em face do facto registado.

A) *Os sistemas registais que concedem uma protecção fraca aos terceiros em face do facto registável*

O mínimo de garantia que qualquer Registo imobiliário oferece é a chamada força negativa ou preclusiva da publicidade: aquele que pretende adquirir sabe que, se inscrever a sua aquisição no Registo, fica a salvo dos ataques de qualquer terceiro que haja adquirido um direito incompatível do mesmo *dante causa*, que não tenha obtido a respectiva inscrição registal a seu favor ou que a tenha obtido posteriormente a si – em virtude da primeira dimensão da inoponibilidade, anteriormente explicitada.

Por exemplo, *num ordenamento jurídico em que o registo não seja elemento imprescindível para a aquisição do direito e no qual vigore um sistema de título*, se *A* transmitir um direito de propriedade sobre um imóvel a *B* e este não solicitar o registo, posteriormente, *A* pode apresentar-se perante *C* como proprietário e vender-lhe o mesmo imóvel. Caso *C* solicite e obtenha o registo a seu favor, depois já não lhe poderá ser oposto o direito de *B*, uma vez que o facto aquisitivo de *B* não foi registado com anterioridade. Consequentemente, *B* não pode intentar qualquer acção de defesa do seu direito de propriedade (adquirido derivadamente), não obstante ser o primeiro adquirente e, até ao momento do registo feito a favor de *C*, ter sido o real proprietário do prédio.

Este género de protecção é a prestada pelos sistema francês, belga, luxemburguês, etc., ou seja pelos sistemas denominados, habitualmente, como sistemas de inoponibilidade.

O Registo não assegura ao possível adquirente que *A* é o proprietário do imóvel, assegura apenas que *A* ainda não alienou ou onerou o direito de propriedade; e mesmo isto resulta de modo implícito do registo: basta que nele não conste nenhum assento que publicite tal alienação ou oneração.

Assim, a tutela prestada por estes sistemas de registo, não consiste em assegurar o possível adquirente de que *A* é proprietário. Poderá sê-lo ou não[6].

---

[6] Na verdade, nestes sistemas o notário é o único responsável pela regularidade e validade dos actos que autoriza e, portanto, responde pela existência do direito na esfera jurídica do transmitente. Por isso, nas escrituras notariais que dêem forma a qualquer mutação imobili-

Portanto, verá a sua "aquisição" afectada por uma causa de invalidade ou ineficácia *ex tunc* – não estabelecida numa cláusula sujeita a registo – que atinja o "facto aquisitivo" do seu *dante causa*. Se este falsificou um título para, assim, obter o registo do direito de propriedade, ou se adquiriu de quem nunca foi dono, ou mediante contrato celebrado em virtude de coacção, etc., em qualquer destes casos, a sua falta de titularidade repercute-se na do seu "adquirente", de acordo com o princípio *nemo plus iuris ad alium transferre potest quam ipse habet* e o *principio resoluto iuris dantum resoluto ius accipiens*.

Em resumo, o possível adquirente apenas pode ter por certo o seguinte: qualquer alienação ou oneração efectuada por *A*, que não conste do Registo e dele devesse constar, não lhe poderá ser oposta, desde que obtenha o registo prioritariamente.

O sistema não visa proteger o "terceiro" que, integrando-se numa e mesma cadeia de transmissões, possa ver a sua posição afectada por uma ou várias causas de inexistência, invalidade ou de cessação de eficácia *ex tunc* que atinjam actos anteriores àquele em que foi interveniente.

Por isso, a inexistência, a invalidade ou a cessação de eficácia *ex tunc* das situações jurídicas registadas afectam sempre o "terceiro" adquirente que

---

ária há sempre uma parte na qual se manifesta, sob a responsabilidade do notário, as origens do direito do disponente, e na qual se indica a série de transmissões ocorridas nos últimos anos, com indicação minuciosa dos títulos e titulares sucessivos, valendo-se os notários, para tal, dos títulos anteriores.

Refira-se que esta análise da titulação precedente assume uma utilidade preciosa, uma vez que, como veremos, o Registo nestes países para além de não ser de fólio real, não é dotado de um ficheiro real – excepção feita ao sistema francês desde 1955 – o que gera a necessidade de conhecer o nome dos proprietários anteriores a quem pretende conhecer a história jurídica do imóvel.

A investigação e análise dos títulos anteriores por parte do notário estende-se ao número de anos necessários para que possa assegurar ao potencial adquirente que, em último caso, sempre poderá invocar a usucapião. (Cfr. GIOVANNI LIOTTA, *Real Property Law – Italy*, p. 20 e ss., [on-line] consultado em 16 de Outubro de 2006 às 17 horas. Disponível: http://www.iue.it/LAW/ResearchTeaching/EuropeanPrivateLaw/Projects/Real%20Property%20Law%20Project/Italy.PDF; STÉPHANE GLOCK, *Real Property Law Project – France*, p. 28 e ss., [on-line] consultado em 16 de Outubro às 17 horas. Disponível: http://www.iue.it/LAW/ResearchTeaching/EuropeanPrivateLaw/Projects/Real%20Property%20Law%20Project/France.PDF; VALÉRIE WEYTS, *Real Property Law Belgium – Draft Lawfort*, 29 de Setembro de 2004, p. 16, [on-line] consultado em 16 de Outubro de 2006 às 17 horas. Disponível: http://www.iue.it/LAW/ResearchTeaching/EuropeanPrivateLaw/Projects/Real%20Property%20Law%20Project/Belgium.PDF).

haja obtido o registo a seu favor; mesmo quando o sistema registal sujeita a registo a acção de nulidade, de anulação, de resolução, de revogação, *etc.*, e tal registo não seja lavrado antes do registo do facto jurídico aquisitivo do "terceiro".

E, regra geral, as situações jurídicas registadas e depois "indevidamente canceladas"[7] (tendo em conta a realidade substantiva), que voltem a obter eficácia registal *ex tunc*, também afectam o "terceiro" que haja adquirido e registado na vigência do assento de cancelamento.

A preocupação central destes sistemas é solucionar o conflito que surge quando, sobre um mesmo prédio ou direito, o seu titular tenha efectuado dois ou mais actos de disposição eficazes *inter vivos*, incompatíveis entre si, a favor de diferentes pessoas – o protótipo de tal preocupação é o caso clínico da dupla venda efectuada pelo mesmo autor ou causante, sucessivamente, a favor de pessoas diferentes[8].

B) Os sistemas registais que concedem uma protecção forte aos terceiros em face do facto registado

Existem sistemas registais que publicam e garantem titularidades e, por isso, são dotados de uma eficácia muito superior, pois concedem uma protecção forte aos terceiros em face do facto registado: são os sistemas que consagram o princípio da fé pública registal em sentido rigoroso – o sistema alemão, suíço, austríaco, espanhol, etc..

Nestes sistemas o registo designa, definitivamente, em face de um terceiro, quem é o titular de cada direito, e tal designação fica garantida, de

---

[7] Colocamos as expressões, "indevidamente canceladas" entre aspas, porque nela pretendemos abarcar quer as hipóteses em que o cancelamento tenha ocorrido por erro, falha, *etc.* do responsável pela feitura dos registos, quer as hipóteses em que o cancelamento foi correctamente feito, tendo em conta o negócio real previamente realizado que o motivou, mas acabou por ser afectado na sua valia ou eficácia pela inexistência ou pela invalidade do referido negócio.

[8] É o que ocorre, num sistema de título, por exemplo, na seguinte hipótese: *A* aliena a *B* o direito de propriedade sobre o prédio *X* e, de seguida, não tendo *B* registado a aquisição, aliena o mesmo direito a *C*, que regista.

Pelo primeiro negócio, o direito de propriedade transmite-se para *B*, de acordo com o princípio da consensualidade, segundo o qual os direitos reais se constituem por mero efeito do contrato. *B* passa a ser titular de um direito real, um direito absoluto, oponível *erga omnes*, mas cuja oponibilidade nunca se consolidou em virtude da ausência da inscrição registal e, por isso, a sua situação jurídica não prevalece em relação à de *C* que "adquiriu" posteriormente mas solicitou e obteve com prioridade o registo do respectivo facto aquisitivo.

modo que o adquirente, verificados os requisitos impostos por lei[9], pode tê-la por segura sem necessidade de posterior exame.

Assim, se por hipótese, na Alemanha, *B* consegue que no Registo se inscreva a seu favor o direito de propriedade sobre um imóvel, com base no consentimento formal do até ali titular registal (*A*) mas inexistindo acordo real e, de seguida, "transmite" o referido direito a um adquirente de boa fé (*C*), sem dúvida que esse adquirente, ao obter o registo a seu favor, se torna dono do prédio, uma vez que o Registo lhe garantiu, não apenas que *B* não havia anteriormente vendido a outra pessoa, mas, exactamente, que *B* era o proprietário.

E se *C* adquirir um direito de propriedade, que anteriormente esteve onerado com um direito de usufruto devidamente registado mas cuja inscrição já havia sido cancelada à data da aquisição da propriedade, adquire este direito livre e desonerado e assim o manterá, mesmo que o referido cancelamento tenha ocorrido indevidamente e, por isso, a inscrição registal deva recobrar a sua eficácia.

Nos sistemas registais deste segundo grupo, a propriedade de *B* é uma afirmação directa dos livros, garantida de tal modo que se é falsa (se *B* não é proprietário), ainda assim, vale para o novo adquirente que confiou nela, como se fosse verdadeira: a propriedade que não existia na esfera jurídica de *B*, mas que (inexactamente) era manifestada pelo assento registal não rectificado ou cancelado (consoante o ordenamento jurídico em causa) e, por isso, em vigor, nasce na esfera jurídica do "subadquirente", tal como se *B*, efectivamente, a tivesse transmitido.

A lógica seguida por estes sistemas é a seguinte: se o Registo é uma instituição destinada a dar segurança ao tráfico jurídico imobiliário, deve proteger definitivamente aqueles que adquiriram direitos sobre os imóveis confiando nas suas informações.

Assim, terceiro não é apenas aquele que adquira de um *dante causa* que, afinal, já não era titular do direito, em virtude de outrem já haver anteriormente, adquirido. É, sobretudo, aquele que, integrando-se numa e mesma cadeia de transmissões, poderia ver a sua posição afectada por uma ou várias causas de inexistência, invalidade ou cessação da eficácia *ex tunc* que atinjam um acto translativo ou constitutivo de direitos ante-

---

[9] Que variam em função do ordenamento jurídico em causa, mas de entre os quais constam sempre: a aquisição de boa-fé, de quem conste como titular registal e a obtenção do registo a seu favor.

rior àquele em que foi interveniente, ou por um ou vários vícios que firam registos anteriores ao seu[10].

Por isso, as causas determinantes de inexistência, invalidade ou cessação da eficácia *ex tunc* das situações jurídicas registadas não afectam o terceiro que haja obtido a inscrição do correspondente facto aquisitivo, se em data anterior não constar do Registo um assento que alerte para a discrepância, existente ou futura, entre a realidade tabular e extratabular. O mesmo ocorrendo com os vícios estritamente registais que afectem registos anteriores ao seu.

E as situações jurídicas registadas e depois "indevidamente canceladas"[11] (tendo em conta a realidade substantiva) que voltem a obter eficácia registal *ex tunc*, também não afectam o terceiro que haja "adquirido" do então titular registal e obtido o correspondente registo, se em data anterior não tiver sido publicitada a impugnação do assento de cancelamento.

Assim, nestes sistemas, o Registo, além de desempenhar a função negativa típica dos ordenamentos de cepo latino que consiste na garantia oferecida ao terceiro de que o não registado perante si não existe, desempenha ainda uma função positiva, pois protege o terceiro que adquiriu de boa fé do titular registal mesmo que o facto aquisitivo deste seja, afinal, inexistente, inválido ou veja a sua eficácia cessar *ex tunc*, ou mesmo que o registo no qual confiou padeça de vícios, por si e em si.

A consagração do princípio da fé pública registal é o que assegura, plenamente, a referida protecção do terceiro.

O princípio da fé pública registal impede, em relação aos terceiros de boa-fé, a prova do facto contrário ao constante do registo, garante-lhes a existência, a extensão e a titularidade dos direitos reais registados e, portanto, assegura-lhes a manutenção da sua aquisição[12].

---

[10] Ou seja, por vícios decorrentes da violação de preceitos de direito registal e não por "vícios" do registo que sejam mera consequência dos que inquinam o negócio real.

[11] Cfr. nota 6.

[12] A protecção derivada do princípio da fé pública registal supõe, sempre, a verificação de três elementos:
a) um subjectivo:
– que alguém tenha adquirido confiando no conteúdo do Registo.
b) dois objectivos:
– que exista divergência entre aquilo que o Registo publica e a real
– situação jurídica do imóvel;
– que o terceiro adquirente haja obtido o registo a seu favor.

Assim, o conteúdo do registo considera-se completo ou íntegro e também exacto em relação a terceiros adquirentes de boa-fé. Quem adquire um direito real confiando na integralidade e exactidão do registo, torna-se, efectivamente, seu titular, ainda que depois se constate que o seu *dante causa* já não era ou nunca foi titular do direito que o registo havia publicitado.

Tal não implica que o negócio real em que interveio o seu *dante causa* não possa ser declarado nulo, ser anulado ou desprovido de eficácia, pois a inscrição, apesar de, nestes sistemas, gerar a presunção de que o registo é exacto e íntegro a favor do titular registal, não "sana" os vícios ou limitações dos actos ou contratos inscritos. Significa, no entanto, que a referida invalidade ou ineficácia não será dotada de eficácia retroactiva real plena e que, consequentemente, não prejudicará o terceiro que adquiriu, cumprindo os requisitos estabelecidos na lei, permanecendo este, portanto, como titular do direito[13].

Por outro lado, tal também não impede que o registo, lavrado a favor do *dante causa*, que padeça de vícios intrinsecamente registais, possa ser declarado nulo ou rectificado, mas implica que a declaração de nulidade ou rectificação de tal registo não afecte a posição jurídica do terceiro.

Mas, cumpre chamar a atenção para o facto de existirem seis aspectos que modelam os efeitos da fé pública:

a) o terceiro pode ser imediatamente tutelado, logo que obtenha o registo a seu favor, ou, ao invés, apenas ser tutelado decorrido um determinado lapso de tempo durante o qual o verdadeiro titular do direito pode reagir;

b) o terceiro pode ser tutelado independentemente da forma como adquire o seu direito ou, ao invés, apenas na hipótese de adquirir mediante negócio jurídico;

c) o terceiro pode ser tutelado apenas na hipótese de adquirir mediante negócio jurídico oneroso;

d) podem existir excepções ao funcionamento do princípio – ou seja, direitos que, apesar de não constarem do registo, não são afectados pelo funcionamento do princípio da fé pública;

e) a boa-fé exigível ao terceiro adquirente pode ser a boa-fé em sentido psicológico ou em sentido ético;

f) a extensão do princípio da fé pública pode abranger apenas os assentos registais ou, também, os documentos apresentados aquando da solicitação da inscrição e que ficam arquivados.

[13] É claro que, desta forma, aquele que impugna o acto inválido ou ineficaz, apesar de ser o verdadeiro titular do direito real, acaba por perdê-lo ou por vê-lo onerado, podendo, apenas, exigir uma indemnização àquele que, tendo obtido o registo a seu favor, depois transmitiu ou constituiu o direito a favor do terceiro.

Em resumo, para o terceiro, que preencha os requisitos impostos por lei, para beneficiar do funcionamento do princípio da fé pública registal, *a inscrição vale título*.

Em face do exposto e em suma, nos Sistemas Registais de protecção mínima, que não consagram o princípio da fé pública registal em sentido rigoroso, o terceiro está protegido apenas em face dos direitos não publicitados pelo Registo. Nos de protecção máxima, que consagram o princípio da fé pública registal em sentido rigoroso, o terceiro está protegido em face dos direitos não publicitados, das limitações e das causas de inexistência, invalidade ou cessação de eficácia *ex tunc* que podem afectar as situações jurídicas que constem do Registo e dos vícios intrínsecos de assentos registais anteriores ao seu.

Por outras palavras, no primeiro caso, o Registo é "completo ou íntegro"[14], mas não exacto – o terceiro adquirente que regista não pode confiar na exactidão das inscrições; no segundo, o Registo é "completo ou íntegro"[15] e exacto – para o terceiro, as inscrições são exactas, pois tudo o que consta do Registo existe tal qual é publicado e, pelo contrário, tudo o que não seja revelado pelo Registo há-de considerar-se inexistente, mesmo que tal não corresponda à realidade[16/17].

---

[14] Colocamos a expressão "completo ou íntegro" entre aspas porque, na verdade, o Registo nunca é completo, uma vez que, por um lado, a ele não tem de aceder a constituição *ex vi legis* de direitos reais limitados sobre imóveis nem a aquisição originária.
E, por outro, porque existem factos jurídicos e decisões judiciais que podendo e devendo aceder ao Registo, mesmo que não sejam publicitados, nem por isso deixam de ser eficazes *erga omnes*.
Consequentemente, o terceiro só pode estar seguro em face de factos que deviam ter acedido ao Registo sob pena de inoponibilidade. Nunca pode estar seguro perante a aquisição *ex vi legis* ou perante a aquisição originária de um direito, uma vez que o direito, assim adquirido, é oponível e prevalece em face de direitos registados (tal é o caso, por exemplo: das servidões legais; da acessão imobiliária; da aquisição mediante a usucapião; *etc*.). E, também, não pode estar seguro em face de factos jurídicos que, mesmo quando não chegam a aceder ao Registo, nem por isso deixam de ser oponíveis *erga omnes* (por exemplo: as decisões administrativas impositivas e as cessões amigáveis em matéria de expropriação por utilidade pública; *etc*.).
[15] Colocamos a expressão "completo ou íntegro" entre aspas porque, como referimos, também nestes sistemas, o registo não é, em absoluto, completo, uma vez que existem direitos reais ou actos que produzem a sua eficácia típica à margem do Registo.
[16] *Vide* a este propósito, por todos, PAU PEDRÓN, *Elementos de Derecho Hipotecario*, ob. cit., p. 34-35 e *La Convergencia de Los Sistemas Registrales en Europa*, ob. cit., p. 45 e ss..
[17] No documento *Land Administration Guidelines*, da ONU, atribui-se a estes dois sistemas as denominações expressivas de *primary evidence* – que equivale à protecção mínima – e *details*

Sublinhe-se, ainda, que a consagração do princípio da fé pública registal não favorece apenas os terceiros. De facto, a maior segurança do tráfico por si gerada interessa também àquele a quem efectivamente pertence o direito. Isto porque a segurança do tráfico é uma modalidade de actuação da segurança jurídica e, por conseguinte, uma modalidade de protecção do direito, porquanto uma das formas de proteger o titular é valorizando e, assim, facilitando a transmissão do seu direito[18].

Por fim, cumpre salientar que quando se tenta encontrar uma correlação entre os sistemas de protecção máxima/mínima e os sistemas que reconhecem ao registo um efeito constitutivo e os sistemas nos quais o registo assume uma função declarativa ou consolidativa da eficácia *erga omnes* das situações jurídico-reais pré-existentes, constatamos que, regra geral, os sistemas de protecção máxima são, também, os sistemas que reconhecem ao registo uma função constitutiva (por exemplo, o sistema alemão, o suíço e o austríaco). E que, ao invés, os sistemas de protecção mínima são, também, os sistemas nos quais o registo assume uma função consolidativa (por exemplo, o sistema francês, o belga e o luxemburguês).

---

guarantee – que equivale à protecção máxima: *"In some systems, the State then guarantees the details recorded in the register, so that if a mistake were to occur, compensation would be paid. In others, the registers are treated as primary evidence rather than definitive proof"*. (Cfr. ONU, *Land Administration Guidelines*, [on-line] consultado em 10 de Agosto de 2006. Disponível: http://www.unece.org/env/hs/wpla/docs/guidelines/lag.Html.

Refira-se ainda que, no referido documento, se afirmou a superioridade do sistema da máxima protecção sobre o sistema da protecção mínima, ao considerar-se que o sistema ideal de Registo deve reunir os princípios do espelho, da cortina e da garantia (*the mirror principle, the curtain principle, the insurance principle*). Segundo estes princípios, respectivamente, o Registo deve reflectir fielmente a realidade, deve bastar a consulta do Registo (sem necessidade de quaisquer averiguações extraregistais) e o Registo deve garantir a exactidão do que publica (Cfr. *Land Administration Guidelines, II, The legal framework. C. Deeds registration and title registration*, [on-Line] consultado em 10 de Agosto de 2006. Disponível: http://www.unece.org/env/hs/wpla/docs/guidelines/ch2-sub3.html.).

[18] Saliente-se que os países com sistemas registais que concedem uma forte tutela aos terceiros são os que tem os mercados hipotecários nacionais de maior dimensão. Tal é o caso, por exemplo, da Alemanha, que tem o mercado hipotecário nacional com maior dimensão em termos absolutos. A dimensão da sua dívida hipotecária equivale a mais de 54% do seu PIB. A este propósito, *vide*, entre outros: MÉNDEZ GONZÁLEZ, Registro de la propiedad y desarrollo de los mercados de crédito hipotecario, p. 571 e ss.; *idem, De la Publicidad Contractual a la Titulación Registral*, Pamplona, DAPP, 2008; PARDO NÚÑEZ, La producción de derechos de propiedad: panorama histórico, loc. cit., p. 29 e ss..

Não obstante, existem excepções; assim, quer o sistema registal grego quer o holandês são sistemas de título e modo, sendo o modo o registo, e nenhum deles reconhece o princípio da fé pública registal.

Por fim, existem sistemas registais de protecção máxima nos quais a inscrição é declarativa, assim, por exemplo, o sistema espanhol.

Porque assim é, podemos afirmar que a protecção máxima concedida aos terceiros não depende do facto de ao registo ser reconhecida uma função constitutiva[19]. A regra da protecção máxima é compatível quer com os sistemas registais de inscrição constitutiva quer com os sistemas registais de inscrição declarativa.

Na verdade, a referida protecção máxima concedida aos terceiros só é possível nos sistemas em que a publicidade deriva do controlo técnico que um jurista especializado – o conservador ou registador –, desenvolve antes de efectuar o registo, através da função da qualificação registal. Ou seja, a protecção máxima depende necessariamente do controlo de legalidade sobre o que acede ao Registo e merece ser publicado. Controlo esse – de forma e de fundo dos documentos apresentados, tanto por si sós, como relacionando-os com os eventuais obstáculos que o Registo possa opor ao assento pretendido – que permite que o conteúdo do Registo se presuma íntegro e exacto, e surja como a "verdade oficial" em face de terceiros.

Pelo contrário, nos sistemas onde inexiste um prévio controlo de fundo da legalidade dos factos jurídicos que se submetem à publicidade prevista pelo legislador, o mesmo legislador vê-se impossibilitado de declarar fiáveis as inscrições do Registo – o registador não controla a validade substancial dos documentos que lhe são apresentados e, consequentemente, o Registo não garante tal validade. Estes sistemas apenas podem conceder aos terceiros o que se denomina como protecção mínima.

Refira-se que nos sistemas onde inexiste um prévio controlo de fundo da legalidade dos factos jurídicos que se submetem à publicidade registal nem sequer consagram as presunções, ilidíveis, de que o direito existe e pertence ao titular inscrito, nos precisos termos em que consta do Registo.

---

[19] Como resulta do exposto, sobre o sistema austríaco, suíço e espanhol também se pode afirmar que a protecção máxima concedida aos terceiros não depende da consagração do princípio da abstracção, uma vez que os referidos sistemas são de título e modo, neles vigora o princípio da causalidade e, não obstante, concedem uma forte tutela aos terceiros, mediante a adopção do princípio da fé pública registal.

Isto porque, naturalmente, nos sistemas registais em que os assentos só podem ser realizados após o cumprimento do princípio da legalidade em sentido amplo, encontra-se justificada a particular força probatória que lhes é reconhecida. Ao invés, os sistemas registais que consagram o princípio da legalidade enquanto mero controlo formal dos títulos não podem, mesmo por via da presunção, atestar a existência do direito na esfera jurídica do titular aparente.

A correlação entre a protecção máxima e o exercício do poder de qualificação, na sua dimensão máxima, pelo responsável pelo registo é um princípio lógico[20].

4. O Sistema Registal Português

O ordenamento jurídico português, desde o Regulamento de 1898, consagra o princípio da legalidade em sentido rigoroso, ou seja, atribuindo ao conservador a função de efectuar o controlo de forma e de fundo dos documentos apresentados, tanto por si sós, como relacionando-os com os eventuais obstáculos que o Registo possa opor ao assento pretendido[21].

---

[20] Em sentido contrário, JOSÉ GONZÁLEZ que afirma: "A atribuição, à entidade que centraliza a publicitação, do poder de apreciação da legalidade dos factos a ela submetidos, é um *plus* que não está contido nos pressupostos que fundam a necessidade da sua instituição.
(...) A fé pública de tais actos não está logicamente dependente da intervenção da entidade publicitária centralizadora – a Conservatória, entre nós. Ou seja, por exemplo, as presunções de existência e de validade dos factos relativos a direitos reais não podem ter no registo a sua base racional, porque este não é um elemento contemporâneo à sua ocorrência – no máximo, o registo reforça essas presunções. (Aliás, veja-se como no sistema alemão o registo originando essencialmente a mesma espécie de presunções que gera entre nós – § 891 *BGB* – a entidade registadora, no entanto, se limita, praticamente, à verificação dos requisitos de natureza registal na apreciação da viabilidade do registo). Para fundar a fé pública registal basta uma apreciação da legalidade, seja a efectuada pelo Notário ou pelo Tribunal, quando estes tenham tido intervenção na formação do facto registável, seja pelo próprio Conservador, quando aquela intervenção inexista." (Cfr. JOSÉ GONZÁLEZ, *Qualificação de actos registáveis com intervenção notarial (Duplo controlo da legalidade)*, [on-line] consultado em 9 de Novembro de 2006 às 16 horas. Disponível: http://www.dgrn.mj.pt/brn-2004/brnjan04/qualif_actos.pdf#search=%22Duplo%20controle%20da%20legalidade%20%2B%20Jos%C3%A9%20Gonzales%22, p. 5; do mesmo autor, a propósito do "duplo controlo da legalidade", *vide* também *A Realidade Registal Predial para Terceiros*, Lisboa, Quid Juris, 2006, p. 111 e ss.).

[21] Actualmente o princípio da legalidade encontra-se consagrado no art. 68º do Cód.Reg. Pred.. De acordo com este preceito, o conservador português deve pronunciar-se sobre a viabilidade do pedido de registo à luz das normas legais aplicáveis, dos documentos apresentados e dos registos anteriormente lavrados. Devendo, para tal, apreciar:
– a identidade entre o prédio a que se refere o acto a registar e a correspondente descrição;

Por isso, desde há muito se encontram consagradas as presunções registais, nos termos das quais o direito inscrito existe tal como o registo o revela e pertence quem está inscrito como seu titular[22].

Ou seja, o ordenamento jurídico português consagra o princípio da legalidade no seu sentido mais amplo, tal como acontece no sistema registal alemão, austríaco, espanhol, etc., e ao contrário do que ocorre no sistema francês, belga, luxemburguês, italiano, *etc.*.

Mas, não obstante a consagração de tal princípio (bem como do princípio do trato sucessivo na 1ª e na 2ª modalidade e do princípio da legitimação), não se pode afirmar que o nosso sistema registal seja um sistema de protecção forte.

Na verdade, o princípio da fé pública registal só poderá ser consagrado no ordenamento jurídico português após serem eliminados ou, pelo menos, substancialmente reduzidos os obstáculos que o impedem de ser um sistema exacto.

Obstáculos esses que todos conhecem e que, por isso, nos limitamos a indicar alguns: o enorme número de prédios rústicos que se encontram duplicados no Registo; a inexistência de um qualquer controlo da titularidade do direito em caso de falecimento, desde que os prédios não estejam registados na Conservatória; a grande facilidade com que podem ser prestadas falsas declarações e com base nelas ser lavrada uma escritura de justificação de direitos tendente à primeira inscrição ou ser obtido um "título formal" num processo de justificação e, de seguida, obter-se o registo de um direito que efectivamente pertence a outrem, quando o prédio não está

– a legitimidade dos interessados;
– a regularidade formal dos títulos referentes aos actos a registar;
– a validade dos actos contidos nesses títulos.

[22] Por força destas presunções, o titular registal, por um lado, não carece de alegar e provar factos demonstrativos da existência, validade e eficácia do direito registado, nem factos pertinentes à qualificação, conteúdo e amplitude do referido direito. E, por outro, não necessita de alegar e provar que tal direito lhe pertence.

Refira-se que o ordenamento jurídico português – tal como os outros ordenamentos que consagram as supra referidas presunções – consagram, também, o princípio do trato sucessivo (cfr. o art. 34º, nº 2, do Cód.Reg.Pred. português, pois, como a lei estabelece que o registo faz presumir que o direito existe e pertence ao titular inscrito, não pode dispensar a intervenção deste para a realização de um registo posterior que colida com o seu.

Mas, por seu turno, é a própria observância da continuidade das inscrições que reforça as presunções legais derivadas do registo e são estas que justificam a amplitude com que se encontra consagrado o princípio da legalidade.

descrito no Registo ou quando sobre ele não incida inscrição de aquisição ou equivalente; a circunstância de o Sistema Nacional de Exploração e Gestão de Informação Cadastral (projecto SiNErGIC), aparentemente, estar longe de entrar em vigor; o crescente número de títulos falsos que têm ingressado no registo.

De facto, perante estes obstáculos ou debilidades do sistema é evidente que o mesmo não pode assegurar em absoluto os direitos que publicita. Isto porque, como se sabe, um sistema de protecção forte, porque afasta o princípio *nemo plus iuris in alium transferre potest* e o princípio *resoluto iuris dantum resoluto ius accipiens, pioince afasta os allium transferre potest e e logo, da necessidade de se informar* acaba por privar o verdadeiro titular do seu direito.

De facto, se *A*, que compra o prédio a *B* (pessoa que o registo publicita como proprietário e afinal não o é), se torna dono do prédio, isto só sucede à custa do verdadeiro proprietário que se verá despojado do seu direito. Do mesmo modo, se *A* (pessoa que o registo publicita como proprietário do prédio *X* e afinal não o é), constitui a favor de *B* uma hipoteca que onera o referido prédio e este se torna efectivamente credor hipotecário, isto só sucede à custa do verdadeiro proprietário que verá onerado o seu direito e poderá ser dele privado no âmbito de uma acção executiva.

Consequentemente, a referida protecção forte só deve ser concedida quando, previamente, o ordenamento jurídico haja criado um conjunto de condições que reduza, ao mínimo, a possibilidade de tal efeito "expropriatório" vir a ocorrer. Em resumo: a referida protecção supõe que a arquitectura organizacional e a gestão do sistema registal sejam, praticamente, à prova de erros. Uma vez que, se houver um volume de erros relevante, o número de "expropriações" tornar-se-á intolerável e o sistema entrará em colapso.

Não obstante o exposto, como é evidente, do ponto de vista do direito a constituir, não temos dúvidas de que tudo deve ser feito para eliminar as debilidades do sistema e passar a ser concedida uma forte protecção aos terceiros, sendo consagrado o princípio da fé pública registal.

Ora, assim sendo, naturalmente, não pode ser enfraquecido o controlo da legalidade do conservador e muito menos menosprezada a função de qualificação.

5. O controlo da legalidade exercido pelo registrador ou a qualificação registal

Qualificar vem do latim *qualificare* e significa atribuir ou reconhecer qualidade.

Diz-se qualificação registal o juízo prudencial, positivo ou negativo, da aptidão de um título para permitir o ingresso de um facto jurídico no Registo.

Em causa não está um juízo especulativo acerca da registabilidade de um título, mas sim de uma decisão prudencial sobre a efetiva operação de um registro determinado.

Decisão prudencial no sentido de arte de decidir correctamente, ou seja, de tomar a decisão acertada de admitir (e em que termos), ou não, a inscrição ou o averbamento pretendido, aplicando, para tanto, naturalmente, à realidade, o Direito tabular e o Direito material (ou seja: Direito Civil, Direito do Urbanismo, Direito Fiscal, Direito Adminitrativo, *etc.*, *etc.*).

Enquanto jurista, profissional do Direito numa área específica que é o Direito Registal, o conservador tem de ser o primeiro intérprete no procedimento registal, é ele quem deve decidir da admissibilidade do ingresso nas tábuas.

Através do exercício da função qualificadora o registrador efectua uma "depuração" dos actos que é chamado a registar, assegurando que o registo não seja um mero arquivo de documentos, mas o crivo por onde só passam os actos que o ordenamento jurídico consente[23].

---

[23] Sobre a função qualificadora do registrador, entre outros, *vide*: *La Calificación Registral (Estudio de las principales aportaciones doctrinales sobre la calificación registral)*, tomo I, ed., a cargo de FRANCISCO JAVIER GÓMEZ GÁLLIGO, Madrid: Editorial Civitas, 1996; FRANCISCO JAVIER GÓMEZ GÁLLIGO, La calificación registral en el pensamiento de Don Jerónimo González. su vigencia actual, *Revista Critica de DerechoIinmobiliario*, ano LXIX, 1993, 1853 e ss.; JOSÉ Mª DE MENA Y SAN MILLÁN, Calificación *registral de documentos judiciales*, Bosch, Barcelona, 1985.; OLIVA RODRÍGUEZ, Reflexiones acerca del principio de legalidad, *Revista critica de Derecho Inmobiliario*, Jan., 200º, nº 657, p. 481 e ss.; JOSÉ MARÍA CHICO Y ORTIZ, Presente y futuro del principio de calificación registral, in: *Revista Critica de Derecho Inmobiliario*, Ano1973, nº 496, p.579 e ss. e *Calificación jurídica – conceptos básicos y formularios registrales*, Marcial Pons, Madrid, 1987; MOUTEIRA GUERREIRO, *Noções de Direito Registral (Predial e Comercial)*, 2ª ed., Coimbra, Coimbra Editora, 1994, p. 84 e ss.; RAFAEL GÒMEZ PAVÓN, Comentarios a la calificación registral, *Revista Critica de Derecho Inmobiliario*, ano 1949, T. XXII, p. 109 e ss.; RICARDO DIP, Sobre a qualificação no registro de imóveis, *Revista de Direito Imobiliário*, nº 29, Jan.-Jun., 1992; SASTRE, Mª ROCA/ MUNCUNILL, ROCA-SASTRE, Derecho Hipotecario – Dinámica Registral », T. IV, 8ª ed., rev., ampl. e act., Barcelona, Bosch, 1997, p. 1 e ss.; SERPA LOPES,

Como é evidente, a actuação qualificadora que deixámos descrita não poderá o registrador omiti-la, sob pena de violação grave dos poderes/deveres que a lei lhe impõe.

Qualificar é[24], indiscutivelmente, o acto mais prestigioso de toda a actuação do registrador, quer tendo em conta a sua relevância para a segurança jurídica, quer tendo em conta a independência e imparcialidade com que o mesmo há-de ser praticado em conformidade com a lei[25].

Mas, como é evidente, a qualificação também é a sua tarefa mais "delicada e responsabilizante"[26/27].

Cumpre agora tomar posição sobre o facto de ter sido eliminada a competência territorial das conservatórias e de ter sido atribuída competência própria aos oficiais para lavrarem diversos actos de registo.

Pois bem, em face de todo o exposto, não compreendemos a razão que levou o legislador português a adoptar tais soluções.

Vejamos com mais pormenor, invertendo a ordem do título da nossa apresentação, aproveitando o facto de termos acabado de analisar a função qualificadora.

Tratado dos Registos Públicos – 2 Registo de Títulos e Documentos – Registo de Imóveis, 4ª ed., 1960, Livraria Freitas Bastos, p. 345 e ss.; SILVA PEREIRA, *Registo das acções (efeitos)*, in http://www.fd.uc.pt/cenor/textos/doc070314-004.pdf. e *O princípio da legalidade, o registo das decisões finais e a força do caso julgado*, p. 13, in http://www.fd.uc.pt/cenor/textos/DOC070314-004.pdf; TÓMAS OGAYAR AYLLÓN, Impugnación de la calificación registral, in: *Revista Critica de Derecho Inmobiliario*, Ano1974, Nº 500, p. 11 e ss..

[24] Sobre o sentido normativo-jurídico da questão da qualificação, *vide* PINTO BRONZE, *A Metodonomologia entre a Semelhança e a Diferença*, Coimbra, 1994, pp. 332 e ss., nota 835.

[25] A qualificação é imposta com vista ao atendimento da segurança jurídica e, por isso, reclama a independência decisória de seu agente, a mesma independência que tem o juíz para proferir as suas decisões.

Portanto, impondo a lei um juízo do registrador acerca da aptidão inscritiva de um título, não o pretende executor subordinado a ordens singulares superiores, mas juiz, independente e responsável.

[26] Cfr. SEABRA LOPES, *Direito dos Registos e do Notariado*, 2ª ed., Coimbra, 2003, p. 175.

[27] Como observou CHICO Y ORTIZ CHICO, *Estudios sobre Derecho Hipotecario*, T.I, 4ª ed., Madrid: Marcial Pons, 2000, p. 536, quando se verifica que a função registal tem aspectos da função judicial e administrativa, pode-se dizer que não é possível enquadrá-la em apenas uma delas. E, assim sendo, não parece haver obstáculo em configurá-la de forma autónoma ou como uma função diferente ou específica.

A) Da atribuição aos oficiais de competência própria para rejeitarem apresentações, lavrarem e confirmarem registos definitivos ou provisórios ou procederem à respectiva recusa e lavrarem diversos actos de registo[28]

Sendo a qualificação a tarefa mais nobre e responsabilizante do conservador, não compreendemos como possa ser feita por outrem, salvo sob sua delegação. E isto, independentemente de se reconhecer que a função registal tem aspectos da função jurisdicional e da administrativa e que a função de qualificar se aproxima mais da função jurisdicional do que da administrativa[29].

---

[28] Nos termos do nº 2 do artigo 75º-A do Cód.Reg.Pred., os oficiais têm agora competências próprias para os seguintes actos de registo:
– penhora de prédios;
– aquisição e hipoteca de prédios descritos antes de titulado o negócio;
– aquisição por compra e venda acompanhada da constituição de hipoteca, com intervenção de instituições de crédito e sociedades financeiras;
– hipoteca voluntária, com intervenção das referidas entidades;
– locação financeira e a transmissão do direito do locatário;
– transmissão de créditos garantidos por hipoteca;
– cancelamento de hipoteca por renúncia ou por consentimento;
– averbamentos à descrição de factos que constem de documento oficial;
– actualização da inscrição quanto à identificação dos sujeitos dos factos inscritos;
– averbamento de desanexação dos lotes individualizados em consequência da inscrição de operações de transformação fundiária decorrente de loteamento, já confirmada pelo conservador ou seu substituto legal, e abertura das respectivas descrições;
– abertura das descrições subordinadas da propriedade horizontal inscrita;
– abertura das descrições das fracções temporais do direito de habitação periódica inscrito.
– etc.

[29] De qualquer forma sempre se acrescentará que, em Portugal, em causa não está uma função materialmente jurisdicional. Apesar de qualificar implicar a interpretação e a aplicação da lei, a qual não se limita aos preceitos que constam do Código de Registo Predial, uma vez que é necessário verificar a regularidade do título do ponto de vista do direito substantivo. Isto porque, desde logo, a função jurisdicional está constitucionalmente reservada aos juízes e aos tribunais.
Acresce que, no procedimento registal, inexiste um conflito entre partes que necessite de ser resolvido (não há partes, nem lide), não está consagrado o princípio do contraditório e a decisão não forma caso julgado material que atribua à inscrição registal carácter de sentença definitiva e inatacável em via de recurso. Ao invés, como começámos por referir, a função é essencialmente de âmbito preventivo.
No entanto, é inegável que a actividade não é meramente administrativa. A qualificação versa sobre relações de direito civil e não sobre matérias especificamente administrativas; em causa está a tutela de interesses privados e não interesses públicos; no acto de qualificação, o conservador controla a legalidade do título concluindo pela sua conformidade ao direito

De facto, quando a lei impõe a qualidade de jurista para se assumir a função de conservador e incumbe o conservador de zelar pela segurança jurídica, enquanto fim último de um Sistema Registal que gera efeitos substantivos e não mera publicidade notícia, não encontramos explicação para o facto de ter sido atribuída aos oficiais competência própria para qualificarem.

Recordamos que na Alemanha o registo está confiado a «administradores de justiça», «funcionários da administração judicial com certas funções em matéria de jurisdição voluntária» e preparação técnica adequada que actuam com plena independência, estando apenas submetidos à lei[30].

e nessa medida pratica um acto de *iurisdictio* enquanto resolve um problema jurídico; depois de qualificada, a inscrição registal produz efeitos *erga omnes;* tem um procedimento especial que não é o procedimento administrativo, etc..
Isto, não obstante: muito da actividade desenvolvida pelo conservador do registo predial em Portugal assumir um carácter ou natureza administrativa; o enquadramento subjectivo do conservador enquanto funcionário público, que acarreta a consequência de encontrar-se sujeito ao procedimento disciplinar geral da função pública e ao regime da responsabilidade civil do Estado por actos de gestão pública.
Por fim, segundo o nosso entendimento em causa não está uma função subordinada ao regime legal da jurisdição voluntária, uma vez que, além do mais, a actuação do profissional continua a desenvolver-se com base em critérios de estrita legalidade e não de oportunidade. Não se permite ao conservador que decida como julgue mais entender mais conveniente e oportuno. Portanto, o próprio princípio da legalidade afasta a natureza de jurisdição voluntária.
Estamos, portanto, perante uma função diferente ou específica.
Como observou Chico y Ortiz Chico, *Estudios sobre Derecho Hipotecario*, T.I, 4ª ed., Madrid: Marcial Pons, 2000, p. 536, quando se verifica que a função registal tem aspectos da função judicial e administrativa, pode-se dizer que não é possível enquadrá-la em apenas uma delas. E, assim sendo, não parece haver obstáculo em configurá-la de forma autónoma ou como uma função diferente ou específica.
[30] Até época relativamente recente, os registos eram feitos pelos *Grundbuchrichter* (juízes territoriais). Mas, desde a promulgação da *Rechtspflegergesetz* ou Lei sobre a Administração da Justiça de 5 de Novembro de 1969, quase todas as funções registais dos *Grundbuchrichter* passaram a ser da incumbência dos *Rechtspfleger*, «administradores de justiça», «funcionários da administração judicial com certas funções em matéria de jurisdição voluntária».
Acrescente-se que, não obstante, a reforma de 1969 reservou algumas competências registais ao juiz de primeira instância, pois o *Rechtspfleger* deve consultá-lo nas hipóteses enumeradas pela *Rechspflegergesetz*: quando pretenda afastar-se de um critério sustentado reiteradamente pelo juiz; quando se encontre com dificuldades técnicas que não consiga superar; quando devam aplicar-se ou ter-se em conta normas de direito estrangeiro e quando estejam em causa questões que ultrapassam o âmbito da jurisdição voluntária.

Na Áustria a qualificação compete aos juízes tabulares e não à administração pública – §§ 102 e ss. da GBG (princípio da legalidade).

Em Espanha aos Registradores.

É certo que temos perfeita consciência de que a atribuição de competência própria aos funcionários não prejudica em nada a direcção da Conservatória e que, consequentemente, a distribuição do serviço continua a estar afecta ao respectivo conservador[31]. E, também sabemos que, conforme o disposto no nº 1 do art. 75º-A do Cód.Reg.Pred., o conservador, em regra, é o funcionário competente para o registo.

Não obstante, não podemos deixar de questionar:

Não teria sido mais sensato admitir apenas a delegação?

Entendemos que sim!

Mais, na nossa perspectiva, o legislador, indirectamente, assumiu-o, ao estabelecer que em caso de impugnação da decisão do oficial, é o conservador que tem competência para apreciar o despacho recorrido no sentido de sustentar ou reparar a decisão nele contida, conforme se pode constatar pelo disposto nos artigos 142º-A nº 1 e 144º nº 3 do Cód.Reg.Pred..

Em suma, para nós é claro que só deve qualificar quem tiver profundos conhecimentos jurídicos, admitir que tal função seja realizada, como competência própria, pelos oficiais, por mais experientes e habilitados que sejam, implica necessariamente colocar em causa o princípio da legalidade e, consequentemente, não simplificar procedimentos eliminando obstáculos ou dificuldades mas, isso sim, fragilizar o sistema.

Situação que se agrava quando se sabe que a atribuição de competência própria aos oficiais não depende de tempo de serviço.

B) *Da eliminação do princípio da competência territorial*

O princípio da competência territorial – que tanto quanto sabemos se encontra consagrado em todos os Sistema Registais da Europa – é um garante da transparência e da imparcialidade do processo registal, elementos imprescindíveis a qualquer sistema de registo.

Bem sabemos que tal decisão de por termo à competência territorial das conservatórias só foi tomada porque o registo é, todo ele, suportado por uma base de dados nacional e que se visou facilitar a vida ao utente evitando-lhe deslocações.

---

[31] Conforme o disposto no nº 1 do artigo 93º do Decreto 55/80 de 8 de Outubro.

Mas, a verdade é que o mesmo objectivo teria sido atingido se se tivesse permitido que o utente entregasse o pedido do registo em qualquer conservatória, ficando esta responsável pelo seu envio para a conservatória competente.

É claro que contra se poderá argumentar que desse modo o utente não poderia escolher a conservatória que presta o melhor serviço, com melhor qualidade, de forma mais rápida e com melhor atendimento.

Mas tal supõe esquecer que em causa não está um serviço privado, mas público; o qual deve ser prestado com a melhor qualidade e da forma mais rápida por qualquer conservatória.

Ora, se na prática tal não ocorria, então o problema não devia ter sido mascarado, devia, isso sim, ter sido eliminado (por exemplo, impondo a frequência de mais cursos de formação que assegurassem uma maior uniformidade decisória; aumentando o número de funcionários nas conservatórias com mais serviço; etc.).

Permitir a livre escolha da conservatória é permitir a escolha do responsável pelo registo, ou seja, daquele que deve actuar apenas com obediência à lei.

A qualificação é imposta com vista à obtenção da segurança jurídica e, por isso, reclama a independência e imparcialidade decisória de seu agente, a mesma independência e imparcialidade que tem o juiz para proferir as suas decisões.

Quando o utente escolhe um responsável pelo registo e não outro, e tal não se fica a dever às condições físicas e materiais da conservatória ou à falta de funcionários, não será porque o escolhido não é imparcial ou é menos exigente?

Se o legislador tiver colocado esta questão e lhe tiver dado resposta positiva, então isso não quererá dizer que admitiu e admite a existência e permanência em funções de conservadores parciais e menos exigentes – que "qualificam por defeito" – ou de conservadores demasiado exigentes – que "qualificam por excesso"?

Em resumo, a possibilidade de o utente escolher a conservatória onde será lavrado o registo só nos faz recordar o *forum shoping* e a sua proibição. De facto, porque não pode o interessado escolher livremente o Tribunal e o juiz que há-de decidir a causa, mas pode escolher o responsável pela feitura do registo?

Por fim, também não desconhecemos que sendo solicitada a feitura do registo *on-line* o utente não tem a possibilidade de escolher a pessoa que há-de lavrar o registo. Mas, tal não nos sossega o espírito, uma vez que, naturalmente, quem quer escolher o responsável pela feitura do seu registo não formula o pedido on-line.

Em jeito de conclusão, fazendo parcialmente uso de uma frase de FERNANDO MÉNDEZ, no seu escrito *A destruição da confiança*[32], *entendemos que o legislador português ao consagrar as soluções acabadas de criticar* cometeu o mesmo erro que as pombas de que nos fala Kant na sua *Crítica da Razão Pura*: quiseram voar no vazio porque acharam que o ar lhes atrapalhava o voo.

---

[32] No qual, o autor se *refere de forma expressa e crítica a recentes reformas introduzidas no sistema registal português.*

A Eficácia do Registo no Âmbito de Factos Frequentes em Tempo de Recessão Económica e em Fase de Crescimento Económico[1]

Sumário: Nota Prévia; A) A eficácia do Registo, em Portugal, no âmbito de factos frequentes em períodos de expansão ou crescimento económico (aquisição de direitos reais de gozo e constituição de hipotecas voluntárias); 1. A aquisição de direitos reais de gozo e a função desempenhada pela publicidade registal: a eficácia declarativa do assento registal definitivo;2. A constituição de hipotecas voluntárias e a função do registo; 2.1. A hipoteca e as garantias ocultas – a causa da sua fragilidade; 2.2. A segurança conferida pelo Registo Público aos credores hipotecários; B) A eficácia do Registo, em Portugal, no âmbito de factos frequentes em períodos de em tempos de crise ou de recessão económica (penhora e declaração de insolvência); 3. A penhora; 3.1. Âmbito subjectivo da penhora; 3.2. Realização da penhora; 3.3. Efeitos substantivos decorrentes da penhora de um bem imóvel e da subsequente venda em execução (arts. 819º, 822º e 824º do Código Civil); 3.3.1. A ineficácia relativa dos actos subsequentes de alienação, oneração ou de arrendamento; 3.3.2. A aquisição, pelo exequente, do direito a ser pago com preferência em face de qualquer outro credor que não tenha garantia real anterior à custa do valor dos bens penhorados e, consequentemente, a aquisição, pelo exequente, de um direito real de garantia; 3.4. Harmonização entre os interesses do exequente e os interesses dos demais credores do executado que beneficiem de um direito real de garantia; 3.5. Extin-

---

[1] O texto que ora se publica foi redigido para servir de base à apresentação feita no VIII Seminário Luso-Brasileiro e Espanhol de Direito Imobiliário e Registal, realizado no dia 29 de Novembro de 2013, no Rio de Janeiro, Brasil.

ção da penhora e cancelamento do respectivo registo; 3.5.1. Extinção da penhora decorrente da venda executiva (ou adjudicação dos bens) e cancelamento do respectivo registo; 3.5.2. Extinção da penhora por causa diversa da venda executiva e cancelamento do respectivo registo; 3.6. Apresentação de duas hipotecas que se encontram previstas no âmbito da acção executiva; 3.7. A hipótese de penhora de um bem registado a favor de pessoa diversa do executado; 4. Processo de insolvência; 4.1. Quem pode ser declarado insolvente?; 4.2. Sentença de declaração de insolvência; 4.3. Efeitos da declaração de insolvência em relação ao devedor e a terceiros; 4.4. Efeitos da declaração de insolvência sobre as acções pendentes; 4.5. Efeitos da declaração de insolvência sobre os créditos; 4.6. Registo; 4.7. O Processo Especial de Revitalização.

Nota Prévia

Como se sabe, com o crescimento demográfico dos núcleos populacionais e com o aumento do tráfico imobiliário, os riscos derivados da oponibilidade *erga omnes* dos direitos reais aumentaram exponencialmente, *maxime*, para quem, não sendo titular de um direito real sobre determinada coisa, pretendesse tornar-se, desenvolvendo esforços nesse sentido. Por isso, surgiu a necessidade de dar publicidade aos direitos reais de forma permanente e mais eficiente.

Esta necessidade revelou-se de forma mais premente quanto aos bens imóveis, que foram, até data recente, os bens com maior importância económica, suscitando, por isso, o interesse do tráfico jurídico. E, por essa razão, a generalidade dos ordenamentos jurídicos passou a fazer depender a oponibilidade dos direitos reais sobre imóveis, em maior ou menor medida, da sua publicidade registal[2].

---

[2] A publicidade registal desenvolveu-se, assim, a par do desenvolvimento da sociedade de mercado, porque visou favorecer o tráfico crescente dos bens imóveis, eliminando a insegurança que gerava para os adquirentes – sobretudo, para os credores *hipotecários* –, a existência de ónus ocultos (principalmente as hipotecas tácitas e as gerais, que dificultavam sobremaneira a extensão do crédito territorial). A tutela do tráfico imobiliário tem por base a preocupação de dar a máxima tranquilidade e segurança possível a quem desembolsa dinheiro para adquirir imóveis ou para o emprestar mediante a garantia de uma hipoteca, e esta tranquilidade e segurança só se pode conseguir pondo-se à disposição dos terceiros adquirentes um sistema de Registo ou de publicidade registal que elimine ou diminua, notavelmente, o perigo de adquirir de quem não seja proprietário, de obter uma hipoteca sobre bens não pertencentes àquele que dá o bem em garantia ou de adquirir uma propriedade gravada com ónus desconhecidos.

Foi o que aconteceu em todos os ordenamentos que, em relação aos direitos reais sobre imóveis, adoptaram o registo constitutivo e, portanto, impuseram a primeira inscrição como condição necessária para que o imóvel não permanecesse fora do tráfico jurídico. De facto, se os direitos reais, normalmente, não se constituem, não se transmitem, nem se modificam à margem do Registo, é evidente que a sua oponibilidade depende do registo. Antes do assento registal não faz qualquer sentido falar de oponibilidade *erga omnes*[3].

E foi o que aconteceu nos ordenamentos que, tendo adoptado o registo declarativo – continuando, assim, a admitir que os direitos reais se constituíssem, transmitissem e modificassem à margem do Registo –, impuseram, ao titular do direito real, a inscrição registal como condição de oponibilidade perante certos e determinados terceiros ou, mais rigorosa-

---

Acresce que, como afirma BENITO ARRUÑADA, a existência de direitos reais ocultos aumenta a assimetria da informação entre as partes e aumenta os custos de transacção e de transmissão, uma vez que gera a necessidade de determinar a existência de direitos reais potencialmente conflituantes e de negociar com os seus titulares, o que, naturalmente, cria obstáculos ao comércio e à especialização dos recursos produtivos. (Cfr. BENITO ARRUÑADA, La contratación de derechos de propiedad: análisis general y aplicación al registro predial português, *Sub Judice*, nº 33, Out.-Dez. de 2005, p. 109. *Vide*, ainda, MOUTEIRA GUERREIRO, O registo imobiliário necessário instrumento do progresso económico e social [congresso de Marrakech], in *Temas de Registos e de Notariado*, Centro de Investigação Jurídico Económica, Coimbra, Almedina, 2010, p. 237 e ss., maxime, 255 a 257; PARDO NÚÑES, Seguridad del tráfico inmobiliario y circulación del capital, *Revista Crítica de Derecho Inmobiliario*, 1994, nº 623, p. 1521 e ss.).

[3] Não obstante, os ordenamentos que consagram o registo constitutivo, em regra, apenas o impõem nas mutações jurídicas decorrentes de negócios jurídicos voluntários celebrados *inter vivos*. Consequentemente, outras formas de aquisição (*v.g.*, a aquisição originária, a sucessão legal *mortis causa* a título de herança, a expropriação, *etc.*) são eficazes *erga omnes* independentemente do correspondente registo, traduzindo-se, portanto, em formas de aquisição extratabular. Porque assim é, quando devam aceder ao registo, o correspondente assento visa "apenas", por um lado, consolidar a eficácia *erga omnes* anteriormente adquirida em face de terceiros e, por outro, legitimar o adquirente do direito real a alienar ou onerar, uma vez que, enquanto a inscrição registal não ocorrer, o titular do direito real estará impedido de o fazer de acordo com o princípio da legitimação e com o princípio da continuidade ou do trato sucessivo.

Por outro lado, nestes sistemas, as limitações legais, as restrições de direito público, e algumas servidões produzem a sua eficácia típica à margem do registo.

mente, como forma de consolidar a oponibilidade *erga omnes* do seu direito real perante certos e determinados terceiros[4/5/6].

Ora, independentemente do cariz constitutivo ou declarativo/consolidativo reconhecido ao assento registal, é consabido que a publicidade registal visa, por um lado, eliminar assimetrias de informação, garantir a segurança jurídica dos direitos, a protecção do tráfico, o fomento do crédito territorial assegurado mediante garantias reais e a agilização das transacções imobiliárias e, por outro lado, evitar a usura e as fraudes, bem como os pleitos e conflitos sobre questões jurídico-imobiliárias[7]. E que, conse-

---

[4] O direito real é absoluto – eficaz *erga omnes* –, sem excepção. Não existem direitos reais desprovidos de eficácia *erga omes*. Consequentemente, nos ordenamentos que admitem que os direitos reais se constituam, transmitam e modifiquem à margem do Registo, mas impõem a inscrição registal dos correspondentes factos jurídicos, sob pena de inoponibilidade em face de certos e determinados terceiros, a função que há-de ser reconhecida à referida inscrição é a de "apenas" consolidar a eficácia *erga omnes* anteriormente obtida.

[5] Refira-se que os sistemas jurídicos que reconhecem ao assento registal "apenas" o papel de consolidar a eficácia *erga omnes* da situação jurídico-real, em regra, consagram hipóteses de inscrições de factos jurídicos que, caso não cheguem a aceder ao registo, nem por isso deixam de ser oponíveis *erga omnes*, hipóteses essas em que a inscrição no registo não visa consolidar, portanto, a eficácia *erga omnes* da situação jurídico-real pré-existente (por exemplo: a aquisição originária; a aquisição *ex vi legis*; as decisões administrativas impositivas e as cessões amigáveis em matéria de expropriação por utilidade pública, *etc.*).

[6] Não obstante o afirmado no texto, diversos sistemas registais também admitem o acesso ao Registo de situações jurídicas que não assumem natureza real e, naturalmente, quanto a estas situações, o assento registal, por um lado, não assume uma função constitutiva – ou seja, não condiciona a constituição, modificação ou extinção dos correspondentes direitos "pessoais" – e, por outro, não altera a natureza do direito publicitado, ou seja, não o converte num direito real. O assento registal visa, isso sim, uma das seguintes finalidades, consoante o sistema registal em causa: assegurar a mera publicidade-notícia; acrescentar à eficácia típica do facto registado a oponibilidade deste a *terceiros para efeitos de registo* que não tenham obtido o respectivo assento com prioridade; a assegurar a oponibilidade do direito "pessoal" em face de *futuros adquirentes* de direitos sobre o imóvel.
Assim, por exemplo, o sistema registal suíço – que consagra a inscrição constitutiva – no art. 959 do Código Civil prescreve:
"<u>Les droits personnels</u>, tels que les droits de préemption, d'emption et de réméré, les baux à ferme et à loyer, <u>peuvent être annotés au registre foncier</u> dans les cas expressément prévus par la loi.
<u>Ils deviennent ainsi opposables à tout droit postérieurement acquis sur l'immeuble.</u>" (o sublinhado é nosso).
Ao invés, no ordenamento jurídico português, os direitos não reais que podem aceder ao registo e que efectivamente sejam publicitados passam a ser a oponíveis perante *terceiros para efeitos de registo* que não tenham obtido o respectivo assento com prioridade.

[7] Os sistemas registais desempenham funções essenciais numa economia de mercado, não só em relação ao desenvolvimento dos mercados creditícios hipotecários mas, também, em

quentemente, assume suma importância quer em épocas de crise quer de de expansão económica, embora, naturalmente, os factos ou direitos que, predominantemente, a ele acedem sejam bem diversos, consoante as referidas épocas ou fases.

Cumpre-nos reflectir sobre a eficácia do Registo, em Portugal, no âmbito de factos frequentes em tempo de recessão e em fase de crescimento económico.

É o que faremos de seguida. No entanto, cumpre fazer duas advertências: primeira, começaremos por analisar a eficácia do Registo, em Portugal, no âmbito de factos frequentes em períodos de expansão ou de crescimento económico e só depois passaremos à análise da sua eficácia quanto aos factos mais comuns em época de crise; segunda, limitaremos a nossa apreciação, respectivamente, à eficácia do Registo em matéria de aquisição de direitos reais de gozo e de constituição de hipotecas voluntárias e à penhora e à declaração de insolvência.

A) A eficácia do Registo, em Portugal, no âmbito de factos frequentes em períodos de expansão ou crescimento económico (aquisição de direitos reais de gozo e constituição de hipotecas voluntárias)

1. A aquisição de direitos reais de gozo e a função desempenhada pela publicidade registal: a eficácia declarativa do assento registal definitivo

O actual Código Civil, mantendo a opção feita pelo legislador do Código de Seabra, no nº 1 do art. 408º do Código Civil, consagrou o denominado *princípio da consensualidade*[8], estatuindo:

---

relação ao funcionamento eficiente do sistema económico no seu conjunto.
A função económica de qualquer sistema registal foi manifestada, explicitamente, pelos legisladores dos diversos países quando começaram a gizar os respectivos sistemas registais: fomentar o crédito territorial, ou seja converter os direitos sobre bens imóveis em activos económicos, capazes de servir de garantia ao crédito. (A este propósito, por todos vide: Vide MÉNDEZ GONZÁLEZ, Registro de la Propiedad y desarrollo de los mercados de crédito hipotecario, *Revista Crítica de Derecho Inmobiliario*, 2007, nº 700, p. 571 e ss.; ENRIQUE RAJOY BREY, La hipoteca: análisis económico y social de una preferencia, *Ponencias y Comunicaciones presentadas al XV Congresso Internacional de Derecho Registral*, Centro Internacional de Derecho Registral, Fundación Registral, 2007, p. 266 e ss.).

[8] A propósito da origem filosófica e histórica do princípio da consensualidade *vide*: VIEIRA CURA, O fundamento romanístico da eficácia obrigacional e da eficácia real da compra e venda

"A constituição ou transferência de direitos reais sobre coisa determinada dá-se por mero efeito do contrato, salvas as excepções previstas na lei."

Por isso, em Portugal vigora o sistema do título.

Por outro lado, não se encontra consagrado entre nós o princípio da abstracção – tal como não se encontrava, na vigência do Código de Seabra[9].

Assim, em resumo, nos direitos reais convencionalmente estabelecidos, para a produção do efeito real é condição necessária e suficiente um título, mas tal título há-de existir, ser válido e eficaz: o mesmo é dizer, não pode padecer de causas de inexistência, ser inválido ou inapto a produzir efeitos reais.

Portanto, o registo não é, em regra, condição necessária nem suficiente para alterar a situação jurídico-real existente. Ou seja, não assume um papel constitutivo.

Mas, estando os correspondentes factos aquisitivos sujeitos a registo, só vêem a sua oponibilidade *erga omnes* – adquirida à margem do Registo – consolidada, definitivamente, perante certos e determinados "terceiros", após a respectiva inscrição registal, obtida com prioridade.

De facto, segundo o nº 1 do art. 5º do Código de Registo Predial:

"Os factos sujeitos a registo só produzem efeitos contra terceiros depois da data do respectivo registo."

Portanto, na falta de registo, o titular do direito real, naturalmente eficaz *erga omnes*, não consolida tal eficácia, por isso corre o risco de ver constituída e registada a favor de outrem uma situação jurídica incompatível com a emergente do seu negócio e sobre ela prevalecente.

---

nos Códigos Civis espanhol e português, *Boletim da Faculdade de Direito de Coimbra*, STVDIA IVRIDICA, 70, *Colloquia – 11, Separata de Jornadas Romanísticas*, Universidade de Coimbra, Coimbra, 2003, p. 47 e ss.; MARIA CLARA SOTTOMAYOR, *Invalidade e Registo – A Protecção do Terceiro Adquirente de Boa Fé*, Coimbra, Almedina, 2010, p. 165 e ss..

[9] Uma vez que, como se sabe, considerando-se o efeito real como causado pelo acto em que se manifesta a vontade de constituir ou transmitir, com exclusão de qualquer outra formalidade ulterior, o princípio que rege é, necessariamente, o princípio da justa causa de atribuição ou o princípio da causalidade, nos termos do qual sem justa causa, isto é, sem a existência, a validade e a procedência (ou aptidão para produzir efeitos reais) do título, o efeito real não se produz.

Em resumo, o assento registal assume, em geral, uma função consolidativa: visa consolidar a oponibilidade *erga omnes* perante certos e determinados terceiros[10].

Assim, se *A* vendeu um prédio a *B* que não obteve o registo da aquisição, a posição jurídica de *B* é precária, não obstante ter adquirido por mero efeito do contrato o direito real. Isto porque, se *A* vender, de seguida, o prédio a *C* e obtiver o registo a seu favor, a posição deste prevalece, embora tenha adquirido *a non domino*. O risco corrido por *B* é afastado se registar a sua aquisição antes de *C*; por isso, em relação a B diz-se que o registo consolida a eficácia *erga omnes* do seu direito perante terceiros para efeitos o registo.

Ou seja, o registo junta-se a uma aquisição já ocorrida no plano substancial e tem por função assegurar no tempo os efeitos do acto, impedindo o funcionamento da condição legal resolutiva, constituída pelo registo de uma aquisição a favor de um sucessivo adquirente do mesmo autor comum, que não padeça de outra causa de invalidade para além da ilegitimidade do *tradens* decorrente da anterior disposição válida.

Ao invés, na ausência de registo, o direito fica prejudicado *in toto*, sempre que tenha o mesmo conteúdo[11] ou seja menos amplo do que o primeiramente publicitado através de um assento registal definitivo e, por isso, não possa ficar por ele onerado. Por seu turno, sempre que o direito não publicitado ou sucessivamente publicitado tem um conteúdo mais amplo do que aquele que primeiro acedeu ao Registo, a consequência é a de ficar aquele onerado com este[12].

---

[10] Tal como parte da doutrina portuguesa, entendemos que o registo definitivo obtido pelo primeiro adquirente assume o papel de consolidar a eficácia *erga omnes* do direito já adquirido, impedindo o funcionamento da *condição legal resolutiva*, constituída pelo registo prioritário de uma "aquisição" a favor de um sucessivo adquirente do mesmo autor. Neste sentido, *vide* ANTUNES VARELA/HENRIQUE MESQUITA, Anotação ao acórdão do Supremo Tribunal de Justiça de 3 de Junho de 1992, R*evista de Legislação e de Jurisprudência*, Ano 126º, 1993/1994, p. 383-384; OLIVEIRA ASCENSÃO, *Direito Civil, Reais*, (reimpressão), Coimbra, Coimbra Editora, 2000., p. 372-373; *idem*, Efeitos substantivos do registo predial na ordem jurídica portuguesa, *Revista da Ordem dos Advogados*, 1974, Ano 34, p. 28; MÓNICA JARDIM, *Efeitos Substantivos do Registo Predial – Terceiros para Efeitos de Registo*, Coimbra, Almedina, 2013, p. 532 e ss.).
[11] Salvo quando o respectivo exercício não produz qualquer interferência no outro direito.
[12] De facto, quando o terceiro obtém com prioridade o registo, torna-se titular do direito, não obstante ter adquirido *a non* domino. Por isso se afirma que, para o terceiro, o registo gera um efeito atributivo pois, sem ele, o direito não seria adquirido, em virtude do princípio *nemo plus iuris ad alium transferre potest quam ipse habet*.

Salvaguardada esta diferença, nem por isso deixa de existir uma nota comum e essencial nas várias hipóteses: a situação jurídica do primeiro adquirente não prevalece em relação à do segundo e dá-se a aquisição, a favor deste, de um direito que, pelo menos *ab initio*, não tinha suporte substantivo[13/14].

Mas, a tutela do terceiro não assume em todos os casos a mesma configuração, pois é determinada pela diferente natureza dos direitos incompatíveis em presença. De facto, sendo os direitos da mesma natureza, a incompatibilidade é total ou absoluta e, por isso, implica a "perda" ou "extinção" do direito cujo facto aquisitivo não foi inscrito. *Ao invés, quando* a incompatibilidade é apenas parcial, não implica a "perda" ou a "extinção" do direito não publicitado, mas impõe ao titular não inscrito a oneração do seu direito pelo anteriormente registado.

[13] Como resulta do exposto, a solução consagrada pelo legislador português em sede de circulação de bens sujeitos a registo não é unitária, mas sim, nitidamente assimétrica. De facto, não pode negar-se que a condição de quem adquire e regista prioritariamente é diversa daquela de quem, adquirindo em segundo lugar não pode invocar tal princípio e baseia a sua aquisição na prioridade do registo.
No primeiro caso, segundo a melhor doutrina portuguesa, o registo junta-se a uma aquisição já ocorrida no plano substancial e tem por função assegurar no tempo os efeitos do acto, impedindo o funcionamento da condição legal resolutiva, constituída pelo registo de uma aquisição a favor de um sucessivo adquirente do mesmo autor comum, que não padeça de outra causa de invalidade para além da ilegitimidade do *tradens* decorrente da anterior disposição válida.
No segundo, ao invés, o registo apresenta-se como *condictio sine qua non* do efeito aquisitivo, uma vez que o título aquisitivo, sob o plano substancial, é inidóneo a determinar, de *per si*, a prevalência em face daquele de data mais remota. O registo feito pelo segundo adquirente desempenha uma função atributiva/aquisitiva porque, por força da lei, o registo de um negócio jurídico, que não padece de outra causa de invalidade que não seja a ilegitimidade do *tradens* decorrente da anterior disposição válida, concede o direito ao titular inscrito e, porque não podem passar a existir dois direitos incompatíveis, ao mesmo tempo resolve, para o futuro, na medida do necessário, os efeitos da primeira aquisição.
Ou seja, a inscrição, no registo, de um facto aquisitivo, que quando analisado isoladamente é válido, funciona como condição legal de eficácia da segunda transmissão e, simultaneamente, como *condictio iuris* resolutiva dos efeitos da primeira que sejam incompatíveis com os daquela. *Condictio iuris* resolutiva cujos efeitos se produzem apenas *ex nunc*, porque tal se revela suficiente para satisfazer o interesse subjacente à norma legal, que é o de dar prevalência ao direito cujo facto aquisitivo foi registado.
[14] Sublinhe-se, ainda, que o facto de o Dec.-Lei 116/2008, alterado pelo Dec.-Lei nº 125/2013, de 30 de Agosto, ter imposto a obrigatoriedade do registo, infelizmente, não assegura, por qualquer modo, o termo dos conflitos entre terceiros para efeitos do art. 5º do Código do Registo Predial. Isto porque, o referido diploma legal só se aplica às aquisições posteriores a 31 de Dezembro de 2008 e mesmo em relação a estas, independentemente do possível incumprimento por parte dos obrigados a solicitar o registo da primeira aquisição, a lei fixa um prazo para solicitar o registo – actualmente, dois meses, de acordo com o nº 1 do art. 8º-C –,

Refira-se, por fim, que a solução decorrente do art. 5º do Código do Registo Predial português não é mais do que o corolário, por um lado, do facto de a consolidação da oponibilidade *erga omnes* ser o efeito básico da publicidade registal num sistema de título[15]. E, por outro, da circunstância de qualquer sistema registal assegurar ao adquirente que o transmitente não alienou ou onerou o bem anteriormente a outrem e, consequentemente, garantir ao adquirente – que obtenha o registo definitivo – que a sua posição jurídica não será posta em causa em virtude de uma alienação ou oneração anterior, não publicitada, que o deveria ter sido.

Em suma, o art. 5º do Código do Registo Predial consagra a regra segundo a qual: *o sujeito activo de um facto jurídico que deveria ter acedido ao Registo, sob pena de não ocorrer a mutação jurídico-real ou sob pena de não se consolidar a eficácia da mutação jurídico-real já ocorrida, não verá a sua posição jurídica prevalecer em face de um terceiro adquirente, de um direito total ou parcialmente incompatível, que haja obtido o correspondente registo definitivo.* Ora, como se sabe, esta regra ou dimensão da inoponibilidade é reconhecida por todos os ordenamentos jurídicos que consagram um sistema de publicidade registal, uma vez que, afirmando-se que os "terceiros" são afectados ou prejudicados pelas situações jurídicas publicadas, ainda que não tenham tido conhecimento efectivo delas, também se tem de afirmar que não são oponíveis, aos terceiros adquirentes, as situações jurídicas não publicadas que eram susceptíveis de o ter sido, dado que eles nunca estiveram colocados em posição de conhecê-las. Ou, por outra via, o mínimo de garantia que qualquer Registo imobiliário oferece é a chamada força negativa ou preclusiva da publicidade: aquele que pretende adquirir sabe que, se inscrever definitivamente a sua aquisição no Registo, fica a salvo dos ataques de qualquer "terceiro", que haja adquirido um direito incompatível do mesmo *dante causa*, que não tenha obtido o registo a seu favor ou que o tenha obtido posteriormente a si.

---

nada garantindo, portanto, que o obrigado requeira a feitura do assento registal (dentro do prazo) antes de ser solicitado e obtido o registo da segunda aquisição.

[15] De facto, se o registo definitivo faz com que as situações jurídicas consolidem a oponibilidade *erga omnes* que lhes é conatural, a ausência da inscrição registal impede que as situações jurídicas, susceptíveis de serem registadas, que não tenham acedido ao Registo, continuem a produzir tal eficácia, gerando, assim, a sua "inoponibilidade" em face de terceiros que beneficiem de um assento registal definitivo.

2. A constituição de hipotecas voluntárias e a função do registo[16]

Até à entrada em vigor do Código do Registo Predial de 1959, de acordo com o art. 951º do Código de Seabra, todos os factos sujeitos a registo sob pena de inoponibilidade a terceiros, na ausência da respectiva inscrição registal, podiam ser invocados em juízo entre as partes, seus herdeiros e representantes.

Perante este artigo, e partindo do pressuposto de que a preferência não era imprescindível à existência da hipoteca, parte da doutrina afirmava que o registo do negócio jurídico hipotecário, como o registo de qualquer facto aquisitivo de outro direito real, assumia uma função meramente declarativa, constituindo-se, portanto, a hipoteca voluntária por mero efeito do negócio jurídico[17-18-19].

Refira-se, ainda, que VAZ SERRA, aquando da elaboração do projecto do actual Código Civil, deu por assente que o registo da hipoteca não assumia uma função constitutiva e que a hipoteca não registada, não obstante não beneficiar de preferência, produzia os seguintes efeitos *inter partes*[20]:

---

[16] Para mais desenvolvimentos, *vide* MÓNICA JARDIM, *Efeitos Substantivos do Registo Predial – Terceiros para Efeitos de Registo*, ob. cit., p. 477 e ss..

[17] *Vide*, por todos, GUILHERME MOREIRA, *Instituições de Direito Civil Português*, II, *Das Obrigações*, Coimbra, Coimbra Editora, 1925, p. 398-399. O itálico é nosso.

[18] Não obstante não o afirmarem, os defensores da existência da hipoteca antes da respectiva inscrição registal provavelmente defenderiam que, após a celebração do negócio hipotecário, a hipoteca já poderia ser oposta ao subadquirente do direito de propriedade ou a um adquirente de um direito real menor de gozo, desde que tal direito tivesse sido adquirido posteriormente, estivesse sujeito a registo sob pena de inoponibilidade e não tivesse sido lavrada a respectiva inscrição registal. Ou seja, os defensores da tese em apreço, apesar de negarem à hipoteca a característica da preferência, não lhe deveriam negar a característica da sequela.

[19] Sublinhe-se que a polémica em torno do carácter declarativo ou constitutivo do registo da hipoteca apenas dizia respeito à hipoteca convencional especial, isto é, susceptível de ser registada apenas sobre bens certos e determinados do devedor.
De facto, não se suscitavam dúvidas quanto ao carácter constitutivo do registo da hipoteca convencional geral – à data existente e susceptível de ser registada sobre quaisquer bens do devedor –, uma vez que, sendo a *especialidade* ou a necessidade de determinação dos imóveis um carácter essencial da hipoteca e sabendo-se que só através da inscrição registal se efectuava a especificação dos imóveis, não havia como negar o carácter constitutivo do respectivo registo. Acresce que também nunca se duvidou do carácter constitutivo do registo da hipoteca legal, quer especial, quer geral, e depois da hipoteca judicial – que sempre foi geral – desde logo, porque a especificação dos bens sempre ocorreu com o registo, nunca se tendo, por isso, afirmado que o direito real "nascia" ou era constituído em virtude da disposição legal ou da sentença condenatória, respectivamente.

[20] VAZ SERRA, Hipoteca, *Boletim do Ministério da Justiça*, 1957, nº 62, p. 57.

- Caso fosse intentada acção executiva, não podiam ser excutidos outros bens do devedor enquanto não tivessem sido excutidos os bens hipotecários.
- O credor podia exigir do devedor o reforço da garantia e, na falta de reforço, o cumprimento imediato da obrigação, o qual poderia ser pedido desde logo se a deterioração fosse devida à culpa do devedor (cfr. arts. 741º e 901º, ambos do Código Civil).
- No caso de morte do devedor, transferindo-se o prédio hipotecado para um só herdeiro, o credor poderia exigir o pagamento só a este e proceder à execução sobre o prédio, no caso de incumprimento.[21]

Por fim, recorde-se que o legislador nacional, no preâmbulo do Código do Registo Predial de 1959, manifestou de forma expressa a sua intenção de atribuir função constitutiva ao registo da hipoteca, afirmando:

"A orientação que tem prevalecido na legislação nacional é, como vimos, a que atribui ao registo função *declarativa*.

O novo código não se afasta desse regime, que a experiência, tanto entre nós como noutros países, tem revelado suficientemente apto para assegurar, em grau apreciável, a eficácia da instituição. *Abre, no entanto, uma excepção, ao considerar o registo como essencial para a constituição da hipoteca, o que aliás só representa verdadeira inovação, dentro do sistema vigente, em relação às hipotecas contratuais e corresponde à aceitação de um princípio hoje consagrado pela generalidade dos próprios sistemas legislativos do tipo latino.*"[22]/[23].

---

[21] No entanto, VAZ SERRA, a propósito da constituição da hipoteca, depois de se questionar sobre a existência de razões que aconselhassem a consagração de uma excepção à regra da função declarativa do registo, concluiu:
"Assim parece.
Na verdade, a eficácia da hipoteca entre as partes e seus herdeiros, independentemente do registo, conduz a resultados chocantes (...):
É verdade que resultados igualmente chocantes se podem dar noutras hipóteses, (...) mas, aqui, pode observar-se que a exigência do registo para a eficácia da hipoteca entre as partes e seus herdeiros se justifica especialmente, dado que a hipoteca se destina sobretudo a produzir efeitos em relação a terceiros, e que, portanto, não se impõe um encargo incomportável ou injusto com o facto de se obrigar a registar a hipoteca a quem tirar dela quaisquer vantagens. Parece pois, que a hipoteca deve carecer de registo para produzir efeitos entre as partes e em relação a terceiros."
[22] O itálico é nosso.
[23] Como é evidente, a opção legislativa, feita no Código do Registo Predial de 1959, não se prendeu com a tutela dos terceiros, uma vez que a defesa dos interesses destes estava asse-

Após a entrada em vigor do Código do Registo Predial de 1959, a doutrina portuguesa, em geral, passou a reconhececer eficácia constitutiva ao registo da hipoteca convencional. No entanto, algumas décadas passadas, perante o art. 687º do actual Código Civil e o nº 2 do art. 4º do Código do Registo Predial, surgiu a polémica sobre a questão de saber se o registo da hipoteca convencional assume, efectivamente, uma função constitutiva, e se, portanto, a constituição da hipoteca convencional se traduz numa excepção ao princípio da consensualidade.

Vejamos com mais pormenor.

De acordo com o art. 687º do actual Código Civil e o nº 2 do art. 4º do Código do Registo Predial *a hipoteca deve ser registada, sob pena de não produzir efeitos, mesmo em relação às partes.*

Portanto, na falta de registo não há sequer produção do efeito real.

Em face destas regras, a propósito da hipoteca voluntária, em Portugal, tem sido colocada a questão de saber qual é, na ausência de registo, o valor do negócio hipotecário.

A maioria da doutrina considera o registo um elemento condicionante de eficácia absoluta e afirma que, antes da sua feitura, o negócio é válido mas absolutamente ineficaz[24];

---

gurada quer se reconhecesse à inscrição registal valor declarativo ou constitutivo. De facto, não sendo efectuado o registo, o direito seria inoponível a terceiros.

Portanto, a opção só pode ter sido feita porque se considerou que não fazia sentido continuar a afirmar a existência de uma hipoteca desprovida de preferência, ou (e) para evitar que o devedor constituísse sucessivamente mais do que uma hipoteca sobre o mesmo prédio, por dívidas que ultrapassassem o valor real do objecto, ou e porque se pretendeu tutelar o próprio credor, contra a sua negligência.

Em idêntico sentido *vide* Ferreira de Almeida, *Publicidade e Teoria dos Registos*, Coimbra, Almedina, 1966, p. 209 e 210.

[24] Entre outros, *vide*: Pires de Lima/Antunes Varela, *Código Civil Anotado*, vol. I, 4ª ed. rev. e act., Coimbra, Coimbra Editora, 1987, p. 706; Antunes Varela, *Das Obrigações em Geral*, vol. II, reimp. da 7ª ed., Almedina, Coimbra, 2001, p. 557; Almeida Costa, *Direito das Obrigações*, 12ª ed. rev. e act., Coimbra, Almedina, 2009, p. 938 e nota 2 da mesma página; Oliveira Ascensão, Efeitos substantivos do registo predial na ordem jurídica portuguesa, loc. cit., p. 15; *idem, Direito Civil, Reais*, ob. cit., p. 357-358; Carlos Ferreira de Almeida, *Publicidade e Teoria dos Registos*, ob. cit., p. 210 e 211; Luís Menezes Leitão, *Garantias das Obrigações*, Coimbra, Almedina, 2008, p. 213; Hörster, A função do registo como meio de protecção do tráfico jurídico, *Regesta*, nº 70, 1986, p. 273 e ss., *Regesta*, 1986, nº 71, 1986, p. 282, nota 9; Maria Clara Sottomayor, *Invalidade e Registo – A Protecção do Terceiro Adquirente de Boa Fé*, ob. cit., p. 215-216; Isabel Menéres Campos, *Da Hipoteca – Caracterização, Constituição e Efeitos*, reimp., Coimbra, Almedina, 2003, p. 187-188.

CARVALHO FERNANDES entende que o registo é um elemento formativo do negócio; sem o registo o negócio não está perfeito[25].

Por fim, ORLANDO DE CARVALHO[26] e RUI PINTO DUARTE[27] consideram que o registo é um elemento da regular produção do efeito real. Nesta perspectiva, o negócio válido e eficaz é uma condição necessária, mas não suficiente, para a produção de efeitos reais; é ainda necessária a verificação de um modo – a feitura do registo.

Aderimos à última tese apresentada. De facto, entendemos que o regime da constituição de hipoteca convencional consubstancia uma excepção ao princípio da consensualidade, uma vez que a sua constituição depende de um negócio (*titulus*) – existente, válido e procedente – e do respectivo registo (*modus adquirendi*).

De facto, na nossa perspectiva, quando o negócio hipotecário não padece de causas de inexistência, de invalidade ou de ineficácia verifica-se uma condição necessária para a produção do efeito real, mas a mesma não é suficiente. Sem registo não há direito real de hipoteca. Assim sendo, como é evidente, cumpre distinguir as questões atinentes à existência, validade e à eficácia do negócio, do quesito da existência de registo. Recordamos, por um lado, que o negócio hipotecário é objecto de um exame de legalidade a realizar pelo Conservador nos mesmos termos de qualquer outro negócio. Por isso, naturalmente, o negócio há-de existir, ser válido e eficaz ou ser apto a produzir efeitos reais, antes da apresentação para registo[28]. E, por outro, que a ineficácia do negócio pode resultar de uma causa dis-

---

[25] Cfr. CARVALHO FERNANDES, *Lições de Direitos Reais*, 6ª ed., reimp., Lisboa, Quid Juris, 2010, p. 134: "o negócio jurídico de que nasce a hipoteca, só por si, não é título suficiente da constituição desse direito, ainda que seja elemento necessário. Deste modo, só com o registo esse negócio se torna *perfeito*, apto a produzir os seus efeitos.
Ao negócio constitutivo da hipoteca, quando não registado, falta, pois, um elemento."
[26] Cfr. ORLANDO DE CARVALHO, *Direito das Coisas*, Cap. IV – *As grandes formas de ordenação do domínio. Modalidades de direitos das coisas*, adenda policopiada, Coimbra, 1977, nº 10, p. 6 E Terceiros para efeitos de registo, *Boletim da Faculdade de Direito* de Coimbra, vol. LXX, 1994, p. 99.
[27] Cfr. RUI PINTO DUARTE, *Curso de Direitos Reais*, 2ª ed. rev. e aum., Estoril, *Principia*, 2007, p. 143-144 e p. 220.
No mesmo sentido *vide*, ainda, ANA MARIA TAVEIRA DA FONSECA, Publicidade espontânea e publicidade provocada de direitos reais sobre imóveis, *Cadernos de Direito Privado*, nº 20, p. 15.
[28] Em face do exposto, não concordamos com HÖRSTER que defende o carácter não constitutivo da hipoteca convencional e considera que tal é revelado pelo seguinte exemplo: "Um interdito por anomalia psíquica contraiu, durante um intervalo lúcido prolongado, um empréstimo hipotecário. Ao sair do cartório do notário, cruza-se com o seu tutor ao qual dá

tinta da falta de realização do registo (*v.g.*, da representação sem poderes, nos termos do art. 268º do Código Civil, que se projecta no registo, sendo a inscrição lavrada como provisória por natureza, nos termos da al. *f)* do nº 1 do art. 92º do Código do Registo Predial).

Em síntese, segundo o nosso entendimento, o registo não é elemento formativo do negócio, nem tão-pouco um requisito de eficácia do negócio. Mas é elemento da própria constituição deste direito real de garantia. Neste caso, o registo é requisito da própria produção do efeito real. Sem registo não existe hipoteca convencional. Daí que reconheçamos a este registo uma função ou efeito constitutivo.

Antes do registo do negócio hipotecário, segundo o nosso entendimento, apenas existe, na esfera jurídica do credor, a faculdade de solicitar a inscrição registal do título, a qual, uma vez lavrada, fará surgir a hipoteca[29].

Vejamos com o pormenor devido, as razões que justificam a posição por nós adoptada.

Actualmente é inquestionável que a soberania que confere um direito real de garantia *não se traduz apenas no poder de o seu titular satisfazer o seu crédito, à custa do valor da coisa onerada, mediante recurso à venda judicial,* mas sim *no poder de o seu titular promover tal venda, de modo a satisfazer o seu crédito, à custa do valor da coisa onerada*[30], *com preferência sobre os credores comuns, bem como sobre os credores que disponham de uma garantia de grau inferior*[31].

---

de imediato conta da sua proeza. Obviamente, o tutor pode pedir a anulação do negócio, ou seja, dos «factos constitutivos da hipoteca», sem promover o seu registo."
De facto, é evidente que pode ser pedida a anulação do negócio hipotecário, uma vez que, como afirmámos no texto, cumpre distinguir as questões atinentes à existência, validade e à eficácia do negócio, do quesito da existência de registo, mas tal não obsta a que se afirme que a existência da hipoteca convencional depende de um *título* (existente, válido e procedente) e de um *modo*, sendo este o registo.

[29] Para RUBINO, L'ipoteca immobiliare e mobiliare, *in Trattato di Diritto Civile e Comerciale*, diretto dai professori Antonio Cicu e Francesco Messineo, vol. XIX, p. 229, antes do registo há um «direito pessoal à hipoteca», ou «um direito a adquirir a hipoteca».

[30] Excepção feita, claro está, à consignação de rendimentos que atribui ao seu titular o direito de satisfazer o seu crédito à custa dos rendimentos da coisa onerada e, por isso, não lhe concede qualquer poder de promover a venda judicial.

[31] Como se sabe, nada obsta a que sobre a mesma coisa incidam várias garantias reais. De facto, tal poder "admite a concorrência de direitos congéneres desde que exista uma escala ou graduação. Ora é essa graduação que resulta, na nossa lei, (...) para a hipoteca, do art. 686º, 1, para os privilégios, dos arts. 745º e segs., e, para o direito de retenção, do art. 759º, 2." (Cfr. ORLANDO DE CARVALHO, *Direito das Coisas*, Coimbra, Centelha, 1977, p. 237).

De facto, hoje, não existem dúvidas de que a soberania própria dos direitos reais de garantia se traduz *no poder de execução privilegiada de coisa certa e determinada*. Por isso, tornou-se inquestionável o facto de a característica da preferência ser conatural a um direito real de garantia. Efectivamente, uma garantia real desprovida de prioridade ou de preferência é algo de inconcebível, porque contrário à soberania própria do direito real em apreço. Ou seja, tal como não se pode falar de um qualquer direito real desprovido de eficácia *erga omnes* e de um direito real de gozo destituído de prevalência, também não se pode falar de um direito real de garantia sem preferência ou prioridade.

Porque assim é, naturalmente, hoje seria inaceitável definir o direito real de garantia como *o direito real constituído numa coisa em virtude do qual o credor fica com o direito de se pagar pelo preço dessa coisa*[32].

Acresce que, sempre que a preferência de uma garantia real dependa do registo, o mesmo é dizer, sempre que o grau da garantia seja fixado pela data da inscrição do facto jurídico, antes da respectiva inscrição registal, não se pode dizer que a garantia existe, é oponível *erga omnes* e que apenas não viu consolidada tal oponibilidade. Na verdade, em virtude de a preferência da garantia real depender do registo, a própria garantia depende dele. Ou seja, antes do registo não há preferência e sem preferência não há oponibilidade *erga omnes*; portanto, antes do registo não há direito real de garantia.

Contra, não procede a objecção segundo a qual também os direitos reais de gozo só são oponíveis a quaisquer terceiros depois de serem publicita-

---

Por outra via, não existe incompatibilidade entre diversas garantias reais válidas e eficazes que recaiam sobre a mesma coisa, uma vez que o direito real de garantia permite a concorrência ou é "em si mesmo talhado para ser compatível com ela". Relativamente à mesma coisa, pode surgir um conflito entre dois ou mais direitos de garantia, válidos e plenamente eficazes, dirime-se o conflito conferindo preferência no pagamento a determinado credor (em regra ao credor cuja garantia se tornou eficaz em primeiro lugar) ou, por outras palavras, graduando ou hierarquizando as garantias.

Para o concurso de hipotecas cfr. art. 713º. Para o concurso de hipotecas e privilégios cfr. art. 751º; para o concurso entre hipoteca e consignação de rendimentos cfr. art. 686º, 1; para o concurso entre hipoteca e direito de retenção cfr. art. 759º, 2. Para o concurso entre privilégio imobiliário e hipoteca ou (e) consignação de rendimentos ou (e) direito de retenção cfr. art. 751º. (Todos os artigos referidos são do Código Civil).

[32] Noção de hipoteca, na vigência do Código de Seabra, nas palavras de GUILHERME MOREIRA, *Instituições de Direito Civil Português*, II, *Das Obrigações*, ob. Cit., p. 398-399.

dos pelo Registo e, portanto, só com este beneficiam da característica da prevalência. De facto, para além das situações serem diversas, não corresponde à verdade que os direitos reais de gozo só beneficiem da característica da preferência após a respectiva inscrição registal. Efectivamente, o titular de um direito real de gozo adquire o direito antes de obter o correspondente registo e o mesmo é eficaz *erga omnes*. Por isso, mesmo antes do registo, o poder em que se traduz (de usar, fruir, dispor e, eventualmente, transformar) pode ser plenamente exercido, prevalecendo, não só perante os direitos de crédito e os direitos pessoais de gozo que não possam aceder ao Registo, mas, ainda, perante aqueles que, podendo aceder, efectivamente, não tenham sido publicitados. E isto, porque o direito real é naturalmente oponível *erga omnes*, enquanto um direito de crédito e um direito pessoal de gozo apenas são oponíveis *inter partes* e, mesmo que possam ser publicitados pelo Registo, para se tornarem oponíveis *erga omnes*, como é evidente, enquanto tal não ocorrer, só são eficazes *inter partes*. Acresce que um direito real de gozo, mesmo que não publicitado, prevalece sobre todos os outros direitos reais posteriormente constituídos, com ele incompatíveis, se também estes estiverem sujeitos a registo – sob pena de não serem oponíveis a "terceiros"– e não tiverem sido publicitados, de acordo com a regra *prior in tempore potior in iure* – que, segundo o nosso entendimento, não é mais do que um corolário do carácter *absoluto do direito real e da eficácia dele decorrente*[33]. Em resumo, o direito real de gozo nasce e é plenamente eficaz, beneficiando, consequentemente, da prevalência e da sequela, antes do registo, perante quem quer que seja. Mas, como já refe-

---

[33] Considerando a soberania típica dos direitos reais de gozo, ou seja, o poder de praticar sobre a coisa determinados actos (de uso, fruição, disposição e, eventualmente, transformação) indicados por lei, facilmente se conclui que não é possível a incidência simultânea de dois direitos reais de gozo conflituantes e incompatíveis sobre a mesma coisa. De facto, o poder directo e imediato sobre uma coisa, em que tal direito se traduz, exclui a existência de outro poder directo e imediato incompatível sobre a mesma coisa, o mesmo é dizer de outro direito real de gozo que atinja as faculdades que ele se reserva sobre a *res*.
O acabado de afirmar não impede, naturalmente, que sobre a mesma coisa incidam em simultâneo diversos direitos reais quer de género diverso, quer do mesmo género, mas implica que sobre determinada coisa só possa existir um *jus in re* na medida em que ele seja compatível com outro *jus in re* que recaia sobre ela.
Portanto, o poder directo e imediato em que um direito real de gozo se traduz faz com que este prevaleça em relação a todos os direitos de igual natureza que sobre a mesma coisa se constituam em momento posterior e com ele sejam incompatíveis.

rimos, caso um terceiro – em sentido rigoroso e restrito – adquira posteriormente um direito incompatível e obtenha com prioridade o registo, verá o seu direito prevalecer e, em consequência, porque não podem passar a existir dois direitos incompatíveis sobre o mesmo objecto, o direito que nunca acedeu ao Registo decai ou é onerado.

Ao invés, um direito real de garantia cuja preferência seja determinada pela data do registo, efectivamente, só existe e é eficaz *erga omnes* depois de ser publicitado pelo Registo. De facto, *o poder de execução privilegiada de coisa certa e determinada* não existe antes do registo e, portanto, o seu pretenso titular não o pode exercer em data anterior, uma vez que não passa de um credor quirografário. Por isso, não poderá reclamar o seu crédito numa acção executiva movida por outro credor, mesmo que este também seja credor comum[34]. Por outro lado, sendo certo que, antes do registo, o pretenso titular da *garantia real* pode intentar uma acção executiva e vê-la ser julgada procedente com prejuízo para outros credores comuns, não se pode duvidar que tal ocorre, não porque o exequente seja titular de qualquer garantia real antes da propositura da acção, mas sim porque obtém a penhora dos bens e o respectivo registo.

Em face do exposto, a partir do momento em que se aceite que a hipoteca é um direito real de garantia, tem de se reconhecer que esta atribui ao seu titular a soberania ou o poder característico de qualquer direito real de garantia, ou seja, *o poder de execução privilegiada de coisa certa e determinada e não, apenas, o direito de se pagar pelo preço da coisa certa e determinada*[35]. Consequentemente, há-de negar-se a existência de uma hipoteca desprovida de preferência. E, obviamente, sendo a preferência da hipoteca fixada pela

---

[34] E isto, porque o processo de execução deixou de ter, desde 1961, o carácter colectivo universal que revestia em 1939 – e o aproximava da falência ou da insolvência civil –, só admitindo a intervenção dos credores com garantias reais sobre os bens penhorados (cfr. nº 1 do art. 788º do actual Código de Processo Civil) e, portanto, independentemente do facto de se considerar que a penhora atribui ao exequente um direito real de garantia.

[35] Recordamos que o nº 1 do art. 686º do Código Civil dá a seguinte noção de hipoteca.
"A hipoteca confere ao credor o direito de ser pago pelo valor de certas coisas imóveis, ou equiparadas, pertencentes ao devedor ou a terceiro com preferência sobre os demais credores que não gozem de privilégio especial ou de prioridade de registo."
Acresce que o art. 695º do Código Civil estatui a nulidade da convenção que proíba o respectivo dono de alienar ou onerar os bens hipotecados, "já que, com a alienação ou oneração da coisa, em nada são prejudicados os direitos do credor, dados os direitos de sequela e de prioridade que lhe são atribuídos". (Cfr. PIRES DE LIMA/ANTUNES VARELA, *Código Civil Anotado*, vol. I, 4ª ed. rev. e act., Coimbra, Coimbra Editora, 1987, p. 718).

data da respectiva inscrição registal e não pela data ou pela qualidade do título, não haverá como negar que o registo desempenha uma função constitutiva, uma vez que dele depende a oponibilidade *erga omnes* da hipoteca, ou seja, a sua existência enquanto direito real[36].

Por isso, perante o art. 687º do Código Civil e o nº 2 do art. 4º do Código do Registo Predial, nos termos dos quais *a hipoteca deve ser registada, sob pena de não produzir efeitos, mesmo em relação às partes*, não temos dúvidas em reafirmar que o registo da hipoteca convencional – tal como o da hipoteca legal, ou judicial – desempenha uma função constitutiva, assumindo, por isso, o papel de modo.

Portanto, em matéria de hipoteca, vigora a modalidade de aquisição típica de um sistema de *título* e de *modo*: não basta o título para que nasça o direito real de garantia; é, ainda, preciso um *modo* – a inscrição registal. Havendo título, antes do registo, na esfera jurídica do credor, apenas existe *a faculdade jurídica*, concedida por lei, *de solicitar a inscrição registal*.

---

[36] Como resulta do acabado de afirmar, mesmo que actualmente existisse uma disposição legal nos termos da qual a hipoteca negocial, tal como qualquer outro negócio real, antes do respectivo registo, era inoponível a terceiros, desde que o seu grau ou preferência fosse determinado pela data da respectiva inscrição registal, teríamos de negar carácter real à "hipoteca", antes de ser lavrada a respectiva inscrição registal. De facto, se tal ocorresse, não poderíamos negar que o negócio hipotecário, antes do assento registal, produzia efeitos em relação às partes, seus herdeiros e representantes, mas não lhe reconheceríamos efeitos reais. Concretizando, entenderíamos que, antes do registo, o negócio hipotecário, por um lado, fazia surgir, na esfera jurídica do credor, do devedor e de qualquer interessado, a faculdade de solicitar a inscrição registal e, por outro, produzia certos efeitos obrigacionais – *v.g.*, o credor, nas hipóteses previstas na lei, poderia exigir o reforço ou a substituição da garantia convencionada, mas ainda não existente; o herdeiro a quem coubesse, na partilha *mortis causa*, o objecto do negócio hipotecário, perante o credor, seria o responsável pela dívida e por ela responderia o bem herdado; caso fosse intentada acção executiva, não podiam ser excutidos outros bens do devedor enquanto não tivesse excutido o bem objecto do negócio hipotecário. Mas, o negócio hipotecário, antes do registo, não constituiria a hipoteca. Isto porque, se é certo que, entre nós, é ao legislador que compete elencar os direitos reais, tal como determinar o critério pelo qual se fixa o grau dos direitos reais de garantia, também é inquestionável que não compete ao legislador dar a definição de direito real e que lhe está vedada a possibilidade de prever a existência de um direito real destituído de eficácia *erga omnes*, uma vez que tal eficácia, como referimos, não é mais do que um corolário da soberania que caracteriza o *ius in re*.

Por outra via, não tendo o "credor hipotecário", antes da inscrição registal, o direito de ser pago com preferência em face dos restantes credores não poderia ser havido como titular de um direito dotado de eficácia *erga omnes*.

Em resumo, quando em causa esteja uma hipoteca convencional, o negócio hipotecário, tal como qualquer outro negócio real, é, simultaneamente, obrigacional e dispositivo, uma vez que através dele se perfecciona, também, o acordo das partes quanto à constituição da hipoteca, mas é insuficiente para produzir o efeito real, sendo necessário o registo. Assim, antes do registo do negócio hipotecário, não obstante já haver um título existente, válido e procedente, ainda não existe, na esfera jurídica do credor, a hipoteca. Existe, isso sim, *a faculdade de solicitar a inscrição registal* do título[37], a qual, depois de lavrada, faz surgir a hipoteca[38/40].

---

[37] Através de uma declaração unilateral e receptícia dirigida aos serviços de registo.
Sublinhe-se que, como resulta implicitamente do exposto, a inscrição registal pode e deve ser lavrada com base no pedido do credor desacompanhado de qualquer declaração de consentimento do devedor para que possa ocorrer a modificação do estado tabular.
Por fim, saliente-se que, sendo celebrado o negócio hipotecário, a faculdade de solicitar a inscrição registal não é concedida, por lei, apenas ao credor, mas, também, ao devedor, a qualquer interessado e a qualquer pessoa obrigada a promover o registo.
Recordamos que o princípio da instância encontrava-se consagrado no art. 4º do Cód.Reg. Pred. de 1967 e no art. 41º do Código do Registo Predial de 1984 – antes do Dec.-Lei 116/2008 –, e significava que, em regra, o processo de registo era desencadeado a pedido dos interessados. O nosso sistema, em princípio, deixava aos particulares a opção de tomarem a iniciativa para que os actos de registo se pudessem efectuar, estando vedado ao conservador, normalmente, fazer o registo sem que este lhe tivesse sido pedido, sob pena da sua nulidade (cfr. al. *e*) do art. 16º do Cód. Reg.Pred.).
A reforma introduzida, pelo Dec.-Lei 116/2008, manteve inalterado o princípio da instância (cfr. art. 41º do Cód.Reg.Pred.), tendo apenas alterado o elenco de legitimados a solicitar o registo: os sujeitos, activos ou passivos, da respectiva relação jurídica e, em geral, todas as pessoas que nele tenham interesse *ou que estejam obrigadas à sua promoção* (cfr. art. 36º do Código do Registo Predial).
[38] Contra o carácter constitutivo da hipoteca convencional, não procede, também, o argumento segundo o qual a lei não prevê a extinção da hipoteca decorrente do cancelamento do registo efectuado com base no válido consentimento do credor, desde logo, porque, apesar da ausência de previsão legal, na nossa perspectiva, na hipótese em apreço, a hipoteca convencional, efectivamente, extingue-se, uma vez que fica privada de grau ou preferência.
Recordamos que, provavelmente, o legislador nacional não previu a extinção da hipoteca decorrente do cancelamento do registo com base no válido consentimento do credor porque tal foi a posição defendida por Vaz Serra aquando da elaboração do projecto do actual Código Civil.
Passamos a transcrever o afirmado, a este propósito, pelo insigne Mestre:
"Em regra, o cancelamento faz-se quando se extingue a hipoteca; e, como o registo foi considerado elemento constitutivo da hipoteca no Código italiano, indicou-se aí o cancelamento como causa de extinção das hipotecas (art. 2.878º, nº 1º)

DE FACTO, a partir do momento em que se aceite que a hipoteca é um direito real de garantia, tem de se reconhecer que esta atribui ao seu titular a soberania ou o poder característico de qualquer direito real deste tipo, ou seja, *o poder de execução privilegiada de coisa certa e determinada* e não, apenas, *o direito de se pagar pelo preço da coisa certa e determinada*. Consequentemente, há-de negar-se a existência de uma hipoteca desprovida de preferência. E, obviamente, sendo a preferência da hipoteca determinada pela data da respectiva inscrição registal e não pela data ou pela qualidade do título, não haverá como negar que o registo desempenha uma função constitutiva, uma vez que dele depende a oponibilidade *erga omnes* da hipoteca, ou seja, a sua existência enquanto direito real.

No entanto, apesar de se ter proposto também a doutrina de que a hipoteca, antes do registo, não existe como tal, nem sequer entre as partes, parece preferível não mencionar o cancelamento entre as causas de extinção da hipoteca. É que poderia supor-se que, cancelado o registo da hipoteca, esta não pode tornar a ser registada, quando pode acontecer que o cancelamento não implique tal impossibilidade.
O registo da hipoteca pode, por exemplo, ser cancelado devido a nulidade da inscrição por deficiência de formalidades, o que não impede que se faça de novo o registo sempre com base no título constitutivo da hipoteca." (Cfr. VAZ SERRA, Hipoteca, loc. cit., p. 320).
Refira-se, por fim, que, entendendo-se que o cancelamento do registo, com base no válido consentimento do credor, não obsta a uma posterior inscrição da hipoteca convencional, mediante a apresentação do mesmo título, naturalmente, tem de se afirmar que a nova inscrição apenas produz efeitos *ex nunc* e, portanto, que a hipoteca só "renasce" para o futuro.
[39] Sendo o registo da hipoteca constitutivo, o legislador, através do Dec.-Lei 116/2008, não deveria ter previsto a sua obrigatoriedade, uma vez que esta, se revelava desnecessária: por um lado, porque não existia a possibilidade de surgir um conflito capaz de perturbar o comércio jurídico imobiliário e, por outro, porque a eficácia constitutiva da inscrição era mais forte para os interessados do que qualquer coacção para forçar a que se inscrevesse. Acresce que, estando em causa uma hipoteca convencional, como é evidente, limitava-se a possibilidade de o credor optar entre solicitar ou não a feitura do registo e, assim, ver ou não constituída a hipoteca. O acabado de referir era evidente quando se sabia que, estando em causa um negócio hipotecário, a obrigação de promover o registo impendia, em primeira linha, sobre o titulador e não sobre o credor, sujeito activo do negócio hipotecário (cfr. n.ºs 1 e 2 do art. 8º-B do Dec.-Lei 116/2008).
Do mesmo modo, o Dec.-Lei 116/2008 não devia ter imposto a obrigatoriedade do registo de cancelamento da inscrição da hipoteca quando este era lavrado com base no consentimento do credor. De facto, também aqui a obrigatoriedade se revelava desnecessária – a eficácia constitutiva do assento de cancelamento que conduzia à extinção da hipoteca era mais forte para os interessados do que qualquer coacção para forçar à feitura do registo; e podia limitar a liberdade do credor que, não obstante já ter consentido no cancelamento da inscrição da hipoteca, bem podia pretender solicitar o assento registal mais tarde.

2.1. A hipoteca e as garantias ocultas – a causa da sua fragilidade

Cabe salientar que no sistema português, tal como na generalidade dos ordenamentos jurídicos, existem garantias ocultas, não registadas, que, em alguns casos, prevalecem sobre os direitos do credor hipotecário.

O credor hipotecário pode, assim, deparar-se com direitos prioritários que nem sequer teve a possibilidade de conhecer e que surgiram após a sua hipoteca, o que obviamente retira a esta o papel de protagonista no quadro dos direitos reais de garantia.

É o que ocorre com os privilégios creditórios imobiliários especiais[40] que, embora posteriores à hipoteca, prevalecem sobre ela, bem como com o direito de retenção.

Assim, o art. 751º do Código Civil estatui: "os privilégios imobiliários preferem à consignação de rendimentos, à hipoteca ou ao direito de retenção, mesmo que estas garantias sejam anteriores"[41].

Não limitaria a liberdade do credor sempre que o documento de que constasse o seu consentimento, para que fosse efectuado o cancelamento da hipoteca, fosse assinado na presença de funcionário de serviço de Registo no momento do pedido (cfr. nº 2 do art. 56º do Código do Registo Predial).
Ao invés, já poderia ocorrer tal limitação se o referido documento contivesse a assinatura do credor reconhecida presencialmente, uma vez que, nos termos do nº 7 do art. 8º-B do Código do Registo Predial, quando o registo de cancelamento de hipoteca devesse ser requerido isoladamente, a respectiva promoção constituía obrigação do titular do direito de propriedade. O afirmado acabou por ser reconhecido pelo legislador que, no Decreto-Lei nº 125/2013 de 30 de Agosto, logo no preâmbulo veio afirmar: "reformula-se o regime da obrigatoriedade de submissão de actos a registo, tornando-o facultativo quanto a factos que não são susceptíveis de produzir efeito real antes do registo. Uma vez que, relativamente a estes factos, não existe possibilidade de conflito capaz de perturbar o comércio jurídico imobiliário, não se justifica tal obrigatoriedade, com o prazo e a cominação que lhe são inerentes.". E que, em consonância, alterou a al. a) do n.º 1do art. 8º-A, tendo passado a integrar como factos não sujeitos a registo obrigatório "iv) a constituição de hipoteca e o seu cancelamento, neste último caso se efectuado com base em documento de que conste o consentimento do credor".
[40] O privilégio creditório é o direito atribuído por lei a certos credores de serem pagos com preferência sobre os demais, em atenção à natureza dos seus créditos independentemente de registo (cfr. art. 733º do Código Civil).
[41] Saliente-se que o Tribunal Constitucional já se pronunciou no sentido de os privilégios imobiliários gerais não poderem prevalecer sobre a hipoteca, nos termos do art. 751º do Código Civil, sob pena de inconstitucionalidade. Fundamentou a sua decisão no princípio da confiança ínsito no Estado de Direito, por um lado, porque o credor, ao constituir a garantia hipotecária não pode conhecê-los ou certificar-se da sua inexistência, dado que são garantias ocultas, uma vez que não constam do Registo e o princípio da confidencialidade tributária impossibilita os sujeitos de saberem se a outra parte é ou não devedor do Estado ou da Segu-

Quanto ao direito de retenção, dispõe o artigo 759º, nº 2, do Código Civil que o crédito do retentor prevalece sobre qualquer hipoteca, ainda que registada anteriormente, e goza de oponibilidade *erga omnes*[42].

rança Social. Por outro, porque em causa está um privilégio geral, que abrange todos os bens do devedor, com os quais não está necessariamente conexionado, levando a sua subsistência, com a amplitude referida, a uma "lesão desproporcionado do comércio jurídico". (*Vide* o acórdão nº 362/2002, de 17 de Setembro de 2002 e o acórdão nº 363/2002de16 de Outubro de 2002, in *http://www.tribunalconstitucional.pt.*).

[42] O Código Civil prevê não só o direito de retenção com carácter genérico, no artigo 754º, para os casos em que o crédito do recusante sobre o titular da coisa tenha resultado de despesas feitas por causa dela ou de danos por ela causados, como também, no artigo 755º, a lei admite um direito de retenção especial, em determinadas situações tipificadas.

O grau preferência conferido ao direito de retenção fundamenta-se na natureza dos actos que dão lugar aos créditos do retentor da coisa. Se o crédito resulta normalmente de despesas com a fabricação, conservação ou melhoramento de coisa alheia, haverá que atribuir-lhe, no concurso, um lugar prioritário. Essas despesas devem ficar totalmente a cargo dos que têm direitos sobre a coisa, porque todos as aproveitam e não seria justo que se locupletassem à custa de quem as realizou. Isto vale por dizer que, se as despesas para a manutenção e a conservação da coisa não tivessem sido realizadas, a coisa poderia ter perecido e, então, nem o seu proprietário, nem o credor hipotecário, nem qualquer outro credor poderiam realizar o seu direito. É essa a razão da preferência. Além disso, os créditos que gozam de direito de retenção são em regra quantias de pequeno montante, que o devedor, titular da coisa, pode com relativa facilidade pagar.

Mas, sublinhe-se, nenhuma destas razões colhe no caso do direito de retenção do promitente--comprador, previsto na alínea *f*), do nº 1, do artigo 755º.

Tal preceito foi introduzido na sequência das alterações de 1980 e 1986 ao regime do contrato--promessa e tem sido objecto de duras e vigorosas críticas por parte da doutrina dominante. Os propósitos do Decreto-Lei nº 236/80, de 18 de Julho eram claros: pretendia-se proteger o promitente-comprador, de imóvel destinado a habitação própria permanente, contra o risco derivado da inflação galopante que se vivia na época e que induzia, muitas vezes, o promitente--vendedor a não cumprir o contrato, pois era mais vantajoso pagar o dobro do sinal e alienar o imóvel a um terceiro a preço actualizado e, portanto, com grande lucro.

O legislador visou desmotivar o promitente-vendedor da fuga ao respeito pelo pactuado, no entanto, acabou por conceder tutela privilegiado ao promitente-comprador, sempre que haja *traditio*, mesmo que o objecto do contrato não se destine a habitação própria permanente do promissário.

Ora, como se referiu, nenhuma das circunstâncias especiais que estão na base do comum das situações geradoras do direito de retenção (conexão funcional entre o crédito e a coisa e reduzido montante da quantia em dívida) aproveita aos casos de promessa de compra e venda (com entrega da coisa que seja objecto do contrato prometido). De facto, nada garante que a quantia entregue a título de sinal ao promitente-vendedor tenha sido empregue na construção ou valorização do imóvel. E, além disso, esses créditos, derivados do incumprimento da promessa, podem ascender ao valor da coisa, um montante geralmente elevado.

2.2. A segurança conferida pelo Registo Público aos credores hipotecários

A propósito das hipotecas, cumpre ainda referir que, não obstante as fragilidades referidas, os credores hipotecários, em Portugal, graças ao pleno funcionamento do Sistema Público de Registo que garante um controlo *ex ante*, estão longe de passar pela situação dos credores estadunidenses que sofreram com *Mortgage Gate* ou *Mersgate*.

A este propósito recordemos o afirmado por Fernando Méndez:

O MERS (Mortgage Electronic Registration System) permitiu a securitização acima do seu real valor e a comercialização sem a documentação imposta por lei e sem registo de "pacotes de hipotecas". Assim, verificaram-se cessões massivas de créditos hipotecários sem que o novo credor passasse a constar do registo. Do Registo constava, permanentemente, como credor o MERS.

Acresce que o MERS apenas dava conhecimento do novo credor hipotecário ao devedor se aquele o consentisse e o devedor não conseguia saber quem era o seu credor, porque, como se acabou de referir, do Registo Público continuava a constar o MERS.

Esse encobrimento facilitou a explosão de uma prática de empréstimos predatórios – *subprime*, mas não somente esses – da qual não poderiam ser responsabilizados os prestamistas, porque não poderiam ser identificados quer pelos prestatários, quer pelos investidores enganados na compra de pacotes de hipotecas sem valor.

Acresce que não se compreende o favorecimento concedido ao promitente-comprador quando é evidente que este, quando celebrou o contrato, conhecia ou não podia ignorar a existência da hipoteca.
Saliente-se que o Tribunal Constitucional já proferiu acórdão sobre a eventual inconstitucionalidade normas do artigo 755º, nº 1, alínea *f*) e do artigo 759º, nº 2, quer por violação do mínimo de segurança exigível num Estado de Direito, quer pela violação do direito de propriedade (*lato sensu*) também constitucionalmente protegido, tendo concluído que não existe qualquer inconstitucionalidade na interpretação segundo a qual o direito de retenção prevalece sobre a hipoteca, estribando-se em argumentos como a tutela dos interesses do consumidor e das expectativas de estabilização do negócio decorrentes de ter havido tradição da coisa. E isto, sem ter em consideração o facto de o contrato-promessa não ter, necessariamente, por objecto um imóvel para habitação própria permanente e de nem sempre o promitente-comprador representar um "consumidor" carecido de reforçada protecção, além de não pode invocar a existência de sólidas expectativas resultantes da tradição da coisa, uma vez que, para todos os efeitos, conhece a existência da hipoteca, pois esta supõe o respectivo registo. (*Vide* acórdão nº 356/2004, de 19 de Maio, in http://www.tribunalconstitucional.pt/).

Este procedimento facilitou o tráfico das hipotecas e desconectou os registos públicos dos reais titulares das hipotecas, uma vez que os ocultou. Acresce que, quando os reais credores quiseram executar as hipotecas foram confrontados com o facto de não constarem do registo como credores.

Ora, antes do MERS não era possível vender, com benefício, hipotecas sem valor. Antes do MERS tampouco era possível para as entidades financeiras ocultar a extensão do risco das perdas financeiras como consequência das práticas de empréstimos predatórios, bem como a revenda e securitização fraudulenta desses empréstimos que, no entanto, não eram comercializáveis. Por fim, antes do MERS, o beneficiário real de todo o *deed of trusts* sobre cada terreno nos EUA podia ser rapidamente conhecido, consultando-se simplesmente os registros públicos.

Ao invés, depois do MERS, os direitos de excussão da hipoteca foram transferidos para uma entidade tão gigantesca, que a comunicação se tornou impossível. Ela apenas estava interessada numa coisa: obter da execução hipotecária o maior proveito possível[43].

B) *A eficácia do Registo, em Portugal, no âmbito de factos frequentes em períodos de em tempos de crise ou de recessão económica (penhora e declaração de insolvência)*

3. A penhora

A penhora, em sentido amplo, pode ser definida como um conjunto de actos ordenados, complementares e funcionalmente ligados, com vista a produzir um efeito único: a vinculação dos bens à satisfação do direito creditício do exequente ou, mais rigorosamente, a vinculação dos bens ao processo, assegurando a viabilidade dos futuros actos executivos[44].

Em sentido estrito, por seu turno, a penhora traduz-se num acto de apreensão judicial de bens, que supõe a prévia identificação e individualização dos bens que hão-de ser vendidos ou adjudicados para satisfação do direito de crédito do exequente, e dela decorrem efeitos jurídicos.

---

[43] FERNANDO MÉNDEZ GONZÁLEZ, *Mortgage Gate: as incertezas sobre a exequibilidade das hipotecas geridas pelo Mortgage Electronic Registration System nos Estados Unidos*, in Registro Público de Imóveis Electrónico – Riscos e Desafios, p.30 e ss., *maxime*, p. 84 a 86.

[44] No mesmo sentido *vide* MIGUEL MESQUITA, *Apreensão de bens em processo executivo e oposição de terceiro*, Coimbra. Almedina, 1998, p. 60-61 e nota 130.

3.1. Âmbito subjectivo da penhora

De acordo com os arts. 601º, 817º e 818º do Código Civil e com o art. 735º do Código de Processo Civil, os credores têm o poder de agredir ou fazer executar o património debitório, respondendo pelas dívidas todos os bens e apenas os bens (penhoráveis) que façam parte desse património no momento da execução, ficando libertos da garantia os bens entretanto saídos do património e ficando a ela sujeitos os bens entretanto nele ingressados.

Podem, portanto, ser agredidos os bens que façam parte do património do devedor, já não os que façam parte do património de um terceiro, salvo nos casos especialmente previstos na lei substantiva, em que respondem bens de um terceiro *se a execução tiver sido movida contra ele*.

Segundo o art. 818º do Código Civil, o direito de execução só pode incidir sobre bens de terceiro quando tais bens estejam vinculados à garantia do crédito – por exemplo, no caso de ter sido prestada uma fiança[45] ou de ter sido constituída uma garantia real[46] (cfr. arts. 658º, nº 2, 667º, nº 2, e 686º, todos do Código Civil), ou quando sejam objecto de acto praticado

---

[45] Segundo o art. 745º do Código de Processo Civil:
"1 – Na execução movida contra devedor subsidiário, não podem penhorar-se os bens deste, enquanto não estiverem excutidos todos os bens do devedor principal, desde que o devedor subsidiário fundamentadamente invoque o benefício da excussão, no prazo a que se refere o nº 1do artigo 728º.
2 – Instaurada a execução apenas contra o devedor subsidiário e invocando este o benefício da excussão prévia, pode o exequente requerer, no próprio processo, execução contra o devedor principal, que será citado para integral pagamento.
3 – Se a execução tiver sido movida apenas contra o devedor principal e os bens deste se revelarem insuficientes, pode o exequente requerer, no mesmo processo, execução contra o devedor subsidiário, que será citado para pagamento do remanescente.
4 – Tendo os bens do devedor principal sido excutidos em primeiro lugar, pode o devedor subsidiário fazer sustar a execução nos seus próprios bens, indicando bens do devedor principal que hajam sido posteriormente adquiridos ou que não fossem conhecidos.
5 – Quando a responsabilidade de certos bens pela dívida exequenda depender da verificação da falta ou insuficiência de outros, pode o exequente promover logo a penhora dos bens que respondem subsidiariamente pela dívida, desde que demonstre a insuficiência manifesta dos que por ela deviam responder prioritariamente."
[46] Nos termos do art. 752º do Código de Processo Civil:
"1 – Executando-se dívida com garantia real que onere bens pertencentes ao devedor, a penhora inicia-se pelos bens sobre que incida a garantia e só pode recair noutros quando se reconheça a insuficiência deles para conseguir o fim da execução.

em prejuízo do credor que tenha sido procedentemente impugnado (cfr. art. 616º, nº 1, do Código Civil).

Salvaguardadas as hipóteses referidas, repetimos, o legislador apenas atribui ao credor o poder de agredir bens existentes no património do devedor[47].

---

2 – Quando a penhora de quinhão em património autónomo ou de direito sobre bem indiviso permita a utilização do mecanismo do nº 2 do artigo 743º e tal for conveniente para os fins da execução, a penhora começa por esse bem."

[47] No ordenamento jurídico português, tal como no brasileiro, nem todos os bens existentes no património do devedor são susceptíveis de serem penhorados. De facto, a lei portuguesa considera certos bens absolutamente impenhoráveis – por exemplo, os bens do domínio público, os túmulos, etc. – e outros como relativamente impenhoráveis – por exemplo, segundo o nº 1 do art. 737º do Código de Processo Civil, "estão isentos de penhora, salvo tratando-se de execução para pagamento de dívida com garantia real, os bens do Estado e das restantes pessoas colectivas públicas, de entidades concessionárias de obras ou serviços públicos ou de pessoas colectivas de utilidade pública, que se encontrem especialmente afectados à realização de fins de utilidade pública."

Acresce que existem, também, bens que são, apenas, parcialmente penhoráveis. Por exemplo, apenas podem ser penhorados dois terços dos vencimentos, salários ou prestações de natureza semelhante, auferidos pelo executado.

Entre os bens susceptíveis de serem penhorados, total ou parcialmente, em Portugal, rege a regra segundo a qual: *a penhora começa pelos bens cujo valor pecuniário seja de mais fácil realização* (cfr. o nº 1 do art. 751º do Código de Processo Civil).

Segundo o nº 3 do art. 735º do Código de Processo Civil, a penhora limita-se aos bens necessários ao pagamento da dívida exequenda e das despesas previsíveis da execução, as quais se presumem, para o efeito de realização da penhora e sem prejuízo de ulterior liquidação, no valor de vinte, dez e cinco por cento do valor da execução, consoante, respectivamente, este caiba na alçada do tribunal de comarca, a exceda, sem exceder o valor de quatro vezes a alçada do tribunal da relação, ou seja superior a este último valor.

E, de acordo com o n.º 1 do art. 751º do Código de Processo Civil, que prescreve a ordem de realização da penhora, *a penhora começa pelos bens cujo valor pecuniário se mostre adequado ao montante do crédito do exequente.*

Mas, de acordo com o nº 3 do mesmo preceito legal, ainda que não se adeque, por excesso, ao montante do crédito exequendo, é admissível a penhora de bens imóveis ou do estabelecimento comercial, desde que a penhora de outros bens presumivelmente:

a) não permita a satisfação integral do credor no prazo de doze ou dezoito ou seis meses, no caso de a dívida, respectivamente, não exceder, ou exceder metade do valor da alçada do tribunal de 1ª instância e o imóvel for a habitação própria permanente do executado;

b) presumivelmente não permita a satisfação integral do credor no prazo de seis meses, nos restantes casos."

3.2. Realização da penhora

A penhora de imóveis, no sentido estrito a que nos estamos a referir, enquanto acto de apreensão judicial dos bens imóveis – desde o Dec.-Lei 38/2003, de 8 de Março que procedeu à reforma da acção executiva –, realiza-se nos termos do nº 1 do art. 755º do Código de Processo Civil, após todas as diligências úteis à identificação ou localização de bens penhoráveis, através de uma declaração electrónica receptícia (comunicação) do agente de execução dirigida ao serviço de registo competente, ou com a apresentação naquele serviço de declaração por ele subscrita.

Emitida, transmitida e recepcionada a comunicação à conservatória do registo, a mesma valerá como apresentação para o efeito da inscrição no registo.

O mesmo é dizer que a referida comunicação tem um duplo valor: vale como acto de apreensão e, consequentemente, como título com base no qual pode ser lavrado o registo, e vale como pedido do registo da penhora. E, como tal, deve ser objecto de apresentação no Livro Diário, o correspondente ao Livro de Protocolo Brasileiro.

Deste modo, em Portugal, foi eliminado qualquer lapso de tempo entre a data em que ocorre a apreensão judicial do imóvel e a data em que é solicitado o registo da mesma, assim se impedindo que o executado, após a apreensão judicial dos bens, ainda os aliene ou onere em prejuízo da execução, uma vez que, sendo lavrado o registo, a sua data coincide com a da apresentação (cfr. art. 77º do Código de Registo Predial)[48].

Saliente-se, por fim, que o registo da penhora tem natureza urgente e importa a imediata feitura dos registos anteriormente requeridos sobre o bem penhorado (cfr. nº 5 do art. 755º do Código de Processo Civil).

3.3. Efeitos substantivos decorrentes da penhora de um bem imóvel e da subsequente venda em execução (arts. 819º, 822º e 824º do Código Civil)

Do ponto de vista processual, como já referimos, pela penhora são identificados e individualizados os bens que hão-de ser vendidos ou adjudicados para pagamento ao exequente e/ou aos credores reclamantes. Esses

---

[48] Por fim, refira-se que, depois de inscrita a penhora, o agente de execução "lavra o auto de penhora e procede à afixação, na porta ou noutro local visível do imóvel penhorado, de um edital, constante de modelo aprovado por portaria do membro do Governo responsável pela área da justiça." (cfr. o nº 3 do art. 755º do Código de Processo Civil).

bens ficam, por isso, adstritos aos fins da execução, devendo conservar-se e não podendo ser distraídos desse fim.

Mas esta função instrumental, meramente processual, não poderia ser cumprida se a lei não reconhecesse à penhora efeitos substantivos. Ou seja, a praticabilidade dos actos ulteriores de adjudicação, venda e pagamento ao exequente dificilmente seria conseguida se não houvesse a certeza de que este acto processual originaria efeitos materiais.

Passamos a fazer referência a dois dos referidos efeitos materiais da penhora.

A saber: a ineficácia relativa dos actos subsequentes de alienação, oneração ou de arrendamento; a aquisição, pelo exequente, do direito a ser pago com preferência em face de qualquer outro credor que não tenha garantia real anterior à custa do valor dos bens penhorados e, consequentemente, a aquisição, pelo exequente, de um direito real de garantia[49].

---

[49] Os outros efeitos materiais são os seguintes:
– A transferência para o tribunal dos poderes de gozo que o executado ou terceiros exerçam sobre os bens. Efectivamente, apesar de o executado continuar a ser o proprietário do bem – ou o titular de outro direito real de gozo –, até à venda ou adjudicação, com a penhora ele perde os poderes de facto que exercia sobre a coisa, os quais se transferem para o tribunal, sendo constituído depositário o agente de execução (cfr. art. 756º do Código de Processo Civil). No entanto, o executado pode ser fiel depositário, quando o exequente o consinta ou ocorrer alguma das seguintes circunstâncias:
a) O bem penhorado constituir a casa de habitação efectiva do executado, caso em que é este o depositário;
b) O bem estar arrendado, caso em que é depositário o arrendatário;
c) O bem ser objeto de direito de retenção, em consequência de incumprimento contratual judicialmente verificado, caso em que é depositário o retentor. (cfr. n.º 1 do art. 756º do Código de Processo Civil).
– A perda, pelo executado, do direito aos frutos produzidos pelo bem imóvel apreendido. De facto, segundo o nº 1 do art. 758º do Código de Processo Civil:
"A penhora abrange o prédio com todas as suas partes integrantes e os seus frutos, naturais ou civis, desde que não sejam expressamente excluídos e nenhum privilégio exista sobre eles".
Não obstante, segundo o art.758º, nº 2, do Código de Processo Civil, os frutos pendentes podem ser penhorados em separado, como coisas móveis, contanto que não falte mais de um mês para a época normal da colheita; se assim suceder, a penhora do prédio não os abrange, mas podem ser novamente penhorados em separado, sem prejuízo da penhora anterior.

3.3.1. A ineficácia relativa dos actos subsequentes de alienação, oneração ou de arrendamento

Os bens, uma vez aprendidos e efectuados os respectivos registos – o que ocorre em simultâneo como já referimos –, deixam, juridicamente, de poder ser alienados, onerados ou dados de arrendamento em detrimento da execução.

Dito de outra forma, os actos de alienação, oneração ou o arrendamento dos bens penhorados realizados após a data da efectivação da diligência e respectivo registo, não produzem efeitos em relação ao exequente, aos credores reclamantes e ao tribunal.

Mas, tais actos podem ser registados definitivamente, uma vez que o registo da penhora é anterior e prevalece, de acordo com o princípio da prioridade.

Por outro lado, o registo de tais factos aquisitivos não impede o registo definitivo da aquisição no processo executivo, não obstante a regra do trato sucessivo ou da continuidade, uma vez que o registo da aquisição no processo executivo é consequência da penhora anteriormente registada e segundo o art. 34º, nº 4, do Código de Registo Predial: *"No caso de existir sobre os bens registo de aquisição ou reconhecimento de direito susceptível de ser transmitido ou de mera posse, é necessária a intervenção do respectivo titular para poder ser lavrada nova inscrição definitiva, salvo se o facto for consequência de outro anteriormente inscrito"*.

E, repetimos, como é evidente, o registo de aquisição, no processo executivo, é consequência do registo da penhora anteriormente lavrado.

Depois da aquisição ocorrida no processo executivo, tais factos – de alienação, oneração ou arrendamento – caducam automaticamente[50].

3.3.2. A aquisição, pelo exequente, do direito a ser pago com preferência em face de qualquer outro credor que não tenha garantia real anterior à custa do valor dos bens penhorados e, consequentemente, a aquisição, pelo exequente, de um direito real de garantia

O credor exequente adquire "o direito de ser pago com preferência a qualquer outro credor que não tenha garantia real anterior", à custa do valor do bem previamente determinado ou individualizado (cfr. art. 822º, nº 1,

---

[50] Posteriormente, veremos o que ocorre com os respectivos registos.

do Código Civil)[51]. O que vale por dizer que o credor exequente adquire o poder de satisfazer o seu crédito à custa do valor de bem certo e determinado, com preferência em face dos demais credores, que não beneficiem de garantia real anterior. Portanto, e em resumo, na nossa perspectiva, o credor exequente adquire um direito real de garantia[52].

Com a penhora, o credor exequente deixa de ser apenas titular de um direito de crédito, torna-se titular de um direito real de garantia que visa assegurar a satisfação privilegiada do direito de crédito com base no qual intentou a acção executiva.

Este direito real de garantia apresenta, no entanto, eficácia limitada, no sentido em que a sua eficácia depende, por um lado, da não verificação de qualquer causa que possa conduzir ao levantamento da penhora e, por outro, da não ocorrência da insolvência do executado.

Por último, a preferência do exequente cessa (por motivos processuais) se, admitido o pagamento a prestações da dívida exequenda e sustada a execução, algum credor reclamante requerer o prosseguimento da execução, desde que, notificado o exequente, este prescinda da penhora (cfr. n.º 1 do art. 807.º do Código de Processo Civil).

3.4. Harmonização entre os interesses do exequente e os interesses dos demais credores do executado que beneficiem de um direito real de garantia

Quanto à harmonização entre os interesses do exequente e dos demais credores do executado que beneficiem de direitos reais de garantia sobre os bens penhorados, registados em data anterior à do registo da penhora, o direito português optou por um sistema de intervenção destes credores na execução pendente. Caracteriza-se este sistema pela possibilidade de

---

[51] Preferência que é perfeitamente compreensível, tendo em conta que o processo de execução deixou de ter, desde 1961, o carácter colectivo universal que revestia em 1939 – e o aproximava da falência ou da insolvência civil –, só admitindo a intervenção dos credores com garantias reais sobre os bens penhorados. Na verdade, a penhora obtida por um dos credores pode ser um benefício para todos os outros, evitando a dissipação dos bens, e é justo que tire desse benefício algum proveito o exequente.

[52] No mesmo sentido *vide*, entre outros, Vaz Serra, Realização coactiva da prestação (execução – regime civil), *Separata do Boletim do Ministério da Justiça*, n.º 73, Lisboa, 1958, p. 82 e ss.; Almeida Costa, *Noções de Direito Civil*, 2ª ed. pág. 260; Lebre de Freitas, *A acção executiva à luz do código revisto*, ob. cit., p. 218 e ss.; Miguel Mesquita, *Apreensão de bens em processo executivo e oposição de terceiro*, ob. cit., p. 70.

os credores com garantias reais sobre os bens penhorados – e só eles – reclamarem os seus créditos, após serem convocados (arts. 786º e 788º, ambos do Código de Processo Civil) e de serem pagos, após a verificação e graduação dos créditos, com preferência ao exequente (art. 822º do Código Civil e 873.º, nº 2, do Código de Processo Civil), que só tenha a seu favor a preferência resultante da penhora e respectivo registo.

Esta intervenção destina-se a permitir que esses credores oponham ao exequente, na própria execução instaurada por esse, as preferências ligadas às garantias reais que possuem sobre os bens penhorados (art. 604º, nº 2, do Código Civil) e que lhes permitem ser pagos, com preferência a qualquer outro credor, através do produto da venda desses bens (arts. 788º, nº 1 e 796º, nº 2, do Código de Processo Civil) ou da adjudicação destes (art. 799º, nº 2, do Código de Processo Civil)[53].

Porque assim é, os credores dotados de garantias reais sobre os bens penhorados não podem deduzir embargos de terceiro à execução.

E os referidos credores devem reclamar o seu crédito, pois de acordo com o nº 2 do art. 824º do Código Civil, se não o fizerem verão caducar os seus direitos com a venda judicial[54].

---

[53] Saliente-se que segundo o estatuído no nº 4 do art. 788º do Código de Processo Civil: "Não é admitida a reclamação do credor com privilégio creditório geral, mobiliário ou imobiliário, quando:
a) A penhora tenha incidido sobre bem só parcialmente penhorável, nos termos do artigo 738º, renda, outro rendimento periódico, veículo automóvel, ou bens móveis de valor inferior a 25 UC; ou
b) Sendo o crédito do exequente inferior a 190 UC, a penhora tenha incidido sobre moeda corrente, nacional ou estrangeira, depósito bancário em dinheiro; ou
c) Sendo o crédito do exequente inferior a 190 UC, este requeira procedentemente a consignação de rendimentos, ou a adjudicação, em dação em cumprimento, do direito de crédito no qual a penhora tenha incidido, antes de convocados os credores."
No entanto, de acordo com o nº 6 do mesmo preceito legal, "a ressalva constante do nº 4 não se aplica aos privilégios creditórios dos trabalhadores."
Acresce que nos termos do n. 3 do art. 796º do Código de Processo Civil, sem prejuízo da exclusão do nº 4 do artigo 788º do mesmo diploma legal, a quantia a receber pelo credor com privilégio creditório geral, mobiliário ou imobiliário, é reduzida até 50 % do remanescente do produto da venda, deduzidas as custas da execução e as quantias a pagar aos credores que devam ser graduados antes do exequente, na medida do necessário ao pagamento de 50% do crédito do exequente, até que este receba o valor correspondente a 250 UC, salvo se em casa estiverem privilégios creditórios dos trabalhadores.
[54] Assim, o concurso de credores visa, hoje, expurgar os bens – que hão-de ser adjudicados, vendidos ou remidos – dos direitos reais de garantia que, porventura, os oneram. Não constitui,

De facto, a caducidade dos direitos reais é um efeito automático da aquisição em processo de execução e, como tal, está documentada no título de transmissão.

Através deste nº 2 do art. 824º do Código Civil, o legislador português visou restringir o âmbito do concurso de direitos reais existente sobre os bens alienados para, assim, evitar a depreciação do valor desses bens.

Refira-se que, actualmente, não existe necessidade de despacho judicial que determine o cancelamento dos registos correspondentes aos direitos reais que caducam nos termos do nº 2 do artigo 824º do Código Civil. Efectivamente, nos termos do art. 827º do Código de Processo Civil, para o qual remete o art. 811º do mesmo diploma legal:

"1 — Mostrando-se integralmente pago o preço e satisfeitas as obrigações fiscais inerentes à transmissão, os bens são adjudicados e entregues ao proponente ou preferente, emitindo o agente de execução o título de transmissão a seu favor, no qual se identificam os bens, se certifica o pagamento do preço ou a dispensa do depósito do mesmo e se declara o cumprimento ou a isenção das obrigações fiscais, bem como a data em que os bens foram adjudicados.

2 — Seguidamente, o agente de execução comunica a venda ao serviço de registo competente, juntando o respectivo título, e este procede ao registo do facto e, oficiosamente, ao cancelamento das inscrições relativas aos direitos que tenham caducado, nos termos do nº 2 do artigo 824º do Código Civil."

Por isso, o actual nº 5 do art. 101º do Código de Registo Predial estatui que a inscrição da aquisição, em processo de execução, de bens penhorados determina o averbamento oficioso de cancelamento dos registos dos direitos reais que caducam nos termos do nº 2 do artigo 824º do Código Civil.

Saliente-se, por fim, que, de acordo com o preceituado no art. 48º-A do actual Código de Registo Predial, o registo da aquisição por venda em processo judicial é efectuado com base em comunicação electrónica do agente de execução, com indicação da identificação do proponente, remidor ou preferente e dos bens a que respeitam.

---

como no passado, na vigência do Código de Processo Civil de 1939, uma forma de cumular execuções contra o mesmo devedor.

3.5. Extinção da penhora e cancelamento do respectivo registo

Efectuada a penhora, ela irá, em princípio, subsistir até à venda ou adjudicação do bem penhorado. Extinta a execução, deixa de subsistir a penhora.

Mas a penhora pode extinguir-se por causa diferente da venda executiva ou da adjudicação de bens, quer essa causa implique a realização do fim da execução, quer não. É o que ocorre nas seguintes hipóteses:

- Paragem da execução durante seis meses por negligência do exequente (cfr. arts. 763º, nº 1, 772º e 783º, todos do Código de Processo Civil);
- Procedência da oposição à penhora (cfr. art. 785º, nº 6, do Código de Processo Civil);
- Procedência dos embargos de terceiro (cfr. art. 342º e ss. do Código de Processo Civil);
- *Etc..*

Assim, cumpre fazer uma distinção consoante a extinção da penhora decorra da venda executiva – na qual incluímos a adjudicação de bens – ou por causa diferente da venda executiva – quer essa causa implique a realização do fim da execução, quer não.

3.5.1. Extinção da penhora decorrente da venda executiva (ou adjudicação dos bens) e cancelamento do respectivo registo

Extinta a execução, deixa de subsistir a penhora. De facto, a extinção da execução não supõe qualquer sentença mas é, isso sim, um efeito automático dos factos que constituem as causas de extinção, devendo ser notificada ao executado, ao exequente e aos credores reclamantes.

Nos termos do nº 3 do art. 849º do Código de Processo Civil, a extinção da execução é comunicada, por via electrónica, ao tribunal, sendo assegurado pelo sistema informático o arquivo automático e electrónico do processo, sem necessidade de intervenção judicial ou da secretaria.

Acresce que, nos termos do nº 1 do art. 58º do Código de Registo Predial, nos casos em que a acção já não esteja pendente, caso o serviço de registo não consiga aceder à informação necessária por meios electrónicos, o cancelamento dos registos de penhora, arresto e outras providências cautelares faz-se com base na certidão passada pelo tribunal competente que comprove essa circunstância e a causa, ou ainda, nos processos de execução fiscal, a extinção ou não existência da dívida à Fazenda Pública.

Para que o registo da penhora seja cancelado, o conservador tem de estar seguro de que, tendo ocorrido venda executiva – ou adjudicação – do bem, a aquisição foi previamente registada ou, então, de que tal venda – ou adjudicação – não ocorreu. Dado que, de acordo com o nº 3 art. 58º do Código de Registo Predial, o conservador não pode proceder ao cancelamento do registo da penhora sem estar previamente registada a aquisição na execução. O que se justifica completamente, uma vez que o cancelamento prematuro do registo da penhora poderia inviabilizar o futuro registo de aquisição a favor do adquirente na execução. Por exemplo, se o executado alienar o bem penhorado após o registo da penhora, e o adquirente obtiver o registo da aquisição na pendência do registo da penhora, o cancelamento prematuro da penhora inviabilizaria, em virtude do princípio do trato sucessivo ou da continuidade das inscrições, o registo da aquisição a favor do adquirente na execução, uma vez que tornaria inaplicável a parte final do nº 4 do art. 34º do Código de Registo Predial[55].

Por fim, o cancelamento do registo de penhora é efectuado oficiosamente, nos termos do nº 5 do art. 101º do Código do Registo Predial.

3.5.2. Extinção da penhora por causa diversa da venda executiva e cancelamento do respectivo registo

Cumpre fazer uma distinção consoante a acção ainda se encontre pendente ou não.

I) *Caso a acção ainda se encontre pendente*

A penhora pode ter sido levantada pelo agente de execução, no exercício dos seus poderes, ou com base em despacho judicial. Sendo tais decisões, naturalmente, o título da extinção da penhora.

O cancelamento do registo da penhora, por seu turno, na primeira hipótese, é efectuado com base na comunicação do agente de execução ao serviço de registo competente. Na segunda, tem o proprietário ou titular do bem ou direito penhorado de requer, no prazo de dois meses a contar da data em que tiver sido titulado o facto jurídico extintivo (artigos 8º-A, nº 1, alínea *a)*, 8º-B, nº 1 e 8º-C, nº 1, do Código do Registo Predial), o cancelamento do registo com base no despacho judicial transitado em julgado.

---

[55] Cfr. o actual nº 4 do art. 34º do Código de Registo Predial

II) *Caso a execução já não se encontre pendente*

Abrem-se, também aqui, diversos cenários de extinção da penhora. Designadamente:

- No caso de procedência da oposição à execução com extinção total da execução (cfr. o nº 4 do art. 732º do Código de Processo Civil), como esta (a extinção da execução) constitui uma consequência directa e automática do trânsito em julgado da decisão que julga procedente a oposição à execução, será também tal decisão o título de extinção da penhora.
- Nos casos de pagamento voluntário (cfr. 846º, nº 1 do Código de Processo Civil) ou de desistência do exequente (cfr. 848, nº 1 do Código de Processo Civil) – desde que, no prazo previsto no artigo 850º, nº 2 do Código de Processo Civil, o credor com garantia real sobre o bem penhorado não requeira a renovação da execução, assumindo a posição de exequente – como, actualmente, não está prevista uma *sentença* que ponha termo ao processo, na nossa perspectiva, será a comunicação do solicitador da execução, a que se refere o nº 3 do artigo 849º do Código de Processo Civil, o suporte formal do *título* de extinção da penhora, uma vez que é a *constatação processual* que dá lugar à notificação ao exequente, ao executado e aos credores reclamantes, nos termos do nº 2 do mesmo artigo, bem como ao arquivamento dos autos[56].

Por seu turno, "o *título* que serve de base ao cancelamento do registo de penhora, que não tenha dado lugar a venda executiva, há-de ser o documento ou acto processual em que se fundamenta o efeito extintivo a publicitar, e os demais elementos processuais, positivos ou negativos, que compõem o conjunto de factos de que promana aquele efeito extintivo (artigos 13º e 43º do CRP), a *representar* em certidão judicial extraída dos autos de execução"[57]. Isto enquanto o serviço não puder aceder à informação por meios electrónicos, uma vez que, nos termos do nº 1 do art. 58º do Código de Registo Predial, "se a acção de execução já não estiver pen-

---

[56] Neste sentido *vide* parecer do Conselho Técnico do Instituto dos Registos e do Notariado proferido no processo nº C.P. 62/2010 SJC-CT *in* http://www.irn.mj.pt/sections/irn/doutrina/pareceres/predial/2010/p-c-p-62-2010-sjc-ct/.
[57] *Idem.*

dente, o cancelamento do registo desta penhora pode também fazer-se com base na certidão que comprove essa circunstância e a causa (artigo 58º, nº 1 do C.R.P.)[58].

Nestas hipóteses, o cancelamento do registo de penhora deve ser promovido pelo proprietário ou titular do bem ou direito (arts. 8º-A, nº 1, alínea a), 8º-B, nº 1 e 8º-C, nº 1, todos do Código de Registo Predial).

3.6. Apresentação de duas hipotecas que se encontram previstas no âmbito da acção executiva

A propósito da penhora, cumpre ainda fazer referência a duas hipotecas susceptíveis de virem a surgir no decurso do processo executivo.

A saber: a prevista no art. 807º e a prevista no art. 815º do Código de Processo Civil.

I) A hipoteca prevista no art. 807º do Código de Processo Civil

De acordo com o arts. 882º a 885º do Código de Processo Civil de 1961, na redacção que lhes foi dada pelo Dec.-Lei nº 38/2003, que esteve em vigor até 1 de Setembro de 2013, o exequente e o executado podiam acordar no pagamento em prestações da dívida exequenda, definindo um plano de pagamento. Caso o fizessem, deviam comunicar o referido acordo ao agente de execução até à transmissão do bem penhorado ou, no caso de venda mediante proposta em carta fechada, até à aceitação de proposta apresentada.

Tal acordo determinava a suspensão da execução e, na falta de convenção em contrário, o crédito exequendo permanecia garantido com a penhora já feita na execução, que se mantinha até integral pagamento[59].

---

[58] "Mas aqui a prova da extinção da penhora não se obtém já através do suporte formal ou processual do facto extintivo, antes se pode alcançar por via de um *silogismo* que integra o conhecimento do encerramento da execução (extinção da execução sem renovação) e da circunstância que a determinou, tratando-se, no fundo, de documento que não *certifica* ou *atesta* que a penhora se extinguiu mas que permite concluir isso mesmo." (*Idem*).

[59] Acresce que a sustação da execução ficava sem efeito se algum credor reclamante, cujo crédito já estivesse vencido, requeresse o prosseguimento da execução para satisfação do seu crédito.
Nesse caso, era notificado o exequente para, no prazo de 10 dias:
– Declarar se desistia da penhora;
– Requer também o prosseguimento da execução para pagamento do remanescente do seu crédito, ficando sem efeito o pagamento em prestações acordado.

O actual Código de Processo Civil, aprovado pela *Lei nº 41/2013, de 26 de Junho*, que entrou em vigor em 1 de Setembro de 2013, no art. 806º, continua a prever que o exequente e o executado podem acordar no pagamento em prestações da dívida exequenda, definindo um plano de pagamento, e que se o fizerem, devem comunicar o acordo ao agente de execução até à transmissão do bem penhorado ou, no caso de venda mediante proposta em carta fechada, até à aceitação de proposta apresentada.

No entanto, actualmente, tal comunicação determina a extinção da execução.

Por isso, para que o crédito exequendo não fique destituído de garantia, o art. 807º determina que, se o exequente declarar que não prescinde da penhora já feita na execução, aquela se converte, automaticamente, em hipoteca, beneficiando esta garantia da prioridade da penhora. E o agente de execução deve comunicar à conservatória competente a conversão da penhora em hipoteca, bem como a extinção desta após o cumprimento do acordo[60].

Em virtude do agora estatuído no Código de Processo Civil foi acrescentado ao Código do Registo Predial o art. 48º-B e alterada a al. *b)* do nº 2 do art. 101º do mesmo diploma legal.

A referida notificação era feita com a cominação de, nada dizendo o exequente, se entender que desistia da penhora efectuada.
Desistindo o exequente da penhora, o requerente assumia a sua posição.

[60] O art. 808º, por seu turno estatui:
"1 – A falta de pagamento de qualquer das prestações, nos termos acordados, importa o vencimento imediato das seguintes, podendo o exequente requerer a renovação da execução para satisfação do remanescente do seu crédito, aplicando-se o disposto nº 4 do artigo 850º. E o art. 809 prevê a renovação da instância caso algum credor reclamante, cujo crédito esteja vencido, o requeira para satisfação. Prevendo, ainda, que neste caso o exequente é notificado para, no prazo de 10 dias, vir declarar se desiste da garantia ou requerer também a renovação da instância para pagamento do remanescente do seu crédito, ficando sem efeito o pagamento em prestações acordado.
A referida notificação é feita com a cominação de, nada dizendo o exequente, se entender que desiste da penhora.
Desistindo o exequente desta garantia, "o requerente assume a posição de exequente, aplicando-se, com as necessárias adaptações, o disposto nos n.ᵒˢ 2 a 4 do artigo 850º.
2 – Na execução renovada, a penhora inicia-se pelos bens sobre os quais tenha sido constituída hipoteca ou penhor, nos termos do disposto no nº 1 do artigo 807º, só podendo recair noutros quando se reconheça a insuficiência deles para conseguir o fim da execução.
3 – Se os bens referidos no número anterior tiverem sido entretanto transmitidos, a execução renovada seguirá directamente contra o adquirente, se o exequente pretender fazer valer a garantia."

O art. 48º-B do Código do Registo Predial estatui:

"O registo de hipoteca, por conversão de penhora nos termos do nº 1 do artigo 807º do Código de Processo Civil, é feito com base em comunicação do agente de execução, a qual deve conter, sendo o caso, declaração de que não houve renovação da instância nos termos do artigo 809º do Código de Processo Civil."

Por seu turno, na al. *b)* do nº 2 do art. 101º do mesmo diploma passou a determinar-se que são feitos por averbamento às respectivas inscrições a conversão do arresto em penhora e, ainda, da penhora em hipoteca.

Em face do exposto, a questão que se coloca, imediatamente, é a de saber qual a natureza desta hipoteca: será legal ou voluntária?

Estamos perante uma hipoteca legal quando a mesma resulta imediatamente da lei, sem dependência da vontade das partes, e pode constituir-se através do registo – solicitado por quem tem legitimidade nos termos do Código Civil e do art. 36º do Código do Registo Predial – desde que exista a obrigação a que serve de segurança.

Ao invés, a hipoteca voluntária ou convencional é a que tem como título um contrato ou uma declaração unilateral e como modo o registo – solicitado por quem tem legitimidade nos termos do art. 36º do Código do Registo Predial.

Ora, na hipótese em análise, a hipoteca resulta:

- do acordo do exequente e do executado, quanto ao pagamento em prestações da dívida exequenda;
- da comunicação de tal acordo ao agente de execução, nos prazos legalmente previstos; comunicação esta que, como já referimos, determina a extinção da execução;
- da declaração do exequente de que não prescinde da penhora já feita na execução.

Mas, também:

- da disposição legal que impõe a conversão da penhora;
- do registo que é lavrado com base em comunicação do agente de execução, a qual deve conter, sendo o caso, declaração de que não houve renovação da instância.

Em face do exposto, consideramos que em causa não está uma hipoteca legal, uma vez que a mesma não resulta imediatamente da lei, sem dependência da vontade das partes.

Na verdade, entendemos que em causa está uma hipoteca voluntária, cujo registo, por imposição legal, não é solicitado pelo sujeito activo ou passivo da relação jurídica, mas sim pelo agente de execução.

Saliente-se que, na nossa perspectiva, não obsta à qualificação de hipoteca voluntária o facto de a mesma resultar da conversão da penhora, a qual é imposta por lei. Isto porque se deve afirmar que o exequente sabia, ou devia saber, que o acordo em que interveio, a comunicação efectuada ao agente de execução e a declaração de que não prescindia da penhora serviria de base à referida conversão e respectivo registo, o mesmo é dizer, ao surgimento da hipoteca com a prioridade da penhora. E se, ainda assim, optou por tal actuação, foi porque se conformou com os efeitos decorrentes da lei[61].

II) *A hipoteca prevista no art. 815º do Código de Processo Civil*

Segundo o estatuído no art. 815º, nº 2 – correspondente ao anterior art. 887º, nº 2 – não estando ainda graduados os créditos, o exequente que adquira bens pela execução apenas está obrigado a depositar a parte excedente à quantia exequenda e o credor com garantia sobre os bens que adquirir só é obrigado a depositar o excedente ao montante do crédito que tenha reclamado sobre os bens adquiridos[62].

Mas, de acordo com o nº 3 do mesmo preceito legal – correspondente ao anterior nº 2 do art. 887º – os bens imóveis adquiridos ficam hipotecados à parte do preço não depositada, consignando-se a garantia no título de transmissão e não podendo esta ser registada sem a hipoteca, salvo se o adquirente prestar caução bancária em valor correspondente.

Em face do exposto, consideramos que o legislador, neste artigo, prevê uma hipoteca legal, uma vez que a mesma resulta imediatamente da lei,

---

[61] Recordamos que, de acordo com a *Teoria dos efeitos prático-jurídicos*, os autores dos negócios jurídicos não têm de representar de forma completa os efeitos jurídicos correspondentes à sua vontade de ver produzidos efeitos práticos, uma vez que esses efeitos jurídicos completos serão determinados pela lei.

[62] Refira-se que, de acordo com o nº 1 do mesmo preceito legal, "o exequente que adquira bens pela execução é dispensado de depositar a parte do preço que não seja necessária para pagar a credores graduados antes dele e não exceda a importância que tem direito a receber e igual dispensa é concedida ao credor com garantia sobre os bens que adquirir."

sem dependência da vontade das partes. No entanto, tal hipoteca legal apresenta como especificidade o facto de poder ser substituída por caução, com base na mera vontade do exequente e, portanto, independentemente da autorização do tribunal, ao contrário do que ocorre em regra, segundo o nº 1 do art. 707º do Código Civil.

Acrescente-se, por fim que se o agente de execução, violando a lei, não consignar a garantia no título de transmissão e, por isso, for registada a aquisição, sem que o seja a hipoteca, segundo o nosso entendimento, nada impedirá o interessado de solicitar o registo da hipoteca prevista na lei e de, assim, a constituir.

3.7. A hipótese de penhora de um bem registado a favor de pessoa diversa do executado – que conduz ao registo provisório por natureza da diligência e à aplicação do art. 119º do Código de Registo Predial[63]

Em Portugal, sucede com frequência que titularidades existentes não se encontram, todavia, publicadas, como na hipótese de o actual proprietário não haver ainda inscrito o facto jurídico de que provém o seu direito, dando azo a que o registo continue a declarar como dono do bem a pessoa que lho transmitiu.

Pode inclusive acontecer que o adquirente não solicite o registo, do seu facto aquisitivo, para ocultar aos seus credores a existência de tal bem no seu património.

Se o credor obtiver conhecimento do facto aquisitivo e da ausência do correspondente registo, tendo em conta que em Portugal os direitos reais se adquirem por mero efeito do contrato (cfr. art. 408º do Código Civil), nada o impede, do ponto de vista substantivo e processual, de requerer a penhora do bem adquirido pelo seu devedor.

No entanto, em Portugal, vigora, desde há muito, no direito registal, o princípio do trato sucessivo na segunda modalidade ou o princípio da continuidade das inscrições, o qual impede, salvo excepção consagrada na

---

[63] Sobre esta hipótese vide MÓNICA JARDIM, Efeitos decorrentes do registo da penhora convertido em definitivo nos termos do artigo 119º do Código do Registo Predial, loc. cit., p. 23 e ss.; idem, Arresto, Revista de Direito imobiliário, Ano 33, nº 68, Jan.-Jun., 2010, p. 240 e ss.. Saliente-se, ainda, que o art. 119º também se aplica na hipótese de arresto ou declaração de insolvência quando em causa está um bem registado a favor de pessoa diversa do arrestado ou do insolvente.

lei, o registo definitivo da penhora em tal hipótese[64]. Por isso, nesta hipótese, a penhora é registada como provisória por natureza (cfr. a alínea *a*) do nº 2 do art. 92º do Código do Registo Predial)[65] e converte-se em definitiva se o titular registal, depois de citado, disser que o bem não lhe pertence ou nada disser (cfr. art. 119º do Código do Registo Predial), uma vez que em tais hipóteses, na nossa perspectiva, o titular registal deixa de beneficiar da presunção da titularidade do direito e o legislador ficciona que o executado é o actual titular do bem.

Analisemos, então, com mais pormenor, as vantagens produzidas por estas duas normas.

---

[64] De acordo com este princípio, o transmitente de hoje tem de ser o adquirente de ontem e o titular inscrito de hoje tem de ser o transmitente de amanhã.
Enquanto pressuposto do processo registal que impõe a sequência linear e contínua dos factos inscritos, o trato sucessivo é, de algum modo, o reflexo tabular da regra *nemo plus iuris ad alium transferre potest quam ipse habet* que domina a aquisição derivada.
Mas o princípio do trato sucessivo não se restringe à aquisição derivada, nem sequer se justifica como princípio de direito substantivo. *O trato sucessivo vai buscar, antes, as suas raízes e os seus fundamentos ao princípio da prioridade do registo e às presunções que do registo derivam para o respectivo titular.* Daí que o trato sucessivo se assuma como um dos pressupostos basilares do processo registal, determinando a sua inobservância, em regra, a provisoriedade por dúvidas do registo (arts. 68º a 70º do Cód.Reg.Pred.) e constituindo a sua violação na realização do registo definitivo, causa de nulidade deste (art. 16º, al. *e*)).
Para mais pormenores, *vide* MÓNICA JARDIM, Efeitos decorrentes do registo da penhora convertido em definitivo nos termos do artigo 119º do Código do Registo Predial, *Cadernos de Direito Privado*, nº 9, Jan.-Mar. de 2005.

[65] Em Portugal o registo pode ser lavrado como:
1 – Definitivo: quando o interessado solicita o registo e o conservador, após a qualificação, conclui que o registo pode ser realizado e produzir a eficácia que lhe é própria sem qualquer reserva.
2 – Provisório: por dúvidas ou por natureza.
Por seu turno, os registos provisórios podem sê-lo por dúvidas ou por natureza.
a) Os registos são lavrados como provisórios por dúvidas sempre que o conservador não os possa lavrar em conformidade com o pedido, por exemplo, nas seguintes hipóteses: incumprimento do princípio do trato sucessivo; falta de prova do cumprimento das obrigações fiscais; rasuras ou interlinhas nos documentos; falta de uma certidão; etc..
O registo provisório por dúvidas tem um prazo de vigência de seis meses e converte-se em definitivo, quando as referidas dúvidas são eliminadas dentro do seu prazo de vigência.
b) Os registos são lavrados como provisórios por natureza, apenas e só, nas situações do art. 92º do Código de Registo Predial. Por exemplo, é lavrado como provisório por natureza o registo de hipoteca judicial antes do trânsito em julgado da sentença de condenação;
O registo provisório por natureza converte-se em definitivo quando ocorre um outro facto que afaste a causa de provisoriedade. Assim, no exemplo dado, quando a decisão judicial transite em julgado.

Primeiro: o registo da penhora ao ser lavrado por natureza, nos termos do art. 92, nº 2, *a*), do Código do Registo Predial tem um prazo de vigência, em princípio, de 1 ano, susceptível de ser prorrogado (e não apenas de seis meses sem possibilidade de prorrogação, como o seria caso fosse lavrado como provisório por dúvidas).

Segundo: o art. 119º do Código do Registo Predial, para o qual remete o nº 5 do art. 92º do mesmo diploma legal, impõe que, no caso da penhora, o agente de execução chame ao processo executivo o titular que figura no Registo, para que este venha declarar, no prazo de 10 dias, se o imóvel ainda lhe pertence ou não.

Se o citado declarar que os bens lhe não pertencem ou não fizer qualquer declaração, o tribunal ou o agente de execução comunica o facto ao serviço de registo para conversão oficiosa do registo (cfr. o nº 3 do art. 119º) de provisório para definitivo.

Isto porque se ficciona que os bens pertencem ao devedor, ou seja, ficciona-se que o titular inscrito terá transmitido o seu direito para o agora executado e que este não requereu o registo a seu favor. Ou, por outra via, o registo da penhora converte-se em definitivo porque se toma o bem como livre de qualquer direito alheio e como se pertencesse exclusivamente ao arrestado ou ao executado.

Se o citado declarar que os bens lhe pertencem, o juiz remeterá os interessados para os meios processuais comuns – ou seja, para uma acção em que seja dirimida, entre as partes, a questão da titularidade do prédio –, expedindo-se igualmente certidão do facto, com a data da notificação da declaração, para ser anotada no registo (cfr. o nº 4 do mesmo artigo).

O registo da acção declarativa na vigência do registo provisório é anotado neste e prorroga o respectivo prazo até que seja cancelado o registo da acção. E, no caso de procedência da acção, pode o interessado pedir a conversão do registo no prazo de dez dias a contar do trânsito em julgado (cfr. o nº 6 do mesmo preceito legal).

Em resumo, sendo o titular registal citado, a sua declaração negativa ou a falta de resposta operam a conversão em definitivo do registo da penhora.

Só na hipótese de o titular do registo vir dizer que continua, de facto, a ser o dono do prédio, o credor (exequente) será remetido para uma acção declarativa em que procurará demonstrar que a realidade tabular não corresponde à extrabular para, assim, afastar a presunção derivada do registo existente. Mas, ainda aqui, com o benefício de, registando esta acção, se manter a inscrição da penhora em vigor até ao desfecho daquela.

A acção declarativa prevista no nº 5 do art. 119º do Código do Registo Predial, está inserida no processo do trato sucessivo, e visa assegurar o cumprimento da norma do nº 4 do art. 34º daquele diploma legal, nos termos da qual é necessária a intervenção do titular do registo de aquisição para poder ser lavrada nova inscrição definitiva.

Trata-se de uma acção em que o credor procura demonstrar que a penhora está *bem feita* porque, afinal, o seu devedor é *o verdadeiro* titular dos bens e não aquele que consta do registo.

Ou seja, o que o autor da acção declarativa pretende obter é *o suprimento* da intervenção do titular registal, com o reconhecimento de que, apesar de este possuir o registo de aquisição a seu favor, no entanto, a correspondente presunção de propriedade (art. 7º do Código do Registo Predial) foi elidida e, consequentemente, já nada obsta – *maxime* o disposto no nº 4 do art. 34º do Código do Registo Predial – ao registo definitivo da penhora.

O art. 119º estabelece, assim, um conjunto de mecanismos tendentes a afastar a presunção derivada do registo de que o direito existe e pertence ao titular inscrito, nos precisos termos em que o registo o define (art. 7º, Código do Registo Predial)[66].

Desta forma, concilia-se a tutela do interesse do credor perante uma desactualização do registo, com a salvaguarda dos direitos do proprietário inscrito no Registo[67].

4. Processo de Insolvência[68]

O processo de insolvência é um processo de execução universal que tem como finalidade a satisfação dos credores pela forma prevista num plano de insolvência, baseado, nomeadamente, na recuperação da empresa com-

---

[66] Neste sentido, *vide* parecer proferido pelo Conselho Técnico da Direcção Geral dos Registos e do Notariado, no Proc. Nº 11/96 – R.P. 4 e no Proc. 141/99-DSJ/CT.

67 Salientamos, no entanto, que o legislador, hoje como em 1959, não exige que se solicite ao titular registal qualquer informação sobre a pessoa a quem tenha transmitido o direito. Assim, caso o titular registal já não seja titular do direito e o declare, nada garante ao tribunal que o bem tenha passado a pertencer ao arrestado ou executado.

[68] Por todos, *vide*: Alexandre Soveral Martins, Alterações recentes ao Código da Insolvência e da Recuperação de Empresas, estudogeral.sib.uc.pt/bitstream/10316/20699/1/alteracoes_CIRE.pdf; Catarina Serra, *O Regime Português da Insolvência*, Coimbra, Almedina, 2012,5ª ed.; Maria do Rosário Epifânio, *Manual de Direito da Insolvência*, Almedina, Coimbra, 2012, 4ª ed; Menezes Leitão, *Código da Insolvência e da Recuperação de Empresas – Anotado*, Coimbra, Almedina, 2013, 7ª ed.

preendida na massa insolvente, ou, quando tal não se afigure possível, na liquidação do património do devedor insolvente e a repartição do produto obtido pelos credores, como resulta do disposto no art. 1º do Código da Insolvência e da Recuperação de Empresas (CIRE)[69].

Para o efeito, o administrador da insolvência desencadeia determinadas diligências, entre as quais figura a elaboração de um inventário dos bens e dos direitos que os onerem, bem como uma lista de credores, que integram o relatório, com vista à sua apreciação pela assembleia geral de credores, nos termos previstos nos artigos 153º e ss. do CIRE.

À alienação dos bens do insolvente presidem as regras do processo executivo, sem prejuízo de se dever observar também, no que que diz respeito às modalidades da alienação, o disposto no CIRE, sendo os bens vendidos livres dos direitos de garantia que os onerem e dos demais direitos reais, nos termos do disposto no nº 2 do artigo 824º do Código Civil.

De seguida, passamos a referir, apenas alguns dos aspectos relevantes a propósito da declaração de insolvência.

4.1. Quem pode ser declarado insolvente?

Podem ser declarados insolventes:

a) Quaisquer pessoas singulares ou colectivas;
b) A herança jacente;
c) As associações sem personalidade jurídica e as comissões especiais;
d) As sociedades civis;
e) As sociedades comerciais e as sociedades civis sob a forma comercial até à data do registo definitivo do contrato pelo qual se constituem;
f) As cooperativas, antes do registo da sua constituição;
g) O estabelecimento individual de responsabilidade limitada;
h) Quaisquer outros patrimónios autónomos[70].

---

[69] Aprovado pelo Decreto-Lei 53/04, de 18 de Março e actualizado pelos seguintes diplomas: Decreto-Lei nº 53/2004 de 18 de Março, Decreto-Lei nº 200/2004 de 18 de Agosto, Decreto-Lei nº 76-A/2006 de 29 de Março, Decreto-Lei nº 282/2007 de 7 de Agosto, Decreto-Lei nº 116/2008 de 4 de Julho, Decreto-Lei nº 185/2009 de 12 de Agosto, Lei nº 16/2012, de 20 de Abril e Lei nº 66-B/2012! de 31 de Dezembro.

[70] De acordo com o nº 2 do mesmo preceito legal:
"2 – Exceptuam-se do disposto no número anterior:
a) As pessoas colectivas públicas e as entidades públicas empresariais;

É considerado em situação de insolvência o devedor que se encontre impossibilitado de cumprir as suas obrigações vencidas (cfr. nº 1 do art. 3º do CIRE)[71].

Por seu turno, as pessoas colectivas e os patrimónios autónomos por cujas dívidas nenhuma pessoa singular responda pessoal e ilimitadamente, por forma directa ou indirecta, são também considerados insolventes quando o seu passivo seja manifestamente superior ao activo (cfr. nº 2 do art. 3º do CIRE).

Saliente-se, ainda, que se equipara à situação de insolvência actual a que seja meramente iminente, no caso de apresentação pelo devedor à insolvência (cfr. nº 4 do art. 3º do CIRE).

Por fim, refira-se que a data da declaração de insolvência corresponde à hora em que a sentença é proferida (cfr. art. 4º do CIRE).

4.2. Sentença de declaração de insolvência

De acordo com o art. 36º, n. 1 do CIRE, na sentença que declarar a insolvência, o juiz, além do mais, deve:

- Indicar a data e a hora da respectiva prolação, considerando-se que ela teve lugar ao meio dia na falta de outra indicação;
- Identificar o devedor insolvente, com indicação da sua sede ou residência;
- Nomear o administrador da insolvência, com indicação do seu domicílio profissional;
- Decretar a apreensão, para imediata entrega ao administrador da insolvência, dos elementos da contabilidade do devedor e de todos os seus bens, ainda que arrestados, penhorados ou por qualquer

---

b) As empresas de seguros, as instituições de crédito, as sociedades financeiras, as empresas de investimento que prestem serviços que impliquem a detenção de fundos ou de valores mobiliários de terceiros e os organismos de investimento colectivo, na medida em que a sujeição a processo de insolvência seja incompatível com os regimes especiais previstos para tais entidades."

[71] Sublinhe-se que a exoneração do passivo restante é uma das medidas especiais de protecção a pessoas singulares instituída pelo Código da Insolvência. A protecção em causa traduz-se no perdão da generalidade das dívidas que, caso esta medida não existisse, se manteriam até prescreverem. O que, na generalidade das situações, significaria que se manteriam durante 20 anos a contar da data de vencimento. Por isso se afirma que a exoneração do passivo restante permite um novo começo (*fresh start*).

forma apreendidos ou detidos e sem prejuízo do disposto no nº 1 do artigo 150º;
- Designar prazo, até 30 dias, para a reclamação de créditos;
- Advertir os credores de que devem comunicar prontamente ao administrador da insolvência as garantias reais de que beneficiem.

4.3. Efeitos da declaração de insolvência em relação ao devedor e a terceiros

Proferida a sentença declaratória da insolvência, procede-se à imediata apreensão dos elementos da contabilidade e de todos os bens integrantes da massa insolvente (cfr. nº 1 do art. 149. º)[72].

Além do mais, a declaração de insolvência priva imediatamente o insolvente, por si ou pelos seus administradores, dos poderes de administração e de disposição dos bens integrantes da massa insolvente, os quais passam a competir ao administrador da insolvência (cfr. n. º 1º).

Acresce que ao devedor fica interdita a cessão de rendimentos ou a alienação de bens futuros susceptíveis de penhora, qualquer que seja a sua natureza, mesmo tratando-se de rendimentos que obtenha ou de bens que adquira posteriormente ao encerramento do processo.

A declaração de insolvência determina a ineficácia dos actos realizados pelo insolvente em violação do disposto na lei, respondendo a massa insolvente pela restituição do que lhe tiver sido prestado apenas segundo as regras do enriquecimento sem causa.

No entanto, tais actos não são ineficazes se forem celebrados a título oneroso com terceiros de boa fé antes do registo da sentença da declaração de insolvência, nem forem de algum dos tipos referidos no nº 1 do artigo 121º.

Por fim, a declaração de insolvência gera a resolução incondicional dos actos referidos no nº 1 do artigo 121º, nos termos do qual:

---

[72] "Ainda que estes tenham sido:
a) Arrestados, penhorados ou por qualquer forma apreendidos ou detidos, seja em que processo for, com ressalva apenas dos que hajam sido apreendidos por virtude de infracção, quer de carácter criminal, quer de mera ordenação social;
b) Objecto de cessão aos credores, nos termos dos artigos 831º e seguintes do Código Civil."
Caso os bens já tenham sido vendidos, a apreensão tem por objecto o produto da venda, se este ainda não tiver sido pago aos credores ou repartido entre eles (nº 2 do art. 149.).

"1 – São resolúveis em benefício da massa insolvente os actos seguidamente indicados, sem dependência de quaisquer outros requisitos:

a) Partilha celebrada menos de um ano antes da data do início do processo de insolvência em que o quinhão do insolvente haja sido essencialmente preenchido com bens de fácil sonegação, cabendo aos co-interessados a generalidade dos imóveis e dos valores nominativos;
b) Actos celebrados pelo devedor a título gratuito dentro dos dois anos anteriores à data do início do processo de insolvência, incluindo o repúdio de herança ou legado, com excepção dos donativos conformes aos usos sociais;
c) Constituição pelo devedor de garantias reais relativas a obrigações preexistentes ou de outras que as substituam, nos seis meses anteriores à data de início do processo de insolvência;
e) Constituição pelo devedor de garantias reais em simultâneo com a criação das obrigações garantidas, dentro dos 60 dias anteriores à data do início do processo de insolvência;

4.4. Efeitos da declaração de insolvência sobre as acções pendentes

Declarada a insolvência, todas as acções em que se apreciem questões relativas a bens compreendidos na massa insolvente, intentadas contra o devedor, ou mesmo contra terceiros, mas cujo resultado possa influenciar o valor da massa, e todas as acções de natureza exclusivamente patrimonial intentadas pelo devedor são apensadas ao processo de insolvência, desde que a apensação seja requerida pelo administrador da insolvência, com fundamento na conveniência para os fins do processo (cfr. nº 1 do art. 85º).

Por outro lado, a declaração de insolvência determina a suspensão de quaisquer diligências executivas ou providências requeridas pelos credores da insolvência que atinjam os bens integrantes da massa insolvente e obsta à instauração ou ao prosseguimento de qualquer acção executiva intentada pelos credores da insolvência (cfr. nº 1 do art 88º)[73]. Acresce que as acções executivas suspensas se extinguem, quanto ao executado insolvente, logo que o processo de insolvência seja encerrado (cfr. nº 3 do art 88º)[74].

---

[73] Porém, se houver outros executados, a execução prossegue contra estes.
[74] Nos termos previstos nas alíneas a) e d) do nº 1 do artigo 230º, salvo para efeitos do exercício do direito de reversão legalmente previsto.

Por fim, nos termos do nº 1 do art. 89 º, não podem ser propostas execuções para pagamento de dívidas da massa insolvente, durante os três meses seguintes à data da declaração de insolvência[75].

4.5. Efeitos da declaração de insolvência sobre os créditos

Declarada a insolvência, desde logo, os credores apenas podem exercer os seus direitos durante a pendência do processo de insolvência (cfr. art. 90º).

Por um lado, de acordo com o estatuído no art. 91º:

"1 – A declaração de insolvência determina o vencimento de todas as obrigações do insolvente não subordinadas a uma condição suspensiva.

2 – Toda a obrigação ainda não exigível à data da declaração de insolvência pela qual não fossem devidos juros remuneratórios, ou pela qual fossem devidos juros inferiores à taxa de juros legal, considera-se reduzida para o montante que, se acrescido de juros calculados sobre esse mesmo montante, respectivamente, à taxa legal, ou a uma taxa igual à diferença entre a taxa legal e a taxa convencionada, pelo período de antecipação do vencimento, corresponderia ao valor da obrigação em causa.

3 – Tratando-se de obrigação fraccionada, o disposto no número anterior é aplicável a cada uma das prestações ainda não exigíveis."

Acresce que o art. 97º prescreve:

"1 – Extinguem-se, com a declaração de insolvência:
a) Os privilégios creditórios gerais que forem acessórios de créditos sobre a insolvência de que forem titulares o Estado, as autarquias locais e as instituições de segurança social constituídos mais de 12 meses antes da data do início do processo de insolvência;
b) Os privilégios creditórios especiais que forem acessórios de créditos sobre a insolvência de que forem titulares o Estado, as autarquias locais e as instituições de segurança social vencidos mais de 12 meses antes da data do início do processo de insolvência;
c) As hipotecas legais cujo registo haja sido requerido dentro dos dois meses anteriores à data do início do processo de insolvência, e que

---

[75] "As acções, incluindo as executivas, relativas às dívidas da massa insolvente correm por apenso ao processo de insolvência, com excepção das execuções por dívidas de natureza tributária." (nº 2 do mesmo preceito legal).

forem acessórias de créditos sobre a insolvência do Estado, das autarquias locais e das instituições de segurança social;
d) Se não forem independentes de registo, as garantias reais sobre imóveis ou móveis sujeitos a registo integrantes da massa insolvente, acessórias de créditos sobre a insolvência e já constituídas, mas ainda não registadas nem objecto de pedido de registo;
e) As garantias reais sobre bens integrantes da massa insolvente acessórias dos créditos havidos como subordinados.

2 – Declarada a insolvência, não é admissível o registo de hipotecas legais que garantam créditos sobre a insolvência, inclusive após o encerramento do processo, salvo se o pedido respectivo tiver sido apresentado em momento anterior ao da referida declaração, ou, tratando-se das hipotecas a que alude a alínea c) do número anterior, com uma antecedência de dois meses sobre a mesma data."

Por fim, refira-se que, de acordo com o nº 3º do art. 140º, na graduação de créditos não é atendida a preferência resultante de hipoteca judicial, nem a proveniente da penhora, mas as custas pagas pelo autor ou exequente constituem dívidas da massa insolvente.

4.6. Registo

Cumpre começar por referir que, de acordo com o nº 5 do art. 9º, "têm carácter urgente os registos de sentenças e despachos proferidos no processo de insolvência, bem como os de quaisquer actos de apreensão de bens da massa insolvente ou praticados no âmbito da administração e liquidação dessa massa ou previstos em plano de insolvência ou de pagamentos."

Nos termos do art. 38º, nº 2, do CIRE, a declaração de insolvência e a nomeação de um administrador da insolvência são registadas oficiosamente, com base na respectiva certidão, para o efeito remetida pela secretaria. Sendo tais registos efectuados:

- Na conservatória do registo civil, se o devedor for uma pessoa singular;
- Na conservatória do registo comercial, se houver quaisquer factos relativos ao devedor insolvente sujeitos a esse registo;
- Na entidade encarregada de outro registo público a que o devedor esteja eventualmente sujeito.

Acresce que, segundo o nº 3 do mesmo preceito legal, a declaração de insolvência é ainda inscrita no registo predial, relativamente aos bens que integrem a massa insolvente, com base em certidão judicial da declaração de insolvência transitada em julgado, se o serviço de registo não conseguir aceder à informação necessária por meios electrónicos, e em declaração do administrador da insolvência que identifique os bens[76].

Portanto, o registo da declaração de insolvência está sujeito a Registo Predial, desde que da massa insolvente façam parte bens sujeitos a este Registo, quer a entidade declarada insolvente esteja sujeita a registo público quer não.

Mas os efeitos variam.

Se em causa está uma entidade sujeita a registo público, o assento no registo predial tem efeito enunciativo, pois o que assume relevância, porque produz o efeito da oponibilidade da declaração de insolvência e da ineficácia dos actos que não estão elencados no nº 1 do art. 121º[77], é o assento do registo público da entidade declarada insolvente (cfr. art. 81º, nº 6, *a*)).

Ao invés, se em causa está uma entidade não sujeita a registo público, o assento no registo predial da declaração de insolvência é condição de

---

[76] Sublinhe-se que se no registo existir sobre os bens que integram a massa insolvente qualquer inscrição de aquisição ou reconhecimento do direito de propriedade ou de mera posse a favor de pessoa diversa do insolvente, deve o administrador da insolvência juntar ao processo certidão das respectivas inscrições (cfr. nº 5º do art. 38º), designadamente, porque, como já referimos, também à declaração de insolvência se aplica o processo de suprimento previsto no art. 119.º do Código do Registo Predial já anteriormente referido a propósito da penhora.

[77] Passamos a transcrever o artigo 121º.

"1 – São resolúveis em benefício da massa insolvente os actos seguidamente indicados, sem dependência de quaisquer outros requisitos:

a) Partilha celebrada menos de um ano antes da data do início do processo de insolvência em que o quinhão do insolvente haja sido essencialmente preenchido com bens de fácil sonegação, cabendo aos co-interessados a generalidade dos imóveis e dos valores nominativos;

b) Actos celebrados pelo devedor a título gratuito dentro dos dois anos anteriores à data do início do processo de insolvência, incluindo o repúdio de herança ou legado, com excepção dos donativos conformes aos usos sociais;

c) Constituição pelo devedor de garantias reais relativas a obrigações preexistentes ou de outras que as substituam, nos seis meses anteriores à data de início do processo de insolvência;

d) Fiança, subfiança, aval e mandatos de crédito, em que o insolvente haja outorgado no período referido na alínea anterior e que não respeitem a operações negociais com real interesse para ele;

e) Constituição pelo devedor de garantias reais em simultâneo com a criação das obrigações garantidas, dentro dos 60 dias anteriores à data do início do processo de insolvência;

ineficácia em relação a massa insolvente do acto (que não integre um dos previstos no n.º 1 do art. 121º) praticado pelo insolvente com um terceiro de boa fé adquirente a título oneroso após a sentença declaratória de insolvência.

Portanto, os actos celebrados após a sentença de declaração de insolvência e antes do respectivo registo predial entre o devedor não sujeito a registo público e um terceiro de boa fé e a título oneroso, desde que não se integrem no n. 1º do 121º, serão eficazes perante a massa insolvente.

Por fim, não podemos deixar de sublinhar que a inscrição de aquisição em processo insolvência, de bens apreendidos, determina que se proceda oficiosamente ao averbamento de cancelamento dos direitos de garantia que os onerem, bem como dos demais direitos reais que caduquem, ao abrigo das disposições combinadas do artigo 827º, nº 2, do Código de Processo Civil e do artigo 101º, nº 5, do Código do Registo Predial.

4.7. Processo Especial de Revitalização

O CIRE integra, ainda, um processo pré-insolvencial: o Processo Especial de Revitalização (PER).

O PER é um processo especial, criado no Código da Insolvência e da Recuperação de Empresas (cfr. arts. 17º -A a 17º -I do CIRE) que se destina a permitir a qualquer devedor que, comprovadamente, se encontre em situação económica difícil ou em situação de insolvência meramente iminente, mas que ainda seja susceptível de recuperação, estabelecer negociações com os respectivos credores de modo a concluir com estes acordo conducente à sua revitalização económica, facultando-lhe a possibilidade

---

f) Pagamento ou outros actos de extinção de obrigações cujo vencimento fosse posterior à data do início do processo de insolvência, ocorridos nos seis meses anteriores à data do início do processo de insolvência, ou depois desta mas anteriormente ao vencimento;
g) Pagamento ou outra forma de extinção de obrigações efectuados dentro dos seis meses anteriores à data do início do processo de insolvência em termos não usuais no comércio jurídico e que o credor não pudesse exigir;
h) Actos a título oneroso realizados pelo insolvente dentro do ano anterior à data do início do processo de insolvência, em que as obrigações por ele assumidas excedam manifestamente as da contraparte;
i) Reembolso de suprimentos, quando tenha lugar dentro do mesmo período referido na alínea anterior.
2 – O disposto no número anterior cede perante normas legais que excepcionalmente exijam sempre a má fé ou a verificação de outros requisitos."

de se manter activo no giro comercial, ou seja, de modo a obter um plano de recuperação sem ser declarado insolvente[78].

Pode recorrer ao PER todo o devedor que se encontre comprovadamente em situação económica difícil ou em situação de insolvência meramente iminente, independentemente de o devedor ser uma pessoa singular ou uma pessoa colectiva, ou mesmo um ente jurídico não personalizado (por ex. um património autónomo)[79].

Encontra-se em situação económica difícil o devedor que enfrentar dificuldade séria para cumprir pontualmente as suas obrigações, designadamente por ter falta de liquidez ou por não conseguir obter crédito.

Por sua vez, encontra-se em situação de insolvência meramente iminente o devedor que anteveja que não poderá continuar a cumprir pontualmente as suas obrigações.

Nos termos do art. 17º -C (Requerimento e formalidades):

"1 — O processo especial de revitalização inicia-se pela manifestação de vontade do devedor e de, pelo menos, um dos seus credores, por meio de declaração escrita, de encetarem negociações conducentes à revitalização daquele por meio da aprovação de um plano de recuperação.

2 – A declaração referida no número anterior deve ser assinada por todos os declarantes, da mesma constando a data da assinatura.

3 – Munido da declaração a que se referem os números anteriores, o devedor deve, de imediato, adoptar os seguintes procedimentos:

a) Comunicar que pretende dar início às negociações conducentes à sua recuperação ao juiz do tribunal competente para declarar a sua insolvência, devendo este nomear, de imediato, por despacho, administrador judicial provisório, aplicando-se o disposto nos artigos 32º a 34º, com as necessárias adaptações;

---

[78] Sublinhe-se que, em face do período de crise que estamos a atravessar em Portugal, surgiram, ainda, outros mecanismos com o intuito de evitar a situação mais dramática da insolvência. Foi o que ocorreu, designadamente, através do Decreto-Lei nº 227/2012, de 25 de Outubro, que criou o Plano de Acção Para o Risco de Incumprimento (PARI) e o Procedimento Extrajudicial de Regularização de Situações de Incumprimento (PERSI). Bem como, com o Decreto-Lei nº 178/2012, de 3 de Agosto que criou o Sistema de Recuperação de Empresas por Via Extrajudicial (SIREVE).

[79] Como é evidente, o devedor que já esteja impossibilitado de cumprir pontualmente as suas obrigações encontrando-se em situação de insolvência actual não pode recorrer ao PER.

b) Remeter ao tribunal cópias dos documentos elencados no nº 1 do artigo 24º, as quais ficam patentes na secretaria para consulta dos credores durante todo o processo.

4 – O despacho a que se refere a alínea *a)* do número anterior é de imediato notificado ao devedor, sendo-lhe aplicável o disposto nos artigos 37º e 38º."[80]

A nomeação, pelo juiz, do administrador judicial provisório, nos termos da alínea *a)* do nº 3 do artigo 17º -C, "obsta à instauração de quaisquer acções para cobrança de dívidas contra o devedor e, durante todo o tempo em que perdurarem as negociações, suspende, quanto ao devedor, as acções em curso com idêntica finalidade, extinguindo-se aquelas logo que seja aprovado e homologado plano de recuperação, salvo quando este preveja a sua continuação" (cfr. nº 1 do art. 17º-E).

Acresce que, verificada a referida nomeação, o devedor fica impedido de praticar actos de especial relevo sem que previamente obtenha autorização para a realização da operação pretendida por parte do administrador judicial provisório (cfr. nº 2 do art. 17º-E)[81].

Sublinhe-se, ainda, que na data de publicação, no portal Citius, do despacho de nomeação do administrador judicial provisório, os processos de insolvência em que anteriormente haja sido requerida a insolvência do

---

[80] De acordo com o nº 1 art. 17º-I o PER pode igualmente iniciar-se pela apresentação pelo devedor de acordo extrajudicial de recuperação, assinado pelo devedor e por credores que representem pelo menos a maioria de votos prevista no nº 1 do artigo 212º, acompanhado dos documentos previstos no nº 2 do artigo 17º -A e no nº 1 do artigo 24º
"2 – Recebidos os documentos mencionados no número anterior, o juiz nomeia administrador judicial provisório, aplicando-se o disposto nos artigos 32º a 34º com as necessárias adaptações, devendo a secretaria:
a) Notificar os credores que no mesmo não intervieram e que constam da lista de créditos relacionados pelo devedor da existência do acordo, ficando este patente na secretaria do tribunal para consulta;
b) Publicar no portal Citius a lista provisória de créditos." (cfr. art. 17º-I do CIRE).
[81] O art. 17º-E, além do mais, prescreve ainda:
"3 – A autorização a que se refere o número anterior deve ser requerida por escrito pelo devedor ao administrador judicial provisório e concedida pela mesma forma.
4 – Entre a comunicação do devedor ao administrador judicial provisório e a recepção da resposta ao peticionado previstas no número anterior não podem mediar mais de cinco dias, devendo, sempre que possível, recorrer-se a comunicações electrónicas.
5 – A falta de resposta do administrador judicial provisório ao pedido formulado pelo devedor corresponde a declaração de recusa de autorização para a realização do negócio pretendido."

devedor suspendem-se, desde que não tenha sido proferida sentença declaratória da insolvência, extinguindo-se logo que seja aprovado e homologado plano de recuperação (cfr. nº 6 do art. 17º-E).

Como é evidente, a homologação ou recusa do plano de recuperação compete ao juiz (cfr. nº 5 do art. 17º -F).

Saliente-se, ainda, que a referida decisão vincula os credores, mesmo que não hajam participado nas negociações e deve ser notificada, publicitada e registada pela secretaria do tribunal, nos termos dos arts. 37º e 38º do CIRE (nº 5 do art. 17º -F).

Concluído o processo negocial sem a aprovação de plano de recuperação cumpre distinguir consoante o devedor ainda não se encontre em situação de insolvência ou já se encontre em situação de insolvência.

Na primeira hipótese, ocorre o encerramento do processo especial de revitalização e dá-se a extinção de todos os seus efeitos (nº 5 do art. 17º -F).

Na segunda, o processo é encerrado e acarreta a insolvência do devedor, a qual deve ser declarada pelo juiz (cfr. nº 3 do art. 17º -G).

Por fim, cumpre recordar que o artigo 17º -H estatui:

> "1 – As garantias convencionadas entre o devedor e os seus credores durante o processo especial de revitalização, com a finalidade de proporcionar àquele os necessários meios financeiros para o desenvolvimento da sua actividade, mantêm-se mesmo que, findo o processo, venha a ser declarada, no prazo de dois anos, a insolvência do devedor.
>
> 2 – Os credores que, no decurso do processo, financiem a actividade do devedor disponibilizando-lhe capital para a sua revitalização gozam de privilégio creditório mobiliário geral, graduado antes do privilégio creditório mobiliário geral concedido aos trabalhadores."

O Sistema Registal Português e as Alterações Legislativas que, Directa ou Indirectamente, lhe Introduziram Fragilidades[1]

Sumário: 1. Nota Prévia; 2. Visão paronámica do sistema registal português. 3. Alterações legislativas que introduziram, directa ou indirectamente, fragilidades no sistema registal português: A) Da impossibilidade de controlo da real identidade das pessoas singulares intervenientes em actos sujeitos ao Registo automóvel. B) O Registo comercial por depósito. C) A atribuição de competência a diversas entidades para a prática de actos que, antes, só aos notários competiam e o movimento da "desformalização"; D) O fim da competência territorial no Registo predial. 4. Das consequências substantivas do ingresso no Registo de um facto jurídico inválido ou de um facto jurídico inexistente. 5. Conclusão.

1. Nota Prévia

Através do presente estudo começaremos por apresentar uma perspectiva panorámica do Registo português que este ano comemora os seus 151 anos e que sempre foi identificado, tal como os sistemas de registos de direitos, como um instrumento tendente a evitar pleitos e conflitos sobre questões jurídicas, bem como a usura, a corrupção e a fraude.

Mas, com este trabalho não pretendemos analisar as tradicionais virtualidades do sistema registal português para combater a fraude e a corrupção. Ao invés, de forma crítica, pretendemos apresentar algumas alterações legislativas que introduziram, directa ou indirectamente, fraquezas ou fragilidades no sistema registal e que podem facilitar actuações fraudulentas.

---

[1] Texto que serviu de base à apresentação feita no dia em 29 de outubro de 2014 em Santiago de Chile, no XIX Congresso Mundial de Direito Registral (CINDER).

Em suma, pretendemos, sobretudo, alertar para o perigo de alterações legislativas irreflectidas ou que apenas são tomadas sob o lema: make it easier. Alterações legislativas que, ao aumentarem a possibilidade de ocorrência de fraude, são extremamente perigosas, sobretudo quando afectam um Registo que, como é o caso do português – excepção feita ao Registo comercial por depósito – é suficientemente forte para consagrar a presunção de que a situação jurídica existe nos precisos termos em que consta das tábuas.

2. Visão paronámica do sistema registal português

O sistema registal português, muito resumidamente, é um sistema de *fólio real* que apresenta as seguintes características:

a) Está a cargo de serviços públicos (as conservatórias do Registo) dependentes de um serviço central (Instituto dos Registos e do Notariado, IP) integrado na orgânica do Ministério da Justiça. É, pois, um sistema público.

b) Para efeitos de organização do serviço, o território nacional está dividido por áreas estabelecidas em função de circunscrições administrativas: concelhos e freguesias.
Não obstante, deixou de vigorar a regra a competência territorial[2].

c) Nos termos da legislação em vigor, no que diz respeito à organização administrativa dos serviços de registo, existe uma indiscutível vinculação hierárquica do responsável pela feitura do registo perante o presidente do Instituto dos Registos e do Notariado. Mas, se o responsável pela realização do assento registal organicamente é funcionário da administração, substancialmente está encarregado de funções de valoração jurídica próprias de um árbitro imparcial, alheio ao assunto e não de um burocrata ao serviço da administração[3].

d) O Registo predial e comercial são, em regra, obrigatórios, de acordo, respectivamente, como art. 8º -A do Código do Registo Predial[4] e do nº 1 do art. 15º do Código do Registo Comercial[5].

[2] Cfr. alínea *b)* do artigo 27º do Dec.-Lei nº 178-A/2005, de 28 de Outubro, a propósito do Registo automóvel, o art. 33º do Dec.-Lei nº 76-A/2006, de 29 de Março, quanto ao Registo comercial e o Dec.-Lei nº 116/2008, de 4 de Julho, em matéria de Registo predial.

[3] Sublinhe-se que, até 1950, em matéria de registo automóvel, só os encargos eram objecto de um Registo jurídico, o direito de propriedade, ao invés, tinha um registo meramente administrativo, efectuado pelos serviços de viação.

[4] Passaremos a fazer referência ao Código do Registo Predial como Cód.Reg.Pred..

[5] Passaremos a fazer referência ao Código do Registo Comercial como Cód.Reg.Com..

Em matéria de Registo automóvel são obrigatórios os assentos dos factos previstos no nº 2 do art. 5º Dec. Lei 54/75, de 12 de Fevereiro.

e) Inscrevem-se, mediante extracto, os factos jurídicos quer inter vivos quer mortis causa.

f) A inscrição, tendo em conta a sua eficácia, pode ser definitiva ou provisória por natureza ou por dúvidas, excepção feita ao registo comercial por depósito que é sempre lavrado como definitivo.

g) Os actos de registo são susceptíveis de recurso hierárquico – para o presidente do Instituto dos Registos e do Notariado – e/ou contencioso – através de impugnação judicial para o tribunal da área e circunscrição a que pertence o serviço de registo[6].

h) No Registo predial, no Registo de automóveis e no comercial por transcrição vigora o princípio da prioridade[7], o princípio da instância[8], o princípio do trato sucessivo[9] e o princípio da legalidade[10], no sentido mais amplo ou mais rigoroso – como o controlo de legalidade de forma e de fundo dos documentos apresentados, tanto por si sós, como relacionando-os com os eventuais obstáculos que o Registo possa opor ao assento pretendido[11].

i) O assento de registo definitivo, excepção feita ao registo comercial por depósito, constitui presunção de que existe a situação jurídica nos precisos termos em que é definida[12].

---

[6] Cfr. art. 140º e ss. do Cód.Reg.Pred., o art. 92º e ss. do Cód.Reg.Com. e o art. 29º do R.Reg. Aut. que manda aplicar subsidiariamente as normas do Cód.Reg.Pred..

[7] Cfr. art. 12º do Cód.Reg.Com., art. 6º do Cód.Reg.Pred. e art. 29º do Regulamento do Registo de Automóveis.
Passaremos a fazer referência ao Regulamento do Registo de Automóveis como R.Reg.Aut..
Sublinhe-se que o princípio da prioridade também vigora no Registo comercial por depósito (cfr. art. 12º do Cód.Reg.Com).

[8] Cfr. art. 28º do Cód.Reg.Com., art. 41º do Cód.Reg.Pred. e art. 29º R.Reg.Aut..

[9] Cfr. art. 31º do Cód.Reg.Com., art. 34º do Cód.Reg.Pred. e art. 29º R.Reg.Aut..

[10] Cfr. art. 47º do Cód.Reg.Com., art. 68º do Cód.Reg.Pred. e art. 29º R.Reg.Aut..

[11] No Registo predial e no Registo de automóveis vigora ainda o princípio da legitimação registal. Segundo este princípio não podem ser titulados actos jurídicos de que resulte a transmissão de direitos ou a constituição de encargos sobre imóveis sem que esteja feito o registo a favor de quem transmite ou onera (cfr. art. 9º do Cód.Reg.Pred. e o artº 29º do Reg.Reg.Aut.).

[12] Cfr. art. 11º do Cód.Reg.Com, art. 7º do Cód.Reg.Pred. e art. 29º do Reg.Reg.Aut..
A redacção do 7º do Cód.Reg.Pred. é a que de seguida se transcreve:
"O registo definitivo constitui presunção de que o direito existe e pertence ao titular inscrito, nos precisos termos em que o registo o define."

j) Domina a regra de que os factos sujeitos a registo e não registados são inoponíveis perante terceiro[13]. Por isso, quanto aos factos sujeitos a registo, afirma-se que o assento registal assume, geralmente, uma função declarativa ou consolidativa.[14]
Sublinhe-se, no entanto, que o registo da hipoteca assume o papel de *modo*, sendo, portanto, constitutivo (art. 687º do Código Civil)[15]. A mesma função tem o registo dos actos constitutivos das sociedades e respectivas alterações (cfr. nº 2 do art. 13º do Cód.Reg.Com.).

l) O Registo pode produzir um efeito atributivo[16] a favor do titular registal, em duas hipóteses distintas: I) Quando duas pessoas adquirem do mesmo autor ou causante direitos total ou parcialmente con-

---

Por força destas presunções, o titular registal, por um lado, não carece de alegar e provar factos demonstrativos da existência, validade e eficácia do direito registado, nem factos pertinentes à qualificação, conteúdo e amplitude do referido direito. E, por outro, não necessita de alegar e provar que tal direito lhe pertence.

[13] Cfr. art. 14º do Cód.Reg.Com., art. 5º do Cód.Reg.Pred. e art. 29º R.Reg.Aut..

[14] O assento registal assume, em geral, uma função consolidativa, porque visa consolidar a oponibilidade *erga omnes* perante certos e determinados terceiros.
Assim, se A vendeu um prédio a B que não obteve o registo da aquisição, a posição jurídica de B é precária, não obstante ter adquirido por mero efeito o contrato o direito real. Isto porque, se A vender, de seguida, o prédio a C e obtiver o registo a seu favor, a posição deste prevalece, embora tenha adquirido *a non domino*. O risco corrido por B é afastado se registar a sua aquisição antes de C; por isso, em relação a B, diz-se que o registo consolida a eficácia *erga omnes* do seu direito perante terceiros para efeitos o registo.
Em resumo, o registo é declarativo ou consolidativo porque, quando se junta a uma aquisição já ocorrida no plano substancial, tem por função assegurar no tempo os efeitos do acto, impedindo o funcionamento da condição legal resolutiva constituída pelo registo de uma aquisição a favor de um sucessivo adquirente do mesmo autor comum, que não padeça de outra causa de invalidade para além da ilegitimidade do *tradens* decorrente da anterior disposição válida.

[15] A partir do momento em que se aceite que a hipoteca é um direito real de garantia, tem de se reconhecer que esta atribui ao seu titular a soberania ou o poder característico de qualquer direito real deste tipo, ou seja, *o poder de execução privilegiada de coisa certa e determinada* e não, apenas, *o direito de se pagar pelo preço da coisa certa e determinada*. Consequentemente, há-de negar-se a existência de uma hipoteca desprovida de preferência. E, obviamente, sendo a preferência da hipoteca determinada pela data da respectiva inscrição registal e não pela data ou pela qualidade do título, não haverá como negar que o registo desempenha uma função constitutiva, uma vez que dele depende a oponibilidade *erga omnes* da hipoteca, ou seja, a sua existência enquanto direito real.

[16] O registo é "atributivo" quando sem ele o direito não seria adquirido, em virtude do princípio *nemo plus iuris ad alium transferre potest quam ipse habet*, uma vez que o título padece de uma invalidade (própria ou consequencial) e, por tal facto, poderia ser declarado nulo ou anulado, consoante o vício em concreto.

flituantes, e é o segundo adquirente, o *a non domino*, quem primeiro obtém o registo a seu favor – cfr. art. 5º o Código do Registo Predial através do qual o legislador garante aos terceiros a integralidade ou plenitude do registo[17]; II) Quando uma pessoa, integrando-se numa e mesma cadeia de transmissões, poderia ver a sua posição afectada por uma ou várias causas de invalidade (nulidade o anulabilidade) anteriores ao acto em que foi interveniente, mas tal não ocorre porque, além do mais, obteve o registo e beneficia da tutela do art. 291º do Código Civil[18].

m) Não vigora o princípio da fé pública registal em sentido rigoroso[19]. Mas, como melhor se explicitará, através dos artigos 291º e 732º do

---

[17] Sublinhe-se que a protecção concedida pelo art. 5º ao terceiro não depende do facto de este haver adquirido de quem aparecia, nos livros, como titular registal. Portanto, o referido preceito legal não é expressão da fé pública em sentido negativo. (*Vide* nota 18 a propósito do princípio da fé fé pública registal).

[18] Saliente-se que, apesar de o legislador nacional sujeitar a registo a acção de nulidade e de anulabilidade e de conceder tutela ao terceiro de boa fé, o art. 291º não se traduz numa manifestação do princípio da fé pública registal típica dos sistemas registais de protecção forte. (A este propósito *vide* o afirmado no texto no ponto 4).

[19] A fé pública registal, como se sabe, é o princípio segundo o qual, a favor de terceiros de boa fé e titulares registais, o conteúdo dos livros do Registo é íntegro e exacto, ainda que seus assentos não correspondam à realidade jurídica extra-registal.

O princípio de fé pública registal impede, em relação aos terceiros de boa fé e titulares registais, a prova do facto contrário ao constante do Registo, garante-lhes a existência, a extensão e a titularidade dos direitos reais registados e, portanto, assegura-lhes a manutenção da sua aquisição.

Tal não implica que o negócio real em que interveio o seu *dante causa* não possa ser declarado inexistente, nulo, ser anulado ou desprovido de eficácia, pois a inscrição, apesar de, nestes sistemas, gerar a presunção de que o Registo é exacto e íntegro a favor do titular registal, não "sana" os vícios ou limitações dos actos ou negócios inscritos. Significa, no entanto, que a referida inexistência, nulidade, anulação, *etc.* não será dotada de eficácia retroactiva real plena e que, consequentemente, não prejudicará o terceiro que adquiriu, cumprindo os requisitos estabelecidos na lei, permanecendo este, portanto, como titular do direito.

Por outro lado, tal também não impede que o registo, lavrado a favor do *dante causa*, que padeça de vícios intrinsecamente ou exclusivamente registais, possa ser declarado nulo ou rectificado, mas implica que a declaração de nulidade ou rectificação de tal registo, intrinsecamente viciado, não afecte a posição jurídica do terceiro para quem *a inscrição vale título*.

Portanto, a fé pública do Registo produz um duplo efeito:

1º – As inscrições consideram-se completas ou íntegras: o terceiro não pode ser prejudicado por factos jurídicos que o Registo não publique no momento de sua aquisição, isto é, os factos jurídicos não publicitados antes da inscrição feita a favor do terceiro são havidos, face a si, como inexistentes.

Código Civil, o ordenamento jurídico português, concede a terceiros titulares registais, uma tutela mais ampla do que aquela que é típica de um sistema de registo de documentos.

n) Nada obsta a que a usucapião subsista autonomamente perante o Registo, operando livremente e inclusive sobrepondo-lhe, na maioria das situações, os seus próprios efeitos. Na verdade, no ordenamento jurídico nacional, por um lado, o registo lavrado a favor do possuidor não se apresenta como um pressuposto para que ocorra a usucapião – conduzindo apenas à redução do prazo para usucapir e, por outro, a existência de um registo a favor de outrem não consubstancia um obstáculo à aquisição por usucapião.

Em resumo, o ordenamento jurídico português, além de reconhecer a usucapião extratabular, admite a usucapião contratabular.

3. Alterações legislativas que introduziram, directa ou indirectamente, fragilidades no sistema registal português:

A) *Da impossibilidade de controlo da real identidade das pessoas singulares intervenientes em actos sujeitos ao Registo automóvel*

Em matéria de Registo Automóvel, o art. 11º, na versão inicial do Regulamento do Registo dos automóveis (Decreto-Lei nº 55/75, de 12 de Fevereiro), estatuía que os requerimentos para actos de registo deviam conter, além do mais, a assinatura do requerente reconhecida por notário e que os requerimentos para registo de propriedade fundados em contrato verbal de compra e venda deviam conter, também, a declaração de venda, assinada pelo vendedor, com reconhecimento notarial.

Mas, o Decreto-Lei nº 250/96, de 24 de Dezembro, aboliu os reconhecimentos notariais, por semelhança e sem menções especiais relativas aos signatários, de letra e de assinatura, ou só de assinatura.

Portanto, só subsistiram os reconhecimentos simples presenciais de assinatura ou de letra e assinatura e os reconhecimentos com menções especiais[20].

2º – As inscrições consideram-se exactas: o terceiro adquire o direito com a extensão e conteúdo com que o mesmo aparece publicitado, sendo mantido na sua aquisição mesmo que o seu *dante causa*, afinal, nunca tenha sido titular do direito ou, tendo-o sido, depois tenha visto o seu facto aquisitivo destruído com eficácia retroactiva real.

[20] Por isso, foi alterado o art. 153º do Código do Notariado, passando este a determinar: *i)* os reconhecimentos notariais podem ser simples ou com menções especiais; *ii)* os reconhecimen-

Acresce que o art. 31º, nº 2, do Decreto-Lei 135/99, de 22 de Abril, republicado pelo Decreto-Lei 73/2014, de 13 Maio, passou a estatuir que a exigência em disposição legal de reconhecimento por semelhança ou sem determinação de espécie se considerava substituída pela indicação, feita pelo signatário, do número, data e entidade emitente do respectivo bilhete de identidade ou documento equivalente, emitido pela autoridade competente de um dos países da União Europeia, ou do passaporte.

Assim, os requerimentos para actos de registo automóvel passaram a conter, além do mais, a simples assinatura do requerente e os requerimentos para registo de propriedade fundados em contrato verbal de compra e venda a assinatura do requerente e a declaração de venda com a mera assinatura do vendedor. E, ambas as assinaturas, não tendo de ser reconhecidas, apenas devem ser acompanhadas da indicação, feita pelo próprio signatário (suposta ou aparentemente), do número, data e entidade emitente do respectivo bilhete de identidade – ou documento equivalente – ou do passaporte.

Por isso, com enorme facilidade, no Registo automóvel, pode ocorrer, por exemplo, uma das seguintes situações: a pessoa que consta como alienante já faleceu e a sua suposta assinatura foi feita por um dos seus herdeiros, assim se afastando o automóvel da massa da herança e da partilha; o verdadeiro proprietário que consta como alienante não teve qualquer intervenção ou sequer conhecimento da declaração de venda.

De facto, para que uma destas situações ocorra "basta" falsificar a assinatura, sendo suficiente estar de posse do número do documento de identificação da pessoa cuja assinatura é falsificada ou de uma cópia do mesmo e dos documentos relativos à viatura[21] E tal, como é evidente, pode ocorrer pelas mais diversas razões, designadamente, porque os documentos

tos simples são sempre presenciais e dizem respeito à letra e assinatura, ou só à assinatura, do signatário de documento; os reconhecimentos com menções especiais são os que incluem, por exigência da lei ou a pedido dos interessados, a menção de qualquer circunstância especial que se refira a estes, aos signatários ou aos rogantes e que seja conhecida do notário ou por ele verificada em face de documentos exibidos e referenciados no termo, podendo ser presenciais ou por semelhança; designam-se por semelhança os reconhecimentos com a menção especial relativa à qualidade de representante do signatário feito por simples confronto da assinatura deste com a assinatura aposta no bilhete de identidade ou em documento equivalente (emitido pela autoridade competente de um dos países da União Europeia) ou no passaporte ou com a respectiva reprodução constante de pública-forma extraída por fotocópia.

[21] Rigorosamente, não são necessários os documentos da viatura, uma vez que o adquirente, só por si, pode invocar o extravio de tais documentos e solicitar uma segunda via.

pertencem ou pertenceram a familiar próximo, foram perdidos, furtados, objecto de uma simples cópia, *etc.*.

Perante esta realidade, parece-nos que dúvidas não podem existir sobre a necessidade de o legislador, o mais rapidamente possível, passar a exigir o reconhecimento presencial das assinaturas.

É certo, como veremos adiante, que é em matéria de reconhecimentos que têm ocorrido mais falsificações, mas tal problema, em princípio, tenderá a reduzir, uma vez que o legislador, em 2013, impôs o depósito electrónico sistemático dos documentos, através do art. 43.º-B do Código do Registo Predial e tal preceito legal é aplicável ao Registo automóvel.

Dissemos que a actuação fraudulenta tenderá a reduzir porque, por um lado, o depósito electrónico sistemático dos documentos revela os sujeitos que sucessivamente efectuam os depósitos, e, por outro, permite a consulta dos documentos depositados.

Saliente-se, no entanto, que ainda falta a densificação em Portaria e que, na nossa perspectiva, tal Portaria deveria ter em conta a especificidade do Registo automóvel.

B) *Registo comercial por depósito*

Antes do Decreto-Lei nº 76-A/2006 todo o Registo comercial assentava num conjunto de princípios decalcados, com as necessárias adaptações, do Registo predial. Assim, em todo o Registo comercial vigorava, designadamente, o princípio da legalidade em sentido rigoroso e o princípio do trato sucessivo.

Com a entrada em vigor do referido diploma legal passaram a existir, em Portugal duas modalidades de Registo comercial: o Registo por transcrição (art. 47º do Cód.Reg.Com.) e o Registo por depósito (53º - A, nº 5 do Cód.Reg.Com.).

O Registo por transcrição, assim designado pelo legislador mas que, na verdade, é um registo por inscrição[22], corresponde ao Registo tradicional, cujas principais características já foram por nós resumidamente apresentadas no ponto 2 deste estudo.

---

[22] O assento registal não consiste em qualquer transcrição, mas na extractação dos elementos que definem a situação jurídica das entidades sujeitas a registo constantes dos documentos apresentados. Ou seja, a inscrição consiste num simples e resumido extracto do que os títulos contêm e não numa transcrição*ipsis verbis* do seu conteúdo.

Por seu turno, o Registo por depósito consiste, em regra, no mero arquivamento dos documentos que titulam os factos sujeitos a Registo, por depósito na pasta que em nome da sociedade está aberta na Conservatória, e na menção ou referência aposta na ficha da entidade dando conta de que aquele depósito ocorreu (nº 3 do artigo 53º -A do Cód.Reg.Com.)[23].

Consistindo esta nova modalidade de Registo no mero arquivamento de documentos, como é evidente não rege o princípio da legalidade como controlo de legalidade de forma e de fundo dos documentos apresentados, tanto por si sós, como relacionando-os com os eventuais obstáculos que o Registo possa opor ao assento pretendido.

De facto, o legislador afastou deliberadamente do Registo por depósito não só a apreciação da validade intrínseca dos documentos mas, também, a verificação das formalidades externas do documento e a verificação de compatibilidade com os registos anteriores. É por tal razão que o único instrumento de impedimento do acesso ao registo que se encontra ao dispor da Conservatória é o da rejeição do pedido – que apenas pode ocorrer nos casos expressamente previstos na lei. Pelo mesmo motivo, a menção ou referência aposta na ficha da entidade, dando conta de que o depósito ocorreu, contém elementos recolhidos do pedido de registo e não do documento – que nem sequer pode ser verificado pelo Conservador.

Rejeitado o princípio da legalidade, não se encontrou justificação para manter o trato sucessivo.

No entanto, estabeleceu-se um dever das sociedades acautelarem a sucessão de registos (abstendo-se estas de promover o registo de actos modificativos da titularidade de quotas e de direitos sobre elas se neles não

---

[23] Estão sujeitos a Registo por depósito, por exemplo: a deliberação da assembleia geral, nos casos em que a lei a exige, para aquisição de bens pela sociedade; a unificação, divisão e transmissão de quotas de sociedades por quotas, bem como de partes sociais de sócios comanditários de sociedades em comandita simples; a promessa de alienação ou de oneração de partes de capital de sociedades em nome colectivo e de sociedades em comandita simples e de quotas de sociedades por quotas; a transmissão de partes sociais de sociedades em nome colectivo, de partes sociais de sócios comanditados de sociedades em comandita simples, a constituição de direitos reais de gozo ou de garantia sobre elas e a sua transmissão, modificação e extinção; a constituição e a transmissão de usufruto, o penhor, arresto, arrolamento e penhora de quotas ou direitos sobre elas e ainda quaisquer outros actos ou providências que afectem a sua livre disposição; a exoneração e exclusão de sócios de sociedades em nome colectivo e de sociedades em comandita, bem como a extinção de parte social por falecimento do sócio e a admissão de novos sócios de responsabilidade ilimitada; a amortização de quotas e a exclusão e exoneração de sócios de sociedades por quotas.

tiver intervenção o titular registal), contudo, tratando-se de um controlo de sucessão de registos feito pela sociedade é, obviamente, alheio à actividade interna da Conservatória e, consequentemente, o seu cumprimento ou incumprimento não é sindicado pelos serviços de registo.

Afastados os princípios da legalidade e do trato sucessivo, de seguida, não se previu qualquer hipótese de nulidade do registo por depósito.

Quanto aos princípios que regem este "Registo", o legislador apenas manteve o da instância e o da prioridade.

Já quanto aos efeitos, subsistiu o efeito consolidativo e o efeito atributivo, tendo sido eliminada, logicamente, a presunção (cfr. art. 11º do Cód. Reg.Com.)[24].

Em face de todo o exposto, em resumo, podemos, afirmar que o Registo por depósito consiste no mero arquivamento de quaisquer documentos, sejam autênticos ou falsos, válidos ou nulos, contenham, ou não, um acto ocorrido. E que, portanto, de Registo só tem o nome.

Acrescente-se por último, que, como era expectável, já foram praticadas as mais diversas ilegalidades.

Limitamo-nos, de seguida, a referir algumas situações efectivamente já ocorridas: o falido recomprou a quota; o marido, casado em comunhão geral, cedeu a quota à mulher; o ascendente, sem autorização do tribunal, cedeu a quota do menor; ocorreu a cessão de quota de sócio já falecido; um sócio de uma sociedade unipessoal por quotas, sem qualquer alteração estatutária, dividiu a sua quota única em duas e cedeu uma dessas a outra pessoa.

C) *A atribuição de competência, a diversas entidades, para a prática de actos que, antes, só aos notários competiam e o movimento de "desformalização"*

O executivo português, através de diversos diplomas legais, atribuiu competência para a prática de actos tipicamente notariais aos operadores do serviço público de correios, às Juntas de Freguesia, às câmaras de comércio e indústria, aos advogados e aos solicitadores, *etc.*.

---

[24] Como, se sabe, mesmo os sistemas registais que consagram o princípio da legalidade enquanto mero controlo formal dos títulos não consagram a referida presunção, pois não impondo o controlo de fundo dos títulos apresentados a registo não podem, mesmo por via da presunção, atestar a existência do direito na esfera jurídica do titular aparente.

Apenas nos sistemas registais em que os assentos só são realizados depois do cumprimento do princípio da legalidade em sentido amplo se encontra justificada a particular força probatória que aos mesmos (aos assentos) é reconhecida atavés da presunção.

De seguida, apresentaremos apenas alguns dos diplomas que reconheceram competência às referidas entidades para a prática de actos que, antes, só aos notários competiam.

- O Decreto-Lei nº 28/2000, de 13 de Março, atribuiu, aos operadores do serviço público de correios, às Juntas de Freguesia, aos solicitadores e aos advogados competência para a extracção de fotocópias dos originais que lhes fossem presentes para certificação, bem como para certificar da conformidade das fotocópias com os documentos originais.
- O Decreto-Lei nº 237/2001, de 30 de Agosto, além do mais, veio permitir que pudessem ser feitos reconhecimentos de assinaturas com menções especiais, por semelhança e traduções (ou certificações de traduções) de documentos, pelas câmaras de comércio e indústria, advogados e solicitadores, com a mesma força probatória que teriam se fossem feitos por notários.
- O Decreto-Lei nº 76-A/2006, através do art. 38º, ampliou a competência, anteriormente concedida pelo Decreto-Lei nº 237/2001, passando a permitir que as câmaras de comércio e indústria, os advogados e os solicitadores efectuassem reconhecimentos simples, presenciais e por semelhança, elaborassem termos de autenticação de documentos particulares e certificassem (ou fizessem certificar) traduções de documentos, nos termos da lei notarial, com a mesma força probatória que teriam se fossem realizados por um notário.
- Por fim, através dos n.ºs 6 e 7 do art. 38º do Decreto-Lei nº 76-A/2006 – aditados pelo art. 19º do Decreto-Lei nº 8/2007, de 17 Janeiro – foi reconhecida às entidades em causa, assim como aos notários, a possibilidade de certificar a conformidade dos documentos electrónicos com os originais, em suporte de papel, bem como a de proceder à digitalização dos originais que lhes sejam apresentados para certificação.

Acresce que o executivo, considerando que os cidadãos e as empresas não podiam ser onerados com imposições burocráticas que nada acrescentavam à qualidade do serviço, através do Decreto-Lei nº 76-A/2006, de 29 de Março, eliminou a obrigatoriedade de escritura pública num vasto leque de actos relativos a sociedades comerciais e, posteriormente, com o Decreto-Lei nº 116/2008, concluiu a "desformalização"[25] no âmbito do Direito Comercial abolindo a exigência de escritura pública em todos os actos societários, mesmo nas constituições ou aumentos de capital com entrada de imóveis.

Por fim, também através do Decreto-Lei nº 116/2008, foram alterados vários preceitos do Código Civil, no sentido de dispensar a escritura pública e passar a permitir a formalização da generalidade dos negócios jurídicos que têm por objecto bens imóveis por mero documento particular autenticado[26].

---

[25] O executivo até agora utilizou a palavra "desformalizar" sempre que tornou facultativo o recurso ao notário para a prática de determinado acto que até então tinha assegurada a sua intervenção por imposição legal.
No entanto, como é evidente, a vontade juridicamente relevante, para produzir efeitos, tem que revestir uma qualquer forma: nem que seja a verbal. E, no caso concreto, quando é utilizada a expressão "desformalizar" ou "desformalização", em regra, pretende-se afirmar que um determinado acto, anteriormente reduzido a escritura pública, pode, agora, constar de documento particular autenticado.

[26] Por isso, a partir de 1 de Janeiro de 2009, passou a poder ser celebrado por documento particular autenticado, a título de exemplo: a aquisição, a modificação, a divisão ou a extinção dos direitos de propriedade, de usufruto, de uso e habitação, de superfície ou de servidão sobre coisas imóveis; a cessão de créditos hipotecários, quando a hipoteca recaia sobre imóveis; os actos de constituição, alteração e distrate de consignação de rendimentos e de fixação ou alteração de prestações mensais de alimentos, quando onerem coisas imóveis; os actos de constituição e de modificação de hipotecas, a cessão destas ou do grau de prioridade do seu registo e a cessão ou penhor de créditos hipotecários; as divisões de coisa comum e as partilhas de patrimónios hereditários, societários ou outros patrimónios comuns de que façam parte coisas imóveis; a doação de imóveis; os actos de constituição e liquidação de sociedades civis, se esta for a forma exigida para a transmissão dos bens com que os sócios entram para a sociedade; a constituição ou modificação da propriedade horizontal; a constituição ou modificação do direito real de habitação periódica; todos os demais actos que importem reconhecimento, constituição, aquisição, modificação, divisão ou extinção dos direitos de propriedade, de usufruto, de uso e habitação, de superfície ou de servidão sobre imóveis, para os quais a lei não preveja forma especial; os actos de alienação de herança ou de quinhão hereditário, quando existam bens cuja alienação anteriormente devesse obedecer à forma de escritura pública.
Saliente-se que, também, o art. 80º do Código do Notariado foi alterado, sendo revogado o princípio, que era basilar do ordenamento jurídico português, segundo o qual estavam sujeitos à forma de escritura pública os actos que importassem reconhecimento, constituição, aquisição, modificação, divisão ou extinção dos direitos de propriedade, usufruto, uso e habitação, superfície ou servidão sobre coisas imóveis, passando exigir-se apenas que tais actos fossem formalizados por documento particular autenticado.

Ora, como já referimos tem competência para autenticar documentos particulares, além do notário, as câmaras de comércio e indústria, os advogados e os solicitadores.

Portanto, estes agentes, com Decreto-Lei nº 116/2008, passaram a poder dar forma à generalidade dos actos sujeitos a Registo predial. E isto, em pé de igualdade, no que respeita à sua validade, com a escritura pública.

Todavia, compete salientar que, nos termos da lei, é condição da validade do termo de reconhecimento e do termo de autenticação que o mesmo, bem como os documentos que instruírem um termo de autenticação de documento que titule acto sujeito a registo predial, seja depositado pelo respectivo titulador numa plataforma electrónica[27/28]. E, para que esse depósito electrónico seja válido, tem de ser efectuado na data do termo[29/30].

Portanto, quando o dito depósito for efectuado fora do prazo mencionado, ou com inobservância dos demais requisitos legais, será inválido e essa invalidade irá afectar a validade do reconhecimento ou da autenticação.

---

[27] Quanto ao registo informático dos actos praticados pelas câmaras de comércio e indústria, advogados e solicitadores, *vide* o art. 38º do Decreto-Lei nº 76-A/2006, de 29 de Março, nos termos do qual "o desenvolvimento e gestão do sistema informático incumbe às entidades com competência para a prática dos respectivos actos, mas no caso dos advogados, é competente a Ordem dos Advogados e no caso dos solicitadores, é competente a Câmara dos Solicitadores" (cfr. art. 2º da Portaria nº 657-B/2006, de 29/6).
Por se turno, no que diz respeito ao depósito electrónico de documentos particulares autenticados de actos sujeitos ao Registo predial *vide* art. 2º da Portaria nº 1535/2008, de 30/12, segundo o qual deve ser feito através do sítio na Internet com o endereço www.predialonline. mj.pt, mantido pelo Instituto dos Registos e do Notariado, I. P..

[28] Quanto ao registo informático dos actos praticados pelas câmaras de comércio e indústria, advogados e solicitadores, ao abrigo do artigo 38º do Decreto-Lei nº 76-A/2006, de 29 de Março, *vide* o art. 1º da Portaria nº 657-B/2006, de 29/6.
Já a propósito do depósito de documentos particulares autenticados que titulem actos sujeitos a Registo predial e dos documentos que os instruam cfr. art. 24º, nº 2, Dec.-Lei nº 116/2008, art. 4º, n.ºs 1 e 3, art. 5º, nº 2 e art. 6º, todos da Portaria nº 1535/2008, de 30/12.

[29] Cfr. nº 1 do art. 4º da Portaria nº 657-B/2006, de 29/6 e o art. 7º, nº 1, da Portaria nº 1535/2008, de 30/12.

[30] Admitindo-se, no entanto, porém, que tal aconteça nas quarenta e oito horas seguidas quando em virtude de dificuldades de carácter técnico respeitantes ao funcionamento da plataforma electrónica não for possível realizar o depósito (cfr. nº 2 do art. 4º da Portaria nº 657-B/2006, de 29/6 e o art. 7º, nº 2, da Portaria nº 1535/2008, de 30/12).

A propósito do depósito de documentos particulares autenticados que titulem actos sujeitos a registo predial e dos documentos que os instruam, sublinhe-se, ainda, que o documento depositado electronicamente tem a força probatória do original em suporte de papel e que, nos termos do no nº 5 do art. 24º do Decreto-Lei nº 116/2008, "a consulta electrónica dos documentos depositados electronicamente substitui para todos os efeitos a apresentação perante qualquer entidade pública ou privada do documento em suporte de papel." [31]

Exposta a evolução legislativa, não podemos deixar de dar conta que o legislador não conseguiu impedir que acedessem ao registo títulos falsos, sobretudo quando estão em causa termos de reconhecimento de assinaturas, os quais conduzem ao desfasamento entre a realidade registal e extra-registal.

Segundo a comunicação social até aumentou o número de títulos falsos que tem acedido ao registo. Ainda de acordo com a comunicação social, o cancelamento de hipotecas com base em títulos falsos, seguido da transmissão do direito de propriedade livre e desonerado, sem que previamente o credor visse satisfeito o seu crédito, já deu origem a diversas queixas por parte dos maiores bancos da praça portuguesa.

A fraude pode consistir num esquema muito simples, como aquele que, por mero exemplo, de seguida se apresenta.

Numa primeira fase, o proprietário de um imóvel recorre a uma rede de falsificação de documentos para obter um falso documento do banco a consentir no cancelamento da hipoteca no Registo predial. Para o documento de cancelamento ser aparentemente válido, basta que a assinatura do procurador do banco seja falsificada e que seja aposto um *pseudo* termo de reconhecimento. Por isso, a rede de burlões, para além de falsificar a assinatura do procurador do banco, redige um *pseudo* termo de reconhecimento de assinatura, coloca no mesmo a *pseudo* assinatura de um advogado, o número da sua cédula profissional – que consta da internet – e a indicação de que o documento foi objecto de registo *online* sob o número

---

[31] No entanto, a lei impõe também à entidade autenticadora o dever de arquivar o respectivo documento particular autenticado, em suporte de papel, o qual é apelidado, pela lei, de original (cfr. art. 24º, nº 6, Decreto-Lei nº 116/2008, e art. 8º, nº 1, Portaria nº 1535/2008).
Mas, a verdade é que sendo certo que não existe um arquivo central, nem um arquivo da Ordem dos Advogados ou dos Solicitadores, ninguém sabe se está, ou não, a ser cumprida a obrigação de arquivar o respectivo documento particular autenticado.

x (tal número pode ser o de um qualquer registo online de um termo de reconhecimento anteriormente feito ou ser completamente fictício). De seguida, o proprietário do imóvel dirige-se à conservatória do Registo predial e solicita o cancelamento da hipoteca. Uma vez efectuado o cancelamento do registo da hipoteca, o direito de propriedade é transmitido como livre e desonerado.

Refira-se, ainda, que o legislador, em 2013, através do Decreto-Lei nº 125/2013, de 30 de Agosto, provavelmente porque reconheceu as fragilidades legais existentes em matéria de reconhecimento de assinaturas dos intervenientes nos actos sujeitos a Registo, veio introduzir no Código de Registo Predial o art. 16º -B que tem a epígrafe "invocação da falsidade dos documentos".

A redacção do referido preceito legal é a que de seguida se transcreve:

"1 – Os interessados podem, mediante apresentação de requerimento fundamentado, solicitar perante o serviço de registo que se proceda à anotação ao registo da invocação da falsidade dos documentos com base nos quais ele tenha sido efectuado.

2 – Para os efeitos do disposto no número anterior, são interessados, para além das autoridades judiciárias e das entidades que prossigam fins de investigação criminal, as pessoas que figuram no documento como autor deste e como sujeitos do facto.

3 – A invocação da falsidade a que se refere o nº 1 é anotada ao registo respectivo e comunicada ao Ministério Público, que promoverá, se assim o entender, a competente acção judicial de declaração de nulidade, cujo registo conserva a prioridade correspondente à anotação.

4 – Os registos que venham a ser efectuados na pendência da anotação ou da acção a que se refere o número anterior, que dependam, directa ou indirectamente, do registo a que aquelas respeitem estão sujeitos ao regime da provisoriedade previsto na alínea *b)* do nº 2 do artigo 92º, sendo-lhes aplicável, com as adaptações necessárias, os nº s 6 a 8 do mesmo artigo.

5 – A anotação da invocação de falsidade é inutilizada se a acção de declaração de nulidade do registo não for proposta e registada dentro de 60 dias a contar da comunicação a que se refere o nº 3."

Por fim, não podemos deixar de salientar que os problemas poderão diminuir se o depósito electrónico sistemático, actualmente previsto no art. 43º-B do Código do Registo Predial e aplicável ao Registo automóvel, for generalizado. No entanto, como já referimos, tal envolve densificação em Portaria, o que ainda não ocorreu sequer no Registo Predial.

D) *O fim do princípio da competência territorial em matéria de Registo Predial*

O Decreto-Lei nº 116/2008, de 4 de Junho, deixou de consagrar o princípio da competência territorial em matéria de Registo Predial.

Assim, desde Janeiro de 2009, em matéria de Registo Predial, inexplicavelmente, deixou de vigorar uma regra que, como se sabe, é garante da transparência e da imparcialidade do processo registal, elementos imprescindíveis a qualquer sistema de registo.

Bem sabemos que tal decisão de por termo à competência territorial só foi tomada porque o registo é, todo ele, suportado por uma base de dados nacional e que se visou facilitar a vida ao utente evitando-lhe deslocações.

Mas, a verdade é que o mesmo objectivo teria sido atingido se se tivesse permitido que o utente entregasse o pedido do registo em qualquer conservatória, ficando esta responsável pelo seu envio para a conservatória competente.

É claro que contra se poderá argumentar que, desse modo, o utente não poderia escolher a conservatória que presta o melhor serviço, com melhor qualidade, de forma mais rápida e com melhor atendimento.

No entanto, tal supõe esquecer que em causa não está um serviço privado, mas público; o qual deve ser prestado com a melhor qualidade e da forma mais rápida por qualquer conservatória.

Ora, se na prática tal não ocorria, então o problema não devia ter sido mascarado, devia, isso sim, ter sido eliminado (por exemplo, impondo a frequência de mais cursos de formação que assegurassem uma maior uniformidade decisória; aumentando o número de funcionários nas conservatórias com mais serviço; *etc.*).

Permitir a livre escolha da conservatória é permitir a escolha do responsável pelo registo, ou seja, daquele que deve actuar apenas com obediência à lei.

A qualificação é imposta com vista à obtenção da segurança jurídica e, por isso, reclama a independência e imparcialidade decisória de seu agente, a mesma independência e imparcialidade que tem o juiz para proferir as suas decisões.

Quando o utente escolhe um responsável pelo registo e não outro, e tal fica a dever-se às condições físicas e materiais da conservatória ou à falta de funcionários, não será porque o escolhido não é imparcial ou é menos exigente?

Se o legislador tiver colocado esta questão e lhe tiver dado resposta positiva, então isso não quererá dizer que admitiu e admite a existência e permanência em funções de conservadores parciais e menos exigentes – que "qualificam por defeito" – ou de conservadores demasiado exigentes – que "qualificam por excesso"?

Independentemente do questionado, a possibilidade de o utente escolher a conservatória onde será lavrado o registo só nos faz recordar o *forum shopping* e a sua proibição. De facto, por que razão não pode o interessado escolher livremente o Tribunal e o juiz que há-de decidir a causa, mas já pode escolher o responsável pela feitura do registo?

Recordamos ainda que ao escolher a conservatória onde será lavrado o registo o interessado está a escolher o Tribunal onde poderá interpor recurso da decisão do registrador.

Mais, não podemos deixar de sublinhar que a necessidade de um registrador independente e autónomo é imprescindível para garantia de terceiros. E estes, para quem se irradiam os factos publicados pelo Registo, não podem escolher aquele que vai definir os seus direitos.

Por fim, claro que não desconhecemos que sendo solicitada a feitura do registo *online* o utente não tem a possibilidade de escolher a pessoa que há-de lavrar o registo.

Mas, tal não afasta a nossa preocupação, pois bem sabemos que quem quer escolher o responsável pela feitura do seu registo não formula o pedido *online*.

Acresce que, na nossa óptica, o papel da qualificação, no registo predial, há-de ser desempenhado por quem conheça a realidade onde se situa o prédio. De facto, o registrador, tal como o juiz, atua socialmente e deve conhecer as circunstâncias do local onde as suas decisões se repercutem. Na verdade, se o registrador se exonerar de conhecer o contexto que envolve os factos que publica, acabará por se transformar num amanuense que apenas lida com um computador, sem qualquer verdadeiro poder decisório. E isto pela singela razão de que nunca chegará, efectivamente, a qualificar[32].

---

[32] Qualificar vem do latim *qualificare* e significa atribuir ou reconhecer qualidade.
Diz-se qualificação registal o juízo prudencial, positivo ou negativo, da aptidão de um título para permitir o ingresso de um facto jurídico no Registo.
Em causa não está um juízo especulativo acerca da registabilidade de um título, mas sim de uma decisão prudencial sobre a efectiva operação de um registro determinado.
Decisão prudencial no sentido de arte de decidir correctamente, ou seja, de tomar a decisão acertada de admitir (e em que termos), ou não, a inscrição ou o averbamento pretendido,

Ademais, para além do exposto, e sabendo que, perante um registo *online, o* "sistema" é quem determina o registrador, não podemos deixar de questionar se existirá um registrador aleatório confiável escolhido pelo sistema?

Porquanto, se não existir um registrador aleatório confiável – se estivermos perante um mito – cumpre saber se não está posta em causa a independência jurídica do profissional escolhido e, assim, todo o seu papel no mundo jurídico.

4. Das consequências substantivas do ingresso no Registo de um facto jurídico inválido ou de um facto jurídico inexistente

Ingressando no Registo português um facto jurídico inválido ou um facto jurídico inexistente a realidade tabular passa a espelhar uma "realidade" diversa da extratabular, uma vez que, como se sabe, um dado é comum aos sistemas registais europeus da civil law: o registo, por si só, nunca protege o titular registal contra um vício próprio, não consequencial, que inquine a sua aquisição, considerada em si e por si.

Contudo, apesar de o registo definitivo não ser condição suficiente para que ocorra a aquisição a favor do sujeito activo do facto jurídico inscrito, como o sistema registal portugues consagra a presunção de que a situação jurídica inscrita existe nos precisos termos em que é definida pelo assento registal – excepção feita ao Registo comercial por depósito –, enquanto a inscrição permanecer em vigor continuará a gerar a referida presunção. Quem quiser demonstrar o contrário é que terá o ónus da prova. Consequentemente, há-de impugnar os factos e pedir o cancelamento, uma vez que das referidas presunções decorre a "vigência protegida do assento inexacto".

Acresce que, enquanto o registo não for cancelado ou rectificado, é o titular registal que permanece legitimado, formalmente, a alienar ou a onerar o direito registado, não o verdadeiro proprietário; e são os seus credores quem pode obter e fazer registar o arresto ou a penhora do referido direito – caso este seja susceptível de ser alienado –, não os credores do verdadeiro proprietário. E tal de acordo com o princípio da legitimação e com o princípio do trato sucessivo, que encontra o seu fundamento, precisamente, nas referidas presunções.

aplicando, para tanto, naturalmente, *à realidade*, o Direito tabular e o Direito material (ou seja: Direito Civil, Direito do Urbanismo, Direito Fiscal, Direito Administrativo; *etc.*).

Porque assim é, na medida em que a referida presunção dificulta a reacção do verdadeiro titular do direito (que não tem uma inscrição registal em vigor), bem como a dos seus credores, podemos afirmar que, na prática, através da inscrição registal, se concede, temporariamente, oponibilidade a um "direito" que nunca chegou a nascer.

Mas, uma vez impugnado judicialmente o facto inscrito, cumpre esclarecer em que posição fica o verdadeiro titular do direito perante terceiros que tenham "adquirido" direitos na vigência do registo que deu publicidade a tal facto inválido ou inexistente.

Pois bem, em Portugal, o terceiro pode, eventualmente, beneficiar da tutela do art. 291º do Código Civil, cuja redacção é a que de seguida se transcreve:

"1 – A declaração de nulidade ou a anulação do negócio jurídico que respeite a bens imóveis, ou a bens móveis sujeitos a registo, não prejudica os direitos adquiridos sobre os mesmos bens, a título oneroso, por terceiro de boa fé, se o registo da aquisição for anterior ao registo da acção de nulidade ou anulação ou ao registo do acordo entre as partes acerca da invalidade do negócio.

2 – Os direitos de terceiro não são, todavia, reconhecidos, se a acção for proposta e registada dentro dos três anos posteriores à conclusão do negócio.

3 – É considerado de boa fé o terceiro adquirente que no momento da aquisição desconhecia, sem culpa, o vício do negócio nulo ou anulável.

Analisemos, com mais pormenor devido, este preceito legal.

O art. 291º, apenas visa proteger as pessoas que, por força da invalidade, vêem o seu direito em risco porque o seu causante ou autor, em virtude dela, careceria de legitimidade para o transmitir ou constituir (ilegitimidade do *tradens*). Se a aquisição do terceiro, além desta invalidade, padecer de uma invalidade própria ou directa, não consequencial, o terceiro já não merece tutela.

Por isso, é habitual definir-se terceiros para efeitos do art. 291º do Código Civil como aqueles que, integrando-se numa e mesma cadeia de transmissões, veriam a sua posição afectada por uma ou várias causas de invalidade anteriores ao acto em que foram intervenientes.

Acresce que o *terceiro* apenas é protegido, perante a eficácia retroactiva da nulidade ou da anulabilidade de um negócio anterior àquele em que interveio (já não, por exemplo, perante a inexistência), se tiver adquirido um bem imóvel ou um móvel sujeito a registo, de boa fé em sentido ético, a título oneroso e se houver obtido o registo (definitivo e "válido") da sua aquisição em data anterior à da inscrição da acção de nulidade ou de anulação ou ao registo do acordo das partes acerca dessa invalidade. Por último, mesmo verificados todos estes requisitos, o terceiro verá decair o seu direito em virtude da eficácia retroactiva da nulidade e da anulabilidade se, nos três anos consecutivos ao negócio nulo ou anulável for proposta a respectiva acção de invalidade, desde que, obviamente, a anulabilidade ainda possa ser arguida[33/34].

Salinte-se que o art. 291º do Código Civil não se traduz numa manifestação do princípio da fé pública registal típica dos sistemas registais de protecção forte.

Prova o acabado de afirmar o facto de entre os requisitos previstos no art. 291º do Código Civil constar a boa fé sobre a situação jurídico-real e não sobre a discrepância existente entre a realidade tabular e extratabular, boa fé, acrescente-se, que deve ser apurada tendo em conta o momento da "aquisição" e não a data do registo desta -*mala fides superveniens non nocet*. Por outro, a circunstância de entre os referidos requisitos não constar o facto de o terceiro ter celebrado o negócio jurídico com o titular registal, nada impedindo, portanto, o terceiro – que obtenha o registo do seu facto aquisi-

---

[33] Quando o negócio originariamente inválido seja anulável, o art. 291º não amplia para três anos o prazo para arguir a anulabilidade, além do mais, porque tal seria contrário aos interesses do terceiro. Consequentemente, o legislador, quando fixou o prazo de três anos, partiu, obviamente, do pressuposto de que sendo o negócio anulável a anulabilidade ainda podia ser arguida, tendo em conta a data em que o contrato foi cumprido ou o facto de nunca ter chegado a sê-lo, bem como a data da cessação do vício.

Na verdade, quando em causa esteja um negócio originariamente anulável, se a anulabilidade não for arguida dentro do prazo previsto por lei – que, como se sabe, em regra, é de um ano a contar da cessação do vício (cfr. nº 1 do art. 287º do Código Civil), podendo ser inferior – o vício é sanado e, consequentemente, o negócio em que intervém o terceiro é absolutamente válido, não necessitando este da tutela concedida pelo art. 291º do Código Civil e adquirindo o direito mesmo que actue de má fé, a título gratuito e não obtenha o registo do respectivo facto aquisitivo.

[34] Consequentemente, no âmbito do art. 291º , o critério da prioridade do registo predial, lavrado a favor do terceiro de boa fé e adquirente a título oneroso, tem apenas um valor secundário, na medida em que, apesar de a aquisição do terceiro dever ser registada antes do registo da acção de nulidade ou anulação, para que o terceiro possa beneficiar da protecção legal, a referida inscrição prioritária não se revela suficiente. De facto, mesmo que a acção seja proposta e inscrita após o registo lavrado a favor do terceiro, desde que o seja durante o prazo de três anos previsto na lei, o terceiro é afectado pela eficácia reflexa da sentença, não se verificando qualquer excepção ao princípio *nemo plus iurisad alium transferre potest quam ipse habet*.

tivo antes do registo da acção, desde que esta não seja proposta e registada antes de decorridos três anos sobre a conclusão do acto originariamente inválido – de ser protegido na hipótese de o facto jurídico aquisitivo do seu *dante causa* apenas ser publicitado após o registo da sua própria aquisição e, portanto, mesmo quando não tenha confiado, nem pudesse confiar, no conteúdo das "tábuas". Por fim, a ausência de tutela do "terceiro", afirmada pela maioria da doutrina e da jurisprudência nacionais, sempre que o vício originário seja a inexistência e não a nulidade ou a anulabilidade.

Por fim, não podemos deixar de referir que o Código do Registo Predial, através do n.º 2 do art. 17º, tutela os terceiros adquirentes de boa fé e a título oneroso que obtenham com prioridade o registo dos respectivos factos jurídicos perante a inscrição da acção de nulidade registal ao não permitir que sejam prejudicados reflexamente, pela declaração de nulidade de um registo que haja suportado o seu[35].

Mas, na nossa perspectiva, tal artigo não concede qualquer tutela ao terceiro perante um vício substantivo, não pondo, portanto, em causa nada do até agora afirmado.

Passamos a explicitar o acabado de referir.

Perante o direito constituído (cfr. art. 16º do Código do Registo Predial), em Portugal, um registo pode ser nulo em virtude de uma invalidade intrínseca – o mesmo é dizer que um o registo pode ser nulo em virtude de aspectos estritamente registais[36], ou, ao invés, em consequência de um vício substantivo.

---

[35] O nº 2 do art. 17º do Cód.Reg.Pred. tem a redacção que de seguida se transcreve:
"A declaração de nulidade do registo não prejudica os direitos adquiridos a título oneroso por terceiro de boa fé, se o registo dos correspondentes factos for anterior ao registo da acção de nulidade."
[36] Um registo intrinsecamente inválido pode sê-lo por si ou em si ou em consequência de um registo anterior que o suporte. É o que ocorre nas hipóteses que de seguida se apresentam.
– Quando o registo for falso.
A falsidade do registo pode ocorrer, por exemplo, na hipótese de conversão informática de um registo que não existe materialmente em suporte de ficha-papel ou de livro.
– Tiver sido lavrado com base em título insuficiente para a prova legal do facto registado, mas, efectivamente, tal título existir (por exemplo, um registo de aquisição lavrado apenas com base na apresentação da certidão matricial, quando já existia a escritura pública ou documento particular autenticado).
– Enfermar de omissões ou inexactidões de que resulte incerteza acerca dos sujeitos ou do objecto da relação jurídica a que o facto registado se refere (em causa estão omissões ou inexactidões que revelem ou inculquem incertezas acerca dos sujeitos ou do objecto da relação jurídica);

E isto, não obstante, do ponto de vista do direito a constituir, defendermos que a invalidade substantiva do título que aceda ao registo não deverá conduzir sempre à nulidade do registo, uma vez que o acto de registo quer do ponto de vista material, quer do ponto de vista jurídico, é independente do facto a registar[37].

Um registo é extrinsecamente nulo, nomeadamente, quando tiver sido lavrado com base num título nulo ou que venha a ser anulado, porquanto, tendo em conta a eficácia retroactiva da nulidade e da anulabilidade, ter-se-á de afirmar que o registo, afinal, foi lavrado com base em título insuficiente para a prova do facto inscrito (cfr. al. *b*) do art. 16º do Código do Registo Predial); e, por maioria de razão, um registo é extrinsecamente nulo quando tiver sido lavrado com base num título falso que seja o continente de um negócio materialmente inexistente (cfr. al. a) do art. 16º do Código do Registo Predial).

– Tiver sido assinado por pessoa sem competência funcional (salvo o disposto no nº 2 do art. 369º do Código Civil) ou por serviço de registo materialmente incompetente e não houver a possibilidade de confirmação, nos termos do disposto no art. 16º -A do Cód.Reg.Pred..
Como se sabe, o registo materialmente incompetente ou assinado por pessoa sem competência que não possa ser confirmado pode ser cancelado com o consentimento dos interessados ou em execução de decisão tomada no processo de rectificação (art. 121º, n.os 1 e 2, do Cód.Reg.Pred.).
– Tiver sido lavrado sem apresentação prévia – ou seja, com violação do princípio da instância –, uma vez que os actos não oficiosos só podem ser lavrados na dependência da respectiva apresentação e a data do registo não oficioso coincide com a data da apresentação e, portanto, o registo não oficioso efectuado sem a correspondente apresentação não tem definida qualquer prioridade.
– Tiver sido lavrado com violação do princípio do trato sucessivo (por exemplo, quando o transmitente ou onerante não tem registo, mas tem título válido a seu favor). De facto, só haverá nulidade do registo se este for lavrado definitivamente, uma vez que não estando cumprido o trato sucessivo o registo pode e deve ser lavrado como provisório por dúvidas.
Acresce que o registo definitivo lavrado com violação do princípio do trato sucessivo pode ser rectificado pela feitura do registo em falta quando não esteja registada a acção de declaração de nulidade (art. 121º, n.os 1 e 4, do Cód.Reg.Pred.).
[37] Na verdade, *de iure condendo*, entendemos que o registo só deverá ser considerado nulo em virtude da invalidade substantiva do título publicitado se tal nulidade for formal ou, sendo substancial, se for manifesta.
Justificamos a nossa posição no facto de apenas nessas hipóteses o registo dever ser recusado (cfr. art. 69º do Cód.Reg.Pred.) e, portanto, quando lavrado, o ser em violação do princípio da legalidade (cfr. art. 68º do Cód.Reg.Pred.).
Fora dessas hipóteses, defendemos que se deveria considerar o registo desconforme com a realidade extratabular ou substantiva, sendo cancelado após a declaração de inexistência ou da nulidade ou da anulação do negócio jurídico.

No entanto, repetimos, na nossa perspectiva, o art. 16º do Cód.Reg. Pred. não tutela os terceiros perante uma inexistência ou invalidade do facto jurídico inscrito.

De facto, se para nós é inequívoco que o art. 16º do Cód.Reg.Pred. inclui hipóteses em que o registo é extrinsecamente nulo em virtude da inexistência, da nulidade ou da anulação do facto inscrito, também não temos dúvidas de que uma invalidade registal extrínseca é bem diversa de uma invalidade substantiva. Efectivamente, a invalidade registal extrínseca não é a "invalidade"[38] que afecta o facto jurídico inscrito, é, isso sim, uma consequência desta.

Ou seja, sempre que um facto jurídico aceda ao Registo e padeça de inexistência, seja nulo ou venha a ser anulado, em causa estão dois actos viciados: o facto jurídico inscrito e o assento registal. Acresce que cada um desses actos está inquinado por vícios diversos. Efectivamente, o facto jurídico inscrito padece do vício substantivo; o registo, por seu turno, é extrinsecamente nulo, porque lavrado com base num título falso ou com base num título insuficiente para a prova legal do facto registado (cfr. a parte final da al. *a*) e a al. *b*) do Cód.Reg.Pred.) e, portanto, padece de uma nulidade consequencial[39] decorrente de um vício substantivo.

Acresce que cada um destes vícios tem o seu respectivo regime.

Porque assim é, não temos dúvidas de que o preceito legal que tutela os terceiros perante o vício registal extrínseco não concede (não pode conceder) qualquer protecção aos terceiros perante a inexistência ou a invalidade do facto jurídico inscrito que é a causa da invalidade registal.

Por outra via, sendo o vício registal mera consequência do vício substantivo, na nossa perspectiva, um terceiro não pode beneficiar da tutela concedida pelo nº 2 do art. 17º do Cód.Reg.Pred. perante a inexistência ou a invalidade substantiva, uma vez que não há-de ser o regime que tutela os terceiros perante uma *consequência* da inexistência ou da invalidade substancial – o mesmo é dizer, em face da nulidade registal – a determinar o regime que tutela os terceiros perante a própria inexistência ou a invali-

---

[38] Colocamos a expressão invalidade entre aspas porque a utilizamos com pouco rigor, uma vez que pretendemos referir-nos não só à nulidade e à anulação, mas, ainda, à inexistência do negócio jurídico.

[39] Sempre que o negócio jurídico padeça de nulidade formal ou de nulidade substantiva manifesta, o respectivo registo para além de ser extrínseca ou consequencialmente nulo, é-o também intrinsecamente, uma vez que é lavrado com violação do princípio da legalidade.

dade substancial – ou seja, em face da *causa* da nulidade registal. Ou, de forma sincopada, não pode ser o regime da consequência a determinar o regime da causa.

Isto porque, sempre que um facto jurídico aceda ao Registo e padeça de inexistência, seja nulo ou anulado, como referimos, existem dois vícios: o substantivo e o registal; ora se, de seguida, ocorrer um novo facto jurídico que tenha como sujeito passivo aquele em que interveio como sujeito activo no anterior e se também este facto aceder ao registo, naturalmente, também o novo acto jurídico e respectivo registo estarão inquinados consequencialmente. Efectivamente, o novo facto jurídico – aquele em que intervém o terceiro como sujeito activo – é substancialmente nulo, porque *a non domino*; o correspondente registo, por seu turno, é extrinsecamente nulo, porque lavrado com base num título nulo, portanto, insuficiente para a prova legal do facto registado.

Porque assim é, o sujeito activo do novo facto jurídico e titular registal, terceiro perante o primeiro facto jurídico e correspondente registo extrinsecamente nulo, só poderá ser definitiva e efectivamente protegido se for protegido perante o vício substancial, ou seja, se puder beneficiar da tutela do art. 291º do Código Civil e, assim, não obstante ter participado de um negócio consequencialmente nulo, adquirir o direito, mediante aquisição derivada *a non domino* ocorrida por força da lei[40].

---

[40] O Decreto-Lei nº 116/2008 veio ampliar o campo de aplicação do processo de rectificação ao estatuir, no nº 2 do art. 121º, que também os registos nulos, nos termos da al. *d)* do art. 16º do Cód.Reg.Pred. – ou seja, registos lavrados por serviço de registo incompetente ou assinado por pessoa sem competência, salvo o disposto no nº 2 do art. 369º do Código Civil, que não possam ser confirmados – podem ser cancelados com consentimento dos interessados ou em execução de decisão tomada neste processo que corre nas conservatórias.
Em face do exposto, não restam dúvidas de que certos registos indevidamente efectuados, porque nulos nos termos da al. *b)* do art. 16º do Cód.Reg.Pred., podem ser cancelados em execução de decisão tomada pelo conservador no processo de rectificação, independentemente de qualquer decisão judicial acerca da existência do vício.
Não obstante, segundo o nosso entendimento, se em causa estiver um registo indevidamente efectuado, porque extrinsecamente nulo, ou seja, porque lavrado com base num título inválido, o mesmo, *em regra*, não poderá ser cancelado com base em decisão do conservador proferida em processo de rectificação.
Isto porque:
– Se o título com base no qual foi lavrado o registo for anulável, enquanto não for anulado o registo não é nulo e, portanto, não pode, obviamente, ser cancelado num processo de recti-

ficação. Depois de anulado o título e transitada em julgado a sentença, o respectivo registo deve ser imediatamente cancelado, nos termos do art. 13º do Cód.Reg.Pred..
Ora, assim sendo, apenas quando o registo não seja cancelado, após o trânsito em julgado da sentença de anulação, o conservador poderá, no âmbito de um processo de rectificação, no qual seja apresentada a sentença, cancelar o registo.
– Se o título com base no qual foi lavrado o registo for nulo, obviamente, o registo será extrinsecamente nulo. Mas, na nossa perspectiva, se a nulidade do título não for manifesta e, por isso, o registo tiver sido devidamente lavrado, só poderá ser cancelado após a declaração de nulidade do título, uma vez que só nessa altura passará a ser incontroversa a sua nulidade consequencial. Ora, como se sabe, de acordo com o art. 286º do Código Civil, a nulidade do título só pode ser declarada oficiosamente pelos Tribunais e, sendo-o, o registo é cancelado.
Porque assim é, só se for proferida e transitar em julgado a decisão judicial de declaração de nulidade (não manifesta) do título e, não obstante, o registo não for cancelado, o conservador poderá, no âmbito de um processo de rectificação, no qual seja apresentada a sentença, cancelar o registo.
Salvaguardada esta hipótese, entendemos que, sempre que o vício registal seja consequência de uma nulidade não manifesta do título com base no qual foi lavrado, o conservador, porque não pode declarar a nulidade do título, não pode extirpar a invalidade registal através do cancelamento do registo, no âmbito de um processo de rectificação.
Em resumo, do mesmo modo que a nulidade não manifesta de um facto jurídico impede o conservador de recusar o registo (cfr. art. 69º do Cód.Reg.Pred.), também o impede de decidir, no âmbito de um processo de rectificação, pelo cancelamento do registo lavrado.
Ao invés, se o título, com base no qual foi lavrado o registo, for manifestamente nulo e, por isso, o registo devesse ter sido recusado, na nossa perspectiva, o conservador que *ab initio* teve o dever de recusar a feitura do assento (cfr. al. *d)* do art. 69º do Cód.Reg.Pred.), pode decidir cancelá-lo num processo de rectificação.
Não obstante, a verdade é que, fazendo-o, extirpará a invalidade registal e definirá a situação tabular do titular do registo extrinsecamente nulo, mas não definirá a situação substantiva, uma vez que não declarará a invalidade do título.
Sublinhe-se, ainda, que, sendo cancelado um registo extrinsecamente nulo, no âmbito de um processo de rectificação, na nossa perspectiva, no mesmo processo, o conservador não poderá cancelar registos de terceiros adquirentes a título gratuito ou de má fé que não beneficiem da tutela do art. 122º do Cód.Reg.Pred., segundo o qual a rectificação do registo não prejudica os direitos adquiridos a título oneroso por terceiros de boa fé, se o registo dos factos correspondentes for anterior ao registo da rectificação ou da pendência do respectivo processo.Na verdade, não reconhecemos competência ao conservador para apreciar os efeitos da rectificação na posição jurídica dos terceiros, porque, quando estes existam (os terceiros), haverá verdadeiro litígio e, como já referimos, o legislador, no preâmbulo do Decreto-Lei nº 273/2001, afirmou que a transferência da competência, dos tribunais judiciais para os conservadores, se inseria numa estratégia de desjudicialização de matérias que não consubstanciavam verdadeiro litígio.
Por fim, independentemente desta questão, na hipótese de um registo extrinsecamente inválido ser cancelado num processo de rectificação, não temos dúvidas de que a tutela concedida aos terceiros adquirentes a título oneroso e de boa fé, pelo art. 122º do Cód.Reg.Pred., é tão

Perante o exposto, torna-se evidente que, na nossa perspectiva, o nº 2 do art. 17º do Cód.Reg.Pred. não consubstancia, por qualquer forma, o princípio da fé pública registal.

Acresce que o anteriormente afirmado, a propósito do nº 2 do art. 17º do Cód.Reg.Pred. não conceder tutela aos terceiros perante vícios substantivos que afectem o facto jurídico, vale quer em causa esteja uma inscrição nula quer um assento de cancelamento[41].

No entanto, há que salientar que os terceiros são protegidos perante o cancelamento da hipoteca, uma vez que, de acordo com o art. 732º do Código Civil, "se a causa extintiva da obrigação ou a renúncia do credor à garantia for declarada nula ou anulada ou ficar por outro motivo sem efeito, a hipoteca, se a inscrição tiver sido cancelada, renasce apenas desde a data da nova inscrição".

Desta forma, afastou-se a lei portuguesa da regra geral, segundo a qual a nulidade e a anulabilidade produzem efeitos retroactivos, bem como da excepção introduzida a esta regra, em benefício de terceiros adquirentes de boa fé e a título oneroso, consagrada no art. 291º do Código Civil português.

A propósito deste preceito legal, Pires de Lima/Antunes Varela, afirmam: "São as necessidades do registo (protecção de terceiros) que inspiram a doutrina do art. 732º. Entre o cancelamento do primeiro registo e a feitura do segundo podem ter sido constituídos novos direitos reais, quer sejam de gozo, quer de garantia, sobre a coisa, e importa proteger os respectivos titulares, se eles, entretanto, obtiveram o registo desses direitos. E igual protecção merecem os próprios direitos registados já na altura do cancelamento, embora posteriormente à hipoteca, cujos titulares passaram a contar com a extinção da garantia cancelada"[42].

---

limitada como a tutela concedida pelo art. 17º do mesmo diploma legal. Ou seja, do mesmo modo que um terceiro adquirente de boa fé e a título oneroso, que beneficie da tutela do nº 2 do art. 17º do Cód.Reg.Pred., não fica protegido perante a invalidade substantiva do facto aquisitivo do seu *dante causa* – que deu azo ao vício registal –, também não fica em virtude do art. 122º.

[41] Mas, como é evidente, tal preceito não se traduz em qualquer manifestação do princípio da fé pública registal, uma vez que, além de proteger os terceiros que tenham obtido o registo dos correspondentes factos aquisitivos após o cancelamento da hipoteca, protege também os adquirentes de direitos registados em data anterior à do cancelamento, embora posteriormente ao registo da hipoteca.

[42] Cfr. Pires de Lima/Antunes Varela, Código Civil Anotado, vol. I, ob. cit., p. 753.

Concordamos com os insignes Mestres, apenas acrescentamos que, apesar da letra da lei, o terceiro não é apenas protegido se a causa extintiva da obrigação ou a renúncia do credor à garantia for declarada nula ou anulada ou ficar por outro motivo sem efeito, mas sim sempre que o registo da hipoteca seja cancelado e depois se reconheça ao credor o direito a obter a reinscrição da hipoteca. Assim, por exemplo, quando o registo de uma hipoteca seja cancelado com base numa falsa declaração do consentimento do credor.

Em resumo, na nossa perspectiva, o art. 732º do Código Civil deve ser considerado uma afloração de um princípio geral de tutela de terceiros perante o cancelamento "indevido" do registo de uma hipoteca.

5. Conclusão

Do ponto de vista do direito a constituir, não temos dúvidas que o sistema registal português deve passar a conceder uma forte protecção aos terceiros, sendo consagrado o princípio da fé pública registal.

Princípio que, como se sabe, não favorece apenas os terceiros. De facto, a maior segurança do tráfico por si gerada interessa também àquele a quem efectivamente pertence o direito. Isto porque a segurança do tráfico é uma modalidade de actuação da segurança jurídica e, por conseguinte, uma modalidade de protecção do direito, porquanto uma das formas de proteger o titular é valorizando e, assim, facilitando a transmissão do seu direito.

No entanto, a verdade é que, o legislador português, lamentavelmente, em vez de adoptar medidas que permitam ao sistema registal, tão breve quanto possível, passar a conceder uma forte tutela aos terceiros, tem consagrado alterações legislativas que o fragilizam. Pois, sob o lema *make it easier,* tem aberto caminho para actuações fraudulentas e, assim, tem aumentado a possibilidade de a realidade tabular não espelhar a realidade extratabular.

No entanto, os terceiros podem continuar a confiar na tutela do art. 291º e do art. 732º do Código Civil e a esperar que daqui por diante o legislador seja tão sábio e prudente como o foi o do Código Civil em 1967.

O art. 5º do Código do Registo Predial[1]

Sumário: 1. Nota prévia. 1.1. Justificação teórica, ou explicação ao nível do direito substantivo, da tutela concedida pelo art. 5º do Código do Registo Predial aos terceiros que obtêm com prioridade o registo definitivo. 1.2. Os terceiros, titulares de registos definitivos, que beneficiam da tutela concedida pelo art. 5º do Código do Registo Predial. 1.2.1. Os terceiros, titulares de registos definitivos, que beneficiam da tutela concedida pelo art. 5º do Código do Registo Predial e a eventual exigência de que a aquisição seja onerosa e de boa fé. DIVISÃO I. Da responsabilidade do *dante causa* comum e do segundo adquirente de má fé perante o primeiro adquirente. DIVISÃO II. Os titulares de assentos registais definitivos que não são havidos como terceiros em virtude da consagração da concepção restrita de terceiros;

1. Nota prévia

No ordenamento jurídico português, a inscrição registal definitiva continua a assumir, em regra, uma função meramente declarativa, visando, portanto, consolidar a oponibilidade *erga omnes* já anteriormente obtida. Assim, quem intervém num facto jurídico aquisitivo de um direito real torna-se titular do mesmo, independentemente do registo, mas, caso não obtenha a respectiva inscrição definitiva, não consolida a eficácia *erga omnes* do respectivo direito real em face de certos e determinados terceiros que obtenham o registo definitivo[2,3].

---

[1] Reproduzimos, com pequenas adaptações, o por nós afirmado in Efeitos Substantivos do Registo Predial – Terceiros para Efeitos de Registo, Coimbra, Almedina, 2013, nas p. 591 a 635.
[2] Por facilidade de exposição, apenas nos referimos aos factos com eficácia real que devem aceder ao Registo sob pena de não consolidarem a sua oponibilidade *erga omnes*. No entanto, como se sabe, o sistema registal português admite o registo de situações jurídicas que não

Por isso, naturalmente, o actual Código do Registo Predial, mantém a regra, de que "os factos sujeitos a registo só produzem efeitos contra terceiros depois da data do respectivo registo" (cfr. art. 5º do Cód.Reg.Pred.).

Porque assim é, na falta de publicidade registal, o titular de um direito sujeito a registo corre o risco de ver constituída e registada a favor de outrem – considerado, pelo sistema, como terceiro registal – uma situa-

assumem natureza real e, naturalmente, quanto a estas situações, a inscrição registal definitiva, por um lado, não assume uma função constitutiva e, por outro, não altera a natureza do direito publicitado, ou seja, não o converte num direito real. A inscrição definitiva visa, isso sim, acrescentar à eficácia típica do facto registado a oponibilidade deste a "terceiros" para efeitos de registo.

Consequentemente, como é evidente, quando um facto desprovido de eficácia em face de terceiros e sujeito a registo não é publicitado, mantém apenas a eficácia que lhe é atribuída pelo direito substantivo (assim, por exemplo, o contrato-promessa a que as partes atribuam "eficácia real" ou eficácia em face de terceiros, o pacto de preferência dotado de "eficácia real", o arrendamento por mais de seis anos).

Por fim, cumpre sublinhar que, se a intenção do legislador, ao admitir o acesso ao Registo de direitos de crédito e de direitos pessoais de gozo, não tivesse sido a indicada – ou seja, acrescentar à eficácia típica do facto registado a oponibilidade deste a terceiros para efeitos de registo –, por certo teria determinado que os direitos de crédito e os direitos pessoais de gozo que podem aceder ao Registo fossem publicitados através de um tipo de assento registal diverso da inscrição definitiva.

[3] Recordamos que quando em causa esteja um negócio jurídico do qual constem convenções ou cláusulas acessórias – como, por exemplo: a convenção de indivisão da compropriedade, quando estipulada no título de constituição ou de aquisição; a convenção de reserva de propriedade ou a de venda a retro; uma cláusula suspensiva; *etc.* –, estas devem obrigatoriamente constar do extracto da inscrição do facto jurídico, sob pena de não serem oponíveis a terceiros, uma vez que, não são objecto de inscrição autónoma, ao contrário do que ocorria no Código do Registo Predial de 1967 (cfr. art. 2º).

O acabado de referir resulta claramente do art. 94º do Cód.Reg.Pred. (desde a versão originária). Artigo este que passamos a transcrever.

"Do extracto das inscrições constarão obrigatoriamente as seguintes convenções ou cláusulas acessórias:

a) As convenções de reserva de propriedade e de venda a retro estipuladas em contrato de alienação;

b) As cláusulas fideicomissárias, de pessoa a nomear, de reserva de dispor de bens doados ou de reversão deles e, em geral, outras cláusulas suspensivas ou resolutivas que condicionem os efeitos de actos de disposição ou oneração;

c) As cláusulas que excluam da responsabilidade por dívidas o beneficiário de bens doados ou deixados;

d) A convenção de indivisão da compropriedade, quando estipulada no título de constituição ou aquisição."

ção jurídica incompatível com a sua e sobre ela prevalecente, por beneficiar de prioridade registal[4/5].

É o que ocorre[6], como se sabe, no caso típico de dupla alienação sucessiva da mesma coisa por parte de quem, antes da primeira alienação, era titular do direito alienado, sempre que o segundo adquirente obtenha a inscrição definitiva do negócio aquisitivo antes do primeiro. Também é o que acontece quando certo acto de aquisição não seja publicitado e um terceiro obtenha o registo definitivo de um direito de outra natureza, incompatível com o emergente daquele primeiro negócio não inscrito. Concretizando: o efeito substantivo do registo definitivo, decorrente do art. 5º do Cód.Reg. Pred., tanto se verifica quando *A* aliena a *B* o direito de propriedade sobre o prédio *x* e, de seguida, não tendo sido lavrada a inscrição da aquisição de *B*, *A* aliena o mesmo direito a *C*, que obtém o respectivo registo definitivo, como quando *D* aliena a *E* o direito de propriedade sobre o prédio *z* e, de seguida, não sendo lavrada a inscrição da aquisição de *E*, *D* constitui um usufruto ou uma hipoteca sobre o mesmo prédio a favor de *F* que obtém a inscrição definitiva[7.]

---

[4] Os efeitos decorrentes do art. 5º do Cód.Reg.Pred. costumam ser designados pela doutrina como o da "inoponibilidade do negócio não registado" – na perspectiva do titular do direito que não obteve a inscrição registal definitiva do respectivo facto aquisitivo – ou como os "efeitos centrais do registo" – na perspectiva do segundo adquirente que beneficia da tutela do sistema registal.

[5] Não basta obter com prioridade a inscrição definitiva de um facto jurídico para o fortalecer definitivamente em face de o verdadeiro titular do direito; é, ainda, necessário ser havido como terceiro pelo sistema registal.

De facto, quando o facto jurídico não tem a virtualidade de produzir os efeitos *erga omnes* que o Registo passa a publicitar, a "protecção" que o primeiro inscrito definitivamente recebe do registo só não é transitória, fugaz, se em causa estiver um terceiro registal.

Sobre a polémica em torno dos requisitos que devem estar preenchidos para se ser considerado um terceiro tutelado pelo art. 5º do Cód.Reg.Pred. *vide* ponto 56.2.1..

[6] Cfr. MÓNICA JARDIM, Herdeiros e legatários testamentários e o art. 5º do Código do Registo Predial, loc. cit., p. 916 e ss..

[7] O efeito substantivo do registo definitivo, decorrente do art. 5º do Cód.Reg.Pred., também se verificará, por exemplo, se se concretizar a seguinte hipótese: *A* constitui a favor de *B* um direito de habitação sobre o prédio urbano *X*; *B* não solicita o registo. Em seguida, *A* dá de arrendamento, por mais de seis anos, o imóvel *X* a *C* que obtém a respectiva inscrição definitiva. De facto, prevalecerá o direito de *C*, porque inscrito definitivamente em primeiro lugar, uma vez que *B* e *C* são terceiros para efeitos de registo (art. 5º, nº 4, do Cód.Reg.Pred.).

Não obstante, como é evidente, a tutela do terceiro não assume em todos os casos a mesma configuração, pois é determinada pela diferente natureza dos direitos incompatíveis em presença. Assim, no primeiro exemplo, sendo os direitos da mesma natureza, a incompatibilidade é total ou absoluta e, por isso, implica a "perda" ou "extinção"[8] do direito cujo facto aquisitivo não foi inscrito. Já no segundo – a de inscrição do facto aquisitivo do direito de usufruto –, é evidente que a incompatibilidade é apenas parcial, não implicando a "perda" ou a "extinção" do direito de propriedade não publicitado, mas impondo ao proprietário não inscrito que veja o seu direito onerado pelo usufruto anteriormente registado. O mesmo ocorre no exemplo da hipoteca. Também aqui, a incompatibilidade não é absoluta, porquanto a diversa natureza dos direitos em presença, tendo em conta a nota característica dos direitos reais de garantia, apenas exige que o credor hipotecário seja admitido a fazer valer a hipoteca sem que E lhe possa opor o seu direito de propriedade; contudo, uma vez satisfeito o credor hipotecário, o valor remanescente da coisa pertence a E e não a D[9].

Portanto, o direito cujo facto aquisitivo não é registado atempadamente não fica necessariamente prejudicado *in toto,* mas na medida em que é incompatível com o direito anteriormente publicitado através de um assento registal definitivo. Por outra via, o direito só fica prejudicado *in toto* quando é menos amplo do que o primeiramente publicitado e não pode, por isso, ficar por ele onerado; ou quando em causa estão direitos com o mesmo conteúdo (salvo quando o respectivo exercício não produz

---

[8] Colocamos as palavras perda e extinção entre aspas porque, como referiremos, segundo alguns Autores, o direito não registado não deixa de existir e de pertencer substantivamente ao primeiro adquirente, ocorre apenas que no âmbito de um processo judicial decairá perante o segundo adquirente. Segundo esta teoria, ambos os adquirentes, o verdadeiro que não obteve o registo e o adquirente *a non domino* que obteve o assento registal definitivo, são proprietários: o primeiro para o direito substancial e o segundo apenas para o juiz, e, isto, *ad eternum*. Acresce que, como adiante salientaremos, segundo MENEZES CORDEIRO, *Direitos Reais*, ob. cit., p. 420 e ss., o primeiro adquirente é o verdadeiro titular do direito que não se extingue nem se vê contraído, acontece apenas que se torna inoponível perante o titular registal que tenha adquirido a título oneroso e de boa fé, uma vez que este beneficia de uma presunção inilidível.

[9] Cfr. ANTUNES VARELA, Anotação ao acórdão do Supremo Tribunal de Justiça de 4 de Março de 1982, *Revista de Legislação e de Jurisprudência*, 118º, n. 3738, 1986, p. 313 e ss.; CARVALHO FERNANDES, Terceiros para efeito de registo predial, *Revista da Ordem dos Advogados*, 1997, p. 1308.

qualquer interferência no outro direito[10]). Ao invés, sempre que o direito não publicitado ou sucessivamente publicitado tem um conteúdo mais amplo do que aquele que primeiro acedeu ao Registo, a consequência é a de ficar aquele onerado com este.

Salvaguardada esta diferença, nem por isso deixa de existir uma nota comum e essencial nos vários exemplos: a situação jurídica do primeiro adquirente não prevalece em relação à do segundo e dá-se a aquisição, a favor deste, de um direito que pelo menos *ab initio* não tinha suporte substantivo[11].

O que é perfeitamente compreensível quando se tem em conta que o legislador português impôs o acesso ao Registo das situações jurídico-reais já existentes como condição para que consolidassem definitivamente a sua eficácia *erga omnes* perante certos e determinados terceiros. De facto, se o registo definitivo faz com que as situações jurídicas consolidem a oponibilidade *erga omnes* que lhes é conatural, a ausência da inscrição registal impede que as situações jurídicas, susceptíveis de serem registadas, que não tenham acedido ao Registo, continuem a produzir tal eficácia, gerando, assim, a sua "inoponibilidade" em face de terceiros que beneficiem de um assento registal definitivo.

Ou seja, a solução decorrente do art. 5º do Cód.Reg.Pred. português não é mais do que o corolário, por um lado, do facto de a consolidação da oponibilidade *erga omnes* ser o efeito básico da publicidade registal num sistema de título. E, por outro, da circunstância de qualquer sistema registal assegurar ao adquirente que o transmitente não alienou ou onerou o bem anteriormente a outrem, e, consequentemente, garantir ao adquirente – que obtenha o registo definitivo – que a sua posição jurídica não será posta em causa em virtude de uma alienação ou oneração anterior, não publicitada, que o deveria ter sido[12].

Em resumo, o art. 5º do Cód.Reg.Pred. consagra a regra segundo a qual *o sujeito activo de um facto jurídico que deveria ter acedido ao Registo, sob pena de*

---

[10] É o que ocorre, por exemplo, no caso de constituição a cargo do mesmo prédio de duas servidões a favor de prédios diversos.

[11] Cfr. CARVALHO FERNANDES, Terceiros para efeito de registo predial, *Revista da Ordem dos Advogados*, 1997, p. 1308.

[12] Se o segundo adquirente que obtém o registo definitivo com prioridade não estivesse seguro de que o seu direito prevaleceria, em face do primeiramente adquirido, mas não publicitado, de nada valeria a existência do sistema registal.

não ocorrer a mutação jurídico-real ou sob pena de não se consolidar a eficácia da mutação jurídico-real já ocorrida, não verá a sua posição jurídica prevalecer em face de um terceiro adquirente, de um direito total ou parcialmente incompatível, que haja obtido o correspondente registo definitivo[13]. Ora, esta regra é reconhecida por todos os ordenamentos jurídicos que consagram um sistema de publicidade registal, uma vez que afirmando-se que os "terceiros" são afectados ou prejudicados pelas situações jurídicas publicadas, ainda que não tenham tido conhecimento efectivo delas, também se tem de afirmar que não são oponíveis, aos terceiros adquirentes, as situações jurídicas não publicadas que eram susceptíveis de o ter sido, dado que eles nunca estiveram colocados em posição de conhecê-las. Ou, por outra via, como por diversas vezes já referimos, o mínimo de garantia que qualquer Registo imobiliário oferece é a chamada força negativa ou preclusiva da publicidade: aquele que pretende adquirir sabe que, se inscrever definitivamente a sua aquisição no Registo, fica a salvo dos ataques de qualquer "terceiro", que haja adquirido um direito incompatível do mesmo *dante causa*, que não tenha obtido o registo a seu favor ou que o tenha obtido posteriormente a si[14].

Por fim, não podemos terminar esta nota prévia sem sublinhar algo que já resulta evidente de todo o exposto: a solução elaborada pelo legis-

---

[13] Como sublinhámos, apenas nos referimos (e nos continuaremos a referir) aos factos com eficácia real que devem aceder ao registo sob pena de não consolidarem a sua oponibililidade *erga omnes*. Mas, tendo em conta que o sistema registal português permite que determinados direitos "pessoais" sejam inscritos no Registo para, assim, se tornarem oponíveis a "terceiros" para efeitos de registo, rigorosamente, o art. 5º do Cód.Reg.Pred. consagra a primeira dimensão da inoponibilidade, nos termos da qual: *o sujeito activo de um facto jurídico que deveria ter acedido ao Registo, sob pena de não se consolidar a eficácia erga omnes da mutação jurídico-real ou sob pena de não se ampliar a eficácia a terceiros do direito de crédito ou do direito pessoal de gozo, não verá a sua posição jurídica prevalecer em face de um terceiro adquirente, de um direito total ou parcialmente incompatível, que haja obtido o correspondente registo definitivo.*

[14] Tendo em conta o acabado de expor, é evidente que não concordamos com CLARA SOTTOMAYOR quando afirma que: "o tratamento jurídico da dupla alienação constitui um corpo estranho no nosso sistema aquisitivo, explicável pelo facto de não ter havido vontade ou condições para introduzir o registo constitutivo, nas ordens jurídicas latinas, e também pelo facto de o legislador querer manter o princípio da consensualidade. O nosso sistema translativo de direitos reais, pelo facto de assentar no princípio da consensualidade, cai na incoerência de o nosso legislador e sistema jurídico, por um lado, «dizerem» aos cidadãos que se tornam proprietários, por força do contrato, o que lhes retira legitimidade para afirmarem que o registo é obrigatório, e por outro lado, por razões de interesse público, criarem soluções que forcem as pessoas a registar, no seu próprio interesse." (Cfr. CLARA SOTTOMAYOR, *Invalidade e Registo – A Protecção do Terceiro Adquirente de Boa Fé*, ob. cit., p. 877).

lador em sede de circulação de bens sujeitos a registo não é unitária, mas sim nitidamente assimétrica. De facto, como resulta de todo o exposto, a condição de quem regista definitiva e prioritariamente e pode valer-se da regra *prior in tempore potior in iure* – decorrente da eficácia *erga omnes* do direito real – é bem diversa daquela de quem, adquirindo em segundo lugar, tal princípio não pode invocar e baseia a sua aquisição na prioridade do registo definitivo.

No primeiro caso, o registo junta-se a uma aquisição já ocorrida no plano substancial e assim o assento registal definitivo assume o papel de consolidar a oponibilidade *erga omnes* já anteriormente obtida.

No segundo, ao invés, o registo definitivo apresenta-se como *condictio sine qua non* da tutela concedida ao terceiro, uma vez que o título aquisitivo, sob o plano substancial, é inidóneo a determinar, *de per si*, a prevalência face àquele de data mais remota.

1.1. Justificação teórica, ou explicação ao nível do direito substantivo, da tutela concedida pelo art. 5º do Código do Registo Predial aos terceiros que obtêm com prioridade o registo definitivo

Não obstante o acabado de afirmar, não se pode deixar de apresentar a explicação, do ponto de vista do direito substantivo, da eficácia típica do registo definitivo decorrente do art. 5º do Cód.Reg.Pred., no âmbito de um sistema de título, ou seja, de um sistema que consagra o princípio da consensualidade e que não abstrai da justa causa de atribuição[15].

Ou seja, sendo certa a solução decorrente do referido preceito legal e sabendo nós que ela corresponde ao efeito mínimo de qualquer sistema registal, encontrando a sua causa, por conseguinte, na adopção, por parte

---

Na verdade, a solução consagrada pelo ordenamento jurídico português é a existente em qualquer sistema registal, quer seja reconhecido à inscrição registal carácter constitutivo, quer meramente consolidativo da eficácia *erga omnes* anteriormente obtida.

[15] Recordamos que, num sistema registal em que a inscrição seja constitutiva, quem intervém como sujeito activo num facto jurídico aquisitivo em relação ao qual o registo funcione como modo, caso não obtenha a respectiva inscrição registal a seu favor, não adquire um qualquer direito real, adquire um simples direito de crédito. Por isso, o efeito básico da publicidade registal é a oponibilidade *erga omnes*, e não, apenas, a sua consolidação.

Ao afirmado, cabe excepcionar as situações jurídicas oponíveis *erga omnes* antes de acederem ao Registo. Nestas hipóteses – em que o registo não funciona como *modus adquirendi* – a inscrição registal é, como vimos, em regra, imprescindível para que se consolide a oponibilidade, anteriormente obtida, em face de certos "terceiros".

do ordenamento jurídico, de um sistema registal[16], não se pode deixar de procurar uma explicação, ao nível do direito substantivo, para o facto de o primeiro direito adquirido com eficácia *erga omnes*, por mero efeito do contrato, não prevalecer perante o segundo que, de acordo com o princípio da causalidade, nada mais é do que um *não direito*. Isto porque, do referido enquadramento dependerão as respostas a múltiplas questões, nomeadamente: a aquisição do segundo adquirente que primeiro regista é uma aquisição *a domino* ou *a non domino*? Em que momento ocorre a aquisição daquele que primeiro obtém o registo? O *dante causa* comum pode incorrer em responsabilidade perante o primeiro adquirente? Se sim, a responsabilidade será contratual ou extracontratual? O segundo adquirente pode incorrer em responsabilidade perante o primeiro?

Posição adoptada

Tal como parte da doutrina nacional[17], entendemos que, o registo definitivo e "válido"[18] obtido pelo segundo adquirente desempenha uma fun-

---

[16] Não nos podemos esquecer que num enorme número de países nunca se constituiu um verdadeiro sistema registal. Por isso, em alguns desses países (como, por exemplo, os Estados Unidos da América), proliferaram os seguros de títulos. (Sobre os seguros de títulos *vide*, por todos: ANGULO RODRÍGUEZ/JAVIER CAMACHO DE LOS RÍOS/MANUEL CASTILLA, Garantias de los derechos reales mediante el sistema de registro y el sistema de seguro – Estudio comparativo del sistema de Registro de la Propiedad español y del sistema norte-americano de seguro de títulos, *Ponencia presentada en el XIII Congreso Internacional de Punta del Este*, [on-line] consultado em 10 de Dezembro de 2009. Disponível: http://www.cinder.info/?page_id=480id=&language=es; CARLOS ODRIOZOLA MARISCAL, *El Seguro de Título Inmobiliario*, Barcelona, Bosch, 2006); VÁZQUEZ BOTE, El denominado seguro de títulos. Ventajas e inconvenientes de su adopción en el derecho español, *Revista de Derecho Notarial*, 92 (1976), p. 335 e ss..

[17] ANTUNES VARELA/HENRIQUE MESQUITA, Anotação ao acórdão do Supremo Tribunal de Justiça de 3 de Junho de 1992, *Revista de Legislação e de Jurisprudência*, Ano 126º, 1993/1994, p. 383-384; OLIVEIRA ASCENSÃO, *Direito Civil, Reais*, ob. cit., p. 372 e ss.; *idem*, Efeitos substantivos do registo predial na ordem jurídica portuguesa, loc. cit., p. 28; *idem*, A desconformidade do registo predial com a realidade e o efeito atributivo, *Cadernos de Direito Privado*, nº 31, Jul/Set. 2010, p. 5.

[18] Colocamos a expressão válida entre aspas, uma vez que o registo, efectivamente, padece de uma causa de invalidade consequencial: a decorrente de o negócio publicitado ser nulo (cfr. al. *b*) do art. 16º do Cód.Reg.Pred.).
No entanto, apesar de a nulidade constituir um vício que, em regra, não admite a possibilidade de sanação, neste caso, segundo o nosso entendimento, tal invalidade registal deixa de existir quando o terceiro adquire o direito em virtude da tutela concedida pelo art. 5º do Cód.

ção atributiva porque, *por força da lei*, o registo de um negócio jurídico que, para além da falta de legitimidade do *tradens*, decorrente da anterior disposição válida, não padeça de uma causa de inexistência, de outra causa de nulidade[19], nem venha a ser anulado[20], concede o direito ao titular inscrito. E, porque não podem passar a existir dois direitos incompatíveis, ao mesmo tempo resolve, para o futuro, na medida do necessário, os efeitos da primeira aquisição que, não tendo acedido ao Registo, não consolidou a oponibilidade *erga omnes* anteriormente obtida.

Assim, consideramos que, nesta hipótese, a inscrição definitiva no registo assume uma função atributiva[21], e, simultaneamente, o papel de

Reg.Pred. – como se explicitará, através de aquisição derivada legal *a non domino*– e o registo continua a dar publicidade ao direito tal como se o mesmo tivesse sido adquirido mediante aquisição derivada negocial *a domino*.

[19] Perante a qual o segundo adquirente não esteja protegido pelo art. 291º do Código Civil. A propósito da combinação das tutelas concedidas aos terceiros pelo art. 291º do Código Civil e pelo art. 5º do Cód.Reg.Pred., *vide* ORLANDO DE CARVALHO, *Teoria Geral do Direito Civil: Sumários Desenvolvidos*, Coimbra, 1981, p. 144-145, onde se pode ler:
"(...) sempre que, num problema de 3ºs para fins de registo, o autor ou *dans causam* sofre do que classificamos de ilegitimidade radical, ou seja, de uma ilegitimidade anterior à 1ª disposição que efectuou [é] evidente que (...) o registo não resolve nada de per si; há que tentar, se possível, defender o causante através da tutela da boa fé, ou, pelo menos, cada um dos seus subadquirentes. Se isso se conseguir, então é que funcionará a tutela de 3º para efeitos do registo."
Vide, ainda, a p. 149 onde o Autor apresenta, em gráfico, dois exemplos.

[20] É a duplicidade de actos atributivos que constitui o pressuposto para que opere o efeito resolutivo.

[21] Utilizamos a expressão função atributiva e não função constitutiva, ao contrário do que anteriormente fizemos – *in* A segurança jurídica gerada pela publicidade registal em Portugal e os credores que obtêm o registo de uma penhora, de um arresto ou de uma hipoteca judicial, *Ponencias y Comunicaciones Presentadas al XV Congreso Internacional de Derecho Registral, Madrid*, Colegio de Registradores de la Propiedad y Mercantiles de España, 2007, p. 196 e *Boletim da Faculdade de Direito*, vol. LXXXIII, Coimbra, 2007, p. 389 –, porque, não obstante o registo do segundo adquirente gerar uma situação nova e diversa face àquela criada pelo acto em si e por si considerado, inovando, deste ponto de vista, a realidade, consideramos, hoje, ser preferível distinguir claramente as hipóteses em que o registo assume um papel constitutivo, daquelas em que assume um papel atributivo.
Ora, como resulta do até agora exposto, entendemos que um registo é constitutivo quando assume a função de um modo, ou seja, quando sem ele, o direito real não se constitui, não se transmite, não se modifica, nem se extingue, apesar de o negócio real ou o negócio obrigacional/dispositivo, consoante o ordenamento jurídico em causa, não padecer de causas de inexistência, ser perfeitamente válido e eficaz. Por seu turno, consideramos que o "registo é atributivo" quando sem ele o direito não seria adquirido, em virtude do princípio *nemo plus iuris ad alium transferre potest quam ipse habet* (cfr. o art. 5º do Cód.Reg.Pred. e o art. 291º do Código

um evento resolutivo previsto por lei (ou de condição resolutiva imprópria) que faz cessar a eficácia da primeira aquisição, apenas *ex nunc* e somente na medida do necessário[22]/[23].

Civil). No entanto, não podemos deixar de sublinhar que a expressão "registo atributivo" também não é inteiramente rigorosa, uma vez que, como veremos, a aquisição não resulta apenas do registo, mas deste e do facto aquisitivo, que quando analisado isoladamente é válido.

[22] Portanto, não ocorre qualquer desfasamento temporal entre a eficácia atributiva e a eficácia resolutiva geradas pelo registo prioritário da segunda aquisição.

[23] Quando em causa esteja um conflito entre um direito real não registado e o direito de um promissário de um contrato-promessa dotado de "eficácia real", o promissário que obtém o registo definitivo com prioridade vê o seu direito de crédito tornar-se oponível em face de terceiros e, portanto, perante o titular do direito real anteriormente constituído, mas não registado; no entanto, entendemos que este direito não se extingue, nem fica onerado, enquanto não for celebrado o contrato prometido. De facto, na nossa perspectiva, como veremos com mais pormenor, tal direito real passa apenas a ser provisoriamente ineficaz perante a pretensão do promissário, uma vez que nada garante, por exemplo, que o crédito do promissário não se extinga por causa diferente do cumprimento (*v.g.*, por remissão) e, nesse caso, claro está, o direito real do terceiro passa a ser plenamente eficaz. Ao invés, caso tal não ocorra, e a pretensão creditória do promissário se mantenha, a ineficácia provisória do direito real incompatível assegura plenamente o promissário. De facto, em virtude dela (da ineficácia), o contrato prometido pode ser celebrado, voluntária ou coactivamente, uma vez que não existe impossibilidade de cumprimento e, uma vez adquirido e registado o direito pelo até ali promissário, o direito real incompatível torna-se definitivamente ineficaz porque, se tiver um conteúdo mais amplo, passa a estar onerado pelo direito adquirido em virtude da celebração do contrato prometido; por seu turno, se tiver um conteúdo igual ou menos amplo do que este, extingue-se.

Em resumo, apenas o registo do direito adquirido em virtude da celebração do contrato definitivo funciona como evento resolutivo da primeira aquisição e conduz à extinção ou contracção do direito primeiramente constituído.

Por sua vez, quando em causa esteja um conflito entre um direito real não registado e um direito decorrente de um pacto de preferência dotado de "eficácia real" que tenha por finalidade a aquisição de tal direito real – já anteriormente adquirido por outrem mas não registado –, o preferente que obtém o registo definitivo com prioridade vê o seu direito tornar-se oponível em face do "terceiro"; no entanto, entendemos que o direito não registado também não se extingue, ocorre "apenas" que o titular do direito de preferência pode intentar uma acção de preferência, dentro do prazo previsto na lei, para assim exercer o seu direito potestativo de se subrogar ao adquirente da coisa, no contrato que este celebrou com o obrigado à prelação. Exercida triunfantemente a preferência, nesta hipótese, segundo o nosso entendimento, contrariamente ao que em regra ocorre, os seus efeitos retroagem, não à data em que o obrigado à prelação alienou a coisa, mas *à data do registo do pacto de preferência* dotado de "eficácia real" e, portanto, o preferente torna-se titular do direito real desde essa data. De facto, não concebemos que o preferente possa adquirir em data anterior à do registo do pacto, uma vez

Como acabamos de referir, segundo o nosso entendimento, a verificação da *conditio iuris* resolutiva apenas produz efeitos *ex nunc*, e não *ex tunc*. Por um lado, porque tal se revela suficiente para satisfazer o interesse subjacente à norma legal, que é o de dar prevalência ao direito cujo facto aquisitivo foi registado; direito este que, efectivamente, só surge na esfera jurídica do segundo adquirente na data do assento registal, lavrado válida

que antes da celebração do referido pacto não é sequer titular do direito de preferência e só após obter o respectivo registo o seu direito de preferência se torna oponível a terceiros.
No entanto, se entre a data do facto aquisitivo do direito real não registado e a data da inscrição do pacto de preferência dotado de "eficácia real", o titular do direito real (ou seja, o subadquirente daquele que se vinculou à prelação) o tiver alienado ou onerado a outrem que também não tenha obtido o correspondente registo, na nossa perspectiva, o até ali preferente não será prejudicado, porque ao obter o registo definitivo do pacto de preferência com prioridade tornou o seu direito oponível também em face de tal "terceiro" e o direito incompatível deste passou a ser provisoriamente ineficaz perante a sua pretensão; consequentemente, sendo a acção de preferência julgada procedente e obtendo o até ali preferente o registo do direito real, tal direito incompatível (cuja ineficácia esteve, desde a data do registo do pacto de preferência, sob condição resolutiva de não ser proposta e julgada procedente a acção de preferência e registado o direito, assim, adquirido) tornar-se-á definitivamente ineficaz e, portanto, extinguir-se-á.
Por fim, refira-se que, exercida triunfantemente a preferência, sendo o adquirente substituído pelo preferente com eficácia *ex tunc*, os actos de disposição praticados pelo subadquirente do obrigado à preferência, após o registo do pacto de preferência, passam a ser havidos como disposições a *non domino*, e, como tais, estarão feridos de nulidade, não podendo prevalecer sobre o direito adquirido pelo preferente (cfr. art. 892º aplicável por força do art. 939º e 956º do Código Civil). (A este propósito, *vide*, por todos: VAZ SERRA, Anotação ao acórdão do Supremo Tribunal de Justiça de 20 de Junho de 1969, *Revista de Legislação e de Jurisprudência*, Ano 103, n.º 3435, p. 472; ANTUNES VARELA, Anotação ao acórdão do Supremo Tribunal de Justiça de 20 de Junho de 1969, *Revista de Legislação e de Jurisprudência*, Ano 103, n.º 3435, p. 474).
Por seu turno, quando em causa esteja um conflito entre um direito real não registado e um direito de arrendamento de duração superior a seis anos, o arrendatário que obtém o registo definitivo com prioridade também vê o seu direito tornar-se oponível em face de "terceiros". Consequentemente, se o senhorio em data anterior tiver transmitido o direito que serviu de base ao contrato de locação (*v.g.*, o direito de propriedade ou o direito de usufruto) ou se tiver constituído sobre o imóvel um direito real de gozo que possa servir de base ao contrato de locação, porque atribui ao respectivo titular a fruição proporcionada por uma relação locativa (por exemplo, um direito de usufruto), tal direito não se extinguirá, mas o seu titular assumirá a posição de senhorio, vendo assim imediatamente "onerado" o seu direito real.
Na hipótese de o senhorio, em data anterior ao do registo do contrato de arrendamento, ter constituído a favor de um terceiro um direito real insusceptível de servir de base ao contrato de locação (por exemplo, um direito de uso e habitação), entendemos que o direito não registado se extingue.

e definitivamente, e que, portanto, só nesse momento gera a necessidade de ser eliminado ou restringido o direito primeiramente adquirido, mas não registado – de facto, só nessa data passa a existir o problema de não poderem existir dois direitos reais incompatíveis. Por outro lado, porque é a eficácia *ex nunc*, e não a *ex tunc*, que é característica das *condições legais impróprias*[24].

Acresce que defendemos a eficácia ex nunc porque, segundo o art. 276º do Código Civil, os efeitos do preenchimento da condição não se retrotraem à data da conclusão do negócio quando, tendo em conta a *natureza do acto*, hajam de ser reportados a outro momento.

Ora, na hipótese de dupla disposição, quer o efeito atributivo – produzido a favor do segundo adquirente –, quer o efeito resolutivo – gerado em prejuízo do primeiro adquirente –, enquanto efeitos do registo definitivo de um facto aquisitivo que analisado isoladamente é válido –, apenas se podem produzir *ex nunc*, uma vez que os efeitos do registo apenas retrotraem nos casos expressamente previstos na lei. Dado que, como já se referiu, a retroactividade é contrária à segurança do tráfico jurídico e ao facto de os efeitos dos registo encontrarem o seu fundamento na cognoscibilidade geral.

Por fim, estando em causa um facto aquisitivo complexo que supõe o registo – que não sana o vício decorrente da ilegitimidade do *tradens* decorrente da anterior disposição válida –, nada justifica que tal facto produza efeitos antes de estar concluído, o mesmo é dizer, antes de o registo ser lavrado[25].

Portanto, e em resumo: os efeitos da segunda aquisição iniciam-se *inter partes*, não na data em que a mesma ocorreu (uma vez que em causa está uma disposição a *non domino*), mas sim na data do seu registo e o efeito resolutivo actua apenas *ex nunc* e somente na medida do necessário.

Cumpre agora tomar posição sobre a questão de saber se a segunda aquisição registada com prioridade é uma aquisição originária ou derivada.

---

[24] Neste sentido *vide* ANTUNES VARELA/HENRIQUE MESQUITA, Anotação ao acórdão do Supremo Tribunal de Justiça de 3/06/1992, *Revista de Legislação e de Jurisprudência*, Ano 126º, p. 384, nota 1; OLIVEIRA ASCENSÃO, Efeitos substantivos do registo Predial na ordem jurídica portuguesa, loc. cit., p. 27 e 28; *idem, Direito Civil, Reais*, ob. cit., p. 367.

[25] Ao invés, se o registo implicasse a sanação do vício, como é evidente, o momento aquisitivo do direito retroagiria à data do título inválido.

Como resulta do exposto, entendemos que em causa está um facto aquisitivo complexo de formação sucessiva[26] que supõe dois elementos:
- o negócio jurídico que, quando analisado apenas em si e por si, é existente e válido;
- a inscrição definitiva que não padeça de inexistência ou seja nula – por causa diversa de ter sido lavrada apesar de o negócio, efectivamente, ser nulo em virtude da ilegitimidade do *tradens* decorrente da anterior disposição válida.

Porque assim é, segundo o nosso entendimento, em causa não está uma aquisição originária. E isto não obstante a aquisição ocorrer sem a colaboração do titular afectado e o direito adquirido não se fundar ou filiar em qualquer direito anteriormente existente na esfera jurídica do disponente.

Defendemos esta posição tendo em conta, por um lado, que o negócio celebrado entre o segundo adquirente e o *dante causa* comum, apesar de nulo, constitui um requisito essencial para a aquisição do direito, na medida em que são os seus termos que determinam o conteúdo e a amplitude do direito adquirido pelo segundo adquirente.

E, por outro, porque o segundo adquirente apenas adquire, com base no art. 5º do Cód.Reg.Pred., se o segundo negócio não padecer de uma causa de inexistência, de outra causa de nulidade[27], nem vier a ser anulado.

Efectivamente, se o negócio jurídico inscrito não for celebrado com quem já tenha sido titular do direito (*ex dominus*), mas com um *non dominus*, é nulo *inter partes* e não produz qualquer efeito perante o verdadeiro proprietário, podendo este a todo o tempo, obviamente, defender o seu direito eficaz *erga omnes*.

Acresce que, mesmo que o negócio jurídico seja celebrado com o *ex dominus*, se padecer de algum vício que acarrete a sua inexistência ou invalidade, desde que assista legitimidade ao primeiro adquirente para invocar tais vícios, este não hesitará em intentar a correspondente acção judicial,

---

[26] Neste sentido, *vide* CARVALHO FERNANDES, *Lições de Direitos Reais*, ob. cit., p. 144, que afirma:
"Deste modo, da conjugação destes vários elementos – negócio inválido, registo prioritário de C e a sua boa fé – resulta a tutela deste terceiro. O registo surge, assim, como elemento de *um facto complexo de produção sucessiva*."
[27] Perante a qual o segundo adquirente não esteja protegido pelo art. 291º do Código Civil. .

para, assim, demonstrar que não ocorreu a aquisição a favor do segundo adquirente e, consequentemente, fazer prevalecer a sua aquisição, logo que a acção seja julgada procedente e seja cancelado o registo do segundo adquirente. Mais, independentemente da legitimidade para arguir o vício, caso o segundo negócio, celebrado com o *ex dominus*, seja inexistente, ou venha a ser invalidado, não se configurará a duplicidade de actos atributivos que constitui o pressuposto básico para a aplicação do art. 5º do Cód. Reg.Pred., não podendo, portanto, obviamente, prevalecer o "direito" do segundo adquirente.

Por isso, é habitual afirmar que a "validade" do segundo negócio é requisito fundamental, sem a qual não se produz a aquisição do direito real.

Portanto, o direito do segundo adquirente, apesar de não se filiar no direito do *dante causa comum*, porque ele em data anterior validamente o alienou ou onerou, funda-se no direito que este já teve. Direito este que – mesmo que não tenha acedido ao Registo em data anterior à do segundo negócio –, o sistema registal garantiu, ao segundo adquirente que primeiro obteve a inscrição registal, que, caso tivesse existido na esfera jurídica do seu *dante causa*, este ainda o conservaria, com o mesmo conteúdo e amplitude[28].

Não obstante o acabado de afirmar, reconhecemos que em causa não está uma aquisição derivada prevista no Código Civil, mas sim uma aquisição derivada peculiar.

De facto, dizer que em causa está uma "normal" aquisição derivada, porque se baseia única e exclusivamente no negócio jurídico, é falso, pois antes do registo prevalece a primeira aquisição de acordo com o princípio da consensualidade, com a eficácia *erga omnes* do direito real e com o consequente princípio da compatibilidade/exclusão que domina no Direito das Coisas.

Por isso, a doutrina tradicional afirma que em causa está uma aquisição derivada que envolve uma excepção ao princípio *nemo plus iuris ad alium transferre potest quam ipse habet*. Excepção esta que significa que, não obstante a aquisição ser derivada, o adquirente obtém um direito que já não

---

[28] Recordamos, de novo, que a mínima tutela concedida, por qualquer sistema registal, consiste em assegurar aquele que obtém o registo com prioridade que não verá a sua posição jurídica ser posta em causa por qualquer acto de alienação ou oneração, praticado pelo seu *dante causa*, que não tenha sido publicitado.

pertencia ao disponente ou é mais amplo do que aquele que lhe pertencia[29]. Portanto, em causa está uma aquisição derivada *a non domino*.

Consequentemente, antes do registo, o negócio "aquisitivo" não atribui qualquer direito.

Acresce que o registo não sana a ilegitimidade do *tradens* decorrente da anterior disposição válida, uma vez que o conceito de sanação do acto nulo significa a intervenção de um facto novo, considerado pelo legislador como equivalente ao requisito ausente, de cuja falta deriva a nulidade. Ora, como é evidente, o registo do segundo adquirente não é considerado como um equivalente da titularidade do direito por parte do causante, ou seja, da legitimidade do *tradens*. Consequentemente, não é o negócio jurídico, depois de aceder ao Registo, que determina o efeito translativo.

Em resumo, o registo não sana a invalidade, mas é imprescindível para que ocorra a aquisição.

De facto, como já referimos, o registo do segundo adquirente há-de ser uma inscrição definitiva que não padeça de inexistência ou de uma causa de nulidade diversa de ter sido lavrado apesar de o negócio, efectivamente, ser nulo em virtude da ilegitimidade do *tradens* decorrente da anterior disposição válida[30].

---

[29] Por todos, *vide*: MANUEL DE ANDRADE, *Teoria Geral da Relação Jurídica*, vol. II, *Facto Jurídico em Especial – Negócio Jurídico*, ob. cit., p. 19-20; MOTA PINTO, *Teoria Geral do Direito Civil*, 4ª ed., por António Pinto Monteiro e Paulo Mota Pinto, Coimbra, Coimbra Editora, 2005, p. 365 e ss..

[30] No entanto, cumpre sublinhar que, se o registo for consequencialmente nulo por violar o princípio do trato sucessivo, em virtude de uma inscrição anterior, em que se tenha fundado, padecer de uma nulidade intrinsecamente registal, desde que a aquisição tenha ocorrido de boa fé e a título oneroso, o segundo adquirente, efectivamente, tornar-se-á titular do direito ao abrigo do art. 5º do Cód.Reg.Pred.; uma vez que, previamente, beneficiará da tutela do art. 17º do Cód.Reg.Pred. não sendo, por isso, prejudicado pela eficácia retroactiva da declaração de nulidade do registo anterior intrinsecamente inválido e, assim, ficando a salvo da possibilidade do seu registo vir a ser declarado nulo.

Acresce que, se o registo for nulo por publicitar um facto aquisitivo consequencialmente inválido, em virtude de um negócio anterior àquele em que interveio o segundo adquirente, ser nulo ou ter sido anulado, desde que o segundo adquirente reúna os requisitos para beneficiar previamente da tutela do art. 291º do Código Civil não será afectado pela eficácia retroactiva real da invalidade substantiva e verá "sanada" a invalidade consequencial do seu registo, tornando-se, assim, titular do direito nos termos do art. 5º do Cód.Reg.Pred..

Ao invés, se o registo for nulo por publicitar um facto aquisitivo consequencialmente inválido, em virtude de um negócio anterior àquele em que interveio o segundo adquirente, ser inexistente, este não se tornará titular do direito ao abrigo do art. 5º do Cód.Reg.Pred., uma vez que, previamente, não será tutelado perante a inexistência, pois, como se sabe, o

Se o registo for nulo, por exemplo, por ter sido lavrado sem apresentação prévia e, por isso, for cancelado, o direito do primeiro adquirente prevalecerá. Na verdade, nesta hipótese, em virtude da invalidade intrisecamente registal e própria (não consequencial), o assento lavrado a favor do segundo adquirente não produz o efeito atributivo, nem, simultaneamente, o papel de evento resolutivo previsto por lei. Consequentemente, o primeiro adquirente não deixa de ser o titular do direito[31].

Portanto, não há como negar que o registo definitivo e "válido"[32] – que não sana a ilegitimidade do *tradens* decorrente da anterior disposição válida –, é um elemento essencial para que ocorra a aquisição. Por isso, começámos por referir que o registo definitivo válido, lavrado a favor do segundo adquirente, assume uma "função atributiva", uma vez que sem ele o direito não seria adquirido, tendo em conta o princípio *nemo plus iuris ad alium transferre potest quam ipse habet*.

Em suma, sendo para nós claro que em causa não está uma aquisição originária, também não podemos afirmar, sem faltar à verdade, que se trata de uma "normal" aquisição derivada.

Como já afirmámos, em causa está a aquisição de um direito que se funda ou filia no direito que o autor comum *já teve* e que o sistema registal garantiu, ao segundo adquirente, que se mantinha, com o mesmo conteúdo e amplitude, na esfera jurídica do seu *dante causa*, desde que ele (o segundo adquirente) obtivesse o seu registo com prioridade.

Por isso, tendo em conta a função desempenhada pelo registo do segundo negócio jurídico que, quando analisado apenas em si e por si, é existente e válido – mas que, efectivamente, é nulo em virtude da ilegitimidade do *tradens* e assim permanece após a respectiva inscrição –, parece-nos mais sensato pôr em relevo a natureza especial da aquisição derivada,

---

art. 291º apenas protege os terceiros perante a eficácia retroactiva real da nulidade ou da anulação. Portanto, nesta hipótese, o segundo adquirente não beneficiará da tutela do art. 5º porque o negócio jurídico em que participou como sujeito activo padecia de uma causa de ilegitimidade diversa da ilegitimidade do *tradens* decorrente de uma anterior disposição válida e, consequentemente, o seu registo sofria de outra causa de invalidade extrínseca.

[31] Portanto, o cancelamento do registo inválido lavrado a favor do segundo adquirente não conduz à reaquisição do direito por parte do primeiro.

Não obstante, como é evidente, o primeiro adquirente deve, nesse caso, obter o mais rapidamente possível o registo da sua aquisição, uma vez que só assim consolidará definitivamente a oponibilidade *erga omnes* do seu direito.

[32] Cfr. notas 1049 e 1060.

qualificando-a como aquisição derivada *peculiar* ou *sui generis*, uma vez que em causa está um facto aquisitivo complexo de produção sucessiva.

Em concreto, na nossa perspectiva, estamos perante uma aquisição derivada *peculiar* ou *sui generis a non domino* que ocorre por força da lei[33], assumindo, portanto, natureza legal e *não negocial*. Isto porque, segundo o nosso entendimento, o registo lavrado a favor do segundo adquirente não torna operante o negócio jurídico. Na verdade, a aquisição do segundo adquirente resulta de uma *facti-species* aquisitiva autónoma, *facti-species* essa que é *legal, complexa e de formação sucessiva*, uma vez que o negócio inválido – apenas em virtude da ilegitimidade do *tradens* decorrente da anterior disposição válida – e o respectivo registo definitivo e "válido" são elementos igualmente importantes[34].

Por fim, tendo em conta todo o exposto, cumpre sublinhar que não identificamos no registo definitivo da segunda aquisição uma qualquer excepção à característica da sequela e da preferência/prevalência, ao contrário do que muitas vezes se encontra afirmado na doutrina nacional, pela simples razão de que o registo da segunda aquisição funciona como evento resolutivo da primeira aquisição e conduz à extinção ou contracção do direito primeiramente constituído. Ora, assim sendo, deixa de ser razoável falar da eficácia *erga omnes*, da sequela e da preferência/prevalência do direito primeiramente adquirido, pela singela razão de este já não existir, ou torna-se impossível fazer referência a tais características perante um direito menor que, em virtude do art. 5º do Cód.Reg.Pred., o passou a onerar, conduzindo à sua contracção.

---

[33] O nosso ordenamento jurídico também consagra, como se sabe, aquisições derivadas de natureza legal *a domino*. Assim, por exemplo: o direito real de habitação, pelo prazo de cinco anos, a favor da pessoa que tenha vivido em economia comum, durante mais de dois anos, com a pessoa proprietária da casa de morada comum, caso esta faleça (cfr. nº 1, do art. 5º da Lei n. 6/2001, de 11 de Março, bem como as excepções a tal direito referidas nos n.ºs 2 e 3 do mesmo preceito legal); o direito real de habitação, pelo prazo de cinco anos, a favor do membro sobrevivo da união de facto que tenha durado mais de dois anos, com o titular do direito de propriedade da casa de morada comum, em caso de morte deste (cfr. nº 1 do art. 4º da Lei n. 7/2001, de 11 de Maio, bem como as excepções a tal direito referidas no nº 2 do mesmo preceito legal).

[34] Como resulta do exposto não concordamos com OLIVEIRA ASCENSÃO quando, depois de reconhecer que "o registo é verdadeiramente requisito do facto constitutivo", afirma: "Mas o registo não é conforme aos títulos substantivos, antes os substitui – por isso se poderia falar também em publicidade substitutiva." (Cfr. OLIVEIRA ASCENSÃO, *Direito Civil, Reais*, ob. cit., p. 366).

1.2. Os terceiros, titulares de registos definitivos, que beneficiam da tutela concedida pelo art. 5º do Código do Registo Predial

É evidente que os terceiros protegidos por esta dimensão da inoponibilidade têm de reunir, pelo menos, todos os requisitos que, pacificamente, são exigidos por todos os sistemas registais de protecção mínima.

Passamos a enunciá-los:

a) Ser terceiro perante o acto. Estão assim excluídas, as próprias partes do facto aquisitivo ou seus herdeiros (cfr. o nº 1 do art. 4º do Cód. Reg.Pred.);

b) Não ser representante legal vinculado pela obrigação de promover o registo, nem herdeiro deste (cfr. o nº 3 do art. 5º do Cód.Reg. Pred.);[35]

c) Ser "titular" de um direito sujeito a registo sob pena de inoponibilidade e ter obtido o correspondente assento com prioridade[36].

---

[35] A este propósito vide MÓNICA JARDIM, Herdeiros e legatários testamentários e o art. 5º do Código do Registo Predial, loc. cit., p. 939 e ss., onde se chega às seguinrtes conclusões:
"1 – O artº 5º do C.R.Pred. não pode intervir para dirimir a controvérsia entre vários designados mortis causa através de testamento, pois o testamento posterior revoga os anteriormente feitos (cfr. Artº 2313º do Código Civil);
2 – É inconfigurável um conflito entre um sucessor testamentário e um adquirente inter vivos do de cuius, sempre que a transmissão inter vivos seja posterior à deixa testamentária, pois esta é revogada por aquela (cfr. art. 2316º do Código Civil);
3 – Quando em causa está uma deixa testamentária a título de herança posterior à transmissão inter vivos, o art.º 5.º não é aplicável, pois o herdeiro subingressando na posição do de cuius é parte e não terceiro (cfr. artº 4º do C.R.Pred.);
4 – O artº 5.º do C.R.Pred. não é aplicável à hipótese em que, após a transmissão inter vivos, o de cuius tenha disposto de coisa alheia como coisa de outrem, pois nesse caso em causa está um legado de aquisição com eficácia meramente obrigacional (cfr. artº 2251º do Código Civil);
5 – Quando o autor do testamento, através de disposição a título de legado, tenha pretendido transmitir a propriedade de um bem que já havia alienado inter vivos, ou seja, quando tenha pretendido dispor de coisa alheia como própria, regra geral, terá visado um fim contrário aos bons costumes e se a determinação por tal fim resultar da interpretação do testamento este é nulo. Portanto, sendo julgada procedente a acção de nulidade da deixa testamentária e cancelado o respectivo registo, o adquirente inter vivos prevalece, não obstante não ter registado."

[36] Não é, por isso, terceiro o segundo adquirente de um direito real que também não obtém o registo. Na verdade, tratando-se de um "conflito" entre dois titulares de direitos reais sobre a mesma coisa, mas em que nenhum deles procedeu ao registo, a consequência é evidente: prevalece a primeira aquisição, não sendo aplicável o art. 5º – que limita a sua acção ao "conflito" entre um titular inscrito e outro não inscrito.

A situação concreta pressuposta na hipótese da norma não pode deixar de ser a de um "conflito"[37] entre titulares de direitos ou de pretensões incompatíveis, sujeitos a registo sob pena de inoponibilidade. É necessária a identidade de regime entre o direito do terceiro e o direito que o terceiro pretende afastar[38].

Não é, por isso, terceiro o titular de um direito de crédito insusceptível de ser registado (por exemplo, um direito de comodato), dado que, sempre que a inoponibilidade do direito não decorra da falta de registo, o seu titular não se pode prevalecer da falta de registo de outrem. Nem tem de obter o registo sob pena de inoponibilidade aquele que adquire a título originário (por exemplo, em virtude de expropriação, de acessão industrial imobiliária ou da invocação da usucapião – cfr. al. *a)* do nº 2 do art. 5º do Cód.Reg. que apenas se refere à usucapião, mas vale, obviamente, para qualquer forma de aquisição originária), ou por força da lei (por exemplo, a aquisição de privilégios creditórios, de um direito legal de preferência, *etc.*) uma vez que a aquisição originária e a aquisição *ex vi legis* não estão sujeitas a registo sob pena de inoponibilidade e o direito assim adquirido prevalece, sempre, mesmo em face de direitos registados. Portanto, a norma pressupõe um "conflito" entre pelo menos dois adquirentes, por aquisição derivada, de direitos sujeitos a registo (sob pena de inoponibilidade), sobre a mesma coisa imóvel.

d) Existir um "conflito" entre adquirentes do mesmo autor ou causante[39].

---

[37] Fala-se de conflito apenas em via descritiva, uma vez que só se pode falar de conflito na medida em que uma pluralidade de aquisições estejam no mesmo plano, já não quando, como é o caso, o segundo adquirente adquire, necessariamente, *a non domino*, e nessa condição permanece enquanto não for efectuado o registo. Portanto, o conflito não é um *prius* face ao registo.

[38] "O titular inscrito é terceiro em relação ao titular do direito inoponível, mas este é também, em certo sentido, ainda que não seja rigoroso em termos doutrinais, um terceiro em relação ao titular inscrito. Dir-se-á que são terceiros entre si ou terceiros recíprocos." (Cfr. ISABEL PEREIRA MENDES, O registo predial e a segurança jurídica, *in Estudos Sobre Registo Predial*, Coimbra, Almedina, 1999, nota 38, p. 38).

[39] É claro que o "conflito" não se soluciona pelo art. 5º do Cód.Reg.Pred. no caso de os interessados serem titulares de direitos registados definitivamente, incompatíveis, adquiridos do mesmo causante e sobre a mesma coisa (descrita no Registo apenas uma vez). Neste caso é aplicável o art. 6º do Cód.Reg.Pred.
Sublinhe-se que a hipótese acabada de apresentar não é meramente teórica, não obstante a consagração do princípio da legitimação e do princípio do trato sucessivo. De facto, pense-se

De facto, segundo o nº 4 do art. 5º do Cód.Reg.Pred., terceiros para efeitos do registo, são aqueles que tenham adquirido, de um autor comum, direitos incompatíveis entre si[40].

no registo definitivo da penhora que não impede um posterior registo definitivo a favor de pessoa diversa do adquirente no âmbito da acção executiva, e isto porque este último registo definitivo também não obsta ao registo definitivo da aquisição no âmbito da acção executiva (cfr. art. 34º, nº 4, do Cód.Reg.Pred.), em consonância com a regra do direito substantivo segundo a qual são inoponíveis em relação à execução os actos de disposição, oneração ou arrendamento dos bens penhorados (art. 819º do Código Civil).
Acrescente-se, ainda, que o "conflito" não se soluciona pelo art. 5º do Cód.Reg.Pred. no caso de os interessados serem titulares de direitos registados definitivamente, incompatíveis, adquiridos do mesmo causante e sobre a mesma coisa, *se esta tiver sido indevidamente objecto de duas descrições registais* e tal tenha possibilitado a existência de registos incompatíveis. Neste caso, em virtude da duplicação das descrições, as regras do registo, a final, não serão aplicáveis, resolvendo-se o conflito através do direito substantivo.
Sobre uma hipótese deste tipo *vide* o acórdão do Supremo Tribunal de Justiça de 21 de Abril de 2009, [on-line] consultado em 5 de Maio de 2011. Disponível: http://www.dgsi.pt/jstj.nsf., em cujas conclusões se pode ler:
"f) No caso de duplicação de inscrições imputável à Conservatória do Registo Predial, e reportando-se cada uma das escrituras de compra e venda a diferentes identificações registrais, tratou-se de negociar prédios tabularmente distintos, embora fisicamente o mesmo, já que o objecto do registo inclui a realidade material do prédio sobre que recai a inscrição, traduzida na descrição predial (art. 68º CRP).
g) Sob pena de se frustrarem os princípios estruturantes do registo predial, como a publicidade e segurança estática e dinâmica, e se ambos os compradores cumpriram os deveres registrais fazendo inscrever provisoriamente as aquisições a recaírem em diferentes inscrições, nenhum deles deve beneficiar da eficácia dos registos, deixando de valer a regra do nº 4 do artigo 5º do Código do Registo Predial para prevalecerem as normas do direito substantivo relativas à venda de coisa alheia." (Sublinhámos).
Por fim, o "conflito" não se soluciona pelo art. 5º do Cód.Reg.Pred. no caso de os interessados serem titulares de direitos incompatíveis, registados definitivamente, adquiridos do mesmo causante e sobre a mesma coisa, descrita no Registo uma só vez, *se o autor comum tiver, indevidamente, conseguido inscrever duas vezes o seu facto aquisitivo, criando, depois, duas ordens registais absolutamente incompatíveis*. Também nesta hipótese o conflito há-de ser resolvido pelo direito substantivo, uma vez que, como se pode ler no parecer do Conselho Consultivo da Procuradoria-Geral da República nº 73/96, "se do registo constam inscrições incompatíveis e se o próprio registo revela a desconformidade, ninguém pode valer-se de uma inscrição incorrecta quando não está em melhores condições do que aquele que tiver depositado confiança na inscrição verdadeira." (Cfr. parecer do Conselho Consultivo da Procuradoria-Geral da República nº 73/96, *Diário da República*, II Série, 20 de Novembro de 2000, nota 44, p. 18818).

[40] O nº 4 do art. 5º do Cód.Reg.Pred. foi introduzido pelo Dec.-Lei. 533/99 de 11 de Dezembro, mas já anteriormente a doutrina defendia que o art. 5º só era aplicável quando em causa estivesse um conflito entre dois adquirentes do mesmo autor ou causante. Não obstante, a boa

Se um dos interessados tiver adquirido de quem não era o "verdadeiro" titular, o art. 5º do Cód.Reg.Pred. é inaplicável, dado que dois ou mais sujeitos só podem ser adquirentes, por aquisição derivada, aparentemente válida e eficaz, de direitos sujeitos a registo sobre a mesma coisa, se o causante for o mesmo[41]. Só nesta hipótese é que ambos podem ter adqui-

doutrina afirmava que as aquisições conflituantes podiam, ou não, basear-se na vontade do autor comum. (Neste sentido, *vide,* por todos: VAZ SERRA, Anotação ao acórdão do Supremo Tribunal de Justiça, de 12 de Julho de 1963, *Revista de Legislação e de Jurisprudência,* Ano 97º, p. 165; *idem,* Anotação ao acórdão do Supremo Tribunal de Justiça, de 11 de Fevereiro de 1969, *Revista de Legislação e de Jurisprudência,* Ano 103º, p. 165; PIRES DE LIMA, Anotação ao acórdão do Supremo Tribunal de Justiça, de 30 de Abril de 1965, *Revista de Legislação e de Jurisprudência,* Ano 98º, p. 348; ANTUNES VARELA, Anotação ao acórdão do Supremo Tribunal de Justiça, de 4 de Março de 1982, loc. cit., p. 313 e ss.).

[41] Isto porque, valendo no sistema jurídico português o princípio da causalidade e não tendo, obviamente, o registo eficácia sanante dos vícios do negócio em que participa o próprio titular registal, dois sujeitos, não sendo partes ou herdeiros das partes de um facto aquisitivo comum, só podem arrogar-se simultaneamente a titularidade de direitos sujeitos a registo, sobre a mesma coisa, se o facto aquisitivo de cada um for válido e eficaz, abstraindo do facto aquisitivo do outro.
Assim, por exemplo: quer *A* quer *B* se arrogam titulares do direito de propriedade sobre o prédio *x*; *A* apresenta certidão que comprova ter comprado o prédio a *C*; *B* exibe uma certidão que comprova uma permuta com *D* (não tendo este adquirido de *C*).
O conflito entre *A* e *B* não pode ser resolvido pela norma em apreço, pois, necessariamente, um deles terá "adquirido" de quem não era (nem nunca foi) titular do direito. Consequentemente, o facto aquisitivo em que interveio é intrinsecamente nulo e o registo que haja feito a seu favor de nada lhe pode valer. Aquele que adquiriu do verdadeiro proprietário pode sempre arguir a referida nulidade e obter o cancelamento do registo. O art. 5º do Cód.Reg. Pred. só protege aquele que adquiriu de um *ex-dominus* e obteve o registo, não aquele que adquiriu de um *non domino*.
Sublinhe-se ainda que, como resulta do exposto, sempre que em causa estejam duas cadeias de transmissões com origem em titulares registais diversos, o conflito não pode ser resolvido pelo art. 6º do Cód.Reg.Pred., uma vez que, como já salientámos, não basta obter com prioridade a inscrição de um facto jurídico para o fortalecer definitivamente em face do verdadeiro titular do direito, é ainda necessário ser havido como terceiro para efeitos do art. 5º.
HÖRSTER, Efeitos do registo – terceiros – aquisição «a non domino», loc. cit., p. 132, apresenta o seguinte exemplo:
"Suponhamos que o mesmo prédio se encontra registado a favor de dois proprietários diferentes, sendo um deles o verdadeiro proprietário enquanto o outro nunca o foi. Se ambos os proprietários registados o venderem a compradores diferentes, estes não são terceiros entre si visto não terem adquirido do mesmo transmitente. Apenas aquele comprador adquiriu a propriedade do prédio vendido a quem o foi transmitido pelo verdadeiro proprietário. O outro adquirente fica sem qualquer protecção, uma vez que – tratando-se de uma invalidade material do registo – não pode apoiar-se nas presunções do art. 8º Cód. Reg. Pred. [cfr. actual

rido do "verdadeiro" titular. E, ainda assim, rigorosamente, só o primeiro adquiriu do verdadeiro titular; uma vez que, tendo o autor comum transmitido ou onerado o seu direito ao primeiro adquirente por mero efeito do contrato, por força do princípio da consensualidade, logicamente que o segundo acto de disposição já padece de uma ilegitimidade: o "verdadeiro" titular já o não era em virtude da anterior disposição válida. Mas é esta, e só esta, a hipótese de ilegitimidade que, como é habitual afirmar, o regime do art. 5º do Cód.Reg.Pred. supre[42]. Ou, com mais rigor, é esta e só esta a hipótese em que pode ocorrer a *factis-specie* aquisitiva complexa e de formação sucessiva em virtude da qual o segundo adquirente, efectivamente, se torna titular do direito ao abrigo do art. 5º do Cód.Reg.Pred..

Refira-se, ainda, que pode surgir um "conflito" entre um adquirente imediato e um adquirente mediato, ou entre dois subadquirentes de dois adquirentes imediatos. Nesse caso, não estamos perante um "conflito" previsto no art. 5º do Cód.Reg.Pred., uma vez que em causa não estão adquirentes de um autor comum.

art. 7º] nem pode invocar a inoponibilidade do art. 7º [cfr. actual art. 5º]. De resto, qualquer outro resultado seria incompreensível. Quando o facto jurídico subjacente ao registo não confere direitos, não será o registo que os dá." (As frases introduzidas entre parêntesis rectos são nossas). Na nossa perspectiva, como já referimos, o titular registal mesmo que nunca tenha sido o titular do direito beneficia das presunções derivadas do registo. No entanto, no caso em apreço, também entendemos que o adquirente do verdadeiro titular veria o seu *direito* prevalecer sobre o *não direito*. No entanto, chegamos a esta conclusão porque não existe um autor comum e o art. 5º do Cód.Reg.Pred. é, por isso, inaplicável, de nada valendo a prioridade registal. Assim, na nossa perspectiva, o referido caso devia ser resolvido tendo em conta, apenas e só, o direito substantivo que faria prevalecer, naturalmente, o *direito* adquirido do verdadeiro titular em face do *não direito*.

[42] O art. 5º do Cód.Reg.Pred. não sana o vício decorrente da ilegitimidade do *tradens* decorrente da anterior disposição válida. De facto, após o registo lavrado com prioridade a favor do segundo adquirente, mantém-se a ilegitimidade do *tradens*, mas, não obstante, se o negócio em que o segundo adquirente interveio não padecer de outra causa de nulidade (perante a qual o segundo adquirente não esteja protegido pelo art. 291º do Código Civil) ou de inexistência e não for anulado, o registo faz com que a referida ilegitimidade não assuma relevância e, portanto, não impeça a sua aquisição.

Não é o contrato, depois de ver sanada a nulidade através do registo, que determina o efeito translativo, mas uma *facti-species* nova e distinta; uma *facti-species* aquisitiva de estrutura complexa da qual o registo é um co-elemento. Por isso afirmámos que os efeitos da aquisição se iniciam *inter partes*, não na data em que a mesma ocorreu (uma vez que em causa está uma disposição a *non domino*), mas sim na data do seu registo e defendemos que em causa não está uma "normal" aquisição derivada, mas sim uma aquisição derivada *sui generis*.

No entanto, tal não nos pode conduzir a afastar a aplicação do referido preceito legal, uma vez que, como é evidente, antes do tal "conflito" insusceptível de ser resolvido pelo art. 5º, necessariamente, houve um outro entre dois adquirentes imediatos do mesmo *dante causa*.

Efectivamente, nestas hipóteses, existem dois "conflitos" que se sucedem no tempo. Um primeiro, entre dois adquirentes do mesmo *dante causa*; um segundo entre um adquirente imediato e um adquirente mediato ou entre dois subadquirentes de dois adquirentes imediatos.

Porque assim é, entendemos que, antes de mais, há que resolver o primeiro "conflito" entre os dois adquirentes imediatos, o mesmo é dizer, entre os dois adquirentes do mesmo *dante causa*, aplicando-se, naturalmente, o art. 5º do Cód.Reg.Pred., para se apurar qual dos direitos prevalece ou, noutra perspectiva, qual dos direitos decai.

Se o fizermos, encontramos a solução para o segundo "conflito", uma vez que, da prevalência do direito de um adquirente imediato que obtém o registo com prioridade podem valer-se todos os sucessivos adquirentes daquele; ou, noutra óptica, uma vez que, após decair ou ser contraído o direito do subadquirente imediato que não obteve o registo com prioridade, como é evidente, os seus eventuais subadquirentes ou nada adquirem ou apenas adquirem um direito onerado, de acordo com o princípio *nemo plus iuris ad alium transferre potest quam ipse habet*.

Passamos a explicitar o acabado de afirmar.

No caso de dupla alienação dá-se origem a duas cadeias de aquisições, entendendo-se por cadeia a série de aquisições sucessivas de direitos ligados entre si pelo vínculo de derivação. Tais cadeias são, obviamente, incompatíveis uma com a outra e o conflito entre alguém pertencente a uma cadeia e alguém pertencente à outra resolve-se tendo em conta a prioridade do registo das aquisições imediatas do autor comum.

Se na origem da cadeia está uma aquisição prioritariamente registada, dela beneficiam todos os sucessivos anéis da dita cadeia, ou seja, os sucessivos adquirentes[43], o que não pode admirar, uma vez que adquirem daquele que, ao abrigo do art. 5º do Cód.Reg.Pred., efectivamente, adquiriu o direito.

---

[43] É o que se pode denominar por *protecção intercorrente*.
Tanto quanto sabemos, a expressão, em Portugal, foi introduzida por ORLANDO DE CARVALHO no seu ensino oral.

Ao invés, se na origem da cadeia está uma aquisição que não beneficia de prioridade registal, como resulta do exposto – aquando da apresentação da explicação, ao nível do direito civil, para a solução decorrente do art. 5º do Cód.Reg.Pred. –, tal é sinónimo de que o direito decaiu ou foi contraído, não podendo o seu antigo titular actuar como se tal não tivesse ocorrido; caso o faça, naturalmente, os seus "subadquirentes" serão considerados adquirentes *a non domino*. Esta solução resulta, como consequência inevitável, do princípio *nemo plus iuris ad alium transferre potest quam ipse habet*.

Cumpre ainda voltar a sublinhar que o art. 5º Cód.Reg.Pred. apenas protege contra os ataques de estranhos ao registo, já não contra a invalidade do próprio título que se inscreveu, nem contra a de títulos anteriores inscritos. Ou seja, protege o terceiro em face de actos não inscritos, mas não em face de vícios de actos inscritos[44].

Por isso, o artigo em apreço não consagra o princípio da fé pública registal nem, consequentemente, a segunda dimensão da inoponibilidade, mas "apenas" a primeira dimensão da inoponibilidade. Assim, se o facto aquisitivo do *dante causa* padecer de outra causa de nulidade ou for anulado, o segundo adquirente que primeiro obtenha o registo, porque interveio num negócio que padece de uma nulidade consequencial, a par da nulidade derivada da ilegitimidade do *tradens* decorrente de uma anterior disposição válida, só beneficiará da tutela do art. 5º do Cód.Reg.Pred. se, previamente, for protegido pelo art. 291º do Codigo Civil. Acresce que, se o facto aquisitivo do *dante causa* padecer de inexistência o segundo adqui-

---

[44] Daí o seguinte aforismo: "o registo definitivo não assegura que o respectivo beneficiário seja o titular; *mas faz presumir que o seja* e garante que ainda o é".
Faz presumir que o seja em virtude do art. 7º do Cód.Reg.Pred.
Garante que ainda o é, porque, por força do art. 5º, nº 1, do mesmo diploma, o direito registado prevalece contra os eventuais adquirentes ou subadquirentes do mesmo causante de direitos sobre a mesma coisa não registados ou posteriormente registados. Portanto, o registo apesar de *não* assegurar a existência efectiva do direito da pessoa a favor de quem esteja registado um prédio, garante que, a ter ele uma vez existido em tal esfera jurídica, ainda se conserva na mesma titularidade, ou seja, ainda não foi transmitido a outra pessoa.
(Neste sentido *vide*: Vaz Serra, Anotação ao acórdão do Supremo Tribunal de Justiça de 12 de Julho de 1963, *Revista de Legislação e de Jurisprudência*, Ano 97º, p. 57; Antunes Varela, Anotação ao acórdão do Supremo Tribunal de Justiça de 4 de Março de 1982, *Revista de Legislação e de Jurisprudência*, Ano 118º, nº 3739, p. 310; Hörster, Zum Erwerb vom Nichtberechtigten im System des Portugiesischen Bürgerlichen Gesetzbuchs, loc. cit., p. 25).

rente que primeiro obtenha o registo, porque não beneficia da tutela do art. 291º do Código Civil, não adquirirá o direito ao abrigo do art. 5º do Cód.Reg.Pred..

Por fim, reafirmamos que, pelas razões anteriormente expostas, o 5º do Cód.Reg.Pred. não exige que o registo a favor do transmitente esteja lavrado à data do negócio jurídico com o segundo adquirente.

A este propósito recordamos, agora, que em Espanha os dualistas recusam-se a admitir que o sistema registal, na hipótese de dupla alienação ou oneração do mesmo bem pelo mesmo *dante causa*, não garanta o segundo adquirente que obtém com prioridade o registo, quando o *dante causa* e *ex dominus* nunca tenha sido titular registal, uma vez que, se assim fosse, o sistema registal espanhol não tutelaria o "terceiro", nessa hipótese, ao contrário do que ocorre em sistemas de tutela muito mais fraca (por exemplo, no sistema francês, no belga e no italiano). Por isso, concluem que o sistema latino de protecção continua a ser necessário em Espanha, como contrapeso à possibilidade de mutações jurídico-reais extra-registais.

1.2.1. Os terceiros, titulares de registos definitivos, que beneficiam da tutela concedida pelo art. 5º do Código do Registo Predial e a eventual exigência de que a aquisição seja onerosa e de boa fé

Dando por assente o afirmado, cumpre assumir posição sobre a eventual necessidade de a aquisição do terceiro ser onerosa e de boa fé.

A) *Da eventual onerosidade da aquisição*

Quanto à exclusão da prevalência de uma aquisição posterior a título gratuito têm-se invocado, essencialmente, dois tipos de argumentos[45].

Por um lado, afirma-se, sendo a aquisição a título gratuito não há qualquer necessidade de protecção do tráfico jurídico: o interessado não realiza nenhum esforço económico que deva ser preservado e o transmitente poderá não ter meios que tornem efectiva qualquer responsabilidade patrimonial[46].

---

[45] ALEXANDRE DE SEABRA, *O Direito*, Ano 7º, p. 418, foi quem primeiro defendeu o requisito da onerosidade em face do disposto no art. 951º do Código Civil de 1867, defendendo que o donatário e o legatário subsumir-se-iam, na letra da lei, ao conceito de representante.
[46] MENEZES CORDEIRO, *Direitos Reais*, ob. cit., p. 276 e p. 279.
Refira-se que MENEZES CORDEIRO, *Tratado de Direito Civil Português – Parte Geral*, Tomo I, Coimbra, Almedina, 1999, p. 184 e ss., defende que os pressupostos da protecção jurídica da

Por outro, recorda-se que a finalidade do registo é a segurança do comércio jurídico imobiliário e que o comércio é, generalizadamente, desenvolvido por operações económicas onerosas; os actos gratuitos são, por definição, estranhos ao comércio. Consequentemente, diz-se que as finalidades do registo não justificam a tutela dos adquirentes a título gratuito.

Por fim, tenta-se generalizar uma regra que consta dos arts. 291º do Código Civil e 17º, nº 2, do Cód.Reg.Pred.[47]-[48] e defende-se que, em relação às aquisições gratuitas, não funciona qualquer limitação ou excepção ao princípio da causalidade e, assim, ao princípio *nemo plus iuris ad alium transferre potest quam ipse habet*.

Não aceitamos estes argumentos. Porquanto:

O primeiro adquirente só corre o risco de ver o seu direito decair, ou ser onerado, se não obtiver o registo do correspondente facto aquisitivo com prioridade. Desde que obtenha o respectivo assento registal consolida, definitivamente, a eficácia *erga omnes* do seu direito. Consequentemente, se cada um acautelar os seus próprios interesses, obtendo a inscrição registal dos respectivos factos aquisitivos, o art. 5º do Cód.Reg.Pred. nunca virá a ser aplicado.

---

confiança são: 1º – uma situação de confiança conforme com o sistema e traduzida na boa fé subjectiva e ética: 2º – uma justificação para essa confiança; 3º – um investimento de confiança; e 4º – a imputação da situação de confiança criada à pessoa que vai ser atingida pela protecção dada ao confiante, esclarecendo que "a aquisição a non domino, pelo registo, prevista no art. 17º/2 do Código do Registo Predial de 1984 – exemplo claro de tutela da confiança – opera a favor do terceiro que esteja de boa fé (a situação de confiança), que tenha agido com base no registo prévio, a favor do alienante (a justificação da confiança), e que tenha adquirido a título oneroso (o investimento de confiança): não é necessária a imputação dessa confiança à pessoa que vai ser prejudicada pela aquisição tabular".

[47] OLIVEIRA ASCENSÃO ensina que são requisitos da aquisição na hipótese do art. 5º do Cód.Reg.Pred.: 1) a preexistência de um registo desconforme; 2) o acto de disposição ferido de ilegitimidade por provir de titular aparente; 3) registo dessa pretensa aquisição; 4) boa fé do adquirente; e 5) carácter oneroso da aquisição. (Cfr. OLIVEIRA ASCENSÃO, *Direito Civil, Reais*, ob. cit., p. 376; *idem*, Efeitos substantivos do registo predial na ordem jurídica portuguesa, loc. cit., p. 32; *idem*, A desconformidade do registo predial com a realidade e o efeito atributivo, loc. cit., p. 8 e ss.).

[48] Como já referimos, MENEZES CORDEIRO, na vigência do Código do Registo Predial de 1967, defendeu a aplicação extensiva do art. 85º (cfr. actual art. 17º, nº 2 do Cód.Reg.Pred.) à hipótese de dupla alienação ou oneração de direitos incompatíveis, pelo mesmo *dante causa*; consequentemente, considerou que a tutela do segundo adquirente que primeiro obtém o registo depende do carácter oneroso da sua aquisição e, ainda, da sua boa fé.

É verdade que, antes do registo ser obrigatório entre nós, muitos não solicitavam a inscrição registal, não acautelando, portanto, os seus próprios interesses; também é certo que o actual regime de obrigatoriedade, com a sua sanção pelo cumprimento tardio, não garante que todos os factos sujeitos a registo, efectivamente, sejam publicitados. Mas, como é evidente, tal realidade não pode conduzir a que se afirme que não devem ser os interessados a sofrer as consequências. De facto, por que razão as consequências do desleixo de alguém e, agora, da falta de cumprimento de um dever, se deverão abater, não na respectiva esfera jurídica, mas na esfera jurídica do terceiro adquirente a título gratuito?

Recordamos, ainda, que negar a tutela aos adquirentes a título gratuito implica reconhecer que estes só têm interesse em obter o registo caso pretendam alienar ou onerar o seu direito[49] ou caso pretendam beneficiar de prazos mais curtos para a invocação da usucapião. No entanto, actualmente, o registo é obrigatório quer em causa esteja uma aquisição a título gratuito, quer a título oneroso, o que, naturalmente, suscita a questão de saber em que medida a obrigatoriedade do registo das aquisições gratuitas não se revelará excessiva caso os adquirentes a título gratuito não beneficiem da tutela concedida pelo art. 5º do Cód.Reg.Pred.

É certo que, segundo o art. 1º do Cód.Reg.Pred., o registo se destina "essencialmente a dar publicidade à situação jurídica dos prédios, tendo em vista a segurança do comércio jurídico imobiliário".

E, é evidente que o comércio jurídico imobiliário não se desenvolve por operações gratuitas; mas, também parece óbvio que não é protegendo o desleixo, a incúria e, agora, o incumprimento de um dever que se promove a sua segurança[50].

Por outro lado, ninguém pode negar que aos credores tanto interessa saber da situação dos bens adquiridos a titulo oneroso, como dos adquiridos a título gratuito[51/52].

---

[49] E isto, por força do princípio da legitimação.
[50] Neste sentido se pronuncia PINTO MONTEIRO, no seu ensino na cadeira de Teoria Geral do Direito Civil.
[51] Neste sentido, *vide* ANTUNES VARELA, Anotação ao acórdão do Supremo Tribunal de Justiça de 4 de Março de 1982, loc. cit., Ano 118º, nº 3739, p. 308 e ss.; ANTUNES VARELA/ HENRIQUE MESQUITA, Anotação ao acórdão do Supremo Tribunal de Justiça de 3 de Junho de 1992, *Revista de Legislação e de Jurisprudência*, Ano 126º, p. 383-384; ORLANDO DE CARVALHO, Terceiros para efeitos de registo, *Boletim da Faculdade de Direito*, vol. LXX (separata), p. 102; MOTA PINTO, *Teoria Geral do Direito Civil*, ob. cit., p. 368; CARVALHO FERNANDES,

Por fim, entendemos que não se deve afirmar o requisito da onerosidade por aplicação analógica (do art. 291º do Código Civil ou do nº 2 do art. 17º e do art. 122º, ambos, do Cód.Reg.Pred), uma vez que, na nossa perspectiva, não existe uma qualquer lacuna. No entanto, para evitar repetições, escusamo-nos agora de explicitar este argumento, uma vez que também o invocamos para recusar a exigência do requisito da boa fé do segundo adquirente e, já de seguida, passamos a analisar esta questão.

Terceiros para efeitos de Registo Predial, loc. cit., p. 1309 e 1310; idem Lições de Direitos Reais, ob. cit., p. 142; HÖRSTER, Zum Erwerb vom Nichtberechtigten im System des Portugiesischen Bürgerlichen Gesetzbuchs, loc. cit., p. 63; idem, Efeitos do registo – terceiros – aquisição a non domino, loc. cit. p. 133; idem, A função do registo como meio de protecção do tráfico jurídico, loc. cit., p. 296-297; CLARA SOTTOMAYOR, Invalidade e Registo – A Protecção do Terceiro Adquirente de Boa Fé, ob. cit., p. 368-369; PAULO VIDEIRA HENRIQUES, Terceiros para efeitos do art. 5º do Código de Registo Predial, loc. cit., p. 50 e ss.; MÓNICA JARDIM, A segurança jurídica gerada pela publicidade registal em Portugal e os credores que obtêm o registo de uma penhora, de um arresto ou de uma hipoteca judicial, Boletim da Faculdade de Direito, vol. LXXXIII, Coimbra, 2007, p. 383 e ss. e Ponencias y Comunicaciones Presentadas al XV Congresso Internacional de Derecho Registral, Madrid, Colegio de Registradores de la Propiedad y Mercantiles de España, 2007, p. 189 e ss..

[52] Quem afirma que o terceiro do art. 5º do Cód.Reg.Pred. é apenas aquele que adquiriu a título oneroso, e nega, consequentemente, aos credores do adquirente a título gratuito qualquer protecção intercorrente derivada do art. 5º, não deixa de reconhecer que, se os credores exigirem garantias reais, as registarem e estiverem de boa fé poderão ser protegidos, não obstante tais garantias recaírem sobre bens que o devedor "adquiriu" gratuitamente a non domino, por o alienante já anteriormente ter alienado o bem, uma vez que tais credores poderão, eventualmente, beneficiar da tutela do art. 291º do Código Civil.
Imaginemos o seguinte exemplo:
A, proprietário do prédio x, vendeu-o a B que não inscreveu a respectiva aquisição no registo. Posteriormente, A doou o prédio x a C que imediatamente obteve a inscrição "da sua aquisição" e assegurou o cumprimento de uma dívida sua a D mediante a constituição de uma hipoteca sobre o prédio x.
B, decorridos mais de três anos sobre a data da doação (A-C), intenta acção visando a declaração de nulidade deste negócio e o cancelamento do registo de C, alegando tratar-se de uma doação de coisa alheia. Pede ainda a declaração de nulidade do negócio tendente à constituição da hipoteca e o cancelamento do respectivo registo, alegando tratar-se de oneração de coisa alheia. Pois bem, se D estiver de boa fé será protegido, uma vez que estarão verificados todos os requisitos previstos no art. 291º do Código Civil – nomeadamente, o decurso do prazo de três anos sobre a data do negócio que padece da invalidade originária – e, por isso, será considerado um terceiro, não sendo, consequentemente, afectado pela eficácia retroactiva real da nulidade.

B) Da eventual boa fé do segundo adquirente

A grande maioria da doutrina portuguesa defende que o segundo adquirente apenas pode ver prevalecer o seu direito se à data da aquisição estiver de boa fé.

Assim, já em 1966, FERREIRA DE ALMEIDA afirmou:

> "A publicidade é instituto de boa-fé, isto é, destina-se a que os factos jurídicos não sejam oponíveis a terceiros, enquanto eles não tomarem deles conhecimento. Se sucede, porém, que tal conhecimento ocorre, independentemente dos registos, a função da publicidade deixa de operar com tal finalidade, já que não há lugar à protecção duma ignorância de terceiros, que se pressupõe não existir. A má-fé de terceiros anula a necessidade duma condição de eficácia que na boa-fé se baseia... (...) O conhecimento efectivo não é equivalente, ou sucedâneo, da publicidade. Esta é que é uma substituição legal do conhecimento. Na impossibilidade prática de fazer depender a oponibilidade de certos factos do conhecimento real de todos os sujeitos da ordem jurídica, a lei estabelece um modo que permite em princípio o conhecimento (...) e cria uma autêntica ficção de conhecimento, para impedir embaraços ao tráfico jurídico... Julgamos que não existe autêntico conflito entre a boa-fé e a tranquilidade ou segurança de terceiros, já que só parece ser merecedor de protecção este valor quando se apoia numa aparência dada pelo registo. Essa aparência não é compatível com o conhecimento efectivo dos factos, ainda que não registados"[53]

Actualmente, como já referimos, a maioria da doutrina continua a afirmar que apenas o adquirente de boa fé merece a tutela concedida pelo art. 5º do Cód.Reg.Pred..

Assim, a título de exemplo, OLIVEIRA ASCENSÃO afirma: "compreende-se que, quando há um conflito entre o titular verdadeiro e o titular aparente, a lei só tenha querido resolver o conflito em favor deste quando ele esteja de boa fé."[54]. MENEZES CORDEIRO[55] defende que "a exigência de boa fé deriva das próprias finalidades da publicidade de direitos reais; o registo visa a protecção da boa fé e não tortuosas formas de tran-

---

[53] Cfr. FERREIRA DE ALMEIDA, *Publicidade e Teoria dos Registos*, ob. cit., p. 274 e ss..
[54] OLIVEIRA ASCENSÃO, A desconformidade do registo predial com a realidade e o efeito atributivo, loc. cit., p. 10 e 11; idem, *Direito Civil, Reais*, ob. cit., p. 368.
[55] MENEZES CORDEIRO, *Direitos Reais*, ob. cit., p. 276.

sacções jurídicas imobiliárias". CARVALHO FERNANDES, por seu turno, entende que a má fé – conhecimento da situação jurídica de certo prédio – neutraliza o requisito da publicidade registal, tornando-o irrelevante, mesmo quando estão em causa actos da mesma natureza, por exemplo, duas alienações. Com efeito a publicidade destina-se a dar conhecimento. Se este já existe, inútil se torna aquela[56].

SANTOS JUSTO, começando por afirmar que não pretende tomar posição sobre um problema de tão grande complexidade, depois de apresentar argumentos a favor de ambas as teses, conclui: "sendo a boa fé *«hoje um princípio fundamental da ordem jurídica»* que exprime a sua preocupação *«pelos valores ético-jurídicos da comunidade»*, não podemos omitir uma palavra de simpatia pela doutrina que defende a exigência de os terceiros para efeitos de registo actuarem de boa fé."[57]

HÖRSTER considera "evidente que a boa fé é exigível, e por três razões: 1º o principio da boa fé é um fundamento básico e geral de todo o direito privado e não se vislumbra motivo para a sua não aplicação em matéria de registo; 2º as finalidades e objectivos do registo são a estabilidade de certo tráfico jurídico com a correspondente protecção do adquirente que confia na fé pública resultante das presunções do registo e não se vê como essas finalidades e objectivos possam ser conseguidos quando um adquirente esteja de má fé; 3º a boa fé do terceiro adquirente é, como vimos, a única razão justificativa para a aquisição, por via legal, da sua posição jurídica, protegida em relação ao transmitente." [58]-[59].

---

[56] CARVALHO FERNANDES, *Lições de Direitos Reais*, ob. cit., p. 142 e nota 1 – referindo-se à posição assumida por ANTUNES VARELA em Anotação ao acórdão do Supremo Tribunal de Justiça de 4 de Março de 1982, loc. cit., p. 308 e 316, segundo a qual é dispensável o requisito da boa fé, por não ser exigível impor ao terceiro maior diligência que a consulta do registo, onde o direito aparece inscrito em nome do alienante – afirma ainda: "por definição, estar de má fé significa que o terceiro conhece o estado das coisas, ou seja, a existência de acto anterior, cujos efeitos são incompatíveis com os da sua aquisição." E que "não pode merecer tutela quem se pretende *aproveitar* da realidade formal do registo em detrimento da realidade substancial, que conhece."

[57] SANTOS JUSTO, *Direitos Reais*, ob. cit., p. 72 a 74.

[58] HÖRSTER, Efeitos do registo – terceiros – aquisição «a non domino», loc. cit., p. 134.

[59] Quanto à última razão apresentada, recordamos que HÖRSTER – e, na sua esteira, CLARA SOTTOMAYOR – não tem qualquer dúvida em defender o requisito da boa fé, uma vez que entende que a aquisição do direito publicitado pelo segundo adquirente apenas ocorre porque este, previamente, em virtude da sua boa fé, adquire um direito relativo perante quem dispôs de coisa alheia (cfr. arts. 939º e 956º do Código Civil).

Acresce que, segundo este Autor[60], "no âmbito do Código de Seabra o conhecimento obtido fora do Registo era irrelevante, juridicamente inútil ao contrário do que ocorria na vigência do regulamento de 1870, mas, desde 1967, não se pode rejeitar o requisito da boa fé como se o Cód.Civ. não contivesse nenhum preceito inovador relativo à venda de bens alheios que unicamente protege a parte de boa fé (...) e como se ainda não existisse o sistema de protecção ao terceiro adquirente de boa fé, consagrado como inovação significativa no art. 291º do Cód.Civ."

Refira-se, no entanto, que a doutrina que defende o requisito da boa fé não é unânime quanto ao tipo de boa fé exigível, ou seja, quanto à questão de saber se em causa deve estar um adquirente de boa fé em sentido psicológico, ou em sentido ético[61].

---

[60] HÖRSTER, Zum Erwerb vom Nichtberechtigten im System des Portugiesischen Bürgerlichen Gesetzbuchs, loc. cit., p. 522 e 526-527.

[61] Segundo OLIVEIRA ASCENSÃO há boa fé quando o terceiro desconhecia, sem culpa, a desconformidade entre a situação registal e a situação substantiva. A concepção é ética, pois a lei não se basta com o mero facto psicológico do desconhecimento da desconformidade. O art. 291º, nº 3, do Código Civil diz que há boa fé quando o terceiro adquirente desconhecia sem culpa o vício do negócio nulo ou anulável. Esta noção, relativa à invalidada substantiva, pode, com as devidas adaptações, servir para as restantes hipóteses, por não exigir o conhecimento da situação registal. (OLIVEIRA ASCENSÃO, *Direito Civil, Reais*, ob. cit., p. 377).

Ao invés, inicialmente HÖRSTER, Efeitos do registo – terceiros – aquisição «a non domino», loc. cit., p. 135, a propósito da questão de saber em que consiste a boa fé, defendeu que o facto decisivo a ser devidamente ponderado era a fé pública do registo que resulta das presunções legais. "Estas presunções, de acordo com a sua função útil, além de inverterem o ónus da prova (arts. 350º e 344º CCiv), desobrigam quaisquer interessados na sua invocação a fazer diligências quanto à veracidade dos factos a que respeitam. Por isso, *deve ser considerado de boa fé todo aquele que ignora uma eventual desconformidade do registo. Por outras palavras, apenas está de má fé quem souber efectivamente que as presunções não correspondem à realidade* (O itálico é nosso). No entanto, o Autor alterou a sua posição. De facto, depois de se questionar como é que o terceiro, caso consulte o registo, se apercebe se as presunções funcionam ou não, se o registo é válido ou não, se é regular ou não ou se é, porventura, devidamente feito, para, com base nesta percepção, ficar a saber o grau de boa fé que lhe é exigido, conclui: "Ora bem, ele não se apercebe, sabendo-o só depois quando a sua aquisição é posta em causa. *Penso que isto significará, em termos práticos, que, no momento em que adquire, não basta ao terceiro a boa fé psicológica para poder ficar tranquilo mas é-lhe aconselhável (ou mesmo indispensável) a boa fé ética*. A ser assim, as presunções do registo; ficam, na prática, de certo modo enfraquecidas." (**Cfr.** HÖRSTER, Arguição da tese de doutoramento "Invalidade e Registo – A Protecção do Terceiro Adquirente de Boa Fé", loc. cit., p. 350). (O itálico é nosso).

Nós, ao invés, na esteira da Escola de Coimbra[62], entendemos que o segundo adquirente deve beneficiar da tutela do art. 5º do Cód.Reg.Pred., quer esteja de boa ou de má fé.

Primeiro, porque a necessidade de certeza na circulação dos bens impõe a não exigência do requisito da boa fé, uma vez que a alternativa implicaria admitir um contencioso longo e difícil, que desvirtuaria o Registo, dado que comprometeria gravemente a circulação imobiliária, em virtude da incerteza que geraria sobre a titularidade do direito de propriedade e sobre a existência de eventuais direitos reais limitados. Efectivamente, a exigência da boa fé permitiria ao primeiro adquirente propor e arrastar em Tribunal uma discussão a pretexto da não verificação desse requisito. Por consequência, quem adquirisse um direito sobre um prédio e procedesse ao respectivo registo ficaria na contingência de continuamente ter de se expor às delongas, às incertezas, aos gastos e, eventualmente, às manobras inerentes a processos judiciais tendentes a provar que ele conhecia – ou desconhecia culposamente, consoante a concepção de boa fé adoptada – uma alienação anterior[63].

---

[62] Por todos, *vide*: ANTUNES VARELA, Anotação ao acórdão do Supremo Tribunal de Justiça de 4 de Março de 1982, *Revista de Legislação e de Jurisprudência*, Ano 118º, p. 285 e ss.; ANTUNES VARELA/ HENRIQUE MESQUITA, Anotação ao acórdão do Supremo Tribunal de Justiça de 3 de Junho de 1992, *Revista de Legislação e de Jurisprudência*, Ano 127º, p. 23-25; ORLANDO DE CARVALHO, Terceiros para efeitos de registo, loc. cit., p. 103-104; PAULO VIDEIRA HENRIQUES, Terceiros para efeitos do art. 5º do Código de Registo Predial, loc. cit., p. 443 e ss., em especial, p. 451.
No mesmo sentido, *vide*: RUI PINTO DUARTE, *Curso de Direitos Reais*, ob. cit., p. 150.
[63] Neste sentido, *vide* MOTA PINTO, *Teoria Geral do Direito Civil*, cit., p. 368 e 369, nota 3.
ANTUNES VARELA, Anotação ao acórdão do Supremo Tribunal de Justiça de 4 de Março de 1982, loc. cit., p. 308, de forma impressiva, contra a exigência da boa fé, afirma: "A regra fundamental do registo predial ficaria assim quase totalmente *arrasada*. O valor jurídico do registo seria, desse modo, *praticamente quase eliminado*.
A quem pretendesse adquirir determinado imóvel já não bastaria averiguar (com quantas dificuldades, em muitos casos!) que o prédio se encontra realmente inscrito na conservatória em nome do vendedor. Teria ainda de realizar todas as diligências necessárias (segundo o grau de exigência do eventual julgador de amanhã) para investigar se o titular inscrito no registo não teria disposto entretanto do imóvel a favor de outrem – fosse a título oneroso, fosse a título gratuito.
E, assim mesmo, por mais que se esforçasse na altura da aquisição, nunca ficaria seguro de que um dia mais tarde se não viesse alegar, não obstante o registo do seu direito e do direito do seu antecessor, a sua falta de diligência na averiguação dos factos ou não viesse a recorrer-

Segundo, porque, como afirmámos a propósito do eventual requisito da onerosidade, o primeiro adquirente só corre o risco de ver o seu direito decair ou ser onerado se não obtiver o registo do correspondente facto aquisitivo para, assim, consolidar definitivamente a eficácia *erga omnes* do seu direito. Portanto, se cada um acautelar os seus próprios interesses, obtendo a inscrição registal do respectivo facto aquisitivo, o art. 5º do Cód. Reg.Pred. nunca será aplicado.

Acresce que, se o primeiro adquirente não obtiver o respectivo registo – não obstante o actual regime da obrigatoriedade –, consideramos que não podem ser os subadquirentes de um segundo adquirente de má fé a assumir as responsabilidades inerentes ao desleixo e à incúria daquele. Ora, tendo em conta a protecção intercorrente/desprotecção intercorrente, é evidente que, se a boa fé do segundo adquirente for considerada um requisito para a aplicação do art. 5º do Cód.Reg.Pred., os subadquirentes de boa fé de um segundo adquirente imediato de má fé, salvo se preencherem os requisitos do art. 291º do Código Civil, ficarão completamente desprotegidos[64].

Terceiro, porque estando em causa um sistema de título, reconhecer ao terceiro, que obtém com prioridade o registo do seu facto aquisitivo, a possibilidade de vir, efectivamente, a adquirir o direito, mesmo quando teve conhecimento do anterior acto dispositivo do seu *dante causa*, é estimular a solicitação da feitura do registo por parte do primeiro adquirente.

Quarto, porque a controvérsia e discussão em torno do conceito de terceiro e da exigência, ou não, do requisito da boa fé já algum tempo se arrasta na doutrina e na jurisprudência nacionais, tendo-se acentuado de tal modo que, como se sabe, deu azo a que se sucedessem dois acórdãos de uniformização de jurisprudência e uma intervenção legislativa que adicionou o nº 4 do art. 5º do Cód.Reg.Pred.. Não obstante, como se sabe, o legislador português não limitou a tutela do art. 5º ao terceiro de boa fé. E isto, apesar de o requisito da boa fé ter sido defendido, de forma expressa,

---

-se a expedientes fraudulentos para demonstrar a existência de uma aquisição do imóvel não registada, mas anterior à sua."

[64] Assim, desde logo, os subadquirentes de boa fé de um segundo adquirente de má fé não beneficiarão de uma tutela imediata, tendo de aguardar que não seja proposta a acção de nulidade contra o seu causante no prazo de três anos sobre a data do negócio em que este interveio (cfr. art. 291º do Código Civil). Acresce que os subadquirentes de boa fé, mas a título gratuito, não beneficiarão de qualquer protecção, uma vez que o art. 291º do Código Civil será insusceptível de ser aplicado.

no segundo acordão de uniformização de jurisprudência e a intervenção legislativa ter, confessadamente, ocorrido para pôr termo à divergência interpretativa existente[65].

Quinto e último, porque, como já adiantámos, entendemos que não se deve afirmar o requisito da boa fé – nem o da onerosidade – por aplicação analógica (do art. 291º do Código Civil ou dos arts. 17º, nº 2 e 122º do Cód.Reg.Pred), uma vez que na nossa perspectiva não existe uma qualquer lacuna[66].

Passamos a explicitar o acabado de referir.

Não há dúvida de que a proposição do nº 1 do art. 5º do Cód.Reg.Pred. é incompleta[67]. No entanto, quando a conjugamos com as dos restantes números do mesmo artigo e com o estabelecido no art. 4º[68] do mesmo diploma legal, chegamos à conclusão que – a propósito dos factos sujeitos a registo nos termos do art. 2º do Cód.Reg.Pred. e das providências referidas na alínea *d)* do art. 3º do mesmo diploma legal – o legislador não omitiu qualquer possibilidade, não havendo, assim, qualquer lacuna.

Na verdade, exigir o requisito da boa fé – e, acrescente-se, o da onerosidade – não é mais do que aplicar o nº 1 do art. 4º do Cód.Reg.Pred. a casos nele não previstos. Uma vez que, esta norma passaria a ter o seguinte

---

[65] De facto, no preâmbulo do Dec.-Lei 533/99 de 11 de Dezembro, pode ler-se: "aproveita-se, tomando partido pela clássica definição de Manuel de Andrade, para inserir no artigo 5º do Código do Registo Predial o que deve entender-se por terceiros, para efeitos de registo, pondo-se cobro a divergências jurisprudenciais geradoras de insegurança sobre a titularidade dos bens."

[66] No sentido de que não é metodologicamente correcta a pretendida aplicação analógica, *vide*, por todos: ANTUNES VARELA, Anotação ao acórdão do Supremo Tribunal de Justiça de 4 de Março de 1982, loc. cit., p. 308 e ss.; ANTUNES VARELA/ HENRIQUE MESQUITA, Anotação ao acórdão do Supremo Tribunal de Justiça de 3 de Junho de 1992, últ. loc. cit.; ORLANDO DE CARVALHO, *Teoria Geral do Direito Civil: Sumários Desenvolvidos*, ob. cit., p. 130 e ss.; *idem*, Terceiros para efeitos de registo, loc. cit., p. 102; MOTA PINTO, *Teoria Geral do Direito Civil*, 4ª ed., por António Pinto Monteiro e Paulo Mota Pinto, ob. cit., p. 368-369; CARVALHO FERNANDES, *A Conversão dos Negócios Jurídicos Civis*, Lisboa, Quid Juris, 1993, p. 877 a 879; *idem*, *Lições de Direitos Reais*, ob. cit., p. 141-142; *idem* Terceiros para efeitos de Registo Predial, loc. cit., 1997, p. 1309 e 1310; QUIRINO SOARES, Terceiros para efeitos de registo predial, [on-line] consultado em 17 de Novembro de 2010. Disponível: http://www.fd.uc.pt/cenor/images/textos/publicacoes/20100730_quirinosoares.pdf; PAULO VIDEIRA HENRIQUES, Terceiros para efeitos do art. 5º do Código de Registo Predial, loc. cit., p. 50 e ss..

[67] Tal como o era a proposição do nº 1 do art. 7º do Cód.Reg.Pred. de 1967.

[68] Na vigência do Código do Registo Predial de 1967, cfr. art. 6º.

sentido: "os factos sujeitos a registo, ainda que não registados, podem ser invocados entre as próprias partes ou seus herdeiros e *produzem efeitos contra terceiros, sem prejuízo dos direitos adquiridos a título oneroso por terceiro de boa fé desde que tenha procedido aos respectivos registos.*"

Por outro lado, o nº 1 do art. 5º do Cód.Reg.Pred. passaria a ser supérfluo.

Em resumo: afirmar que a aplicação do nº 1 do art. 5º do Cód.Reg.Pred. supõe a verificação dos requisitos da boa fé e da onerosidade equivale a revogar a opção do legislador, claramente exteriorizada, pelo confronto do nº 1 do art. 4º do Cód.Reg.Pred. com o nº 1 do art. 5º do mesmo corpo legal[69].

Em conclusão: o efeito aquisitivo do registo, que temos estado a analisar, não decorre das normas relativas ao regime de vícios substantivos ou de registo (respectivamente, art. 291º do Código Civil e arts. 17º, nº 2 e 122º, do Cód.Reg.Pred.[70/71]).

Não há, assim, entre nós, tal como em Itália, um conceito unitário de terceiro. O terceiro referido no art. 5º do Cód.Reg.Pred. não é o terceiro do art. 17º, nº 2, ou do 122º, do mesmo diploma legal, nem do art. 291º do Código Civil. Esta afirmação resulta, hoje, claramente, do confronto do nº 4 do art. 5º do Cód.Reg.Pred. com os outros artigos *supra* referidos.

Senão vejamos:

Como já referimos, o legislador, no nº 4 do art. 5º do Cód.Reg.Pred. estatui que terceiros são apenas aqueles que tenham adquirido, de um autor comum, direitos incompatíveis entre si[72].

---

[69] Neste sentido *vide* PAULO VIDEIRA HENRIQUES, Terceiros para efeitos do artigo 5º do Código do Registo Predial, loc. cit., p. 64.

[70] Na vigência do Código do Registo Predial de 1967, cfr. art. 85º e art. 242º, respectivamente.

[71] Parte da doutrina apenas se refere ao art. 291º do Código Civil e ao nº 2 do art. 17º do Cód. Reg.Pred.; no entanto, consideramos que também deve ser levado em linha de conta o art. 122º do Cód.Reg.Pred., uma vez que, segundo este preceito, a rectificação do registo não prejudica os direitos adquiridos a título oneroso por terceiros de boa fé e, como se sabe, desde a entrada em vigor do Decreto-Lei nº 273/2001, de 3 de Outubro, os registos indevidamente efectuados que sejam nulos, nos termos das alíneas *b*) do art. 16º do Cód.Reg.Pred., podem ser cancelados no âmbito de um processo de rectificação (cfr. nº 2 do art. 121º do Cód.Reg.Pred.).

[72] No entanto, não podemos deixar de salientar que o legislador, ao introduzir o nº 4 do art. 5º do Cód.Reg.Pred., parece ter-se esquecido que a expressão "terceiros", utilizada no nº 1 do mesmo preceito legal, também inclui os subadquirentes do réu, não intervenientes na lide, perante uma acção, decisão ou procedimento sujeito a registo, nos termos do art. 3º, do mesmo diploma legal.

No entanto, no art. 291º do Código Civil e nos arts. 17º, nº 2, e 122º do Cód.Reg.Pred., o legislador considera terceiros aqueles que, integrando-se numa e mesma cadeia de transmissões, poderiam ver a sua posição afectada por uma ou várias causas de invalidade substantiva ou registal, ou, ainda, por inexactidões registais, anteriores ao acto em que foram intervenientes.

O conceito de terceiros é diverso, porque diversas são as hipóteses visadas pelos artigos. O art. 5º do Cód.Reg.Pred. supõe a ilegitimidade do *tradens* decorrente do facto de este ter praticado um acto *anterior, válido*, mas *não registado*[73]. Já a situação pressuposta na hipótese do art. 291º do Código Civil é aquela em que a posição jurídica do terceiro poderia ser afectada por um acto anterior que, tendo ou não sido registado, *sofre de uma invalidade (nulidade ou anulabilidade) substantiva*[74/75]. A pressuposta no nº 2 do

---

[73] Por outra via: o art. 5º do Cód.Reg.Pred., como já referimos, consagra, apenas, a por nós denominada primeira dimensão da inoponibilidade.
No entanto, acrescente-se desde já que também é o nº 1 do art. 5º do Cód.Reg.Pred. que, *em regra*, determina o efeito do registo prioritário de uma acção – nos termos do qual o registo da acção garante que a futura sentença, depois de registada, produzirá os seus efeitos substantivos *directamente* contra os subadquirentes do réu – em conjugação, naturalmente, com o estatuído no Código Civil a propósito da sentença que julgue procedente a lide em causa, bem como, pelo estatuído, ou não, por este diploma legal, sobre a inscrição registal da referida acção.

[74] Nas palavras de ORLANDO DE CARVALHO "terceiros para efeitos de tutela da boa fé, são os que integrando-se numa e mesma cadeia de transmissões, vêem a sua posição afectada por uma ou várias causas de invalidade anteriores ao acto em que foram intervenientes" (Cfr. ORLANDO DE CARVALHO, *Teoria Geral do Direito Civil: Sumários Desenvolvidos*, ob. cit., p. 66-67).

[75] A propósito da diferença entre os conceitos de terceiros, para efeitos do art. 5º do Cód.Reg.Pred. e do art. 291º, *vide*, por todos: ANTUNES VARELA, Anotação ao acórdão do Supremo Tribunal de Justiça de 4 de Março de 1982, loc. cit., p. 312, nota (2); ORLANDO DE CARVALHO, *Teoria Geral do Direito Civil: Sumários Desenvolvidos*, ob. cit., p. 131 e ss.; *idem*, Terceiros para efeitos de registo, loc. cit, p. 101 e 106; CARVALHO FERNANDES, *Lições de Direitos Reais*, ob. cit., p. 144 e ss.; HÖRSTER, Zum Erwerb vom Nichtberechtigten im System des Portugiesischen Bürgerlichen Gesetzbuchs, loc. cit., p. 75 e ss.; *idem*, A função do registo como meio de protecção do trafico jurídico, loc. cit., p . 297 e ss.; *idem*, Ignorare legis est lata culpa. Breves considerações a respeito da aplicação do art. 291º do Código Civil, *in Festschrift für CLAUS-WILHELM CANARIS*, München, C.H. Beck, 2007, p. 688-691; LUÍS COUTO GONÇALVES, A aplicação do art. 291º, nº 2, do Código Civil a terceiro para efeitos de registo, *Cadernos de Direito Privado*, nº 9, 2005, p. 51 e ss.; CLARA SOTTOMAYOR, *Invalidade e Registo – A Protecção do Terceiro Adquirente de Boa Fé*, ob. cit., p. 326 e ss.; acórdão do Supremo Tribunal de Justiça de 21 de Abril de 2009, [on-line] consultado em 5 de Maio de 2011, disponível: http://www.dgsi.pt/jstj.nsf.; parecer do conselho Técnico dos Registos e do Notariado proferido no processo nº C.P. 145/2002 DSJ-CT, *Boletim dos Registos e do Notariado*, II caderno, 8/2003, p. 11 e ss..

art. 17º do Cód.Reg.Pred. é aquela em que a situação jurídica do terceiro poderia ser afectada por uma *nulidade de um registo anterior ao seu*[76]. Por fim, na situação regulada pelo art. 122º do Cód.Reg.Pred. a posição do terceiro poderia ser afectada pela rectificação de *um registo anterior* ao seu[77/78].

Ora, sendo diversas as hipóteses abarcadas pelos artigos e diverso o conceito de terceiro, faz todo o sentido que também sejam diversos os requisitos impostos por lei para a tutela desses terceiros[79]. E, na nossa perspectiva,

---

[76] Como veremos com pormenor, o nº 2 do art. 17º do Cód.Reg.Pred. apenas estabelece o regime da invalidade do registo e as suas consequências, não o regime da inexistência ou da invalidade substantiva do negócio e as suas consequências. Por isso, o referido preceito legal apenas protege definitiva e efectivamente o terceiro que poderia ver a valia da sua inscrição afectada em virtude do registo do seu antecessor ser intrinsecamente nulo (desde que não fosse falso) –, ou seja, de um vício registal intrínseco e, portanto, não decorrente de um vício substantivo.
Assim, quando a inscrição registal do seu antecessor seja extrinsecamente nula em consequência de uma invalidade substantiva que afecte o facto publicitado, o terceiro só poderá ser definitivamente tutelado e, portanto, efectivamente protegido, se preencher os requisitos do art. 291º do Código Civil.
Acresce que, sendo a inscrição registal anterior extrinsecamente nula em consequência da inexistência do facto publicitado, o terceiro nunca será protegido.
[77] O art. 122º do Cód.Reg.Pred., tal como o art. 17º do mesmo diploma legal, não tutela (não pode tutelar) a posição jurídica do terceiro que poderia ser prejudicado pela rectificação de *um registo anterior* ao seu, quando tal registo seja intrinsecamente nulo porque falso ou extrinsecamente nulo em virtude de uma invalidade substantiva, nos termos da al. *b)* do art. 16º do Cód.Reg.Pred.. Na verdade, nessa última hipótese, o terceiro apenas poderá, eventualmente, beneficiar da tutela concedida pelo art. 291º do Código Civil.
[78] Como decorre do anteriormente exposto, o acabado de afirmar não implica, de qualquer modo, que, numa situação concreta, um terceiro só possa beneficiar da tutela concedida por um destes preceitos legais. (*Vide* a nota 1060. A propósito da possibilidade da combinação da tutela concedida pelo art. 291º do Código Civil com a tutela de terceiros para efeitos do art. 5º do Cód.Reg.Pred., remetemos, de novo, para ORLANDO DE CARVALHO, *Teoria Geral do Direito Civil: Sumários Desenvolvidos*, ob. cit., p. 144-145 e p. 149).
[79] Ao invés, JOSÉ ALBERTO GONZÁLEZ, *A Realidade Registal Predial para Terceiros*, Lisboa, Quid Juris, 2006, p. 324 a 327, porque defende uma concepção unitária de terceiro, considera que o terceiro só beneficia da tutela do art. 5º do Cód.Reg.Pred. se tiver adquirido a título oneroso e de boa fé, após o decurso do prazo de três anos. Acresce que, segundo este Autor, o referido prazo só se começa a contar após o registo lavrado a favor do terceiro.
TEIXEIRA DE SOUSA, por seu turno, considera aceitável uma solução harmónica para as hipóteses abrangidas nos arts. 5º do Cód.Reg.Pred. e 291º do Código Civil, por isso entende que o primeiro adquirente, na dupla alienação, deveria poder invocar a nulidade da segunda transmissão realizada pelo mesmo autor, dentro do prazo de três anos, estipulado no art. 291º, nº 2. No entanto, reconhece que esta solução não é compatível com a doutrina definida

o terceiro beneficia da tutela do art. 5º do Cód.Reg.Pred. e, assim, adquire imediatamente o direito, quer tenha celebrado o negócio a título oneroso, ou gratuito, quer tenha estado de boa, ou de má fé.

Em síntese, segundo o nosso entendimento, por força do art. 5º do Cód.Reg.Pred., o terceiro de má fé, desde que obtenha com prioridade o registo de um negócio jurídico que não padeça de causas de inexistência nem de outra causa de invalidade, para além da falta de legitimidade do *tradens*, decorrente da anterior disposição válida, assegura a prevalência da sua posição jurídica, o mesmo é dizer que adquire, efectivamente, o direito publicitado, o que implica, naturalmente, a extinção ou a contração do direito primeiramente adquirido que não tenha acedido ao Registo.

no acórdão do Supremo Tribunal de Justiça de Março de 1999. (Cfr. TEIXEIRA DE SOUSA, Sobre o conceito de terceiros para efeitos de registo, *Revista da Ordem dos Advogados*, Ano 59, 1999, p. 39).

Sublinhe-se que alguma jurisprudência já exigiu que o terceiro registal preenchesse os requisitos do art. 291º, inclusivamente o decurso do prazo de três anos, como pressuposto para beneficiar da tutela do art. 5º do Cód.Reg.Pred. *Vide*, a título de exemplo, os acórdãos do Supremo Tribunal de Justiça: de 14 de Novembro de 1996, *Boletim do Ministério da Justiça*, nº 461, 1996, p. 431 e ss.; de 19 de Fevereiro de 2004, [on-line] consultado em 7 de Dezembro de 2007, disponível: http://www.dgsi.pt/jstj.nsf.; de 5 de Julho de 2004, [on-line] consultado em 7 de Dezembro de 2007, disponível: http://www.dgsi.pt/jstj.nsf.; de 27 de Abril de 2005, *Colectânea de Jurisprudência do Supremo Tribunal de Justiça*, 2005, T. II, p. 74 e ss..

O acórdão do Supremo Tribunal de Justiça de 19 de Fevereiro de 2004 foi comentado por LUÍS COUTO GONÇALVES, uma vez que, segundo este Autor, é necessário distinguir a situação regulada no art. 291º do Código Civil, relativa a terceiros que adquirem de quem não tinha legitimidade para alienar, em virtude de um vício substantivo – os chamados subadquirentes, numa relação sequencial – da dupla alienação ou situação triangular. Pois, caso contrário, o primeiro adquirente, na prática, deixaria de ter o ónus de registar, ficando praticamente eliminado o risco de ineficácia do seu negócio, em relação a terceiros, desde que, atento a inscrições no Registo, por parte de terceiros, em relação ao mesmo objecto, reagisse contra estes negócios, dentro de um prazo de três anos, a contar da sua celebração. (Cfr. LUÍS COUTO GONÇALVES, A aplicação do art. 291º, nº 2, do Código Civil a terceiro para efeitos de registo, loc. cit., p. 53).

Contra a exigência do decurso do prazo de três anos manifesta-se, ainda: toda a escola de Coimbra, CARVALHO FERNANDES, *Lições de Direitos Reais*, ob. cit., p. 141, HÖRSTER, Ignorare legis est lata culpa, loc. cit., p. 695 e ss.; CLARA SOTTOMAYOR, *Invalidade e Registo – A Protecção do Terceiro Adquirente de Boa Fé*, ob. cit., p. 923.

Sublinhe-se, por fim, que, nos últimos anos, a jurisprudência tem recusado a aplicação do art. 291º, nº 2, do Código Civil aos casos de dupla alienação ou oneração. Por todos, *vide* acórdãos do Supremo Tribunal de Justiça de 29 de Janeiro de 2004, de 11 de Maio de 2006, de 21de Junho de 2006, de 21 de Junho de 2007, de 5 de Julho de 2008, de 21 de Abril de 2009, [on-line] consultados em 5 de Maio de 2011, disponíveis: http://www.dgsi.pt/jstj.nsf..

No entanto, não podemos deixar de sublinhar que, apesar de defendermos que o terceiro deve ser protegido, quer adquira de boa ou de má fé, não o fazemos por entendermos que o adquirente de má fé mereça ser protegido. Entendemos, isso sim, como resulta dos argumentos expostos, que a tutela dos eventuais adquirentes de má fé é um mal necessário que foi aceite pelo legislador, para a defesa de todos os adquirentes de boa fé, de todos os subadquirentes de boa fé de um adquirente de má fé e, ainda, para a segurança e estabilidade do sistema registal.

Por fim, cumpre salientar que, na nossa perspectiva, o facto de o segundo adquirente ver prevalecer o seu direito sobre o do primeiro não pode implicar a sua desresponsabilização quando tenha actuado de má fé.

Efectivamente, segundo o nosso entendimento, o primeiro adquirente que vê o seu direito decair ou ser contraído, em princípio, tem direito a ser indemnizado, quer pelo *dante causa* comum, quer pelo segundo adquirente de má fé, uma vez que não se justifica que o interessado tenha forçosamente de registar para se proteger, contra todos os danos que lhe possam ser causados, *inclusive* os gerados culposamente. Portanto, na nossa perspectiva, o dever de não lesar não pode sucumbir perante o ónus de solicitar o registo.

Por isso, na Divisão I, analisaremos a responsabilidade do *dante causa* comum e do segundo adquirente de má fé perante o primeiro adquirente que vê o seu direito decair ou ser contraído.

Antes, porém, de o fazermos, cabe sublinhar que, naturalmente, não se coloca o problema da responsabilidade do *dante causa* comum e do segundo adquirente de má fé, sempre que o segundo negócio jurídico, para além da ilegitimidade do *tradens* decorrente da anterior disposição válida, padeça de outra causa de nulidade, de inexistência ou venha a ser anulado[80], uma vez que, como repetidamente afirmámos, o segundo adquirente, nesse caso,

---

[80] Quando o segundo negócio seja anulável e o *dante causa* possa invocar o vício, em Itália já se colocou a questão de saber se o primeiro adquirente se poderá subrogar àquele, enquanto seu credor pelo ressarcimento do dano, derivado da perda ou da contracção do seu direito, em virtude da aquisição do segundo adquirente que primeiro obteve o registo.
A questão obteve resposta negativa, uma vez que, no termo da acção que viesse a ser julgada procedente, o *dante causa* comum nada adquiriria, permanecendo, isso sim, válida a primeira alienação.
De facto, o primeiro adquirente, caso se pudesse subrogar, não actuaria por um interesse de outrem, mas sim para satisfazer um interesse próprio, não instrumental – uma vez que não visaria conservar a sua garantia patrimonial enquanto credor –, mas principal – dado que a procedência da acção implicaria o reconhecimento da plena eficácia da sua aquisição

não beneficia da tutela do art. 5º do Cód.Reg.Pred. e, portanto, o primeiro adquirente não vê o seu direito decair ou ficar onerado, porquanto não se configura a duplicidade de actos atributivos que constitui o pressuposto básico para a aplicação do art. 5º do Cód.Reg.Pred..

Recordamos que a aquisição do direito por parte do segundo adquirente e a consequente decadência ou oneração do direito do primeiro adquirente supõe dois elementos: i) – o negócio jurídico que, quando analisado apenas em si e por si, é existente e válido; ii) – a inscrição definitiva que não padeça de inexistência ou seja nula – por causa diversa de ter sido lavrada apesar de o negócio, efectivamente, ser nulo em virtude da ilegitimidade do *tradens* decorrente da anterior disposição válida.

Efectivamente, o registo não é mais do que um elemento de um facto complexo de produção sucessiva, uma vez que a "validade" do negócio é requisito fundamental, sem a qual não se produz a aquisição. Precisamente por isso, afirmamos que em causa não está uma aquisição originária.

Assim, por exemplo, se o negócio celebrado entre o *dante causa comum* (*ex dominus*) e o segundo adquirente for nulo, por o fim, comum a ambas as partes, ser ofensivo dos bons costumes, o primeiro adquirente, com base no art. 281º do Código Civil, pode arguir a nulidade do negócio para, desse modo, demonstrar que não ocorreu o processo aquisitivo complexo a favor do segundo adquirente, ou seja, para provar que este nada adquiriu e, consequentemente, fazer prevalecer o seu *direito* perante *o não direito* do "terceiro".

De facto, o segundo negócio cujo fim, comum a ambas as partes, seja ofensivo dos bons costumes e, por isso, seja nulo, não pode, pelo facto de aceder ao Registo, fazer ocorrer a resolução da primeira aquisição.

Como é evidente, perante este exemplo, é inegável que razões de ordem subjectiva – as que conduziram à determinação do fim do contrato ofensivo dos bons costumes – podem impedir a aquisição registal e, assim, abrir uma brecha no sistema, dando azo a acções infundadas que imobilizarão o tráfico jurídico[81].

---

em virtude da não verificação da condição resolutiva. Portanto, a subrogação não pode ser admitida, uma vez que não assumiria uma função conservativa.
 O afirmado vale também para rejeitar a possibilidade de subrogação numa acção de resolução ou revogação.

[81] De facto, sendo invocada indevidamente a nulidade do segundo negócio jurídico, enquanto a acção judicial não for julgada improcedente, na prática, o bem em causa fica fora do comércio

No entanto, tal não retira consistência os argumentos apresentados contra a exigência do requisito da boa fé[82], uma vez que reconhecer que o segundo negócio seja nulo porque o seu fim, comum a ambas as partes, é ofensivo dos bons costumes não é uma opção da doutrina ou da jurisprudência, mas sim uma imposição da norma legal e do facto de o art. 5º do Cód.Reg.Pred. apenas "suprir" a ilegitimidade do *tradens* decorrente de uma anterior disposição válida[83].

jurídico, com todos os prejuízos que tal envolve para o segundo adquirente que, efectivamente, tenha beneficiado do funcionamento do art. 5º do Cód.Reg.Pred..
[82] Em sentido contrário, pronuncia-se MARIA CLARA SOTTOMAYOR, *Invalidade e Registo – A Protecção do Terceiro Adquirente de Boa Fé*, ob. cit., p. 386-388, criticando a Escola de Coimbra por recusar o requisito da boa fé e admitir que o segundo negócio, primeiramente registado, possa ser declarado nulo por o fim, comum a ambas as partes, ser ofensivo dos bons costumes.
[83] Sobre a diferença entre a *boa fé como regra de conduta* e os bons costumes, *vide* MENEZES CORDEIRO, *Da Boa Fé no Direito Civil*, ob. cit., p. 1197 e ss..
 A propósito da distinção entre *boa fé objectiva – como regra jurídica de conduta* ou princípio normativo transpositivo e extra-legal para que o julgador é remetido a partir de cláusulas gerais – e *boa fé subjectiva* – que se reporta a um estado subjectivo, ou seja, que tem em vista a situação de quem julga actuar em conformidade com o direito, por desconhecer ou ignorar, designadamente, qualquer vício ou circunstância anterior – *vide*, entre outros: MENEZES CORDEIRO, *Da Boa Fé no Direito Civil*, ob. cit., p. 510; *idem*, A boa fé nos finais do século XX, *Revista da Ordem dos Advogados*, Ano 56, Dez. 1996, p. 887 e ss.; MOTA PINTO, *Teoria Geral do Direito Civil*, 4ª ed. Pinto Monteiro e Paulo Mota Pinto, ob. cit., p. 124 e ss..

Divisão I
Da responsabilidade do *dante causa* comum e do segundo adquirente de má fé perante o primeiro adquirente

Sumário: 2. Nota prévia sobre a responsabilidade do *dante causa* comum e do segundo adquirente de má fé perante o primeiro adquirente. 2.1. A responsabilidade do *dante causa* comum. 2.2. A responsabilidade do segundo adquirente de má fé. 2.3. O ressarcimento do dano. 2.4. A aplicabilidade do art. 570º do Código Civil.

2. Nota prévia sobre a responsabilidade do dante causa comum e do segundo adquirente perante o primeiro adquirente

Como já referimos, segundo o nosso entendimento, o primeiro adquirente que vê decair ou ser contraído o seu direito pode reagir, quer contra o *dante causa* comum quer contra o segundo adquirente de má fé que primeiro obtém o registo, para obter a reparação do dano sofrido. Ou seja, tal como boa parte da doutrina e da jurisprudência italianas e de certa doutrina e jurisprudência francesas – que, afastando-se da posição dominante, defendem o funcionamento mecânico da regra da prioridade do registo e, por conseguinte, não excluem a tutela registal do segundo adquirente de má fé –, entendemos que o *dante causa* comum e o segundo adquirente de má fé, ao celebrarem o segundo negócio, praticam um facto ilícito e culposo, ao qual sobrevém um dano, incorrendo, por isso, em responsabilidade civil.

Explicitando:

Não obstante a inoponibilidade a terceiros do facto jurídico sujeito a registo e não publicitado permanecer intocada, uma vez que o dolo ou a negligência do segundo adquirente não derrogam a regra e, portanto, a sua actuação culposa e ilícita não impede que beneficie da protecção registal, adquirindo, efectivamente, o direito[84], a verdade é que o segundo adqui-

---

[84] Se não adquirisse o direito, em virtude da sua actuação culposa e ilícita, depois, como é evidente, nada teria de reparar.

rente de má fé e o *dante causa* comum devem reparar o dano causado ao primeiro adquirente que perde ou vê onerado o seu direito, nos termos gerais da responsabilidade civil[85], porquanto, naturalmente, as regras do registo não podem ser impunemente utilizadas para prejudicar outrem.

Substancialmente remedeia-se uma injustiça, não a prevenindo, nem a eliminando, mas indemnizando aquele que a sofreu[86].

Assim, o primeiro adquirente é ressarcido do dano, na medida devida – tendo-se sempre em conta que ele próprio colaborou na ocorrência do dano, uma vez que não obteve o registo do seu facto aquisitivo com prioridade –, o *dante causa* comum e o segundo adquirente de má fé não saem impunes da situação e protegem-se, imediatamente, os terceiros subadquirentes de boa fé (do segundo adquirente de má fé), bem como a circulação dos bens. E isto sem que a aplicação automática do art. 5º seja perturbada por um elemento psicológico não previsto na lei[87].

Em resumo, o recurso às regras da responsabilidade civil permite a aplicação automática do art. 5º, o que garante segurança e estabilidade ao sistema registal – com as vantagens que delas decorrem para a circulação dos bens em geral – e asseguram a não impunidade do *dante causa* comum e do segundo adquirente de má fé[88].

---

[85] Saliente-se que se, em abstracto, a reparação pode ocorrer *"in natura"* ou através de uma indemnização por mero equivalente, em concreto, segundo o nosso entendimento, como explicitaremos, apenas pode ocorrer mediante uma indemnização por equivalente.

[86] Sobre a diferença entre a *acção de cumprimento* e a acção de indemnização (*in natura* ou *em dinheiro*), vide CALVÃO DA SILVA, Cumprimento e sanção pecuniária compulsória, loc. cit., p. 138 e 139.

[87] Neste sentido, vide CASELLA, La doppia alienazione immobiliare: un dibattito sempre aperto, *Rivista di Diritto Civile*, 1993, p. 534.

[88] Na doutrina e na jurisprudência italianas, também se discute se o primeiro adquirente – que vê decair ou ficar onerado o seu direito – pode, ou não, intentar uma acção de impugnação pauliana contra o *dante causa* comum e o segundo adquirente. E, nos casos em que se verifique um acordo fraudulento entre o alienante e o terceiro, dirigido a causar um dano ao primeiro adquirente, a jurisprudência italiana já reconheceu ao primeiro adquirente o direito de recorrer à referida acção.

Entre nós, na vigência do Código de Seabra, CARLOS FERREIRA DE ALMEIDA, *Publicidade e Teoria dos Registos*, ob. cit., p. 279-280, rejeitou o recurso à impugnação pauliana por parte do primeiro adquirente, afirmando que não se verificavam os requisitos legais previstos no art. 1033º, por um lado, porque o crédito não era anterior ao acto de disposição e, por outro, porque do segundo negócio não resultava a insolvência do devedor.

1.1. A responsabilidade do dante causa comum

Tendo o autor comum transmitido ou onerado o seu direito ao primeiro adquirente por mero efeito do contrato, logicamente, ao realizar o segundo acto de disposição, actua sem legitimidade, alienando ou onerando coisa

Perante o actual Código Civil também não temos dúvidas quanto à impossibilidade do primeiro adquirente ver julgada procedente uma acção de impugnação pauliana, uma vez que, não obstante terem sido alterados, continuam a não se verificar os requisitos gerais exigidos por lei. Vejamos com pormenor. Como se sabe, a impugnação pauliana confere ao credor o poder de reagir contra os actos praticados pelo devedor (ainda que válidos) que envolvam diminuição da garantia patrimonial, ou seja, que inconvenientemente *diminuam* o activo ou *aumentem* o passivo do património do devedor e são dois os requisitos gerais exigidos para a instauração da pauliana, que a lei descreve nas duas alíneas do art. 610º:
– o prejuízo causado pelo acto (impugnado) à garantia patrimonial do credor – é necessário que do acto resulte a impossibilidade para o credor de obter a satisfação integral do seu crédito ou o agravamento dessa impossibilidade (cfr. al. *c*) do art. 610º do Código Civil);
– a anterioridade do crédito em relação ao acto impugnado ou, caso o crédito seja posterior ao acto, a existência de fraude pré-ordenada (ou seja, o acto, embora anterior à constituição do crédito, é realizado com *dolo,* para prejudicar a satisfação do direito do futuro credor).
Ora, na hipótese de dupla alienação ou oneração, o segundo negócio não envolve qualquer diminuição da garantia patrimonial do futuro credor (o primeiro adquirente), uma vez que, como diversas vezes já referimos, se traduz num negócio *a non domino*. De facto, independentemente do registo, por mero efeito do contrato, o primeiro adquirente torna-se titular do direito real eficaz *erga omnes* e o *dante causa* deixa de ser titular do direito ou passa a tê-lo onerado, consequentemente, o segundo negócio não gera, por si só, a transmissão ou oneração de um qualquer direito, não envolvendo, portanto, a diminuição do património do *dante causa* comum. Nem se argumente que o registo do segundo negócio, fazendo decair a primeira alienação, faz com que a segunda aquisição deixe de ser *a non domino,* podendo, por isso, o segundo negócio envolver a diminuição do património do *dante causa* comum, o mesmo é dizer da garantia patrimonial do credor/primeiro adquirente. De facto, este argumento não procede, para quem, como nós, afirme que a inscrição prioritária do segundo negócio produz um efeito aquisitivo a favor do segundo adquirente e, porque não podem passar a existir dois direitos incompatíveis sobre a mesma coisa, resolve apenas *ex nunc* o facto jurídico aquisitivo do primeiro adquirente.
  Mas, mesmo que assim não fosse, sempre estaria excluída a possibilidade de recorrer à impugnação pauliana, uma vez que o crédito do primeiro adquirente – que vê decair ou ser onerado o seu direito, em virtude do registo prioritário a favor do segundo adquirente – apenas surge depois do segundo negócio e este não é celebrado com fraude pré-ordenada, ou seja, dolosamente com o fim de impedir a satisfação do direito do futuro credor. De facto, como é evidente, o objectivo do *dante causa* comum e do segundo adquirente de má fé não é o de subtrair ao património do *dante causa* comum bens ou direitos para impedir o pagamento do futuro crédito ao ressarcimento dos danos decorrente da extinção ou oneração do direito do primeiro adquirente, mas, "apenas", fazer ingressar tais bens ou direitos no património do segundo adquirente.

que já não lhe pertence (art. 408º, nº 1), praticando, assim, um facto ilícito e, em princípio, culposo[89].

É certo que, a segunda alienação a *non domino* é ineficaz perante o primeiro adquirente e não lhe causa, por isso, só por si, qualquer dano. De facto, o direito do primeiro adquirente, eficaz *erga omnes*, só se extingue ou é contraído após o registo prioritário da segunda aquisição. No entanto, como é evidente, o registo da segunda aquisição – que opera como condição resolutiva – só é lavrado porque esta ocorre.

Portanto, o *dante causa* comum, ao celebrar o segundo negócio, assume um comportamento idóneo a determinar o dano, uma vez que tal negócio é abstractamente idóneo à feitura do registo – a favor do segundo adquirente – que gerará o efeito resolutivo[90].

Por isso, não temos dúvidas em afirmar que o comum autor, que actue com culpa, comete um facto ilícito e colabora para causar o dano ao primeiro adquirente, incorrendo, por isso, em responsabilidade civil[91], sempre que o segundo negócio aceda ao registo com prioridade.

---

[89] Não se pode afirmar que o autor comum pratica inevitavelmente um facto culposo. Efectivamente, tal dependerá do juízo de censurabilidade que lhe possa ser feito, por comparação com o homem médio colocado naquela situação.
Assim, por exemplo, se o autor comum, após a celebração do primeiro negócio, passar a sofrer de amnésia e não se lembrar da primeira aquisição, como é evidente, não se poderá considerar a sua actuação culposa.

[90] Como se sabe, a respeito do nexo de causalidade entre o facto e o dano, determina o art. 563º do Código Civil que «a obrigação de indemnização só existe em relação aos danos que o lesado provavelmente não teria sofrido se não fosse a lesão». Adopta-se, com evidência, a doutrina da causalidade adequada.
Mas, o nexo causal entre o facto e o dano não tem de apresentar-se *directo ou imediato*; basta uma causalidade *indirecta ou mediata*. Assim, será suficiente que o facto, não obstante não ter, ele mesmo, provocado o dano, haja desencadeado outra condição que directamente o tenha produzido, desde que esta segunda condição se mostre uma consequência adequada do facto que deu origem à primeira.
Por fim, recordamos que a teoria da causalidade adequada não exige a exclusividade da condição para a produção do dano, podendo, por conseguinte, ter colaborado na sua produção outros factos concomitantes ou posteriores. (Cfr. ANTUNES VARELA, *Das Obrigações em Geral*, vol. I, reimp. da 10ª ed., Almedina, Coimbra, 2000, p. 894 e ss.).

[91] MÁRIO JÚLIO DE ALMEIDA COSTA, Direito das Obrigações, ob. cit., p. 539-540, refere que a responsabilidade contratual resulta da violação de um direito de crédito ou obrigação em sentido técnico, surgindo a responsabilidade extracontratual em termos residuais.
Segundo ANTUNES VARELA, a responsabilidade contratual resulta "do não cumprimento, *latu sensu*, dos deveres relativos próprios das obrigações, incluindo os deveres acessórios de

Na nossa perspectiva, sempre que o segundo acto de disposição se traduza num facto ilícito e culposo, o autor comum viola, obviamente, o direito absoluto do primeiro adquirente, uma vez que, por mero efeito do contrato, o direito real se transmitiu para este. Consequentemente, incorre em responsabilidade extracontratual, nos termos do art. 483º do Código Civil, uma vez que a tutela prevista no referido preceito legal é reconhe-

conduta, ainda que impostos por lei, no seio da complexa relação obrigacional". Por seu turno, a responsabilidade extracontratual assenta "na violação de deveres gerais de abstenção, omissão ou não ingerência, correspondentes aos *direitos absolutos*".
Mas, segundo este Autor, os dois tipos de responsabilidade "não constituem, sobretudo na prática da vida, *compartimentos estanques*. Pode mesmo dizer-se que, sob vários aspectos, responsabilidade contratual e responsabilidade extracontratual funcionam como verdadeiros *vasos comunicantes*." (Cfr. ANTUNES VARELA, *Das Obrigações em Geral*, vol. I, ob. cit., p. 521-522). Concordamos com estes Autores e entendemos que se justifica manter os dois tipos de responsabilidade, uma vez que consideramos que existem importantes diferenças de regime entre a responsabilidade contratual e extracontratual (*v.g.*, a presunção de culpa na responsabilidade contratual).
Em sentido contrário, afirmando que, tendo em conta a escassez das diferenças entre as denominadas responsabilidades contratual e a aquiliana, não se justifica manter a duplicação entre os dois tipos de responsabilidade, *vide*, por todos: PAULO CUNHA, *Direito das Obrigações*, por M. Pimentel Saraiva e O. Courrége, 2, Lisboa, 1938-39, p. 239-240; GOMES DA SILVA, *O Dever de Prestar e o Dever de Indemnizar*, 1, s/editora, Lisboa, 1944, p. 300 e ss.; PESSOA JORGE, *Ensaio Sobre os Pressupostos da Responsabilidade Civil*, reimpressão, Almedina, Coimbra, 1995, p. 41; MENEZES CORDEIRO, *Da Boa Fé no Direito Civil*, ob. cit., p. 575. Quanto à superação da dicotomia responsabilidade contratual e responsabilidade extracontratual *vide*, ainda, por todos: JOÃO CALVÃO DA SILVA, *Responsabilidade Civil do Produtor* (reimpressão), Almedina, Coimbra, 1999, p. 475 e ss..
Sublinhe-se, também, que a doutrina, por um lado, tem apresentado situações em que, atenta a sua particular natureza, não é possível, aprioristicamente, tomar partido pela aplicação dos regimes contratual ou extracontratual (*vide* SINDE MONTEIRO, *Responsabilidade por Conselhos, Recomendações ou Informações*, Coimbra, Almedina, 1989, p. 473 a 477 e p. 508 e ss., que, a propósito do instituto da *culpa in contrahendo* – a qual integra nos quadros dogmáticos da *relação obrigacional sem deveres primários de prestação*, tal como o contrato de protecção para terceiros e a relação corrente de negócios – afirma, que, para além da questão do prazo prescricional (que está expressamente resolvida no art. 227º, nº 2), não se pode optar *a priori* por um dos regimes de responsabilidade, sendo necessário analisar a situação em concreto. Por isso, este Autor duvida da solução genérica de natureza extracontratual para o ónus da prova no caso de ruptura de negociações). Por outro lado, a doutrina tem afirmado a existência de tipos de responsabilidade civil autónomos (por exemplo, a responsabilidade pela confiança; a este propósito, *vide* CARNEIRO DA FRADA, A responsabilidade pela confiança nos 35 Anos do Código Civil – Balanço e perspectivas, *in Comemorações dos 35 Anos do Código Civil e dos 25 Anos da Reforma de 1977*, Volume III, *Direito das Obrigações*, Coimbra, Coimbra Editora, 2007, p. 285

cida, quer em causa estejam actividades que afectam a consistência material da coisa objecto do direito real de outrem, quer comportamentos que incidam sobre a própria titularidade do direito real alheio.

Mas, segundo o nosso entendimento, o autor comum viola, ainda – ou antes de mais[92] –, o dever de lealdade.

Quanto à violação do dever de lealdade, é preciso distinguir consoante o segundo negócio, incompatível com o primeiro, seja celebrado antes ou depois da extinção deste.

É o que faremos de seguida.

Caso o segundo negócio jurídico, incompatível com o primeiro, seja celebrado antes da extinção deste – por exemplo, porque ainda não ocorreu a entrega da coisa –, não temos dúvidas em afirmar que o alienante viola o *dever acessório* ou *lateral* de lealdade que obriga as partes, na pendência contratual, a absterem-se de comportamentos que possam frustrar ou falsear o objectivo do negócio ou afectar o equilíbrio das prestações por elas fixado[93].

---

e ss.). E, por fim, tem admitido o concurso de acções de responsabilidade contratual e extracontratual (segundo ALMEIDA COSTA, *Direito das Obrigações*, ob. cit., p. 546 e ss., nos casos em que existe, em simultâneo, a violação de um contrato e de um dever geral de conduta, o regime da responsabilidade contratual consome o da extracontratual, sendo esta a solução mais ajustada aos interesses do lesado e a mais conforme ao princípio geral da autonomia privada).

[92] Tendo em conta o papel residual da responsabilidade extracontratual.

[93] MOTA PINTO, a propósito dos *deveres laterais*, na vigência do contrato, afirma: "trata-se de deveres de adoptar determinados comportamentos, impostos pela boa fé em vista do fim do contrato (arts. 239º e 762º), dada a relação de confiança que o contrato fundamenta, comportamentos variáveis com as circunstâncias concretas da situação". (Cfr. MOTA PINTO, *Cessão da Posição Contratual*, ob. cit., p. 339. Sublinhámos.).

Em sentido idêntico, manifesta-se ANTUNES VARELA, *Das Obrigações em Geral*, vol. I, ob. cit., p. 521-522, para quem, como já referimos, a responsabilidade contratual resulta do não cumprimento, *latu sensu*, dos deveres relativos próprios das obrigações, incluindo os deveres acessórios de conduta, mesmo que impostos por lei.

Ainda, no mesmo sentido se pronuncia, indirectamente, CALVÃO DA SILVA, *Responsabilidade Civil do Produtor*, ob. cit., nota 3 da p. 338 e ss., quando considera que os deveres pré-contratuais de correcção, de informação e de lealdade são estruturalmente idênticos às obrigações contratuais, não passando, em última análise, da extensão da boa-fé contratual à fase do *iter negoti*. *Vide*, aindam A propósito do concurso necessário de causas ou da concausalidade necessária, *vide*, ainda, PAULO MOTA PINTO, *Interesse Contratual Negativo e Interesse Contratual Positivo*, vol. II, Coimbra, Coimbra Editora, 2008, p. 873.

Ao invés, MENEZES CORDEIRO considera que os deveres acessórios – que impendem sobre as partes na vigência de um contrato – devem "imputar-se à boa fé e não ao próprio contrato

Caso o segundo negócio jurídico, incompatível com o primeiro, seja celebrado após a extinção, por cumprimento, da relação obrigacional estabelecida com o primeiro adquirente, na nossa perspectiva, em causa está um caso de *pós-eficácia das obrigações* em sentido estrito, ou de responsabilidade pós-contratual que resulta da violação do dever de lealdade, em virtude do qual estava obrigado a omitir comportamentos susceptíveis de prejudicar o fim do primeiro negócio.

Efectivamente, depois de finda uma situação obrigacional, verifica-se a persistência "do dever de não adoptar atitudes que possam frustrar o objectivo por ela prosseguido ou que possam implicar, mediante o aproveitar da antiga posição contratual, a diminuição das vantagens ou, até, inflingir danos ao ex--parceiro"[94]. A lealdade em causa traduz-se, nomeadamente, "na necessidade jurídica de, para além da realização formal da prestação, providenciar a efectiva obtenção e manutenção do escopo contratual"[95], não podendo este ser prejudicado apenas porque ocorre a extinção do contrato[96].

Por fim, a propósito da violação do dever de lealdade, cumpre salientar que o facto de o segundo adquirente obter com prioridade a inscrição e, consequentemente, tal assento assumir o papel de evento resolutivo pre-

em si, quando não resultem apenas da mera interpretação contratual, mas antes das exigências do sistema, face ao contrato considerado" ou, por outra via, "O contrato é fonte efectiva dos deveres contratuais; no entanto, para efeitos de aplicação da boa fé – art. 762º/2 – ele funciona como mero facto jurídico em sentido estrito." (Cfr. MENEZES CORDEIRO, *Da Boa Fé no Direito Civil*, ob. cit., p. 607 e p. 647, respectivamente).

[94] Cfr. MENEZES CORDEIRO, *Da Boa Fé no Direito Civil*, ob. cit., p. 629.

[95] Cfr. MENEZES CORDEIRO, Da pós-eficácia das obrigações, loc. cit., p. 31.

[96] Sobre o fundamento dogmático da pós-eficácia das obrigações, MENEZES CORDEIRO, *Da Boa Fé no Direito Civil*, afirma:
"No Direito português, apesar da escassez doutrinária sobre o tema, a *culpa post factum finitum* tem consagração legal efectiva. Para tanto, basta invocar a referência expressa feita, à boa fé, no art. 762º/2, a qual deve ser acatada por credores e devedores."
"Não há regime contratual, visto que estão em jogo deveres de ordem legal." (Cfr. MENEZES CORDEIRO, *Da Boa Fé no Direito Civil*, ob. cit., p. 628 e ss., nota. 355 da p. 630, respectivamente). MOTA PINTO, *Cessão da Posição Contratual*, ob. cit., p. 354 a 356, ao invés, considera que o suporte da pós-eficácia das obrigações, ou da responsabilidade pós-contratual, reside no contrato celebrado. De facto, afirma: "*A fundamentação positiva desta responsabilidade pós-contratual consiste numa integração do negócio jurídico, segundo os critérios do art. 239º (...). Tem, pois, como suporte, o contrato celebrado e executado, sendo a fórmula «responsabilidade pós-contratual» apropriada, apenas, com referência à extinção dos deveres de prestação contratuais.* (O itálico é nosso).
Na mesma linha, ALMEIDA COSTA, *Direito das Obrigações*, ob. cit., p. 298 e ss...

visto por lei (ou de condição resolutiva imprópria) que faz cessar a eficácia da primeira aquisição, apenas *ex nunc* e somente na medida do necessário, em nada altera o anteriormente afirmado.

Na verdade, mesmo quem defende o carácter contratual e não legal do dever de lealdade e qualifica, consequentemente, como contratual a responsabilidade por danos causados pela sua violação, a propósito da resolução decorrente do exercício do direito potestativo, nos termos do art. 432º do Código Civil – a qual produz, como se sabe, em regra, efeitos *ex tunc* –, afirma:

"Não nos oferece dúvida a qualificação contratual da responsabilidade por danos causados pela violação dum dever lateral, derivado dum contrato, não obstante a posterior resolução do negócio. Seria um pensamento cego perante as determinantes teleológicas do regime da responsabilidade contratual, isto é, uma atitude antitética do pensamento problematizador e de valoração teleológica que deve ser o do jurista, desprover do carácter contratual a lesão de bens patrimoniais ou pessoais, resultante da violação dum dever contratual de protecção, fazendo tábua rasa do contrato negocial que, efectivamente, existiu entre as partes, só porque, ulteriormente, veio a ter lugar uma resolução do contrato."[97].

Portanto, por maioria de razão, não devem colocar-se dúvidas sobre o surgimento, na esfera jurídica do primeiro adquirente, do direito a ser indemnizado pelo *dante causa* comum, não obstante o seu direito real só se extinguir ou contrair na data da inscrição da segunda aquisição[98], ou seja, precisamente, quando se verifica o evento resolutivo, com eficácia *ex nunc*, previsto por lei.

---

[97] Cfr. MOTA PINTO, *Cessão da Posição Contratual*, ob. cit., p. 415.
Este Autor, na mesma obra, na p. 419, acrescenta ainda:
"A não afectação, pela declaração de resolução, dos deveres (...) já constituídos e eventualmente lesados, não é, de modo algum, incompatível com a lei vigente. O art. 434º, nº 1, exclui o efeito retroactivo da resolução, se a retroactividade contrariar a finalidade deste tipo de ineficácia. Ora, é manifesto que a finalidade da resolução é reintegrar um *statu quo ante* ou obstar à execução de certas prestações, esgotando-se, assim, a sua função no domínio dos deveres de prestação. Contrariaria a finalidade da resolução e, até, a vontade das partes, retirar o manto da protecção contratual aos comportamentos que, em razão do contacto negocial, se prescreveram aos contraentes, em ordem ao cuidado com a pessoa da contraparte e à conservação do seu património."
[98] E, portanto, só nessa data ocorrer o dano.

Em face do exposto, sempre que o segundo acto de disposição se traduza num facto ilícito e culposo, quem reconheça, como nós, que o autor comum, além de violar o direito real do primeiro adquirente, viola, antes de mais, o dever de lealdade, caso defenda o carácter contratual e não legal deste dever, terá de reconhecer que se verifica um concurso de responsabilidade contratual e extracontratual e que o regime da responsabilidade contratual consome o da extracontratual. Assumindo tal, obviamente, enorme importância, uma vez que se presumirá a culpa.

1.2. A responsabilidade do segundo adquirente de má fé

Ao celebrar o negócio de má fé, o segundo adquirente comete um facto ilícito e culposo que é causa adequada à lesão do direito absoluto do primeiro adquirente, uma vez que pratica o facto jurídico imprescindível ao posterior registo que será lavrado a seu favor e conduzirá à extinção ou contracção do direito real do primeiro adquirente. Registo este que, recordamos, é facultativo em relação aos factos praticados até 31 de Dezembro de 2008 – e apenas pode ser lavrado, em princípio, a pedido dos sujeitos do facto a inscrever ou das pessoas que nele tenham interesse –, mas é obrigatório para os factos posteriores a essa data, impendendo a obrigação de promover o registo, no caso de alienação ou oneração de bens imóveis, sobre a entidade tituladora (*v.g.*, notário, advogado, solicitador, *etc.*), uma vez que em causa está um acto que tem de ser reduzido a escritura pública ou a documento particular autenticado[99/100].

---

[99] De acordo com o art. 8º-B do Cód.Reg.Pred., o sujeito activo do acto a registar é um dos obrigados a promover o registo (cfr. al. *c*) e *f*) do nº 1). No entanto, na hipótese de dupla alienação ou oneração de bens imóveis – a qual como se sabe, deve obedecer à forma de escritura pública ou de documento particular autenticado, nos termos do art. 80º do Cód. Not. e, entre outros, dos arts. 660º, 714º, 875º, 930º, 947º, 1419º, 1422º-A, 2126º do Código Civil – o obrigado a solicitar o registo é o titulador (cfr. al. *b*) do nº 1 do art. 8º-B do Cód.Reg. Pred.), uma vez que, de acordo com o estatuído no nº 2, do mesmo preceito legal, caso diversas entidades estejam obrigadas a promover o registo do mesmo facto, "a obrigação de registar compete apenas àquela que figurar em primeiro lugar". (Sublinhámos).

[100] Refira-se que o Conselho Técnico dos Registos e do Notariado já teve oportunidade de se pronunciar sobre da validade de cláusula em que os outorgantes assumam a obrigação de registar atribuída por lei à entidade tituladora, bem como do pagamento dos emolumentos devidos e da cominação que eventualmente venha a ser devida, tendo afirmado:
"Esse acordo entre o devedor e o terceiro não será de molde a bulir com a disciplina jurídica resultante dos arts. 8º-B, 8º-C, 8º-D e 151º do CRP, acabando, deste modo, por constituir uma relação jurídica de eficácia limitada aos sujeitos respectivos e que, em princípio só a estes pode

Portanto, voltamos a sublinhar, não obstante o *dante causa* e o segundo adquirente de má fé não provocarem, imediatamente, qualquer dano ao primeiro adquirente com a celebração do segundo contrato – uma vez que, antes do registo, o negócio a *non domino* é absolutamente ineficaz perante o primeiro adquirente e, por isso, inidóneo a causar danos –, a verdade é que, a celebração do segundo negócio é potencialmente lesiva do direito do primeiro adquirente e, na prática, só ocorre porque o segundo adquirente de má fé espera vir a obter, com prioridade, o registo do seu facto aquisitivo.

Mais, quando o facto jurídico esteja sujeito a registo obrigatório, a obrigação de solicitar o registo impende, como referimos, sobre o titulador do acto, e, portanto, o segundo adquirente sabe que, em princípio, será lavrada a inscrição a seu favor, mesmo que não a solicite aos serviços registais[101].

Como é evidente, em face do acabado de expor, na nossa perspectiva, não se pode excluir a responsabilidade do segundo adquirente de má fé argumentando que a promoção do registo se traduz no cumprimento de um dever, por parte do titulador, ou no acatamento de um ónus e no exercício de uma faculdade, por parte do segundo adquirente e que, por isso,

---

interessar". (Cfr. parecer proferido no processo C.P. 84/2009 SJC-CT, recolhido na base de dados do Instituto dos Registos e do Notariado – Doutrina – Pareceres do Conselho Técnico, Registo Predial/Casa Pronta, 2009, [on-line] consultado em 3 Novembro de 2011. Disponível: http://www.irn.mj.pt/IRN/sections/irn/doutrina/pareceres/predial/2009).
"Parece-nos ser de repudiar totalmente um acordo visando objectivamente o incumprimento da obrigação de registar, mas claramente que ele também não pode interferir naquela disciplina jurídica, quer no caso em que o sujeito viole o acordo e promova o registo, quer no caso em que, cumprindo o acordo o não promova.
É claro que aos outorgantes está acessível um subterfúgio, que é servirem-se de cláusula do tipo da tratada no indicado processo, mas com o objectivo perverso de tentar frustrar por essa via a efectivação do registo. Mas, também aqui, não existirá interferência com a referida disciplina jurídica.
A existência de um titular da obrigação de promover o registo não impede que um sujeito titular de legitimidade (interesse) não cumpra ele próprio o ónus jurídico de promover o registo, para obter a oponibilidade, fazendo cessar a obrigação de pedir o registo (cfr. art. 8º-B, nº 5 do Código do Registo Predial), o que significa que o facto de a entidade autenticadora dar satisfação à pretensão dos outorgantes e não promover o registo não garante que o registo não venha a ser efectuado." (Cfr. parecer proferido no processo C.P. 7/2010 SJC-CT, recolhido na base de dados do Instituto dos Registos e do Notariado – Doutrina – Pareceres do Conselho Técnico, Registo Predial/Casa Pronta, 2010, [on-line] consultado em 3 Novembro de 2011. Disponível: http://www.irn.mj.pt/IRN/sections/irn/doutrina/pareceres/predial/2010).
[101] O segundo adquirente, como já se referiu, entrega, inclusive, ao titulador o valor correspondente ao emolumento cobrado pelos serviços de registo.

o segundo adquirente não comete qualquer facto ilícito, limitando-se a beneficiar da norma legal que sanciona com a ineficácia a alienação anterior não registada com prioridade.

E isto, não obstante considerarmos que, efectivamente, o ónus de solicitar o registo impende sobre o segundo adquirente mesmo quando o facto jurídico em que interveio esteja sujeito a registo obrigatório, uma vez que, na nossa perspectiva, a consagração legal da obrigação de promover o registo não conduziu à supressão do ónus a cargo do sujeito activo[102].

Na verdade, não deve ser excluída a responsabilidade do segundo adquirente de má fé, porque não se pode esquecer que, não obstante o ónus e o dever de solicitar o registo decorrerem da lei, é o segundo adquirente de má fé que cria, ao celebrar o negócio, as condições para que os mesmos surjam – na sua esfera jurídica e na do titulador, respectivamente – e que o faz, como já referimos, porque tem a expectativa de vir a obter com prioridade o registo.

Ou seja, o facto ilícito e culposo cometido pelo segundo adquirente de má fé traduz-se na celebração do negócio – que, como já referimos, é um dos elementos do processo aquisitivo complexo – que dá origem ao ónus e ao dever de registar.

---

[102] Prova o acabado de referir, o facto de a consequência nefasta, decorrente da não obtenção do registo, se ter mantido: não sendo inscrita a aquisição esta é inoponível ao terceiro que obtenha o correspondente registo, bem como, a circunstância de o sujeito activo do facto jurídico a inscrever ter a possibilidade de evitar tal consequência, uma vez que, não obstante não estar obrigado a solicitar o registo, nada o impede de o fazer, assim se extinguindo a obrigação que impendia sobre o titulador (cfr. n. 5 do 8º-B do Cód.Reg.Pred.).
Acresce que, na nossa perspectiva, tal ónus impende sobre o sujeito activo do facto jurídico a inscrever desde o momento em que tal facto ocorra e, portanto, mesmo durante o período fixado por lei para o titulador cumprir a obrigação de promover o registo, uma vez que, por um lado, também durante esse período, nada impede a feitura de um registo incompatível que conduza à perda ou oneração do direito do primeiro adquirente, e, por outro, nada obsta a que o primeiro adquirente solicite e obtenha directamente dos serviços do Registo a respectiva inscrição, dando, assim, azo a extinção da obrigação que impendia sobre o titulador.
Por fim, refira-se que também o Conselho Técnico dos Registos e do Notariado já se pronunciou no sentido de a obrigação de promover o registo não ter suprimido o ónus que impende sobre os interessados no parecer CP 22/2009 SJC-CT. (*Vide* parecer CP 22/2009 SJC-CT recolhido na base de dados do Instituto dos Registos e do Notariado – Doutrina – Pareceres do Conselho Técnico, Registo Predial/Casa Pronta, 2009, [on-line] consultado em 3 Novembro de 2011. Disponível: http://www.irn.mj.pt/IRN/sections/irn/doutrina/pareceres/predial/2009).

Em defesa da *total ausência* de responsabilidade do segundo adquirente, não procede, também, o argumento segundo o qual o primeiro adquirente pode evitar o dano, desde que obtenha tempestivamente a respectiva inscrição registal[103].

De facto, entendemos que o não acatamento do ónus por parte do primeiro adquirente não pode justificar o comportamento ilícito do segundo. Por outra via, não se pode compensar um comportamento ilícito com o não acatamento de um ónus; cada um destes comportamentos dá origem à aplicação da consequência ou sanção correspondente: perda do direito em virtude do registo prioritário de um facto jurídico incompatível, no segundo caso; ressarcimento dos danos, no primeiro.

Acresce que, mesmo quando o facto jurídico em que interveio o primeiro adquirente esteja sujeito a registo obrigatório, o sujeito obrigado dispõe sempre de um lapso de tempo para solicitar a inscrição, consequentemente, há sempre um período temporal de incerteza funcional que não pode redundar em prejuízo para o primeiro adquirente que não veja o facto jurídico em que interveio ser inscrito com prioridade[104].

Em face do exposto, não se pode defender que o segundo adquirente de má fé, ao celebrar o negócio jurídico, actue em conformidade com o direito. Muito ao invés, o segundo adquirente de má fé, ao celebrar o negócio jurídico, comete um facto ilícito e culposo e assume um comportamento idóneo a determinar o dano – na medida em que tal negócio constitui o antecedente da produção do efeito resolutivo que ocorre após a feitura do registo.

Por isso, caso o seu facto aquisitivo aceda ao Registo com prioridade, o segundo adquirente incorre em responsabilidade civil, nos termos do art. 483º do Código Civil, perante o primeiro adquirente que vê decair ou ser onerado o seu direito, uma vez que, no caso em concreto, a segunda aquisição com registo prioritário constitui um atentado ao direito real do primeiro adquirente[105].

---

[103] Não obstante, como referiremos, havendo culpa do lesado esta terá de ser levada em consideração aquando da fixação do montante da indemnização.

[104] Quanto ao prazo para promover o registo *vide* o estatuído no art. 8º-C do Cód.Reg.Pred..

[105] Como resulta do exposto, segundo o nosso entendimento, o facto ilícito praticado pelo sujeito que regista em primeiro lugar não se traduz na cooperação no incumprimento do alienante, não se tratando, por conseguinte, de um caso de eficácia externa das obrigações, mas sim de uma hipótese de violação de um direito real que dá azo à responsabilidade extracontratual.

Verifica-se, assim, naturalmente, uma hipótese de responsabilidade solidária. Sendo responsáveis o *dante causa* comum e o segundo adquirente e, ainda, o titulador do primeiro facto jurídico se sujeito a registo obrigatório, desde que não tenha promovido a respectiva inscrição dentro do prazo previsto na lei[106/107].

Uma vez assente que o registo a favor do segundo adquirente é abstractamente inquadrável na responsabilidade aquiliana, torna-se necessário clarificar, em concreto, que comportamento culposo pode fazer incorrer o terceiro em tal responsabilidade.

Será necessária a intenção de causar prejuízo?

O comportamento assumido pelo terceiro tem de ser doloso?

---

[106] Não sendo inscrito um negócio sujeito a registo obrigatório e acedendo ao Registo um facto jurídico incompatível, cumpre distinguir consoante a inscrição ocorra, ou não, dentro do prazo fixado por lei ao titulador, do primeiro negócio, para promover o registo. Assim, se a inscrição do facto jurídico incompatível ocorrer durante tal prazo, o titulador não incorre em responsabilidade, já o sujeito activo, porque não acatou o ónus jurídico, perde ou vê onerado o seu direito.

Ao invés, se a inscrição do facto jurídico incompatível ocorrer depois de findo o prazo fixado por lei ao titulador, do primeiro negócio, para promover o registo, na nossa perspectiva, o titulador, porque não cumpriu uma obrigação própria, imposta por lei no interesse público e no interesse do sujeito activo, incorre em responsabilidade perante o sujeito activo que perde ou vê onerado o seu direito, não obstante este também não ter acatado o ónus que sobre si impendia.

[107] O legislador português ao definir no art. 512º a figura da solidariedade, partindo da ideia de que a obrigação solidária constitui uma modalidade da obrigação plural, refere-se à obrigação (no singular, à obrigação única, à mesma obrigação) com vários devedores. Trata-se da obrigação a que se encontram vinculados vários devedores perante o mesmo credor, mas em que qualquer deles responde pela totalidade da prestação e em que a prestação efectuada por um libera todos os restantes perante o credor comum. No entanto a doutrina tem afirmado, a propósito da natureza jurídica da obrigação solidária, que, na verdade, esta não constitui uma só obrigação, com pluralidade de sujeitos, devendo antes ser concebida como uma pluralidade de obrigações que estão ligadas entre si e que formam uma relação obrigacional global, ou unitária, envolvente.

As obrigações solidárias podem ter fundamento diferente, podendo um dos devedores responder por culpa, outro pelo risco e outro ainda por dever contratual, para reparação do mesmo dano. Neste sentido, por todos, *vide*: VAZ SERRA, Responsabilidade Contratual, e Responsabilidade Extracontratual, loc. cit., p. 130; PIRES DE LIMA/ANTUNES VARELA, *Código Civil Anotado*, vol. I, ob. cit. p. 529; ANTUNES VARELA, *Das Obrigações em Geral*, vol. I, ob. cit., p. 759 e ss..

A propósito do concurso necessário de causas ou da concausalidade necessária, *vide*, ainda, PAULO MOTA PINTO, *Interesse Contratual Negativo e Interesse Contratual Positivo*, vol. I, Coimbra, Coimbra Editora, 2008, nota 1857, p. 652.

Bastará o mero conhecimento do anterior acto de disposição?

Estas são algumas das questões que já se suscitaram na jurisprudência e na doutrina.

Na nossa perspectiva, a resposta às questões colocadas decorre das regras da responsabilidade civil aquiliana.

De facto, a partir do momento em que se defende que o segundo adquirente de má fé pode incorrer em responsabilidade civil extracontratual, não vemos como se possa deixar de aplicar o art. 483º do Código Civil. Ora, como se sabe, de acordo com o referido preceito legal, aquele que violar ilicitamente o direito de outrem fica obrigado a indemnizar o lesado pelos danos resultantes da violação, quer tenha actuado com *dolo* ou *mera culpa* (negligência).

Assim sendo, é evidente que o segundo adquirente de má fé pode incorrer em responsabilidade civil independentemente de qualquer intenção de causar dano ao primeiro adquirente, uma vez que, como se sabe, o *animus nocendi* ou a intenção de causar dano a outrem nem sequer é essencial ao dolo.

Acresce que, para responsabilizar o segundo adquirente de má fé, basta o mero conhecimento da situação anterior, sendo, assim, desnecessário que o segundo adquirente prefigure o efeito da sua conduta e queira realizar o facto ilícito ou que, apesar de não querer o facto ilícito, o preveja como consequência necessária ou segura. De facto, como resulta claramente da lei, o segundo adquirente de má fé pode responder quer tenha actuado com dolo *directo* ou *necessário*, quer tenha actuado com *dolo eventual ou com negligência*.

Mais, de acordo com as normas legais, em abstracto, mesmo o *segundo adquirente de boa fé em sentido psicológico* pode incorrer em responsabilidade civil perante o primeiro adquirente se, à data do negócio, desconhecer culposamente o anterior acto de disposição. De facto, em abstracto, nada impede a responsabilidade do segundo adquirente em caso de desconhecimento culposo do anterior acto de disposição, quer este, ao celebrar o negócio, preveja a produção do facto ilícito como possível e actue com *dolo eventual ou* com *negligência consciente*, quer não chegue sequer a conceber a possibilidade de o facto se verificar, mas actue com *negligência inconsciente*[108].

---

[108] Sobre as modalidades da culpa, *vide*, por todos, ANTUNES VARELA, *Das Obrigações em Geral*, vol. I, ob. cit., p. 569 e ss..

No entanto, como veremos como mais pormenor, em qualquer das hipóteses apresentadas, a circunstância de o primeiro adquirente não ter obtido o registo e, desse modo, não ter acatado o ónus que sobre si impendia, pode relevar, nos termos do art. 570º do Código Civil, na medida em que deve ser levado em linha de conta o concurso "culposo" do credor (o primeiro adquirente) para a produção dos danos.

Ónus esse que existe na esfera jurídica do primeiro adquirente – tal como na do segundo –, quer o facto jurídico em que interveio esteja sujeito a registo facultativo, quer obrigatório.

1.3. O ressarcimento do dano

Como se sabe, a reparação do dano causado pelo não-cumprimento da prestação originária pode revestir formas diversas.

De acordo com o art. 562º do Código Civil, "quem estiver obrigado a reparar um dano deve reconstituir a situação que existiria, se não se tivesse verificado o evento que obriga a reparação", sendo a indemnização fixada em dinheiro, sempre que a reconstituição natural não seja possível, não repare integralmente os danos, ou seja, excessivamente onerosa para o devedor", nos termos do nº 1 do art. 566º. [109]

Impondo o art. 566º do Código Civil, em princípio, a reparação do dano mediante a *reconstituição natural,* torna-se claro que o fim visado pela lei é "o de prover à directa remoção do *dano real* à custa do responsável, visto ser esse o meio mais eficaz de garantir o interesse capital da *integridade* das pessoas, dos bens ou dos direitos sobre estes." [110]

"O *ressarcimento do dano in natura,* porque se funda na lógica do próprio crédito, *constitui a sanção perfeita e ideal do dano* (proveniente do não cumprimento), dada a sua superioridade sobre a reparação (por equivalente) monetária, referida ao dano abstracto e, por isso, subsidiária. O *cumprimento constitui a garantia (sanção) ideal do direito,* porque realiza o próprio direito, actuando a prestação originária a que o credor tem direito." [111]

---

[109] Sublinhe-se que a lei, no art. 562º e no nº 1 do art. 566º manda reconstituir, não a situação anterior à lesão, mas sim a situação (hipotética) que existiria se não se tivesse produzido o dano.
[110] ANTUNES VARELA, *Das Obrigações em Geral*, vol. I. ob. cit., p. 904.
Em idêntico sentido, *vide* ALMEIDA COSTA, *O Conceito de Enriquecimento. O Enriquecimento Forçado e os Vários Paradigmas do Enriquecimento Sem Causa,* Porto, UCP, 1998, p. 260-261.
[111] JOÃO CALVÃO DA SILVA, Cumprimento e sanção pecuniária compulsória, loc. cit., p. 138 e 139

No entanto, nem sempre o recurso à *reconstituição natural* permite resolver satisfatoriamente a questão da reparação do dano. De facto, há casos em que a reconstituição natural *não é sequer possível*[112] e outros em que ela *não é meio bastante* para alcançar o fim da reparação ou *não é meio idóneo* para tal.

Deve considerar-se que a reconstituição natural é um *meio insuficiente* quando a reconstituição não cobre todos os danos ou não abrange todos os aspectos em que o dano se desdobra e que é um meio *impróprio* ou *inadequado*, quando for excessivamente onerosa para o devedor[113].

Nos três tipos de situações, de acordo com a lei, a indemnização deve ser fixada em dinheiro.

Em face do exposto, cumpre assumir posição sobre a questão da eventual possibilidade de recurso à *reconstituição natural* como meio de obter, satisfatoriamente, a reparação do dano sofrido pelo primeiro adquirente.

Segundo o nosso entendimento, o primeiro adquirente só poderá vir a ser satisfeito pela via da compensação indemnizatória. E isto independentemente de se considerar que solução contrária, por um lado, frustraria o objectivo do art. 5º do Cód.Reg.Pred. e, por outro, ignoraria o facto de o lesado concorrer para causar o dano.

De facto, estamos perante uma das situações em que a reconstituição natural não é sequer possível, uma vez que, após o funcionamento do art. 5º do Cód.Reg.Pred., não é possível reconstituir a situação (hipotética) que existiria se não se tivesse produzido o dano[114].

Na verdade, depois de o primeiro adquirente ter visto o seu direito decair ou ser onerado, em virtude de o segundo adquirente de má fé ter adquirido um direito incompatível, ao abrigo do art. 5º do Cód.Reg.Pred., mesmo que o segundo adquirente fosse condenado a "restituir", ou seja, a transmitir, o direito ao primeiro, e cumprisse tal obrigação, nunca ocorreria a reconstituição da situação (hipotética) que existiria se não se tivesse

---

[112] PIRES DE LIMA/ANTUNES VARELA, *Código Civil Anotado*, vol. I, ob. cit., p. 582, depois de afirmarem que a impossibilidade de reconstituição natural pode ser material ou jurídica, dão como exemplo de impossibilidade jurídica a dupla alienação do mesmo imóvel, quando o segundo adquirente obtenha com prioridade o registo.

[113] Cfr. ANTUNES VARELA, *Das Obrigações em Geral*, vol. I, ob. cit., p. 905-906.

[114] MARIA CLARA SOTTOMAYOR, *Invalidade e Registo – A Protecção do Terceiro Adquirente de Boa Fé*, ob. cit., p. 406 e ss., não obstante concluir que o segundo adquirente só beneficia da tutela registal quando, no momento em que celebra o negócio, desconhecia a anterior aquisição, a propósito da eventual responsabilidade do segundo adquirente de má fé tende a defender a reconstituição natural.

produzido o dano – ou a constituição de uma situação que tivesse para o credor valor e natureza iguais –, uma vez que o primeiro adquirente não voltaria a ser, com eficácia *ex tunc*, um *avente causa* do originário proprietário (o *dante causa* comum), adquiriria, isso sim, o direito perdido, com efeitos *ex nunc*, do segundo adquirente.

1.4. A aplicabilidade do art. 570º do Código Civil

De acordo com o art. 570º do Código Civil, na hipótese de um facto "culposo" do lesado ter concorrido para a produção ou agravamento dos danos, "cabe ao tribunal determinar, com base na gravidade das culpas de ambas as partes e nas consequências que dela resultaram, se a indemnização deve ser totalmente concedida, reduzida ou mesmo excluída".

Ora, na nossa perspectiva, o não acatamento do ónus de solicitar o registo, por parte do primeiro adquirente, desde que tenha sido "culposo", pode assumir relevância nos termos da norma legal em apreço.

Como é evidente, o acabado de afirmar implica que se considere aplicável o art. 570º do Código Civil, não obstante o lesado não estar vinculado por qualquer obrigação ou dever jurídico e, ainda, que se admita que o não acatamento de um ónus se pode traduzir numa actuação "culposa", para efeitos do referido preceito legal.

E, de facto, é esse o nosso entendimento, na esteira da doutrina e da jurisprudência, praticamente uniformes, que consideram que na fixação do sentido do conceito "culpa do lesado" só impropriamente se pode falar em *culpa* do lesado, pois a *culpa* pressupõe um facto ilícito danoso (para outrem) e, na generalidade dos casos abrangidos pelo art. 570º, nem sequer há um acto *ilícito* do lesado.

Ou seja, a expressão "culpa" deve, aqui, ser entendida, em sentido muito amplo, dado que a indemnização há-de ser negada ou reduzida desde que o acto do lesado tenha sido concausa do prejuízo, mesmo que não tenha carácter ilícito, nem corresponda à violação de um dever, nos termos pressupostos pelo juízo de culpa em sentido estrito[115].

---

[115] Por todos vide: Pessoa Jorge, *Ensaio Sobre os Pressupostos da Responsabilidade Civil*, ob. cit.; Antunes Varela, *Das Obrigações em Geral*, vol. I, ob. cit., nota 3, p. 917 a 918; *idem*, Anotação ao acórdão do Supremo Tribunal de Justiça, de 9 de Fevereiro de 1968, *Revista de Legislação e de Jurisprudência*, 102º, p. 51; Rui de Alarcão, *Obrigações*, lições policopiadas, Coimbra, 1983, p. 328; Menezes Cordeiro, *Direito das Obrigações*, 2º vol., reimp., Lisboa, AAFDL, 1986, p. 409; Brandão Proença, *A Conduta do Lesado como Pressuposto e Critério de Imputação do*

Por isso, já se afirmou que o problema que se coloca não é propriamente de culpa, mas, antes, um problema de causalidade, dado que não se cuida de saber se o lesado é responsável pelos danos provenientes dos factos que haja praticado, mas sim se esses factos são consequência do facto por si praticado, ou seja, se o evento danoso é atribuível à sua actuação[116].

Perante a referência da lei à "culpa" e à gravidade da mesma, consideramos necessária a formulação de um juízo de censura sobre o comportamento do lesado, embora desligado da ilicitude, decorrente de uma actuação negligente ou deficiente, relevante no processo causal (adequado) do dano. De facto, como boa parte da doutrina e da jurisprudência, entendemos que, com a formulação legal, o legislador pretendeu excluir os actos do lesado que, embora contribuindo para a produção ou agravamento do dano, não traduzem um comportamento *censurável ou reprovável*, não se podendo afirmar que ele tenha agido com dolo ou negligência[117/118].

Dano Extracontratual, Coimbra, Almedina, 1997, p. 445; SARA GERALDES, A culpa do lesado, Separata da Revista *O Direito*, Ano 141º, 2009, II, Almedina, p. 356 e 357.

[116] "Assume assim, relevância – porque se trata de causalidade –, a necessidade de, num juízo de prognose posterior objectiva, formulado a partir das circunstâncias conhecidas e cognoscíveis de um observador experiente, poder afirmar-se que o acto do lesado, tendo em conta a actuação do lesante, favorecia aquela espécie de dano, surgindo este, pois, como uma consequência provável ou típica daquele facto. É preciso, em suma, que o comportamento do lesado não se revele indiferente para a verificação do dano, o que sucederá se segundo o decurso normal das coisas e da experiência da vida, não eleva, nem favorece, nem modifica os riscos da verificação do dano". (Cfr. acórdão do Supremo Tribunal de Justiça de 8 de Julho de 2003, consultado em 10 de Dezembro de 2010. Disponível: http://www.dgsi.pt/jstj.nsf).

[117] Por todos, *vide*: ANTUNES VARELA, Anotação ao acórdão do Supremo Tribunal de Justiça, de 9 de Fevereiro de 1968, *Revista de Legislação e de Jurisprudência*, 102º, p. 60; *idem*, *Das Obrigações em Geral*, vol. I, ob. cit., nota 3, p. 917 a 918.
Em sentido contrário manifesta-se BRANDÃO PROENÇA afirmando que o art. 570º encontra o seu fundamento na ideia de auto-responsabilidade do lesado, a quem devem ser imputadas as consequências patrimoniais das opções por si tomadas livremente, independentemente de qualquer reprovação jurídica do seu comportamento (Cfr. BRANDÃO PROENÇA, *A Conduta do Lesado como Pressuposto e Critério de Imputação do Dano Extracontratual*, Coimbra, Almedina, 1997, p. 415 a 419, p. 512 a 524 e p. 523-524).

[118] SARA GERALDES, A culpa do lesado, loc. cit., p. 356-357, afirma: "Fazendo um paralelo, se o lesado fosse o agente e o dano fosse causado na esfera de terceiro, o facto seria culposo, a título de dolo ou negligência. Exige-se, no fundo, que o facto *apresente as características que o tornariam responsável, caso o dano tivesse atingido um terceiro*. Portanto, só não é culpa em sentido técnico porque é perante o próprio, mas não se trata já de mera causalidade". Não obstante, a conclusão que retira é que "a previsão do artigo contempla efectivamente a hipótese de haver censurabilidade, mas não a exige (...) a intenção prosseguida com tal norma é permitir que,

Por isso, consideramos que, quando em causa esteja um facto jurídico sujeito a registo facultativo, caso o segundo adquirente obtenha o registo com prioridade, o não acatamento do ónus por parte do primeiro adquirente há-de ser considerado como um comportamento reprovável que conduzirá à aplicação do art. 570º do Código Civil.

Já se em causa estiver um facto jurídico sujeito a registo obrigatório, consideramos que apenas será reprovável ou censurável o comportamento do primeiro adquirente e, portanto, aplicável o referido preceito legal, se o facto jurídico incompatível aceder ao Registo após o período fixado por lei para o titulador cumprir a obrigação de promover a inscrição do primeiro negócio. Ao invés, se a inscrição prioritária for lavrada nesse período, o mesmo é dizer, sem que tenha ocorrido o incumprimento da obrigação de solicitar o registo, por parte do titulador, entendemos que é inaplicável a norma em apreço, uma vez que, durante esse lapso temporal, não consideramos reprovável ou censurável o não acatamento do ónus, por parte do primeiro adquirente que entrega ao titulador o valor do emolumento registal e aguarda que este cumpra, no prazo legal, a respectiva obrigação.

---

havendo censurabilidade, o julgador a ela possa atender. Mas nada no preceito dá a entender que a sua aplicação esteja dependente de tal juízo."

Sublinhe-se, por fim, que entendemos que o facto de o registo do primeiro facto aquisitivo não ser lavrado em virtude do titulador não cumprir a obrigação de promover o registo, não conduz à aplicação do art. 571º do Código Civil, uma vez que em causa está uma obrigação própria do titulador que lhe é imposta por lei, não podendo, por isso, o titulador ser havido como representante do primeiro adquirente.

Assim, o não cumprimento da obrigação de promover o registo dentro do prazo fixado por lei não deve conduzir à redução do montante da indemnização a ser paga pelo segundo adquirente que primeiro obtém o registo, deve, isso sim, ser considerada uma co-causa ilícita e culposa do dano, fazendo, por isso, incorrer em responsabilidade perante o primeiro adquirente, também, o titulador.

Divisão II
Os titulares de assentos registais definitivos que não são havidos como terceiros em virtude da consagração legal da concepção restrita de terceiros

Sumário: 3. Nota prévia. 3.1. Breve excurso histórico. 3.2. O nº 4 do art. 5º do Código do Registo Predial e sua interpretação. 3.3. Consequências decorrentes do nº 4 do art. 5º do Código do Registo Predial. 3.4. Nota final sobre a consagração da concepção restrita de terceiros.

3. Nota prévia

Para efeitos do art. 5º do Cód.Reg.Pred., terceiros são só aqueles que adquiram do mesmo causante direitos incompatíveis, *com base na sua vontade*[119], já não aqueles que, adquirindo direitos ao abrigo da lei, tenham esse causante como sujeito passivo, não obstante ele não ter intervindo nos actos jurídicos de que tais direitos resultaram (cfr. nº 4 do art. 5º Cód.Reg.Pred.)[120].

---

[119] Saliente-se que OLIVEIRA ASCENSÃO, A desconformidadee do registo predial com a realidade e o efeito atributivo, loc. cit., p. 6, considera que, através do nº 4 do art. 5º do Cód. Reg.Pred., o legislador não condicionou a tutela dos terceiros ao facto de terem adquirido direitos incompatíveis *com base na vontade* do mesmo causante.

[120] Diferente desta hipótese é a da penhora recair sobre bens registados a favor de um terceiro não responsável pela dívida (cfr. art. 119º do Cód.Reg.Pred.), porque o exequente considera que o bem pertence ou pode pertencer, não obstante o publicitado pelo Registo, ao executado. Nesta hipótese, a penhora é registada como provisória por natureza, e converte-se em definitiva se o titular registal, depois de citado, disser que o bem não lhe pertence ou nada disser, uma vez que em tais hipóteses, na nossa perspectiva, o titular registal deixa de beneficiar da presunção da titularidade do direito e o legislador ficciona que o executado é o actual titular do bem.
De facto, para a hipótese de ser solicitado o registo de um arresto ou de uma penhora sobre bens não inscritos a favor do devedor, a lei registal, na sequência do Código de Registo Predial de 1959, admitiu o registo provisório por natureza (cfr. a alínea *a*) do nº 2 do art. 92º do Cód.Reg.Pred.), registo este que é susceptível de conversão mediante um mecanismo de suprimento do registo, com prévia citação daquele mesmo titular registal.
Este mecanismo de suprimento da deficiência que obsta ao cumprimento do princípio do trato sucessivo, conforme o previsto no nº 4 do art. 34º do Cód.Reg.Pred., está previsto no

Para melhor compreensão do acabado de referir, vejamos uma hipótese concreta.

O Banco *X* promoveu execução contra a sociedade de construções *Y* e nomeou à penhora determinada fracção autónoma de um prédio urbano. A executada constava, no Registo Predial, como titular do direito de propriedade da fracção.

A penhora foi efectuada e inscrita definitivamente no Registo Predial, em benefício do exequente.

Contra tal penhora veio um terceiro opor-se, alegando que, através de escritura de compra e venda, celebrada em data anterior ao registo da penhora, tinha adquirido o direito de propriedade da referida fracção à executada e passado a exercer a posse correspondente, embora tal aquisição não tivesse sido registada.

Pois bem, actualmente, de acordo com o nº 4 do art. 5º do Cód.Reg. Pred., não temos dúvidas em afirmar que os embargos deveriam ser julgados procedentes e, assim, o direito de propriedade, adquirido pelo embargante, embora não inscrito, prevaleceria sobre a penhora definitivamente registada[121]. Acresce que, em virtude do referido preceito legal, na nossa perspectiva, se o proprietário não deduzisse embargos e a acção executiva findasse com a venda judicial, caso fosse intentada uma acção de reivindicação, uma vez provada a titularidade do direito de propriedade, a acção deveria ser julgada procedente, declarando-se a venda judicial nula, porque a *non domino*, e absolutamente ineficaz perante o autor da acção, uma vez que em causa não estava um conflito entre direitos incompatíveis adquiridos em virtude de actos jurídicos sucessivos praticados voluntariamente pelo mesmo causante.

---

art. 119º, e traduz-se numa forma tabularmente menos exigente do que aquela que normalmente seria necessária para o conseguir, ou seja, a inscrição de aquisição a favor do devedor. Sobre esta hipótese *vide* MÓNICA JARDIM, Efeitos decorrentes do registo da penhora convertido em definitivo nos termos do artigo 119º do Código do Registo Predial, loc. cit., p. 23 e ss.; *idem*, Arresto, *Revista de Direito imobiliário*, Ano 33, nº 68, Jan.-Jun., 2010, p. 240 e ss..
Não obstante a diversidade de hipóteses acabadas de referir, pode acontecer que entre o titular registal e o executado ocorra um conflito para efeitos do art. 5º do Cód.Reg.Pred., tal ocorrerá se o titular registal e o executado tiverem adquirido do mesmo autor imediato, sendo o titular registal o "segundo adquirente" e aquele que obteve o registo do respectivo facto aquisitivo.
[121] Do mesmo modo, registado um arresto ou constituída uma hipoteca judicial os direitos daqui decorrentes não prevalecem sobre uma transmissão anterior não registada.

3.1. Breve excurso histórico

Não obstante o acabado de afirmar, como se sabe, durante largos anos, a doutrina e a jurisprudência dividiram-se entre a denominada concepção restrita e ampla de terceiros. E, na verdade, não obstante o actual nº 4 do artº 5º do Cód.Reg.Pred., alguma doutrina continua a afirmar que entre nós vigora uma concepção ampla de terceiro. Acresce que, parte da jurisprudência entende que o exequente não adquire um direito que existisse na esfera jurídica do executado e, por isso, não o considera terceiro relativamente àquele que adquiriu o bem penhorado, mas, ao invés, entende que o adquirente na venda judicial, porque adquire, mediante aquisição derivada translativa, do executado, embora contra a sua vontade, é terceiro.

Para explicitar o acabado de referir, cumpre analisar com mais detalhe as diversas posições que foram e são assumidas a propósito desta questão. É o que faremos de seguida.

Até 1997, um largo sector da jurisprudência portuguesa afirmava que a transmissão do direito de propriedade sobre um imóvel, com data anterior ao registo da penhora de que o mesmo viesse a ser objecto, prevalecia sobre esta, ainda que tal transmissão não tivesse sido registada, uma vez que o credor exequente e o titular do direito real não registado não podiam ser considerados terceiros para efeitos de Registo Predial, ou seja, pessoas que, com base na vontade do mesmo autor ou transmitente, adquiriram direitos incompatíveis (total ou parcialmente) sobre o mesmo objecto.

De facto, segundo a jurisprudência maioritária, os direitos incompatíveis em presença deviam ter por fonte negócios jurídicos sucessivos praticados pelo mesmo causante, ou, por outras palavras, actos jurídicos sucessivos que assentassem na vontade do mesmo causante – *concepção restrita* de terceiros para efeitos do art. 5º do Cód.Reg.Pred., ou *concepção tradicional*[122].

---

[122] Entre outros, *vide*: acórdão do Supremo Tribunal de Justiça de 21 de Julho de 1959, *Boletim do Ministério da Justiça*, nº 89, 1959, p. 484; acórdão do Supremo Tribunal de Justiça de 3 de Dezembro de 1974, *Revista de Legislação e de Jurisprudência*, 109º, Ano 1976-1977, p. 13 e ss.; acórdão do Supremo Tribunal de Justiça de 17 de Abril de 1980, *Revista de Legislação e de Jurisprudência*, 114º, Ano 1981-1982, p. 347 e ss.; acórdão do Supremo Tribunal de Justiça de 27 de Maio de 1980, *Boletim do Ministério da Justiça*, nº 297, p. 270 e ss.; acórdão do Supremo Tribunal de Justiça de 7 de Junho de 1983, *Boletim do Ministério da Justiça*, nº 328, p. 504-505; acórdão do Supremo Tribunal de Justiça de 6 de Janeiro de 1988, *Boletim do Ministério da Justiça*, nº 373, p. 468; acórdão do Supremo Tribunal de Justiça de 8 de Dezembro de 1988, *Boletim do Ministério da Justiça*, nº 382, p. 463; acórdão do Supremo Tribunal de Justiça de 29 de Outubro de 1991, *Boletim do Ministério da Justiça*, nº 410, p. 731; acórdão da Relação do Porto

À posição jurisprudencial a que acabámos de fazer referência opôs-se um grande sector da doutrina e uma corrente minoritária de jurisprudência[123/124] afirmando que, embora a segunda aquisição não se pudesse

de 7 de Abril de 1992, *Colectânea de Jurisprudência*, 1992, T. II, p. 230 e ss.; acórdão da Relação de Lisboa de 14 de Janeiro de 1993, *Colectânea de Jurisprudência*, 1993, T. I, p. 105 e ss.; acórdão do Supremo Tribunal de Justiça de 29 de Setembro de 1993, *Colectânea de Jurisprudência – Acórdãos do Supremo Tribunal de Justiça*, 1993, T. III, p. 29 e ss.; acórdão da Relação de Coimbra de 27 de Abril de 1994, *Colectânea de Jurisprudência*, 1994, T. II, p. 20-21; acórdão do Supremo Tribunal de Justiça de 18 de Maio de 1994, *Colectânea de Jurisprudência – Acórdãos do Supremo Tribunal de Justiça*, 1994, p. 111 e ss..
Na doutrina, *vide* MANUEL SALVADOR, I Decisões e Notas – II Conceito de Terceiro, ob. cit., p. 219 e ss. e Terceiro e os Efeitos dos Actos ou Contratos – A Boa Fé nos Contratos, ob. cit., p. 48 e ss., p. 305 e notas 41, 42, 54, 75, 76, 91 e 130.
[123] CUNHA GONÇALVES, *Tratado de Direito Civil*, vol. V, Coimbra, Coimbra Editora, 1932, p. 594; VAZ SERRA, Realização coactiva da prestação (execução – regime civil), *Separata do Boletim do Ministério da Justiça*, nº 73, 1958, n. 33; *idem*, Anotação ao acórdão do Supremo Tribunal de Justiça de 11 de Fevereiro de 1969, *Revista de Legislação e de Jurisprudência*, Ano 103º, 1970-1971, nº 3406-3441, p. 158 e ss.; *idem*, Anotação ao acórdão do Supremo Tribunal de Justiça de 3 de Dezembro de 1974, *Revista de Legislação e de Jurisprudência*, 109º, Ano 1976-1977, p. 15 e ss.; *idem*, Anotação ao acórdão do Supremo Tribunal de Justiça de 17 de Abril de 1980, *Revista de Legislação e de Jurisprudência*, 114º, Ano 1981-1982, p. 361 e ss.; PIRES DE LIMA/ANTUNES VARELA, *Código Civil Anotado*, vol. II, 5ª ed., Coimbra, Coimbra Editora, 1997, p. 92; ANTUNES VARELA/ HENRIQUE MESQUITA, Anotação ao acórdão do Supremo Tribunal de Justiça de 3 de Junho de 1992, *Revista de Legislação e Jurisprudência*, Ano 126º, p. 374 e ss. e Ano 127º, p. 19 e ss.; ALMEIDA COSTA, Anotação ao acórdão do Supremo Tribunal de Justiça de 15 de Março de 1994, *Revista de Legislação e de Jurisprudência*, Ano 127º, p. 212 e ss., p. 216; ORLANDO DE CARVALHO, Terceiros para efeitos de registo, loc. cit., p. 97 e ss.; CARVALHO FERNANDES, Terceiros para efeitos de registo predial, loc. cit. p. 1315 e ss.; ANSELMO DE CASTRO, *A Acção Executiva, Singular, Comum e Especial*, 3ª ed., Coimbra, Almedina, 1977, p. 161; MIGUEL TEIXEIRA DE SOUSA, Sobre o conceito de terceiros para efeitos de registo, *Revista da Ordem dos Advogados*, Ano 59, 1999, p. 29 e ss.; HÖRSTER, Efeitos do registo – terceiros – aquisição a non domino, loc. cit., p. 116; COUTO GONÇALVES, Terceiros para efeitos de registo e a segurança jurídica, *Cadernos de Direito Privado*, nº 11, p. 26 e ss.; JOSÉ ALBERTO GONZALEZ, *A Realidade Registal para Terceiros*, Lisboa, Quid Juris, 2006, p.. 369 e ss.; MARIANA FRANÇA GOUVEIA, Penhora de imóveis e registo predial na reforma da acção executiva, *Cadernos de Direito Privado*, nº 4, p. 26 e ss.; MIGUEL MESQUITA, *Apreensão de Bens em Processo Executivo e Oposição de Terceiro*, 2ª ed., Coimbra, Almedina, 2001, p. 219 e ss.; QUIRINO SOARES, O conceito de terceiros para efeitos de registo predial, *Cadernos de Direito Privado*, nº 9, p.. 3 e ss.; ISABEL PEREIRA MENDES, *Código do Registo Predial*, ed., Coimbra, Almedina, 1999, p. 137-138; PAULO VIDEIRA HENRIQUES, Terceiros para efeitos do artigo 5º do Código de Registo Predial, loc. cit., p. 389 e ss.; MÓNICA JARDIM, A segurança jurídica gerada pela publicidade registal em Portugal e os credores que obtêm o registo de uma penhora, de um arresto ou de uma hipoteca judicial, loc. cit., p. 383 e ss.; *idem*, Penhora de imóvel (aspectos substantivos,

fundar em um qualquer acto unilateral de um terceiro, bastava que em causa estivesse um acto jurídico que o referido terceiro, segundo o Direito, pudesse praticar, por si, ou através da actuação do poder público, e que fosse oponível ao titular inscrito – *v.g.*, um arresto, uma penhora, uma hipoteca judicial, *etc.* – *concepção ampla* de terceiro para efeitos do art. 5º do Cód.Reg.Pred..

Assim, a maioria da doutrina portuguesa defendia a concepção ampla de terceiros para efeitos do art. 5º do Cód.Reg.Pred., nos termos da qual: terceiros são aqueles que adquiram do mesmo autor ou causante direitos

---

processuais e registais), *Revista de Direito Imobiliário*, Ano 29, nº 61, Jul.-Dez., 2006, p. 81 e ss. e *Revista de Direito Imobiliário*, Ano 33, nº 68, Jan.-Jun., 2010, p. 254 e ss..

Sublinhe-se, por fim, que OLIVEIRA ASCENSÃO também se opunha à concepção restrita de terceiros. No entanto, não manifestou a sua discordância por considerar que a vontade do *dante causa* era irrelevante, mas porque defendia uma concepção lata ou amplíssima de terceiros, nos termos da qual, terceiros eram todos *"os que, tendo obtido registo de um direito sobre determinado prédio, veriam esse direito ser arredado por qualquer facto jurídico anterior não registado ou registado posteriormente"*. Por isso, considerava que "seriam ainda terceiros, por exemplo, pessoas que estivessem em cadeias de transmissão independentes, em caso de duplicação de registos." (Cfr. OLIVEIRA ASCENSÃO, A desconformidade do registo predial com a realidade e o efeito atributivo, loc. cit., p. 6 e nota 10).

[124] A concepção ampla de terceiros foi defendida, por exemplo: no acórdão do Supremo Tribunal de Justiça de 8 de Novembro de 1927, *Colecção Oficial dos Acórdãos Doutrinais do Supremo Tribunal de Justiça*, vol. 26, p. 277-278; no acórdão do Supremo Tribunal de Justiça de 27 de Janeiro de 1939, *Colecção Oficial dos Acórdãos Doutrinais do Supremo Tribunal de Justiça*, vol. 38, p. 404; no acórdão do Supremo Tribunal de Justiça de 12 de Julho de 1963, *Revista dos Tribunais*, Ano 82º, 1964, p. 116 e ss.; no acórdão da Relação de Lisboa de 20 de Dezembro de 1972, *Boletim do Ministério da Justiça*, nº 222, p. 468; no acórdão da Relação do Porto de 6 de Fevereiro de 1974, *Boletim do Ministério da Justiça*, nº 234, p. 345; no acórdão da Relação de Lisboa de 11 de Maio de 1977, *Colectânea de Jurisprudência*, 1977, T. III, p. 596 e ss.; no acórdão da Relação de Lisboa de 8 de Abril de 1986, *Colectânea de Jurisprudência*, 1986, T. II, p. 65; no acórdão da Relação de Coimbra, de 8 de Abril de 1986 e de 22 de Julho de 1986, *Colectânea de Jurisprudência*, 1986, respectivamente, T. II, p. 65, e T. IV, p. 70; no acórdão da Relação de Lisboa de 22 de Julho de 1986, *Colectânea de Jurisprudência*, 1986, T. IV, p. 70; no acórdão da Relação de Coimbra de 24 de Maio de 1988, *Colectânea de Jurisprudência*, 1988, T. III, p. 79; no acórdão da Relação de Lisboa de 13 de Dezembro de 1988, *Colectânea de Jurisprudência*, 1988, T.V, p. 121 e ss.; no acórdão da Relação de Lisboa de 26 de Setembro de 1989, *Boletim do Ministério da Justiça*, nº 389, p. 640; no acórdão da Relação de Lisboa de, de 26 de Junho de 1990, *Boletim do Ministério da Justiça*, nº 398, p. 575; no acórdão da Relação de Évora de 3 de Outubro de 1992, *Colectânea de Jurisprudência*, 1992, T. IV, p. 309; no acórdão do Supremo Tribunal de Justiça de 25 de Fevereiro de 1993, *Boletim do Ministério da Justiça*, nº 424, p. 593; no acórdão da Relação do Porto de 11 de Abril de 1994, *Colectânea de Jurisprudência*, 1994, T. II, p. 207 e ss.; no acórdão da Relação de Évora de 7 de Dezembro de 1995, *Boletim do Ministério da Justiça*, nº 452, p. 506.

incompatíveis, mas também aqueles cujos direitos, adquiridos ao abrigo da lei, tenham esse causante como sujeito passivo, ainda que ele não haja intervindo nos actos jurídicos de que tais direitos resultam – *v.g.*, penhora, arresto, hipoteca judicial, *etc.*[125].

Em defesa da concepção ampla, ao longo dos tempos, a doutrina foi apresentando múltiplos argumentos, passamos a referir os que consideramos mais relevantes.

A) *A redacção do art. 819º do Código Civil não obstava à concepção ampla de terceiros, maxime quando conjugado com o art. 824º do mesmo diploma legal*

O art. 819º do actual Código Civil foi redigido, por um lado, com o intuito de dissipar qualquer dúvida sobre a possibilidade de um bem penhorado ser alienado voluntariamente[126]. Por outro, visando resolver o problema de saber se os actos realizados antes da penhora, mas não registados ou registados depois dela, eram ou não oponíveis ao penhorante.

Problema este que já se encontrava resolvido, de forma expressa, pelos ordenamentos jurídicos mais próximos do português, ou seja, pelo ordenamento francês e pelo italiano, afirmando-se, nesses dois ordenamentos, que os actos realizados antes da penhora, mas não registados ou registados depois dela, não eram (nem são) oponíveis ao credor exequente[127].

Vaz Serra, enquanto autor dos trabalhos preparatórios do referido artigo, propôs a seguinte redacção:

"1. Os actos de disposição dos bens penhorados são ineficazes em prejuízo do penhorante e dos demais credores intervenientes na execução (...).

2. As alienações, os actos constitutivos de ónus de que resulta um regime especial de responsabilidade pelas dívidas <u>e os outros actos e as acções que a</u>

---

[125] Antunes Varela/Henrique Mesquita, Anotação ao acórdão do Supremo Tribunal de Justiça de 3 de Junho de 1992, *Revista de Legislação e de Jurisprudência*, Ano 127º, p. 20.

[126] As dúvidas surgiam porque, segundo o nº 4 do art. 1554º do Código de Seabra, os bens penhorados só podiam ser vendidos nos casos e na forma estabelecidos na lei (donde poderia pretender-se que tais bens só podiam ser vendidos na execução, estando, assim, excluída a sua venda voluntária).

[127] Cfr. o então vigente art. o art. 686 do Cód.Proc.Civil francês, introduzido pelo Decreto-Lei de 17 de Junho de 1938 e posteriormente melhorado pelo Decreto nº 59-89 de 7 Janeiro de 1959 e o art. 2914 do Código Civil italiano de 1942. Refira-se que a mesma solução foi consagrada pelo Código Judiciário Belga, de 10 de Outubro de 1967, no art. 1577.

lei sujeita a registo são ineficazes em prejuízo dos referidos credores, se não forem registados antes da penhora (...)"[128].

Mas o art. 819º acabou por ser redigido da seguinte forma:

"Sem prejuízo das regras do registo, são ineficazes em relação ao exequente os actos de alienação ou oneração dos bens penhorados".

Como é evidente, a redacção originária do art. 819º do Código Civil não deixou dúvidas sobre a questão de saber se um bem penhorado podia ser alienado voluntariamente[129].

Ao invés, quanto à segunda questão – a de saber se os actos realizados antes da penhora, mas não registados ou registados depois dela, eram ou não oponíveis ao penhorante – a redacção do artigo em apreço era dúbia. De facto, o referido artigo tanto podia ser interpretado no sentido de que os actos de disposição ou oneração dos bens, com data anterior ao registo da penhora, mas não registados, não eram afectados pela ineficácia e, consequentemente, prevaleciam sobre a penhora[130], como, ao invés,

---

[128] Sublinhámos.

[129] Esses actos podiam e podem ser praticados e são válidos, só não afectando os fins da execução, a qual prossegue como se os bens continuassem a pertencer ao executado, a não ser que o registo da penhora seja posterior ao desses actos.
Esta é, também, a solução adoptada pelo Código Civil Italiano, no art. 2914 e pelo Código Judiciário Belga, no art. 1577.
Ao invés, no Luxemburgo e em França, o legislador optou por ferir com a nulidade as alienações posteriores à *saisie*, respectivamente, no art. 15 da Lei de 2 de Janeiro de 1889, no antigo art. 686 do Cód.Proc.Civil francês e no actual art. 25º e 26º do *Décret n. 2006-936 du 27 juillet 2006 relatif aux procédures de saisie immobilière et de distribuition du prix d'un immeuble*.
Não obstante, o negócio nulo será convalidado se, antes do dia da adjudicação, o adquirente consignar uma soma que permita satisfazer os direitos dos credores privilegiados e do credor exequente (cfr. o art. 16 da Lei Luxemburguesa de 2 de Janeiro de 1889, o anterior art. 687 do Cód.Proc.Civil Francês e o actual art. 26º do *Décret* n. 2006-936 que remete para o art. 2200 do Código Civil).

[130] "O efeito do registo da penhora ou arresto é tornar ineficazes em relação ao exequente ou arrestante (futuro exequente também) os actos de disposição ou operação realizados pelo executado ou arrestado." (Cfr. CATARINO NUNES, *Código do Registo Predial Anotado*, Coimbra, Atlântida Editora, 1968, p. 132.).
No mesmo sentido, a jurisprudência maoritária declarava que o art. 819º do Código Civil apenas feria de ineficácia os actos posteriores ao registo da penhora, pelo que os actos de disposição ou oneração dos bens, com data anterior ao registo da penhora, prevaleciam sobre esta.

podia, tendo em conta a ressalva das regras do registo, ser interpretado no seguinte sentido: "tal como a venda posterior registada antes do registo da penhora tem prevalência sobre esta, também a penhora posterior registada antes do registo da venda tem prevalência sobre ela"[131].

Mas, tendo em conta que em Portugal, desde a versão original do Código Civil de 1867, a penhora se encontrava entre os factos sujeitos a registo definitivo, sob pena de inoponibilidade, esta segunda interpretação apresentava-se, para a doutrina, como a mais correcta, uma vez que, caso contrário, ter-se-ia de afirmar que a penhora só era oponível a terceiros após o registo definitivo, mas que, ao invés, eram oponíveis ao beneficiário da inscrição da penhora os factos aquisitivos anteriores não registados ou registados posteriormente. Ou seja, tendo em conta que quer a penhora quer a aquisição do direito de propriedade sobre o imóvel estavam sujeitas a registo definitivo, sob pena de inoponibilidade, não se vislumbrava por que é que a regra da inoponibilidade devia ser aplicada de forma fragmentária, e sempre em detrimento do credor penhorante[132].

Acresce que esta segunda interpretação encontrava apoio no nº 2 do art. 824º do Código Civil, nos termos do qual: "os bens são transmitidos livres dos direitos de garantia que os onerarem, bem como dos demais direitos reais que não tenham registo anterior ao de qualquer arresto, penhora ou garantia, com excepção dos que, constituídos em data anterior, produzam efeitos em relação a terceiros independentemente de registo"[133]. De facto, *"desde que os bens são transmitidos livres dos direitos reais que não tenham registo anterior ao da penhora (art. 824º, nº 2), os direitos reais com registo posterior ao da*

---

[131] CARVALHO FERNANDES, Terceiros para efeitos de registo predial, loc. cit., p. 1315.
[132] Como é evidente, quem efectuava esta segunda interpretação considerava que o art. 838º nº 4 do Cód.Proc.Civil – que estabelecia que em relação a terceiros a penhora só produzia efeitos desde a data do registo – se limitava a confirmar o que já decorria do art. 819º do Código Civil. PAULA COSTA E SILVA, Bens nomeados à penhora, *Revista da Ordem dos Advogados*, Ano 59, 1999, p. 330 e ss., ao invés, afirmava:
"O art. 838º/4 parece-nos ter uma outra função. Perante as divergências na interpretação do art. 5º/1 do CRgP, o legislador pretendeu afirmar expressamente que o exequente vê a sua situação ordenada com a de terceiros tendo em atenção a data de realização da penhora. Se se entender que a ordenação do exequente e do terceiro não esta coberta pelo art. 5º/1 do CrgP, como, aliás, nos parece não estar, ela estará regulada pelo art. 838./4 do CPC."
[133] VAZ SERRA, Anotação ao acórdão do Supremo Tribunal de Justiça, de 11 de Fevereiro de 1969, loc. cit., p. 164. (Sublinhámos).

penhora são ineficazes em relação ao adquirente na execução e ao penhorante"[134/135].

Ou, noutra perspectiva, estando em causa bens sujeitos a registo, só os direitos reais registados anteriormente à penhora é que, de acordo com a redacção do preceito legal em apreço, deviam ser eficazes (e perdurar) relativamente ao comprador na venda executiva, salvo se em causa estivesse um direito sobre um imóvel que, não obstante estar sujeito a registo, não precisasse de a ele aceder para ver consolidada a sua oponibilidade em face de terceiros.

B) Com a penhora e respectivo registo definitivo[136], o credor exequente deixa de ser apenas titular de um direito de crédito, torna-se titular de um direito real de garantia que visa assegurar a satisfação privilegiada do direito de crédito com base no qual intentou a acção executiva, direito este que pode ser equiparado, quanto aos seus efeitos, a uma hipoteca.

Ou seja, não obstante a penhora não ser um direito real, no ordenamento jurídico português, da penhora e respectivo registo definitivo nasce, a favor do credor exequente, um direito real.

Vejamos com mais pormenor:

A penhora, em sentido amplo, pode ser definida como um conjunto de actos ordenados, complementares e funcionalmente ligados com vista a produzir um efeito único: a vinculação dos bens à satisfação do direito creditício do exequente, ou mais rigorosamente, a vinculação dos bens ao processo, assegurando a viabilidade dos futuros actos executivos[137].

---

[134] *Idem.*

[135] Recorde-se que o art. 819º foi, entretanto, alterado pelo Dec.-Lei nº 38/2003, de 8 de Março, rectificado pela Declaração nº 5-C/2003, de 30 de Abril, passando a ter a redacção que de seguida se transcreve:
"Sem prejuízo das regras do registo, são inoponíveis à execução os actos de disposição, oneração ou arrendamento dos bens penhorados."
Desta forma veio o legislador deixar claro que eventuais actos de alienação ou oneração praticados após a penhora não eram apenas inoponíveis em face desta e do exequente por ela beneficiado, mas sim em face de toda a acção executiva (exequente, credores reclamantes e tribunal).

[136] Recordamos que, de acordo com o nº 4 do art. 838º do Cód.Proc.Civil, "o registo provisório da penhora não obsta a que a execução prossiga, não se fazendo a adjudicação dos bens penhorados, a consignação judicial dos seus rendimentos ou a respectiva venda sem que o registo se haja convertido em definitivo, podendo o juiz da execução, ponderados os motivos da provisoriedade, decidir que a execução não prossiga, se perante ele a questão for suscitada."

[137] Neste sentido *vide* MIGUEL MESQUITA, *Apreensão de Bens em Processo Executivo e Oposição de Terceiro*, ob. cit., p. 60-61 e nota 130.

Em sentido estrito, por seu turno, a penhora traduz-se num acto de apreensão judicial de bens que supõe a prévia identificação e individualização dos bens que hão-de ser vendidos ou adjudicados para satisfação do direito de crédito do exequente e/ou aos credores reclamantes[138],

[138] No Código de Processo Civil anterior à reforma da acção executiva – ocorrida em virtude do DL 38/2003, de 8 de Março – a penhora de imóveis, em sentido estrito, ou seja, enquanto acto de apreensão judicial dos bens, fazia-se por termo no processo pelo qual os referidos bens se consideravam entregues ao depositário, por tradição formal. Termo esse que tinha de ser assinado pelo depositário, ou por duas testemunhas quando aquele não pudesse assinar, e no qual se identificava o exequente e o executado, se indicava a quantia pela qual era movida a execução, bem como os números da descrição que os bens tivessem no registo predial ou, quando omissos, os elementos necessários para a sua identificação.
O termo no processo, a que nos acabámos de referir, era antecedido pela nomeação, determinação ou individuação dos bens em que a execução ia recair. E, ainda, pelo despacho judicial ordenatório da penhora – no qual era nomeado o depositário –, bem como pela notificação do referido despacho ao executado. E era seguido pelo registo da penhora, que era solicitado pelo exequente e lavrado com base em certidão do respectivo termo, assegurando-se assim a eficácia da apreensão judicial em relação a terceiros, uma vez que só a partir da data do registo se tornavam (e tornam) inoponíveis à execução os actos de disposição ou oneração dos bens apreendidos. Também só a partir do registo, era (e é) concedida a preferência ao exequente, para satisfação do seu crédito através do valor dos bens penhorados. E da realização do registo definitivo dependia o prosseguimento da execução, segundo o art. 838º, nº 6, do Cód.Proc.Civil.
Actualmente, a penhora de imóveis, no sentido estrito a que nos estamos a referir – enquanto acto de apreensão judicial dos bens imóveis – realiza-se, nos termos do art. 838º do Cód.Proc. Civil, após todas as diligências úteis à identificação ou localização de bens penhoráveis, através de uma declaração receptícia (comunicação) do agente de execução dirigida à Conservatória do Registo. Declaração esta cujo conteúdo se traduz na requisição de registo da penhora e que, segundo a lei, pode ser feita pela forma tradicional – o mesmo é dizer, através do preenchimento do modelo aprovado e sua entrega, pessoalmente ou pelo correio –, ou por uma nova forma: a via electrónica.
Emitida, transmitida e recepcionada a comunicação à conservatória do registo, a mesma valerá como apresentação para o efeito da inscrição no registo.
O mesmo é dizer, na nossa perspectiva, que a referida comunicação tem um duplo valor: vale como acto de apreensão e, consequentemente, *como título* com base no qual pode ser lavrado o registo, e vale como pedido do registo da penhora. E, como tal, deve ser objecto de apresentação no Livro Diário (No mesmo sentido *vide* João Bastos, A Reforma do Processo Executivo e o Registo da Penhora, [on-line] consultado em 16 de Outubro de 2006. Disponível: http://www.conservadoresdosregistos.pt/trabalhos_estudos/trabalhos_reg_predial.html.).
Portanto, o DL 38/2003, por um lado, prescindiu de um prévio despacho judicial ordenatório da penhora e respectiva notificação ao executado. E, por outro, substituiu o acto através do qual, tradicionalmente, se fazia a apreensão judicial dos bens – o termo no processo –, bem como, o pedido de registo formulado pelo exequente, e, ainda, o título com base no qual se

e dela decorrem efeitos jurídico-substantivos[139]. Um desses efeitos está consagrado no art. 822º, nº 1, do Código Civil, nos termos do qual, o credor exequente adquire "o direito de ser pago com preferência a qualquer outro credor que não tenha garantia real anterior"[140], à custa do valor dos bens, previamente determinados ou individualizados.

solicitava tal registo – a certidão do respectivo termo – por um único acto: a declaração do agente de execução dirigida à conservatória do registo predial competente.
Como é óbvio, este preceito, ao eliminar qualquer lapso de tempo entre a data em que ocorre a apreensão judicial do imóvel e a data em que é solicitado o registo da mesma, manifesta o propósito do legislador em impedir que o executado, após a apreensão judicial dos bens, ainda os aliene ou onere em prejuízo da execução, uma vez que, sendo lavrado o registo, a sua data coincide com a da apresentação (cfr. art. 77º do Cód.Reg.Pred.).

[139] Como se referiu, com a penhora, os bens ficam adstritos aos fins da execução, devendo, por isso, conservar-se e não podendo ser distraídos desse fim.
Mas esta função instrumental, meramente processual, não poderia ser cumprida se a lei não reconhecesse à penhora efeitos substantivos. Ou seja, "a praticabilidade dos actos ulteriores de adjudicação, venda e pagamento ao exequente dificilmente seria conseguida se não houvesse a certeza de que este acto processual originaria efeitos materiais" (REMÉDIO MARQUES, *Curso de Processo Executivo Comum à Face do Código Revisto*, Coimbra, Almedina, 2000, p. 274).
Para além dos efeitos referidos no texto – a ineficácia dos actos praticados pelo executado e a preferência do exequente (após o registo) –, a penhora produz os seguintes efeitos substantivos.
a) A transferência para o tribunal dos poderes de gozo que o executado ou terceiros exerçam sobre os bens.
b) Perda do direito aos frutos da coisa penhorada (cfr. nº 1 do art. 842º do Cód.Proc.Civil).
[140] "Tem-se dito, contra a preferência, que ela se apresenta como um prémio injustificado dado ao credor que foi apenas mais apressado do que os outros em penhorar os bens do seu devedor. Foi esta a razão que levou o legislador a abolir a preferência resultante da penhora, pelo Decreto nº 21 758, de 22 de Outubro de 1932, havendo declaração de insolvência civil (art. 21º), e, posteriormente, pelo Código de Falência, havendo declaração de falência (art. 89º, § 2º). [Cfr. o nº 3 do art. 140º do actual Código de Insolvência e Recuperação de Empresas]. Esta consideração tem natural importância, quando se trate da liquidação do património do devedor, caso em que são chamados ao processo todos os credores. Porém, na simples execução, tal como ela é hoje concebida pelo Código de Processo, com intervenção apenas dos credores com garantias reais sobre os bens penhorados, parece que não se justifica o afastamento da preferência. O processo de execução deixou de ter, desde 1961, o carácter colectivo universal que revestia em 1939, e o aproximava da falência ou da insolvência civil. Além disso, a penhora obtida por um dos credores pode ser um benefício para todos os outros, evitando a dissipação dos bens, e é justo que tire desse benefício algum proveito o exequente.
Foram estas as razões que levaram o nosso legislador a manter, como princípio geral, a preferência resultante da penhora, embora se continuasse a admitir, como excepções, as da declaração de falência ou de insolvência." (Cfr. PIRES DE LIMA e ANTUNES VARELA, *Código Civil Anotado*, vol. II, ob. cit., p. 95. A afirmação entre parêntesis recto é nossa).

Ora, dizer que o credor exequente adquire o poder de satisfazer o seu crédito à custa do valor de um bem certo e determinado, com preferência em face dos demais credores que não beneficiem de garantia real anterior, é o mesmo que dizer que o credor exequente adquire um direito real de garantia[141]/[142].

Portanto, com a penhora e respectivo registo definitivo, o credor exequente deixa de ser apenas titular de um direito de crédito, torna-se titular de um direito real que visa assegurar a satisfação privilegiada do direito de crédito com base no qual intentou a acção executiva[143]. Direito este que pode ser equiparado, quanto aos seus efeitos, a uma hipoteca.

---

[141] No mesmo sentido vide, entre outros, VAZ SERRA, Realização coactiva da prestação (execução – regime civil), loc. cit., p. 82 e ss.; LEBRE DE FREITAS, *A Acção Executiva à Luz do Código Revisto*, ob cit, p. 218 e ss.; REMÉDIO MARQUES, *Curso de Processo Executivo Comum à Face do Código Revisto*, ob. cit., p. 274 e ss.; MIGUEL MESQUITA, *Apreensão de Bens em Processo Executivo e Oposição de Terceiro*, ob. cit., p. 70.

[142] Este direito real de garantia apresenta, no entanto, eficácia limitada, no sentido em que a sua eficácia depende, por um lado, da não verificação de qualquer causa que possa conduzir ao levantamento da penhora e, por outro, da não declaração de insolvência do executado.
Por último, a preferência do exequente cessa – por motivos processuais –, se, admitido o pagamento a prestações da dívida exequenda e sustada a execução, algum credor reclamante requerer o prosseguimento da execução, sendo que, notificado o exequente, este desista da penhora (renúncia) – art. 885º, nº 2, alínea a), do Cód.Proc.Civil.

[143] O mesmo ocorre na Alemanha de acordo com o § 804 da *ZPO*.
Em França, na Bélgica e no Luxemburgo, embora os respectivos ordenamentos jurídicos não atribuam de forma expressa e directa um direito de preferência ao credor que obtém uma *saisie*, acabam por fazê-lo indirectamente, na medida em que não admitem uma posterior saisie sobre os mesmos bens a favor de outro credor e não permitem, sequer, que o segundo credor venha reclamar o seu crédito no processo em que a *saisie* é mais antiga (cfr. arts 20 e ss. do *Décret n. 2006-936 du 27 juillet 2006 relatif aux procédures de saisie immobilière et de distribution du prix d'un immeuble*, art. 1571 do Código Judiciário belga, art. 557, nº 1, do Cód.Proc.Civil luxemburguês. Acresce que o ordenamento jurídico francês e o belga prescrevem, de forma expressa, que os actos de oneração anteriores ao *commandement da saisie*, mas não registados, são inoponíveis ao credor (cfr. art. 2200 do Código Civil francês e art. 1577 do Código Judiciário belga).
Ao invés, em Itália, onde o processo de execução assume carácter colectivo universal, nenhum preceito atribui ao credor exequente (*creditore procedente ou istante*) que obtenha o *pignoramento* o direito a satisfazer o seu crédito, com preferência sobre os demais credores, à custa do valor realizado com a venda da coisa. Mas, segundo o art. 2914 do Cód.Proc.Civil, não têm efeito em prejuízo do credor penhorante e dos credores que intervêm na execução, ainda que anteriores à penhora as alienações de bens imóveis ou de bens móveis inscritos em registos públicos, que tenham sido registados depois da penhora.
Em Espanha, por seu turno, onde o processo de execução também assume carácter colectivo universal, segundo o art. 44 da Lei Hipotecária, o credor que obtenha a seu favor anotação

E, porque assim é, quando o executado, antes do registo definitivo da penhora, aliena o imóvel a um terceiro que não solicita o registo da sua aquisição com prioridade em face da inscrição da penhora, o conflito que há-de ser resolvido não é entre o direito de crédito do exequente e o direito real, não registado, do terceiro, mas sim entre o direito real de garantia gerado pela penhora e respectivo registo e o direito adquirido pelo terceiro, mas não registado.

Por fim, mesmo que o ordenamento jurídico português não atribuísse ao credor exequente, que obtém e regista a penhora, um direito real de garantia, sempre se teria de afirmar que, visando a penhora a vinculação dos bens ao processo – na medida em que deixam de poder ser alienados em prejuízo da execução –, apresenta-se perante o executado como uma

---

de embargo terá, na cobrança do seu crédito, a preferência estabelecida no art. 1.923. 4º do Código Civil. Ora, este preceito, a propósito da referida preferência, dispõe que gozam de preferência na satisfação do crédito, em relação a determinados bens imóveis e direitos reais do devedor, os credores cujos créditos estejam preventivamente anotados no Registo da Propriedade em virtude de mandato judicial, embargo, sequestro ou execução de sentença sobre os bens anotados, mas apenas em face de créditos posteriores. Por isso, a maioria da doutrina e da jurisprudência considera que a anotação de embargo não dá ao credor que a obtém qualquer preferência em face de credores anteriores e, por maioria de razão, afirma que a referida anotação não prevalece sobre os actos dispositivos anteriores à data do seu registo, mesmo que não inscritos. A anotação só visa garantir as consequências da acção, limitando-se a reforçar o direito de crédito, ao dar-lhe primazia em face de credores ou adquirentes posteriores à anotação, não alterando a natureza do direito para cuja segurança se constitui, nem convertendo em real a acção intentada. (Na doutrina espanhola, a propósito desta questão, *vide*: ALVAREZ CAPEROCHIPI, La oponibilidad de la adquisición de la propiedad en el embargo y en el concurso, in *Homenaje a José María Chico Ortiz*, Madrid, Colegio de Registradores de la Propiedad y Mercantiles de España, 1995, p. 595 e ss.; ARTURO MERINO GUTIÉRREZ, El tercero hipotecario y la anotacion de embargo, *Anuario de Derecho Civil*, 1994, T XLVII, Fasc.I, p. 91 e ss.; DE COSSÍO Y CORRAL, *Instituciones de Derecho Hipotecario*, Madrid, Civitas, 1986, p. 281; JAVIER LARRONDO LIZARRAGA, *Hipotecas y anotaciones preventivas en la intermediación inmobiliaria*, Barcelona, Bosch, 2001, p. 129 e ss. maxime 152 a 154; JAVIER TALMA CHARLES, *La Anotación Preventiva de Embargo como Privilegio Crediticio*, ob. cit., p. 239 e p. 416 e ss.; RAMÓN FERRÁNDIZ GABRIEL, La anotación preventiva de embargo como hipoteca judicial, in *Práctica Hipotecaria – Nuevas Perspectivas del Derecho de Hipoteca, Homenaje a D. Ramón Mª Roca Sastre en el centenario de su nacimiento*, Madrid, Marcial Pons, 2000, p. 157 e ss.; RENTERÍA AROCENA, Efectos de la inscripción en el registro de la propiedad de enajenaciones anteriores a la anotación preventiva de embargo, in *Homenaje a José María Chico Ortiz*, Madrid, Colegio de Registradores de la Propiedad y Mercantiles de España, 1995, p. 765 e ss.; ROCA SASTRE/ROCA-SASTRE MUNCUNILL, *Derecho Hipotecario – Dinámica Registral*, T. IV, ob. cit., p. 298 e 359 e ss.).

limitação ou gravame e perante o credor, após o registo, como uma garantia registal, uma vez que a coisa fica, instrumentalmente, afecta aos fins da execução, designadamente para ser vendida ou adjudicada. Assim, uma vez lavrada a inscrição definitiva da penhora, tal gravame e garantia registal gera a inoponibilidade dos direitos adquiridos por "terceiros", em virtude de actos de disposição realizados pelo devedor, mesmo que em data anterior, desde que apenas posteriormente sejam inscritos[144].

C) Não procede o argumento nos termos do qual a penhora definitivamente registada não prevalece sobre o direito de propriedade que, embora não registado, tenha sido adquirido em data anterior, porque o exequente, em virtude da penhora, não adquire um direito a título oneroso.

Primeiro, porque a onerosidade da aquisição não é um requisito para que o terceiro beneficie da tutela concedida pelo art. 5º do Cód.Reg.Pred.[145].

Segundo, porque não se pode afirmar que o credor obtém, com a penhora e respectivo registo, um direito real de garantia a título gratuito. De facto, não nos podemos esquecer que é o ordenamento jurídico que

---

[144] "O penhorante, se não é propriamente um adquirente da coisa penhorada ou de um direito real sobre ela, é uma pessoa que, fazendo penhorar a coisa, faz com que ela fique afectada aos fins da execução, o que implica ficar ela exposta a ser vendida aí, estabelecendo--se, desta maneira, sobre a coisa um vínculo tal que pode ser equiparado a um acto de alienação ou oneração. A coisa fica pela penhora subtraída da disponibilidade do executado (art. 819º) e afectada aos fins da execução, tal como poderia, em vez de com uma penhora, ser onerada com um direito real de terceiro. E, do mesmo modo que ao titular de um direito real não poderia ser oposta uma alienação registada depois de o ser o acto de constituição do direito real, também parece não ser oponível ao penhorante um acto de alienação registado após o registo da penhora." (Cfr. VAZ SERRA, Anotação ao acórdão do Supremo Tribunal de Justiça de 11 de Fevereiro de 1969, loc. cit., p. 162).

[145] Contra o afirmado no texto, *vide* acórdão do Supremo Tribunal de Justiça de 21 de Abril de 1988, *Boletim do Ministério da Justiça*, nº 376º, p. 613 e acórdão do Supremo Tribunal de Justiça de 3 de Junho de 1992, *Boletim do Ministério da Justiça*, n. 418º, p. 793. Idêntica posição é adoptada na doutrina por ORFÃO GONÇALVES que, apesar de reconhecer à penhora a natureza de direito real de garantia, afirma que o ingresso deste direito na esfera jurídica de um sujeito é sempre feito de forma gratuita, não estando, portanto, preenchido o requisito da onerosidade, implícito no art. 5º Cód.Reg.Pred. (Cfr. ORFÃO GONÇALVES, *Aquisição tabular*, Lisboa, A.A.F.D., 2004, p. 61 e ss.)

No acórdão do Supremo Tribunal de Justiça de 18 de Maio de 1994, *Boletim do Ministério da Justiça*, nº 437º, p. 516, também foi defendida a exigência do requisito da onerosidade, por isso, não obstante ser adoptada a concepção ampla de terceiros, considerou-se que o titular de uma hipoteca judicial não era terceiro em face de um proprietário que não havia requerido o registo.

proíbe o pacto comissório e impõe ao credor o recurso à acção executiva, com as contrapartidas daí decorrentes. Acresce que, como bem afirma MARIA CLARA SOTTOMAYOR[146], não é "verdadeira a asserção, segundo a qual, não há contraprestação na penhora, nem uma relação sinalagmática entre a penhora e a prestação do devedor. A contraprestação é precisamente aquela que foi fornecida pelo credor, no momento da celebração do contrato ou da relação jurídica que deu origem ao crédito, por exemplo, o dinheiro mutuado. Pensamos que está sempre implícito, na relação creditícia, que a prestação do devedor abrange a possibilidade de penhora do seu património, numa relação sinalagmática com a prestação do credor. (...) Sendo o direito real de garantia atribuído pela lei ao credor exequente, como instrumento para a satisfação do seu crédito, e um direito acessório relativamente ao crédito, correspondendo a uma possibilidade com a qual o devedor conta, cremos não ser possível afirmar que a aquisição deste direito, pelo credor, seja gratuita. Pelo contrário, parece-nos que esta beneficia da onerosidade que caracterizou a relação credor/devedor."[147]

---

[146] MARIA CLARA SOTTOMAYOR, *Invalidade e Registo – A Protecção do Terceiro Adquirente de Boa Fé*, ob. cit., p. 375.

[147] Porque elucidativas, recordamos as palavras de MOTA PINTO a propósito da onerosidade de um negócio jurídico:
"A onerosidade de um negócio pode ser – e em numerosos casos é – efeito duma coligação ou conexão entre negócios distintos. Uma tal qualificação onerosa verifica-se, mesmo, não só nos casos duma coligação funcional, isto é, quando os dois negócios celebrados contextualmente integram um sinalagma funcional, sendo cada uma das atribuições afectada directamente pelas vicissitudes da outra (como sucede no caso de prestação contextual duma garantia), mas também quando a coligação é meramente ocasional ou «prática», enquanto, faltando qualquer outra conexão formal, a coligação se manifesta apenas em função da relação de interdependência económica-jurídica das atribuições que os negócios realizam.
A onerosidade, característica de atribuições patrimoniais, não se deixa limitar pelo espartilho formal do desenho dos vários tipos negociais, para ser averiguada e decidida dentro desse quadro. Revela-se num âmbito mais lato, face ao fluir da vida económica, na conexão causal-teleológica entre atribuições patrimoniais inseridas em negócios distintos.
O negócio constitutivo da garantia e o mútuo ou a abertura de crédito ou outro negócio donde deriva o crédito garantido, inserem-se, sem dúvida, em tipos negociais distintos. Estão, todavia, em concreto, ligados por um nexo económico e teleológico, pois as partes têm a intenção de os coordenar para um escopo comum. Por esse motivo integram um negócio complexo, produto de uma coligação de negócios. Neste negócio complexo, cada uma das atribuições patrimoniais é – nas relações dador de garantia-credor – um acto oneroso, por, segundo a intenção das partes, ser o correcpectivo, a contrapartida da outra." (Cfr. MOTA

D) Afirmar que a penhora definitivamente registada prevalece sobre o direito de propriedade que, embora não registado, foi adquirido em data anterior, não implica colocar o Estado a deliberadamente ratificar algo que vai necessariamente desembocar numa venda de bem alheio. E isto porque, aceitando-se a concepção ampla de terceiros, deve afirmar-se que no termo da acção executiva, o tribunal, enquanto órgão do Estado, não se vai substituir ao executado para alienar um bem alheio livre e desonerado, mas sim para alienar um bem que, apesar de não pertencer ao executado, já está onerado, desde o registo da penhora, com um direito real de garantia, e que, em virtude de tal facto, responde por dívida alheia[148].

PINTO, *Onerosidade e Gratuidade das Garantias de Dívidas de Terceiro na Doutrina da Falência e da Impugnação pauliana*, Coimbra, 1980, p. 17).
[148] O art. 5º do Cód.Reg.Pred. visa proteger o terceiro adquirente contra a ilegitimidade do *tradens* decorrente de um anterior acto de alienação ou oneração válido, mas não registado. De facto, recordamos, se *A* aliena a *B* o direito de propriedade sobre o prédio *x* e, de seguida, não tendo *B* registado a aquisição, constitui uma hipoteca a favor de *C*, este segundo acto é nulo, porque, por força do princípio da consensualidade, *B* tornou-se proprietário do prédio *x*, não obstante não ter solicitado o registo. Consequentemente, *A*, ao celebrar o segundo negócio jurídico, onerou uma coisa que tendo sido sua já não o era, ou seja, onerou uma coisa alheia e, por isso, o negócio é nulo, nos termos dos arts. 939º e 892º do Código Civil.
No entanto, se *C* solicitar o registo da hipoteca, vai beneficiar da tutela do art. 5º do Cód.Reg. Pred., podendo, consequentemente, fazer valer a hipoteca sem que *E* lhe possa opor o seu direito de propriedade, não registado, ou registado posteriormente.
Ninguém nega que o proprietário do prédio *X* é *B*, mas, como este não registou, ficou com o seu direito de propriedade onerado com a hipoteca constituída a favor de *C*, uma vez que, de acordo com o art. 5º do C.R.Pred, a inscrição definitiva, no registo, de um facto aquisitivo, que quando analisado isoladamente é válido, funciona como condição legal de eficácia da segunda aquisição e, simultaneamente, como *condictio iuris* resolutiva dos efeitos da primeira que sejam incompatíveis com os daquela.
Ora, assim sendo, inevitavelmente, surgia a questão: por que é que o credor exequente que obtém a penhora e o correspondente registo definitivo e, assim, adquire um direito real de garantia – não sendo apenas beneficiário de uma presunção da titularidade do direito – sobre um bem que pertenceu ao executado, mas que este alienou a um terceiro antes da data da penhora, deve ver o seu direito decair em face do direito de propriedade não registado pertencente ao terceiro, em virtude do previsto nos arts. 601º, 817º e 818º, todos, do Código civil e do art. 821º do Cód.Proc.Civil?
Pois bem, parecia claro para a doutrina que, não obstante a penhora recair sobre coisa alheia e, portanto, ser nula, em virtude do registo definitivo, o exequente deveria ser tutelado pelo art. 5º do Cód.Reg.Pred.. Consequentemente, deveria reconhecer-se que o exequente adquiria um direito real de garantia que passava a onerar o direito de propriedade do terceiro, não registado. Assim, afirmava-se que o terceiro que era, efectivamente, o proprietário do bem, via o seu imóvel responder pelo cumprimento de uma dívida alheia, uma vez que ficava com

Ou seja, no termo da acção executiva, o tribunal não aliena coisa alheia livre e desonerada, porque já anteriormente apreendeu bens não pertencentes ao executado – desconhecendo tal facto, em virtude de o registo estar incompleto –, permitindo, dessa forma, que fosse lavrado o registo da penhora que, por sua vez, por força do art. 5º do Cód.Reg.Pred., atribuiu ao credor exequente um direito real de garantia que passou a onerar o direito de propriedade do terceiro.

E) A tutela do terceiro não pode depender, por qualquer forma, do intuito espoliatório do titular registal, uma vez que não é razoável fazer depender a referida tutela da vontade do titular inscrito. Consequentemente, também não é razoável distinguir a hipótese de aquisição, por diferentes pessoas, de direitos incompatíveis sobre o mesmo prédio por actos negociais sucessivos do titular inscrito e a da mesma aquisição em consequência de acto de terceiro, intermediado, ou não, pela autoridade pública, e segundo os termos da lei.

F) A concepção restrita de terceiros afecta, inevitavelmente, a certeza e a segurança do comércio jurídico imobiliário, na medida em que implica o reconhecimento dos direitos ocultos e, consequentemente, gera uma crise do crédito – em virtude da certeza de que não existem mecanismos idóneos para poder cobrar as dívidas –, além de envolver, simultaneamente, uma crise do Direito, na medida em que se destroem os princípios objectivos da segurança que sustentam um sistema jurídico[149]. De facto, como consequência da adopção de uma concepção restrita de terceiros, os procedimentos judiciais e a própria justiça perdem credibilidade.

A concepção ampla veio a ser consagrada pelo Supremo Tribunal de Justiça, em 1997, num acórdão uniformizador de jurisprudência[150], embora com um elevado número de votos discordantes, no qual se pode ler:

---

o seu direito de propriedade onerado com o direito real de garantia do exequente, derivado da penhora registada definitivamente.

[149] Recordava-se que o princípio da protecção da confiança, ínsito na ideia de Estado de direito democrático, postula um mínimo de certeza nos direitos das pessoas e nas expectativas que lhes são juridicamente criadas, censurando as afectações inadmissíveis, arbitrárias ou excessivamente onerosas, com as quais não se possa moral e razoavelmente contar.

[150] Acórdão publicado no Diário da República, I Série-A, nº 152, de 4 de Julho de 1997.

"Na verdade, se o registo predial se destina essencialmente a dar publicidade à situação jurídica dos prédios, tendo em vista a segurança do comércio jurídico imobiliário (cf. art. 1º do Cód.Reg.Pred.), tão digno de tutela é aquele que adquire um direito com a intervenção do titular inscrito (compra e venda, troca, doação, *etc.*) como aquele a quem a lei permite obter um registo sobre o mesmo prédio sem essa intervenção (credor que regista uma penhora, hipoteca judicial, *etc.*)"[151].

Nos termos deste aresto: "Terceiros, para efeitos de registo predial, são todos os que, tendo obtido registo de um direito sobre determinado prédio, veriam esse direito arredado por facto jurídico anterior não registado ou registado posteriormente."

Consequentemente, à luz deste acórdão, o credor penhorante e o titular do direito de propriedade não registado não podiam deixar de ser considerados terceiros para efeitos de registo e a oposição deduzida pelo proprietário, que não houvesse procedido ao registo da sua aquisição antes do registo da penhora, não podia deixar de ser julgada improcedente. Acresce que, naturalmente, também eram havidos como terceiros, **o comprador na venda executiva ou o adjudicatário e o** titular do direito de propriedade não registado, consequentemente, uma eventual acção de reivindicação estaria destinada a sucumbir[152].

---

[151] Sublinhe-se que já em 1958 Vaz Serra afirmava:
"(...) da mesma maneira que o comprador de um prédio, por exemplo, deve registar a aquisição, para que se não veja preterido por outro adquirente que registe a aquisição antes da sua, deverá igualmente registar a aquisição, para que se não veja preterido pelos credores intervenientes na execução, com penhora registada anteriormente".
"É que esses credores carecem de protecção tal como se se tratasse de um adquirente da mesma coisa.
Feita a penhora, cria-se nos credores a convicção de que os bens penhorados estão afectados aos fins da execução, e esta expectativa seria iludida, se se permitisse que ainda se registassem, com prejuízo da execução, aquisições anteriores. Se se soubesse que estas aquisições existiam e valiam contra os credores, ter-se-iam porventura penhorado outros bens ou não se teria confiado na plena eficácia da penhora.
Assim como, se o alienante transmitisse de novo a coisa a terceiro, o registo desta transmissão iria privar o adquirente da coisa adquirida, também o privará dela o registo da penhora, na medida exigida pelos fins da execução" (Cfr. Vaz Serra, Realização coactiva da prestação (execução – regime civil), loc. cit., p.175).
[152] Refira-se que o Tribunal Constitucional, no acórdão nº 215/2000 (Diário da República, II Série, de 13 de Outubro de 2000), considerou conforme ao art. 62º da CRP, a interpretação

Sublinhe-se, no entanto, que, apesar de o aresto citado apenas pretender resolver a questão de saber se a penhora definitivamente registada prevalecia, ou não, sobre o direito de propriedade que, embora não registado, tivesse sido adquirido em data anterior, na realidade acabou por fixar um conceito de terceiros demasiado abrangente, nele cabendo terceiros que não houvessem adquirido de um causante comum. De tal forma que se passou a afirmar que o referido acórdão de uniformização de jurisprudência consagrou uma *concepção amplíssima* de terceiros[153].

Pouco tempo passado, em 18 de Maio de 1999, o Supremo Tribunal de Justiça, através de um novo acórdão de uniformização de jurisprudência, reviu o seu anterior entendimento. No entanto não o fez apenas para afastar a referida *concepção amplíssima* de terceiro, mas sim para exigir a boa fé e aderir, nas suas palavras, à concepção restrita[154/154].

do art. 5º, nº1 do Cód.Reg.Pred., nos termos da qual o comprador na venda executiva ou o adjudicatário e o titular do direito de propriedade não registado são terceiros.
De facto, além do mais, afirmou:
"No caso em apreço não ocorreu qualquer expropriação de bem imóvel ou uma qualquer situação que se possa assemelhar a um alegado «confisco».
(...)
[O] princípio da segurança jurídica e o princípio da confiança que decorrem do princípio do Estado de Direito democrático constante no art. 2º da Constituição da República Portuguesa credenciam a prevalência registral que pode favorecer um adquirente *a non domino*, na medida em que o princípio da publicidade que atribui essa prevalência determina a extinção do direito incompatível. (...)"
[153] Em face do conceito de terceiros formulado pelo acórdão uniformizador de jurisprudência de 1997, estaríamos perante um conflito entre terceiros resolúvel pelo art. 5º do Cód.Reg. Pred., por exemplo nesta hipótese:
– A comprou um prédio B, que era o legítimo proprietário e o titular inscrito à data do negócio, mas A não requereu o registo da sua aquisição;
– C, por seu turno, comprou o mesmo prédio a D, que nunca foi dono do prédio, mas que com base num título falso conseguiu obter um registo de aquisição posterior ao de B. E C requereu o registo da sua "aquisição".
OLIVEIRA ASCENSÃO, defensor da consagração da concepção amplíssima de terceiros, considera que o acórdão de uniformização de jurisprudência em apreço visou precisamente consagrar a referida concepção. (Cfr. OLIVEIRA ASCENSÃO, A desconformidade do registo predial com a realidade e o efeito atributivo, loc. cit., p. 6 e 7).
[154] Acórdão de uniformização de jurisprudência 3/99, de 18 de Maio de 1999, publicado no Diário da República, I Série-A, de 10 de Julho de 1999.
Por isso, no referido acórdão depois de ser apresentada a tese de ANTUNES VARELA – nos termos da qual, sendo certo que o conceito de terceiro, para efeitos de registo predial, não abrange quem, sobre determinada coisa, adquiriu direitos incompatíveis de sujeitos diferentes,

Mas, apesar de no acórdão se afirmar que se afigurava prudente e sensato regressar ao conceito tradicional de terceiros, fazendo-se assim crer que se adoptava a *concepção restrita de terceiros* – nos termos da qual, para efeitos do disposto no art. 5º do Cód.Reg.Pred., terceiros são os que do mesmo *autor ou transmitente*, com base na sua vontade, recebam, sobre o mesmo objecto, direitos total ou parcialmente conflituantes –, a verdade é que, de forma expressa, se declarou que a venda judicial deve ter o mesmo tratamento que a alienação voluntária, para efeitos do art. 5º do Cód.Reg. Pred..

De facto, foi afirmado:

"Por força do condicionamento da eficácia, em relação a terceiros, dos factos sujeitos a registo, é evidente que, se alguém vende, sucessivamente, a duas pessoas diferentes a mesma coisa, e é o segundo adquirente quem, desconhecendo a primeira alienação, procede ao registo respectivo, prevalece esta segunda aquisição, por ser esse o efeito essencial do registo. Estão

já não é exacto que só deva falar-se de terceiros quando exista um transmitente ou alienante comum, devendo incluir-se no conceito de terceiro aqueles que sobre uma coisa a alienada ou onerada pelo seu titular adquiram contra este, mas sem o concurso da sua vontade, direitos de natureza real através de actos permitidos por lei, em regra actos judiciais ou que assentem numa decisão judicial – a mesma foi rejeitada.

[155] No acórdão pode ler-se que foi adoptado o conceito de terceiro defendido por MANUEL DE ANDRADE. Segundo este Autor, "terceiros para efeitos de registo predial são as pessoas que do mesmo autor ou transmitente adquiram direitos incompatíveis (total ou parcialmente) sobre o mesmo prédio». (MANUEL DE ANDRADE, *Teoria Geral da Relação Jurídica, vol. II, Facto Jurídico em Especial – Negócio Jurídico*, ob. cit., p. 19).
No entanto, na nossa perspectiva, não se pode partir da noção de terceiros enunciada por MANUEL DE ANDRADE para depois afirmar que o Autor rejeitava uma concepção ampla, uma vez que o ilustre Mestre nunca se pronunciou directamente sobre o assunto. Acresce que tendo em conta aquilo que foi por si afirmado a propósito da aquisição derivada, apenas algumas páginas antes de fornecer o conceito de terceiro, até somos inclinados a considerar que a concepção ampla seria por si defendida. Lembremos o que escreveu a propósito da aquisição derivada: «A aquisição derivada pressupõe um direito do anterior titular (...). Funda-se ou filia-se na existência dele. É acompanhada da extinção subjectiva do direito do anterior titular ou da sua limitação ou compressão, havendo entre os dois fenómenos um nexo causal ou meramente cronológico. Na aquisição derivada intervém, portanto uma relação entre o titular anterior e o novo, não querendo isto dizer, todavia, que para se operar seja sempre necessário o concurso da vontade daquele. Ao anterior titular dá-se o nome de autor, causante (*causam dans*) ou transmitente; o novo designa-se por adquirente ou causado (*causam habens*)." (MANUEL DE ANDRADE, *Teoria Geral da Relação Jurídica, vol. II, Facto Jurídico em Especial – Negócio Jurídico*, ob. cit., p. 19. O sublinhado é nosso).

em causa direitos reais da mesma natureza. Aqui, a negligência, ignorância ou ingenuidade do primeiro deve soçobrar perante a agilidade do segundo, cônscio, não só dos seus direitos como dos ónus inerentes.

(...)

Efectuada a compra, por via de arrematação em hasta pública, ou por qualquer outro modo de venda judicial, este modo de alienação, na perspectiva em causa, tem, pelo menos, a mesma eficácia daqueloutra. Também aqui a prioridade do registo ultrapassa a incompatibilidade.

Situação diferente é a resultante do confronto do direito real de garantia resultante da penhora registada quando o imóvel penhorado já havia sido alienado, mas sem o subsequente registo. Aqui, o direito real de propriedade, obtido por efeito próprio da celebração da competente escritura pública, confronta-se com um direito de crédito, embora sob a protecção de um direito real (somente de garantia)".

Portanto, para o acórdão uniformizador, por um lado, o credor que, em execução, obtinha a penhora e respectivo registo e o anterior adquirente, que não solicitasse o registo com prioridade, não eram terceiros entre si, para efeitos do art. 5º do C.Reg.Pred., por isso, caso aquele deduzisse embargos estes deveriam ser julgados procedentes. Mas, por outro lado, já eram terceiros, o mesmo adquirente e o arrematante na venda judicial subsequente àquela penhora, que tivesse solicitado o registo antes de aquele o fazer, prevalecendo, consequentemente, o arrematante, e sendo julgada improcedente uma eventual acção de reivindicação proposta pelo anterior adquirente.

Em face do exposto, segundo o nosso entendimento, o acórdão de uniformização de jurisprudência não adoptou a concepção restrita de terceiros, mas, sim, uma concepção de terceiros distinta, quer da ampla quer da restrita[156].

De facto, como resulta do exposto, segundo o acórdão em apreço, por um lado, não existia um conflito de terceiros para efeitos do art. 5º do Cód. Reg.Pred. sempre que a segunda aquisição fosse uma aquisição derivada constitutiva de um direito real de garantia, ocorrida ao abrigo da lei contra a vontade do sujeito passivo; por isso, não era havido como terceiro o titular

---

[156] No mesmo sentido *vide* OLIVEIRA ASCENSÃO, A desconformidade do registo predial com a realidade e o efeito atributivo, loc. cit., p. 11.

de uma hipoteca judicial ou aquele que obtivesse um direito real de garantia em virtude do registo da penhora. Mas, por outro, já existia tal conflito de terceiros se a segunda aquisição fosse uma aquisição derivada translativa, mesmo que não fundada na vontade do sujeito passivo, por isso, era considerado terceiro o adjudicatário ou o adquirente na venda executiva.

Como resulta do afirmado e em resumo, o *supra* referido acórdão adoptou, embora de forma "encoberta", uma nova concepção de terceiros, muitíssimo menos restrita do que a denominada *concepção tradicional*, uma vez que não excluía do elenco dos terceiros os segundos adquirentes, por aquisição derivada translativa, *ocorrida ao abrigo da lei contra a vontade do sujeito passivo*. Por isso, o seu teor foi o seguinte: "Terceiros, para efeitos do disposto no art. 5º do Cód.Reg.Pred., são os adquirentes de boa fé *de um mesmo transmitente comum*, de direitos incompatíveis sobre a mesma coisa". E não: "Terceiros, para efeitos do disposto no art. 5º do Código do Registo Predial, são os adquirentes de boa fé *de um mesmo autor comum*, de direitos incompatíveis sobre a mesma coisa".

3.2. O nº 4 do art. 5º do Código do Registo Predial e sua interpretação

O legislador, através do Dec.-Lei nº 533/99, de 11 de Dezembro, logo a seguir ao acórdão de uniformização de jurisprudência de 1999, veio introduzir o actual nº 4 do art. 5 do C.R.Pred., nos termos do qual: "terceiros, para efeitos de registo, são aqueles que tenham adquirido de *um autor comum* direitos incompatíveis entre si".

Desta forma, o legislador, por um lado, afastou claramente a concepção amplíssima de terceiro, que podia ser indevidamente defendida com base no acórdão uniformizador de 1997, mas, por outro, na nossa perspectiva, consagrou, de facto, *a concepção restrita* de terceiro – sem a exigência de estar verificada a boa fé do 2º adquirente – e, assim, também rejeitou a concepção de terceiros adoptada no acórdão uniformizador de 1999.

Explicitando, o legislador ao utilizar a expressão *autor comum* **– e não** *transmitente comum* **– pretendeu** excluir do elenco dos terceiros não só aqueles que não adquiram de um mesmo autor, mas, ainda, todos aqueles que não adquiram com base na vontade do sujeito passivo, quer por aquisição derivada constitutiva, quer por aquisição derivada translativa[157].

---

[157] Também OLIVEIRA ASCENSÃO, A desconformidade do registo predial com a realidade e o efeito atributivo, loc. cit., p. 11 e 12, afirma: *"A introdução de um nº 4 ao art. 5º do CRegP segue claramente a trilha marcada pelo acórdão, mas, em vez de* transmitente, *escreve* autor comum. *Os*

Aliás, o legislador, de forma explícita, assumiu no preâmbulo do Dec.--Lei nº 533/99 que – tomando partido pela *concepção tradicional ou clássica* – inseria, no art. 5º do Cód.Reg.Pred., o que devia entender-se por terceiros para efeitos do registo[158].

Assim, repetimos, o legislador não consagrou a concepção de terceiros adoptada pelo acórdão de uniformização de jurisprudência de 1999, mas sim a *concepção restrita* de terceiros.

Para efeitos do art. 5º do Cód.Reg.Pred., terceiros são só aqueles que adquiram do mesmo causante, direitos incompatíveis, *com base na sua vontade*, já não aqueles que adquirindo direitos ao abrigo da lei, tenham esse causante como sujeito passivo, não obstante ele não ter intervindo nos actos jurídicos de que tais direitos resultaram (cfr. nº 4 do art. 5º Cód.Reg.Pred.). Por isso, não é havido como terceiro o segundo adquirente cuja aquisição não se funde na vontade do sujeito passivo, *quer em causa esteja uma aquisição derivada constitutiva, quer uma aquisição derivada translativa.* Portanto, não é terceiro o titular de uma hipoteca judicial, o arrestante ou o exequente titular da garantia real decorrente da penhora, nem o é o adquirente na venda judicial ou o adjudicatário, uma vez que nenhum deles adquire com base na vontade do executado[159].

---

antecedentes mostram que a mudança é intencional. Aceita-se a concepção restritiva do conceito de terceiros, mas admite-se que basta a derivação dum autor comum, não sendo necessária a dupla transmissão."
[158] O acabado de afirmar resulta claramente do facto de, posteriormente, ter sido introduzido o nº 5 do art. 5 do Cód.Reg.Pred., nos termos do qual: "Não é oponível a terceiros a duração superior a seis anos do arrendamento não registado".
[159] Saliente-se que, no acórdão nº 345/2009 – Processo nº 35/05 da 3ª Secção do Tribunal Constitucional, Diário da República, II Série, nº 159, de 18 de Agosto de 2009, p. 33635, o Tribunal Constitucional declarou que a norma do nº 4 do art. 5º do Cód.Reg.Pred., interpretada de acordo com a concepção restrita, ao dar prevalência à aquisição anterior não registada em detrimento da posição do comprador na venda executiva, não viola o princípio constitucional da segurança jurídica, ínsito no princípio do Estado de Direito consagrado no art. 2º da Constituição.
De facto, no referido acórdão, além do mais, pode ler-se:
"(...), não pode qualificar-se a solução que resulta do conceito restrito de terceiro para efeitos de registo como arbitrária ou inteiramente desrazoável face ao sistema de registo predial vigente.
(...)
Este sacrifício da segurança — independentemente do acerto da interpretação em apreço, que o Tribunal toma como um dado em toda a sua extensão, e da bondade da opção legislativa em si mesmo — cabe na discricionariedade legislativa (...)."

No entanto, como começámos por referir, o acabado de afirmar não é pacífico. De facto, nem toda a doutrina interpreta o nº 4 do art. 5º do Cód. Reg.Pred. da forma exposta. Acresce que parte da jurisprudência, apesar de afirmar que o legislador no nº 4 do art. 5º do Cód.Reg.Pred. consagrou a concepção restrita de terceiros, entende que tal não impede que se considere terceiro o adquirente na venda judicial[160], não obstante não o ser o

A opção do legislador (na interpretação que prevaleceu no acórdão recorrido, obviamente) não pode ser apodada de intoleravelmente violadora daquele mínimo de segurança necessária para que os sujeitos jurídicos possam conduzir, planificar e conformar a sua vida, nem pode dizer-se que seja uma solução legislativa arbitrária ou destituída de fundamento racional. A possibilidade de a venda ser inválida ou ficar sem efeito é, afinal, inerente ao sistema de registo predial instituído, que não garante contra a invalidade do título, e tem de ser assumida (e não apenas por força do conceito de terceiro adoptado) como um risco presente no acto de aquisição, sem prejuízo do direito a indemnização (cf. artigos 908º e 909º do Cód.Proc.Civil). Aliás, a venda judicial é acto consequente da penhora, pelo que poderá afirmar-se que, a ser de outro modo na relação com o adquirente na venda judicial, sempre o credor exequente acabaria por beneficiar da execução de um bem que, substantivamente, já não responderia pela dívida. Entre o adquirente por via negocial que não procedeu ao registo e o adquirente na venda executiva de um bem que foi penhorado quando não integrava já o património do executado, o legislador optou por sobrepor a realidade substantiva àquilo que as tábuas do registo revelam. Na gestão dos riscos, o legislador optou pela solução que privilegia a justiça, sacrificando a segurança do comércio jurídico. Entendeu contemporizar com situações de insensibilidade social ao registo, em vez de reforçar a sua relevância jurídica e económica prescrevendo que o adquirente que não faça coincidir a situação registral do prédio com a realidade substantiva sofre as consequências da inércia, como resultaria da solução oposta. Mas isso é uma opção de política legislativa que cabe no balanceamento entre a justiça e a segurança cometido ao legislador democraticamente legitimado, que goza neste domínio de amplíssima liberdade de conformação."

[160] A propósito da natureza da venda executiva, enquanto acto privado ou público, a doutrina e a jurisprudência portuguesas têm entendido, maioritariamente, que se trata de um acto público, de autoridade, pelo qual o Estado vende em nome próprio, ou seja, não em representação do devedor, mas no exercício de um poder de alienar que é de direito público e não se confunde com o poder de alienação do executado. Na doutrina, por todos, *vide*: ALBERTO DOS REIS, Da venda no processo de execução, *Revista da Ordem dos Advogados*, 1941, T. I, nº 4, p. 410 e ss.; VAZ SERRA, Realização Coactiva da Prestação (execução – regime civil), loc. cit., p. 307; LEBRE DE FREITAS, *A Acção Executiva*, 3ª ed., Coimbra, Coimbra Editora, 2001, p. 293, nota 44; REMÉDIO MARQUES, *Curso de Processo Executivo Comum à Face do Código Revisto*, ob. cit., p. 404. Na Jurisprudência *vide*, por todos, o acórdão da Relação do Porto de 7 de Dezembro de 2005, [on-line] consultado em 5 de Julho de 2010, disponível: http://www.dgsi.pt/jtrp.nsf.. No entanto, trata-se de uma verdadeira venda em que a propriedade passa directamente do executado para o comprador, embora por intermédio do Estado, sendo-lhe aplicável o regime do contrato de compra e venda em tudo o que não esteja especialmente determinado no Código de Processo Civil (nomeadamente, o que respeita à ineficácia da venda se a coisa

exequente que obtém a penhora e respectivo registo e, consequente direito real de garantia[161].

vendida não pertencia ao executado e foi reivindicada pelo dono – cfr. al. *d)* do art. 909º do Cód.Proc.Civil). Neste sentido, *vide*, entre outros, PIRES DE LIMA/ANTUNES VARELA, *Código Civil Anotado*, vol. II, ob. cit., p. 98 a 100.

[161] Entre outros, *vide*: acórdão da Relação de Coimbra de 19 de Junho de 2001, *Colectânea de Jurisprudência*, 2001, T. III, p. 31 e ss.; acórdão do Supremo Tribunal de Justiça de 4 de Abril de 2002, *Colectânea de Jurisprudência – Acórdãos do Supremo Tribunal de Justiça*, 2002, T. I, p. 154; acórdão do Supremo Tribunal de Justiça de 14 de Janeiro de 2003, *Colectânea de Jurisprudência – Acórdãos do Supremo Tribunal de Justiça*, 2003, T. I, p. 19-21; acórdão do Supremo Tribunal de Justiça de 27 de Maio de 2003, [on-line] consultado em 13 de Janeiro de 2011, disponível: http://www.dgsi.pt/jstj.nsf; acórdão da Relação de Lisboa de 17 de Junho de 2004, [on-line] consultado em 5 de Julho de 2010, disponível: http://www.dgsi.pt/jtrl.nsf; acórdão da Relação do Porto de 7 de Dezembro de 2005, [on-line] consultado em 5 de Julho de 2010, disponível: http://www.dgsi.pt/jtrp.nsf..

Por elucidativo, passamos a transcrever, parcialmente, o acórdão da Relação do Porto de 7 de Dezembro de 2005.

"(...) Será que se pode dizer que o primeiro adquirente – que não registou a aquisição – e o comprador na venda judicial (em processo de execução) se podem considerar adquirentes «de um autor comum»?

Isto é, será que a aquisição por diferentes pessoas de direitos incompatíveis sobre o mesmo prédio por actos negociais sucessivos (*v.g.*, escritura pública de compra e venda) do titular inscrito (conceito restrito) não difere da situação em que a mesma aquisição ocorreu em consequência de acto unilateral de terceiro, intermediado, ou não, pela autoridade pública e segundo os termos da lei – o que ocorre *v.g.*, nos actos que assentam em decisão judicial, como a hipoteca judicial, ou actos judiciais, como o arresto, a penhora, a venda judicial – (conceito lato)?

Numa primeira impressão, parece que – na sequência do Ac. Uniformizador nº 3/99 – a redacção do nº 4 do art. 5º do CRP o legislador terá optado pelo conceito restrito de terceiro. De facto, a letra da lei praticamente que transcreve as palavras do Prof. Manuel de Andrade, que defendia esse conceito restrito [Ver Teoria Geral da Relação Jurídica, vol. II, págs. 20, onde se escreve que "terceiros para efeitos de registo predial são as pessoas que do mesmo autor ou transmitente adquiriram direitos incompatíveis (total ou parcialmente) sobre o mesmo prédio".

(...)

Cremos, porém, que o legislador não pretendeu adoptar um conceito de terceiros demasiado redutor. Daí que se possa dizer que adquirem «de um autor comum», tanto o que adquiriu o bem por acto negocial com intervenção voluntária do titular inscrito – *v.g.*, escritura pública de compra e venda (como aconteceu com os aqui autores) –, como o que o adquiriu por acto não negocial (penhora, arresto, venda judicial).

Assim tem sido entendido pelo STJ, como se vê, *v.g.*, nos Acs. de 4.4.2002 (Col. Jur./STJ, Ano X, Tomo I, 15) e de 14.01.2003 (Col. Jur./STJ, Ano XI, Tomo I, 19 [Este último acórdão sustenta também não reconhecer ao adquirente preterido pelo registo do terceiro o direito de juntar à sua posse a dos antecessores, para efeitos de usucapião]). Como referem Antunes Varela e Henrique Mesquita, *in* Revista de Leg. e Jur., Ano 127º, p. 20, terceiros «são não só aqueles que adquiriram do mesmo alienante direitos incompatíveis, mas também aqueles cujos direitos, adquiridos ao abrigo da lei, tenham esse alienante como sujeito passivo, ainda que ele não tenha intervindo nos actos jurídicos (penhora, arresto, hipoteca, venda judicial etc...) de que tais direitos resultam». Era o que, aliás, já sustentava Vaz Serra, na mesma Revista, Ano 103º, p. 165, ao escrever: «pode dizer-se que, se um prédio for comprado a determinado vendedor e for penhorado em execução contra este vendedor, o comprador e o penhorante são terceiros: o penhorante é terceiro em relação à aquisição feita pelo comprador, e este é terceiro em relação à penhora, pois os direitos do comprador e do penhorante são incompatíveis entre si e derivam do mesmo autor». Se o registo predial se destina essencialmente a dar publicidade à situação jurídica dos prédios, tão digno de tutela é aquele que adquire um direito com a intervenção do titular inscrito (compra e venda, troca, doação, *etc*.) como aquele a quem a lei permite obter o registo sobre o mesmo prédio sem essa intervenção (*in casu* a ré, que, adquirindo a fracção na execução, após o registo da penhora, registou essa aquisição). No caso presente a compra feita pelos autores não foi registada, nem antes, nem depois do registo da penhora da fracção. Pelo que, procedendo a ré ao registo da sua aquisição, a compra feita pelos autores é ineficaz em relação à penhora registada e subsequente aquisição por banda da ré, na execução, mediante proposta em carta fechada. E pouco importa falar aqui de boa ou má fé por banda da ré, que registou. Pois a redacção do nº 4 do art. 5º do CRP nem, sequer, fala da boa fé dos adquirentes – ao contrário do que se previa no Ac. Uniformizador nº 3/99 [Embora nos pareça que deve continuar-se a defender o requisito da boa fé do adquirente em segundo lugar que registou em primeiro. Até por imposição daquilo que alguns denominam como a reserva moral do sistema jurídico].

Portanto, se é certo que se poderia pensar que, falando a lei em aquisição de um «autor comum» (cit. nº 4 do art. 5º CRP), as aquisições dos autores e da ré (esta em venda judicial) não seriam aquisições desse mesmo autor, tal, porém, só aparentemente é assim.

(...)

Na venda executiva o executado é o transmitente, não obstante todas as peculiaridades dos mecanismos legais e a circunstância de se tratar de uma venda que lhe é imposta – cfr. neste sentido, os acórdãos deste STJ de 16/11/88, BMJ nº 381, p. 651, e de 28/11/95, revista nº 87.467, já citado. Por isso a venda por via da qual a ora recorrida comprou em execução movida contra o executado [...] o prédio aqui disputado e a venda feita pelo [...] ao [...] têm o mesmo transmitente, do que se extrai ainda a conclusão de que este e ora recorrida são terceiros para efeitos do art. 5º do Cód. Reg. Predial, tal como os define a nova jurisprudência uniformizadora na revista nº 1.050/98. E por isso esta segunda venda – apesar de ser, cronologicamente, a mais antiga – não é oponível à recorrida por não ter sido inscrita no registo predial. Poderá parecer estranho, numa observação desprevenida, que, em casos como este, a compra e venda anterior não inscrita no registo seja oponível ao exequente que penhorar o prédio e já o não seja contra quem o adquiriu em venda executiva realizada na sequência dessa penhora. Mas ambas as situações são bem diferentes entre si. Numa penhora, ou arresto, ou hipoteca judicial, estamos apenas perante garantias de um direito de crédito, sendo que a existência deste não fica prejudicada com a referida oponibilidade, pois se mantém íntegro na sua substância, podendo, por isso, vir ainda a ser satisfeito com recurso a outros bens do devedor. E os poderes do proprietário sobre a coisa penhorada não são transmitidos. Mas, havendo venda executiva, dá-se a transmissão do prédio para um adquirente que confiou na aparência evidenciada pelo registo predial, caracterizado pela sua função publicística. A protecção do terceiro adquirente não pode ser limitada aos casos em que o mesmo proprietário celebra dois negócios jurídicos sucessivos e compatíveis a respeito do mesmo prédio; ela tem a sua justificação na publicidade de actos aquisitivos de direitos reais que, pela sua inscrição registral, se presume serem válidos e eficazes e na confiança que ao público tem que inspirar essa sua inscrição. E as convicções daí extraídas pelos particulares são da mesma natureza, quer estejam a negociar com o titular inscrito, quer ocorram à venda forçada em execução. A prevalência da venda executiva em casos como este já foi reconhecida por este STJ pelos seus acórdãos de 25/02/93, revista nº 82.207, e de 28/11/95, revista nº 87.467. (Sublinhámos).

No mesmo sentido, salientamos, entre outros, o Ac. do STJ de 14.01.2003, *in* Col. Jur./STJ, Ano XXVIII, Tomo I, págs. 20/21, de que nos permitimos transcrever, também, a seguinte passagem: «Tem sido largamente controvertida a natureza da venda executiva. A este propósito poderá ver-se o acórdão a Supremo Tribunal de Justiça publicado na Colectânea de Jurisprudência do Supremo Tribunal de Justiça, Ano 2002, Tomo 1, p. 154, concluindo-se no mesmo, pela pena a ilustre Senhor Conselheiro Gusmão de Medeiros que: As diversas posições doutrinárias e jurisprudenciais confluem na ideia de que a intervenção do Estado sem, e eventualmente contra, a vontade do próprio executado, e substitui-se a este, faz vender o bem penhorado para assegurar cumprimento coercivo do crédito do exequente (e demais créditos reclamados), de sorte que, nessa venda (que configura uma aquisição derivada) surge como vendedor o próprio executado».

Poderemos, assim, concluir que estamos perante duas vendas em que o transmitente é comum. Destarte, havendo venda executiva – com correlativa transferência da propriedade nos termos do artigo 824º a CC – confrontam-se dois direitos (de propriedade) reais da mesma natureza e com o mesmo conteúdo, sendo que a compra pelo adquirente na execução, se de boa fé registada antes da do anterior comprador, prevalece sobre esta, em conformidade com o acórdão uniformizador de jurisprudência nº3/99 de 18.5.99, que de resto viria a ter consagração legal por via do Dec-Lei nº 533/99, de 11.12 que aditou ao artigo 5º do Código de Registo Predial um novo número, o nº4, que dispõe: «Terceiros, para efeito de registo, são aqueles que tenham adquirido de um autor comum direitos incompatíveis entre si».

Efectivamente, em situações como a dos presentes autos, não se trata apenas de privilegiar o credor munido da garantia real com funções acessórias em relação ao seu direito de crédito. Ao invés, a concorrência de uma segunda alienação impõe que a ordem jurídica atenda ao direito formalmente adquirido no âmbito de uma venda judicial, designadamente quando o adquirente estava de boa fé e fez inscrever no registo predial o seu direito. Como se refere no acórdão da Relação de Coimbra de 19.6.2001, publicado na Colectânea de Jurisprudência, Ano 2001, Tomo III, p. 36, A fundamentação do Ac. do STJ nº 3/99 vai neste sentido. Nele se refere *expressis verbis* que «efectuada a compra, por via de arrematação em hasta pública, ou por qualquer outro modo de venda judicial este modo de alienação, na perspectiva em causa, tem, pelo menos, a mesma eficácia daqueloutra. Também aqui a prioridade do registo ultrapassa aquela incompatibilidade». Em suma, importará concluir que a protecção de terceiros não fica limitada aos casos em que é o proprietário a celebrar dois negócios incompatíveis, sendo extensiva a situações, como a reflectida nestes autos, em que a segunda venda, registada, tem

Analisemos as posições acabadas de referir, começando pela da jurisprudência.

Entendendo, pelas razões expostas, que o legislador, no nº 4 do art. 5º do Cód.Reg.Pred., adoptou a concepção restrita de terceiros e, desse modo, rejeitou a concepção de terceiros consagrada pelo acórdão de uniformização de jurisprudência de 1999, como é evidente, não podemos concordar com a referida posição jurisprudencial.

Cumpre, no entanto, acrescentar que a jurisprudência em apreço, ao declarar que o direito não registado do terceiro é simultaneamente oponível à penhora e não oponível à venda executiva, deixa por explicar como é que um direito pode ser oposto ao acto preparatório (ou seja, à penhora que visa permitir a venda do bem penhorado) e não ao acto final (isto é, à venda executiva)[162]. Por isso, gera a dúvida sobre a razão de ser da diversidade de soluções. Dúvida essa que não é esclarecida com afirmações como as que de seguida se transcrevem.

- Para que haja um conflito de terceiros, para efeitos do art. 5º do Cód. Reg.Pred., "ponto é que (...) tenha sido adquirido efectivamente qualquer direito e não apenas se tenha ainda salvaguardado um qualquer direito real de garantia em ordem a essa aquisição"[163].
- "Numa penhora, ou arresto [depois de convertido em penhora], ou hipoteca judicial, estamos apenas perante garantias de um direito de crédito, sendo que a existência deste não fica prejudicada com a oponibilidade do direito não registado, pois se mantém íntegro na sua substância, podendo, por isso, vir ainda a ser satisfeito com recurso a outros bens do devedor. E os poderes do proprietário sobre a coisa penhorada não são transmitidos. Mas, havendo venda executiva, dá-se a transmissão do prédio para um adquirente que

---

natureza judicial. "Aqueles que, confiados nas regras do registo, adquirem um direito por via da acção executiva movida contra o titular inscrito, depois de a penhora ter sido registada, são merecedores do mesmo grau de protecção que deve ser conferido aos que negoceiam directamente com aquele titular, confiantes em que o direito substantivo ainda permanece na esfera do transmitente, tal como resulta do registo predial [Cfr. o citado acórdão da Relação de Coimbra publicado na Colectânea de Jurisprudência, Ano 2001,Tomo III, p. 36] (...)."

[162] Neste sentido vide MIGUEL TEIXEIRA DE SOUSA, Sobre o conceito de terceiros para efeitos de registo, loc. cit., p. 45.

[163] Cfr. acórdão do Supremo tribunal de Justiça de 16 de Outubro de 2008, processo nº 07B4396, [on-line] consultado em 5 de Julho de 2010. Disponível: http://www.dgsi.pt/jstj.nsf..

confiou na aparência evidenciada pelo registo predial, caracterizado pela sua função publicística."[164]

Na verdade, afirmações como estas, na nossa perspectiva, apenas geram mais dúvidas. Vejamos com mais pormenor.

A primeira afirmação suscita as seguintes questões:

A aquisição de uma garantia real não conduz a que se afirme que foi adquirido, de facto, um direito real ao serviço de um direito de crédito?

O art. 5º do Cód.Reg.Pred. só se aplica caso o conflito em presença seja entre direitos totalmente incompatíveis?

Ora, como é evidente, as respostas a estas questões não podem deixar de ser negativas. Aliás, quanto à última, qualquer eventual dúvida foi definitivamente eliminada pelo legislador, quando, no nº 4 do art. 5º do Cód.Reg.Pred., optou pela expressão autor, em vez de transmitente. E, ainda, quando, através do nº 5 no mesmo preceito legal, veio determinar que "não é oponível a terceiros a duração superior a seis anos do arrendamento não registado".

Quanto à segunda afirmação transcrita, é verdade que o facto de se considerar que o direito de propriedade não registado é oponível ao credor não afecta a integridade do direito de crédito deste. No entanto, também é inquestionável que o conflito a resolver não é entre o direito de crédito e o direito de propriedade não registado, mas sim entre o direito real de garantia devidamente publicitado e o direito de propriedade não registado. Ora, não temos dúvidas em afirmar que o facto de se considerar oponível, ao credor, o direito de propriedade não registado afecta o seu direito real de garantia.

Porque assim é, a situação existente após o registo da hipoteca judicial, da conversão do arresto em penhora, ou do registo da penhora apenas se distancia da situação criada com a venda executiva na medida em que, naquela, a incompatibilidade de direitos é parcial e nesta a incompatibilidade é total.

Mas, assim sendo, surge a dúvida: será que a mesma posição seria defendida se o direito real de garantia em causa fosse, por exemplo, uma hipoteca convencional?

---

[164] Cfr. o acórdão da Relação do Porto de 7 de Dezembro de 2005, [on-line] consultado em 5 de Julho de 2010. Disponível: http://www.dgsi.pt/jtrp.nsf., já anteriormente parcialmente transcrito. A expressão entre parêntesis recto que consta do texto é nossa.

Se a resposta a esta questão for negativa, como nos parece, então ter-se-á de reconhecer que, afinal, o direito do exequente decai perante o direito de propriedade não registado, não por se tratar de um "simples" direito real de garantia, mas sim por ter sido adquirido sem ter por base a vontade do executado.

Por fim, ambas as afirmações deixam por explicar por que razão o direito do exequente há-de decair pelo facto de não se fundar na vontade do executado, mas já há-de prevalecer o direito do adjudicatário ou do adquirente em venda executiva. De facto: como se justifica que o art. 5º não seja aplicado quando em causa esteja um conflito entre um direito de propriedade, adquirido voluntariamente, e um direito real de garantia, constituído coercivamente, mas já o seja quando em causa esteja um conflito entre um direito de propriedade, transmitido voluntariamente, e outro direito de propriedade, transmitido coercivamente?

Em face de todo o exposto, arriscamos afirmar que a posição defendida pela jurisprudência em análise *apenas visa assegurar, na medida em que lhe parece mais conveniente, a credibilidade do processo executivo*. Tutelando, para tal, não a confiança que o adjudicatário ou o adquirente em venda executiva tenha depositado no Registo ou no processo executivo em geral – pois, se a tutelasse, também protegeria o exequente que obtivesse o registo da penhora –, mas sim, apenas, a confiança que o adjudicatário ou o adquirente depositou no acto de autoridade pública praticado no final da acção executiva.

Recordamos, por fim, que o Supremo Tribunal de Justiça, desde 11 de Novembro de 2003 até 12 de Janeiro de 2012, tem, sem excepção, repudiado a posição jurisprudencial acabada de referir, defendendo que o comprador na venda voluntária e o comprador na venda executiva não são terceiros para efeitos de registo, uma vez que a aquisição advinda da execução ao seu titular é atribuída ao comprador diretamente da lei não se fundando, portanto, num acto voluntário do executado. Consequentemente, o Supremo Tribunal de Justiça tem entendido que o comprador na venda voluntária não levada a registo pode opor, ao comprador na venda executiva registada, o direito de propriedade por si anteriormente adquirido[165].

---

[165] *Vide* acórdãos do Supremo Tribunal de Justiça: de 11 de Novembro de 2003; de 11 de Dezembro de 2003; de 18 de Dezembro de 2003; de 30 de Abril de 2004; de 16 de Dezembro de 2004; de 20 de Outubro de 2005; de 1 de Junho de 2006; de 21 de Setembro de 2006; de 9 de

Cumpre agora fazer referência às posições doutrinais que não acolhem a interpretação que fazemos do nº 4 do art. 5º do Cód.Reg.Pred..

Por um lado, alguns Autores defendem que o legislador, afinal, através de tal preceito legal, consagrou a concepção ampla de terceiros. Por outro, há quem considere que quer a penhora, quer a venda executiva se fundam na vontade do executado e, portanto, **quer o penhorante, quer o adquirente na venda executiva** devem ser considerados terceiros. Por fim, certos Autores consideram que o nº 4 do art. 5º não vincula o intérprete à afirmação de que se encontra consagrada na lei a concepção restrita de terceiros.

Vejamos com mais detalhe as posições acabadas de referir.

OLIVEIRA ASCENSÃO[166], não obstante afirmar que, através do nº 4 do art. 5º do Cód.Reg.Pred., foi adoptada a concepção restritiva de terceiros, só o faz porque utiliza uma terminologia diversa da generalidade da doutrina e da jurisprudência, uma vez que quando utiliza a expressão "concepção restritiva" se está a referir à concepção de terceiros defendida pela maioria da doutrina, ou seja, à concepção de terceiros denominada, em geral, como ampla.

Portanto, segundo este Autor, através do nº 4 do art. 5º do Cód.Reg. Pred., o legislador não fez depender a qualidade de terceiros do facto de os direitos conflituantes terem sido adquiridos *com base na vontade* do mesmo autor, limitou-se, isso sim, a rejeitar a concepção amplíssima de terceiros.

Nesta lógica, o legislador só não se afastou da posição defendida no acórdão de uniformização de jurisprudência de 1999 quanto à recusa da concepção amplíssima.

Não podemos concordar com OLIVEIRA ASCENSÃO, uma vez que, como já referimos, o legislador, de forma explícita, assumiu no preâmbulo do Dec.-Lei nº 533/99 que – tomando partido pela *concepção tradicional ou clássica* – inseria, no art. 5º do Cód.Reg.Pred., o que devia entender-se por terceiros para efeitos do registo. Ora, como se sabe, a generalidade da doutrina e da jurisprudência que defendia a *concepção tradicional ou clássica de terceiros* utilizava esta expressão para se referir àqueles que adquiriam,

---

Janeiro de 2007; de 12 de Janeiro de 2012. ([on-line] consultados em 31 de Janeiro de 2012, disponíveis: http://www.dgsi.pt/jstj.nsf.).
[166] OLIVEIRA ASCENSÃO, A desconformidade do registo predial com a realidade e o efeito atributivo, loc. cit., p. 12.

direitos incompatíveis, do mesmo autor ou causante, por negócios sucessivos, ou seja, com base na sua vontade.

Ao invés, a generalidade dos defensores da concepção ampla – entendendo que terceiros eram aqueles que adquiriam do mesmo causante direitos incompatíveis e, ainda, aqueles cujos direitos, adquiridos ao abrigo da lei, tivessem esse causante como sujeito passivo, mesmo que ele não houvesse participado nos actos jurídicos de que tais direitos resultaram – excluía do elenco de terceiros aqueles que não houvessem adquirido do mesmo *dante causa* e, assim, rejeitava a concepção lata ou amplíssima de terceiros.

Por isso, como já referimos, na nossa perspectiva, através do nº 4 do art. 5º, o legislador, não obstante, de facto, se ter afastado do acórdão de uniformização de jurisprudência de 1999, não o fez para consagrar a concepção ampla, mas sim porque pretendeu deixar claro que todas as aquisições, e não apenas as translativas, têm de se fundar na vontade do *dante causa* comum – tendo optado, por isso, por uma expressão que não abrange apenas a aquisição derivada translativa: autor, em vez de transmitente – e, assim, consagrou uma concepção mais restrita de terceiros – a denominada concepção tradicional ou clássica[167].

Rui Pinto Duarte considera que o legislador adoptou um conceito mais amplo do que o defendido pelo Supremo Tribunal de Justiça no acórdão de uniformização de jurisprudência de 1999, na medida em que se refere ao autor comum e não apenas ao transmitente. Assim, entende que o texto da lei possibilita a defesa da concepção ampla de terceiros[168]: o executado é autor comum.

Portanto, também este Autor entende que o legislador apenas não se afastou da posição defendida no acórdão de uniformização de jurisprudência de 1999 quanto à recusa da concepção amplíssima.

Como resulta do anteriormente exposto – que nos escusamos de repetir – não concordamos com Rui Pinto Duarte.

Remédio Marques, por seu turno, defende que a penhora de determinado bem nasce de uma conduta voluntária do devedor, conduta voluntária que se consubstancia em último caso no incumprimento da obrigação

---

[167] Aliás, como já referimos, o legislador, de forma explícita, assumiu no preâmbulo do Dec.-Lei nº 533/99 que – tomando partido pela *concepção tradicional ou clássica* – inseria, no art. 5º do Cód.Reg.Pred., o que devia entender-se por terceiros para efeitos do registo.
[168] Rui Pinto Duarte, *Curso de Direitos Reais*, ob. cit., p. 149-150.

e que a aquisição no termo da acção executiva não é uma aquisição originária, mas antes uma aquisição derivada translativa. Pelo que, quer o adquirente não titular registal, quer o penhorante, quer o adquirente na venda executiva adquirem de um mesmo autor e *com base na sua vontade*, sendo, por isso, terceiros[169].

Também esta posição não nos parece a correcta, de facto, concordamos com MARIANA GOUVEIA *quando afirma que:* "Querer ver na penhora ou na venda executiva um qualquer acto voluntário do executado parece realmente excessivo. Pelo contrário, se há vontade que se retira do processo executivo – e isto aplica-se também às regras de nomeação de bens – é a do executado não querer cumprir."[170-171]

Por fim, MARIA CLARA SOTTOMAYOR afirma que, em sede de interpretação, respeitando o postulado da unidade da ordem jurídica, é possível atribuir ao nº 4 do art. 5º do Cód.Reg.Pred. um sentido compatível com a noção ampla de terceiros. Uma vez que o texto da lei se separa "da vontade do seu autor e vale com um significado autónomo que decorre, não só do texto, mas dos demais elementos de interpretação, como o racional e o sistemático (art. 9º), não constituindo os elementos históricos e literais, perante o conjunto dos critérios hermenêuticos, os factores decisivos para fixar o sentido com que a norma deve valer."[172]

---

[169] REMÉDIO MARQUES, *Curso de Processo Executivo Comum à Face do Código Revisto*, ob. cit., p. 292-293.
No mesmo sentido *vide*, ainda, ANA MARIA TAVEIRA DA FONSECA, Publicidade espontânea e publicidade provocada de direitos reais sobre imóveis, loc. cit., p. 20 e ss..
[170] MARIANA GOUVEIA, Penhora de imóveis e registo predial na reforma da acção executiva, loc. cit., p. 31.
[171] Antes do Decreto-Lei nº 201/2003 que, como se sabe, veio reformar o processo executivo, sempre se poderia considerar decisiva a interferência ou a cooperação do executado quando fosse ele a nomear o bem à penhora. Mas actualmente resulta claro que a nomeação dos bens à penhora é um acto que não assenta, sequer parcialmente, na vontade do executado, uma vez que: é o exequente quem, logo no requerimento executivo, nomeia os bens à penhora (cfr. art. 810º); a penhora ocorre num enorme grupo de casos sem que haja citação prévia do executado – em todas as hipóteses previstas no art. 812º-F; o executado quando citado, nos termos do nº 4 do art. 833º-B, para pagar ou indicar bens para a penhora é advertido de que, na ausência de pagamento, a falta de indicação de bens à penhora, quando estes existam no seu património, sujeitá-lo-á a sanção pecuniária compulsória, no montante de 5% da dívida ao mês, com o limite mínimo global de mil euros, desde a data da omissão até à data descoberta dos bens.
[172] MARIA CLARA SOTTOMAYOR, *Invalidade e Registo – A Protecção do Terceiro Adquirente de Boa Fé*, ob. cit., p. 364-365.

Tendo em conta todo o exposto, é evidente que não aderimos ao raciocínio de CLARA SOTTOMAYOR.

Em resumo, não concordamos com as doutrinas acabadas de referir, não obstante defendermos, *de iure condendo*, a concepção ampla de terceiros[173]. De facto, através de uma interpretação literal e histórica da lei e tendo em conta o afirmado pelo legislador, de forma expressa, no preâmbulo do Dec.-Lei 533/99, de 11 de Dezembro, não vemos como negar que foi consagrada e se encontra em vigor a concepção restrita de terceiros.

Por isso, na nossa perspectiva, independentemente da situação em concreto, não compete aos tribunais fixar o conceito de terceiros. De facto, concordamos com HÖRSTER quando afirma:

"A competência para fazer leis pertence à Assembleia da República (arts. 161º, 164º e 165º da constituição) e, ainda, ao Governo (art. 198º), enquanto os tribunais *estão sujeitos* às leis (art. 203º).

Nesta ordem hierárquica, constitucionalmente estabelecida, os tribunais devem respeitar as concepções normativas claramente reconhecíveis do legislador (*Klar erkennbare gesetzgeberische Regelungskonzepte*). Não lhes compete, sob pena de eles subverterem o princípio da separação dos poderes, colocar a sua razoabilidade ou as suas concepções político-jurídicas no lugar das concepções do legislador."[174]

---

[173] De facto, consideramos que, pretendendo o legislador manter, no art. 5º do Cód.Reg. Pred., a noção de terceiros, este preceito legal deve ser alterado, sendo suprimido o actual nº 4 e passando o nº 1 a ter a seguinte redacção:
"Os factos sujeitos a registo previstos no art. 2º e as providências decretadas nos procedimentos referidos na al. *d)* do nº 1 do art. 3º não produzem efeitos contra terceiros que, sobre o mesmo bem, adquiram direitos do mesmo sujeito, ainda que este não intervenha no acto jurídico e a aquisição ocorra ao abrigo da lei ou em virtude de decisão judicial, sempre que as aquisições dos terceiros também estejam sujeitas a registo e sejam publicitadas com prioridade."
Acresce que, pretendendo o legislador manter no Código do Registo Predial a noção de terceiros – quer a por si consagrada, quer a por nós proposta – entendemos ser necessário introduzir um novo preceito legal ou, pelo menos, um novo número ao art. 5º do Cód.Reg. Pred., que esclareça contra quem as acções, decisões e procedimentos sujeitos a registo, nos termos do art. 3º, não produzem efeitos, caso não sejam registados com prioridade ou dentro do prazo previsto pela lei substantiva. Porquanto, obviamente, os terceiros perante as acções, decisões e procedimentos não são aqueles que adquirem, direitos total ou parcialmente incompatíveis do mesmo autor ou causante.

[174] HÖRSTER, Arguição da tese de doutoramento "Invalidade e Registo – A Protecção do Terceiro Adquirente de Boa Fé", loc. cit., p. 348, nota 22.

3.3. Consequências decorrentes do nº 4 do art. 5º do Código do Registo Predial.

Entendendo que o nº 4 do art. 5º do Cód.Reg.Pred. consagra a concepção restrita de terceiros, consideramos que o referido preceito legal conduz aos resultados que de seguida se apresentam.

- O titular do direito de propriedade – adquirido antes da penhora, mas não inscrito – caso deixe findar a acção executiva e, depois, intente, uma acção de reivindicação, deve vê-la julgada procedente, declarando-se a venda judicial nula, porque a *non domino*, e absolutamente ineficaz perante si. De facto, nada justifica que deduzidos embargos estes sejam julgados procedentes e a penhora levantada, mas intentada acção de reivindicação, no termo da acção executiva, esta improceda por se considerar que o autor da acção e o adquirente na venda judicial são terceiros para efeitos do art. 5º do Cód. Reg.Pred.. Na verdade, se, por opção do legislador, apenas são terceiros aqueles que adquiram direitos incompatíveis, com base na vontade do mesmo autor ou causante, não há como negar que em causa não está um conflito deste tipo, uma vez que a venda judicial não é uma venda feita espontânea e voluntariamente pelo exequente; o que realmente caracteriza tal venda executiva é a inerente coerção: o vendedor (executado) é obrigado a vender ao comprador (arrematante) que ofereceu o melhor preço, procurando--se dar satisfação aos créditos do exequente e eventuais reclamantes.
- O titular de um direito real menor de gozo adquirido antes da penhora, mas não inscrito, caso deixe findar a acção executiva e, depois, intente uma acção de reivindicação, deve vê-la julgada procedente, declarando-se a venda judicial nula, porque parcialmente a *non domino* e ineficaz perante o autor da acção.

A solução contrária é indefensável para quem considera que o titular do direito de propriedade não inscrito vê o seu direito prevalecer perante o adquirente na venda judicial. Efectivamente, se o titular do direito de propriedade não registado e o adquirente na venda executiva não podem ser havidos como terceiros, para efeitos do art. 5º do Cód.Reg.Pred., porque não fundam os seus direitos incompatíveis na vontade do autor comum, nada pode justificar solução diversa quando o conflito se trave entre o titular de um direito real menor não registado – por exemplo, um direito de usu-

fruto –, adquirido com base na vontade do proprietário, e o adquirente, na venda executiva, da plena propriedade.
- Se o titular do direito de propriedade não registado pode deduzir embargos e vê-los julgados procedentes, não se pode tolher dessa possibilidade o titular de um direito real menor de gozo, sempre que a penhora tenha, naturalmente, por objecto a propriedade plena. Consequentemente, na nossa perspectiva, o nº 4 do art. 5º do Cód. Reg.Pred. é parcialmente incompatível com o art. 824º, nº 2, do Código Civil[175]. De facto, enquanto o art. 5º, nº 4, do Cód.Reg.Pred.

---

[175] A redacção do art. 824º do Código Civil é a que de seguida se transcreve:
"1. A venda em execução transfere para o adquirente os direitos do executado sobre a coisa vendida.
2. Os bens são transmitidos livres dos direitos de garantia que os onerarem, bem como dos demais direitos reais que não tenham registo anterior ao de qualquer arresto, penhora ou garantia, com excepção dos que, constituídos em data anterior, produzam efeitos em relação a terceiros independentemente de registo.
3. Os direitos de terceiro que caducarem nos termos do número anterior transferem-se para o produto da venda dos respectivos bens."
Portanto, de acordo com o nº 2 do preceito em apreço, com a venda executiva, para além dos direitos reais de garantia, caducam os direitos reais menores de gozo constituídos após o registo da penhora ou de uma garantia (do exequente ou de terceiro) feita valer em juízo e, ainda, os direitos reais menores de gozo constituídos antes do registo da penhora ou de qualquer garantia feita valer na execução, mas não inscritos ou inscritos posteriormente, salvo se produzirem efeitos contra terceiros independentemente do registo (por exemplo, uma servidão aparente). (A este propósito, *vide* MIGUEL MESQUITA, *Apreensão de Bens em Processo Executivo e Oposição de Terceiro*, ob. cit., p. 152, nota 299).
No Código de Seabra, o art. 1022º estatuía:
"Os ónus reaes, com registo anterior ao da hipotheca de que resultou a expropriação, ou ao da transmissao mencionada no artigo antecedente, acompanham o predio alienado, e do seu valor é deduzida a importância dos ónus referidos."
Por seu turno, o art. 1023º dispunha:
"Os ónus reaes, com registo posterior ao da hypotheca ou da transmissão, não acompanham o predio.
§ único. Exceptuam-se da disposição d'este artigo os onus reaes constituídos antes da promulgação d'este codigo, que forem registados dentro do prazo de um anno, contado desde a mesma promulgação."
No âmbito da lei adjectiva, o Código de Processo Civil de 1876 veio estipular no seu art. 856º que "[O]s bens serão arrematados livres dos onus reaes que não tiverem registo anterior ao de qualquer penhora, arresto ou hypoteca, salvos contudo os onus reaes que, tendo sido constituídos em data anterior, subsistirem sem registo."
Por sua vez, o Código de Processo Civil de 1939 veio dispor sobre esta matéria no art. 907º, preceito este que tinha a seguinte redacção:

determina que a aquisição não registada é eficaz face à penhora e posterior venda executiva, o art. 824º, nº 2, do Código Civil estatui que o direito adquirido antes do registo da penhora, mas não publicitado, caduca[176].

Contra, numa primeira impressão, poder-se-ia invocar que a referida incompatibilidade não existe, uma vez que, sendo julgados procedentes os embargos, a venda judicial não ocorre e, portanto, nunca se verifica qualquer conflito, pois não passa a existir um titular do direito de propriedade plena. No entanto, como se sabe, o juízo sobre a viabilidade dos embargos deduzidos num processo executivo para pagamento de quantia certa, com base na titularidade de um direito real menor de gozo, afere-se, exactamente, pelo art. 824º, nº 2, do Código Civil, isto é: se a venda executiva conduzir à caducidade do direito alegado, os embargos devem ser rejeitados; ao invés, se o direito for susceptível de se manter após a venda executiva, os embargos devem ser recebidos. Vale isto por dizer que, se o direito do terceiro caducar com a venda executiva, o interesse do exequente deve prevalecer sobre o interesse do terceiro. Pelo contrário, se o direito do terceiro subsistir após a venda executiva, então o direito do terceiro prevalece sobre o direito do credor. Ou, noutra perspectiva, se, para efeitos da execução, se entender que a propriedade da coisa pertence ao executado, não estando onerada por um direito real menor de gozo, a penhora pode ocorrer e eventuais embargos serão julgados improcedentes. Mas, se para efeitos da execução se entender que o exequente é titular de um direito de propriedade onerado com um direito real menor de gozo, como é evi-

---

"1. Os bens são transmitidos livres dos direitos reais que não tenham registo anterior ao de qualquer arresto, penhora ou hipoteca, salvos os que, tendo sido constituídos em data anterior, produzam efeito em relação a terceiros independentemente de registo.
2. Em seguida ao pagamento do preço e da sisa são mandados cancelar os registos dos direitos reais que devam caducar, assim como os registos de quaisquer direitos reais de garantia, transferindo-se para o produto da venda os direitos dos respectivos credores."

[176] Em face desta incompatibilidade de resultados, MARIANA GOUVEIA considera que o nº 2 do art. 824º foi revogado pelo art. 5º, nº 4 do Cód.Reg.Pred., prevalecendo esta última norma, por força do princípio, consagrado no art. 7º, nº 2, segundo o qual, a lei posterior revoga a lei anterior incompatível. (Cfr. MARIANA GOUVEIA, Penhora de imóveis e registo predial na reforma da acção executiva, loc. cit., p. 26 e ss.).
Como resulta do afirmado no texto, entendemos que a referida incompatibilidade apenas conduziu à revogação parcial do nº 2 do art. 824º do Código Civil.

dente, a penhora não pode ter por objecto a propriedade plena e, se tal ocorrer, eventuais embargos deduzidos pelo titular do direito real menor de gozo devem ser julgados procedentes.

Ora, assim sendo, porque, perante o nº 4 do art. 5º do Cód.Reg.Pred., entendemos que o titular do direito real menor de gozo, constituído antes do registo da penhora, mas não inscrito ou inscrito posteriormente, é, actualmente, titular de um direito que não caduca com a venda executiva e que, portanto, impede a venda executiva da propriedade plena, necessariamente temos de reconhecer que os embargos que por si venham a ser deduzidos devem ser julgados procedentes.

Portanto, ao contrário do que decorre do nº 2 do art. 824º do Código Civil, em virtude do nº 4 do art. 5º do Cód.Reg.Pred., já não se pode afirmar, sem mais, que caducam os direitos reais menores de gozo constituídos após o registo da penhora ou de uma garantia (do exequente ou de terceiro) feita valer em juízo e, ainda, os direitos reais menores de gozo constituídos antes do registo da penhora ou de qualquer garantia feita valer na execução, mas não inscritos ou inscritos posteriormente, salvo se produzirem efeitos contra terceiros independentemente do registo[177].

---

[177] Na nossa perspectiva, como resulta implicitamente do acabado de referir, o art. 824º do Código Civil não se aplica à hipótese de o direito de propriedade sobre o bem penhorado pertencer a outrem que não o executado.
Vejamos por que razão.
Da análise isolada do nº 2 do art. 824º do Código Civil poder-se-ia chegar à conclusão de que o legislador, perante a hipótese de direito de propriedade do bem, objecto da penhora, não pertencer ao executado, mas a um terceiro não responsável e não demandado na acção, teria optado por afirmar que tal não obstaria à eficácia da venda judicial, uma vez que o referido direito caducaria sempre que o correspondente facto aquisitivo não houvesse sido registado em data anterior à penhora.
Mas a verdade é que essa não foi a intenção do legislador. E tal resulta, claramente, de várias disposições legais, nomeadamente dos arts. 601º, 817º, 818º e do nº 1 do art. 824º, todos do Código Civil, bem como do art. 821º e do art. 909º, al. d), ambos do Cód.Proc.Civil.
De acordo com os arts. 601º, 817º e 818º do Código Civil e com o art. 821º do Cód.Proc.Civil, os credores têm o poder de agredir ou fazer executar o património debitório, respondendo pelas dívidas todos os bens e apenas os bens (penhoráveis) que façam parte desse património no momento da execução, ficando libertos da garantia os bens entretanto saídos do património e ficando a ela sujeitos os bens entretanto nele ingressados.
Podem, portanto, ser agredidos os bens que façam parte do património do devedor, já não os que façam parte do património de um terceiro, salvo nos casos especialmente previstos na lei substantiva em que respondem bens de um terceiro se a execução tiver sido movida contra ele.

Salvaguardadas as hipóteses referidas, repetimos, o legislador apenas atribuiu ao credor o poder de agredir bens existentes no património do devedor.
E quando o legislador, através do art. 824º do Código Civil, regulou os efeitos da venda em execução, como é evidente, regulou os efeitos da referida venda na hipótese típica de a mesma incidir sobre bens susceptíveis de serem agredidos pelos credores.
O legislador, através do art. 824º do Código Civil, não visou regular a hipótese anómala de os bens, não obstante pertencerem a um terceiro não responsável e não demandado na acção, terem sido nomeados à penhora e vendidos.
Não é credível que o legislador, através do único artigo que se refere directamente aos efeitos gerados pela venda em execução, tivesse visado regular a referida hipótese anómala ao mesmo tempo que regulava a hipótese típica.
Por isso, repetimos, através do art. 824º do Código Civil, o legislador não visou regular a hipótese anómala de os bens pertencerem a um terceiro não responsável e não demandado na acção e de terem sido nomeados à penhora e vendidos, não obstante não deverem responder pela dívida.
E isso mesmo resulta da análise conjugada do nº 1 e do nº 2 do referido artigo, que passamos a analisar com mais pormenor.
No nº 1 do art. 824º do Código Civil o legislador veio afirmar que a venda em execução transfere para o adquirente os direitos do executado sobre a coisa vendida. Ou seja, veio deixar claro que aquele que adquire em venda judicial ou extrajudicial adquire derivadamente, isto é, adquire os direitos que o executado tinha sobre a coisa vendida. Mas apenas estes, uma vez que, enquanto adquirente de direitos alheios, não se pode arrogar senão aqueles que competiam ao transmitente, ou seja, ao executado. Isto de acordo com o princípio da causalidade, acolhido no ordenamento jurídico português – *nemo plus iuris ad alium transferre potest quam ipse habet*.
E depois, no nº 2, o legislador veio determinar que tais direitos do executado são transmitidos livres de certos encargos até ali existentes. De facto, o legislador veio impor a caducidade de todos os direitos reais de garantia e, ainda, dos direitos reais menores de gozo que sejam inoponíveis a terceiros na ausência de registo, sempre que os respectivos factos aquisitivos não tenham sido registados antes de qualquer arresto, penhora ou garantia.
Neste nº 2 do art. 824º do Código Civil, o legislador teve apenas em vista os direitos reais menores que coexistiam com os direitos do executado, onerando os bens alvo da execução, uma vez que, através do referido preceito, visou restringir o âmbito do concurso de direitos reais existente sobre os bens alienados para, assim, evitar a depreciação do valor desses bens.
Ou seja, o efeito extintivo previsto no art. 824º, nº 2, do Código Civil – que constitui a principal diferença entre a venda negocial e a executiva – visa, por um lado, favorecer a alienação de bens em sede executiva relativamente ao exequente e ao executado – o primeiro porque consegue obter mais facilmente o pagamento da quantia exequenda, e o segundo porque consegue amortizar a dívida com um menor número de bens necessários para esse efeito – e, por outro, garante que o terceiro não seja confrontado com um *ónus* que diminua a utilidade económica da coisa adquirida em sede executiva
O legislador, através do nº 2 do art. 824º do Código Civil, nunca quis impor a caducidade do direito de propriedade sobre o bem alienado, quando este pertencesse a terceiro não responsável e estranho à execução, uma vez que tal implicaria uma de duas soluções:

Em face do exposto, consideramos inquestionável a incompatibilidade entre o nº 4 do art. 5º do Cód.Reg.Pred. e o nº 2 do art. 824º do Código Civil e, por isso, entendemos, como já referimos, que o nº 2 do art. 824º do Código Civil foi parcialmente revogado pela norma de maior pendor substantivo do Cód.Reg.Pred.: o art. 5º[178]. Portanto, a norma especial, em

---

1 – Que tivesse admitido o concurso de dois direitos de propriedade, um do executado, que se transmitia, nos termos do nº 1, outro do terceiro, que caducava, nos termos do nº 2.
2 – Que o adquirente da venda em execução adquirisse o direito de propriedade sobre o bem alienado mesmo quando este não pertencesse ao executado, e que se extinguisse por caducidade o direito do até ali proprietário.
Ora nenhuma destas soluções é razoável.
Não o é a primeira, porque o concurso de direitos reais em relação a direitos do mesmo tipo e conteúdo não é possível em relação ao direito de propriedade.
E também não é razoável a segunda das soluções apontadas, tendo em conta a natureza da venda em execução e a sua subordinação ao princípio da causalidade. De facto, como poderia o "adquirente" da venda em execução adquirir os direitos do executado se este não os tinha? E por que é que o verdadeiro titular dos direitos os haveria de ver caducar?
Em face do que foi dito, podemos afirmar, com segurança, que o legislador, através do nº 2 do art. 824º do Código Civil, nunca pretendeu afirmar a eficácia da venda em execução quando o direito de propriedade do bem, objecto da penhora, não pertence ao executado, mas a um qualquer terceiro não responsável e estranho à execução, que tendo adquirido antes da penhora, não requereu o registo do correspondente facto aquisitivo antes do registo daquela. Ou, noutra perspectiva, o legislador, através do nº 2 do art. 824º do Código Civil, não pretendeu impor a caducidade do direito de propriedade que incida sobre o bem vendido e que afinal pertence a um terceiro, não responsável e não demandado na acção.
É claro que, sendo assim, cumpre perguntar: quais os efeitos da venda em execução nesta hipótese anómala?
A resposta resulta, claramente, do art. 825º do Código Civil e dos arts. 909º, al. d), 810º e 811º, todos do Cód.Proc.Civil: a venda, enquanto venda de bem alheio, é nula *inter partes* e ineficaz perante o proprietário do bem que o reivindique. Ou, com mais rigor, a venda é ineficaz perante o proprietário do bem que o possa reivindicar.
E quem é o proprietário do bem que o pode reivindicar, nesta hipótese anómala?
Tendo em conta a concepção restrita de terceiros, é aquele que, não tendo registado o respectivo facto aquisitivo antes do registo da penhora, pode opor o seu direito ao "adquirente" da venda em execução, por este não poder beneficiar da tutela concedida pelo art. 5º do Cód. Reg.Pred..

[178] MARIA CLARA SOTTOMAYOR, *Invalidade e Registo – A Protecção do Terceiro Adquirente de Boa Fé*, ob. cit., p. 364, por seu turno, afirma:
"Consideramos, contudo, duvidoso que uma norma com um conteúdo tão pouco claro e objecto de controvérsias doutrinais, como a do art. 5º, nº 4, possa ter como consequência a revogação de uma norma fundamental para os direitos do adquirente em venda executiva, como a do art. 824º, nº 2, cuja revogação implicaria a perda de interesse numa venda executiva, por parte dos potenciais adquirentes, e um acréscimo de dificuldades para o credor fazer valer

que se traduz o n.º 2 do art. 824º do Código Civil – a qual prevê o efeito extintivo que constitui a principal diferença entre a venda negocial e a executiva –, foi parcialmente revogada por uma norma especial posterior de carácter substantivo.

Na verdade, actualmente, tal como anteriormente, caducam todos os direitos reais menores de gozo constituídos *após* o registo da penhora ou de uma garantia (do exequente ou de terceiro) feita valer em juízo, quer acedam ao registo[179], quer não. Portanto, mantém-se completamente em vigor

---

os seus direitos. Preferimos portanto, a tese, segundo a qual, o art. 824º, n.º 2 se refere, apenas, aos direitos reais menores registados depois do registo da penhora." (Cfr. MARIA CLARA SOTTOMAYOR, *Invalidade e Registo – A Protecção do Terceiro Adquirente de Boa Fé*, ob. cit., p. 364).

[179] Saliente-se que nada obsta ao registo de um direito real constituído após o registo da penhora, uma vez que a inscrição da penhora faz nascer na esfera jurídica do credor exequente um direito real de garantia, mas não conduz, obviamente, à aquisição derivada restitutiva da propriedade plena.
Acresce que, como no registo continua a constar o executado como titular do direito de propriedade, não se suscita qualquer problema relacionado com o princípio do trato sucessivo. Sublinhe-se que sendo a aquisição do direito real menor de gozo inscrita após o registo da penhora, o direito de garantia do credor exequente prevalece sempre em face daquela, nos termos do art. 819º do Código Civil e do art. 6º do Cód.Reg.Pred., não se traduzindo, por isso, o registo de aquisição a favor do terceiro, numa qualquer ameaça. Ou seja, como acto de oneração – tal como os actos de alienação e o arrendamento –, de acordo com o art. 819º do Código Civil, é ineficaz em face da execução, desde que praticados após o registo da penhora, podem ser registados definitivamente, uma vez que o registo da penhora é anterior e prevalece, de acordo com o princípio da prioridade registal.
Por fim, refira-se que caso a execução prossiga e venha a terminar com a venda ou a adjudicação do bem, a pessoa que assim se torne titular da propriedade plena obterá o registo definitivo da sua aquisição, uma vez que o facto a registar é consequência da penhora anteriormente registada e segundo o art. 34º, n.º 4 do Código de Registo Predial: "No caso de existir sobre os bens registo de aquisição ou reconhecimento de direito susceptível de ser transmitido ou de mera posse, é necessária a intervenção de o respectivo titular para poder ser lavrada nova inscrição definitiva, salvo se o facto for consequência de outro anteriormente inscrito".
Quanto aos direitos reais de gozo constituídos após a penhora e registados, como caducam, por efeito automático da venda executiva, e tal está documentado no título de transmissão ou no instrumento de venda, de nada mais necessitará o conservador para efectuar os respectivos cancelamentos. Refira-se que o actual n.º 5 do art. 111º do Código de Registo Predial prevê, de forma expressa, a desnecessidade de despacho judicial a determinar o cancelamento dos registos correspondentes aos direitos reais que caducam nos termos do n.º 2 do art. 824º do Código Civil. Acresce que, de acordo com o n.º 2 do art. 900º do Cód.Proc.Civ, o agente de execução comunica a venda ao serviço de registo competente, juntando o respectivo título, e este procede ao registo do facto e, oficiosamente, ao cancelamento das inscrições relativas aos direitos que tenham caducado, nos termos do n.º 2 do art. 824º do Código Civil. Em

a primeira parte do nº 2 do art. 824º do Código Civil. O que não surpreende, tendo em conta que o direito primeiramente constituído foi aquele que primeiro foi publicitado pelo registo. Acresce que, quanto à penhora, tal solução resulta, ainda, inequivocamente, do art. 819º do Código Civil, uma vez que os actos de oneração praticados após o registo da penhora são inoponíveis à execução.

Mas, quanto aos direitos reais menores de gozo constituídos *antes* do registo da penhora ou de qualquer garantia feita valer na execução, mas não inscritos ou inscritos posteriormente, actualmente, cumpre distinguir as seguintes hipóteses:

- Se o direito real de gozo foi publicitado pelo Registo após o registo de uma *garantia real convencional* feita valer no processo executivo, caduca, quer a respectiva inscrição seja anterior ou posterior à da penhora. De facto, nesta hipótese, mantém-se em vigor o nº 2 do art. 824º, uma vez que, como é evidente, a concepção restrita de terceiros não assume, aqui, qualquer relevância, dado que o conflito ocorre entre o direito real menor de gozo e um direito real de garantia adquirido com base na vontade do executado e, como é evidente, a garantia, porque primeiramente registada, prevalece, beneficiando o seu titular da tutela concedida pelo art. 5º.
- Ao invés, se, por exemplo, o direito real menor de gozo foi publicitado pelo Registo após a inscrição de *uma hipoteca judicial* feita valer no processo executivo, do registo de um *arresto* – que depois venha a ser convertido em penhora[180]–, ou do registo da *penhora*, não caduca, uma vez que, de acordo com a concepção restrita de terceiros consagrada no nº 4 do art. 5º do Cód.Reg.Pred., não se verifica um conflito de terceiros.

Portanto, a consagração da concepção restrita de terceiros, através do nº 4 do art. 5º do Cód.Reg.Pred., conduzindo à revogação parcial do nº 2 do art. 824º do Código Civil, naturalmente, por um lado, tornou mais difícil a alienação de bens em sede executiva, com prejuízos para o exequente e

resumo, é o Conservador que, oficiosamente, procede, aquando do registo de aquisição, ao cancelamento dos direitos reais que caducam nos termos do nº 2 do art. 824º do Código Civil.
[180] Recordamos que, de acordo com o art. 822º, nº 2, do Código Civil, "tendo os bens do executado sido previamente arrestados, a anterioridade da penhora reporta-se à data do arresto".

para o executado e, por outro, deixou de garantir o adquirente na venda judicial contra *todos* os direitos reais menores de gozo constituídos *antes* do registo da penhora ou de qualquer garantia feita valer na execução, mas não inscritos ou inscritos posteriormente.

Refira-se, por fim, que em virtude da adopção da concepção restrita de terceiros, actualmente, o art. 819º do Código Civil tem de ser interpretado no sentido de que os actos de disposição ou oneração dos bens, com data anterior ao registo da penhora, mas não registados, não são afectados pela ineficácia e, consequentemente, prevalecem sobre a penhora. Ou seja, em virtude do nº 4 do art. 5º do Cód.Reg.Pred., tem de se reconhecer que o efeito do registo da penhora ou do arresto – que venha a ser convertido em penhora – é apenas o de tornar ineficazes em relação à execução os actos de disposição ou oneração praticados por quem já tem a qualidade de executado ou arrestado. Provavelmente, foi por isso que ocorreu a revogação do nº 4 do 838º do Cód.Proc.Civil, uma vez que, como já referimos, alguma doutrina considerava que, perante as divergências na interpretação do art. 5º, nº 1, do Cód.Reg.Ped., o legislador, através do preceito do Código de Processo Civil, afirmava expressamente que o exequente via a sua situação ordenada com a de terceiros tendo em atenção a data de realização da penhora[181]. Ou seja, o legislador ao revogar o nº 4 do art. 838º do Cód.Proc.Civil, eventualmente, pretendeu deixar claro que o problema de saber se existe ou não um conflito de terceiros para efeitos do registo é regulado apenas pelo Código do Registo Predial[182].

3.4. Nota final sobre a consagração da concepção restrita de terceiros

Em face de todo o exposto, por um lado, não podemos deixar de lamentar o facto de o legislador português ter consagrado a concepção restrita de terceiros e, por outro, de reafirmar que é urgente consagrar, em Portugal, uma concepção ampla de terceiros, para efeitos do art. 5º do Cód.Reg. Pred., nos termos da qual: terceiros são aqueles que adquiram do mesmo autor ou causante direitos incompatíveis, mas também aqueles cujos direitos, adquiridos ao abrigo da lei, tenham esse causante como sujeito passivo, ainda que ele não haja intervindo nos actos jurídicos (*v.g.*, penhora,

---

[181] Neste sentido, como já referimos, pronunciava-se PAULA COSTA E SILVA, Bens nomeados à penhora, loc. cit., p. 330.
[182] Em idêntico sentido *vide* MARIANA GOUVEIA, Penhora de imóveis e registo predial na reforma da acção executiva, loc. cit., p. 33.

arresto, hipoteca judicial, *etc.*) de que tais direitos resultam[183], por forma a assegurar, com as consequências daí decorrentes, que o nº 2 do art. 824º do Código Civil volte a estar plenamente em vigor.

---

[183] Cfr. MÓNICA JARDIM, A segurança jurídica gerada pela publicidade registal em Portugal e os credores que obtêm o registo de uma penhora, de um arresto ou de uma hipoteca judicial, loc. cit., p. 422.

Herdeiros e Legatários Testamentários e o artº 5º do Código do Registo Predial[1]

Através deste estudo pretende-se apurar qual a posição dos herdeiros e legatários testamentários em face do artº 5º do C.R.Pred., uma vez que, nos termos do artº 1º do mesmo código, as respectivas aquisições *mortis causa* estão sujeitas a registo. Para tal, colocaremos duas hipóteses.
A saber:

- Do eventual conflito entre dois designados *mortis causa* através de testamento;
- Do eventual conflito entre um sucessor testamentário e um adquirente *inter vivos* do *de cuius*.

Na última hipótese referida, distinguiremos consoante a disposição testamentária seja anterior ou posterior à transmissão *inter vivos*.

E, nesta última sub-hipótese, faremos, ainda, a distinção entre a disposição testamentária a título de herança e a disposição testamentária a título de legado, quer em causa esteja um legado com eficácia obrigacional quer um legado com pretensa eficácia translativa.

---

[1] Parte do texto, com a numeração alterada, que serviu de base à apresentação feita no Congresso de Direito da Família e das Sucessões, comemorativo dos 35 anos do Código Civil português, realizado pela FDUC, em Coimbra, em Outubro de 2002.

1. Do eventual conflito entre dois designados *mortis causa* através de testamento e o artº 5º do Código de Registo Predial

Do ponto de vista do direito substantivo, existe uma profunda diferença entre a dupla disposição de bens feita *inter vivos* e a dupla disposição *mortis causa* feita em testamento.

Senão, vejamos:

A vontade do testador é destinada a produzir efeitos apenas depois da sua morte e, até que esta ocorra, aquele pode revogar o testamento anterior.

Assim, enquanto que na dupla alienação *inter vivos*, quando não há registo, prevalece o direito do primeiro adquirente, porque o segundo adquire *a non domino*; na dupla transmissão *mortis causa*, feita em testamento, prevalece o herdeiro instituído ou o legatário nomeado no último dos testamentos, pois este revoga os anteriores[2].

Porque assim é, o registo, se pode intervir para dirimir a controvérsia entre vários adquirentes *inter vivos*, não pode, de certo, intervir para dirimir a controvérsia entre vários designados *mortis causa* através de testamento.

Caso contrário, sob o plano teórico, ficaria por explicar como é que um acto revogado poderia produzir efeitos e, sob o plano prático, violar-se-ia a vontade do *de cuius*.

Portanto, o registo da aquisição *mortis causa* nunca pode fazer prevalecer o instituído em testamento posteriormente revogado, face aquele que foi instituído no testamento que operou a revogação, mesmo que este não registe a aquisição.

Por outras palavras, o artº 5 não é aplicável aos conflitos entre aquisições *mortis causa* fundadas em testamento, pois o conflito gerado por uma pluralidade de disposições testamentárias incompatíveis resolve-se através da norma substantiva que admite a revogação tácita do testamento.

2. Do eventual conflito entre um sucessor testamentário e um adquirente *inter vivos* do *de cuius*.

Sendo inconfigurável um conflito entre dois sucessores testamentários, será que também o é, no plano substancial, um conflito entre um sucessor testamentário e um adquirente *inter vivos* do *de cuius*?

Para responder à questão há que distinguir duas hipóteses. A saber:

- Transmissão *inter vivos* posterior à disposição testamentária.
- Disposição testamentária posterior à transmissão *inter vivos*.

---

[2] Cfr. artº 2313º do Código Civil.

2.1. Transmissão inter vivos posterior à disposição testamentária

Se depois da deixa testamentária a título de herança ou de legado o autor do testamento transmite o bem *inter vivos*, esta transmissão *inter vivos* revoga aquela disposição testamentária[3]. Sendo, portanto, inconfigurável um conflito entre o sucessor testamentário e o adquirente *inter vivos* do *de cuius*[4]. E, prevalecendo sempre, independentemente de registo, o adquirente *inter vivos*.

2.2. Disposição testamentária posterior à transmissão inter vivos

Se, ao invés, a disposição testamentária surge após a transmissão *inter-vivos*, cabe ainda distinguir, consoante se esteja no âmbito da sucessão universal ou da sucessão a título particular:

2.2.1. Disposição testamentária a título de herança posterior à transmissão inter vivos

No que diz respeito à sucessão a título universal, o herdeiro, como já anteriormente referimos, de acordo com o nº 1 do artº 4º do C.R.Pred., não é um terceiro para efeitos do artº 5º[5]. A justificação é clara, pois o herdeiro é um sucessor pessoal do *de cuius* que subingressa na sua posição jurídica. Ele é parte da aquisição *inter vivos*, não podendo, portanto, o registo da sua aquisição *mortis causa* funcionar como *condictio iuris* resolutiva daquela[6].

---

[3] Cfr. artº 2316º do Código Civil.

[4] Em França, nesta hipótese, o legatário, que regista, tem direito a ser indemnizado pelo adquirente posterior que não haja requerido o registo e que, assim, lhe haja causado prejuízos. De facto, o art. 30, § 4, al. 3, do Decreto nº 55-22 de 4 de Janeiro de 1955 prescreve: "Le légataire particulier en vertu des articles 1035 et suivants du Code civil peut, dans le cas oú la transmission qui le prive de l'objet du legs n'a pas été publiée, obtenir des dommages et intérêts s'il a lui-même publié son propre droit."

[5] A aquisição de bens transmitidos por sucessão é titulada pela escritura de partilhas, acompanhada da habilitação se não constar daquela, ou apenas pela escritura de habilitação, se se tratar de sucessão singular, ou, ainda, por inventário.

[6] Se entre o herdeiro e o adquirente *inter vivos* do *de cuius* não é configurável um conflito, uma vez que este último prevalece sempre com base nos princípios de direito sucessório, já é configurável um conflito entre o adquirente *inter vivos* do *de cuius* e o adquirente *inter vivos* do herdeiro.
Neste caso, estamos em presença de dois adquirentes *inter vivos*, o primeiro do *de cuius* e o segundo do herdeiro, assim é necessário verificar se será aplicável o artº 5º do C.R.Pred..
Há quem afirme o seguinte: o *de cuius* apenas pode dispor *mortis causa* de direitos próprios, assim, se já tiver alienado *inter vivos* o direito sobre um dado bem, não pode dispor dele por testamento. De nada pode valer o registo, porque o registo não pode assumir, salvo nos casos excepcionais previstos na lei, a função de sanar os vícios do título aquisitivo. Assim, o adqui-

2.2.2. Disposição testamentária a título de legado posterior à transmissão inter vivos

Quando em causa está uma disposição testamentária a título de legado posterior à transmissão *inter vivos*, a situação é diversa.

Assim vejamos:

Uma disposição testamentária a título de legado pode recair, *de facto*, não só sobre coisa pertencente ao próprio testador – como é a hipótese, sem dúvida, mais frequente – mas, também, sobre coisa pertencente a outra pessoa. Esta última variante dos legados pode ser ou não consentida pelo Direito. De qualquer forma, poderá ocorrer na prática. Por isso mesmo, está prevista nas legislações[7], sob a denominação de "legado de coisa alheia"; e não é tão rara como poderia pensar-se[8].

A outra pessoa a quem pertence a coisa legada será alguém completamente estranho à relação sucessória – uma vez que não é um dos sujeitos dela[9] –, ou o herdeiro ou legatário sobre quem pesa o encargo do legado[10].

Num sentido amplo, pode falar-se de legado de coisa alheia quanto a todas as hipóteses indicadas[11]. Mas, em sentido estrito, costuma reservar-

---

rente do herdeiro será sempre um adquirente *a non domino*, como tal destinado, em qualquer caso, a sucumbir (Cfr. TRIOLA, "Alienazione da parte dell'erede di immobile già venduta dal *de cuius* e pricipio della priorità della trascrizione", in: *Vita not.*, 1985, p. 596 e ss.).
Em sentido contrário, já se observou que "é verdade que o herdeiro dispõe de coisa não sua, mas isso também acontece quando alguém aliena pela segunda vez uma coisa que já não é sua. (Cfr. FERRI, *"La trascrizione"*, cit., p. 134). É claro que, este argumento assenta na consideração de que o herdeiro, sub-ingressando na posição do *de cuius*, ao alienar actua como *ex dominus* e não como *non domino*.
Parece-nos que a solução do problema passa pela resolução da seguinte questão:
Em sede de registo o *de cuius* e o herdeiro devem ou não ser vistos, sempre, como um só sujeito e, consequentemente, também, como um autor comum?
Se se responder afirmativamente, ter-se-á que considerar aplicável o artº 5º e reconhecer que a aquisição registada prevalece.

[7] – Pelo menos desde o direito romano. Segundo Gaio (II, 202): «*etiam aliena res legari potest, ita ut heres redimere (rem) et praestare aut aestimationem eius dare debeat*».

[8] É sobretudo fácil dar-se o caso de ser legada uma coisa de que o testador tinha apenas a posse, eventualmente de boa fé. (p. ex. por ter "adquirido" a coisa mediante contrato não formalizado).

[9] Consideramos sujeitos (*hoc sensu*) : o próprio testador, o onerado com o encargo e o beneficiário ou legatário.

[10] É claro que o encargo também pode recair sobre diversos herdeiros ou legatários.

[11] Mas, não é forçoso que estes três casos tenham ou devam ter a mesma regulação.

-se o termo para o legado de coisa pertencente a um estranho[12]. Nesta hipótese, a coisa legada será mais plenamente alheia, pois não será nem do testador nem de qualquer um dos outros sujeitos da relação sucessória.

Ora, quando o autor do testamento faz uma deixa testamentária a título de legado que tem por objecto um bem por si já anteriormente alienado *inter vivos*, o legatário será um legatário de coisa alheia. E, portanto, se pretendemos saber como se resolve um potencial conflito entre o adquirente *inter vivos* e o legatário, temos primeiro de apurar qual o regime previsto por lei para o legado de coisa alheia.

Novamente, cumpre fazer uma distinção. A saber: O autor do testamento, através da disposição a título de legado, pretendeu onerar um seu herdeiro com a obrigação de adquirir a coisa para depois a transmitir ao legatário ou o autor do testamento pretendeu dispor de coisa alheia como se fosse própria.

2.2.2.1. O autor do testamento, através da disposição a título de legado, pretendeu onerar um seu herdeiro com a obrigação de adquirir a coisa para depois a transmitir ao legatário (legado com eficácia obrigacional ou legado de aquisição).

Se o autor do testamento, através da disposição a título de legado, pretendeu onerar um seu herdeiro com a obrigação de adquirir a coisa para depois a transmitir ao legatário, estamos perante um legado de coisa alheia que, segundo o artº 2251º, nº 1, do Código Civil, é válido desde que do testamento se depreenda que o testador sabia que não lhe pertencia a coisa legada."[13/14].

---

[12] Assim, SCUTO, "Il legato di cose non esistenti nel patrimonio del testatore, con particulare riguardo *al legato di* cosa altrui", in: *Rivista di Diritto* Civile, VIII, 1916, págs. 37, 55 e 62.

[13] No direito anterior a solução era a oposta. De facto, o artº 1801º do Código Civil, previa: "É nulo o legado de coisa alheia, mas, se do testamento se depreende, que o testador ignorava que lhe não pertencia a coisa legada, deverá o herdeiro adquiri-la, para cumprir a disposição, e se isto não for possível, pagará ao legatário o valor dela."

Segundo MANUEL DE ANDRADE, *"O legado de coisa alheia no direito português e no direito brasileiro"*, p. 17, esta solução visava refrear a litigiosidade e os perigos da chamada prova extrínseca ou extra-testamentária (maxime, a testemunhal).

Assim, no direito anterior, quando resultava do testamento que o testador sabia ser de outrem a coisa legada, o legado era nulo.

Ao invés, era válido o legado de coisa alheia quando o testamento denunciava que o testador desconhecia o facto de a coisa ser alheia. A ideia que estava subjacente à referida solução legislativa era a de que o testador, normalmente, se soubesse não ser dono da coisa, teria estipulado que o herdeiro a adquirisse para o legatário ou teria contemplado o legatário por outra forma.

O legislador considera válido o legado na hipótese de o testador demonstrar conhecimento acerca do facto de a coisa ser alheia, mas, tal não pode significar que o dito legado possa valer em relação ao próprio terceiro a quem pertence a coisa legada, sujeitando-o a ter de prestá-la ao legatário – a própria coisa ou a soma correspondente.

Não pode ser de outra maneira. A disposição será, em face do terceiro – dono da coisa – *res inter alios acta* e, como tal, destituída, em absoluto, de força vinculativa.

O legado de coisa alheia, portanto, só pode valer em relação ao onerado[15]. Só ele, uma vez aceite a respectiva posição hereditária, poderá ser obrigado a prestar a coisa alheia – em espécie ou por equivalente[16].

Mas, a dita ideia foi alvo de múltiplas críticas. Por todos, veja-se, MANUEL DE ANDRADE, cit., p. 32: "... trata-se de uma ideia sem raiz na experiência. A realidade dos factos não legítima a presunção indiscriminada – ou mesmo só genérica – de que o testador teria disposto nesses termos. Pode ser que sim neste ou naquele caso concreto e neste ou naquele tipo de casos. Mas não para a generalidade das situações. Nada permite dizer que essa seja a regra da vida -«quod plerumque fit».

Muitas vezes o testador, se conhecesse a alienidade da coisa, não teria instituído o legado, nem qualquer outro em substituição dele; até porque as forças do seu património, assim desfalcado desse elemento, porventura de capital importância, já não dariam margem bastante para outros legados mais da sua devoção, ou para não deixar à míngua o herdeiro. E não serão menos de que os outros, certamente, os casos dessa natureza. Muito pelo contrário."

[14] Para prova do conhecimento da alienidade da coisa pode recorrer-se à prova extrínseca, "mas não surtirá qualquer efeito a vontade do testador que não tenha no contexto um mínimo de correspondência, ainda que imperfeitamente expressa". Ou seja, não pode demonstrar-se o facto só com elementos exteriores ao testamento. Ele tem que transparecer ou vislumbrar-se de algum modo no próprio contexto testamentário. Não basta, portanto, que o legado tenha uma formulação deste tipo: "Deixo ao meu primo João o prédio situado na rua Sá da Bandeira, nº 2, desta cidade". É imprescindível que o testador diga abertamente, ou revele melhor ou pior, nos próprios termos da disposição ou no contexto geral do testamento, que sabe que a coisa legada é alheia.

[15] Por comodidade de exposição, faremos de conta que o legado está sempre a cargo de um só herdeiro, não obstante poder estar a cargo de vários ou de um ou vários legatários.

[16] Tal como no legado *per damnationem* do Direito Romano. Cfr. principalmente I., 2, 20, 4. *Non solum autem testatoris vel heredis res, sed et aliena legari potest: ita ut heres cogatur redimere et prestare vel, si non potest redimere, aestimationem eius dare sed si talis res sit cuius non est commercium, nec aestimatio eius debetur, sicuti si campum Martium vel basilicas vel templa vel quae publico usui destinata sunt legaverit: nam nullius momenti legatum est. quod autem diximus alienam rem posse legari, ita intelligendum est, si defunctus sciebat alienam rem esse, non et si ignorabat: forsitan enim, si scisset alienam, non legasset. (...) al verius est ipsum qui agit, id est legatarium, probare oporteret scisset alienam rem legare defunctum, non heredem probare oporlet ignorasse alienam (...)*

O herdeiro ficará obrigado a adquirir do seu dono a coisa legada transferindo-a depois para o contemplado[17], ou ficará obrigado a proporcionar-lhe por outro modo a sua aquisição[18] ou, não sendo isso possível, a pagar-lhe o valor dela[19].

Só quando for impossível[20] adquirir a coisa é que o herdeiro pode e deve pagar, em substituição dela, o seu valor[21]. A obrigação de prestar o valor da coisa só surge a titulo eventual, para a hipótese de a prestação da própria coisa ser subjectivamente impossível[22/23].

---

[17] – Mesmo quando a coisa objecto do legado pertence ao onerado com o seu cumprimento o legado não gera a aquisição da propriedade a favor do legatário, faz apenas surgir a cargo do onerado a obrigação de transferir a propriedade.

[18] O onerado pode optar por estipular com o dono da coisa a transmissão directa para o contemplado, valendo neste caso as regras dos contratos a favor de terceiro.

[19] Não se trata aqui de uma verdadeira indemnização, pois uma verdadeira indemnização apenas será exigível caso tenha havido culpa ou mora por parte do herdeiro.

[20] Trata-se de impossibilidade meramente subjectiva. Se a impossibilidade for objectiva fica sem efeito o legado, porque ou se extingue a respectiva obrigação (por ex. se a coisa houver perecido sem culpa nem mora da parte do herdeiro) ou nem sequer se chega a constituir (é o que ocorrerá caso a impossibilidade objectiva já exista ao tempo da abertura da herança). Cfr., entre outros, SCUTO, *ob. cit.*, pág. 40.
Esta é a doutrina geralmente seguida, apesar de não deixar de ocasionar reparos, "... já porque a letra da lei não distingue entre as diversas causas que podem tornar impossível adquirir a coisa, já porque assim se proporciona ao herdeiro uma vantagem fortuita, sem justificação plena e cabal (...). E não parece duvidoso que a solução oposta será de admitir quando o testamento forneça indicações palpáveis no sentido de ser isso o que está de acordo com a vontade conjectural do testador" (Cfr. MANUEL DE ANDRADE, *cit.*, p. 19, nota 5).
A impossibilidade subjectiva, por seu lado, pode derivar do facto de o dono da coisa se negar pura e simplesmente a cedê-la (impossibilidade absoluta) ou pode resultar apenas da exigência de um preço exorbitante (impossibilidade relativa). Pelo menos quando o preço seja exorbitante mesmo do ponto de vista do dono da coisa. Caso contrário, poderia ocorrer uma inaceitável exploração do herdeiro por parte do dono da coisa ou, mesmo, um conluio entre o dono da coisa e o beneficiário em detrimento do herdeiro. Para além de, provavelmente, se ir contra a vontade do testador que apenas quis onerar o herdeiro com o verdadeiro valor da coisa. (Cfr. MANUEL DE ANDRADE, *cit.*, p. 20, nota 1).

[21] Este valor será o objectivo, o comum – o valor da coisa para a generalidade das pessoas – e não o valor particular, subjectivo, que ela possa ter para o beneficiário (Cfr. MANUEL DE ANDRADE, *cit.*, p. 20).

[22] Não se trata, pois, de uma obrigação alternativa ou de uma obrigação facultativa pura e simples.

[23] Parece bem, de facto, que o contemplado tenha acção pessoal «ex testamento» para exigir do herdeiro uma actividade destinada à aquisição e transmissão da coisa legada, uma vez

Posto isto, em conclusão, pode afirmar-se que, o legado de coisa alheia, quando válido, produz, *grosso* modo, os efeitos próprios do *Verschaffungsvermächtniss* do direito alemão, do *legato di cosa altrui* do direito italiano, do *legado de cosa ajena* do direito espanhol, ou seja. na expressão de MANUEL DE ANDRADE, os efeitos próprios do legado de aquisição[24/67].

Através deste legado o legatário não adquire, nem pode adquirir, de forma imediata, um direito real sobre a coisa alheia legada, pois esta encontra-se no domínio de um terceiro, ao qual em nada afecta a disposição testamentária; deste legado nasce um direito de crédito a favor do beneficiário, que o pode fazer valer frente ao herdeiro; a aquisição do bem por parte do legatário ocorre no momento em que o herdeiro cumpre a obrigação. O legatário não adquire o bem *mortis causa*, por testamento, mas *inter vivos* por contrato.

---

aceite a herança; e que o herdeiro só possa exonerar-se pagando o valor da coisa quando lhe seja impossível a sua aquisição.
O direito italiano deixa ao herdeiro a faculdade de pagar desde logo, a seu arbítrio, o valor da coisa, de tal forma que o encargo do legado acaba por se traduzir numa obrigação com faculdade alternativa *ex lege*. A solução nacional parece-nos preferível, uma vez que dá mais consistência ao legado ao revelar maior respeito pela vontade do autor do testamento.
[24] Esta foi a opção do legislador português, que assim aderiu à solução já anteriormente consagrada na generalidade das legislações estrangeiras. Abandonou-se a solução alternativa que impunha a nulidade sempre que do testamento resultasse ou se pudesse vislumbrar que o testador estava inteirado da alienidade da coisa objecto do legado. Solução esta que assentava na crença de que a disposição não era séria, sendo que obedecia a um intuito de jocosidade. Ou, então, na crença de que o testador se propunha adquirir a coisa tendo posteriormente desistido desse propósito ou tendo falecido prematuramente, sem ter tido tempo para poder levá-lo a cabo.
O legislador optou, assim, por não admitir sem prova cabal, que o testador tenha querido brincar em acto tão sério como é o testamento, até porque realizado na perspectiva da morte. E por não presumir que o testador, dispondo da coisa como alheia, não tenha querido que o legado surtisse efeito – como legado de aquisição – caso ele viesse a falecer sem a coisa ter chegado a entrar no seu património. Pois, se essa não fosse a sua intenção, o mais natural seria não referir a alienidade da coisa ou então explicar-se em termos claros.
[25] O legislador francês ao invés declarou: "Lorsque le testateur aura légué la chose d'autri, le legs sera nul, soit que le testateur ait connu ou non qu'elle ne lui appartenait pas" (cfr. art. 1021 do Code Civil). Esta opção já foi fortemente criticada. O legislador poderia ter exigido que o testador se explicasse claramente; mas não devia ter excluído a validade do legado quando o testador lega sabendo que a coisa não lhe pertence e pretende impor ao herdeiro a obrigação de a adquirir. Parte da doutrina francesa, nomeadamente PLANIOL, *"Traité élémentaire de droit civil"*, vol. III, nº 2805, justifica a solução legal com a consideração de que o legado de coisa alheia tem como único escopo a transferência da propriedade da coisa, mas reconhece

Quando o legado de coisa alheia é inválido porque do testamento não se depreende que o testador tinha conhecimento da alienidade da coisa legada, não obstante o autor do testamento, através da disposição, ter pretendido onerar um seu herdeiro com a obrigação de adquirir a coisa para depois a transmitir ao legatário e não transmitir ou constituir um direito real sobre a coisa que é alheia, é evidente que, o legatário não adquire qualquer direito, nem sequer de crédito. De facto, para a validade do legado de aquisição o legislador não considera suficiente o conhecimento da alienidade da coisa[26], exige, ainda, que tal conhecimento seja revelado no próprio testamento[27]. A revelação de tal conhecimento, no próprio testamento[28], é considerado indício indispensável, mas também suficiente, da vontade de dispor de coisa alheia como coisa de outrem[29], ou seja, é o indício que revela não ter o autor do testamento pretendido dispor de coisa alheia com se fosse própria, mas sim, impor ao herdeiro incumbido com o cumprimento do legado uma obrigação que o onera de forma mais gravosa do que um legado ordinário[30]. Caso não fosse feita tal exigência, multiplicar-

ao autor do testamento a possibilidade de obrigar o herdeiro a adquirir e a transmitir ao legatário coisa pertencente a terceiro, afirmando que, neste caso, não há um legado de coisa alheia mas uma obrigação *de fare* imposta ao herdeiro que é lícita.

[26] Tal como o legislador italiano (cfr. art. 651 do Codice Civile) e ao contrário do legislador espanhol.
No ordenamento jurídico espanhol, para que o legado de coisa alheia seja válido, enquanto legado gerador de uma relação obrigacional, basta que o testador tenha conhecimento da alienidade da coisa. De facto, segundo o artigo 861 do Código Civil Espanhol: *"El legado de cosa ajena si el testador, al legarla, sabía que lo era, es válido. El heredero estará obligado a adquirirla para entregarla al legatario; y, no siéndole posible, a dar a éste su justa estimación La prueba de que el testador sabía que la cosa era ajena corresponde al legatario".*

[27] Entre nós, quando resulta do testamento que o testador desconhecia a alienidade da coisa, por maioria de razão, teremos de considerar o legado nulo enquanto legado com efeitos obrigacionais, pois nessa hipótese o testador não chegou propriamente a querer o legado de aquisição, porque só julgou dispor do que era seu. (No mesmo sentido, referindo-se ao ordenamento jurídico Italiano, cfr. Scuto, "Il legato di cose non esistenti nel patrimonio del testatore com particolare riguardo al legato do cosa altrui", in: *Rivista di Diritto Civile*, 1916, p. 20, nota 3, p. 30, p. 54 e 55).

[28] No ordenamento jurídico italiano o conhecimento da alienidade da coisa pode resultar do testamento ou de outra declaração escrita do testador (cfr. art. 651, nº 1, 1ª parte, do Codice Civile).

[29] Cfr. Giordano-Mondello, "Legato (dir. civ.)", in: *Enciclopedia Del Diritto*, XXIII, p. 756 e 757.

[30] Face ao qual o onerado se limita a entregar ao legatário coisa existente no património do testador.

-se-iam as dificuldades, abusos e litígios decorrentes da prova extrínseca sem nenhum reforço de prova intrínseca.

Posto isto, podemos afirmar que, o adquirente *inter vivos* que não haja registado prevalece sempre face ao legatário de coisa alheia, quando o autor do testamento através da disposição pretendeu onerar um seu herdeiro com a obrigação de adquirir a coisa para depois a transmitir ao legatário. O artº 5º do Código de Registo Predial não é aplicável a esta hipótese, pois, o legado ou produz efeitos obrigacionais, não estando sujeito a registo[31] ou nem sequer é estruturalmente idóneo à produção de tal efeito e é nulo[32].

2.2.2.2. O autor do testamento, através da disposição a título de legado, pretendeu transmitir a propriedade de um bem alheio (legado que se pretendeu dotado de eficácia translativa).

Se o autor do testamento, através da disposição a título de legado, pretendeu transmitir a propriedade de um bem alheio é claro que, nesta hipótese, não se depreende do testamento que o testador tinha conhecimento da alienidade da coisa legada.

Nesta hipótese, o testador quis dispor de coisa alheia como se fosse própria e consequentemente o legado é nulo[33/34], de acordo com o princípio *nemo plus iuris in transferre potest quam ipse habet*, e absolutamente ineficaz face ao proprietário da coisa. Se a deixa a título de legado dá origem a uma sucessão a título particular, tal só pode ocorrer relativamente a objectos e relações jurídicas, de facto, existentes no património do testador.

O legado de coisa alheia que se pretendeu dotado de eficácia translativa é, assim, nulo, tal como o é, a doação de coisa alheia.

Mas, na doação de coisa alheia, o doador, apesar de não estar obrigado a sanar a nulidade adquirindo a propriedade da coisa ou do direito[35], não

---

[31] Neste caso, o direito que nasce *mortis causa* é um direito de crédito não sujeito a registo. Sujeito a registo estará o sucessivo acto de cumprimento do encargo, caso consista na transmissão do direito real.

[32] Cfr. CONSTANTINO, "Titolo idoneo negli acquisti «a non domino» e negozio a causa di morte", in: *Rivista Trimestrale di Diritto e Procedura Civile*", 1964, p. 127 e 128.

[33] Cfr. artº 2251º, nº 1, anteriormente citado.

[34] Em Espanha este legado poderá valer como legado com efeitos meramente obrigacionais pois, de acordo com o art. 681 do Código Civil Espanhol, logo que o legatário prove, por qualquer meio, que o autor do testamento tinha conhecimento da alienidade da coisa, o legado é considerado válido e o herdeiro estará obrigado a adquiri-la para a entregar ao legatário.

[35] Ao contrário do que acontece na venda de bens alheios (cfr. artº 897º do C.C.).

pode opor a nulidade do contrato ao donatário de boa fé[36]. E no legado de coisa alheia, os herdeiros, que também não estão obrigados a convalidar a deixa testamentária[37], podem arguir a nulidade quer o legatário esteja de boa ou de má fé, pois o artº 2251º do C.C. não introduz qualquer desvio ao regime geral da nulidade.

Sendo assim, caso os herdeiros[38], em defesa da massa da herança, intentem acção de nulidade do testamento[39] e a registem (nos termos do artº 3º e do artº 92, nº1 a), do C.R.Pred.) o legatário já não conseguirá obter registo definitivo[40], nunca se colocando a questão da aplicabilidade do artº 5º do C.R.Pred.

Mas, imaginemos que, o autor do testamento pretendeu transmitir a propriedade de um bem alheio (porque já havia disposto dele validamente *inter vivos*) e que o legatário com base no testamento[41] obteve registo a seu favor, antes de ter sido intentada acção de nulidade do testamento. *Quid iuris*? Tornar-se-á o legatário titular do direito real em virtude do funcionamento do artº 5º do Código de Registo Predial?[42]

---

[36] Tal como acontece na venda de bens alheios (cfr. artº 892º do C.C.).

[37] Desde logo porque, se os herdeiros estivessem obrigados a convalidar a deixa testamentária adquirindo a propriedade da coisa ou do direito, deixaria de fazer sentido a distinção entre legado de coisa alheia com eficácia obrigacional e legado de coisa alheia com pretensa eficácia translativa.

[38] Que se encontram em situação privilegiada para tomarem conhecimento da existência do legado, ao contrário do que acontece, regra geral, com o verdadeiro proprietário.

[39] Não pode dizer-se que, a nulidade do testamento opera imediatamente, por força da lei; não tem sentido dizer isto quando a lei prevê uma acção de nulidade que caduca ao fim de dez anos (cfr. artº 2308º, nº 1, do Código Civil). Se os efeitos da nulidade se produzissem automaticamente a acção de nulidade seria meramente declarativa e imprescritível.

A nulidade do testamento também não é do conhecimento oficioso do tribunal, sobretudo porque não se estabelece qualquer prazo para exercer essa competência. Seria muito estranho que o tribunal pudesse conhecer a nulidade a todo o tempo e os particulares estivessem sujeitos a um prazo.

O regime da nulidade do testamento tem um regime aproximado da anulabilidade; as diferenças encontram-se no círculo de pessoas legitimadas para agir e no prazo em que o devem fazer.

[40] O legatário poderá, apenas, obter registo provisório por natureza (nos termos do artº 92, nº 2., b)). Registo esse que caducará (cfr. artº 92º, nº 6, do C.R.Pred.) quando a acção de nulidade vier a ser julgada procedente e o correspondente registo se converter em definitivo.

[41] O título para o registo é o próprio testamento, acompanhado, porém, de escritura de habilitação de legatários, se estes forem indeterminados ou tiverem sido instituídos genericamente, ou se a herança tiver sido toda distribuída em legados (cfr. artº 88º do Código do Notariado).

[42] Se o autor do testamento tiver emitido a declaração de forma não séria, na expectativa de que a falta de seriedade não fosse desconhecida, não existe sequer declaração negocial, pois falta ao sujeito a vontade de actuação exterior.

Assim sendo, o adquirente *inter vivos*, que não haja registado, verá o seu direito prevalecer face ao do legatário de coisa alheia, mesmo que este tenha registado, pois o registo só opera como condição resolutiva da primeira aquisição quando a segunda aquisição registada assenta num negócio que não padece de outras causas de invalidade para além da ilegitimidade do *tradens* decorrente de uma anterior disposição válida. Nesta hipótese, o primeiro adquirente, verdadeiro proprietário, pode solicitar a declaração de inexistência do legado e o cancelamento do respectivo registo.

Como decorre do exposto, o facto de estarmos perante uma aquisição *mortis causa* a título de legado, não envolve uma solução diversa da que se impõe no caso da segunda aquisição ser *inter vivos* mas o autor comum ter emitido a declaração negocial de forma não séria.

Se o autor do testamento não tiver querido dispor do bem, tendo feito a declaração que não correspondia à sua vontade com o fim de enganar o legatário e sem qualquer pacto com terceiro, a disposição testamentária padece de reserva mental, sendo, por isso, anulável.

Nesta hipótese, o primeiro adquirente não tem, obviamente, legitimidade para intentar acção tendente à anulação do negócio. Mas, tem-na o herdeiro, e este, se quiser evitar que a massa da herança responda pelos danos causados ao primeiro adquirente em virtude do funcionamento do artº 5º do C.R.Pred., intentará a dita acção e solicitará o cancelamento do registo. Por outro lado, se o legatário intentar contra o primeiro adquirente acção de reivindicação (cfr. artº 2279º.), este pode chamar a intervir na acção como auxiliar o herdeiro(s), nos termos do art. 330º, nº 1, do Código de Processo Civil, tentando, assim, induzi-lo a arguir a anulabilidade. Pois, se o legado não for anulado, o primeiro adquirente, vendo-se privado do seu direito, terá direito a ser ressarcido dos danos que lhe foram causados pelo autor do testamento.

É verdade que, segundo o nº 2 do artº 330º, a intervenção do chamado se circunscreve à discussão das questões que tenham repercussão na acção de regresso invocada como fundamento do chamamento. Mas, tal parece não obstar a que os herdeiros venham arguir a anulabilidade. Senão vejamos:

O primeiro adquirente na acção de regresso, invocada como fundamento do chamamento, alegará que os danos por si sofridos só ocorreram porque o autor do testamento deixou, em legado, um bem que já anteriormente lhe havia transmitido, legado esse que, para além da ilegitimidade do *tradens* decorrente da anterior disposição válida, não padece de qualquer invalidade e que tendo sido registado fez operar a condição resolutiva, imposta por lei, à sua aquisição.

Ou seja, uma das questões que há-de ser analisada na acção de regresso é a da validade do legado. Assim sendo, os herdeiros podem arguir a anulabilidade fundada na reserva mental, para, assim, demonstrarem que não ocorreu a condição resolutiva e que, portanto, não existem danos a ressarcir, continuando o primeiro adquirente a ser titular do direito.

Tendo o herdeiro esta possibilidade, e sob a ameaça da acção de regresso, não nos parece que se preocupe com o legatário, deixando, por isso, de arguir a anulabilidade, com prejuízo para a massa da herança. Sobretudo, quando assegurar a manutenção do legado, nem sequer é uma forma de respeitar a vontade do autor de testamento.

Nesta hipótese, o facto de estarmos perante uma aquisição *mortis causa* a título de legado, envolve uma solução diversa da que se impõe quando a segunda aquisição é *inter vivos* e o autor comum emite a declaração negocial com reserva mental. De facto, em homenagem à vontade real do testador, que preside a toda a matéria do testamento, dá-se relevância à

Ou haverá algum facto que distinga esta hipótese da dupla alienação feita *inter vivos*, sobretudo, quando a segunda alienação é a título gratuito?[43/44]

reserva mental – ao contrário do que acontece nos negócios jurídicos em geral, por força do artº 244º, nº 2 -. (Sobre a relevância da reserva mental do autor do testamento vide: OLIVEIRA ASCENSÃO, *"Direito Civil – Sucessões"*, 5ª ed. ver., Coimbra, Coimbra Editora, 2000, p. 90 e ss.; GUILHERME DE OLIVEIRA, *"O Testamento – Apontamentos" in: "Temas de Direito da Família"*, Coimbra, Coimbra Editora, 1999, p. 106 e ss.).

[43] Referimo-nos apenas à hipótese de o autor do testamento deixar em legado um bem de que já não era proprietário, por já o haver disposto validamente *inter vivos*. Pois, quando o objecto do legado nunca pertenceu ao *de cuius*, é evidente que, mesmo que o *de cuius* tenha obtido registo do direito com base em título falso, o verdadeiro proprietário pode solicitar a nulidade do legado e o cancelamento do respectivo registo, não estando o legatário protegido pelo artº 5º Pois, como já referimos, e aqui não há qualquer diferença relevante entre a aquisição *inter vivos* e a aquisição *mortis causa* a título de legado, o artº 5º pressupõe um conflito entre pelo menos dois adquirentes, por aquisição derivada, de direitos sujeitos a registo sobre a mesma coisa imóvel, que têm um causante comum. O artº 5º do C.R.Pred. só protege aquele que adquiriu de um *ex-dominus* e registou, não aquele que adquiriu de um *non domino*. O registo só opera como condição resolutiva da primeira aquisição quando a segunda aquisição registada assenta num negócio que não padece de outras causas de invalidade para além da ilegitimidade do *tradens* decorrente de uma anterior disposição válida.

[44] A legislação francesa que distingue entre *legs universel* e *legs particuliers* (o primeiro é aquele que tem por objecto a universalidade de bens do testador enquanto o segundo tem por objecto um bem certo e determinado), quanto ao *legs particuliers*, no art. 30, § 4º, al. 2 e 3, do Decreto-Lei nº 55-22 de 4 de Janeiro de 1955, determina:
"... le legataire particulier de droit immobiliers peut, sous reserve de l'application des articles 1035 et suivants du Code civil, se prévaloir de la publication de l'attestation notariées à l'égard des ayants cause du défunt qui n'ont pas publié antérieurement les actes ou decisions judiciaries établissant, à leur profit, des droits concurrents."
Assim, face ao legatário particular que regista, é ineficaz a anterior aquisição, não registada, da coisa objecto do legado. O legatário não subingressa na posição do *cuius*, não assumindo portanto as obrigações deste; ele encontra-se numa situação idêntica à de um donatário e apresenta-se tal como este face a terceiros. Cfr. YVES PICOD, *"Leçons de Droit Civil – Sûretés Publicité foncière"*, 7ª ed., Montchrestien, 1999, p. 610; MARIE-NOËLLE JOBARD-BACHELLIER, "Droit Civil – Sûretés, publicité foncière", 13ª ed., Dalloz, 2000, p. 178-179.
Em Itália, não obstante estar sujeita a registo a aquisição do legado, nos termos do art. 2648 do Codice Civile, a doutrina maioritária afirma que o dito registo não pode resolver eventuais conflitos entre o legatário e um adquirente anterior que não tenha registado, pois nesse caso o legado é nulo (de acordo com o art. 651 do Codice Civile), não sendo, assim, aplicável o art. 2644, que faz expressa referência aos actos *inter vivos* e que só faz prevalecer a segunda aquisição quando esta, não obstante a falta de titularidade do disponente, seja válida – como ocorre na hipótese de dupla venda, uma vez que, a venda de coisa alheia não produz imediatamente efeitos reais mas é válida ficando o vendedor obrigado a proporcionar a aquisição da propriedade ao comprador (mesmo que este tivesse conhecimento de que a coisa não pertencia

Quer numa hipótese, quer noutra, o autor comum ao celebrar o segundo negócio actua, regra geral[45], com o intuito de prejudicar o primeiro alienante que não procedeu ao registo[46].

ao vendedor), e produzindo-se, automaticamente, o efeito real logo que o alienante se torne proprietário da coisa -. (Cfr. art. 1478 do Codice Civile).
Assim sendo, o legado é nulo, quer o *de cuius* recordasse ou houvesse esquecido a alienação anterior, e o registo não sana o vício do título.
Segundo a doutrina italiana, o registo do legado é imposto como forma de assegurar a continuidade do registo, não servindo nunca para resolver conflitos entre adquirentes do mesmo causante. Pois, como resulta do exposto, se o *de cuius* faz uma deixa testamentária a título de legado após ter disposto do bem que constitui o seu objecto, faz um legado de coisa alheia que é nulo (caso tenha pretendido dispor de coisa alheia como própria) ou que produz efeitos meramente obrigacionais (caso tenha pretendido dispor de coisa alheia como coisa de outrem). (Cfr. entre outros, ROBERTO TRIOLA, "Della Tutela Dei Diritti – La Trascrizione", *cit.*, p. 130 e "La trascrizione con eficacia non tipica", in: http://www.diritto.it/articoli/civile/triola.html, p. 8 e ss; FRANCESCO GAZZONI, "La trascrizione immobiliare", vol. II, art. 2646-2651, in: Il Codice Civile – Comentario, dirigido por Piero Schlesinger, Milano, Giuffrè editore, 1993, p. 101; FERRI, LUIGI / D'ORAZI-FLAVONI, MARIO / ZANELLI, PIETRO,"*Della Tutela Dei Diritti – Della Trascrizione*", *cit.*, p. 257).
Em Espanha, tal como em Itália, o registo só faz prevalecer a segunda aquisição quando esta, não obstante a falta de legitimidade do disponente, seja válida. Isto porque, de acordo com o art. 33 da Ley Hipotecaria: "la inscripción no convalida los actos y contratos que sean nulos con arreglo a las leyes". Assim sendo, o legado de coisa alheia nunca gera qualquer conflito susceptível de ser resolvido através do registo. Pois, o legado de coisa alheia ou produz efeitos meramente obrigacionais ou é nulo. Produz efeitos meramente obrigacionais, sempre que o testador tenha conhecimento da alienidade da coisa. É nulo quando, não obstante a amplitude de meios ao dispor do legatário, não seja feita prova de que o testador sabia que a coisa era alheia.

[45] Pois, não é vulgar que alguém se esqueça que já alienou um imóvel, sobretudo tendo em conta que a dita alienação é feita mediante escritura pública.
Mas, se tal ocorrer, quer na hipótese de dupla alienação *inter vivos* quer na hipótese de deixa testamentária a título de legado de um bem que o autor do testamento já havia disposto anteriormente, é evidente que, a vontade do autor do testamento assentou numa falsa ideia acerca da existência do direito sobre a coisa, e que sem aquela representação mental a alienação não teria sido feita, ou teria sido de modo diverso. No entanto, tal erro é impróprio. O fundamento da invalidade não será o erro, mas o facto de o autor comum, na segunda alienação, ter disposto de coisa alheia como própria (cfr. artº 892º e artº 939º; artº 956º; artº 2251º).
Assim sendo, quer numa hipótese quer noutra, caso o segundo adquirente proceda ao registo, antes de ser arguida a nulidade, será protegido pelo artº 5º do C.R.Pred.
A única especificidade, já referida, existente na hipótese de legado de coisa alheia, é que os herdeiros, antes do registo do legado, podem arguir a nulidade quer o legatário esteja de boa ou de má fé.

[46] Quando a segunda alienação é *inter vivos* e a título oneroso o escopo que, geralmente, move o autor comum é o de obter a vantagem patrimonial correspondente ao preço, e isto, às custas do património do primeiro adquirente.

Quando em causa está uma aquisição *inter vivos*, que tem na sua base um contrato, tal intuito espoliatório não basta para pôr em causa a sua validade. Pois, para que o fim do negócio seja contrário aos bom costumes é necessário que o mesmo seja comum a ambas as partes (cfr. art. 281º). Os fins inerentes a um só dos contraentes ficam à margem do negócio jurídico, a cuja validade ou nulidade não interessam.

Assim, apenas quando existe um conluio entre o autor comum e o segundo adquirente, com vista a privar o primeiro adquirente da titularidade do bem, é que a segunda alienação é nula[47]. Não basta o simples conhecimento por parte do segundo comprador do primeiro acto de disposição. É necessário que o segundo adquirente pretenda, em conluio com o autor comum, espoliar o primeiro adquirente mais do que incrementar o seu património através da aquisição do bem.

Porque assim é, raras são as vezes em que a segunda aquisição padece de tal vício[48/49].

Mas, quando em causa está uma deixa testamentária a título de legado através da qual o autor quis dispor de um bem alheio, aproveitando-se do facto de o primeiro adquirente não ter inscrito o facto aquisitivo no registo, o intuito espoliatório pode por em causa a validade da deixa, uma vez que o fim visado é contrário aos bons costumes, e isto porque, o artº 2186º do C.C. se afasta do artº 281º do C.C., considerando suficiente o facto de a

---

[47] Neste sentido, entre outros, vide: TANTEO, "Trascrizione e buona fede contrattuale", in: *Rivista Trimestrale di Diritto e Procedura* Civile, 1951, p. 92; GAZZONI, *"La trascrizione immobiliare"*, vol. I, *cit.*, p. 537 e ss.;
Em França, a doutrina e a jurisprudência afirmam que, na hipótese de concerto fraudulento entre o autor comum e o segundo adquirente, este fica privado do direito a invocar as regras da *publicité foncière*, em vitude da máxima *fraus omnia corrumpit*, e caso o faça, o primeiro adquirente pode arguir a *exceptio doli*. (Entre outros, vide: THÉRY, PHILIPPE – *"Sûretés et publicité foncière"*, 2ª ed., Paris, Presses Universitaires de France, 1988, p. 448 e ss; MARIE-NOËLLE JOBARD-BACHELLIER , *ob. cit.*,- "Droit Civil – Sûretés, publicité foncière", 13ª ed., Dalloz, 2000, p. 179-180.

[48] Quando o fim contrário aos bons costumes é comum a ambas as partes, a segunda aquisição não prevalece pelo facto de ser registada. Pois, nesse caso, o negócio padece de outro vício, para além da ilegitimidade do tradens decorrente da anterior disposição válida, e o primeiro adquirente, com base no artº 281º do C.C, pode arguir a nulidade e pedir o cancelamento do registo.

[49] É claro que, quem considera que a boa fé é um dos requisitos impostos por lei para a tutela do terceiro, nega ao segundo adquirente a protecção do artº 5º sempre que ele conheça o primeiro acto de disposição.

vontade do testador estar inquinada. O que é perfeitamente harmónico com o facto de o testamento ser um negócio jurídico unilateral não receptício. Assim, para que o testamento seja nulo basta que o seu autor tenha visado um fim contrário aos bons costumes e que a determinação por tal fim resulte da interpretação do testamento.

Consequentemente, tendo havido registo do legado, o primeiro adquirente não pode invocar a ineficácia do legado, mas talvez possa invocar a nulidade decorrente do facto de a deixa testamentária ter visado atingir um fim contrário aos bons costumes.

Vejamos com mais pormenor.

Segundo o artigo 2186º, a determinação pelo fim contrário aos bons costumes tem de resultar "da interpretação do testamento." Assim, conjugando este artigo com o artº 2187º, chegamos à conclusão que o recurso à prova extrínseca é possível, mas que semelhante fim não poderá ser invocado quando nada no testamento permita supor a sua existência[50]. Ele tem que transparecer ou vislumbrar-se de algum modo no próprio contexto testamentário. Deve estar lá remetido, melhor ou pior.

Será que, na hipótese em apreço, a determinação pelo fim contrário aos bons costumes resulta da interpretação do testamento? Resultará, da interpretação do testamento, que o *de cuius* quis prejudicar direitos alheios alienando o que não era seu?

Parece-nos que pode resultar. Pois, em tal hipótese, muito provavelmente, o autor do testamento ter-se-á limitado a dizer que deixava o bem X a Y. Assim sendo:

– Não obstante, não se depreender do testamento que o testador tinha conhecimento da alienidade da coisa legada[51], mediante o recurso à prova extrínseca, resulta claro que, o autor do testamento sabia que a coisa era alheia. Ou seja, resulta claro que, o autor do testamento não se havia esquecido da alienação anteriormente feita.

---

[50] Por isso OLIVEIRA ASCENSÃO, *últ. ob. cit.*, p. 76-77, afirma: "...o preceito é perturbador. Suponhamos que o testador deixa uma soma de dinheiro a uma pessoa. Nada no testamento indicia uma motivação anómala. Se essa soma foi porém deixada para que o beneficiário matasse terceira pessoa, como ficara verbalmente pactuado em vida do testador, *quid iuris*? Como dizer que o fim viciado resulta então da interpretação do testamento? Mas como concluir que semelhante disposição é inatacável, quando a relevância da vontade do testador é muito maior nas disposições de última vontade que nos actos *inter vivos*?"

[51] Caso contrário, o legado valeria como legado de aquisição.

- mediante recurso à prova extrínseca apura-se que o autor do testamento sabia que o primeiro adquirente não havia procedido ao registo.
- da interpretação do testamento não resulta, por qualquer forma, ter o testador emitido a declaração de forma não séria, na expectativa de que a falta de seriedade não fosse desconhecida;
- da interpretação do testamento não resulta, por qualquer forma, que o testador não tenha querido dispor do bem, tendo feito a declaração que não correspondia à sua vontade com o fim de enganar o legatário;
- mediante recurso à prova extrínseca não resulta que o autor do testamento tenha pretendido um legado com eficácia meramente obrigacional;

Consequentemente, da interpretação do testamento resulta que:

- o testador quis dispor de coisa alheia, conscientemente, como se fosse própria.

Ou seja, da interpretação do testamento resulta que:

- o *de cuius* quis lesar o primeiro adquirente pois quis avantajar o legatário à custa do património daquele.

O mesmo é dizer, parece-nos a nós, que da interpretação do testamento resulta o fim contrário aos bons costumes.

E, sendo assim, de acordo com o artº 2186º do Código Civil, o "direito" do legatário não existe e o primeiro adquirente, não obstante o registo feito a favor daquele, pode vir demonstrar que o negócio padecia de outra causa de invalidade para além da ilegitimidade do *tradens* e que portanto o registo não conduziu à resolução do seu direito[52].

Conclusões

Percorridas e analisadas as múltiplas hipóteses relevantes para o presente estudo, cabe agora evidenciar as conclusões que ao longo dele fomos chegando:

---

[52] O mesmo raciocínio vale para a hipótese de o autor do testamento, através de negócio *inter vivos*, ter onerado o seu direito de propriedade sobre a coisa, constituindo a favor de B um direito real menor, cujo facto aquisitivo não foi registado, e depois através de legado ter pretendido transmitir a propriedade plena a C.

1. O artº 5º do C.R.Pred. não pode intervir para dirimir a controvérsia entre vários designados *mortis causa* através de testamento, pois o testamento posterior revoga os anteriormente feitos (cfr. Artº 2313º do Código Civil);
2. É inconfigurável um conflito entre um sucessor testamentário e um adquirente *inter vivos* do *de cuius*, sempre que a transmissão *inter vivos* seja posterior à deixa testamentária, pois esta é revogada por aquela (cfr. art. 2316º do Código Civil);
3. Quando em causa está uma deixa testamentária a título de herança posterior à transmissão *inter vivos*, o artº 5º não é aplicável, pois o herdeiro subingressando na posição do *de cuius* é parte e não terceiro (cfr. artº 4º do C.R.Pred.);
4. O artº 5º do C.R.Pred. não é aplicável à hipótese em que, após a transmissão *inter vivos*, o *de cuius* tenha disposto de coisa alheia como coisa de outrem, pois nesse caso em causa está um legado de aquisição com eficácia meramente obrigacional (cfr. artº 2251º do Código Civil);
5. Quando o autor do testamento, através de disposição a título de legado, tenha pretendido transmitir a propriedade de um bem que já havia alienado *inter vivos*, ou seja, quando tenha pretendido dispor de coisa alheia como própria, regra geral, terá visado um fim contrário aos bons costumes e se a determinação por tal fim resultar da interpretação do testamento este é nulo. Portanto, sendo julgada procedente a acção de nulidade da deixa testamentária e cancelado o respectivo registo, o adquirente *inter vivos* prevalece, não obstante não ter registado.

A Evolução Histórica da Justificação de Direitos de Particulares para Fins do Registo Predial e a Figura da Justificação na Actualidade[1]

Nota prévia

Através deste estudo pretende-se dar uma panorâmica geral da figura da justificação de direitos de particulares para fins do registo predial, desde a sua consagração no ordenamento jurídico português até a actualidade.

Na primeira parte, faremos uma resenha da evolução histórica da figura, uma vez que a figura da justificação de direitos de particulares para fins do registo predial – não obstante sempre se ter apresentado como um meio de suprir a falta de documentos indispensáveis à feitura de um registo e, portanto, como um instrumento tendente à aproximação da realidade registal à extra-registal – evoluiu ao longo do tempo quanto à sua forma, modalidades, âmbito de aplicação (direitos susceptíveis de serem justificados), *etc.*.

Na segunda parte, analisaremos a figura da justificação de direitos de particulares para fins do registo predial, na actualidade. Começaremos por abordar a justificação notarial. De seguida, faremos referência ao processo de justificação a correr nos serviços de registo predial, com às alterações que lhe foram introduzidas pelo Dec.-Lei 116/2008.

---

[1] Este trabalho não abrange, como resulta do título, a justificação judicial da posse – embora lhe façamos uma breve referência enquanto antecedente da justificação judicial do domínio –, nem a justificação administrativa, para efeitos de Registo Predial, de bens do domínio privado do Estado.

Por fim, dedicaremos a terceira parte a cinco questões pertinentes em matéria de justificação de direitos de particulares para fins de registo predial. A saber:

1ª O legitimado a invocar a usucapião pode fazê-lo, de forma expressa ou tácita, no âmbito de uma justificação para fins de registo?
2ª Caso a resposta à pergunta anterior seja afirmativa, o legitimado a invocar a usucapião apenas pode fazê-lo no âmbito de uma justificação para fins do registo?
3ª Havendo falsas declarações e sendo celebrada escritura de justificação, esta é falsa ou nula?
4ª Havendo falsas declarações, sendo celebrada escritura de justificação e lavrado o registo do facto justificado, um terceiro "adquirente", de boa fé e a título oneroso, beneficia da tutela do art. 291º do Código Civil ou do art. 17º do Cód.Reg.Pred.?
5ª Na acção de impugnação de escritura de justificação, incumbe aos réus – que nela afirmarem a aquisição por usucapião – a prova dos factos constitutivos do seu direito, não beneficiando da presunção do registo decorrente do artigo 7º do Cód.Reg.Pred.?

Secção I
A evolução histórica da justificação de direitos de particulares para fins do registo predial no ordenamento jurídico português

Sumário: Nota Prévia; Secção I – A evolução histórica da justificação de direitos de particulares para fins do registo predial, no ordenamento jurídico português; 1. Breve introdução; 2. Evolução histórica da figura – Nota preliminar; 2.1. A justificação de direitos para fins de registo, no período que decorreu entre 1918 e 1951: § 1º – O art. 2º do Decreto nº 4619 de 13 de Julho de 1918; § 2º – O Regulamento de 1922; § 3º – O Cód.Reg.Pred. de Março de 1928; § 4º – O Cód.Reg.Pred. de Setembro de 1928; § 5º – O Cód.Reg.Pred. de 1929; 2.2. A justificação de direitos, para fins de registo, desde 1951 até à actualidade: § 1º – A Lei nº 2049; § 2º – O Decreto--Lei nº 40.603; § 3º – O Cód.Reg.Pred. de 1959; § 4º – O Cód.Reg.Pred. e o Cod. Not. de 1967; § 5º – O Cód.Reg.Pred. de 1984, O Dec.-Lei 286/84 e o Decreto-Lei nº

284/84 de 22 de Agosto; § 6º – O Decreto-Lei nº 312/90; § 7º – O Cód.Not. de 1990; § 8º – O Decreto-Lei nº 273/2001.

1. Breve introdução da figura

Nem sempre os intervenientes no tráfico jurídico conseguem reunir os documentos necessários que comprovem o facto jurídico aquisitivo de um direito, de modo a que o mesmo possa ser publicitado através de um assento registal – uma vez que, no Registo, apenas podem ser inscritos factos constantes de documentos que legalmente os comprovem[2].

No rigor dos princípios, os interessados a quem faltassem os referidos documentos não conseguiriam dar publicidade registal aos seus direitos. Simplesmente, se assim fosse, a realidade registal estaria sempre muito longe de espelhar a realidade extra-registal, o que provocaria o descrédito da Instituição e suscitaria grandes dúvidas sobre a sua utilidade – mesmo num sistema que não adopta o princípio da fé pública registal em sentido rigoroso[3] –, sendo, naturalmente, impensável instituir um sistema de

---

[2] Cfr. o actual nº 1 do art. 43º do Cód.Reg.Pred..
Lembramos a este respeito que os documentos que legalmente comprovam os factos que devem aceder ao Registo, em regra, são autênticos ou notariais, autenticados, administrativos ou judiciais.
Não obstante o afirmado, como se sabe, consoante a forma legal ou as formalidades previstas para o facto a registar, existem casos especiais em que documentos particulares simples (cfr., por exemplo, o art. 53º do Cód.Reg.Pred.) e declarações principais para registo podem servir de base ao assento registal (cfr., por exemplo, o nº 1 do art. 47º do Cód.Reg.Pred.).
[3] Atendendo aos efeitos do registo na perspectiva dos terceiros em face do facto registável, podem distinguir-se sistemas que não consagram o princípio da fé pública registal e, por isso, concedem uma protecção fraca aos terceiros e sistemas que adoptam o referido princípio, atribuindo, consequentemente, uma forte protecção aos terceiros.
Nos sistemas de protecção fraca, o terceiro está garantido apenas em face dos direitos sujeitos a registo e não publicitados por ele. Nos de protecção forte, o terceiro está tutelado em face dos direitos não publicitados, das limitações e das causas de invalidade ou ineficácia que podem afectar as situações jurídicas que constem do registo.
Por outras palavras, no primeiro caso, o registo é "completo ou íntegro", mas não exacto – o terceiro adquirente que regista não pode confiar na exactidão das inscrições; no segundo, o registo é "completo ou íntegro" e exacto – o terceiro pode confiar na exactidão das inscrições, pois tudo o que consta do registo existe tal qual é publicado e, pelo contrário, tudo o que não seja revelado pelo registo há-de considerar-se inexistente, mesmo que tal não corresponda à realidade. (Para mais pormenores, vide MÓNICA JARDIM, *A euro-hipoteca e os diversos sistemas registais europeus*, Comunicação feita na F.D.U.C., em 18 de Abril de 2008, no Colóquio: Euro-

registo obrigatório. Por outro lado, os particulares ver-se-iam confrontados com a impossibilidade de beneficiar dos efeitos decorrentes do assento registal[4.]

Para solucionar o referido problema – da falta ou insuficiência dos documentos comprovativos da aquisição – o legislador criou um expediente legal simplificado denominado "justificação de direitos". A justificação surgiu, portanto, como um meio fácil e expedito para que qualquer interessado que pudesse invocar a titularidade do *direito*, não dispondo porém do documento legalmente necessário para instruir o pedido de registo, conseguisse obter a inscrição, na ausência de oposição ou litígio[5].

Como resulta do exposto, a justificação de direitos foi pensada e legalmente estruturada apenas para resolver problemas da falta de documentos[6], *quando se verificasse uma total ausência de controvérsia sobre a existência ou titularidade do direito.*

Mas a verdade é que o legislador português começou por admitir apenas a justificação da *mera posse*[7].

De facto, na vigência da Lei Hipotecária, a inscrição possessória foi concebida para as hipóteses em que o verdadeiro proprietário não pudesse

---

-hipoteca, Mercado Financeiro e Harmonização Internacional do Direito das garantias, [on-line] consultado em 27 de Abril de 2010. Disponível *in*: http://www.fd.uc.pt/cenor/textos/.).

[4] Acresce que, na ausência da justificação, o legislador de 1984 não poderia ter adoptado o princípio da legitimação registal, sob pena de vedar aos particulares a quem faltassem os documentos comprovativos da aquisição a possibilidade de alienar ou onerar os seus direitos (salvaguardadas, claro está, as situações de excepção a este princípio).

[5] *Vide* MOUTEIRA GUERREIRO, Notas sobre as justificações, *in Temas de Registos e de Notariado*, Centro de Investigação Jurídico Económica, Coimbra, Almedina, 2010, p. 98 e 99.

[6] Não da falta do direito.

Na ausência do direito, o processo de justificação adequado sempre foi o da justificação da posse.

[7] Segundo os arts. 139º e ss. do Regulamento da Lei Hipotecária de 1863, a posse era comprovada mediante justificação julgada por sentença, proferida pelo tribunal da comarca onde o prédio se situasse, depois de o interessado apresentar prova testemunhal e documental dos actos possessórios, de serem citadas editalmente pessoas incertas, de ser feita publicação no periódico da cabeça da comarca ou, não o havendo, no periódico oficial do governo.

De acordo com o art. 139º, o processo supunha a intervenção do Ministério Público.

Por seu turno, o art. 143º do Regulamento estatuía que nenhuma justificação de posse seria julgada procedente se se provasse:

"1º Uma detenção de uso, usufructo, consignação, simples arrendamento, mandato, mera administração, favor ou qualquer outro título precário;

2º A existência de uma inscripção de propriedade sobre o mesmo objecto a favor de outra pessoa".

inscrever o "domínio" – ou seja, o direito de propriedade adquirido antes da entrada em vigor da lei –, por carecer de "título formal"[8] susceptível de ser inscrito (situação esta que era extremamente frequente na época). Assim, em vez de se autorizar a inscrição do "domínio", prevendo-se um título de justificação do mesmo (limitando-se, eventualmente, os efeitos de tal assento), previu-se a justificação da posse – que gerava a presunção da titularidade do direito – e autorizou-se a inscrição desta.

Deste modo se assegurou que a posse não se sobreporia ao direito de propriedade, caso este pertencesse a outrem que não o possuidor e não estivesse publicitado. De facto, a inscrição de posse, feita por justificação, prejudicaria ou favoreceria o terceiro desde a sua data, mas, somente, na medida dos efeitos que a lei substantiva reconhecesse à posse. No entanto, não prejudicaria, por si só, aquele que tivesse o direito real definitivo. Efectivamente, o titular do direito real definitivo só seria prejudicado pela posse inscrita que durasse o tempo imposto por lei para aquisição mediante a usucapião.

Saliente-se que, como já resulta do exposto, a inscrição da posse não valia como "título formal" do direito, o mesmo é dizer, como o "título formal" que estava em falta. Todavia, o possuidor tinha todo o interesse em requerer a inscrição da sua posse, já que a posse registada preparava a formação do título aquisitivo da propriedade, uma vez que, a seu tempo, o possuidor conseguiria obter o título de domínio que pretendia mediante a prescrição aquisitiva.

Na vigência do Código de Seabra, também se começou por reconhecer, apenas, a possibilidade de justificar a posse[9] que assim se "convertia" em "mera posse" susceptível de ser registada[10] — nos termos do nº 5 do

---

[8] Colocamos a expressão título formal entre aspas porque não nos estamos a referir ao acto pelo qual se estabelece a vontade de atribuir e de adquirir o direito real, ou seja, ao título em sentido rigoroso mas, sim, ao documento formalmente válido que contém tal acto.

[9] Através de sentença passada em julgado, com audiência do Ministério Público e dos interessados incertos citados por éditos, donde constasse que o possuidor tinha possuído pacífica, pública e continuamente durante cinco anos (cfr. art. 524º do Código de Seabra).

[10] Segundo o art. 525º do Código de Seabra, o registo da mera posse podia ser feito provisoriamente logo que fosse requerida a justificação, convertendo-se em definitivo pelo averbamento da sentença, cujos efeitos se retrotraíam à data do registo provisório.

Sobre o processo de justificação da mera posse, antes da entrada em vigor do C.P.C., vide, arts. 171º a 173º do Regulamento de 1868 e os arts. 126º a 134º do Regulamento de 1870, cuja redacção é, respectivamente, a que de seguida se transcreve:

"Art. 171º Para os effeitos do nº 5 do artigo 949º do codigo civil, a posse comprova-se por meio de justificação julgada por sentença, com precedencia de citação edital por trinta dias a pessoas incertas, e de publicação de annuncio no periodico da cabeça da comarca, havendo-o, e não o havendo, na gazeta da respectiva relação, e com intervenção do ministerio publico, nos termos dos artigos 524º e 525º do codigo civil.
Art. 172º É competente para estas justificações o juiz da respectiva localidade, nos termos geraes de direito.
Art. 173º Nenhuma justificação de posse será procedente, provando-se: 1º, detenção de uso, usufructo, consignação, simples arrendamento, mandato, mera administração, favor ou qualquer outro título precario; 2º, a existência de uma inscripção de propriedade sobre o mesmo objecto a favor de outra pessoa."
"Art. 126º Para os effeitos do artigo 949º nº 5 do codigo civil, a posse comprova-se por meio de justificação julgada por sentença, com precedencia de citação edital por trinta dias a pessoas incertas, e de publicação de annuncio no periodico da cabeça da comarca, havendo-o, e não o havendo, na gazeta da respectiva relação, e com intervenção do ministerio publico, nos termos dos artigos 524º e 525º do codigo civil.
Art. 127º É competente para estas justificações o juiz de direito da comarca, em que estiver situado o predio, objecto da posse.
Art. 128º Apparecendo alguem a requerer contra a justificação da posse, ou sendo impugnada pelo ministerio publico, ficará conteciosa até sentença que passe em julgado. Qualquer impugnação será deduzida por embargos.
§ único. Os embargos só poderão ser deduzidos, depois de feita a justificação por testemunhas e documentos, que provem actos possessorios.
Art. 129º Nenhuma justificação de posse será procedente, provando-se:
1º Detenção de uso, usufructo, consignação, simples arrendamento, mandato, mera administração, favor, ou qualquer outro título precario;
2º A existência de uma inscripção de propriedade sobre o mesmo objecto a favor de outra pessoa.
Art. 130º Os embargos poderão conter a allegação de alguma das circumstancias mencionadas no artigo antecedente, e quaesquer outras tendentes ao mesmo fim.
Ar. 131. Da justificação se dará ao advogado do opponente, se o houver, e em ultimo logar ao ministerio publico, vista por cinco dias improrogaveis a cada um, a fim de poderem deduzir, se o tiverem por conveniente, embargos à mesma justificação.
Art. 132º Deduzindo-se embargos, serão contestados pelo justificante, e seguir-se-há audiencia de julgamento, em que poderão ser reperguntadas as testemunhas da justificação e inquiridas outras, se o rol d'elas tiver sido entregue no cartorio do escrivão cinco dias antes da dita audiencia
133º As custas judiciaes d'este processo serão pagas pelo justificante, porém as acrescidas desde os embargos serão pagas pelos embargantes, quando, sem embargo dos mesmos embargos, a justificação seja julgada por sentença, salvo se o embargante for o ministerio publico.
Art. 134º Das sentenças proferidas sobre os embargos cabem os recursos legaes."
No C.P.C. de 1876, o processo de justificação da mera posse passou a estar regulado na Secção XXI (das justificações avulsas), pelos arts. 595º e 596º que estatuíam:
"Art. 595º Aquelle que pretender justificar a mera posse para os effeitos do artigo 524º do codigo civil, ou qualquer outro facto em que não haja interessado certo, deduzirá o pedido por meio de artigos, e requererá a citação do ministerio publico, e a dos interessados incertos por meio de editos.
§ único. As citações serão accusadas na segunda audiencia, e n'esta marcar-se-há o praso de tres audiencias para quem quizer impugnar.
Art. 596º Se a justificação tiver por fim o registo de mera posse, qualquer opposição será deduzida por meio de contestação, ajuntando-se logo os documentos ou o rol de testemunhas.

art. 949º —, e cujo registo conduzia à redução do tempo necessário para usucapir[11].

A justificação de direitos só foi pela primeira vez admitida e regulada pelo art. 3º do Decreto nº 4619, de 13 de Julho de 1918, que previu apenas a justificação *judicial do domínio* – do direito de propriedade adquirido antes da entrada em vigor do Código de Seabra –, não de qualquer outro direito real.

2. Evolução histórica da figura – Nota preliminar

A figura da justificação de direitos de particulares para fins do registo predial – não obstante sempre se ter apresentado como um meio de suprir a falta de documentos que fossem indispensáveis à feitura de um registo e, portanto, num instrumento tendente à aproximação da realidade registal à extra-registal – como já referimos, evolui ao longo do tempo quanto à sua forma, modalidades, âmbito de aplicação (direitos susceptíveis de serem justificados), *etc.*.

De facto, da análise dos múltiplos diplomas legais que regularam a justificação resulta claro que, durante um primeiro período – que decorreu entre 1918 e 1951 –, a justificação se traduziu num meio para obter documentos que permitissem dar publicidade registal a direitos que, mesmo não acedendo ao registo, sempre seriam oponíveis a terceiros.

Ao invés, num segundo período (de 1951 até à actualidade), a justificação passou a traduzir-se, também, num meio de obter documentos que permitissem dar publicidade registal a direitos que, não sendo publicitados, seriam inoponíveis a terceiros. Ou seja, neste segundo período, a justificação passou a assumir duas funções: a de permitir que direitos oponíveis a terceiros independentemente do registo fossem publicitados – tal como anteriormente – e a de possibilitar o ingresso no Registo de direitos que, não acedendo a ele, seriam inoponíveis a terceiros.

Acresce que, no primeiro período, apenas foi consagrada a *justificação judicial, com vista à primeira inscrição* e só se reconheceu *legitimidade ao titular do direito*.

Ao invés, no segundo, a par da justificação judicial, *surgiu a justificação extrajudicial*; admitiu-se a justificação judicial e extrajudicial com vista não

§único Deduzida contestação ou findo o praso que podia deduzir-se, seguir-se-hão, sem mais articulados, os termos do processo ordinario."
[11] Cfr. art. 526º do Código de Seabra.

só *à primeira inscrição*, mas, ainda, *ao reatamento do trato sucessivo* e, a partir de 1984, na expressão do legislador, também, para *o estabelecimento de novo trato sucessivo*. Acresce que, desde 1959, se reconheceu *legitimidade para recorrer à justificação extrajudicial, não só ao pretenso titular do direito a justificar, mas, também, a outros interessados* – que foram variando ao longo dos tempos[12].

Cumpre ainda referir que, no primeiro período, a justificação judicial era requerida usando do processo da justificação da posse, para efeitos de registo, previsto nos arts. 595º e 596º do C.P.C., com as modificações introduzidas ao referido processo no Cód.Reg.Pred.[13]. Já no segundo período, o processo de justificação judicial de direitos passou a ser regulado de forma autónoma em face de qualquer processo previsto no C.P.C.[14].

Por fim, não podemos deixar de salientar, desde já, que após a entrada em vigor do C.P.C. de 1939 e até ao Cód.Reg.Pred. de 1959 não houve unanimidade sobre a consagração legal do processo judicial de justificação, uma vez que muitos foram aqueles que defenderam que o art. 3º do C.P.C. havia revogado o art. 209º do Cód.Reg.Pred. de 1929. Consequentemente, entre 1939 e 1951, eventualmente, não terá existido, entre nós, um qualquer processo de justificação de direitos de particulares: nem judicial, nem extrajudicial.

Vejamos, com mais pormenor, o acabado de afirmar.

2.1. A justificação judicial de direitos no período que decorreu entre 1918 e 1951

Como já referimos, a justificação judicial foi pela primeira vez admitida e regulada pelo art. 2º do Decreto nº 4619 de 13 de Julho de 1918. No entanto,

---

[12] Entre 1959 e 2001 foi atribuída legitimidade para outorgar na escritura de justificação, não só ao próprio titular da inscrição matricial e seus representantes legais, mas ainda, a quem dele tivesse adquirido, por sucessão ou acto entre vivos, o direito alegado.
A partir de 2001 foi ampliado o elenco de legitimados, passando-se a prever que, além do pretenso titular do direito, tem legitimidade para outorgar como justificante quem demonstre ter legítimo interesse no registo do respectivo facto aquisitivo, incluindo, designadamente, os credores do titular do direito justificado.

[13] Como se verificará, as referidas modificações também eram aplicáveis à justificação da posse.

[14] Por outro lado, a partir de 1959, o processo de justificação de direitos passou, ainda, a ser aplicado, com as devidas aplicações, pelo proprietário ou possuidor inscrito que quisesse "libertar registalmente" os respectivos prédios de encargos há muito extintos, mas que, em face do registo, permaneciam em vigor, por falta de documentos necessários ao pedido do seu cancelamento.

foi-o por muito pouco tempo, uma vez que tal norma foi revogada pelo art. 5º do Decreto nº 5.644, de 10 de Maio, de 1919.

§1º O art. 2º do Decreto nº 4619, de 13 de Julho de 1918
Não obstante o acabado de afirmar, vale a pena recordar o art. 2º do Decreto nº 4619, de 13 de Julho de 1918, que estatuía:

> "O registo do domínio a que se refere o § 1º do artigo 89º do regulamento do registo predial de 20 de Janeiro de 1898 será feito em face de sentença transitada em julgado, que atribua ao requerente do registo o direito de propriedade plena sôbre o respectivo prédio"[15].

Tendo em conta que o referido § 1 do art. 89º do Regulamento se referia ao domínio como sendo o direito de propriedade que não estava sujeito a registo sob pena de inoponibilidade (embora a ele pudesse aceder), torna-se claro que a expressão domínio não abrangia o direito de propriedade adquirido derivadamente após a entrada em vigor do Código Civil, uma vez que o nº 4 do mesmo preceito regulava as transmissões da propriedade como factos sujeitos a registo sob pena de inoponibilidade – art. 163º do mesmo corpo legal, em consonância com o nº 4 do art. 949º e com o art. 951º do Código Civil.

Consequentemente e por exclusão de partes, concluímos que o *domínio*, a que se referia o § 1 do art. 89º do Regulamento de 1898, correspondia ao *direito de propriedade adquirido (derivada ou originariamente) antes da entrada em vigor do Código Civil* – que era oponível a terceiros independentemente de registo, de acordo com o nº 1 do art. 163º do Regulamento de 1889 –, bem como *ao direito de propriedade adquirido mediante a usucapião após 1867*, uma vez que o direito usucapido, entre nós, não estava (nem está) sujeito a registo sob pena de inoponibilidade a terceiros.

Em resumo, o art. 2º, do Decreto nº 4619, de 13 de Julho de 1918, ao remeter para o § 1º do art. 89º do Regulamento de 1898, consagrou, apenas, a justificação judicial tendente a obter o documento indispensável ao registo da *propriedade adquirida antes de 1867, quer esta houvesse sido adquirida derivada ou originariamente e para o registo da propriedade adquirida originariamente na vigência do Código Civil*.

---

[15] Como resulta do já anteriormente exposto, a sentença proferida num processo de justificação supunha um direito já adquirido, por isso, é manifesta a falta de rigor da redacção do preceito.

Portanto, não se podia recorrer ao processo de justificação judicial caso se houvesse obtido derivadamente a propriedade após a entrada em vigor do Código de Seabra. De facto, se em causa estivesse uma aquisição derivada da propriedade, ocorrida após Janeiro de 1867 – que devia ser registada sob pena de inoponibilidade, de acordo com o nº 4 do art. 949º e com o art. 951º, ambos do Código Civil –, na ausência de documentos que pudessem servir de base ao registo, este não podia ser lavrado.

A justificação judicial consagrada no art. 2º do Decreto de 1918 visava, portanto, estimular o ingresso no registo de factos jurídicos cuja oponibilidade a terceiros não era minimamente afectada na ausência do correspondente assento registal e que, naturalmente, tendiam a não ser publicitados, afastando, assim, a realidade tabular da extra-registal.

Refira-se que da análise do art. 2 do Decreto de 1918 resulta claro que só *tinha legitimidade para recorrer à justificação o proprietário que pretendesse justificar o seu domínio* e que a justificação servia apenas e só para obter título *para a primeira inscrição* no registo, ou seja, *para estabelecer o trato sucessivo*, relativamente a prédios não descritos ou, se descritos, quando sobre eles não incidisse inscrição de aquisição ou equivalente[16].

Por fim, cumpre sublinhar que, segundo o art. 596º, § único, do C.P.C., sendo deduzida contestação, seguiam-se, sem mais articulados, os termos

---

[16] Para justificar o acabado de afirmar, passamos a transcrever, parcialmente, o §1 e §2 do referido art. 2.
"*§ Quando* o proprietário *pretenda justificar* o seu domínio *para o efeito do registo* e não haja interessado certo que deva ser demandado, *requererá a justificação no juízo da situação do prédio*, usando do processo especial dos artigos 595º e 596º do Código do Processo Civil, *com as seguintes modificações:*
1º As citações não serão acusadas, começando o prazo para a contestação a correr desde a citação e desde o termo do prazo dos éditos;
2º O rol das testemunhas do autor, que deve ser oferecido com a petição inicial, designará sempre cinco pessoas de reconhecido crédito de entre os vinte maiores proprietários da freguesia em que o prédio estiver situado, e que nela residam há mais de dez anos;
3º Se a justificação não fôr impugnada, o juiz, logo que expire o prazo em que a contestação podia ser oferecida, mandará o processo com vista ao Ministério Público, para que êste, dentro de oito dias, obtenha as necessárias informações e diga o que se lhe oferecer sôbre a idoneidade das cinco testemunhas, em conformidade com o do número anterior; em seguida proceder-se-há à inquirição dessas testemunhas e o processo será logo concluso para sentença, que deverá ser proferida dentro de quinze dias."
4º (...)
§ 2º As modificações indicadas no parágrafo anterior serão extensivas às justificações avulsas de mera posse para o efeito do registo."

do processo ordinário. Portanto, *o processo judicial de justificação supunha a inexistência de controvérsia*, dado que findava logo que fosse revelada a existência de um litígio.

§2º O Regulamento de 1922

Foi com o Regulamento de 1922 que a figura da justificação judicial se impôs, verdadeiramente, na nossa legislação registal, através do art. 103º[17].

A redacção do art. 103º do Regulamento de 1922 era a que de seguida se transcreve:

> "O registo do domínio a que se refere o § 1º do artigo 71º dêste código [ou seja, da propriedade oponível em face de terceiros independentemente do registo, segundo o nº 1 do art. 149º] *será feito em face de sentença transitada em julgado, que atribua ao requerente do registo o direito de propriedade plena sôbre o respectivo prédio.*
>
> *§ 1º Quando o proprietário pretenda justificar o seu domínio, para o efeito do registo, e não haja interessado certo que deva ser demandado, requerá a justificação no juízo da situação do prédio, usando do processo especial dos artigos 595º e 596º do Código do Processo Civil, com as seguintes modificações:*
>
> *1º As citações não serão acusadas, começando o prazo para a contestação a correr desde a citação e desde o têrmo do prazo dos éditos;*
>
> *2º O rool das testemunhas do autor, que deve ser oferecido com a petição inicial, designará sempre cinco pessoas de reconhecido crédito de entre os proprietários da freguesia em que o prédio estiver situado, e que nela residam há mais de dez anos;*
>
> *3º Se a justificação não fôr impugnada, o juiz, logo que expire o prazo em que a contestação podia ser oferecida, mandará o processo com vista ao Ministério Público, para que êle, dentro de oito dias, obtenha as necessárias informações e diga o que se lhe oferecer sôbre a idoneidade das cinco testemunhas em conformidade com o do número anterior; em seguida proceder-se-há à inquirição dessas testemunhas e o processo será logo concluso para sentença, que deverá ser proferida dentro de quinze dias."*[18/19]

---

[17] Vide, por todos, Isabel Pereira Mendes, Código de Registo Predial anotado, 13ª edição, Coimbra, Almedina, pag. 384 e ss.; Mouteira Guerreiro, Notas sobre as justificações, loc. cit., p. 98.

[18] A frase inserta entre os parênteses rectos é nossa. Não colocamos em itálico a expressão "que atribua ao requerente do registo o direito de propriedade plena" pelas razões expostas na nota 15.

[19] Recordamos que, segundo o art. 596º, § único, do C.P.C., caso fosse deduzida contestação, seguiam-se, sem mais articulados, os termos do processo ordinário.

Como resulta do artigo transcrito, cuja redacção é praticamente uma cópia do art. 2º do Decreto de 1918[20], é evidente que todo o afirmado anteriormente, a propósito da justificação judicial prevista no referido Decreto, vale também aqui: previu-se apenas a justificação judicial tendente a obter o documento indispensável para o registo da propriedade adquirida antes de 1867 (quer esta houvesse sido adquirida derivada ou originariamente) e para o registo da propriedade adquirida originariamente na vigência do Código Civil; a justificação servia apenas e só para obter "título formal" para a primeira inscrição no registo; só tinha legitimidade para a ela recorrer o proprietário que pretendesse justificar o seu domínio; o domínio só era justificado na ausência de contestação.

§3º O Cód.Reg.Pred. de Março de 1928

Por seu turno, o Cód.Reg.Pred. de Março de 1928, no art. 227º – que remetia para o § 1 do art. 194, o qual se referia ao domínio que nos termos do art. 296º do mesmo diploma legal era oponível a terceiros independentemente de registo –, ao prever a justificação judicial, fê-lo exactamente nos mesmos termos que o legislador de 1922. Consequentemente, mantiveram-se todos os aspectos anteriormente referidos e considerados relevantes.

§4º O Cód.Reg.Pred. de Setembro de 1928

O Cód.Reg.Pred. de Setembro de 1928, no art. 213º, continuou a prever apenas a *justificação judicial* tendente a obter título *para a primeira inscrição no registo* e a *só reconhecer legitimidade* para a ela recorrer ao pretenso titular do direito.

No entanto, por um lado, restringiu o âmbito de aplicação da justificação judicial, porque afastou a possibilidade de o proprietário recorrer à justificação sempre que houvesse adquirido derivadamente e, ainda, sempre que tivesse adquirido por prescrição após a entrada em vigor do Código. O mesmo é dizer que, *apenas admitiu a justificação do direito de propriedade adquirido por prescrição antes de 29 de Setembro de 1928*. De facto, o art. 213º – que previa e regulava a justificação judicial – remetia para o §1 do art. 180º que se referia ao registo do domínio que não tinha de ser efectuado para que a propriedade pudesse ser invocada em juízo. Ora, segundo o

---

[20] Como se pode constatar pelo confronto dos artigos, o Regulamento de 1922 apenas deixou de exigir que as testemunhas de reconhecido crédito constassem de entre os vinte maiores proprietários da freguesia em que o prédio se situasse.

art. 278º, apenas o domínio adquirido por prescrição antes da entrada em vigor do Cód.Reg.Pred. podia ser invocado em juízo independentemente de registo. Já não a aquisição derivada da propriedade ocorrida anteriormente, nem a aquisição por prescrição verificada após a vigência do Cód. Reg.Pred. – estas só podiam ser invocadas em juízo depois de efectuado o correspondente registo.

Por outro lado, o Código em apreço ampliou o âmbito da justificação, ao admitir que o titular de uma servidão aparente a ela pudesse recorrer (cfr. § 2 do art. 213º[21]). Deste modo, visou-se, naturalmente, incentivar o ingresso no Registo de outro direito que, independentemente do assento registal, sempre podia ser invocado em juízo (cfr. nº 5 do art. 278º) e que, por isso, habitualmente não era publicitado.

Por fim, cumpre referir que com o Cód.Reg.Pred. de Setembro de 1928, se condicionou, pela primeira vez, a solicitação da justificação à apresentação de documento que provasse o artigo da inscrição do prédio na respectiva matriz predial e o seu rendimento colectável ou, caso o prédio fosse omisso na matriz, à apresentação de certidão comprovativa de que já tinha sido feita a participação para nela ser inscrito. Ademais, passou a exigir-se que as testemunhas fossem proprietários de reconhecido crédito na freguesia da situação do prédio e lá residissem há mais de trinta anos[22].

---

[21] *Vide* a redacção do § 2 do art. 213 na próxima nota.

[22] Passamos a transcrever, parcialmente, o art. 213 do Cód.Reg.Pred. de Setembro de 1928.
"Quando o proprietário pretenda justificar o seu domínio para o efeito do registo, nos termos do § 1º do artigo 180º, e não haja interessado certo que deva ser demandado, requererá a justificação no juízo da situação do prédio, usando do processo especial dos artigos 595º e 596º do Código do Processo Civil, com as seguintes modificações:
"1º Com a petição inicial deve ser junto documento que prove qual o artigo da inscrição do prédio na respectiva matriz predial e o seu rendimento colectável ou certidão de que foi feita participação para nela ser inscrito, quando omisso. Igualmente será logo oferecido o rol de testemunhas, que devem ser proprietários de reconhecido crédito, residentes na freguesia da situação do prédio há mais de trinta anos;
2º O prazo para a contestação, que é de dez dias, começará a correr depois de finda a dilação da citação edital;
3º Havendo contestação, seguir-se hão os termos do processo ordinário; não havendo contestação, o juiz mandará dar vista ao Ministério Público, para que êste, colhidas as necessárias informações, diga o que se lhe oferecer sôbre a idoneidade das testemunhas em conformidade com o que vai disposto em o nº 1º. Em seguida, proferido o despacho regulador do processo, proceder-se há, oralmente, sem assentada, mencionando-se tudo na acta, à inquirição das testemunhas, em número de três, pelo menos, indo logo o processo concluso para sentença, que deverá ser proferida no prazo máximo de dez dias.
(...)
§1º O registo será feito em face da carta de sentença com trânsito em julgado que atribua ao requerente o direito de propriedade plena sôbre o respectivo prédio ou direito imobiliário.

§5º O Cód.Reg.Pred. de 1929

O Cód.Reg.Pred. de 1929, no art. 209º, voltou a restringir o âmbito de aplicação da justificação ao domínio, excluindo as servidões aparentes que, segundo o nº 5 do art. 274º do mesmo diploma legal, eram oponíveis a terceiro independentemente de registo.

Quanto ao domínio susceptível de ser justificado, de acordo com o 209º que remetia para o § 1 do art. 180º – o qual se referia ao domínio que, nos termos do art. 274º do mesmo diploma legal, não estava sujeito a registo sob pena de inoponilidade a terceiros –, era apenas o domínio adquirido por prescrição. A propriedade adquirida derivadamente manteve-se assim, na linha do Cód.Reg.Pred. de 1928, fora do âmbito da justificação. No entanto, ao contrário do que ocorreu em 1928, admitiu-se a justificação do direito de propriedade adquirido por prescrição quer antes, quer depois, da entrada em vigor do Código.

Por fim, o Cód.Reg.Pred. de 1929 continuou a prever apenas a *justificação judicial* tendente a obter título *para a primeira inscrição* no registo e a *só reconhecer legitimidade,* para a ela recorrer, ao pretenso titular do direito. Assim, este devia juntar à petição inicial, a par do rol de testemunhas[23], o documento que provasse o artigo da inscrição do prédio na respectiva matriz predial e o seu rendimento colectável ou, caso o prédio fosse omisso na matriz, a certidão comprovativa de que já havia sido feita a participação para nela ser inscrito[24].

Ao terminar a análise dos diplomas do primeiro período da justificação de direitos, cumpre, por um lado, voltar a salientar que *o processo judicial de justificação supunha a inexistência de controvérsia*, uma vez que, segundo o art. 596º, § único, do C.P.C., findava logo que fosse deduzida contestação, seguindo-se os termos do processo ordinário.

Por outro lado, importa sublinhar que o referido processo nunca teve a adesão esperada ou desejada pelo legislador. Consequentemente, a reali-

---

§ 2º O mesmo processo será seguido quando se tratar de justificação para o efeito de registo de servidões aparentes, quando possam ser adquiridas por posse, com a diferença de que, nesse caso, será citado o dono do prédio serviente.
(...)".
Voltamos a recordar que segundo o art. 596º, § único, do C.P.C., caso fosse deduzida contestação, seguiam-se, sem mais articulados, os termos do processo ordinário.

[23] Saliente-se que o Cód.Reg.Pred. de 1929 não fazia qualquer referência ao número de testemunhas, nem qualquer exigência quanto ao local da sua residência.

[24] Quanto às fases subsequentes do processo de justificação, *vide* nº 2º a 4º do art. 209º que mantiveram o anteriormente estatuído pelo Cód.Reg.Pred. de Setembro de 1928 (*vide* nota 22).

dade registal continuou a estar muito longe de espelhar a realidade extra--registal. A razão do desinteresse dos particulares pela figura em apreço compreende-se com facilidade, quando se tem em conta que os direitos susceptíveis de serem justificados eram os que mesmo não sendo publicitados sempre seriam oponíveis em face de terceiros; ademais, como já referimos, não vigorava na época a obrigatoriedade do registo[25] nem estava consagrado o princípio da legitimação registal[26].

---

[25] O registo obrigatório foi adoptado pela primeira vez na ordem jurídica portuguesa pelo Decreto-Lei nº 36 505, de 11 de Setembro de 1947 (cfr. art. 2º), estabelecendo-se, então, a obrigatoriedade da descrição no Registo Predial apenas dos prédios compreendidos nos concelhos submetidos ao cadastro geométrico da propriedade rústica e impondo-se a conjugação oficiosa do registo com o cadastro.
Através da Lei nº 2049, de 6 de Agosto de 1951, pretendeu-se, gradualmente, colocar em prática a obrigatoriedade de registo à medida que fosse sendo completado o referido cadastro. Nessa sequência, vigorou no nosso país uma dualidade de regimes em matéria de registo: obrigatório nos concelhos submetidos ao regime cadastral e, dependente exclusivamente da vontade dos interessados, ou facultativo, nos restantes casos.
No Dec.-Lei nº 40603, de 18 de Maio de 1956, o legislador renunciou à ideia de condicionar o início da vigência da obrigatoriedade do registo à antecipada conjugação oficiosa do registo predial com o cadastro, uma vez que a mesma (a conjugação oficiosa) se tinha revelado impraticável – como refere o preâmbulo no referido diploma legal. No entanto – porque se continuou a pretender tornar efectiva a obrigatoriedade –, nos concelhos de registo obrigatório, por um lado, previu-se que o incumprimento sujeitava os responsáveis, primeiro, a uma simples multa e, depois, caso continuassem sem requer o registo, a um procedimento criminal no qual podia ser-lhes aplicada uma pena correspondente ao crime de desobediência qualificada. Por outro, estatuiu-se que nenhum documento destinado à prova do acto ou factos sujeitos a registo podia ser lavrado pelos notários ou funcionários com atribuições notariais sem que no texto se mencionassem os números das respectivas descrições na conservatória. Por fim, determinou-se que nos actos *inter vivos*, pelos quais se transmitissem direitos ou contraíssem encargos, também devia ser mencionada a quota da inscrição desses direitos em nome de quem os alienasse ou onerasse.
Com o Cód.Reg.Pred. de 1967 foi mantida a dualidade de regimes de registos. Ou seja, o registo era obrigatório nos concelhos submetidos ao cadastro geométrico da propriedade rústica – que correspondiam a menos de metade da extensão do país – e era facultativo nos restantes. Não obstante as medidas promovidas no sentido de compelir os interessados ao cumprimento, nos concelhos de registo obrigatório, a verdade é que o inadimplemento era muitíssimo frequente, revelando-se o sistema judicial incapaz de "dar resposta" às infracções.
Foi perante esta realidade que o legislador português, em 1984, optou por consagrar o princípio da legitimação registal e, assim, impôs, de certo modo, a "obrigatoriedade indirecta do registo". Sublinhamos, ainda, o facto de o registo ser obrigatório desde a entrada em vigor do Dec.-Lei 116/2008, de 4 de Julho.
[26] Como já se referiu na nota anterior, o princípio da legitimação registal foi consagrado no ordenamento jurídico português em 1984.

Por fim, cumpre reafirmar que, no período que decorreu entre a entrada em vigor do C.P.C. de 1939 e o Cód.Reg.Pred. de 1959, não foi pacífica a

Como se sabe, de acordo com este princípio, as entidades com competência para titular os factos jurídicos de que resulte transmissão de direitos ou constituição de encargos sobre imóveis só o devem fazer se os bens estiverem inscritos a favor da pessoa de quem se adquire o direito ou contra a qual se constitui o encargo, salvo se se verificar uma das excepções previstas na lei. De acordo com o nº 2 do art. 54º do actual Cód.Not., *"os instrumentos pelos quais se partilhem ou transmitam direitos sobre prédios, ou se contraiam encargos sobre eles, não podem ser lavrados sem que também se faça referência à inscrição desses direitos em nome do autor da herança, ou de quem os aliena, ou à inscrição de propriedade do prédio em nome de quem o onera."*
Por seu turno, o nº 3 do mesmo preceito, afasta a aplicação da referida regra nas seguintes situações:
"a) Nos actos de transmissão ou de constituição de encargos outorgados por quem, no mesmo dia e com conhecimento pessoal do notário, que será expressamente mencionado, tenha adquirido os bens partilhados, transmitidos ou onerados;
b) Nos casos de urgência, devidamente comprovada, motivada por perigo de vida dos outorgantes ou por extravio ou inutilização do registo causados por incêndio, inundação ou outra calamidade como tal reconhecida por despacho do Ministro da Justiça."
Acresce que, de acordo com o art. 55º do mesmo diploma legal, a exigência de menção do registo prévio é dispensada:
"a) Nos actos de partilha de herança e, tratando-se de prédios não descritos ou sem inscrição de aquisição, nos de transmissão de prédios que dela façam parte, se os partilhantes ou transmitentes se encontrarem habilitados como únicos herdeiros, ou for feita, simultaneamente, a respectiva habilitação;
b) Nos instrumentos relativos a prédios situados em concelho onde não tenha vigorado o registo obrigatório, que titulem o primeiro acto de transmissão ocorrido após 1 de Outubro de 1984, se for exibido documento comprovativo ou feita justificação simultânea do direito da pessoa de quem se adquire."
O preceituado no Cód.Not., e acabado de referir, encontra-se também plasmado no art. 9º e no art. 35º do Cód.Reg.Pred. que passamos a transcrever.
"Artigo 9º (Legitimação de direitos sobre imóveis)
1 – Os factos de que resulte transmissão de direitos ou constituição de encargos sobre imóveis não podem ser titulados sem que os bens estejam definitivamente inscritos a favor da pessoa de quem se adquire o direito ou contra a qual se constitui o encargo.
2 – Exceptuam-se do disposto no número anterior:
a) A partilha, a expropriação, a venda executiva, a penhora, o arresto, a declaração de insolvência e outras providências que afectem a livre disposição dos imóveis;
b) Os actos de transmissão ou oneração praticados por quem tenha adquirido no mesmo dia os bens transmitidos ou onerados;
c) Os casos de urgência devidamente justificada por perigo de vida dos outorgantes.
3 – Tratando-se de prédio situado em área onde não tenha vigorado o registo obrigatório, o primeiro acto de transmissão posterior a 1 de Outubro de 1984 pode ser titulado sem a exigência prevista no nº 1, se for exibido documento comprovativo, ou feita justificação simultânea, do direito da pessoa de quem se adquire."
"Artigo 35º (Dispensa de inscrição intermédia)
"É dispensada a inscrição intermédia em nome dos titulares de bens ou direitos que façam parte de herança indivisa."

questão de saber se o art. 209º do Cód.Reg.Pred. havia sido ou não revogado pelo art. 3º C.P.C.[27] e, consequentemente, se continuava, ou não, a existir o processo judicial de justificação de direitos para efeitos de registo[28].

3.2. A justificação de direitos desde 1951 até a actualidade[29]
§1º A Lei nº 2049, de 6 de Agosto de 1951

Foi a Lei nº 2049 que veio regular a execução do regime da obrigatoriedade do registo predial[30] que, pela primeira vez, no seu art. 27º, veio prever *a justificação extrajudicial de direitos reais* (embora à margem da intervenção notarial) para os casos de registo obrigatório[31].

Traduzindo-se num meio de obter *"títulos formais"* que viabilizassem a feitura de um registo, a justificação extrajudicial visava permitir *a inscrição do domínio – quer tivesse sido adquirido por prescrição, quer derivadamente – e das "propriedades imperfeitas"*[32] (cfr. o nº 2, do art. 24º) *constantes da matriz* e assumia duas funções:

---

[27] De acordo com o referido art. 3º do C.P.C. de 1939, o tribunal não podia resolver o conflito de interesses que a acção pressupõe sem que a resolução lhe fosse pedida por uma das partes e a outra fosse devidamente chamada a deduzir oposição. E só em casos excepcionais, previstos na lei, podiam ser tomadas medidas contra determinada pessoa sem que esta fosse previamente ouvida.

[28] A questão era de tal forma controversa que no preâmbulo do Cód.Reg.Pred. de 1959 se pode ler:
"Com a publicação do Código de Processo Civil de 1939, o artigo 3º da respectiva lei preambular deu origem, entre os autores, a larga controvérsia sobre a questão se aquele artigo 209º do Código de Registo Predial fora ou não revogado; e ainda hoje nenhuma das soluções propugnadas é pacificamente aceite."

[29] Cumpre salientar que não iremos fazer qualquer referência ao processo de justificação judicial no período que decorreu entre 1951 e 1959 porque, como acabamos de afirmar, com a entrada em vigor do C.P.C. de 1939 deixou de ser líquida a existência do referido processo. De todo o modo, como é evidente, quem defendia a manutenção do processo de justificação judicial considerava aplicável o art. 209º do Cód.Reg.Pred. de 1929 que já anteriormente analisámos.

[30] Estabelecida, como já referimos, no art. 2º do Dec.-Lei nº 36:505, de 11 de Setembro de 1947, nos concelhos onde estivesse organizado o cadastro geométrico da propriedade rústica.

[31] *"Perante a intenção de fazer ingressar obrigatòriamente no registo todos os prédios e direitos inscritos na matriz cadastral, com uma acuidade e uma extensão dificilmente conciliáveis com a ideia de exclusivo recurso a soluções de natureza judicial"* o legislador, *"de algum modo impelido pela própria força das circunstâncias"*, consagrou a justificação extrajudicial (Cfr. o preâmbulo do Cód.Reg.Pred. de 1959).

[32] Após a reforma do do Código Civil, ocorrida em 1930, através do Decreto nº 19:126 de 16 de Dezembro, segundo o art. 2189º, eram propriedades imperfeitas: a enfiteuse; a subenfiteuse; o censo; o quinhão; o usufruto; o uso e habitação; o compáscuo; as servidões.

- a de permitir que o direito de propriedade adquirido por prescrição – e, por isso, oponível a terceiros independentemente do registo (cfr. art. 274º, nº 1, do Cód.Reg.Pred. de 1929) – fosse publicitado;
- a de possibilitar o ingresso no registo do direito de propriedade adquirido derivadamente e dos direitos denominados como "propriedades imperfeitas" que não sendo publicitados eram inoponíveis a terceiros[33].

§2º O Decreto-Lei nº 40.603

Através do Decreto-Lei nº 40.603, de 18 de Maio de 1956, foi criada a justificação notarial, para facilitar o registo obrigatório, nos casos de inexistência de títulos bastantes e, particularmente, naqueles casos em que aos interessados não era possível a apresentação de documentos comprovati-

---

[33] Para melhor compreensão do acabado de afirmar, bem como do procedimento tendente à justificação extrajudicial de direitos, passamos a transcrever o art. 27º da Lei nº 2049, de 6 de Agosto de 1951.
"Se os que invocarem direitos inscritos na matriz não puderem fazer a sua prova por documento bastante, *a inscrição desses direitos no registo predial será feita mediante justificação nos termos dos parágrafos seguintes.*
§ 1º A justificação do domínio terá por base a declaração do proprietário, *prestada sob juramento e confirmada por três testemunhas de reconhecida idoneidade, em acto lavrado perante o chefe da missão.* [De acordo com o art. 22º, a missão era nomeada pelo Ministro da Justiça e constituída por um inspector ou conservador do registo predial e pelo pessoal auxiliar que fosse necessário]
§ 2º A justificação dos outros direitos referidos no nº 2 do artigo 24 será feita por declaração conjunta do proprietário e dos titulares desses direitos, *prestada nos termos do parágrafo anterior.*
§ 3º *Em face da declaração referida nos parágrafos anteriores, far-se-á a respectiva inscrição provisória, que se converterá em definitiva se não for legitimamente impugnada no prazo de um ano.*
§ 4º *De todas as inscrições efectuadas nos termos deste artigo será dado público conhecimento por meio de editais e anúncios na imprensa, para poderem ser impugnadas por quem se julgar lesado. O Ministério Público e os interessados certos serão notificados pessoalmente.*
§5º *A impugnação pode ser feita:*
a) *Pela apresentação de documento autêntico que ilida a presunção resultante do registo efectuado nos termos do § 3º;*
b) *Pela apresentação a registo provisório, nos termos do artigo 201º do Código do Registo Predial, de acção intentada para os efeitos do artigo 995º do Código Civil* [Segundo o art. 995º do Código Civil, "quando, com falsidade ou indevidamente, se fizer qualquer registo, o seu cancelamento será feito por virtude de acção para ésse fim intentada"].
§ 6º *Comete o crime previsto no § 5 do artigo 238º do Código Penal aquele que, dolosamente e em prejuízo doutrem, prestar declarações falsas, ou as confirmar como testemunha no auto a que se refere o § 1º deste artigo. Os declarantes e as testemunhas serão sempre advertidas desta comunicação."*
(As frases entre parênteses rectos são nossas, bem como os sublinhados).

vos de transmissões intermédias, quando se tratasse de prédios já inscritos em nome de alguém.

Todavia, a verdade é que também se podia recorrer à justificação notarial quando em causa estivesse um prédio sujeito ao regime de registo facultativo (cfr. § 4º do art. 20º).

Assim, surgiu a justificação notarial, quer para a "primeira inscrição" (cfr. art. 20º), quer para o "reatamento do trato sucessivo" (cfr. art. 22º)[34].

Ou seja, quer *para estabelecimento do trato sucessivo* – relativamente a prédios não descritos ou, se descritos, quando sobre eles não incidisse inscrição de aquisição ou equivalente –, quer para *reatamento do trato sucessivo* – relativamente a prédios descritos e com inscrição de aquisição (ou equivalente) em vigor, sempre que a sequência das aquisições derivadas (transmissões intermédias) desde o dono inscrito até ao actual (o justificante), não tivesse sido interrompida, mas se verificasse a falta de um documento que comprovasse uma das aquisições derivadas, em virtude de extravio, destruição ou outro motivo atendível[35].

Refira-se, ainda, que este Decreto instituiu a figura da justificação notarial em relação *a todos os direitos* sobre imóveis inscritos na matriz, quer os mesmos fossem oponíveis à margem do registo, quer não.

No entanto, limitou o recurso à justificação *aos titulares de direitos adquiridos anteriormente à sua publicação,* porque se considerou, por um lado, que *"a concessão de um processo anormal de titular actos ou factos jurídicos sujeitos a registo só é* [era] *legítima em relação ao pretérito"* e, por outro, que a adopção de solução contrária equivaleria a *"fomentar a tendência, muito viva em certas regiões do país, de se não recorrer oportunamente aos serviços notariais para reduzir à forma legal os respectivos actos e contratos."*[36]

---

[34] Por razões de rigor na sistematização, remetemos a transcrição destas normas para as páginas subsequentes.

[35] Como é evidente, a escritura de justificação para o reatamento do trato sucessivo, para efeitos de registo, ao suprir o "título formal" em falta, supria também a intervenção do titular da última inscrição em vigor de transmissão, domínio ou de mera posse e, portanto, respeitava, em absoluto, o princípio do trato sucessivo na segunda modalidade.
Lembramos que o princípio do trato sucessivo na segunda modalidade existe no direito registal português desde 1864, *e é um princípio formal* que visa assegurar, ao nível tabular, a sequência dos factos publicados, dando a devida tradução e cumprimento aos próprios princípios substantivos em que se enraíza a válida oneração e aquisição dos bens.

[36] Cfr. preâmbulo do Decreto em análise.

Sublinhe-se, por fim, que a justificação notarial não tinha de ser reduzida a escritura pública quando o valor fiscal do prédio não fosse superior a 5.000 escudos, de facto, nessa hipótese, de acordo com o § 4º, a escritura podia ser substituída por instrumento notarial avulso, ou seja, por instrumento lavrado fora das notas[37].

---

[37] De seguida passamos a transcrever, parcialmente, os arts. 20º e 22º do Dec.-Lei em apreço.
"Art. 20º Os titulares de direitos constantes da matriz e adquiridos anteriormente à publicação deste decreto-lei sobre prédios não descritos nas conservatórias ou descritos, mas sobre os quais não subsista alguma inscrição de transmissão, domínio ou posse, que não disponham de documentos bastantes para fazer a sua prova, podem obter a inscrição desses direitos no registo predial, mediante justificação feita perante o notário.
§ 1º A justificação notarial consiste na declaração feita em escritura pública pelos interessados, confirmada por mais três declarantes que o notário reconheça idóneos, na qual aqueles se afirmem, com exclusão de outrem, sujeitos do direito de que se trata, especificando a causa da sua aquisição.
(...)
§ 7º O registo feito com base na justificação tem carácter provisório, convertendo-se em definitivo se não for legitimamente impugnado no prazo de um ano. Enquanto este registo subsistir como provisório serão igualmente provisórios os registos que se efectuarem sobre o mesmo prédio.
§ 8º De todos os registos efectuados nos termos deste artigo será dado público conhecimento, por meio de editais afixados nos lugares do estilo nas sedes das freguesias da localização dos prédios. Os interessados certos serão notificados pessoalmente por carta registada, com aviso de recepção.
§ 9º A impugnação pode ser feita:
a) Pela apresentação de documento autêntico que ilida a presunção resultante do registo efectuado provisoriamente;
b) Pela apresentação a registo provisório, nos termos do artigo 201º do Código do Registo Predial, de certidão comprovativa de estar intentada acção para os efeitos do artigo 995º do Código Civil.
§ 10º O registo impugnado nas condições previstas na alínea b) do parágrafo antecedente subsistirá como provisório até à decisão final da acção e será convertido em definitivo ou cancelado em face de certidão da respectiva sentença com transito em julgado.
§ 11º Comete o crime previsto no parágrafo 5º do artigo 238º do Código penal aquele que, dolosamente e em prejuízo de outrem, prestar ou confirmar declarações falsas na justificação regulada neste artigo. Os declarantes serão sempre advertidos desta cominação." (O itálico e as frases introduzidas entre os parênteses rectos são nossos).
"Art. 22º A intervenção da última pessoa inscrita como titular da transmissão, domínio ou posse, exigida no artigo 269º do Cód.Reg.Pred., pode ser suprida por justificação notarial, sempre que a nova inscrição nele referida tenha por objecto actos ou factos ocorridos anteriormente à publicação deste decreto-lei.
§ 1º A justificação notarial, para os efeitos deste artigo, tem por objecto a dedução do trato sucessivo, a partir da pessoa a favor de quem subsiste inscrição de transmissão, domínio ou posse, reconstituído através de declarações prestadas em escritura pública pelos interessados e confirmadas por mais três declarantes que o notário reconheça idóneos.
§ 2º No instrumento de justificação devem os outorgantes especificar as sucessivas transmissões operadas indicando as causas e identificando os respectivos sujeitos, e, bem assim, apresentar os documentos

§3º O Cód.Reg.Pred. de 1959

Com a publicação do Cód.Reg.Pred. de 1959 ficou claramente prevista a possibilidade de justificar direitos sobre imóveis mediante o recurso a um de dois meios: extrajudicial, mediante a celebração de escritura pública; judicial, mediante acção especial de justificação.

A consagração das duas formas de justificação ocorreu em virtude da preocupação – revelada, no preâmbulo, pelo próprio legislador – de assegurar a correspondência entre a realidade jurídica extra-registal e a realidade tabular, como forma de obter um Registo credível, "condição básica da plena utilidade da instituição".

Ora, tendo o legislador prefeita consciência de que muitos prédios não se encontravam registados porque os titulares não dispunham de documentos susceptíveis de instruir o registo[38], naturalmente que, apoiando-se na experiência anterior, adoptou as justificações como meios expeditos, simples e económicos de suprimento da falta dos documentos necessários. Afirmando, logo no preâmbulo:

> "A acção judicial corresponde, nas suas linhas gerais, ao processo previsto no artigo 209º do actual código [o Cód.Reg.Pred. de 1929], mas, em vez de se aplicar apenas às hipóteses de o prédio não estar inscrito no registo predial em nome de qualquer pessoa e à justificação do domínio, passa a valer como meio não só de obter o ingresso no registo dos prédios e direitos adquiridos, por qualquer título, que nele se achem omissos, mas também de reatar o encadeamento interrompido das transmissões intermédias."

---

comprovativos das transmissões a respeito das quais não afirmem desconhecer a existência do título ou a impossibilidade de o obter.
(...)".

[38] As razões dessa falta de documentos eram as mais diversas. "Em certas zonas do país a palavra dada sobrepunha-se à formalização documental, e existiam então ainda muitas zonas do interior onde os negócios se faziam no momento oportuna ficando para momento posterior – normalmente coincidente com a época a seguir às safras agrícolas sazonais – a deslocação à sede do concelho para escriturar o contrato perante o notário, ocorrendo frequentemente que, entretanto, uma das partes falecia ou se deslocava para o estrangeiro, ficando a celebração da respectiva escritura para as «calendas gregas», o que na maioria dos casos significava «nunca», e havia ainda outra razão de carácter mais prosaico: a simples falta de dinheiro para despender no pagamento da sisa, da escritura e depois na contribuição predial." (Cfr. VICENTE MONTEIRO, Desjudicialização da Justificação de Direitos sobre Imóveis, [on-line] consultado em 26 de Abril de 2010. Disponível *in*: http://www.fd.uc.pt/cenor/textos/, p. 4).

Por sua vez, o domínio de aplicação das escrituras de justificação notarial, presentemente circunscrito aos direitos inscritos na matriz em nome do justificante e aos factos ocorridos em data anterior à publicação do Decreto-Lei nº 40 603, fica de futuro condicionado apenas pela circunstância de os direitos invocados pelo justificante constarem, em seu nome, da matriz, independentemente da época em que tenha tido lugar a inscrição e, bem assim, da data do facto alegado como origem da respectiva aquisição.

Finalmente, ainda com o objectivo de promover a actualização do registo predial, permite-se o recurso ao processo de justificação judicial para o efeito de libertar os prédios de encargos há muito extintos, mas que, em face do registo, permanecem em vigor, por falta de títulos necessários ao pedido do seu cancelamento"[39].

As novidades introduzidas pelo Cód.Reg.Pred. de 1959 – que, em boa parte, já resultam do exposto – foram, essencialmente, as seguintes:

- a justificação judicial foi regulada a par da justificação notarial;
- a justificação judicial foi admitida, quer para a "primeira inscrição", quer para o "reatamento do trato sucessivo", tal como anteriormente já ocorria com a justificação notarial;
- a justificação judicial foi prevista para *todos os direitos* sobre imóveis, quer os mesmos fossem oponíveis à margem do registo, quer não.
- o processo de justificação judicial de direitos passou a ser regulado de forma autónoma em face de qualquer processo do C.P.C.[40];

---

[39] Sublinhe-se que a possibilidade de recorrer à justificação judicial para expurgação dos ónus e encargos já extintos mas ainda não cancelados manteve-se em todos os diplomas legais posteriores que regularam a justificação judicial e que actualmente, no âmbito do processo desjudicializado que corre nos serviços do Registo Predial, está prevista no nº 1 do art. 118º do Cód.Reg.Pred..

[40] O referido processo foi gizado de forma bastante simplificada, envolvendo basicamente: a petição do interessado, dirigida ao juiz da comarca – onde era formulado o pedido de reconhecimento do direito alegado, com exposição dos respectivos fundamentos, especificação da causa de aquisição e indicação das testemunhas –, acompanhada dos documentos disponíveis; a citação do Ministério Público e dos interessados incertos; prolação imediata da sentença, caso não houvesse oposição (havendo, tal como anteriormente, o processo findava e as partes eram remetidas para os meios ordinários); possibilidade de recurso, a deduzir pelo Ministério Público ou pelo justificante, o qual era processado e julgado como agravo em matéria cível.

- à justificação da posse, para efeitos do registo, passou a ser exclusivamente aplicável o previsto no processo de justificação judicial de direitos para a primeira inscrição[41];
- a justificação notarial, já prevista para todos os direitos inscritos na matriz – quer os mesmos fossem oponíveis à margem do registo, quer não –, deixou de estar limitada aos direitos adquiridos anteriormente à publicação do Código;
- impôs-se a escritura pública como única forma da justificação notarial;
- foi atribuída legitimidade para outorgar na escritura de justificação, não só ao próprio titular da inscrição matricial e seus representantes legais, mas ainda, a quem dele tivesse adquirido, por sucessão ou acto entre vivos, o direito alegado.
- instituiu-se um regime de publicação do extracto da escritura com obediência a certos requisitos, a expensas dos interessados, num dos jornais mais lidos da sede do respectivo concelho (art. 212º do Código de 1959) e, no nº 1 do art. 213º, estatuiu-se que se algum interessado viesse a juízo propor a acção de impugnação do direito justificado, deveria requer ao juiz que se oficiasse imediatamente ao notário a dar conhecimento da pendência da oposição. Uma vez que, segundo o nº 2 do mesmo preceito legal, o notário não podia extrair qualquer certidão da escritura de justificação a partir do momento em que recebesse a comunicação da pendência de oposição.
- o registo do facto justificado deixou de ser lavrados como provisório – como ordenava o parágrafo 7º do art. 20º do Decreto-lei nº 40603 – antes de poder ser deduzida impugnação. De facto, estatui-se que o registo só podia ser efectuado em face de certidão da respectiva escritura, na qual o notário devia certificar a publicação do extracto e a inexistência da comunicação de haver oposição[42].

---

[41] Cfr. art. 208º do Cód.Reg.Pred. de 1959.
[42] Tendo em conta a sua enorme importância, passamos a transcrever grande parte o Capítulo I, Título III, do Cód.Reg.Pred. de 1959 (Meios de garantir a concordância entre o registo e a realidade jurídica),
"Artigo 197º (Princípio Geral)

A concordância do registo com realidade jurídica torna-se efectiva, conforme os casos, pela primeira inscrição do direito imobiliário não inscrito a favor de pessoa alguma, pelo estabelecimento do trato sucessivo ou pelo seu reatamento, quando interrompido, e pela expurgação dos ónus e encargos extintos e não cancelados.
Secção I (Da primeira inscrição)
Artigo 198º (Meios por que pode ser obtida a inscrição)
Os adquirentes de direitos sobre prédios não descritos no registo predial ou descritos, mas relativamente aos quais não subsista qualquer inscrição de transmissão, domínio ou mera posse, que não disponham de documento bastante para prova do seu direito, podem obter a respectiva inscrição mediante acção de justificação judicial ou escritura de justificação judicial.

SUBSECÇÃO I (Da acção de justificação judicial)
Artigo 199º (Petição inicial)
1. Aquele que pretenda justificar judicialmente o seu direito sobre prédios nas condições previstas no artigo anterior exporá os respectivos fundamentos, em petição dirigida ao juiz da comarca em que o prédio estiver situado, especificando a causa da aquisição do direito invocado e concluindo por pedir que, mediante a citação do Ministério Público e dos interessados incertos, lhe seja reconhecido o direito alegado.
2. Se o prédio estiver inscrito na matriz em nome de pessoa diversa do justificante, deverá ser também requerida a citação dessa pessoa ou, sendo falecida, dos seus herdeiros, independentemente de prévia habitação.
3. No caso de o prédio se situar na área de mais de uma comarca, será competente para acção o tribunal daquela a que pertencer a parcela de maior valor.
Artigo 200º (Meios de prova)
1. Com a petição, que não carece de ser articulada, serão oferecidas as testemunhas e apresentados, além de outros que se reputem necessários, os seguintes documentos:
a) Certidão comprovativa da omissão do prédio no registo predial ou, tratando-se de prédio já descrito, certidão de teor da descrição e de todas as inscrições e averbamentos em vigor, que lhe respeitem;
b) Certidão de teor da inscrição matricial do prédio ou, quando omisso, da participação para obter a inscrição.
2. O número de testemunhas não poderá ser superior a cinco.
Artigo 201º (Oposição ao pedido)
1. Feita a citação, poderá o Ministério Público, bem como qualquer interessado, deduzir oposição ao pedido, por simples requerimento, nos dez dias subsequentes ao termo do prazo dos editais.
2. Se houver oposição, o juiz declarará, por simples despacho, o processo sem efeito e remeterá as partes para os meios ordinários.
Artigo 202º (Inquirição de testemunhas, na falta de oposição)
Não sendo deduzida oposição, procederá o juiz à inquirição das testemunhas, reduzindo a escrito, por extracto, os respectivos depoimentos.
Artigo 203º (Sentença)
Concluída a instrução, no prazo de dez dias, a contar da respectiva conclusão, será proferida pelo juiz a sentença.
Artigo 204º (Recurso)
Da sentença pode o requerente ou o Ministério Público interpor recurso, nos termos gerais, o qual será processado e julgado como agravo em matéria cível.
Artigo 205º(Imposto de justiça)

*1. O imposto de justiça correspondente à acção será contado por um quarto do previsto no respectivo Código das Custas Judiciais, e nunca poderá ser superior a 5 por cento do valor do prédio, que resultar dos elementos constantes da matriz, ou do declarado na petição inicial, no caso de o prédio ser omisso.
2. O valor da acção será sempre o do prédio a que respeitar.*
Artigo 206º (Dedução de nova justificação)
Julgada improcedente a justificação, por falta de provas, poderá o justificante deduzir nova justificação.
Artigo 207º (Realização do registo)
*1. O registo será efectuado em face de certidão da sentença, com trânsito em julgado, que reconheça ao requerente o direito justificado.
2. O disposto no artigo 84º não impede que se registem definitivamente os direitos justificados, desde que estejam inscritos na matriz em nome do justificante.*
Artigo 208º (Justificação de mera posse)
O disposto nos artigos antecedentes é aplicável à justificação de mera posse, para efeitos de registo.

SUBSECÇÃO II (Justificação notarial)
Artigo 209º (Casos em que é admitida)
A justificação notarial, para os fins previstos no artigo 198º, só será admitida em relação a direitos inscritos na matriz em nome do justificante.
Artigo 210º (Em que consiste a justificação notarial)
*1. A justificação notarial, para fins de registo, consiste na declaração feita em escritura pública pelo sujeito do direito constante da matriz, ou por quem o represente, e confirmado por mais três declarantes, que o notário reconheça idóneos, em que se afirme, com exclusão de outrem, titular do direito de que se trata, especificando a causa da aquisição e as circunstâncias que o impossibilitam de a comprovar pelos meios normais.
2. Terá legitimidade para outorgar na escritura de justificação, além do próprio titular da inscrição matricial e dos seus representantes legais, quem dele tiver adquirido, por sucessão ou contrato, o direito alegado.
3. Na escritura de justificação devem os prédios ser devidamente identificados, em face das cadernetas prediais actualizadas ou de certidão de teor da inscrição matricial, passada, nome dos titulares, há menos de trinta dias.
4. Não podem servir de declarantes na escritura de justificação as pessoas que, segundo o Código do Notariado, não podem ser testemunhas instrumentárias, nem os parentes sucessíveis dos interessados ou seus cônjuges.
5. A escritura de justificação será sempre instruída com o documento previsto na alínea a) do artigo 200º.*
Artigo 211º (Advertência que deve ser feita aos outorgantes e declarantes)
O justificante, bem como os declarantes, serão sempre advertidos, pelo notário, das cominações previstas no artigo 276º e a advertência constará da escritura.
Artigo 212º (Publicação da escritura de justificação)
*1. Lavrada a escritura de justificação, fará o notário publicar, a expensas dos interessados, num dos jornais mais lidos da sede do respectivo concelho, um extracto das declarações nela exaradas, do qual deverá constar a identidade dos outorgantes, a menção do direito justificado, a causa da aquisição alegada e todos os elementos de identificação do prédio.
2. Na falta de jornal na sede do concelho, a publicação será feita num dos jornais mais lidos na região.*
Artigo 213º (Impugnação do direito justificado)

*1. Se algum interessado vier a juízo propor a acção de impugnação do direito justificado, deverá requer ao juiz que se oficie imediatamente ao notário a dar conhecimento da pendência da oposição.
2. Da escritura de justificação não poderá ser extraída qualquer certidão, desde que pelo notário seja recebida a comunicação da pendência de oposição ou de qualquer modo, sem haver decorrido o prazo de trinta dias sobre a data do número do jornal em que tiver sido feita a publicação do extracto da escritura.
Artigo 214º(Registo do direito justificado)
1. O registo do direito justificado será efectuado em face de certidão da respectiva escritura, na qual o notário deverá certificar a publicação do extracto e a inexistência da comunicação de haver oposição.
2. É aplicável aos registos efectuados nos termos deste artigo o disposto no nº 2 do artigo 207º.*

*SECÇÃO II (Do Reatamento do trato sucessivo)
Artigo 215º (Suprimento de intervenção do titular da inscrição)
A intervenção do titular da última inscrição em vigor de transmissão, domínio ou de mera posse exigida pela regra do trato sucessivo pode ser suprida por meio de justificação judicial ou notarial, nas condições previstas nas subsecções anteriores, com as alterações constantes dos artigos seguintes.
Artigo 216º (Petição para a justificação judicial)
1. Na petição para a justificação judicial deverá o requerente reconstituir as sucessivas transmissões operadas, a partir da pessoa a favor de quem subsistir a última inscrição, especificando as suas causas e identificando os respectivos sujeitos.
2. Além do Ministério Publico, será requerida a citação do titular da última inscrição ou, sendo falecido, dos seus herdeiros ou representantes, independentemente de prévia habilitação.
3. À petição deverão juntar-se, além das certidões previstas no artigo 200º, os documentos comprovativos das transmissões intermédias a respeito das quais os requerentes não afirmem desconhecer a existência de títulos ou a impossibilidade de os obter, bem como as certidões comprovativas da instauração dos processos de liquidação do imposto sucessório ou do pagamento de sisa referentes às transmissões que não constem da matriz.
4. Se as secções de finanças certificarem que não têm possibilidade de passar as certidões previstas na segunda parte do número anterior, o disposto no artigo 84º não obstará à realização do registo.
Artigo 217º (Especificação das transmissões averiguadas)
Na sentença que julgar procedente a justificação requerida devem ser especificadas as sucessivas transmissões intermédias averiguadas, referindo-se a sua causa e a identidade dos respectivos sujeitos.
Artigo 218º (Escritura de Justificação notarial)
1. A justificação notarial, para efeitos do artigo 215º, tem por objecto a dedução do trato sucessivo a partir do titular da última inscrição em vigor de transmissão, domínio ou mera posse, reconstituído por meio das declarações prestadas na escritura pelo interessado e confirmadas por mais três declarantes.
2. O disposto nos n.ᵒˢ 1, 3 e 4 do artigo 216º é aplicável, com as necessárias adaptações, à escritura de justificação.
(...)*

Refira-se por fim, que o Cód.Not. de 1960 passou a regular a justificação notarial, em consonância com o preceituado no Cód.Reg.Pred. de 1959, nos arts. 99º e ss., determinando, no nº 2 do art. 103º, que *os notários deviam recusar os declarantes que não considerassem dignos de crédito* e fixando, nos arts. 104º e 105º, quais os documentos que deviam instruir a escritura de justificação.

De seguida, também pela sua relevância, passamos a transcrever os referidos arts. 99º e ss. do Cód.Not. de 1960.

"SUBSECÇÃO II
Justificações notariais
Artigo 99º (Justificação para fins previstos no artigo 198º do Código do Registo Predial)
A justificação notarial, para fins previstos no artigo 198º do Código do Registo Predial, *consiste na declaração, feita em escritura pública pelo sujeito de direito constante da matriz e confirmada por mais três declarantes, em que o primeiro se afirme, com exclusão de outrem, titular do direito que se arroga, especificando a causa da aquisição e as circunstancias que o impossibilitam de a comprovar pelos meios normais.*
Artigo 100º (Justificação para reatamento do trato sucessivo)
1. A justificação notarial, para os efeitos do artigo 215º do Código do Registo Predial, tem por objecto a dedução do trato do sucessivo, *a partir do titular da última inscrição de transmissão, domínio ou mera posse, reconstituído por meio de declarações prestadas, em escritura pública, pelo interessado e confirmadas por mais de três declarantes.*
2. Na escritura de justificação especificar-se as sucessivas transmissões operadas, indicando as suas causas e identificando os respectivos sujeitos.
3. No texto de escritura serão expressamente consignadas as declarações feitas pelos interessados relativamente às transmissões intermédias, a respeito das quais afirmem desconhecer a existência de título ou a impossibilidade de o obter.
Artigo 101º (Direitos que podem ser objecto da justificação)
A justificação notarial é admitida em relação a direitos inscritos na matriz em nome do justificante.
Artigo 102º (Legitimidade dos outorgantes)
Além do próprio titular da inscrição matricial, tem legitimidade para outorgar, como interessado, na escritura de justificação quem dele tiver adquirido, por sucessão ou por acto entre vivos, o direito justificado.
Art. 103º (Idoneidade dos declarantes)
1. É aplicável aos outorgantes que intervenham nas escrituras de justificação como simples declarantes o disposto no art. 92º
2. Os notários devem recusar os declarantes que não considerem dignos de crédito.
Artigo 104º (Documentos que devem instruir a escritura de justificação)
1. As escrituras de justificação devem ser instruídas com os seguintes documentos:
a) Certidão comprovativa da omissão dos prédios no registo predial ou, quando se trate de prédios já descritos, certidão de teor da respectiva descrição e de todas as inscrições e averbamentos em vigor, que lhes digam respeito;
b) Certidão de teor da inscrição matricial dos mesmos prédios.
2. Se a escritura se referir a prédios situados em concelho onde vigore o regime do registo obrigatório, as certidões da conservatória e da matriz podem ser substituídas pela exibição da respectiva caderneta predial actualizada.
Artigo 105º (Documentos para escritura de justificação destinada ao reatamento do trato sucessivo)
1. Para a elaboração da escritura de justificação destinada ao reatamento do trato sucessivo é ainda necessária a exibição dos seguintes documentos:

§4º O Cód.Reg.Pred. e o Cód.Not. de 1967

Na vigência do Cód.Reg.Pred. e do Cód.Not. de 1967, o sistema dualista (justificação judicial, justificação notarial) manteve-se praticamente inalterado[43].

A propósito do Cód.Reg.Pred. de 1967, cumpre apenas sublinhar que o legislador, por um lado, deixou de estatuir sobre o modo como devia ser lavrada a escritura de justificação notarial, evitando, assim, repetir o previsto no Cód.Not.. Por outro lado, esclareceu que não se aplicava o princípio do trato sucessivo na primeira modalidade às primeiras inscrições, efectuadas com base em justificação (cfr. art. 204º, nº 2)[44].

Por seu turno, a versão originária do Cód.Not. de 1967, limitou-se a introduzir as seguintes alterações ao regime antes fixado pelo Código de 1960:

a) Documento comprovativo das transmissões intermédias, a respeito das quais o justificante não tenha feito as declarações previstas no nº 3 do artigo 101º;
b) Certidão comprovativa da instauração dos processos de liquidação do imposto sucessório ou do pagamento da sisa referentes às transmissões intermédias alegadas; ou
c) Documento comprovativo de que a respectiva secção de finanças se encontra impossibilitada de passar as certidões.

[43] Artigo 106º *(Advertência ao justificante e aos declarantes)*
Os outorgantes serão sempre advertidos de que incorrem nas penas aplicáveis ao crime de falsidade se, dolorosamente e em prejuízo de outrem, tiverem prestado ou confirmado, na escritura, declarações falsas, devendo a advertência constar do próprio instrumento.
Art. 107º *(Publicação das justificações)*
1. Lavrada a escritura de justificação, o notário fará publicar, dentro de quinze dias, a expensas dos interessados, num dos jornais mais lidos do concelho da situação dos prédios, um extracto das declarações nela exaradas, do qual deverão constar a data e o cartório em que a escritura foi lavrada, a identidade dos justificantes, a menção do direito justificado, as causas da aquisição, a menção do direito justificado, as causas da aquisição ou das transmissões alegadas e todos os elementos de identificação do prédio.
2. Na falta de jornal no concelho, a publicação far-se-á num dos jornais mais lidos da região.
3. É aplicável à publicação o disposto no nº 4 do art. 96º
Art. 108º *(Impugnação do direito justificado)*
1. Se algum interessado propuser acção de impugnação do direito justificado, requererá, simultaneamente, ao juiz que se oficie desde logo ao notário a comunicar a pendência da acção.
2. É aplicável à passagem de certidões de escrituras de justificação o disposto no nº 2 do artigo 97º".
Cfr. art. 208º e ss. do Cód.Reg.Pred. de 1967 e art. 100º e ss. do Cód.Not. de 1967.
[44] O princípio do trato sucessivo na primeira modalidade, ou na modalidade de inscrição prévia de aquisição (primeira inscrição), previsto no nº 1 do art. 13º, determinava *"o negócio pelo qual se transmitam direitos ou contraiam encargos sobre bens imóveis não pode ser admitido a registo definitivo sem que os direitos transmitidos ou os bens onerados se encontrem definitivamente inscritos a favor do transmitente ou de quem os onera."*

- determinou que competia ao notário decidir, em cada caso, se as circunstâncias alegadas impossibilitavam, de facto, o justificante de comprovar a causa da aquisição do direito pelos meios extrajudiciais normais (cfr. nº 2 do art. 100º.);
- estatuiu que na escritura de justificação para reatamento do trato sucessivo se deviam especificar, além das causas das transmissões intermédias, também as circunstâncias que impossibilitavam o justificante de as comprovar pelos meios normais (cfr. nº 2 do art. 101º)
- em matéria de documentos a instruir a inscrição, estabeleceu que as certidões deviam ser passadas com antecedência não superior a três meses (cfr. nº 2 do art. 105º).

§5º O Cód.Reg.Pred. de 1984, o Dec.-Lei 286/84 e o Decreto-Lei nº 284/84 de 22 de Agosto

Com o Decreto-Lei 224/84, de 6 de Julho de 1984, que aprovou o Cód. Reg.Pred. de 1984, também se mantiveram os dois tipos de justificação – a judicial e a notarial – mas qualquer uma delas passou ainda a servir de expediente para obter os documentos em falta com vista ao "estabelecimento de novo trato sucessivo" (cfr. art. 116º do Cód.Reg.Pred.).

Desde modo, à justificação foi atribuída também a capacidade de suprir a falta absoluta de documento comprovativo da aquisição originária por usucapião do direito de propriedade ou de outro direito real menor susceptível de ser usucapido. Ou seja, passou a abarcar situações em que se verificasse uma interrupção ou quebra na cadeia das aquisições derivadas, desde o titular registal inscrito até ao actual titular do direito, e em que, consequentemente, surgisse a necessidade deste invocar as circunstâncias de que resultava a sua posse e a sua aquisição mediante a usucapião.

Em consonância foi alterado o Cód.Not. de 1967, através do Dec.-Lei 286/84, de 23 de Agosto, tendo sido aditado o art. 101º-A (Justificação para estabelecimento de novo trato sucessivo no registo predial), cujo nº 1 passamos a transcrever.

"1 – A justificação, nos termos do nº 3 do artigo 116º do Código do Registo Predial, consiste na afirmação, feita pelo interessado, das circunstâncias em que baseia a aquisição originária, com dedução das transmissões que a tenham antecedido e das subsequentes."[45]

---

[45] Refira-se, pela sua importância prática, que através do Dec.-Lei 286/84, de 23 de Agosto, também foi alterado o art. 100 e aditado o art. 102º-A ao Cód.Not..
Passamos a transcrever o art. 100 e o art. 102º-A.

Refira-se ainda que o Dec.-Lei 286/84, de 23 de Agosto, introduziu outra importante novidade no Cód.Not.: na hipótese de justificação notarial tendente quer ao estabelecimento de novo trato sucessivo, quer ao reatamento do trato sucessivo, estatuindo: *"quando se verificar a falta de título em que tenha intervindo o titular inscrito, a escritura não pode ser lavrada sem a sua prévia notificação judicial avulsa, promovida pelo interessado"* (cfr. art. 108º do Cód.Not.)[46].

Ou seja, desde 1984, sempre que não se consiga provar a intervenção do titular inscrito no registo predial, quer porque ele é alheio a todo o processo (v. g. aquisição por usucapião), quer porque, embora intervindo, não haja documento válido que possa provar a sua intervenção (por exemplo, por que: o negócio nunca foi reduzido à forma legal; o documento formalmente válido foi destruído ou não consegue ser localizado; etc.), tem de ocorrer a sua notificação prévia; só depois a escritura de justificação será, ou não, lavrada. Deste modo, visou-se conceder uma protecção mínima a quem tem o cuidado de obter o registo dos respectivos factos aquisitivos, uma vez que assim se poderá opor à notificação.

Saliente-se, por fim, que com o Código 1984 o processo de justificação judicial deixou de estar regulado no Cód.Reg.Pred.. No entanto, ao contrário do que seria de esperar, não integrou o C.P.C., passou a constar de

"Artigo 100º (Justificação para estabelecimento do trato sucessivo no registo predial)
1-A justificação, para efeitos do nº 1 do artigo 116º do Código do Registo Predial, consiste na declaração, feita pelo interessado, em que este se afirma, com exclusão de outrem, titular do direito que se arroga, especificando a causa da sua aquisição e referindo as razões que o impossibilitam de a comprovar pelos meios notariais
2 – Quando for alegada a usucapião baseada em posse não titulada deverão mencionar-se expressamente as circunstâncias que permitem a sua invocação."
"Artigo 102º-A (Justificação simultânea)
A justificação pode ser feita no próprio título do negócio jurídico pelo qual se adquire o direito; sendo o negócio de alienação, competirá ao alienante fazer previamente as declarações previstas nos artigos anteriores."
[46] A redacção do art. 108º do Cód.Not. passou a ser a que de seguida se transcreve:
"Artigo 108º (Notificação prévia)
1 – No caso de estabelecimento de novo trato sucessivo ou de reatamento, quando se verificar a falta de título em que tenha intervindo o titular inscrito, a escritura não pode ser lavrada sem a sua prévia notificação judicial avulsa, promovida pelo interessado.
2 – No respectivo despacho, o juiz ordenará desde logo a notificação edital do titular inscrito ou dos herdeiros, independentemente de habilitação, para o caso de se verificar a sua ausência ou falecimento.
3 – Os editais são afixados pelo prazo de 30 dias na sede da junta de freguesia da situação dos prédios, ou na sede da sociedade, e na conservatória competente.
4 – Da escritura constará sempre a menção de que a notificação foi efectuada."

um diploma autónomo – o Decreto-Lei nº 284/84 de 22 de Agosto – ao qual foi reconhecido carácter transitório. As regras do processo de justificação judicial, porém, não sofreram quaisquer alterações de fundo em relação ao previsto no Código de 1959.

De facto, apenas quanto às citações editais foi fixada a regra de que seriam feitas na conservatória competente e na sede da Junta de Freguesia, provavelmente, porque se entendeu que estes seriam os locais onde mais facilmente os eventuais interessados poderiam ser alertados para a pretensão do justificante.

§6º O Decreto-Lei nº 312/90

O Decreto-Lei nº 312/90, de 2 de Outubro, foi o diploma legal que pela primeira vez criou um procedimento especial a correr nas conservatórias do registo predial com vista ao suprimento da falta de "títulos formais" necessários ao registo. Os interessados poderiam recorrer a este processo *em alternativa ao processo judicial ou à escritura de justificação notarial.*

Como resulta do preâmbulo do diploma, a previsão daquele processo especial resultou da necessidade de assegurar de forma rápida a reconstituição de documentos extraviados ou destruídos por motivo de incêndios verificados em duas conservatórias do registo predial do país. No entanto, a verdade é que o legislador, no referido Decreto-lei, introduziu outras medidas tendentes à simplificação dos procedimentos de acesso ao Registo em caso de desactualização por falta do trato sucessivo.

Segundo o nº 1 do art. 3º do citado diploma legal: *«em caso de desactualização do registo por falta de trato sucessivo, pode o conservador, a pedido verbal do interessado, lavrar auto-requerimento, em que especifique as circunstâncias que a determinam, com os elementos de prova disponíveis».* Em causa estavam, obviamente, aquelas situações relativas ao reatamento do trato sucessivo em que faltasse um "título formal" intermédio.

Todavia, nos termos do nº 1 do art. 5º, o procedimento poderia também ser utilizado para estabelecimento de novo trato sucessivo, e, de acordo com o nº 1 do art. 9º, seria ainda aplicável ao estabelecimento do trato sucessivo quanto a prédios não descritos, mas inscritos na matriz predial. Ficaram cobertas, portanto, as três situações previstas para o suprimento da falta de título por via da justificação notarial ou judicial. Em qualquer dos casos, segundo o nº 2 do citado art. 9º, o interessado devia indicar a causa e as circunstâncias da aquisição do direito e as razões que o impossibilitavam de a comprovar.

Sublinhe-se, por fim, que o procedimento a que acabamos de fazer referência não chegou a ter uma verdadeira implementação prática e que, na sequência de recusa de uma conservatória em dar início a tal procedimento, o Conselho Técnico dos Registos e do Notariado[47] decidiu que os Serviços de Registo não estavam obrigados a organizar tal procedimento de justificação[48].

§7º O Código do Notariado de 1995

Com o Cód.Not. de 1995 a matéria da justificação notarial não sofreu praticamente alterações, sendo apenas de salientar que na justificação para estabelecimento do trato sucessivo se esclareceu que, sendo invocada a usucapião baseada em posse não titulada, se deviam mencionar expressamente, as circunstâncias de facto que determinaram o início da posse, bem como as que consubstanciavam e caracterizavam a posse geradora da usucapião.

Nos casos de justificação notarial para reatamento e estabelecimento de novo trato sucessivo, foi eliminada a obrigatoriedade de apresentação, como documento instrutor, de certidão comprovativa da instauração do processo de liquidação de sisa ou de imposto sucessório relativo às transmissões intermédias entretanto ocorridas.

§ 8º O Decreto-Lei nº 273/2001

O Decreto-Lei nº 273/2001, de 13 de Outubro – na sequência de uma política de desjudicialização de matérias que não consubstanciavam verdadeiro

---

[47] Vide Parecer proferido no Proc. nº 28/92, R.P. 4, Boletim dos Registos e do Notariado, Março, 2002, p. 57 e ss..

[48] "A razão fundamental para esta posição radicou no facto daqueles processos serem organizados com base em auto-requerimento lavrado pelo conservador a pedido verbal do interessado, e não com base em requerimento deste, do que se concluía que a situação era semelhante ao chamado «processo pré-registral», o qual, como se sabe, se trata de um procedimento de estudo dos documentos e organização do processo registal pelos Serviços de Registo, a pedido dos utentes, sendo que a sua organização pode ser negada com fundamento no volume e atraso do serviço normal de registos, como seria o caso, já que na conservatória em causa não havia então conservador e se verificava a falta de funcionários em número suficiente para o volume do serviço. Foi também argumentado que o interessado poderia sempre socorrer-se dos meios alternativos ao seu dispor, nomeadamente a escritura notarial de justificação e a acção de justificação judicial." (Cfr. VICENTE MONTEIRO, Desjudicialização da justificação de direitos sobre imóveis, loc. cit., p. 12).

litígio – instituiu a *transferência* dos tribunais para as conservatórias das competências relativas aos processos de carácter eminentemente registal.

No referido diploma legal estão previstos vários tipos de processos, de entre os quais o processo de justificação, tendente ao suprimento da falta de documentos, para inscrever actos de registo sobre imóveis.

Deste modo, foi extinto o processo de justificação judicial e criado o actual processo de justificação de direitos a correr nas conservatórias do registo predial[49].

---

[49] Passamos a transcrever os arts. 116º a 118º do Cód.Reg.Pred. que regularam o referido processo, desde 2001 até à entrada em vigor do Dec.-Lei 116/2008 – que introduziu diversas alterações às quais nos referiremos aquando da análise do actual processo de justificação a correr nos serviços do Registo Predial.

"*Artigo 116º (Justificação relativa ao trato sucessivo)*
1 – O adquirente que não disponha de documento para a prova do seu direito pode obter a primeira inscrição *mediante escritura de justificação notarial ou decisão proferida no âmbito do processo de justificação previsto neste capítulo.*
2 – Caso exista inscrição de aquisição, reconhecimento ou mera posse, a falta de intervenção do respectivo titular, exigida pela regra do nº 2 do artigo 34º, pode ser suprida mediante escritura de justificação notarial ou decisão proferida no âmbito do processo de justificação previsto neste capítulo.
3- Na hipótese prevista no número anterior, a usucapião implica novo trato sucessivo a partir do titular do direito assim justificado.
Artigo 117º (Regularidade fiscal)
1 – No caso de justificação para primeira inscrição, presume-se a observância das obrigações fiscais por parte do justificante, se o direito estiver inscrito em seu nome na matriz.
2 – Tratando-se do reatamento do trato sucessivo, a impossibilidade de comprovar os impostos referentes às transmissões justificadas, quando certificada pela repartição de finanças, dispensa a apreciação da regularidade fiscal das mesmas transmissões.
Artigo 117º-A (Restrições à admissibilidade da justificação)
1 – A justificação de direitos que, nos termos da lei fiscal, devam constar da matriz só é admissível em relação aos direitos nela inscritos ou relativamente aos quais esteja pedida, à data da instauração do processo, a sua inscrição na matriz.
2 – Além do pretenso titular do direito, tem legitimidade para pedir a justificação quem demonstre ter legítimo interesse no registo do respectivo facto aquisitivo, incluindo, designadamente, os credores do titular do direito justificando.
Artigo 117º-B (Requerimento inicial)
1 – O processo inicia-se com a apresentação de requerimento dirigido ao conservador competente, em razão do território, para efectuar o registo ou registos em causa.
2 – No requerimento, que não carece de ser articulado, o interessado pede o reconhecimento do direito em causa, oferece e apresenta os meios de prova e indica, consoante os casos:
a) A causa da aquisição e as razões que impossibilitam a sua comprovação pelos meios normais, quando se trate de estabelecer o trato sucessivo relativamente a prédios não descritos ou a prédios descritos sobre os quais não incida inscrição de aquisição, de reconhecimento ou de mera posse;

b) As sucessivas transmissões operadas a partir do titular inscrito, com especificação das suas causas e identificação dos respectivos sujeitos, bem como das razões que impedem a comprovação pelos meios normais das transmissões relativamente às quais declare não lhe ser possível obter o título;
c) As circunstâncias em que baseia a aquisição originária, bem como as transmissões que a tenham antecedido e as subsequentes, se estiver em causa o estabelecimento de novo trato sucessivo nos termos do nº 3 do artigo 116º
3 – Sendo invocada a usucapião como causa da aquisição, são expressamente alegadas as circunstâncias de facto que determinam o início da posse, quando não titulada, bem como, em qualquer caso, as que consubstanciam e caracterizam a posse geradora da usucapião.
4 – O prédio objecto do direito justificando deve ser identificado no requerimento nos termos exigidos na alínea b) do nº 1 do artigo 44º.
Artigo 117º-C (Meios de prova)
Com o requerimento são oferecidas as testemunhas até ao máximo de cinco e apresentados, para além de outros que eventualmente se mostrem necessários para a verificação dos pressupostos da procedência do pedido, os seguintes documentos:
a) Certidão de teor da inscrição matricial ou, sendo o prédio omisso, da declaração para a sua inscrição, quando devida;
b) Documentos comprovativos das transmissões anteriores e subsequentes ao facto justificado a respeito das quais se não alegue a impossibilidade de os obter;
c) Certidão comprovativa do facto de estarem pagos ou assegurados os impostos da sisa ou sobre as sucessões e doações referentes às transmissões que não constem da matriz, sem prejuízo do disposto no artigo 117º
Artigo 117º-D (Apresentação)
1 – O processo de justificação considera-se instaurado no momento da apresentação do requerimento inicial e dos documentos na conservatória competente, a qual é anotada no Diário.
2 – Caso a entrega do requerimento e dos documentos não seja acompanhada do pagamento dos emolumentos devidos pelo processo e pelos registos a lavrar na sequência da justificação, aqueles não são recebidos, sendo devolvidos aos interessados juntamente com o despacho do conservador.
3 – O despacho é susceptível de recurso pelos interessados nos termos previstos no artigo 117.-I, com as necessárias adaptações.
Artigo 117.-E (Averbamento de pendência da justificação)
1 – Efectuada a apresentação, o conservador lavra oficiosamente averbamento da pendência da justificação, reportando-se a este momento os efeitos dos registos que venham a ser lavrados na sequência da justificação.
2 – Para efeitos do disposto no número anterior, abre-se a descrição do prédio ainda não descrito e, se a descrição resultar de desanexação de outro prédio, faz-se a anotação da desanexação na ficha deste último.
3 – A descrição aberta nos termos do número anterior é inutilizada no caso de o averbamento de pendência ser cancelado, a menos que devam subsistir em vigor outros registos entretanto efectuados sobre o prédio.
4 – Os registos de outros factos lavrados posteriormente e que dependam, directa ou indirectamente, da sorte da justificação pendente estão sujeitos ao regime de provisoriedade previsto na alínea b) do nº 2 do artigo 92º, sendo-lhes aplicável, com as necessárias adaptações, o disposto no n. 6 desse mesmo artigo.
5 – O averbamento de pendência é oficiosamente cancelado mediante a decisão que indefira o pedido de justificação ou declare findo o processo, logo que tal decisão se torne definitiva.
Artigo 117.-F (Indeferimento liminar)
1- Sempre que o pedido se prefigure como manifestamente improcedente, o conservador indefere liminarmente o requerido, por despacho fundamentado de que notifica o requerente.

2 – Se ao requerimento inicial não tiverem sido juntos os documentos comprovativos dos factos alegados, que só documentalmente possam ser provados e cuja verificação constitua pressuposto da procedência do pedido, ou se do requerimento e dos documentos juntos não constarem os elementos de identificação do prédio exigidos para a sua descrição, nos termos da alínea b) do nº 1 do artigo 44º, o conservador convida previamente o justificante para, no prazo de 10 dias, juntar ao processo os documentos em falta ou prestar declaração complementar sobre os elementos de identificação omitidos, sob pena de indeferimento liminar da pretensão.
3 – Da decisão de indeferimento liminar pode o justificante recorrer nos termos previstos no artigo 117º-I, com as necessárias adaptações.
4 – Pode o conservador, face aos fundamentos alegados no recurso interposto, reparar a sua decisão de indeferir liminarmente o pedido, mediante despacho fundamentado que ordene o prosseguimento do processo, do qual é notificado o recorrente.
5 – Não sendo a decisão reparada, são efectuadas simultaneamente a citação nos termos do artigo seguinte e a notificação da interposição do recurso.
6 – Sendo apresentada oposição ao pedido de justificação, o processo é declarado findo nos termos do nº 1 do artigo 117º-H; não sendo deduzida oposição, o processo é remetido ao tribunal para decisão do recurso.
Artigo 117º-G (Citação)
1 – Para os termos do processo são citados o Ministério Público, na pessoa do seu agente junto do tribunal de 1ª instância competente na área da circunscrição a que pertence a conservatória, e os interessados incertos.
2 – Caso a justificação se destine ao reatamento ou ao estabelecimento de novo trato sucessivo, é igualmente citado o titular da última inscrição, quando se verifique falta de título em que ele tenha intervindo, procedendo-se à sua citação edital ou à dos seus herdeiros, independentemente de habilitação, quando, respectivamente, aquele titular esteja ausente em parte incerta ou tendo falecido.
3 – A citação edital é feita pela simples afixação de editais, pelo prazo de 30 dias, na conservatória competente, na sede da junta de freguesia da situação do prédio e, quando se justifique, na sede da junta de freguesia da última residência conhecida do ausente ou falecido.
4 – A defesa do titular inscrito ausente ou incapaz que, por si ou seus representantes, não tenha deduzido oposição, incumbe ao Ministério Público, que para tanto deve também ser citado na pessoa do seu agente junto do tribunal de 1ª instância competente na área da circunscrição a que pertença a conservatória, correndo novamente o prazo para a oposição.
5- Se a citação pessoal não for possível em virtude de notória anomalia psíquica ou de outra incapacidade de facto do interessado, é o Ministério Público citado de imediato, aplicando-se o disposto no número anterior com as necessárias adaptações.
Artigo 117º-H (Instrução e decisão)
1- O Ministério Público e os interessados podem deduzir oposição nos 10 dias subsequentes ao termo do prazo dos editais, oferecendo as testemunhas e apresentando os restantes meios de prova.
2- Se houver oposição, o conservador declara o processo findo, sendo os interessados remetidos para os meios judiciais.
3- Não sendo deduzida oposição, procede-se à inquirição das testemunhas, apresentadas pela parte que as tenha indicado, sendo os respectivos depoimentos reduzidos a escrito.
4 – A decisão é proferida no prazo de 10 dias após a conclusão da instrução e, sendo caso disso, especifica as sucessivas transmissões operadas, com referência às suas causas e à identidade dos respectivos sujeitos.
5- O Ministério Público e os interessados são notificados da decisão no prazo de cinco dias.
6- Tornando-se a decisão definitiva, o conservador lavra oficiosamente os consequentes registos.

A propósito do Decreto-Lei nº 273/2001, de 13 de Outubro, cumpre ainda referir que alterou o Cód.Not., ampliando o elenco de pessoas legitimadas a intervir na qualidade de justificante. Assim, para além da pessoa que se arroga titular do direito, passou a admitir como justificante quem demonstre ter *legítimo interesse no registo do respectivo facto aquisitivo*,

Artigo 117º-I (Recurso para o tribunal de 1ª instância)
1- O Ministério Público e qualquer interessado podem recorrer da decisão do conservador para o tribunal de 1ª instância competente na área da circunscrição a que pertence a conservatória onde pende o processo.
2 – O prazo para a interposição do recurso, que tem efeito suspensivo, é o do artigo 685º do Código de Processo Civil.
3- O recurso interpõe-se por meio de requerimento onde são expostos os respectivos fundamentos.
4- A interposição do recurso considera-se feita com a apresentação do mesmo na conservatória em que o processo se encontra pendente, a qual é anotada no Diário, sendo de seguida o processo remetido ao tribunal competente.
Artigo 117º-J (Decisão do recurso)
1 – Recebido o processo, são notificados os interessados para, no prazo de 10 dias, impugnarem os fundamentos do recurso.
2- Não havendo lugar a qualquer notificação ou findo o prazo a que se refere o número anterior, vai o processo com vista ao Ministério Público.
Artigo 117º-L (Recurso para o tribunal da Relação)
1 – Da sentença proferida no tribunal de 1ª instância podem interpor recurso para o tribunal da Relação os interessados e o Ministério Público.
2 – O recurso, que tem efeito suspensivo, é processado e julgado como agravo em matéria cível.
3- Do acórdão do tribunal da Relação não cabe recurso para o Supremo Tribunal de Justiça, sem prejuízo dos casos em que o recurso é sempre admissível.
Artigo 117.-M (Devolução do processo)
Após o trânsito em julgado da sentença ou do acórdão proferidos, o tribunal devolve à conservatória o processo de justificação.
Artigo 117º-N (Nova justificação)
Não procedendo a justificação por falta de provas, pode o justificante deduzir nova justificação.
Artigo 117º-O (Incompatibilidades)
Ao conservador que exerça advocacia é vedada a aceitação do patrocínio nos processos previstos no presente capítulo.
Artigo 117º-P (Direito subsidiário)
O Código de Processo Civil é aplicável, subsidiariamente e com as necessárias adaptações, ao processo de justificação previsto neste capítulo.
Artigo 118º (Outros casos de justificação)
(...)
2- Ao registo da mera posse são aplicáveis as disposições relativas ao processo de justificação para primeira inscrição.
3- São regulados pela legislação respectiva o processo de justificação para inscrição de direitos sobre os prédios abrangidos por emparcelamento e o processo de justificação administrativa para inscrição de direitos sobre imóveis a favor do Estado.".

incluindo, designadamente, os credores do titular do direito justificado (cfr. art. 92º do Cód.Not..

Ademais, a propósito da notificação prévia – no caso de reatamento do trato sucessivo ou de estabelecimento de novo trato, quando se verificar a falta de título em que tenha intervindo o titular inscrito – veio *substituir a notificação judicial avulsa pela notificação efectuada pelo notário, a requerimento, escrito ou verbal, do interessado na escritura* (cfr. art. 99º do Cód.Not.) [50].

---

[50] O art. 99º do Cód.Not. passou a ter a seguinte redacção:
"Artigo 99º (Notificação prévia)
1 – No caso de reatamento do trato sucessivo ou de estabelecimento de novo trato, quando se verificar a falta de título em que tenha intervindo o titular inscrito, a escritura não pode ser lavrada sem a sua prévia notificação, efectuada pelo notário, a requerimento, escrito ou verbal, do interessado na escritura.
2 – Quando o pedido referido no número anterior seja formulado verbalmente é reduzido a auto.
3 – O requerimento e os documentos que o instruam são apresentados em duplicado e, tendo de ser notificada mais de uma pessoa, apresentam-se tantos duplicados quantas sejam as pessoas que vivam em economia separada; no caso de ser lavrado auto-requerimento, os documentos que o instruam são igualmente apresentados em duplicado, nos termos referidos, cabendo ao notário extrair cópia daquele.
4 – Verificada a regularidade do requerimento e da respectiva prova documental, o notário profere despacho a ordenar a notificação do titular inscrito, devendo, desde logo, ordenar igualmente a notificação edital daquele ou dos seus herdeiros, independentemente de habilitação, para o caso de se verificar a sua ausência em parte incerta ou o seu falecimento.
5 – As notificações são feitas nos termos gerais da lei processual civil, aplicada com as necessárias adaptações.
6 – Nas situações em que a notificação deva ser efectuada de forma pessoal e o notificando residir fora da área do cartório, a diligência pode ser requisitada por meio de ofício precatório dirigido ao notário competente.
7 – A notificação edital é feita pela simples afixação de editais, pelo prazo de 30 dias, na conservatória competente para o registo, na sede da junta de freguesia da situação do prédio ou da sede da sociedade e, quando se justifique, na sede da junta de freguesia da última residência conhecida do ausente ou falecido.
8 – A notificação prevista no presente artigo não admite qualquer oposição.
9– O despacho que indeferir a notificação pode ser impugnado nos termos previstos neste Código para a impugnação de recusa do notário em praticar qualquer acto que lhe seja requisitado.
10 – Da escritura deve constar a menção de que a notificação foi efectuada."

Secção II
A figura da justificação de direitos de particulares para fins do registo predial, na actualidade

Sumário: A justificação no Direito actual: a justificação notarial e o processo de justificação 1.1. A justificação notarial: § 1º – Modalidades de justificação notarial; § 2º – Intervenientes; § 3º – Documentos instrutórios; § 4º – Notificação; § 5º – Publicidade; 1.2. O processo de justificação a correr nos serviços do registo predial: § 1º – Apresentação do pedido; § 2º – Rejeição do pedido; § 3º – Convite para aperfeiçoamento do pedido e indeferimento liminar; § 4º – Prosseguimento do processo: notificação, na justificação que se destine ao reatamento ou ao estabelecimento de novo trato sucessivo; publicação electrónica das notificações; *terminus* do processo extrajudicial, caso seja deduzida oposição; instrução, na ausência de oposição; decisão, sua notificação e publicação oficiosa em sítio da internet; decisão definitiva e consequente feitura dos registos, na ausência de impugnação judicial da decisão; remessa do processo para o tribunal competente quando ocorra impugnação judicial.

1. As justificações no Direito actual: a justificação notarial e o processo de justificação[51]

Como resulta do anteriormente exposto, actualmente existem duas "formas" de justificação: a justificação notarial, prevista no Cód.Not.[52] e o processo de justificação a correr nos serviços do registo predial.[53]

A justificação, em qualquer das suas "formas", serve em concreto para duas situações distintas em que se torna necessário suprir a falta de documentos:

- nunca houve qualquer aquisição derivada válida, porque nunca se intentou adquirir derivadamente o direito ou porque, embora se tenha intentado, não se celebrou o negócio ou acto jurídico em

---

[51] Com a obrigatoriedade do registo, imposta pelo Dec.-Lei 116/2008, é de todo o interesse dos proprietários descrever os prédios que estejam omissos e resolver situações de quebra do trato sucessivo, consequentemente, as justificações assumem actualmente, ainda maior relevância prática.
[52] Cfr. os arts. 89º a 101º, do Cód.Not. de 1995, com as alterações introduzidas nos arts. 92º e 99º pelo Decreto-Lei nº 273/2001, de 13 de Outubro.
[53] Cfr. Decreto-Lei nº 273/2001, de 13 de Outubro.

conformidade com a lei, pelo que o interessado não dispõe de qualquer documento ou de um documento que comprove que adquiriu o direito. Mas, não obstante, o interessado, exerceu posse, pacífica e pública, durante um determinado número de anos e invocou ou pode invocar a usucapião[54].

---

[54] Segundo o disposto no art. 1287º do Código Civil, "a posse do direito de propriedade ou de outros direitos reais de gozo, mantida por certo lapso de tempo, faculta ao possuidor, salvo disposição em contrário, a aquisição do direito a cujo exercício corresponde a sua actuação: é o que se chama usucapião."
De acordo com a norma do artigo 1251º do Código Civil, posse é o poder que se manifesta quando alguém actua por forma correspondente ao exercício do direito de propriedade ou de outro direito real.
Segundo a concepção subjectivista que perfilhamos, tal como boa parte da doutrina e da maioria da jurisprudência nacionais, posse é o exercício de poderes de facto sobre uma coisa em termos de um direito real (*rectius*: do direito real correspondente a esse exercício). A posse envolve, portanto, um elemento empírico – *exercício de poderes de facto* – e um elemento psicológico-jurídico – *em termos de um direito real*". Ou, por outras palavras, supõe:
– o *corpus* que consiste no domínio do facto sobre a coisa. Domínio esse que se traduz no exercício efectivo de poderes materiais sobre a coisa ou na possibilidade empírica desse exercício.
– o *animus*, que consiste na intenção de exercer sobre a coisa, como seu titular, o direito real correspondente àquele domínio de facto.
Nos termos, do art. 1252º, nº 2, do Código Civil o exercício do corpus faz presumir a existência do *animus*.
A aquisição mediante a usucapião depende da existência de uma posse, pública e pacífica (cfr. arts. 1293º, *a*), 1297º e 1300º, nº 1, todos do Código Civil) – consequentemente, se a posse tiver sido constituída com violência ou tomada ocultamente os prazos da usucapião só começam a contar-se desde que cesse a violência ou a posse se torne pública –, exercida em termos de um dos diretos reais susceptíveis de serem usucapidos (cfr. art. 1293º do Código Civil), durante um certo lapso de tempo – variável conforme a natureza móvel ou imóvel dos bens sobre que a posse incida e consoante a posse seja titulada ou não titulada, de boa ou de má fé e exista, ou não, registo da mera posse ou registo do título (cfr. arts. 1294.°, 1295.°, 1296.° [para imóveis] e art. 1298.° [para móveis sujeitos a registo], todos do Código Civil).
Em matéria de tempo de posse relevante para a invocação da usucapião, lembramos, ainda, que são aplicáveis à usucapião as regras da suspensão e interrupção da prescrição, (art. 1292°, 318º e ss., 323º e ss., todos do Código Civil).
Todos os que podem adquirir, inclusive os incapazes (por si, se tiverem o uso da razão – cfr. art. 1266º do Código Civil –, ou por seus legais representantes), podem usucapir (cfr. nº 2 do art. 1289.° do Código Civil).
Como se sabe, a usucapião, para ser eficaz, necessita de ser invocada, judicial ou extrajudicialmente. "Não há, portanto, uma aquisição *ipso jure*, mas uma faculdade de adquirir atribuída ao possuidor, ou aos credores deste, ou a terceiros com interesse na aquisição". (*Vide* PIRES DE LIMA e ANTUNES VARELA, *Código Civil Anotado*, Volume III, ob. cit., p. 56). A usucapião

– ocorreu uma aquisição derivada e a mesma foi documentada, mas o documento não se encontra ou não é possível obtê-lo (por exemplo, por desconhecimento do local e da entidade perante a qual foi celebrado, por se ter extraviado ou por se terem degradado os respectivos suportes em papel e não ser possível reproduzi-los)[55].

Segundo a maioria da doutrina, o legislador, no art. 116º do Cód.Reg. Pred., consagra três modalidades de justificação[56]-[57]. Já nos fomos referindo a elas ao longo deste trabalho e voltaremos a fazê-lo. Por agora, limitamo-nos a recordar a actual redacção do art. 116º do Cód.Reg.Pred.

> *"1 – O adquirente que não disponha de documento para a prova do seu direito pode obter a primeira inscrição mediante escritura de justificação notarial ou decisão proferida no âmbito do processo de justificação previsto neste capítulo.*

também não pode ser conhecida *ex officio* pelo julgador (Cfr. art. 303º aplicável por força do disposto no art. 1292º).
No entanto, a invocação da usucapião pode ser tácita, se os factos alegados integrarem, de modo manifesto, os respectivos elementos ou requisitos constitutivos e revelarem a intenção inequívoca de fundar o direito na usucapião. (Neste sentido, *vide* Acórdão de Supremo Tribunal de Justiça de 10 de Abril de 1984, Boletim do Ministério da Justiça, nº 336, 1984, p. 433 e ss. e de 18 Novembro 2008, [on-line] consultado em 2 de Maio de 2010. Disponível *in*: http://jurisprudencia.vlex.pt/vid/44475760#ixzz0n3QEh700.).
No plano extrajudicial, o meio privilegiado para se invocar a usucapião é precisamente a justificação notarial ou o processo de justificação.
Invocada triunfantemente a usucapião, os seus efeitos retrotraem-se à data do início da posse (cfr. art. 1288º Código Civil) e o momento da aquisição do direito coincide com o do início da posse (cfr. 1317º, *c*), do mesmo diploma legal).
(Sobre a usucapião, *vide*, por todos: MOTA PINTO, *Direitos Reais*, (Lições coligidas por ÁLVARO MOREIRA e CARLOS FRAGA), Coimbra, 1971, p. 213 e ss.; ORLANDO DE CARVALHO, Introdução à Posse, *Revista de Legislação e de Jurisprudência*, Ano 122º, nº 3781, p. 105 e ss.; HENRIQUE MESQUITA, *Direitos Reais, Sumários das Lições ao Curso de 1966-1967*, Coimbra, João Abrantes, 1967, p. 11 e ss.; SANTOS JUSTO, *Direitos Reais*, 2ª ed., Coimbra, Coimbra Editora, 186 e ss.).

[55] Sublinhe-se que, também nesta hipótese, não obstante a indisponibilidade do "título formal" que a seu tempo foi validamente redigido, se o negócio ou acto jurídico for seguido da posse do imóvel durante o período de tempo previsto na lei, comportando-se o adquirente como verdadeiro titular do direito real, nada obsta a que este opte por invocar a usucapião como causa de aquisição do direito – que, na verdade, adquiriu derivadamente – e, consequentemente, a recorrer à justificação para estabelecimento de novo trato sucessivo..

[56] Por todos, *vide* FERNANDO NETO FERREIRINHA, A justificação notarial para fins do Registo Predial, loc. cit., p. 3.

[57] Cfr. o art. 116º do Cód.Reg.Pred., anteriormente transcrito, e os arts. 89º, 90º e 91º do Cód.Not..

2 – Caso exista inscrição de aquisição, reconhecimento ou mera posse, a falta de intervenção do respectivo titular, exigida pela regra do nº 4 do artigo 34º pode ser suprida mediante escritura de justificação notarial ou decisão proferida no âmbito do processo de justificação previsto neste capítulo[58].

3 – Na hipótese prevista no número anterior, a usucapião implica novo trato sucessivo a partir do titular do direito assim inscrito."

1.1. A justificação notarial

A justificação notarial –que, como referimos, foi admitida no nosso ordenamento jurídico em 1956 – e que tem de ser reduzida a escritura pública desde 1959, encontra-se actualmente consagrada e regulado nos arts. 89º e ss. do Cód.Not..

§1º Modalidades:

a) A justificação para obter a primeira inscrição, isto é, *para estabelecimento do trato sucessivo*, relativamente a prédios não descritos ou, se descritos, quando sobre eles não incida inscrição de aquisição ou equivalente.

Esta modalidade de justificação notarial "consiste na declaração, feita pelo interessado, em que este se afirme, com exclusão de outrem, titular do direito que se arroga, especificando a causa da sua aquisição e referindo as razões que o impossibilitam de a comprovar pelos meios normais, devendo, quando for alegada a usucapião baseada em posse não titulada, ser mencionadas expressamente as circunstâncias de facto que determinam o início da posse, bem como as que consubstanciam e caracterizam a posse geradora da usucapião"[59].

b) Justificação *para reatamento do trato sucessivo* nos casos em que a sequência das aquisições derivadas – transmissões intermédias –, desde o dono inscrito até ao actual (o justificante), não tenha sido interrompida, mas se verifique a falta de um documento que comprove uma das aquisições derivadas, em virtude de extravio, destruição ou outro motivo atendível.

---

[58] O nº 2 do art. 116º, na verdade, refere-se ao nº 2 do art. 34º do Cód.Reg.Pred., mas é evidente o lapso, uma vez que o princípio do trato sucessivo na segunda modalidade está actualmente previsto no nº 4 e não no nº 2 do art. 34º do referido diploma legal.

[59] Cfr. NETO FERREINHA e ZULMIRA NETO DA SILVA, Manual de Direito Notarial, 4ª ed., Coimbra, Almedina, 2008, p. 490.

A justificação para reatamento do trato sucessivo "tem por objecto a dedução do trato sucessivo a partir do titular da última inscrição até ao justificante, por meio de declarações prestadas pelo justificante, devendo na escritura reconstituir-se as sucessivas transmissões, com especificação das suas causas e identificação dos respectivos sujeitos, e indicar-se ainda, relativamente àquelas a respeito das quais o interessado afirme ser-lhe impossível obter o título, as razões de que resulte essa impossibilidade"[60]-[61].

c) Justificação *para estabelecimento de novo trato sucessivo* contempla as situações em que se verifique uma interrupção ou quebra na cadeia das aquisições derivadas, desde o titular registal inscrito até ao actual titular do direito, e em que, consequentemente, surja a necessidade de o justificante invocar as circunstancias de que resulta a posse e a aquisição mediante a usucapião.

Neste caso, a justificação tem por fim o suprimento da falta absoluta de documento comprovativo da aquisição originária, por usucapião, do direito de propriedade ou de outro direito real menor susceptível de ser usucapido.

A justificação para estabelecimento de novo trato sucessivo "consiste na afirmação, feita pelo interessado, das circunstâncias em que se baseia a aquisição originária, com dedução das transmissões que a tenham antecedido e das subsequentes, devendo na escritura reconstituir-se as sucessivas transmissões, com especificação das suas causas e identificação dos respectivos sujeitos, e indicar-se ainda, relativamente àquelas a respeito das quais o interessado afirme ser-lhe impossível obter o título, as razões de que resulte essa impossibilidade e as circunstâncias de facto que determinam o início da posse, bem como as que consubstanciam e caracterizam a posse geradora da usucapião"[62].

---

[60] Ibidem, p.. 490 e 491.

[61] "Sendo a justificação notarial um meio anormal de titular actos, tem, necessariamente, de considerar-se subordinada à condição de serem especificadas na escritura as circunstância que impossibilitam a correspondente prova pelos meios normais" (Cfr. Código do Notarado, anotado pela Direcção-Geral dos Registos e do Notariado, Edição Actualizada e Anotada, Lisboa, Imprensa Nacional – Casa da Moeda – 1973, p. 146.

[62] Como a usucapião é uma das formas de aquisição originária que se fundamenta na posse exercida por certo tempo com determinados requisitos e características, naturalmente, terão estas de ser devidamente referenciadas na escritura.

Assim, consideramos que não basta indicar *os conceitos jurídicos* que baseiam uma posse conducente à usucapião – nomeadamente que é exercida em nome próprio, de forma pacífica,

Sendo alegada a usucapião baseada em posse não titulada, a lei, desde 1984, obriga a que se aleguem "as circunstâncias de facto que determinam o início da posse" (cfr. os actuais arts. nos arts. 89º e 91º do Cód.Not.). Porque assim é, não basta que na escritura de justificação se indiquem os fundamentos materiais e objectivos que tornam possível a aquisição originária, é ainda necessário explicar quais as circunstâncias concretas que estiveram na origem da posse.

Configurando-se a usucapião uma aquisição originária do direito de propriedade, verifica-se, nesse caso, a quebra do trato sucessivo, iniciando-se um novo encadeamento tabular a partir do titular do direito justificando.

Refira-se, por fim, que segundo BORGES DE ARAÚJO o art. 91º não consagra uma terceira modalidade de justificação, diferente da modalidade de justificação para reatamento do trato sucessivo mas, apenas, um seu subtipo que atribui à usucapião efeitos menores dos que lhe são próprios, uma vez que exige a dedução do trato sucessivo para as transmissões que a tenham antecedido[63].

O autor assume esta posição porque o art. 91º do Cód.Not., tal como referimos, determina que em tal hipótese a justificação consiste na afirmação, feita pelo interessado, das circunstâncias em que baseia a aquisição originária, *acrescida da dedução das transmissões que tenham antecedido a usucapião e das subsequentes*. Ora, se a usucapião não vale sem a dedução do trato sucessivo anterior, segundo BORGES DE ARAÚJO, não há dúvida que ela não produz os efeitos normais que lhe são inerentes e que a lei se limita a atribuir-lhe um mero efeito de ligação entre as anteriores transmissões e as subsequentes.

Ou seja, na perspectiva deste autor, a lei aceita a usucapião na dedução do trato sucessivo, mas reduz o seu papel a uma "simples correia de transmissão de direitos"[64], não a reconhecendo, efectivamente, como causa de aquisição originária.

---

pública e ininterrupta. É também indispensável referir, em concreto, as os actos que consubstanciam o *corpus* dessa posse e os factos que permitam concluir que ela teve, efectivamente, aquelas características.

[63] O afirmado vale também para a justificação registal, uma vez que a al. *c)* do nº 3 do art. 117º-B do Cód.Reg.Pred. também também impõe ao interessado, quando em causa esteja o estabelecimento de novo trato sucessivo, a indicação das transmissões que tenham antecedido e sucedido a aquisição originária.

[64] A expressão é de BORGES DE ARAÚJO.

Há, por isso, uma desvalorização da usucapião[65].
Não podemos deixar de concordar com este entendimento.
De facto, se a usucapião vale e produz efeitos independentemente do registo – isso mesmo resulta da al. *a)* do nº 2 do art. 5º do Cód.Reg.Pred. – e se é certo que o seu beneficiário caso pretenda, apesar disso, dar publicidade registal ao seu direito só o conseguirá fazer se previamente obtiver um documento que sirva de suporte ao assento registal, também nos parece inquestionável que tal documento deveria ser obtido com base nas "simples" alegações das circunstâncias de facto que determinam o início da posse, bem como das que consubstanciam e caracterizam a posse geradora da usucapião, uma vez que só desde modo o registo publicitaria com rigor a natureza da aquisição originária.

Não ocorrendo assim, é evidente que do ponto de vista registal a usucapião é desvalorizada, porque é subordinada ao princípio do trato sucessivo[66].

§2º Intervenientes na justificação notarial

Na escritura de justificação notarial, independentemente da modalidade em causa, intervêm sempre duas categorias de sujeitos, *o justificante* e os *declarantes*[67].

Segundo o art. 92º do Cód.Not., além daquele que se arroga ser titular do direito, têm legitimidade para outorgar a escritura de justificação quem demonstre ter legítimo interesse no respectivo facto aquisitivo, incluindo designadamente os credores do titular do direito adquirido[68]. Como

---

[65] Vide BORGES ARAÚJO, *Prática Notarial*, ob. cit., p. 353 e 354.

[66] Eventualmente, esta solução legal terá visado compensar o facto de o nosso ordenamento jurídico reconhecer a usucapião contratabular (ao contrário do que ocorre na Alemanhã e na Suíça), ou seja, de admitir que a usucapião opere em contraste com a realidade registal (o que supõe, como é óbvio, que a posse seja exercida de facto por alguém que não esteja inscrito como titular registal do direito em cujos termos possui); e de nem sequer haver introduzido limitações à referida usucapião contratabular como forma de proteger terceiros (ao contrário do que acontece, por exemplo, em Espanha).

[67] Cfr. art. 96 do Cód.Not..

[68] Como é evidente, quando em causa esteja um bem comum do casal, ambos os conjuges devem intervir como justificantes na escritura de justificação.
Refira-se que no parecer de 28 de Setembro de 2000, do Conselho Técnico da Direcção-Geral dos Registos e do Notariado, se afirmou que na escritura de justificação notarial em que seja invocada a usucapião de direitos sobre bens do casal, quer se trate de bens comuns, quer de bens próprios, devem intervir ambos os cônjuges e no título deve ficar assente a qual das

facilmente se intui, o legislador consagrou uma legitimidade muitíssimo lata[69].

Quanto aos declarantes, cujo número não pode ser superior a três, são chamados somente para confirmar as declarações do justificante[70]. Os declarantes não podem ser parentes sucessíveis do justificante nem cônjuge de algum deles e têm de reunir os requisitos de idoneidade das testemunhas instrumentárias, de acordo com a remissão do nº 2 do art. 96º para o art. 84º, ambos do Cód.Not.[71-72].

Como resulta do exposto, o conteúdo das escrituras de justificação é sempre formado por duas ordens de declarações, a do justificante e a dos declarantes, cada qual com sentido diferente.

Segundo o disposto no art. 97º do mesmo diploma legal, o notário deve advertir os outorgantes (justificante e declarantes) de que incorrem nas penas aplicáveis ao crime de falsas declarações, se, dolosamente e em prejuízo de outrem, prestarem ou confirmarem declarações falsas, devendo a advertência constar da escritura.

Acresce que, além da responsabilidade penal, os outorgantes podem incorrer em responsabilidade civil segundo as regras gerais.

§3º Documentos instrutórios

Nos termos do art. 98º do Cód.Not., *"a escritura de justificação para fins do registo predial é instruída com os seguintes documentos:*

---

massas patrimoniais esses bens pertencem (*Vide* II Caderno do Boletim dos Registos e do Notariado nº 10/2001, processo R.P. 28/2001).

[69] Esta solução foi introduzida, como já referimos, pelo Dec.-Lei 271/2001, com o claro propósito de beneficiar os credores do titular do direito justificado.

[70] Cfr. art. 96º do Cód.Not..

[71] Nos termos do artigo 68º do Cód.Not. não podem ser testemunhas: os que não estiverem no seu perfeito juízo; os que não entenderem a língua portuguesa; os menores não emancipados, os surdos, os mudos e os cegos; os funcionários e o pessoal contratado em qualquer regime em exercício no cartório notarial; o cônjuge, os parentes e afins, na linha recta ou em 2º grau da linha colateral, tanto do notário que intervier no instrumento como de qualquer dos outorgantes, representantes ou representados; o marido e a mulher, conjuntamente; os que, por efeito do acto, adquiram qualquer vantagem patrimonial; os que não saibam ou não possam assinar.

[72] Anteriormente, como vimos, no art. 105º, nº 2, era ainda acrescentado "que o notário considere dignas de crédito".

a) *Certidão comprovativa da omissão dos prédios no registo predial ou, estando descritos, certidão de teor da respectiva descrição e de todas as inscrições em vigor;*
b) *Certidão de teor da correspondente inscrição matricial*[73].

---

[73] Na hipótese de o prédio estar omisso na matriz, a doutrina divide-se, desde há muito tempo, quanto à questão de saber se é ou não possível lavrar a justificação notarial com base na mera participação do prédio para a sua inscrição.

Quem admite a justificação nesta hipótese, fundamenta a sua posição no facto de a matriz não conferir direitos a ninguém, só lhe interessando quem paga o imposto sobre os imóveis (*Vide* BORGES ARAÚJO, *Prática Notarial*, ob. e cit., pág. 347).

Por seu turno, quem nega a possibilidade de justificação nesta hipótese, baseia-se, essencialmente, no carácter excepcional da justificação notarial e no facto de os cartórios notariais não disporem de serviços externos que lhes permitam comprovar a existência dos prédios. Assim, por exemplo, MOUTEIRA GUERREIRO afirmou:

"Há ainda uma outra ideia que subjaz à justificação notarial: a de que a inscrição na matriz constitui uma espécie de *prova mínima* de natureza objectiva, de que o direito e o prédio *existem de facto* e não são uma pura *invenção* dos justificantes. Na verdade, o Cód.Not. considera que a inscrição matricial esteja feita *em nome* do justificante ou de quem ele haja adquirido. Não basta portanto (no caso da escritura) que as afirmações do justificante sejam confirmadas pelas dos três declarantes sendo também indispensável, quanto aos direitos que devam ter assento matricial, que se comprove não apenas a sua inscrição na matriz, como ainda que ela existe em nome do justificante ou do transmitente.

Conjugando o estabelecido nos Códigos do Notariado e do Registo Predial vemos que a existência da inscrição matricial *em nome* do justificante ou no de quem ele tiver adquirido o direito constitui uma condição para que a escritura possa ser lavrada ao passo que quando não o está nesses nomes ou *apenas* foi feita a participação para a inscrição ter-se-á de recorrer necessariamente ao processo de justificação.

Por outro lado, nunca será através da justificação – por escritura ou através do processo – que se pode obter um título *que viole* qualquer comando legal, como é o caso típico das prescrições administrativas relativas ao *loteamento urbano*. Para evitar tais violações o notário e o conservador têm de estar atentos a estes condicionalismos, verificando se os pressupostos legais inerentes às transmissões dos imóveis – e, é claro, referimo-nos aos correspondentes à lei vigente ao tempo em que se processou a aquisição – são ou não cumpridos." (Cfr. MOUTEIRA GUERREIRO, *Notas Sobre as Justificações*, [on-line] consultado em 29 de Abril de 2010. Disponível *in*: http://www.fd.uc.pt/cenor/textos/, p. 6.).

A posição do Conselho Técnico da antiga Direcção Geral dos Registos e do Notariado e, pelo que se sabe, do actual Instituto dos Registos e do Notariado, sempre foi no sentido de considerar a inscrição matricial um pressuposto essencial da admissibilidade da justificação notarial de direitos que nos termos da lei fiscal devam constar da matriz.

Sobre esta polémica, *vide*, por todos: BORGES ARAÚJO, Prática Notarial, ob. cit., p. 346 e 347; FERNANDO NETO FERREIRINHA, A justificação notarial para fins do registo predial, loc. cit., p. 5 a 8; NETO FERREINHA e ZULMIRA NETO DA SILVA, Manual de Direito Notarial, ob. cit., p. 496 e ss.; MOUTEIRA GUERREIRO, Notas sobre as justificações, loc. cit., p. 104 e 105.

2 – As certidões previstas no número anterior são passadas com antecedência não superior a três meses e, sendo de teor, podem ser substituídas pela exibição do título de registo e caderneta predial, desde que tais documentos se mostrem conferidos dentro do prazo fixado para a validade das certidões.

3 – Se a justificação se destinar ao reatamento ou estabelecimento de novo trato sucessivo são ainda exibidos os documentos comprovativos das transmissões anteriores e subsequentes ao facto justificado, se não se afirmar a impossibilidade de os obter. (...)"[74]

§4º Notificação

Nos casos de reatamento do trato sucessivo ou de estabelecimento de novo trato sucessivo, quando se verificar a falta de título em que tenha inter-

Segundo o nosso entendimento, o legislador, bem ou mal, condiciona a justificação notarial à prévia inscrição matricial, não se bastando com a mera participação, uma vez que, depois de a polémica estar instalada há muito, já teve oportunidade de retirar do elenco de documentos que devem instruir a justificação notarial a certidão de teor da correspondente inscrição registal e não o fez, revelando-se, assim, insensível, aos argumentos dos defensores da tese oposta. De facto, recordamos que o Decreto-Lei nº 273/2001 desjudicializou o processo de justificação e introduziu alterações no Cód.Not., mas, por um lado, não obstante ter alterado a redacção do art. 92º do Cód.Not., manteve a exigência de a escritura de justificação notarial ser instruída pela certidão de teor da correspondente inscrição matricial e, por outro, admitiu a justificação no âmbito do processo a correr nos serviços de Registo Predial desde que à data da sua instauração apenas estivesse pedida a inscrição dos prédios na matriz (cfr. art. 117º-A do Cód.Reg.Pred.).

Por fim, cumpre referir que o Decreto-Lei nº 281/99, de 26 de Julho – que estabeleceu o princípio segundo o qual não podem celebrar-se escrituras que envolvam a transmissão da propriedade de prédios urbanos ou das suas fracções autónomas sem se fazer, perante o notário, prova suficiente da existência da correspondente licença de utilização – parece permitir que as justificações relativas a prédios urbanos se realizem, quer os prédios estejam inscritos na matriz, quer lhe tenham sido simplesmente participados.

Eventualmente, legislador deixou de exigir nestas escrituras de justificação a prévia inscrição matricial porque exigiu a prova documental da existência da correspondente licença de utilização e esta já comprova a existência do prédio. No entanto, o acabado de afirmar não é pacífico, uma vez que quer na doutrina, quer na jurisprudência, já se afirmou que a exigência da exibição de licença de utilização só se justifica nos casos em que a justificação se destina ao suprimento da falta de título intermédio, para reatamento do trato sucessivo, e não nos casos de aquisição *originária*, como é o caso da usucapião. (Esta posição não é acolhida por toda a doutrina e jurisprudência, muito ao invés. A este propósito *vide* NETO FERREINHA e ZULMIRA NETO DA SILVA, Manual de Direito Notarial, ob. cit., p. 498 a 500; VICENTE MONTEIRO, Desjudicialização da justificação de direitos sobre imóveis, loc. cit., p. 19 e 20).

[74] Para mais desenvolvimentos, *vide* NETO FERREINHA e ZULMIRA NETO DA SILVA, Manual de Direito Notarial, ob. cit., p. 500 e 501.

vindo o titular inscrito – por respeito pela regra do trato sucessivo na modalidade do encadeamento das transmissões[75] e pelas presunções de que o direito existe e pertence ao titular inscrito –, verificada a regularidade do requerimento e da prova documental apresentada, a escritura só pode ser lavrada após a prévia notificação do titular registal, efectuada pelo notário, a requerimento, escrito ou verbal, do interessado na escritura (cfr. nº 1 do art. 99º do Cód.Not.)[76]-[77].

No caso de se verificar a ausência do titular inscrito em parte incerta ou o seu falecimento deve ser ordenada a notificação por edital daquele ou dos seus herdeiros, independentemente da habilitação, para o caso (cf. art. 99º, nº 4, do Cód.Not.)[78].

---

[75] De acordo com o princípio do trato sucessivo, actualmente previsto no nº 4 do art. 34º do Cód.Reg.Pred., o transmitente de hoje tem de ser o adquirente de ontem e o titular inscrito de hoje tem de ser o transmitente de amanhã.
Enquanto pressuposto do processo registal que impõe a sequência linear e contínua dos factos inscritos, o trato sucessivo é, de algum modo, o reflexo tabular do princípio *nemo plus iuris ad alium transferre potest quam ipse habet* que domina a aquisição derivada.
No entanto, o princípio em apreço não se restringe à aquisição derivada, nem sequer se justifica como princípio de direito substantivo. De facto, a partir do momento em que o sistema registal português consagrou as presunções registais – a presunção de que o direito pertence ao titular registal, desde o Regulamento de 1870, e a presunção de que o direito existe, desde o Cód.Reg.Pred. de 1959 –, o trato sucessivo passou a encontrar o seu fundamento, não só no princípio da prioridade do registo mas, ainda, nas referidas presunções. É que a protecção devida ao titular inscrito, em consequência das presunções supra referidas, conduz à inadmissibilidade de um registo não directamente fundado na inscrição em seu nome.
[76] O despacho que indeferir a notificação prévia pode ser impugnado nos termos do art. 175º, do Cód.Not. (cfr . art. 99º, nº 9).
[77] À notificação aplicam-se, com as devidas adaptações, as normas do C.P.C. (cfr . art. 99º, nº 5). Como referimos, a notificação prévia foi prevista pela primeira vez em 1984, enquanto notificação judicial avulsa e só a partir de 2001 passou a ser efectuada pelo notário.
"A notificação visa dar conhecimento ao titular inscrito do acto que se pretende realizar, com o fim de se lhe poder opor.
Daí que, havendo título através do qual o titular inscrito tenha transmitido o seu direito, já este não tenha de ser notificado.
Pode suceder ainda que não seja possível localizar o título, através do qual o titular inscrito transmitiu o seu direito, mas esse titular se prontifique a, como declarante, vir à escritura confirmar a transmissão; é evidente que, em tal hipótese, não é necessária a sua notificação prévia." (Cfr. NETO FERREINHA e ZULMIRA NETO DA SILVA, Manual de Direito Notarial, ob. cit., p. 514).
[78] A notificação, quando edital, é feita pala simples afixação de editais, pelo prazo de trinta dias, na conservatória competente para o registo, na sede da junta de freguesia da última residência do ausente ou falecido (cf. art. 99º nº 7).

Portanto, não deve ser celebrada uma escritura *ignorando a preexistente* inscrição, sem antes dar a possibilidade de intervir a quem continua a figurar como titular inscrito e a beneficiar das presunções registais. Este deve ter a possibilidade de reagir e só depois, se o não quiser ou não o puder fazer é que poderá ser feita a justificação[79].

Efectivamente, não existe qualquer disposição legal que impeça o notário de lavrar a escritura caso o titular inscrito, após ser notificado, reaja afirmando que efectivamente é o titular do direito, mas, tendo em conta que o pressuposto básico da justificação é a ausência de qualquer controvérsia, se tal ocorrer, consideramos que o notário tem o dever de recusar a prática do acto, assim evitando uma futura impugnação.

Ou seja, segundo o nosso entendimento, através deste artigo, por um lado, assegurou-se o respeito pelo o princípio do trato sucessivo e tentou-se proteger o titular do direito inscrito que beneficia das presunções registais[80] e, por outro, visou-se "rodear" a escritura de justificação de um mínimo de segurança e cautela tentando, assim, evitar futuros litígios.

§5º Publicidade

De acordo com o estipulado no nº 1 do art. 100º, a escritura de justificação é publicada por meio de extracto do seu conteúdo, a passar no prazo de cinco dias a contar da sua celebração.

O nº 2, do mesmo artigo, impõe que a publicação deva ser feita num dos jornais mais lidos do concelho da situação do prédio ou, se não houver jornal, num dos jornais mais lidos da região[81].

---

[79] Cfr. MOUTEIRA GUERREIRO, Notas sobre as justificações, loc. cit., p. 108.

[80] Presunções *iuris tantum*, que asseguram, por um lado, que o direito inscrito, se existiu, ainda se conserva no seu titular, nas condições em que se encontra inscrito, e, por outro, que aquele que figura, ali, como titular, não o alienou, nem sobre ele constituiu encargos além dos que estiverem igualmente inscritos no registo (cfr. o art. 7º do Cód.Reg.Pred.).

[81] "Não importa que, havendo jornal do concelho, a sua periodicidade máxima seja ou não semanal, embora se reconheça que uma periodicidade longa possa brigar com legítimos interesses na celeridade do acto. Destinando-se a publicação a dar a conhecer os elementos essenciais da justificação, para que os interessados a possam impugnar, é no jornal do concelho que os titulares de interesses sobre prédios nele situados vão procurar as publicações e, por isso, é nele que as publicações deverão ser feitas – entendimento expresso no parecer proferido no processo nº R.P. 28/2001 DSJ-CT, publicado no II caderno do BRN nº 10/2001." (Cfr. NETO FERREIRINHA, p. 9.

A publicação do extracto da escritura visa trazer ao conhecimento público o conteúdo da respectiva escritura, garantindo, assim, uma maior transparência de todo o procedimento.

Considerando que a justificação pode afectar interesses de terceiros esta publicitação tem naturalmente em vista a possibilidade de qualquer interessado ter conhecimento dos factos invocados pelos justificantes, permitindo-lhes recorrer à impugnação judicial, com todas as consequências daí decorrentes.

Quando haja impugnação do facto justificado, deve ser requerida ao tribunal a imediata comunicação ao notário da pendência da acção (cfr. art. 101º, nº 1, do Cód.Not.), ficando este impedido de passar quaisquer certidões da escritura de justificação antes de ser averbada a decisão definitiva da acção[82/83].

Decorridos trinta dias sobre a data em que o extracto da escritura for publicado, não sendo recebida comunicação da pendência de qualquer impugnação, as certidões da escritura de justificação podem ser passadas[84].

Uma vez passada a certidão da escritura da justificação, pode ser dado inicio ao processo de registo, ficando a partir da feitura do assento registal o respectivo titular a beneficiar das presunções previstas no art. 7º do Cód.Reg.Pred.[85]

---

[82] Cfr. art. 101º, nº 4, do Cód.Not..

[83] A publicação, a pendência da acção e a decisão final são factos que o notário terá de averbar à escritura, por força do art. 131º nº 1 c) e d), sendo através de tais averbamentos que o cumprimento da lei é revelado.

[84] Cfr. 101º, nº 2, do Cód.Not..

[85] Todavia, não é este o entendimento do Supremo Tribunal de Justiça que, através do Acórdão de Uniformização de Jurisprudência publicado no Diário da República, série I, nº 63, de 31-03 de 2008 — ao qual nos voltaremos a referir com o pormenor devido mais adiante — decidiu:
"Na acção, de impugnação de escritura de justificação prevista nos arts 116º, nº1, do Código do Registo Predial e 89º e 101º do Código do Notariado, tendo sido os réus que nela afirmarem a aquisição, por usucapião do direito de propriedade sobre um imóvel, inscrito definitivamente no registo, a seu favor, incumbe-lhes a prova dos factos constitutivos do seu direito, sem poderem beneficiar da presunção do registo decorrente do artigo 7º do Código do Registo Predial".

3.2.2.1. O processo de justificação a correr nos serviços do registo predial com as alterações introduzidas pelo DL 116/2008, de 4 de Julho[86]

Cumpre agora referir alguns dos pontos mais relevantes do *processo de justificação* – regulado pelos arts. 117º- B a 117º-P do Cód.Reg.Pred., com as alterações introduzidas pelo Dec.-Lei 116/2008, de 4 de Julho – que surge como alternativa à escritura de justificação notarial nas suas diversas modalidades: estabelecimento do trato sucessivo, reatamento do trato sucessivo e estabelecimento de novo trato sucessivo[87].

Como ressalta do exposto, em causa está um procedimento que é instaurado na conservatória e decidido, numa primeira instância, pelo conservador.

§1º Apresentação do pedido

O procedimento inicia-se com a entrega do requerimento[88], e dos documentos que o devem acompanhar[89], em qualquer serviço de registo com competência para a prática de actos de registo predial (cfr. art. 117º-B

---

[86] Refira-se que, de acordo com o art. 118º do Cód.Reg.Pred., este processo também se aplica aos casos de suprimento da falta de título para cancelamento de ónus ou encargos, quando não seja possível obter documento comprovativo da respectiva extinção, bem como à obtenção de documento para o registo da mera posse.
Quanto à mera posse, como se sabe, trata-se de facto sujeito a registo, nos termos da alínea *e)* do nº 1 do art. 2º do Cód.Reg.Pred., o qual será efectuado, de acordo com o nº 2 do art. 1295º do Código Civil (na redacção dada pelo referido Decreto-Lei nº 273/2001), "em vista de decisão final proferida em processo de justificação, nos termos da lei registal, na qual se reconheça que o possuidor tem possuído pacífica e publicamente por tempo não inferior a cinco anos".

[87] Cfr. art. 116º do Cód.Reg,.Pred..

[88] Antes das alterações operadas pelo DL 116/2008, o art. 117º-B referia-se a «requerimento», agora o mesmo artigo fala em «pedido».
Parece resultar da reforma um claro afastamento do regime, mais formal, da petição inicial. Eliminando-se a necessidade de um requerimento formal, torna-se possível que os interessados formulem o seu pedido verbalmente, devendo, neste caso, o serviço de registo reduzi-lo a auto e fazê-lo subscrever pelo interessado.

[89] Não obstante a falta de referência expressa à necessidade de apresentar certidão de teor da inscrição matricial ou comprovativo do pedido de inscrição, esta comprovação carece de ser efectuada, por constituir pressuposto do processo, sempre que os direitos a justificar devam constar da matriz (Cfr. art. 117º-A Cód.Reg.Pred.).
Refira-se que de acordo com os n.ºs 2 e 4 do art. 31º, que entrou em vigor em 1 de Janeiro de 2009, a referida comprovação pode ser dispensada sempre que o serviço de registo possa obtê-la por acesso directo às bases de dados da administração fiscal ou por solicitação oficiosa e gratuita do documento aos serviços fiscais.

CRP)[90]. Ou seja, a iniciativa para o desencadear incumbe aos interessados, nunca podendo o conservador oficiosamente dar início ao processo[91].

Nesse requerimento, o justificante deve pedir o reconhecimento do seu direito, identificar o prédio objecto do direito justificado – nos termos da alínea *b)* do art. 44º com as menções constantes do art. 82º ambos do Cód.Reg.Pred.[92] –, apresentar logo os meios de prova – nomeadamente, juntando todos os documentos necessários e disponíveis para a apreciação do pedido, e oferecendo as testemunhas, cujo número, inicialmente, podia variar entre 0 e 5 e com o Dec.-Lei 116/2008, de 4 de Julho, foi fixado em 3[93]-[94].

Acresce que o interessado deve indicar, segundo o n. 2 do art. 117º-B, consoante os casos:

> *"a) A causa da aquisição e as razões que impossibilitam a sua comprovação pelos meios normais, quando se trate de estabelecer o trato sucessivo relativamente a prédios*

Mantém-se igualmente, nos termos do artigo 117º-A Cód.Reg.Pred., a necessidade de comprovar o cumprimento das obrigações fiscais referentes às transmissões que não constem da matriz.

[90] Como é evidente, tal resulta da eliminação da competência territorial (cfr. art. 117º-B do Cód.Reg.Pred.). No entanto, atendendo às especificidades do processo de justificação consideramos que sempre que a conservatória do processo não seja a da situação dos bens, deve haver comunicação entre elas.

[91] Cfr. art. 117º-B, nº 1, do Cód.Reg.Pred..

[92] Assim, a identificação do prédio objecto do direito justificado abrange:
– o número da descrição dos prédios ou as menções necessárias à sua descrição;
– A natureza rústica, urbana ou mista do prédio;
– A denominação do prédio e a sua situação por referência ao lugar, rua, números de polícia ou confrontações;
– A composição sumária e a área do prédio;
– A situação matricial do prédio expressa pelo artigo de matriz, definitivo ou provisório, ou pela menção de estar omisso.
Refira-se que o valor do prédio deixou de fazer parte da descrição do prédio e portanto já não tem de ser indicado.

[93] Cfr. art. 117º-C, nº 1, do Cód.Reg.Pred..
Como resulta claro, com a reforma, nesta matéria, ocorreu uma aproximação do processo de justificação à justificação notarial.

[94] Às testemunhas indicadas aplica-se o disposto relativamente aos declarantes na justificação notarial, o que significa que, nos termos do art. 84º aplicável por força do artigo 96º, ambos do Cód.Not., não devem ser admitidos todos aqueles que não podem ser testemunhas instrumentárias (cfr. art. 68º do Cód.Not.), nem os parentes sucessíveis do(s) justificante(s), nem o cônjuge de qualquer deles.

não descritos ou a prédios descritos sobre os quais não incida inscrição de aquisição, de reconhecimento ou de mera posse;

b) As sucessivas transmissões operadas a partir do titular inscrito, com especificação das suas causas e identificação dos respectivos sujeitos, bem como das razões que impedem a comprovação pelos meios normais das transmissões relativamente às quais declare não lhe ser possível obter o título;

c) As circunstâncias em que baseia a aquisição originária, bem como as transmissões que a tenham antecedido e as subsequentes, se estiver em causa o estabelecimento de novo trato sucessivo nos termos do nº 3 do art. 116º"

Refira-se ainda que o nº 3 do art. 117º-B, impõe que em qualquer das modalidades de justificação em que se invoque a usucapião devem ser expressamente alegadas as circunstâncias de facto que determinaram o início da posse quando não titulada e ainda as que consubstanciam e caracterizam a posse geradora da usucapião.

§2º Rejeição do pedido

O processo de justificação considera-se instaurado no momento da apresentação do pedido e dos documentos no serviço do registo predial, com a realização da correspondente anotação no *Diário*.

Mas, com a apresentação do requerimento e documentos anexos deve ser desde logo pago o correspondente emolumento, sob pena de rejeição, a qual é susceptível de impugnação[95].

Recebido o requerimento o conservador lavra oficiosamente averbamento à descrição – que para o efeito deverá ser aberta em caso de omissão do prédio no registo – da pendência da justificação, reportando-se a este momento os efeitos dos registos que venham a ser lavrados na sequência da justificação[96]. Como é evidente, os registos de outros factos pedidos posteriormente e que dependam, directa ou indirectamente, do resultado da justificação, são lavrados provisoriamente por natureza, convertendo-se oficiosamente em definitivos ou cancelando-se, na sequência da decisão definitiva, nos termos dos n.ºs 6 a 8 do art. 92º, conforme prescreve o nº 4 do art. 117º-E do Cód.Reg.Pred..

---

[95] Cfr. art.117º-D, nº 2 do Cód.Reg.Pred..
Onde antes se falava em «não recebimento da petição» agora menciona-se expressamente a rejeição do pedido, remetendo-se para o regime previsto nos nºs 2 e 3 do art. 66º CRP.
[96] Cfr. nº1 do art.117º-E do Cód.Reg.Pred..

§3 Convite para aperfeiçoamento do pedido e indeferimento liminar

Segundo o art. 117º-F, nº 1, do Cód.Reg.Pred., o conservador deve proferir um despacho liminar de indeferimento, sempre que concluir que o pedido é manifestamente improcedente.

Mas, o indeferimento liminar só deverá ocorrer, para além das hipóteses previstas no art. 193º do C.P.C.[97], nos casos em que não possa haver lugar a aperfeiçoamento do pedido.

O suprimento é feito mediante notificação do justificante para fornecer os elementos de identificação do prédio ou para juntar ao processo os documentos em falta, a não ser que o serviço de registo possa obter os documentos ou suprir a ausência de elementos por acesso às bases de dados das entidades competentes[98] ou qualquer outro meio idóneo, designadamente, por comunicação com o justificante (Cfr. art. 117º-I CRP)[99].

Se dentro do prazo de 10 dias a contar da notificação, o interessado não suprir as irregularidades, deve o conservador extinguir o processo com a prolação de um despacho de indeferimento liminar devidamente fundamentado e notificar o interessado[100].

O justificante poderá recorrer da decisão de indeferimento.

Se o interessado não recorrer, o processo é arquivado.

Se for apresentado recurso, poderá então, o conservador reconsiderar, ou não, a sua decisão, que será notificada ao requerente[101].

Verificando-se a reparação do despacho o processo prossegue.

---

[97] Aplicável em virtude do art. 117º-P do Cód.Reg.Pred.

[98] Nesta matéria é importante atentar no disposto nos n.ºs 5 e 6 do art. 43º do Cód.Reg.Pred. e em especial, no nº 3 do art. 117º-F Cód.Reg.Pred.:
Os documentos arquivados nos serviços da Administração Pública podem ser utilizados para a realização de registos, devendo tais documentos ser referenciados no pedido.
O serviço de registo é reembolsado pelo apresentante das despesas resultantes dos pagamentos devidos às entidades referidas naquele mesmo número.

[99] Mas será que o aperfeiçoamento apenas pode abranger a falta de documentos ou de elementos de identificação do prédio (Cfr. al. *a*) e *b*) do nº 2 do 117º-F)?
Será que, por exemplo, na falta de elementos de identificação dos justificante não poderá haver aperfeiçoamento?
Consideramos que, de acordo com o art. 508º do C.P.C., também nesta, e em outras hipóteses, pode haver aperfeiçoamento.

[100] Cfr. o nº 2 do art. 117º-F do Cód.Reg.Pred..

[101] Cfr. n.ºs 5 e 6 do art. 117º-F do Cód.Reg.Pred..

Ao invês, não ocorrendo a reparação do despacho[102], o processo é remetido ao tribunal para que seja decidida a impugnação, sempre que a justificação não se destine ao reatamento ou ao estabelecimento de novo trato sucessivo, ou quando não se verifique falte de título em que tenha intervindo o titular da última inscrição.

Mas, se não ocorrer a reparação do pedido, a justificação se destinar ao reatamento ou ao estabelecimento de novo trato sucessivo e se verificar a falta de título em que tenha intervindo o titular da última inscrição, procede-se à sua notificação[103].

Nesta última hipótese, caso não seja deduzida oposição ao pedido de justificação, o processo é remetido ao tribunal para que seja decidida a impugnação[104]. Pelo contrário, se for deduzida oposição ao pedido de justificação, o processo é declarado findo e os interessados são remetidos para os meios judiciais[105].

§4º Prosseguimento do processo

Havendo o processo de prosseguir, caso a justificação se destine ao reatamento ou ao estabelecimento de novo trato sucessivo, sempre que se verifique falta de título em que tenha intervindo o titular da última inscrição, é este notificado[106/107]. Se o titular da última inscrição estiver ausente ou

---

[102] Cfr. o nº 6 do art. 117º-F do Cód.Reg.Pred..

[103] Se o titular da última inscrição estiver ausente ou tiver falecido, procede-se, respectivamente, à sua notificação edital ou à dos seus herdeiros, independentemente de habilitação.
A propósito das notificações *vide* notas 107 e 108.

[104] Cfr. o nº 8 do art. 117º-F do Cód.Reg.Pred..

[105] Cfr. o nº 7 do art. 117º-F do Cód.Reg.Pred..

[106] Com o Decreto-Lei nº 116/2008, de 4 de Julho, "foi substituída a citação pela notificação, com o que se concorda, já que, nos termos do nº 1 do art. 228º do Código de Processo Civil «a citação é o acto pelo qual se dá conhecimento ao réu de que foi proposta contra ele determinada acção e se chama ao processo para se defender. Emprega-se ainda para chamar, pela primeira vez, ao processo alguma pessoa interessada na causa». Por sua vez, o nº 2 do mesmo preceito refere que «A notificação serve para, em quaisquer outros casos, chamar alguém a juízo ou dar conhecimento de um facto». Parece, pois, mais adequada a figura da notificação, já que a citação se destina claramente a situações de litígio, em que existem autores e réus, não sendo, evidentemente, esse o caso da grande maioria das situações de justificação em que, de qualquer modo, se deve garantir a todas as partes directamente interessadas a possibilidade de se oporem à pretensão do requerente da justificação." (Cfr. VICENTE MONTEIRO, Desjudicialização da justificação de direitos sobre imóveis, loc. cit., p. 17).

[107] Caso a justificação tenha por objecto um prédio não descrito no Registo ou descrito mas sem inscrição em vigor, de acordo com a letra da Lei não haverá qualquer notificação ou

tiver falecido, procede-se, respectivamente, à sua notificação edital ou à dos seus herdeiros, independentemente de habilitação (cfr. nº 2 do art. 117º-G do Cód.Reg.Pred.)[108/109].

Havendo oposição por parte dos notificados[110], nos 10 dias subsequentes ao termo do prazo da notificação, o processo é declarado findo, sendo

citação, uma vez que os incertos deixaram de ser citados para os termos do processo. O que não deixa de ser no mínimo estranho.

[108] "As notificações editais são feitas pela simples afixação de editais, pelo prazo de 30 dias, no serviço de registo da situação do prédio, na sede da junta de freguesia da situação do prédio e, quando se justifique, na sede da junta de freguesia da última residência conhecida do ausente ou do falecido."
"As notificações editais (...) são igualmente publicadas em sítio na Internet, em termos a definir por portaria do membro do Governo responsável pela área da justiça." (Cfr. n.os 6 e 7 do art. 117º-G do Cód.Reg.Pred.)."
Em matéria de publicação electrónica das notificações, e também da decisão, há que ter em conta o disposto nos arts. 7º e 8º da Portaria nº 621/2008, de 18 de Julho.
Da publicação deve constar (cfr. art. 8º):
a) A identificação do justificante, nos termos da alínea *e)* do nº 1 do artigo 93º do Cód.Reg.Pred.:
b) A identificação dos notificandos, com os elementos disponíveis;
c) A indicação do serviço de registo onde corre o processo;
d) A identificação do processo;
e) A identificação do prédio, por referência ao número da descrição, caso o prédio se encontre descrito;
f) A indicação da freguesia e concelho, natureza, área e composição do prédio, bem como artigo matricial, incluindo natureza e freguesia constantes da matriz, se o prédio se encontrar omisso;
g) A pretensão do justificante;
h) A data da publicação;
i) O prazo para a dedução de oposição, indicando-se a partir de que momento este prazo começa a contar;
j) A referência à impugnação que venha eventualmente a ser deduzida no caso previsto no nº 6 do artigo 117º -F do Cód.Reg.Pred..

[109] A versão inicial da lei previa, para todas as hipóteses, a citação do Ministério Público (guardião da legalidade e dos interesses do Estado e em geral dos ausentes e incapazes), junto do tribunal da circunscrição da área da conservatória, bem como dos interessados incertos, para além da citação dos titulares inscritos.
Actualmente, não obstante a Lei não impor a notificação do Ministério Público, segundo sabemos, o Instituto dos Registos e do Notariado tem defendido que a necessidade de notificar o Ministério Público resulta das regras gerais, uma vez que só assim o Ministério Público poderá cumprir o seu papel de representante dos incapazes e ausentes em parte incerta.

[110] O Ministério Público também pode deduzir oposição em representação dos incapazes e ausentes, mas já não em nome dos incertos, porque estes deixaram de ser citados para os termos do processo.

os interessados remetidos para os meios judiciais comuns[111], uma vez que como já acentuamos, *o processo de justificação destina-se apenas a suprir o documento em falta e não a dirimir um conflito.*

Se, ao invés, o processo tiver de prosseguir, o conservador deve promover a instrução do processo, produzindo as provas necessárias e ouvindo as testemunhas apresentadas e reduzindo a escrito os respectivos depoimentos.

Finda a instrução, o conservador deve, no prazo de 10 dias, proferir uma decisão onde, sendo caso disso, devem constar as sucessivas transmissões operadas, com referência as suas causas e a identidade dos respectivos sujeitos. Da decisão final são notificados os interessados, no prazo de cinco dias[112], e, na versão inicial da lei, também o Ministério Público.

A lei não pormenoriza o conteúdo desta decisão, mas tratando-se de uma decisão *final*, deverá ter um relatório, preciso e sucinto, do que foi pedido, das diligências efectuadas e da prova que se obteve. Seguir-se-á a parte decisória propriamente dita, com a respectiva fundamentação de facto e de direito.

O Ministério Público e qualquer interessado podem recorrer[113] da decisão do conservador, no prazo de trinta dias, para o tribunal de primeira instancia territorialmente competente, sendo que o recurso tem efeito suspensivo (cfr. n.ºs 1 e 2 do art. 117º-I do Cód.Reg.Pred.)[114]. No entanto, a verdade é que essa faculdade, na prática, acaba por ser muito limitada, dado que a decisão, para além de ser notificada a quem de direito, só está sujeita à publicação em sítio da internet (cfr. o nº 7 do art. 117º-H do Cód. Reg.Pred.)[115].

---

[111] Cfr. nº 2, do art. 117º-H do Cód.Reg.Pred.
[112] Cfr. art. 117º, n.ºs 3 a 5 do Cód.Reg.Pred..
[113] "Artigo 685º C.P.C.
Prazo de interposição
1 – O prazo para a interposição do recurso é de 30 dias, salvo nos processos urgentes e nos demais casos expressamente previstos na lei, e conta-se a partir da notificação da decisão. (...)"
[114] Segundo os n.ºs 3 e 4 do artigo em apreço:
"3 – A impugnação efectua-se por meio de requerimento onde são expostos os respectivos fundamentos.
4 – A interposição da impugnação considera-se feita com a apresentação da mesma no serviço de registo em que o processo se encontra pendente, a qual é anotada no diário, sendo o processo remetido à entidade competente no mesmo dia em que for recebido.
[115] Concordamos, portanto, com VICENTE MONTEIRO quando afirma que: "Tratando-se de escritura pública, é exigida uma ampla divulgação pela forma que ainda hoje podemos considerar a mais eficaz – o jornal mais lido da terra – mas, no caso da justificação no registo

Não sendo apresentado recurso, a decisão torna-se definitiva e o conservador deve lavrar os consequentes registos oficiosamente, bem como publicitar oficiosa e imediatamente a decisão definitiva em sítio da internet[116].

Sendo apresentado recurso – agora designado como impugnação judicial –, no serviço de registo onde o processo está pendente, o conservador deve anotar a sua apresentação no diário e, no próprio dia, remeter o processo para o tribunal competente (Cfr. art. 117º-I do CRP).

Recebido o processo pelo tribunal competente, são notificados os interessados para, no prazo de 10 dias, impugnarem os seus fundamentos. Não havendo lugar a qualquer notificação ou findo o prazo a que se refere o número anterior, vai o processo com vista ao Ministério Público[117].

A sentença do tribunal da 1ª instância é susceptível de recurso para o tribunal da Relação. Recurso este que tem efeito suspensivo e é processado e julgado como agravo em matéria cível[118].

Uma vez decidido o recurso, após o trânsito em julgado da sentença ou do acórdão proferido, deve o processo de justificação ser devolvido ao serviço de registo predial[119].

Por fim, o conservador lavra os consequentes registos oficiosamente[120] e publicita oficiosa e imediatamente a decisão definitiva em sítio da internet.

Saliente-se, por fim, que se o interessado não conseguir provar a sua pretensão e, consequentemente, o pedido não for julgado procedente,

---

predial, essa publicitação já não tem a divulgação tradicional e de há muito arreigada nos hábitos da população, o que – repito – me parece muito limitativo e potencialmente gerador de maior conflitualidade.

É que, mesmo considerando que em geral não está em causa qualquer litígio, a invocação da usucapião pode afectar interesses de terceiros ainda que não inscritos no registo e que, por não serem directamente notificados, não terão qualquer possibilidade de se opor dentro do processo. (...) Devendo "aguardar pela publicação da decisão final, mas pode não dispor dos necessários meios de acesso, e não lhe resta outra alternativa que não seja interpor a competente acção judicial de impugnação." (Cfr. VICENTE MONTEIRO, Desjudicialização da justificação de direitos sobre imóveis, loc. cit., p. 18).

[116] Cfr. Art. 117º-H do Cód.Reg.Pred..
[117] Cfr. n.ºs 1 e 2 do art. 117º-J do Cód.Reg.Pred..
[118] Cfr. art. 117º-L do Cód.Reg.Pred..
[119] Cfr. art. 117º-M do Cód.Reg.Pred..
[120] Segundo VICENTE MONTEIRO, a lei não pode ser interpretada à letra, devendo primeiro ser oficiosamente publicitada a decisão e só depois de decorrido o prazo para impugnação, sem que esta ocorra, podem e devem ser lavrados oficiosamente os registos em causa.

pode intentar novo processo de justificação, tal como prevê o art. 117º-N do Cód.Reg.Pred..

Esta possibilidade de o processo poder ser repetido, confirma, por um lado, o seu carácter não litigioso e, por outro, a sua natureza meramente instrumental – de suprimento de um documento em falta e não da *definição do direito*. Uma vez que, como por diversas vezes já referimos, "a justificação – qualquer justificação – só pode ter lugar quando a situação jurídica subjacente é clara, é incontroversa e pacífica. Se for duvidosa ou controvertida não pode haver lugar à justificação do direito (não é então o processo próprio para tal) como resulta das aludidas disposições do Código e também das conclusões da Doutrina"[121].

Secção III
Cinco questões pertinentes em matéria de justificação de direitos de particulares para fins de registo predial[122]

Sumário: 1ª – O legitimado a invocar a usucapião pode fazê-lo, de forma expressa ou tácita, no âmbito de uma justificação para fins de registo?; 2ª – O legitimado a invocar a usucapião apenas pode fazê-lo no âmbito de uma justificação para fins do registo?; 3º – Havendo falsas declarações e sendo celebrada escritura de justificação esta é falsa ou nula?; 4º – Havendo falsas declarações, sendo celebrada escritura de justificação e lavrado o registo do facto justificado – um terceiro "adquirente", de boa fé e a título oneroso, beneficia da tutela do art. 291º do Código Civil ou do art. 17º do Cód.Reg.Pred.?; 5º – Na acção de impugnação de escritura de justificação, incumbe aos réus – que nela afirmarem a aquisição por usucapião – a prova dos factos constitutivos do seu direito, não beneficiando da presunção do registo decorrente do artigo 7º do Cód.Reg.Pred.?

---

[121] MOUTEIRA GUERREIRO, Notas sobre as justificações, loc. cit., p. 115.

[122] Muitas outras questões relevantes existem em matéria de justificação de direitos de particulares para fins de registo predial. Mas, por agora, optamos por tentar dar resposta apenas a estas. Não obstante, sempre se referirá que num trabalho em co-autoria com DULCE LOPES, intitulado *Acessão Industrial Imobiliária e Usucapião Versus Destaque*, elaborado no âmbito da V Pós--graduação em Direito Notarial e Registal, organizada pelo CENOR, e que se encontra no prelo, já debatemos a questão de saber se a usucapião, como forma de aquisição originária, deve prevalecer, ou não, sobre as normas que sucessivamente têm vigorado em matéria de urbanismo.

1ª O legitimado a invocar a usucapião pode fazê-lo, de forma expressa ou tácita, no âmbito de uma justificação para fins de registo?

Como começámos por referir, a justificação surgiu como um meio fácil e expedito para que qualquer interessado que pudesse invocar a titularidade do *direito*, não dispondo porém do documento legalmente necessário para instruir o pedido de registo, conseguisse obter a inscrição. Ou seja, a justificação de direitos foi pensada e legalmente estruturada apenas para suprir a falta de documentos, não a falta de direitos.

Mas, será que as justificações constituem apenas um instrumento útil e prático para *actualização* dos direitos publicitados pelos registos, não se permitindo que as mesmas sirvam, também, para invocar, de forma expressa ou tácita, a usucapião?

Entendemos que a resposta a esta questão é inequivocamente negativa.

Ou seja, apesar de em causa estarem meios de suprimento de títulos, entendemos que a lei não obriga o interessado – que tenha legitimidade quer para invocar a usucapião, quer para intervir como justificante – a invocar previamente a usucapião, caso pretenda recorrer à justificação. Muito ao invés, não encontramos obstáculo legal que, em regra, impeça o interessado de recorrer aos referidos meios de suprimento para invocar a usucapião e para obter o referido "título formal"[123].

Acresce que é esta a actuação da esmagadora maioria das pessoas que invoca tacitamente a usucapião nas justificações. Na verdade, nunca vimos qualquer escritura ou processo de justificação onde fosse afirmado que já anteriormente se havia invocado a usucapião (por exemplo: verbalmente e na presença de testemunhas; por carta registada com aviso de recepção; mediante notificação judicial avulsa; através de notificação edital a incertos; *etc.*).

Por isso, não podemos concordar com ALBINO MATOS quando afirma que a escritura de justificação visa, sempre, apenas dar forma a declara-

---

[123] Recordamos que a Lei reconhece legitimidade para intervir como justificante no processo de justificação a correr nos serviços do registo Predial ao pretenso titular do direito e para recorrer à justificação notarial à pessoa que se arroga titular do direito e, ainda, a quem demonstre ter *legítimo interesse no registo do respectivo facto aquisitivo, incluindo, designadamente, os credores do titular do direito justificado* (cfr. art. 92º do Cód.Not.)
Por seu turno, de acordo com o art. 1292º do Código civil que remete para o art. 305º do mesmo diploma legal, a usucapião pode ser invocada *"pelos credores e por terceiros com legítimo interesse na sua declaração, ainda que o devedor a ela tenha renunciado", mas os credores, caso tenha havido renúncia da usucapião, só a podem invocar se se verificarem os requisitos exigidos para a impugnação pauliana"*.

ções confirmativas de que determinado acto ou facto ocorreu no passado e que, portanto, o seu conteúdo se resume a declarações de verdade ou de ciência[124].

Segundo o nosso entendimento, ALBINO MATOS tem razão quando em causa esteja uma escritura de justificação *tendente ao reatamento do trato sucessivo* ou quando a justificação vise *o estabelecimento do trato sucessivo* ou *o estabelecimento de novo trato sucessivo* e a usucapião já tenha sido anteriormente invocada. Mas, quando a justificação vise *o estabelecimento do trato sucessivo* ou *o estabelecimento de novo trato sucessivo* e a usucapião não tenha sido anteriormente invocada, consideramos que a escritura não é um simples meio de suprir a falta de documento comprovativo da aquisição originária; é, também, e em primeiro lugar, o meio extrajudicial através do qual o interessado invoca a usucapião.

Ou seja, nesta hipótese – a de previamente não ter sido invocada a usucapião –, o interessado recorre à escritura de justificação com um duplo objectivo: primeiro, o de invocar extrajudicialmente a usucapião; segundo, o de obter o "título formal" que sirva de suporte à feitura do registo.

Consequentemente, o interessado não se limita a emitir declarações de ciência ou de verdade, exerce o direito potestativo de usucapir e, portanto, a escritura de justificação não se limita a conter as referidas declarações de ciência; contém, também, o quase-negócio jurídico[125].

A comprovar o acabado de afirmar, lembramos que, após a desjudicialização do processo de justificação, os tribunais se têm declarado incompetentes em razão da matéria para reconhecer o direito adquirido por

---

[124] ALBINO MATOS, Justificação e registo predial (peças do processo), in *Temas de Direito Notarial* – I, *Doutrina – Jurisprudência – Prática*, Coimbra, Livraria Almedina, 1992, p. 359 e Justificação e incapacidade dos declarantes, in *Temas de Direito Notarial* – I, *Doutrina – Jurisprudência – Prática*, Coimbra, Livraria Almedina, 1992, p. 447.

[125] *Vide* acórdãos da Relação de Coimbra de 14 de Abril de e de 13 de Abril de 2000, respectivamente, *in* Colectânea de Jurisprudência, Ano XVII, tomo 2, ps. 32 e ss. e *in* Colectânea de Jurisprudência, Ano XXV, tomo 3, p. 5 e ss., nos quais se afirmou que a escritura de justificação notarial integra, dentro dos actos jurídicos, a modalidade dos quase-negócios jurídicos. Sobre o quase-negócio jurídico, por todos, *vide*: CARLOS ALBERTO DA MOTA PINTO, *Teoria Geral do Direito* Civil, 4ª ed., por António Pinto Monteiro e Paulo Mota Pinto, Coimbra, Coimbra Editora, 2005, p. 358 e 418; CARVALHO FERNANDES, *Teoria Geral do Direito Civil, II, Fontes, Conteúdo e Garantia da Relação Jurídica*, 4ª ed., rev. e act., Lisboa, Universidade Católica Editora, 2007, p. 544 e ss.; PEDRO PAIS DE VASCONCELOS, *Teoria Geral do Direito Civil*, 4ª ed., Coimbra, Almedina, 2007, p. 405 e ss.;

usucapião, sempre que em causa esteja uma acção judicial de simples apreciação positiva, ou seja, sempre que não exista qualquer conflito e, por isso, se possa recorrer ao processo de justificação a correr nas conservatórias[126].
Assim sendo, é porque entendem que o processo de justificação a correr

[126] De facto, segundo a jurisprudência, em obediência ao fim visado pelo legislador aquando da desjudicialização do processo de justificação, os tribunais só podem intervir no processo de justificação no caso de o processo ter sido declarado findo por ter sido deduzida oposição e os interessados haverem sido remetidos para os meios judiciais (nos termos do disposto no nº 6 do art. 117º-F e do nº 2 do art. 117º-H do Cód.Reg.Pred.) e no caso de recurso da decisão final do serviço do Registo.
Ou seja, não havendo qualquer litígio ou conflito que tenha de ser judicialmente dirimido, a competência material para o processo de justificação de registo, a partir de Janeiro de 2002, passou a competir em exclusivo e não em alternativa ao conservador do Registo Predial. Por isso, os autores não se podem socorrer de uma acção declarativa para encobrir uma acção de justificação judicial que deixou de existir.
Neste sentido, veja-se, por exemplo, o acórdão do Tribunal da Relação de Évora, de 11 de Outubro de 2007, onde, além do mais, se pode ler:
"Perante esta realidade, não pode secundar-se a posição dos recorrentes quando sustentam que, mesmo com a publicação do dec. Lei nº 273/2001, continuam a poder invocar judicialmente a aquisição do direito de propriedade por usucapião, na medida em que, como bem se salienta na decisão recorrida, «A lei não abriu dois procedimentos ao arbítrio das partes: a acção declarativa de reconhecimento de aquisição da propriedade por usucapião e o processo de justificação relativa ao trato sucessivo de tal forma que se não fosse bem sucedido num deles poderia tentar a sua sorte no outro e vice- versa»" (Cfr. Acórdão da Relação de Évora, de 11 de Outubro de 2007, [on-line] consultado em 29 de Abril de 2010. Disponível *in*: http://www.dgsi.pt. No mesmo sentido já se pronunciou, também, o Supremo Tribunal de Justiça, nos acórdãos de 25 de Novembro de 2004 e de 3 de Março de 2005 e a Relação do Porto, nos acórdãos de 16 de Março de 2005 e de 9 de Junho de 2005, todos consultados em 29 de Abril de 2010 a 5 de Maio de 2010. Disponíveis *in*: http://www.dgsi.pt..
Ao invés, havendo litígio *ab initio* em torno da existência ou da titularidade do direito, o interessado não deve recorrer ao processo de justificação a correr nas conservatórias, mas sim intentar a respectiva acção judicial, evitando, deste modo, actos e procedimentos inúteis no registo.
Assim, *"a definição de limites entre o procedimento judicial e a justificação relativa ao trato sucessivo, que corre nas conservatórias do registo predial sob a égide dos respectivos conservadores, terá como fronteira a existência ou inexistência de litigiosidade.*
A justificação relativa ao trato sucessivo tem o seu campo de aplicação orientado basicamente para os casos em que os interessados são incertos ou, não o sendo, não se arrogam pretensão contrária (artigos 117º-G/1 e 2 do C.R.P.)
Para o aludido procedimento, destinado a justificar novo trato, são citados o Ministério Público e os interessados incertos e ainda o titular da última inscrição (artigo 117º-G do C.R.P.); havendo interessados certos que se oponham não será este o procedimento a seguir, entendimento que, por exemplo, já era o que se sustentava no processo para a justificação da qualidade de herdeiro (artigos 1117º do CPC/39 e 1115º do CPC/61 onde expressamente se dizia " e não houver interessado certo que se arrogue pretensão contrária").
(...)

nos serviços de registo não é apenas um instrumento para obter o "título formal" que permita a inscrição registal do direito usucapido, mas, ainda, um meio adequado para invocar a usucapião, na ausência de litígio. Mas, se se pode e deve recorrer ao processo de justificação para invocar a usucapião e obter "título" para registo, na ausência de litígio, é evidente que também nada pode obstar a que se recorra à escritura de justificação notarial – que só pode ser lavrada na ausência de qualquer litígio ou controvérsia – para invocar a usucapião e para obter o "título formal" que viabilize a publicitação no Registo do direito adquirido originariamente.

2ª O legitimado a invocar a usucapião apenas pode fazê-lo no âmbito de uma justificação para fins do registo?
Como resulta da lei, a invocação da usucapião pode ser feita extrajudicialmente. Portanto, o possuidor não necessita de recorrer ao tribunal para obter o efeito aquisitivo ligado à usucapião.

Acresce que, a invocação da usucapião, quando extrajudicial, faz-se mediante declaração que, na nossa perspectiva, não está sujeita a forma específica.

Ou seja, segundo o nosso entendimento, se se pretender obter o registo do direito usucapido, como este só pode ser lavrado com base em documentos, o interessado terá de recorrer à justificação notarial ou ao processo de justificação a correr nos serviços do registo predial para, assim, obter um "título formal" que, de acordo com a lei, viabilize a publicita-

A ausência de litigiosidade constitui, no entanto, a pedra de toque: ou ela existe e, então, o interessado no registo pode e deve recorrer desde logo ao tribunal; ou ela não existe e, então, o interessado deverá recorrer ao processo de justificação relativa ao trato sucessivo a correr na Conservatória. Nesse processo não terá de demandar oponentes, porque oponentes não se conhecem, ressalvado o caso, se a justificação se destinar ao reatamento ou ao estabelecimento de novo trato sucessivo, da citação do titular da última inscrição (artigo 117º-G/2 do C.R.P.)." (Cfr. acórdão da Relação de Lisboa de 7 de Abril de 2005, [on-line] consultado em 29 de Abril de 2010. Disponível *in*: http://www.dgsi.pt. Refira-se, por fim, que segundo este acórdão, após a desjudicialização do processo de justificação os tribunais comuns não deixaram de ser os competentes em razão da matéria para reconhecer que uma determinada pessoa adquiriu a propriedade de um determinado terreno com base em usucapião, por isso, na ausência de litígio, o tribunal não se deve declarar materialmente incompetente, mas deve considerar que falta interesse em agir ao autor).
A propósito de todo o acabado de expor, *vide*, ainda, por todos: FERNANDO PEREIRA RODRIGUES, *Usucapião – Constituição Originária de Direitos através da Posse*, Coimbra, Almedina, 2008, p. 93 e ss.; VICENTE MONTEIRO, Desjudicialização da justificação de direitos sobre imóveis, p. 14 e15.

ção do direito adquirido originariamente. No entanto, o facto de se ter de recorrer à escritura ou ao processo de justificação para obter o registo do direito não significa que o recurso a tais expedientes seja imposto por lei para invocar a usucapião. De facto, valendo, em matéria de invocação da usucapião, a regra da liberdade de forma (cfr. Art. 219º do Código Civil), a referida invocação pode ocorrer, por exemplo, mediante mera declaração verbal. Assim, apesar de não ser vulgar, nada obsta a que, primeiro se invoque a usucapião por qualquer forma e, depois, se recorra à justificação apenas e só para obter o "título formal" que permita a publicitação do direito usucapido[127].

3º Havendo falsas declarações e sendo celebrada escritura de justificação esta é falsa ou nula?

Na hipótese de a justificação notarial ser lavrada com base em falsas declarações, frequentemente, os autores da acção de impugnação alegam e pretendem ver reconhecida a falsidade da escritura de justificação e, em consequência, solicitam a declaração judicial de nulidade do registo – nos termos da al. *a)* do art. 16 do Cód.Reg.Pred.[128] – e o cancelamento do mesmo.

Outras vezes, os autores da acção de impugnação requerem a declaração de nulidade da escritura de justificação e do registo lavrado com base nela – nos termos da al. *b)* do art. 16º do Cód.Reg.Pred.[129] – e o consequente cancelamento do mesmo.

Nós, ao invés, consideramos que as falsas declarações não conduzem nem à falsidade da escritura de justificação, nem geram a sua nulidade.

Vejamos com mais pormenor.

---

[127] No mesmo sentido, *vide* JOSÉ ALBERTO VIEIRA, *Direitos Reais*, Coimbra, Coimbra Editora, 2008, nota. 1217, p. 423.
Em sentido oposto, afirmando que a invocação extra-judicialmente deve ser feita através de escritura de justificação notarial ou mediante acção intentada nos serviços do Registo Predial, e em caso *vide* FERNANDO PEREIRA RODRIGUES, *Usucapião – Constituição Originária de Direitos através da Posse*, ob. cit., p. 73 e ss.; MENEZES LEITÃO, *Direitos* Reais, Coimbra, Almedina, 2009, p. 237.

[128] Segundo a al. *a)* do art. 16º do Cód.Reg.Pred., o registo é nulo quando for falso ou tiver sido lavrado com base em títulos falsos.

[129] Segundo a al. *b)* do art. 16º do Cód.Reg.Pred., o registo é nulo quando tiver sido lavrado com base em títulos insuficientes (por exemplo, porque nulos) para a prova legal do facto registado.

– As falsas declarações não conduzem à falsidade da escritura de justificação e, consequentemente, não dão origem à nulidade do registo nos termos da al. *a)* do art. 16º do Cód.Reg.Pred.. Porquanto:

a) A escritura de justificação é, obviamente, um documento autêntico (cfr. art. 363º, nº 2, do Código Civil). Porque assim é, segundo o art. 369º do Código Civil e o art. 35º, nº 2, do Cód.Not., a escritura de justificação faz prova plena dos factos praticados pelo respectivo oficial público – notário –, bem como dos factos atestados com base nas suas percepções. No entanto, não garante a veracidade das declarações dos outorgantes.

Como ensinam PIRES DE LIMA/ANTUNES VARELA *"o valor probatório pleno do documento autêntico não respeita a tudo o que se diz ou se contém no documento, mas somente aos actos que se referem como praticados pela autoridade ou oficial público respectivo (...) e quanto aos factos que são referidos no documento com base nas percepções da entidade documentadora."*[130.] Efectivamente, tudo o que ultrapasse a percepção do notário não está a coberto da prova plena, limitada que está à materialidade dos factos e das declarações, que não à sua sinceridade ou veracidade[131/132].

---

[130] PIRES DE LIMA/ANTUNES VARELA, *Código Civil Anotado*, I, 4ª ed. ver. e act., Coimbra, Coimbra Editora, p. 328.

[131] Vide MANUEL DE ANDRADE, *Noções Elementares de Processo Civil*, Coimbra, Coimbra Editora, 1956, p. 227, *"quorum notitiam et scientiam habet propris sensibus, visus et auditus"*.

[132] Neste sentido, *vide* o acórdão da Relação de Coimbra de 26 de Maio de 2009, [on-line] consultado em 30 de Abril de 2010. Disponível *in*: http://www.dgsi.pt, do qual transcrevemos o seguinte extracto.

"No tocante à força probatória material do documento, quer dizer, quanto às declarações ou narrações que contém, em primeiro lugar, o documento autêntico faz prova plena dos factos referidos como praticados pelo documentador: tudo o que o documento referir como tendo sido praticado pela entidade documentadora, tudo o que, segundo o documento, seja obra do seu autor, tem de ser aceite como exacto (artº 371º nº 1, 1ª parte, do Código Civil).

Depois, o documento autêntico prova a verdade dos factos que se passaram na presença do documentador, quer dizer, os factos que nele são atestados com base nas suas próprias percepções (artº 371º nº 1, 2ª parte, do Código Civil). Isto é, o documentador garante, pela fé pública de que está revestido, que os factos que documenta se passaram mas não garante, nem pode garantir, que tais factos correspondem à verdade. Portanto, o documento autêntico não fia a veracidade das declarações que os outorgantes fazem ao documentador; só garante que eles as fizeram. Pode, assim, demonstrar-se que a declaração inserta no documento não é sincera nem eficaz, sem necessidade de arguição da falsidade dele."

Aplicando o acabado de afirmar à justificação notarial, facilmente se conclui que esta faz prova da verdade do facto da declaração, não da verdade do conteúdo da declaração, realidade que está para além da sua finalidade probatória.

b) Segundo o nº 2 do art. 372º do Código Civil, o documento só é falso *"quando nele se atesta como tendo sido objecto da percepção da autoridade ou oficial público qualquer facto que na realidade se não verificou, ou como tendo sido praticado pela entidade responsável qualquer acto que na realidade o não foi."*

Em face do exposto, reafirmamos que, sendo prestadas falsas declarações, a escritura de justificação não é falsa[133/134]. Consequentemente, o registo lavrado com base na escritura de justificação não padece de nulidade, nos termos da al. *a)* do art. 16º do Cód.Reg. Pred., uma vez que nem é falso, nem é lavrado com base num título falso.

– As falsas declarações não geram a nulidade da escritura de justificação, uma vez que em matéria de causas de nulidade dos actos notariais vigora o princípio da taxatividade.

Ou seja, uma escritura de justificação só é nula numa das hipóteses previstas nos arts 70º e 71º do Cód.Not. e o facto de as declarações serem falsas não conduzem à nulidade da escritura de justificação[135].

Vide ainda os acórdãos do Supremo Tribunal de Justiça de 12 de Março de 1996 e de 11 de Julho de 2006, [on-line] consultados em 30 de Abril de 2010. Disponíveis *in*: http://www.dgsi.pt//jstj..

[133] Neste sentido, *vide* o acórdão da Relação de Coimbra de 26 de Maio de 2009.

[134] Na situação apreciada pelo acórdão da Relação de Coimbra, de 17 de Março de 1998, Colectânea de Jurisprudência, Ano XXIII (1998), Tomo 2, p 22 a 25, a formulação do pedido era a de que «fosse considerado impugnado o teor da escritura de justificação notarial». A Relação considerou que embora a fórmula usada na conclusão da petição inicial pudesse ter sido mais explícita ou completa, dela resultava que o autor tinha pretendido *"atingir o direito que se invocava na escritura de justificação notarial"* e *"impugnar a declaração constante da escritura, no sentido de esta ficar sem qualquer efeito"* (em idêntico sentido, *vide* acórdão do Supremo Tribunal de Justiça de 24/6/2004, [on-line] consultado em 30 de Abril de 2010. Disponível *in*: http://www.dgsi.pt/jstj.).

[135] *Vide* acórdão do Supremo Tribunal de Justiça de 12 de Março de 1996, [on-line] consultado em 29 de Abril de 2010. Disponível *in*: http://www.dgsi.pt/jstj., em cujo sumário se pode ler: *"II – Uma escritura de justificação notarial destinada a atribuir aos outorgantes a propriedade e a posse legitima de determinados prédios, só faz prova plena do que eles e os demais declarantes afirmaram pe-*

Assim sendo, havendo falsas declarações, o registo do facto justificado, apesar de ser nulo – nos termos da al. *b)* do art. 16º do Cód.Reg.Pred. –, não o é em virtude de o "título formal" que o instruiu também o ser.

Segundo o nosso entendimento, depois de a escritura ser realizada, e antes de ser efectuado o registo, através da acção em que se impugne o facto justificado visa-se a declaração de falsidade e ineficácia dessas declarações e, consequentemente, o reconhecimento de que a referida escritura "contém" um facto aquisitivo que nunca ocorreu[136].

Depois de o facto justificado aceder ao Registo, as declarações prestadas perdem relevância[137], bem como a escritura – que já esgotou a sua finalidade e eficácia, uma vez que já viabilizou o registo do facto justificado[138]. Por isso, após o registo, o que passa a ter relevância é o facto jurídico (justificado e publicitado).

---

rante o notário, mas não faz prova da veracidade de tais afirmações, por tal escapar à percepção directa do mesmo notário.

III – Para a impugnação da veracidade de tais afirmações, o impugnante não carece de arguir a falsidade do documento ou a sua nulidade."

[136] Tal como a nulidade de um negócio jurídico não conduz à nulidade de uma qualquer escritura pública, entendemos que a ineficácia das declarações falsas não tem a virtualidade de gerar a ineficácia da escritura de justificação notarial.

[137] Após a realização da escritura as falsas declarações só assumem relevância na medida em que, de acordo com a lei e como já referimos, fazem incorrer os outorgantes – que dolosamente e em prejuízo de outrem as prestarem ou confirmarem – nas penas aplicáveis ao crime de falsas declarações, bem como em responsabilidade civil segundo as regras gerais.

[138] Como resulta do exposto, na nossa perspectiva, não faz sentido solicitar a ineficácia da escritura de justificação quer antes, quer depois, de ser lavrado o registo do facto justificado. Afastamo-nos, portanto, da posição assumida pelo Exmo. Senhor Conselheiro ALVES VELHO, no voto de vencido ao acórdão uniformizador de jurisprudência de 4 de Dezembro de 2007, publicado no DR, série I, nº 63, de 31-03 de 2008, uma vez que consideramos que a escritura – não obstante ser lavrada com base em falsas declarações que, por isso, são ineficazes – é válida e eficaz, não podendo, consequentemente, ser solicitada a sua ineficácia antes do registo do facto justificado.

Já concordamos, plenamente, com o Exmo. Senhor Conselheiro ALVES VELHO quando afirma que: *"Com a inscrição o facto justificado migra para o registo e fica satisfeita e esgotada a finalidade da escritura, como mero instrumento da inscrição registal (...)".*

No entanto, não podemos aceitar a afirmação segundo a qual: *"Uma vez levado ao registo o facto impugnado, a discussão da titularidade do direito há-de ter lugar, por inteiro, em acção de declaração positiva, com ou sem reconvenção – sem cabimento em acção de impugnação de justificação".* Efectivamente, não consideramos que exista qualquer obstáculo legal a que se recorra à acção, prevista no art. 101º do Cód.Not., depois de ser lavrada a inscrição do facto justificado, uma vez que entendemos que a referida acção não é uma acção de impugnação da escritura de justificação,

Porque assim é, quando as declarações não correspondem à verdade e o facto jurídico aquisitivo nunca tenha ocorrido, ao contrário do que passou a estar documentado e registado, *antes do registo* deve ser solicitada a ineficácia das declarações, bem como o reconhecimento de que a escritura, apesar de válida e eficaz, é o "continente" ou o "título formal" de um facto inexistente. *Depois do registo*, o que deve ser "atacado" (impugnado), não é a escritura de justificação enquanto "título formal" do facto jurídico, mas sim este, porque, apesar de justificado e registado, é inexistente – sem que seja imposto qualquer prazo para que tal ocorra, de acordo com o regime geral da inexistência; isso mesmo resulta, também, do art. 101º e 202º, *c)* do Cód.Not.[139]

4º Havendo falsas declarações, sendo celebrada escritura de justificação e lavrado o registo do facto justificado, um terceiro "adquirente", de boa fé e a título oneroso, beneficia da tutela do art. 291º do Código Civil ou do art. 17º do Cód.Reg.Pred.?
Na nossa jurisprudência já foram proferidas decisões no sentido de que um terceiro "adquirente", de boa fé e a título oneroso, não vê o seu direito decair em face do direito do verdadeiro proprietário, prevalecendo o seu direito em virtude do art. 17º, nº 2, do Cód.Reg.Pred..[140], ou em virtude do art. 291º do Código Civil[141/142]. E isto, não obstante a acção de impug-

---

mas sim uma acção de impugnação do facto justificado. Aliás, isso mesmo decorre da letra do nº 1 do art. 101º do Cód.Not..

[139] Sempre se afirmou que o processo especial de justificação não tem por consequência privar do direito aquele a quem efectivamente pertence, podendo, por isso, o verdadeiro titular vir em qualquer momento impugnar os factos declarados e defender o seu direito real.
Neste sentido, *vide* o sumário do acórdão da Relação do Porto de 23 de Fevereiro de 1993, onde se pode ler:
"1 – A impugnabilidade em juízo de um facto justificado por escritura notarial não está limitada pelo prazo de 30 dias a que alude o artº 109º-A nº 2 do C. do Notariado."

[140] *Vide* ainda os acórdãos do Supremo Tribunal de Justiça de 24 de Junho de 2004, de 11 de Julho de 2006 e de 4 de Dezembro de 2007, [on-line] consultados em 30 de Abril de 2010. Disponíveis *in*: http://www.dgsi.pt//jstj..
A redacção deste preceito legal é a que passamos a transcrever:
"A declaração de nulidade do registo não prejudica os direitos adquiridos a título oneroso por terceiro de boa fé, se o registo dos correspondentes factos for anterior ao registo da acção de nulidade."

[141] *Vide* o acórdão da Relação de Évora de 21 de Outubro de 2004, [on-line] consultado em 29 de Abril de 2010. Disponível *in*: http://www.dgsi.pt..

nação ser julgada procedente e ser cancelado, em virtude de nulidade, o registo do facto justificado.

Não podemos concordar com tal entendimento. Na nossa perspectiva, havendo falsas declarações, sendo celebrada escritura de justificação e lavrado o registo do facto justificado, um terceiro "adquirente", de boa fé e

No caso em apreço, o proprietário intentou acção ordinária contra B e C, pedindo que fosse declarado que estes não tinham direito de propriedade privada sobre determinados prédios rústicos, descritos na Conservatória do Registo Predial, fundamentando o seu pedido, primeiro, na nulidade da transmissão da propriedade dos referidos prédios realizada por D e E, a favor de B, em virtude de estes nunca haverem adquirido a propriedade mediante a usucapião ao contrário do que declararam na escritura de justificação notarial que (na sua perspectiva) era falsa. Segundo, no facto de nada tendo adquirido B, não ter transmitido um qualquer direito a C.

Realizado o julgamento e após a decisão sobre a matéria de facto e as alegações das partes quanto à matéria de direito, foi proferida sentença que, fundando-se no art. 291º do Código Civil, julgou a acção improcedente e absolveu as Rés do pedido, não obstante, previamente, ter sido julgada procedente a acção de impugnação proposta por A contra D e E, *ser declarada nula a sua aquisição* e, em consequência, ser declarado que E e D não eram titulares do direito de propriedade sobre os prédios rústicos objecto da disputa.

No acórdão da Relação de Évora, de 21 de Outubro de 2004, pode ler-se, além do mais, o que de seguida se transcreve:

"No caso em apreço, verificamos que as escrituras de justificação notarial, que fundamentaram o direito de propriedade de E" e "D" sobre os identificados prédios, tiveram lugar em 23 de Outubro de 1985 (data, portanto, da conclusão do negócio impugnado pela via da acção).

Por seu turno, a "B" registou provisoriamente a sua aquisição (que fez aos referidos "E" e "D" – transmitentes) em 27/3/1989, inscrição esta convertida em definitivo em 27/12/1989.

Ora, a acção que visou à declaração de nulidade das aludidas escrituras de justificação (celebradas em 23/10/1985) só foi registada provisoriamente em 28/12/1990, ou seja, muito depois de decorridos os três anos sobre aquela data, registo esse que ainda por cima veio a caducar em 28/7/1994 (note-se, que não basta apenas intentar a acção que visa à declaração de nulidade dentro do prazo de três anos, é necessário também que o seu registo ocorra dentro dos três anos subsequentes à conclusão do negócio – art. 291º nº 2 – esses requisitos são cumulativos).

E sendo assim e por força do citado art. 291º nº 2 do CC a declaração de nulidade consignada na sentença que a A invoca é inoponível aos direitos dos aqui RR., já que estamos perante aquisições a título oneroso e os adquirentes agiram de boa fé."

[142] Ao invés, segundo o Supremo Tribunal de Justiça, *"a justificação notarial não é mais do que um expediente técnico simplificado posto pela lei à disposição dos interessados para o efeito de dar real consistência prática ao princípio do trato sucessivo (artºs 34º e 116º do Código do Registo Predial).*

A inscrição do direito de propriedade no registo com base em escritura de justificação não pode basear "uma aquisição tabular, que só nos casos excepcionais previstos no art. 291º do Código Civil, e 5º, 17º, nº 2 e 122º do Código do Registo Predial, poderá ter lugar." (Cfr. Acórdão do Supremo Tribunal de Justiça de 30 de Setembro de 2008, [on-line] consultado em 29 de Abril de 2010. Disponível *in*: http://www.dgsi.pt/jstj.).

a título oneroso, verá o seu direito decair em face do direito do verdadeiro proprietário, não beneficiando nem da tutela concedida pelo art. 291º do Código Civil, nem pelo art. 17º, nº 2, do Cód.Reg.Pred.. Na verdade, como já referimos, o facto justificado, apesar de ter acedido ao registo, nunca ocorreu, sendo, por isso, inexistente.

Assim, por exemplo, se a escritura de justificação contém a invocação da usucapião, mas, afinal, o justificante nunca foi possuidor, ou não possuiu de forma pacífica e pública, ou não exerceu posse durante o tempo exigido por lei, como é evidente, na sua esfera jurídica nunca existiu o direito potestativo de invocar a usucapião e o facto de a invocação ter ocorrido indevidamente, naturalmente, não conduz à aquisição originária do direito. Muito ao invés, tal invocação é absolutamente ineficaz e o pretenso facto jurídico aquisitivo, apesar de justificado e registado, não deixa de ser inexistente.

Por isso, o verdadeiro titular do direito pode, a todo o tempo, impugnar o facto justificado – em virtude da sua inexistência –, solicitar a declaração de nulidade do correspondente registo, com base na al. *b)* do art. 16º do Cód.Reg.Pred., e o consequente cancelamento.

Se o fizer, mesmo que o justificante já tenha alienado a terceiro, este, repetimos, não beneficiará da tutela decorrente do 291º do Código Civil, uma vez que, como se sabe, este artigo não protege os terceiros em face da inexistência – mas apenas, perante a nulidade ou a anulabilidade –, nem será protegido pelo art. 17º do Cód.Reg.Pred., uma vez que, segundo o nosso entendimento, sempre que em causa estejam vícios registais que decorram ou sejam consequência de um vício substantivo, o nº 2 do art. 17º do Cód.Reg.Pred., porque não tutela os terceiros perante o vício substantivo, não os protege definitiva e efectivamente.

5º Na acção de impugnação de escritura de justificação, incumbe aos réus – que nela afirmarem a aquisição por usucapião – a prova dos factos constitutivos do seu direito, não beneficiando da presunção do registo decorrente do artigo 7º do Cód.Reg.Pred.?
Segundo o acórdão de uniformização de jurisprudência de 4 de Dezembro de 2007, publicado no DR, série I, nº 63, de 31 de Março de 2008, *"na acção, de impugnação de escritura de justificação prevista nos arts 116º, nº1, do Código do Registo Predial e 89º e 101º do Código do Notariado, tendo sido os réus que nela afirmarem a aquisição, por usucapião do direito de propriedade sobre um imóvel,*

inscrito definitivamente no registo, a seu favor, incumbe-lhes as provas dos factos constitutivos do seu direito, sem poderem beneficiar da presunção do registo decorrente do art. 7º do Código do Registo Predial"[143], uma vez que o registo foi feito exactamente com base na escritura de justificação impugnada.

O Supremo Tribunal de Justiça fundamentou o acórdão em apreço declarando, em suma, o seguinte:

> "*A impugnação da escritura de justificação significa a impugnação dos factos com base nos quais foi celebrado o registo.*
>
> *A impugnação desses factos, traduzida na alegação da sua não verificação ou da sua não correspondência com a realidade, não pode deixar de abalar a credibilidade do registo e a sua eficácia prevista no art. 7º do Cód.Reg.Predial, que é precisamente a presunção de que existe um direito cuja existência é posta em causa através da presente acção. Daí que, impugnada a escritura com base na qual foi lavrado o registo, por impugnado também se tem de haver esse mesmo registo, não podendo valer contra o impugnante a referida presunção, que a lei concede no pressuposto da existência do direito registado.*
>
> *A escritura de justificação notarial, com as declarações que nela foram exaradas, apenas vale para efeito de descrição do prédio na Conservatória do Registo Predial, se não vier a ser impugnada – art. 101º do Cód. do Notariado.*
>
> *Como o registo foi feito com base em tal escritura de justificação, aqui impugnada, e precisamente porque o foi, não pode ele constituir qualquer presunção de que o direito existe, já que é este mesmo direito cuja existência se pretende apurar nesta acção.*
>
> *(...)*
>
> *Acresce que, não estando a acção sujeita a qualquer prazo de caducidade (Ac. S.T.J. de 15-6-94, Col. Ac. S.T.J., II, 2º, 140), é totalmente indiferente que já tenha ou não sido lavrado o registo com base na escritura de justificação.*
>
> *Se o registo já se encontrar lavrado (como é o caso), o autor impugnante apenas terá de pedir o seu cancelamento – art. 8º, nº1, do Cód.Reg.Predial.*"

Não acolhemos a tese sufragada no referido acórdão de uniformização de jurisprudência[144], contrariamente, entendemos que correcta é a

---

[143] No mesmo sentido, *vide os* acórdãos do Supremo Tribunal de Justiça de 3 de Março de 1998, de 11 de Abril de 2000, de 24 de Junho de 2004, de 25 de Outubro de 2005, de 21 de Fevereiro de 2006, de 14 de Novembro de 2006 e de 30 de Novembro de 2008, [on-line] consultados em 29 de Abril de 2010. Disponíveis *in*: http://www.dgsi.pt/jstj..

[144] No entanto, é evidente que compreendemos a preocupação subjacente à mesma, em face do frequente uso abusivo e até fraudulento da justificação notarial, o qual conduziu a que as escrituras de justificação notarial fossem alcunhadas pelo público de «escrituras de mentira». (A este propósito *vide* ISABEL PEREIRA MENDES, Regresso do registo ao anacrónico conceito

tese defendida no Acórdão do Supremo Tribunal de Justiça de 3 de Julho de 2003.
Passamos a citar o referido acórdão[145].

"A impugnação das justificações notariais tem sido classificada, entre as espécies de acções definidas no artº 4º, CPC, como acção de simples apreciação negativa (4º, 2, a, CPC), do facto notarialmente justificado. Nas acções de simples apreciação negativa, cabe ao autor demonstrar os fundamentos do pedido (as causas e razões do seu direito) e negar, antecipadamente, as declarações contrárias do réu; a este cabe alegar e demonstrar, por seu lado, os fundamentos do direito que contrapõe ao do autor.

Como a impugnação foi deduzida depois do decurso do prazo a que se reporta o artº 101º, 2, CRP (30 dias sobre a publicação do extracto da escritura) não houve qualquer obstáculo ao registo de aquisição que os réus efectuaram com suporte naquela.

Quer isso dizer que os réus passaram a beneficiar da presunção de propriedade estabelecida no artº 7º, CRP.

(...)

Deve entender-se que o artº 343º, 1, CC, que carrega sobre o réu o ónus de provar os factos constitutivos do seu direito, cede sempre que o mesmo réu tiver à mão o registo predial da justificação (a inscrição) e, com ele, invoque a presunção prevista e prescrita no dito artº 7º, CRP. Aí, como que se vira o bico ao prego, e, do regime especial de ónus da prova, consagrado naquele artº 343º,1, passa-se para o geral, definido no artº 342º, 1."

Ou seja, na nossa perspectiva, o ónus da prova, na acção de impugnação da justificação notarial, está a cargo do autor ou do réu consoante esta seja instaurada antes ou depois do decurso do prazo de 30 dias fixado no nº 2 do artigo 101º do Cód.Not..

---

restrito de terceiros, *in Estudos Sobre Registo Predial*, Coimbra, Almedina, 1999, p. 183). A mesma autora, noutro trabalho, afirma: *"as escrituras de justificação proliferaram e passaram de tal modo a fazer parte da rotina dos cartórios que dão por vezes origem a lapsos dos funcionários que constituem autênticas anedotas. Já tivemos entre mãos uma fotocópia duma escritura de justificação, com referência a um prédio urbano, em que o justificante declarava que «o havia cultivado e colhido os seus frutos, há mais de vinte anos», por ser esse o prazo de posse normalmente necessário para a usucapião, em face da lei portuguesa!"* (Cfr. ISABEL PEREIRA MENDES, A primeira inscrição no registo predial português, *in Estudos Sobre Registo Predial*, Almedina, 1999, p. 112).

[145] *Vide* o acórdão do Supremo Tribunal de Justiça de 3 de Julho de 2003, [on-line] consultado em 29 de Abril de 2010. Disponível *in*: http://www.dgsi.pt/jstj..
No mesmo sentido, *vide* ainda os acórdãos do Supremo Tribunal de Justiça de 29 de Junho de 2005, de 22 de Novembro de 2005, de 11 de Julho de 2006, de 11 de Janeiro de 2007, de 8 de Fevereiro de 2007 e de 15 de Maio de 2007, [on-line] consultados em 30 de Abril de 2010. Disponíveis *in*: http://www.dgsi.pt//jstj..

No primeiro caso, o facto justificado ainda não foi registado – da escritura não podem sequer ser extraídas certidões –, por isso, incumbe ao justificante o ónus da prova do direito que se arroga.

No segundo caso, decorrido o prazo sem que a acção seja intentada e efectuado o registo do facto justificado, produz-se a inversão do ónus da prova, em virtude da presunção resultante do artigo 7º do Cód.Reg.Pred.[146], passando este a onerar o autor.

Ou seja, efectuado o registo, ele passa a produzir os seus efeitos normais, sendo irrelevante a natureza do título que lhe serviu de base, uma vez que a lei não faz qualquer distinção.

E não procede o argumento nos termos do qual *o registo não pode gerar a presunção, uma vez que foi feito exactamente com base na escritura de justificação impugnada*.

Primeiro, porque se assim fosse, sempre que o "título formal" que houvesse viabilizado o registo fosse impugnado ter-se-ia de afirmar que o registo não gerava a presunção de que o direito existe e pertence ao titular registal. Ou, mais rigorosamente, ter-se-ia de defender que sempre que não tivesse ocorrido o facto justificado e registado e fosse intentada a correspondente acção judicial o titular registal não beneficiaria das presunções previstas no art. 7º do Cód.Reg.Pred..

Assim, por exemplo, se *A* falsificasse um título e com base nele obtivesse o registo de propriedade sobre o prédio *X*, *B* o verdadeiro proprietário e possuidor do prédio – quando intentasse a acção negatória em defesa do seu direito real – poderia estar seguro de que o *A* não beneficiaria das presunções decorrentes do Registo, uma vez que o registo tinha sido lavrado com base em documento falso[147].

---

[146] Ou seja, concordamos completamente com o afirmado no voto de vencido ao acórdão de uniformização de jurisprudência pelo Exmo. Senhor Conselheiro SALVADOR DA COSTA que em consequência afirmou:
"Interpretaria a lei para efeito de uniformização da jurisprudência nos termos seguintes:
« Nas acções de impugnação de factos justificados notarialmente já definitivamente inscritos no registo predial, é ao autor ou ao reconvinte, conforme os casos, que incumbe ilidir, mediante prova do contrário, a presunção legal que deriva do registo.»

[147] Partimos do pressuposto que quem adopte o entendimento do Supremo Tribunal de Justiça e aplique a afirmação, segundo a qual *"o registo não pode gerar a presunção, uma vez que foi feito exactamente com base na escritura impugnada"*, mesmo quando em causa esteja uma escritura diversa da de justificação, apenas o fará quando, apesar de existir "título formal", o facto publicitado seja inexistente. Mas não quando o facto registado seja nulo ou anulável pois,

Segundo, porque, como já afirmámos, após o registo a escritura de justificação notarial, precisamente porque cumpriu na íntegra o seu fim e não tem mais efeitos para produzir, deixa de assumir relevância e o importante passa a ser o facto justificado e registado.

Por fim, porque a solução adoptada pelo acórdão de uniformização de jurisprudência esvazia de conteúdo útil e é, por isso, contrária à disposição do art. 101º, nº 2 do Cód.Not que estipula que após a celebração da escritura de justificação não podem ser extraídas certidões da mesma antes de decorrido o prazo de trinta dias contados da publicação do extracto da mesma e desde que nesse prazo não seja recebida a comunicação da pendência de acção de impugnação daquela. De facto, se, com ou sem registo, o justificante nunca beneficiasse das presunções decorrentes do registo, não existiria razão para a lei exigir o decurso daquele prazo, bastaria a lei impedir a passagem das certidões antes de ser comprovada a publicação do extracto da escritura.

Consequentemente, na nossa perspectiva, o entendimento perfilhado pelo acórdão de uniformização de jurisprudência viola o disposto no nº 3 do art. 9º do Cód. Civil[148].

---

caso contrário, teria de chegar à conclusão de que o terceiro adquirente e titular registal – que integrando-se numa cadeia de transmissões pudesse ver a valia do seu facto aquisitivo afectada por um vício anterior ao acto em que interveio – nunca beneficiaria das presunções registais (assim, por exemplo, se A intentasse contra B uma acção tendente à declaração de nulidade de um contrato de compra e venda, B, mesmo que já tivesse obtido o registo, não beneficiaria das presunções registais, porque o assento registal tinha sido lavrado com base na compra e venda e esta estava a ser impugnada).

[148] Neste sentido *vide* o voto de vencido ao acórdão de uniformização de jurisprudência do Exmo. Senhor Conselheiro JOÃO CAMILO.

O Registo de Acções e Decisões Judiciais – Qualificação do Registo e os Poderes do Conservador[1]

1. Nota Prévia

No sistema registal português encontra-se consagrado o princípio da legalidade, no art. 68º do Cód.Reg.Pred.[2]. De acordo com este preceito, o conservador português deve pronunciar-se sobre a viabilidade do pedido de registo à luz das normas legais aplicáveis[3], dos documentos apresentados e dos registos anteriormente lavrados. Devendo, para tal, apreciar:

- a identidade entre o prédio a que se refere o acto a registar e a correspondente descrição;

---

[1] Parte do texto que serviu de base à apresentação feita no I Encontro de Notários e Conservadores dos Países de Língua Portuguesa, realizado em Cabo Verde, entre 23 e 25 de Julho de 2007.

[2] Conforme estatui o referido preceito, "compete ao conservador apreciar a viabilidade do pedido de registo, em face das disposições legais aplicáveis, dos documentos apresentados e dos registos anteriores, verificando especialmente a identidade do prédio, a legitimidade dos interessados, a regularidade formal dos títulos e a validade dos actos dispositivos neles contidos".
O referido princípio encontrava-se consagrado no art. 5º do Cód.Reg.Pred. de 1967, cuja redacção era a seguinte:
"Além da regularidade formal dos actos requeridos e da legitimidade dos requerentes, incumbe ao conservador apreciar a legalidade dos títulos apresentados e a validade dos actos dispositivos neles contidos, e bem assim a capacidade dos outorgantes, em face dos títulos e dos registos anteriores."

[3] Saliente-se que as disposições legais aplicáveis que devem ser tidas em conta pelo conservador não são apenas, como é evidente, as constantes do Código do Registo Predial, mas as existentes em geral no ordenamento jurídico, sejam elas de natureza substantiva civil, processual civil, urbanística, tributária, etc..

- a legitimidade dos interessados;
- a regularidade formal dos títulos referentes aos actos a registar;
- a validade dos actos contidos nesses títulos.

Como resulta do exposto, o ordenamento jurídico português consagra o princípio da legalidade no seu sentido mais amplo, ou seja, como controlo da legalidade formal e substancial dos documentos, tal como acontece nos ordenamentos jurídicos de países africanos que mantêm em vigor o Cód.Reg.Pred. português de 1967, bem como no sistema registal alemão, suíço, austríaco, etc.[4], e ao contrário do que ocorre no sistema francês, belga, luxemburguês, italiano, etc. – onde o controlo recai apenas sobre a valia formal dos títulos.

A função qualificadora[5], desempenhada pelo conservador português, é o meio indispensável para que o princípio da legalidade actue, e consiste

---

[4] É o princípio da legalidade em sentido amplo e rigoroso que sustenta a consagração das presunções ilidíveis decorrentes do registo (cfr. art. 7º do actual Cód.Reg.Pred. português e o art. 8º do Cód.Reg.Pred. de 1967).
São duas as presunções legais estabelecidas:
– por um lado, presume-se que o direito pertence a quem está inscrito como seu titular;
– por outro lado, presume-se que o direito existe tal como o registo o revela;
Por força destas presunções, o titular registal, por um lado, não carece de alegar e provar factos demonstrativos da existência, validade e eficácia do direito registado, nem factos pertinentes à qualificação, conteúdo e amplitude do referido direito. E, por outro, não necessita de alegar e provar que tal direito lhe pertence.
Refira-se que o ordenamento jurídico português – tal como os outros ordenamentos que consagram as supra referidas presunções – consagra, também, o princípio do trato sucessivo (cfr. o art. 34º, nº 2, do actual Cód.Reg.Pred. português e o art. 13º, nº 2, do Cód.Reg.Pred. de 1967), pois, como a lei estabelece que o registo faz presumir que o direito existe e pertence ao titular inscrito, não pode dispensar a intervenção deste para a realização de um registo posterior que colida com o seu.
Mas, por seu turno, é a própria observância da continuidade das inscrições que reforça as presunções legais derivadas do registo e são estas que justificam a amplitude com que se encontra consagrado o princípio da legalidade em Portugal. De facto, se as referidas presunções não estivessem consagradas no sistema registal português, nada justificaria que o conservador controlasse a valia substancial dos títulos.
[5] Como se sabe, a qualificação consiste no acto através do qual o conservador examina os títulos apresentados e decide sobre a sua admissão ou não admissão a Registo.
Em Portugal o registo pode ser lavrado como:
1 – Definitivo: quando o interessado solicita o registo e o conservador, após a qualificação, conclui que o registo pode ser realizado e produzir a eficácia que lhe é própria sem qualquer reserva.

em *comprovar a legalidade de forma e de fundo dos documentos apresentados, tanto por si sós[6], como relacionando-os com os eventuais obstáculos que o Registo possa opor ao assento pretendido.*

Através do exercício da função qualificadora o conservador efectua uma "depuração" dos actos que é chamado a registar, assegurando que o registo não seja um mero arquivo de documentos, mas o crivo por onde só passam os actos que o ordenamento jurídico consente.

Por outro lado, conforme estatui o art. 3º do Cód.Reg.Pred. português, estão sujeitas a registo[7]:

2 – Provisório: por dúvidas ou por natureza.

a) Os registos são lavrados como provisórios por dúvidas sempre que o conservador não os possa lavrar em conformidade com o pedido, por exemplo, nas seguintes hipóteses: incumprimento do princípio do trato sucessivo; falta de prova do cumprimento das obrigações fiscais; rasuras nos documentos; falta de uma certidão; etc..

O registo provisório por dúvidas converte-se em definitivo, quando as referidas dúvidas são eliminadas dentro do seu prazo de vigência.

b) Os registos são lavrados como provisórios por natureza, apenas e só, nas situações previstas na lei (cfr. o art. art. 92º do actual Cód.Reg.Pred. português e o art. 179º do Cód.Reg.Pred. de 1967).

Por exemplo, é lavrado como provisório por natureza, para além do registo das acções, o registo de hipoteca judicial antes do trânsito em julgado da sentença de condenação e as providências cautelares, antes de transitar em julgado o respectivo despacho.

O registo provisório por natureza converte-se em definitivo quando ocorre um outro facto que afaste a causa de provisoriedade. Assim, nos exemplos dados, quando as decisões judiciais transitem em julgado.

[6] O "julgamento" do conservador, no que diz respeito à validade dos actos, só pode conduzir à recusa do acto pretendido quando este seja nulo ou, mais rigorosamente, quando seja manifesta a nulidade do acto (Cfr. a al. *d)* do nº 1 do art. 69º do actual Cód.Reg.Pred. português e a al. *c)* do nº 1 do art. 243º do Cód.Reg.Pred. de 1967).

A regra quanto à anulabilidade e à ineficácia "em sentido estrito" é a de que as mesmas não constituem obstáculo ao ingresso definitivo no registo. A excepção verifica-se naquelas particulares situações em que o registo é feito como provisório por natureza, porque a lei impõe esse procedimento técnico. É o que ocorre quanto ao negócio jurídico susceptível de ser anulado por falta de consentimento de terceiro ou de autorização judicial, obviamente antes de sanada a anulabilidade ou caducado o direito de a arguir. E, também, quanto ao negócio jurídico celebrado por gestor ou procurador sem poderes suficientes, antes da ratificação (cfr. art. 92º, nº 1, alínea *e)* e alínea *f)*, do actual Cód.Reg.Pred. português e o art. 179º, al. *g)* e *h)*, do Cód.Reg.Pred. de 1967).

Para além destes casos particulares, em todas as outras situações, somente as nulidades absolutas obstam, em princípio, ao registo definitivo.

[7] O art. 3º do Cód.Reg.Pred. de 1967 tinha redacção idêntica.

a) As acções que tenham por fim, principal ou acessório, o reconhecimento, a constituição, a modificação ou a extinção de algum dos direitos referidos no artigo anterior[8];

---

[8] O teor do art. 2º do actual Cód.Reg.Pred. português é o que de seguida se transcreve:
"Factos sujeitos a registo
1 – Estão sujeitos a registo:
a) Os factos jurídicos que determinem a constituição, o reconhecimento, a aquisição ou a modificação dos direitos de propriedade, usufruto, uso e habitação, superfície ou servidão;
b) Os factos jurídicos que determinem a constituição ou a modificação da propriedade horizontal e do direito de habitação periódica;
c) Os factos jurídicos confirmativos de convenções anuláveis ou resolúveis que tenham por objecto os direitos mencionados na alínea *a)*;
d) A autorização de loteamento, seus aditamentos e alterações;
e) A mera posse;
f) A promessa de alienação ou oneração, os pactos de preferência e a disposição testamentária de preferência, se lhes tiver sido atribuída eficácia real, bem como a cessão da posição contratual emergente desses factos;
g) A cessão de bens aos credores;
h) A hipoteca, a sua cessão ou modificação, a cessão do grau de prioridade do respectivo registo e a consignação de rendimentos;
i) A transmissão de créditos garantidos por hipoteca ou consignação de rendimentos, quando importe transmissão de garantia;
j) A afectação de imóveis ao caucionamento das reservas técnicas das companhias de seguros, bem como ao caucionamento da responsabilidade das entidades patronais;
l) A locação financeira e as suas transmissões;
m) O arrendamento por mais de seis anos e as suas transmissões ou sublocações, exceptuado o arrendamento rural;
n) A penhora, o arresto, a apreensão em processo de falência e o arrolamento, bem como quaisquer outros actos ou providências que afectem a livre disposição de bens;
o) O penhor, a penhora, o arresto e o arrolamento de créditos garantidos por hipoteca ou consignação de rendimentos e quaisquer outros actos ou providências que incidam sobre os mesmos créditos;
p) A constituição do apanágio e as suas alterações;
q) O ónus de eventual redução das doações sujeitas a colação;
r) O ónus de casa de renda limitada ou de renda económica sobre os prédios assim classificados;
s) O ónus de pagamento das anuidades previstas nos casos de obras de fomento agrícola;
t) A renúncia à indemnização, em caso de eventual expropriação, pelo aumento do valor resultante de obras realizadas em imóveis situados nas zonas marginais das estradas nacionais ou abrangidos por planos de melhoramentos municipais;
u) Quaisquer outras restrições ao direito de propriedade e quaisquer outros encargos sujeitos, por lei, a registo;
v) A concessão em bens do domínio público e as suas transmissões, quando sobre o direito concedido se pretenda registar hipoteca;

b) As acções que tenham por fim, principal ou acessório, a reforma, a declaração de nulidade ou a anulação de um registo ou do seu cancelamento;
c) As decisões finais das acções referidas nas alíneas anteriores, logo que transitem em julgado[9].

Consequentemente, o registo das acções e das decisões judiciais que sejam proferidas nas acções a ele sujeitas não está imune ao poder/dever de qualificação do conservador.

Ponto é saber qual a dimensão ou amplitude desse poder/dever, perante o pedido de registo de uma acção ou de uma decisão judicial[10].

E isto porque, em matéria de registo das acções, o conservador não é confrontado com um título cuja valia formal ou substancial possa ser apurada, mas com os pedidos formulados numa acção judicial[11], na qual caberá ao juiz verificar os pressupostos processuais e apreciar a viabilidade da pretensão deduzida pelo autor.

E, em matéria de registo de decisões judiciais, o conservador, estando perante um título, que pode padecer de invalidades formais ou substanciais, há-de ter em conta as regras atinentes ao caso julgado, bem como o art. 205º, nº 2, da Constituição da República Portuguesa, nos termos do qual, as decisões dos tribunais são obrigatórias para todas as entidades públicas e privadas e prevalecem sobre as de quaisquer outras autorida-

---

x) Os factos jurídicos que importem a extinção de direitos, ónus ou encargos registados.
2 – O disposto na alínea a) do número anterior não abrange a comunicabilidade de bens resultante do regime matrimonial."

[9] Segundo o nº 2 do art. 3º do Cód.Reg.Pred. português, "as acções sujeitas a registo não terão seguimento após os articulados sem se comprovar a sua inscrição, salvo se o registo depender da respectiva procedência". E, nos termos do nº 3 do mesmo preceito legal, "sem prejuízo da impugnação do despacho do conservador, se o registo for recusado com fundamento em que a acção a ele não está sujeita, a recusa faz cessar a suspensão da instância a que se refere o número anterior."

[10] Lembramos que, em regra, o conservador português, ao qualificar, examina a possibilidade de o registo ser lavrado, tal como foi requerido, tendo em conta a valia do título em si (quer no aspecto formal quer no aspecto substancial) e, ainda, em confronto com eventuais obstáculos registais.

[11] São os pedidos que devem ser especialmente mencionados no extracto da inscrição, de acordo com a alínea g) do nº 1 do art. 95º do actual Cód.Reg.Pred. português e da al. g) do nº 1 do art. 182 do Cód.Reg.Pred. de 1967.

des – donde, à primeira impressão, parece resultar que o não acatamento da decisão do tribunal traduzir-se-á em desobediência.

Comecemos por analisar o referido poder/dever de qualificação do conservador no domínio do registo das acções, para depois o analisarmos a propósito do registo das decisões judiciais.

2. O controlo da legalidade e as acções judiciais

Em matéria de registo de acções[12], cumpre antes de mais salientar que a registabilidade do pedido formulado na acção judicial não se determina pela natureza real do direito invocado como fundamento da pretensão do autor, mas antes pelos efeitos que, através da acção, se visa produzir no conteúdo ou na titularidade de algum dos direitos taxativamente indicados no art. 2º – derivem eles de um direito real ou de um direito de crédito[13]. Ou seja, não é a natureza real do direito em que se funda a respectiva causa de pedir – tal como o direito processual qualifica as acções reais (cfr. art. 498º, nº 4, do C.P.C.) – que determina a sua registabilidade. O que para este efeito releva é, antes, a realidade das pretensões deduzidas, isto é, dos efeitos substantivos que através da acção se pretende alcançar, no con-

---

[12] "O registo de acções tem por finalidade dar conhecimento a terceiros de que determinada coisa está a ser objecto de um litígio e adverti-los de que devem abster-se de adquirir sobre ela direitos incompatíveis com o invocado pelo autor, sob pena de terem de suportar os efeitos da decisão que a tal respeito venha a ser proferida, mesmo que não intervenham no processo" (Cfr. Antunes Varela, *RLJ*, 103º, p. 484).
No ordenamento jurídico português o registo da acção, que é lavrado como provisório por natureza (cfr. o art. 92º, nº 1, *a*), do actual Cód.RegPred. português e o art. 179º, *a*), do Cód. RegPred. de 1967), é um assento registal de vigência temporalmente limitada, que publica a pendência de um processo sobre uma situação jurídica registada ou susceptível de ser registada. Ou, como escreveu CATARINO NUNES, *Código do Registo Predial, Anotado*, p. 189 e 405, o registo da acção é o registo provisório do pedido formulado pelo autor contra o réu, cuja sorte depende do resultado da acção: se esta for julgada procedente, o registo converte-se em definitivo; caso improceda, o registo provisório da acção é cancelado oficiosamente (cfr. arts. 3º, nº 1, *a*) e *b*), 92º, nº 1, *a*), 95º, nº 1, *g*), e 101º, nº 2, *b*), todos do Cód.Reg.Pred.).
Quanto à sua natureza jurídica, o registo da acção assume um duplo aspecto: do ponto de vista processual é considerado uma medida cautelar, uma vez que visa assegurar a exequibilidade da sentença que venha a julgar procedente a lide, nas mesmas condições em que o seria caso fosse proferida na data da propositura da acção. Do ponto de vista registal é um instrumento de publicidade que gera a cognoscibilidade sobre uma eventual causa de nulidade, anulação, resolução, rescisão, etc., de um facto inscrito ou susceptível de ser inscrito.
[13] É o que sucederá, nomeadamente com os direitos do arrendatário, do preferente convencional e do promissário, que, segundo a melhor doutrina, têm natureza obrigacional.

teúdo ou na titularidade de algum dos direitos taxativamente definidos no art. 2º[14/15].

[14] OLIVEIRA ASCENSÃO e PAULA COSTA E SILVA, *ROA*, p. 202 a 205, afirmam: "Enquanto o legislador processual entende ser real a acção cuja causa de pedir se funde num direito real, podendo ser também real a pretensão deduzida, em sede do Código do Registo Predial estará sujeita a registo a acção cujo efeito útil tenha interferência sobre a estrutura objectiva ou subjectiva de um direito real. Enquanto o Código de Processo Civil atende normalmente ao fundamento da acção, para a definir como real, o Código do Registo Predial apenas se ocupa com as repercussões que uma qualquer acção possa ter sobre os direitos sujeitos a registo. Deste modo, deverá ser registada, nos termos do artigo 3º do Código do Registo Predial, toda a acção cuja procedência implique uma alteração do conteúdo ou da estrutura de um direito real, não relevando, para efeitos de aplicação deste preceito legal, que aquela alteração resulte de uma acção fundada num direito real ou num direito de crédito, portanto quer se trate de uma acção real, quer não.
Só deste modo se obtém a finalidade do registo. Este visa tornar conhecida a situação jurídica das coisas, permitindo àquele que pretenda entrar em contacto com um direito real, cuja dinâmica se encontra sujeita a registo, conhecer a sua exacta dimensão".
"Assim, a afirmação de que todas as acções reais, mas só elas, estariam sujeitas a registo traduz uma ideia menos correcta e, mesmo, inexacta, quando tomadas aquelas na sua acepção processual (art. 498º, nº 4, do C.P.C.), e só poderia ganhar alguma aceitabilidade se interpretada, *cum grano salis*, no sentido de que tais acções se identificariam, antes, com aquelas que se mostrem susceptíveis de obter eficácia perante terceiros ..." (cfr. Silva Pereira, *Registo das Acções (Efeitos)*, p. 1, in http://www.fd.uc.pt/cenor/textos/DOC070314-004.pdf.
[15] Segundo Catarino Nunes, Código do Registo Predial anotado, 1968, pág. 177 a 179, as acções que a lei submete a registo são:
a) As acções reais, que apresentem as seguintes características:
– preexistência de um direito real e seu reconhecimento;
– violação desse direito, e restituição ao estado anterior.
São nitidamente acções declarativas de condenação (art. 4º, n.º 1º e nº 2º, *b*), do C.P.C.), uma vez que têm por fim exigir a prestação de uma coisa (ou de um facto), pressupondo (ou prevendo) a violação de um direito.
É exemplo típico a acção de reivindicação (*rei vindicatio*), que tem por fim fazer reconhecer o direito de propriedade e restabelecer a situação anterior à violação.
b) As acções constitutivas de um direito real.
São acções nitidamente declarativas constitutivas, visto introduzirem uma alteração na ordem jurídica existente (art. 4º, n.ºs 1 e 2, *c*), C.P.C.).
É o exemplo típico da acção de execução específica.
c) As acções cujo objecto seja a apreciação da eficácia (em sentido lato) de actos ou negócios jurídicos produtores de efeitos reais de gozo ou de garantia ou com eficácia em face de terceiros, desde que os próprios actos ou negócios estejam sujeitos a registo, quer se trate de acções de simples apreciação, de condenação ou constitutivas.
São, por exemplo, as acções sobre nulidade ou anulabilidade, e as acções de preferência legal ou negocial.

Porque assim é, o conservador, ao ajuizar da viabilidade do pedido de registo de uma acção, tem, desde logo, que apurar se a acção em causa é registável. O que o obriga a dedicar redobrada e particular atenção à interpretação dos articulados – que não poderá circunscrever-se à pretensão expressa pelo autor, mas tem de abarcar necessariamente os próprios fundamentos – com o objectivo de definir correcta e exactamente os pedidos formulados, sob pena de, não o fazendo, poder criar situações de incerteza quanto ao objecto do registo, recusar o registo de acções registáveis ou lavrar registo de um pedido insusceptível de ser registado, com todos os prejuízos que daí advirão para a segurança do comércio jurídico. De facto, os fundamentos da acção e o respectivo pedido têm de se relacionar de uma forma lógica e inteligível, pois, de outro modo, seria desnecessário juntar toda a petição inicial, bastando levar a registo uma simples cópia do próprio pedido[16].

Acresce que a viabilidade do pedido de registo implica, no domínio do registo das acções, como em geral, a verificação casuística, em face da situação tabular existente à data da apresentação do pedido do registo, das regras técnicas que têm necessariamente de ser observadas para a prossecução dos objectivos da segurança do comércio jurídico – pressupostos processuais do registo ou requisitos de acesso ao registo -, de entre as quais cumpre salientar aquelas que se prendem não só com o trato sucessivo na modalidade da continuidade das inscrições[17] mas, tam-

---

d) As acções que tenham por objecto actos ou negócios jurídicos respeitantes a arrendamento por mais e 6 anos.

e) As acções da alínea *b)* do art. 3.

[16] Nesta actividade interpretativa não podem restar quaisquer dúvidas sobre o sentido e alcance dos pedidos que devem ser levados a registo, uma vez que está em causa a certeza e a segurança do comércio jurídico imobiliário (cfr. art. 1º, Cód.Reg.Pred.). Registada a acção, as tábuas devem publicitar com precisão os efeitos que, no plano do direito substantivo, serão produzidos caso o autor obtenha sentença que julgue procedentes os pedidos formulados e inscritos no registo, uma vez que, como foi salientado pelo Conselho Técnico dos Registos e do Notariado de Portugal, no parecer R.P. 23/98 DSJ-CT, *BRN*, nº 10/98, p. 11 e ss., "não faria sentido – e seria mesmo frustrante das expectativas tabulares abertas – que se lavrasse o registo de acção sem qualquer motivo de impedimento, que já então existia e era cognoscível, para mais tarde se vir a revelar que afinal os efeitos do caso julgado não poderiam aceder ao registo por razões tabulares que se revelavam já à data do registo da acção."

[17] Cfr. o art. 34º, nº 2, do actual Cód.Reg.Pred. e o art. 13º, nº 2, do Cód.Reg.Pred. de 1967. O princípio do trato sucessivo, na segunda modalidade, existe no direito registal português desde 1864, *e é um princípio formal* que visa assegurar, ao nível tabular, a sequência dos factos

bém, com a identidade do prédio e a sua harmonização entre a matriz e o registo[18].

E toda esta actividade é exigida pela segurança do comércio jurídico imobiliário, garantindo que para as tábuas seja carreada, por forma clara e inequívoca, a situação jurídica dos prédios que a lei antevê para tanto necessária (cfr. art. 1º do C RP).

Em resumo, o conservador pode e deve suscitar na qualificação do pedido de registo de acção as questões atinentes aos efeitos, em face de terceiros, que a decisão do pleito poderá produzir – sem o que não poderia sequer emitir juízo sobre a própria registabilidade da acção – e as razões tabulares que contrariem ou revelem alguma desconformidade com os pressupostos processuais da acção.

Assim, não obstante a verificação dos pressupostos processuais da acção e a apreciação do mérito da causa competir exclusivamente ao tribunal,

publicados, dando a devida tradução e cumprimento aos próprios princípios substantivos em que se enraíza a válida oneração e aquisição dos bens.
De acordo com este princípio, o transmitente de hoje tem de ser o adquirente de ontem e o titular inscrito de hoje tem de ser o transmitente de amanhã.
Enquanto pressuposto do processo registal que impõe a sequência linear e contínua dos factos inscritos, o trato sucessivo é, de algum modo, o reflexo tabular da regra *nemo plus iuris ad alium transferre potest quam ipse habet* que domina a aquisição derivada.
Mas o princípio do trato sucessivo não se restringe à aquisição derivada, nem sequer se justifica como princípio de direito substantivo. *O trato sucessivo vai buscar, antes, as suas raízes e os seus fundamentos ao princípio da prioridade do registo e às presunções que do registo derivam para o respectivo titular*. Presunções ilidíveis, que asseguram, por um lado, que o direito inscrito, se existiu, ainda se conserva no seu titular, nas condições em que se encontra inscrito, e, por outro, que aquele que figura, ali, como titular, não o alienou, nem sobre ele constituiu encargos além dos que estiverem igualmente inscritos no registo. *É que a protecção devida ao titular inscrito, em consequência das presunções supra referidas, conduz à inadmissibilidade de um registo não directamente fundado na inscrição em seu nome.*
 Daí que o trato sucessivo se assuma como um dos pressupostos basilares do processo registal, determinando a sua inobservância, em regra, a provisoriedade por dúvidas do registo (cfr. os arts. 69º, nº 2, e 70º do actual Cód.Reg.Pred. e os arts. 178º e 243º, nº 2, do Cód.Reg.Pred. de 1967) e constituindo a sua violação na realização do registo definitivo causa de nulidade deste (cfr. o art. 16º, al. *e*), do actual Cód.Reg.Pred. e o art. 83º, al. *f*), do Cód.Reg.Pred. de 1967) – Mas a actual lei permite que tal registo possa vir a ser convalidado mediante a realização da inscrição intermédia em falta, quando for esse o caso e desde que não haja entretanto registo da acção de declaração de nulidade (cfr. o art. 120º, nº 2, do Cód.Reg.Pred.).
[18] Cfr. os arts. 28º a 33º e 79º a 86º do actual Cód.Reg.Pred. português e os arts. 102º a 109º e 149º a 172º do Cód.Reg.Pred. de 1967.

que há-de tomar as necessárias decisões sobre as quais se formará caso julgado, logo que insusceptíveis de recurso ordinário ou de reclamação, nos termos dos arts. 668º e 669º do C.P.C., para então se tornarem imodificáveis e vinculativas (arts. 47º, 671º, 672º, 673º e 677º, todos, do C.P.C.), ao conservador compete, por força da função qualificadora que a lei lhe comete, apreciar a viabilidade do pedido de qualquer acto de registo – e o registo das acções, como já o dissemos, não está imune a este procedimento – em face da legislação aplicável, dos documentos apresentados e dos registos anteriores.

De facto, não se pode confundir o ajuizar do mérito da causa com o ajuizar da viabilidade do pedido de registo, e neste segundo plano, no ordenamento jurídico português, é indiscutível a competência do conservador.

Trata-se de uma função relevantíssima que não pode ser menosprezada ou, sequer, subalternizada. O que, obviamente, contraria qualquer ideia de que a função do conservador se limita a inscrever automaticamente o pedido formulado na acção, tal como ele é formulado.

Do que se deixa dito decorre, naturalmente, ser legítimo, constituindo mesmo um imperativo legal, que o conservador recuse o pedido de um registo de acção sempre que considere que o pedido nela formulado é insusceptível de ser publicitado pelo registo. Assim, por exemplo, é evidente que não pode ser lavrado o registo de uma acção de execução, o registo de uma acção onde se pretenda fazer valer um direito de crédito fora dos casos previstos no art. 2º do Código de Registo Predial ou o registo de uma acção tendente ao cancelamento de um registo onde não sejam impugnados os factos jurídicos registados[19].

---

[19] De facto, se o legislador impõe que os factos comprovados pelo registo não possam ser impugnados em juízo sem que simultaneamente seja pedido o cancelamento dos respectivos registos (cfr. o art. 8º do actual Cód.Reg.Pred. e o art. 12º do Cód.Reg.Pred. de 1967) – visando, desta forma assegurar-se de que findarão os efeitos decorrentes do registo (nomeadamente as presunções) caso o facto jurídico registado venha a ser declarado inexistente, nulo ou ineficaz, ou venha a ser anulado, garantindo, assim, a conformidade entre a realidade tabular e a extratabular, também é inegável que o legislador estatui, por respeito às presunções decorrentes do registo, que o cancelamento de uma inscrição registal só pode ocorrer com base na extinção dos direitos (...) ou em execução de decisão judicial transitada em julgado (cfr. o art. art. 13º do actual Cód.Reg.Pred. e o art. 127º do Cód.Reg.Pred. de 1967). Decisão judicial essa que há-de, obviamente, ser pronunciada numa acção onde os factos registados sejam impugnados, uma vez que os *efeitos* que o registo produz se mantêm até que seja proferida decisão, transitada em julgado, que ordene o seu *cancelamento* ou a *sua rectificação*.

Sendo lavrado o registo do pedido quando não está em causa um facto sujeito à publicidade registal, o referido registo é neutro, ou seja, não é inexistente, nem nulo, nem inexacto. É neutro, nada vale, é completamente ineficaz[20].

E, como é evidente, o referido registo ineficaz não assegurará de nenhum modo os interesses visados com o registo de uma acção.

O registo sendo ineficaz, não servirá para assegurar o interesse do autor da acção em garantir antecipadamente a oponibilidade a terceiros da providência ou providências que o tribunal vier eventualmente a decretar, ou em impedir que os referidos terceiros possam prevalecer-se de direitos que sobre a coisa venham a adquirir do réu (ou de outrem).

E também não servirá os interesses dos "terceiros" – bem pelo contrário, pois, apesar de lhes dar conhecimento de que determinada coisa está a ser objecto de um litígio, adverte-os indevidamente que devem abster-se de adquirir sobre ela direitos incompatíveis com o invocado pelo autor, fazendo--os crer erroneamente que, se não se abstiverem de praticar tais actos, terão de suportar os efeitos da decisão que a tal respeito vier a ser proferida, mesmo que não intervenham no processo.

Ou seja, teoricamente, um registo, por ser neutro ou ineficaz, não gera vantagens nem prejuízos, mas, na prática, constitui obviamente um escolho que entrava o comércio jurídico, com prejuízo para o Réu, para eventuais credores hipotecários e para o público em geral, que estará a ser mal informado e poderá ser levado a abster-se de celebrar negócios jurídicos por temer efeitos que nunca poderão produzir-se.

Por outro lado, o conservador não poderá deixar de lavrar como provisório por dúvidas o registo de acção quando os pedidos, determinando embora a registabilidade da acção, se mostrem, face às leis aplicáveis, insanavelmente contraditórios. Será o caso, por exemplo, de os autores pedi-

---

Ou seja, assim como os factos registados não podem ser impugnados sem que em simultâneo se solicite o cancelamento do registo, também não podem ser cancelados os registos de factos jurídicos que não tenham previamente sido impugnados de modo procedente, uma vez que só assim se respeitam as presunções decorrentes do registo.

[20] Uma vez que, não obstante, nos termos do artigo 14º e seguintes do actual Código de Registo Predial, as irregularidades e deficiências do registo serem qualificadas, conforme a sua gravidade, como *inexistência* (cfr. art. 14º do Cód.Reg.Pred.), *nulidade* (cfr. art. 16º do Cód.Reg.Pred.) ou *inexactidão* do registo (cfr. art. 18º do Cód.Reg.Pred.), ninguém nega a existência de registos ineficazes.

O afirmado valia também em face do Cód.Reg.Pred. de 1967.

rem, cumulativamente, a declaração de invalidade do contrato de compra e venda e a resolução desse contrato por incumprimento das obrigações a que por força dele ficou adstrita a contraparte.

Em hipóteses como a apresentada, a feitura do registo definitivo não cumpriria a sua finalidade – a de garantir a segurança do comércio jurídico –, dado que a situação jurídica do imóvel definida nesse registo seria equívoca e perturbante, pelos efeitos contraditórios que passariam a ser publicitados.

Nem se diga, para contrapor a esse entendimento, que não é o registo da acção mas o registo da decisão que nela vier a ser proferida a definir esses efeitos. Uma vez que, como justamente tem sido salientado, o registo provisório da acção é a antecâmara do registo da decisão, tornando os efeitos desta, quando favorável às pretensões do autor, oponíveis a terceiros a partir da data do registo da acção[21].

Donde decorre que todos os motivos tabulares que se antevejam como oponíveis ao ingresso no registo da decisão devam ser invocados como impeditivos do registo da própria acção, que relativamente àquele é antecipativo e cautelar. Pois não faria sentido – para além de frustrar as expectativas tabulares geradas – que se lavrasse o registo de acção sem qualquer motivo de impedimento, para, mais tarde, se vir a revelar que afinal os efeitos do caso julgado não poderiam aceder ao registo, por razões tabulares que se revelavam já à data do registo da acção.

Pelos mesmos motivos, também deve ser lavrado como provisório por dúvidas o registo de uma acção em que não sejam demandados todos os titulares inscritos, uma vez que, caso contrário, será violado o princípio do trato sucessivo, na segunda modalidade.

Por exemplo, se *A*, titular de um direito de preferência legal, intentar uma acção de preferência contra *B* (o obrigado à preferência) e contra *C* (o adquirente), para preferir na compra de certo e determinado prédio, mas à data da propositura da acção, já constar como titular registal *D*, pessoa a quem, entretanto, *C* alienou o prédio, o registo não pode deixar de ser lavrado como provisório por dúvidas – para além, claro está, de o ser como provisório por natureza -, na expectativa de que estas venham a ser remo-

---

[21] Cfr. os arts. 5º, 6º, nº 3, 101º, nº 2, *b)*, e nº 4, do actual Cód.Reg.Pred. e os arts. 7º, 9º, nº 3, 180º e 192º, *f)*, do Cód.Reg.Pred. de 1967.

vidas mediante a apresentação oportuna dos documentos comprovativos da intervenção (ulterior) do titular inscrito.

Pois, se é verdade que não cabe ao conservador pronunciar-se sobre a legitimidade ou ilegitimidade das partes, o que, obviamente, compete ao tribunal, também é verdade que lhe cabe a observância das regras do registo e designadamente do princípio formal do trato sucessivo.

E não faria sentido, como inúmeras vezes foi afirmado pelo Conselho Técnico dos Registos e do Notariado de Portugal, não ser suscitada a questão da violação do trato sucessivo aquando do registo provisório da acção, quando já neste momento ela é patente – e pode, eventualmente, ainda vir a ser ultrapassada – para, posteriormente, vir a ser recusada a conversão do registo da acção, com base na referida violação, quando seja proferida sentença final favorável ao pedido.

Em resumo, ao registo predial não cabe dirimir conflitos, mas é seguramente sua função preveni-los.

Refira-se que a actuação qualificadora que deixámos descrita não poderá o conservador omiti-la, sob pena de violação grave dos poderes/deveres que a lei lhe impõe.

3. O controlo da legalidade e as decisões judiciais

É requisito de registabilidade da decisão que esta tenha transitado em julgado (art. 3º, nº 1, al. c), do Cód.Reg.Pred.), o que equivale a dizer que a sua registabilidade se sustenta na força do caso julgado. Por isso, sempre que este não esteja comprovado nos documentos apresentados, que nessa parte estarão omissos, tal deficiência constituirá motivo para a recusa da conversão do registo da acção e para a provisoriedade por dúvidas da inscrição autónoma do registo da decisão[22]. E, sempre que daqueles documentos resulte, inequivocamente, que a decisão ainda não transitou em julgado, tal conduzirá à recusa do registo, uma vez que manifestamente não comprovam o facto sujeito a registo[23].

Como resulta do exposto, a força do caso julgado das decisões finais tem uma influência decisiva na qualificação dos actos de registo com elas relacionados.

---

[22] Cfr. os arts. 69º, nº 2, e 70º do actual Cód.Reg.Pred. os arts. 178º e 243º, nº 2, do Cód.Reg. Pred. de 1967.

[23] Cfr. o art. 69º, nº 1, al. b), do actual Cód.Reg.Pred. e o art. 243º, nº 1, b), do Cód.Reg.Pred. de 1967.

Mas, se apenas as decisões transitadas em julgado podem ser objecto de registo, e se estas, nos termos do art. 205º, nº 2, da Constituição da República Portuguesa, são obrigatórias para todas as entidades públicas e privadas e prevalecem sobre as de quaisquer outras autoridades, como é que as mesmas podem ser objecto do controlo de legalidade exercido pelo conservador?

Como já o dissemos, todas as questões que incidam sobre o mérito da causa bem como aquelas que se relacionem com a verificação dos pressupostos processuais da acção, por serem da competência própria e exclusiva dos tribunais, são insindicáveis no âmbito do registo. Tal decorre, quer da força de caso julgado que tem a sentença (artigo 671º, nº 1, do Código de Processo Civil), quer do monopólio da função jurisdicional, por parte dos tribunais, cujas decisões são obrigatórias para os conservadores.

Por conseguinte, não é lícito ao conservador invocar a nulidade da sentença[24] – caso esta não especifique os fundamentos de facto e de direito que justificam a decisão, ou quando os fundamentos estejam em oposição com a decisão nem, ainda, quando o juiz tenha deixado de se pronunciar sobre questões que devesse apreciar ou tenha conhecido questões de que não podia tomar conhecimento – para, assim, recusar a conversão do registo da acção ou o registo da decisão final, na mesma medida em que não pode conhecer do mérito da decisão tomada[25].

Mas se, por exemplo, a sentença não contiver a assinatura do juiz, será nula e tal nulidade é exclusivamente formal não contendendo, por isso, com o mérito da causa, podendo e devendo, consequentemente, o conservador recusar o correspondente registo[26], enquanto a nulidade não for suprida, nos termos previstos no nº 2 do referido art. 668º do C.P.C[27].

Acresce que, relativamente à vertente tabular, os poderes de qualificação do conservador são, em face das decisões judiciais, tendencialmente absolutos.

---

[24] As causas de nulidade da sentença estão previstas no nº 1 do art. 668º do C.P.C.
[25] Assim se, por exemplo, for proferida sentença que reconheça a aquisição originária de um prédio em virtude da invocação da usucapião e desse modo forem violadas as regras do urbanismo, o conservador nada poderá fazer. Não tem legitimidade para recorrer da referida decisão e mesmo que a tivesse, regra geral, só a conhece após o seu trânsito em julgado e a decisão transitada em julgado só pode ser revista nas hipóteses previstas no art. 771º do C.P.C..
[26] Cfr. o art. 69º, nº 1, *b*), do actual Cód.Reg.Pred. e o art. 243º, nº1, *b*), do Cód.Reg.Pred. de 1967.
[27] Neste sentido, *vide* SILVA PEREIRA, *O princípio da legalidade, o registo das decisões finais e a força do caso julgado*, p. 13, in http://www.fd.uc.pt/cenor/textos/DOC070314-004.pdf.

A única diferença que aqui existe, em face dos títulos de natureza não judicial, verifica-se quando a questão tabular é ela própria a debatida no processo judicial. Assim, por exemplo, se a questão debatida na acção sujeita a registo é a da identidade do prédio o conservador, obviamente, não poderá opor este motivo de natureza tabular.

Mas, quando esse não seja o caso, sempre que em causa estejam normas básicas do sistema registal e a decisão do tribunal as contrarie, é evidente que o conservador há-de intervir na defesa da legalidade tabular, sem que haja qualquer violação do caso julgado. Haverá, isso sim, obstáculo ao registo imposto pelas regras de acesso dele decorrentes, nomeadamente, dos princípios da prioridade, da exactidão do registo, do trato sucessivo, etc.

Assim, não existirá ofensa do caso julgado na recusa da conversão quando, por exemplo, a intervenção do titular inscrito, apesar de provocada, não tiver sido admitida, sendo a decisão proferida em acção que correu contra outrem que não o titular inscrito, uma vez que a realização do registo implicaria, obviamente, violação do princípio do trato sucessivo e das presunções que o suportam.

Também não haverá ofensa do caso julgado na recusa da conversão quando, no decurso da acção, tenha ficado provado que, afinal, o prédio objecto do direito feito valer pelo autor não é aquele sobre que incidiu o registo da acção[28].

Vejamos mais duas hipóteses:

1. O juiz ordena o registo de um arresto ou de uma penhora sobre um prédio cujo direito de propriedade está inscrito provisoriamente por natureza a favor de outra pessoa que não o executado.

Na situação descrita o registo, de um arresto ou de uma penhora, não pode ser feito como definitivo, deve ser feito provisoriamente por natureza[29].

2. Através de despacho o juiz solicita ao conservador a realização oficiosa de um registo que por lei deve ser requisitado.

---

[28] Neste sentido, vide SILVA PEREIRA, O princípio da legalidade, o registo das decisões finais e a força do caso julgado, p. 12, in http://www.fd.uc.pt/cenor/textos/DOC070314-004.pdf.
[29] Cfr. o artigo 92º, nº 2, alínea b), do actual Cód.Reg.Pred. e o art. 179º, al. p), do Cód.Reg. Pred. de 1967.

Nesta hipótese, é evidente que o conservador há-de formular um juízo de recusa, uma vez que, se lavrasse o referido registo, estaria a violar o princípio da instância, nos termos do qual o acto de registo tem de ser requerido pelo interessado com a respectiva legitimidade tabular[30].

Refira-se que o caso não é académico, pois ocorria com alguma frequência, antes da reforma da acção executiva realizada em Portugal, em virtude do Dec.-Lei 38/2003, de 8 de Março, e dizia respeito ao cancelamento do registo de penhora sobre determinado imóvel. Cancelamento este que devia ser requerido pelo executado com base no despacho judicial transitado em julgado[31].

4. Recurso do despacho do conservador

Como resulta do até agora exposto, o conservador, após o exame que lhe é imposto pelo princípio da legalidade, pode adoptar uma de três atitudes:

- admite o acto a registo;
- admite-o só provisoriamente;
- recusa-lhe a entrada.

No entanto, como resulta do Código de Registo Predial Português, o juízo de qualificação do conservador, ou seja, a decisão de recusar o registo nos termos requeridos, pode ser objecto de recurso hierárquico ou contencioso[32/33].

---

[30] Salvo nos casos legalmente previstos de registo oficioso, o registo efectua-se a pedido dos interessados. Ou seja, o registo é um serviço público, mas depende da actuação dos particulares, a quem cabe o impulso inicial (Cfr. art. 36º do actual Cód.Reg.Pred. e o art. 4º do Cód.Reg.Pred. de 1967).
As pessoas consideradas, por lei, como "interessadas" para requererem o registo são: o sujeito activo ou passivo da relação jurídica e em geral todas as pessoas que nele tenham interesse, nomeadamente, para poder obter o registo do seu próprio facto aquisitivo.

[31] Nos termos do cfr. art. 101º, nº 2, *f*), do Cód.Reg.Pred..

[32] Refira-se que apesar dos arts. 140º, nº 1, 145º, e 147º, do actual Cód.Reg.Pred.. – tal como os arts. 248º e 260º do Cód.Reg.Pred. de 1967.
O Dec.-Lei nº 533/99, de 11 de Dezembro, veio permitir o recurso directo para os tribunais, voltando-se ao regime inicialmente previsto no Código de Registo Predial de 1984 e já anteriormente no Código de 1967. Foi assim abandonado o regime de recurso hierárquico obrigatório precedido de reclamação para o próprio conservador, instituído pelo Dec.-Lei nº 60/90, de 14 de Fevereiro.

[33] O interessado pode optar pelo recurso hierárquico ou pelo contencioso, mas a interposição do recurso contencioso faz precludir o direito de interpor recurso hierárquico e equivale à desistência deste quando já interposto (cfr. nº 2 do art. 141º do actual Cód.Reg.Pred.).

Portanto a decisão do Conservador em matéria de registo de acções ou decisões judiciais, como em outras, é sempre sindicável.

Interposto recurso hierárquico para o Presidente do Instituto dos Registos e do Notariado e sendo o mesmo julgado procedente, deve o conservador dar cumprimento à decisão[34].

Caso a decisão do Presidente do Instituto dos Registos e do Notariado indefira o recurso hierárquico, a mesma não pode ser alvo de recurso. De facto, o posterior recurso contencioso é, ainda, interposto da decisão do próprio conservador[35].

Se o interessado interpuser recurso directamente para o tribunal da comarca, o juiz que tenha intervindo no processo donde conste o acto cujo registo está em causa fica impedido de julgar[36].

Da sentença proferida em processo de recurso contencioso pode sempre interpor recurso para a Relação[37], para além do interessado e do Ministério Público, o conservador, para, assim, tentar evitar o trânsito em julgado e o consequente cumprimento obrigatório da decisão, nos termos impostos pelo art. 205º, nº 2, da Constituição da República Portuguesa. E isto porque, uma vez esgotados todos os graus de recurso permitidos[38], o conser-

---

[34] Cfr. art. 144º, nº 3, do actual Cód.Reg.Pred. e o art. 260º, nº 3, do Cód.Reg.Pred. de 1967, que remetia para o art. 257º, nº 3 e nº 4, do mesmo diploma legal.
Cumpre referir que apesar do Cód.Reg.Pred. se referir ao Director-Geral dos Registos e do Notariado, actualmente, o recurso é interposto para o Presidente do Instituto dos Registos e do Notariado, de acordo com o o Decreto-Lei nº 206/2006, de 27 de Outubro – que reestruturou a Direcção-Geral dos Registos e do Notariado (DGRN), integrando-a na administração indirecta do Estado sob a designação de Instituto dos Registos e do Notariado, I.P. – e com o Dec.-Lei 129/2007, de 27 de Abril – que aprovou a orgânica do novo Instituto dos Registos e do Notariado, I. P..
Por fim, cabe salientar que a decisão do Presidente do I.R.N., I.P. – tal como anteriormente acontecia com a decisão do Director-Geral – proferida no processo de recurso hierárquico não vincula outro conservador do registo predial a acolher, em casos futuros, o entendimento expresso naquela decisão. (Neste sentido, cfr. Parecer nº 56/96, do Conselho Técnico dos Registos e do Notariado, publicado no *BRN*, nº 1/97, p. 24., onde se pode ler: "só em matérias que não colidam com a função qualificadora do conservador, poderá a Administração ordenar aos seus serviços, mediante directivas ou circulares, que certa norma interna passe a valer com determinado sentido e alcance".

[35] Cfr. art. 145º do actual Cód.Reg.Pred..

[36] Cfr. o artigo 146º, nº 2, do actual Cód.Reg.Pred..

[37] Cfr. art. 147º do actual Cód.Reg.Pred. e o art. 255º, nº 1, do Cód.Reg.Pred. de 1967.

[38] Refira-se que, de acordo com o estatuído no nº 3 do art. 147º do Cód.Reg.Pred., do acórdão da Relação não cabe recurso para o Supremo Tribunal de Justiça, sem prejuízo dos casos em que o recurso é sempre admissível.

vador tem de acatar o resultado da decisão judicial, porque ela provém do órgão de soberania com competência para administrar a justiça e como tal se lhe impõe.

O agora afirmado em nada contraria o anteriormente exposto sobre o cumprimento do princípio da legalidade em matéria de registo de acções ou decisões judiciais, porque não se pode confundir a atitude que o conservador há-de assumir perante um pedido formulado numa acção judicial ou perante um título de natureza judicial que seja apresentado na conservatória para ser registado, com aquela que o conservador há-de assumir perante uma decisão judicial que se traduza num mandado especificamente dirigido a resolver a controvérsia suscitada pela sua anterior decisão, depois de ter corrido o processo próprio de impugnação[39].

5. Da utilização indevida do registo das acções

Antes de terminarmos, não podemos deixar de fazer referência a um problema que nos últimos anos surgiu em Portugal, em virtude da utilização indevida do registo das acções e que, inevitavelmente, tem posto em causa a segurança do tráfico jurídico.

Como por diversas vezes já referimos, não obstante competir ao conservador ajuizar a viabilidade do pedido de registo, não lhe compete verificar os pressupostos processuais da acção nem apreciar a viabilidade da pretensão deduzida pelo autor (mérito da causa).

Pois bem, tendo isto presente, tornou-se prática, relativamente habitual, na advocacia portuguesa, alegar infundadamente factos que suportem a formulação de um pedido susceptível de ser registado, com o mero intuito de pressionar os Réus a chegarem a um acordo.

Foi o que aconteceu na hipótese que passamos a descrever.

Um agente imobiliário foi contactado pelo proprietário de determinados imóveis, para que conseguisse encontrar compradores para os mesmos,

---

Ao invés, o nº 2 do art. 255º do Cód.Reg.Pred. de 1967 estatuía que do acórdão da Relação cabia agravo, nos termos gerais da lei de processo, para o Supremo Tribunal de Justiça.

[39] A este propósito, *vide* o parecer do Conselho Técnico dos Registos e do Notariado de Portugal, proferido no Processo nº 56/96 R.P. 4, *BRN*, nº 1/97, p. 19, onde se pode ler: "o princípio da legalidade, com a atribuição ao conservador de um poder--dever de apreciar e decidir sobre a efectuação dos registos e o princípio do controlo judicial das decisões do conservador em sede de qualificação dos registos são dois princípios igualmente estruturantes do sistema registral português", e "nenhum deles poderá, ou deverá ser postergado".

tendo sido acordada, a título de pagamento pelos serviços prestados, uma determinada comissão sobre o preço de venda dos imóveis.

O agente imobiliário desenvolveu a sua actividade com êxito, as compras e vendas foram realizadas, mas não recebeu a comissão previamente acordada.

Enquanto titular de um direito de crédito, é evidente que o agente imobiliário poderia ter intentado uma acção de condenação e, posteriormente, uma acção executiva para pagamento de quantia certa. E, obviamente, nenhuma destas acções poderia ter acedido a registo.

Mas não o fez. Optou por intentar diversas acções onde formulou o pedido de declaração de nulidade dos diversos negócios jurídicos alegando simulação, afirmando que o preço constante das escrituras públicas de compra e venda não coincidia com o real.

Como se sabe, tal facto, mesmo que fosse provado, não conduziria à declaração de nulidade dos negócios jurídicos.

Acresce que, caso o pedido pudesse ser julgado procedente, com base na prova de tal facto, ao autor nunca poderia ser reconhecida legitimidade para invocar a nulidade dos referidos negócios, uma vez que não poderia ser considerado "interessado" nos termos do art. 286º do Código Civil português.

No entanto, tais questões não puderam ser apreciadas pelo conservador e este, perante o pedido formulado e o art. 3º do C.Reg.Pred., não pôde deixar de efectuar o registo das acções.

É evidente que o autor tinha conhecimento do âmbito do poder de qualificação do conservador e por isso, nas referidas acções, formulou o pedido de declaração de nulidade apenas e só para obter o correspondente registo.

Fê-lo, obviamente, como forma de pressionar o Réu a pagar-lhe o valor a que entendia ter direito, uma vez que bem sabia que enquanto o registo das acções estivesse em vigor dificilmente os bens voltariam a estar no tráfico jurídico, e que tal causaria, inevitavelmente, prejuízos ao Réu que, por isso, poderia ser levado a entregar-lhe o valor pretendido.

O Autor utilizou, assim, o registo para um fim ilícito.

Não obstante, o Réu, neste momento, apenas pode aguardar a pronúncia judicial. Posteriormente, poderá, eventualmente, intentar uma acção com o objectivo de se ressarcir dos prejuízos que lhe foram causados pelo registo das correspondentes acções.

O Efeito do Registo das Acções e Respectivas Sentenças que as Julguem Procedentes

Actualmente, ao contrário do que ocorria na vigência do Código de Seabra, o efeito do registo das acções não é uniforme[1]. De facto, varia consoante a acção[2].
Vejamos com o pormenor devido.

Na vigência do Código de Seabra, o assento prioritário da acção "apenas" assegurava que a futura sentença, depois de registada, produziria os seus *efeitos directos* e, quando condenatória, seria exequível no confronto dos subadquirentes do réu. Ou seja, no confronto de *terceiros juridicamente interessados* contra quem a sentença, mesmo na ausência do registo, sempre produziria *efeitos reflexos*, em virtude da relação de prejudicialidade/dependência existente entre a relação jurídica sobre a qual havia recaído a decisão judicial e a relação jurídica da qual tais terceirios eram partes[3].

---

[1] A propósito do efeito do efeito do registo das acções na vigência do Código de Seabra *vide* MÓNICA JARDIM, *Efeitos Substantivos do Registo Predial – Terceiros para Efeitos de Registo*, Coimbra, Almedina, 2013, p. 367 e ss..

[2] E isto independentemente de em causa estar um assento registal provisório de conteúdo negativo que alerte para a eventualidade de a situação jurídico-real ser diversa daquela que o Registo publica (v.g. o registo da acção de inexistencia, de uma acção nulidade ou de acção de anulação) e, consequentemente, da possibilidade de esta vir a ser alterada ou, ao invés, um assento registal provisório de conteúdo positivo, como por exemplo, o um registo de uma acção de execução específica

[3] "O nexo de prejudicialidade-dependência existe quando uma relação constitui pressuposto ou elemento essencial doutra relação jurídica.
(...)

Efectivamente, se, não obstante o art. 951º do Código de Seabra (que consagrava a inoponibilidade a terceiros dos factos sujeitos a registo e não registados), as sentenças que julgavam procedentes as acções não registadas produziam os seus efeitos substanciais contra os subadquirentes do réu, tal só podia significar – tal como afirmava a doutrina e a jurisprudencia[4] – que ao registo das acções era reconhecido um efeito processual: o de assegurar a eficácia directa da sentença, que também acedesse ao Registo, contra "terceiros", bem como a sua exequibilidade, quando condenatória.

De facto, sempre se considerou que os terceiros que tivessem "adquirido" direitos do réu e houvessem obtido o registo do respectivo facto aquisitivo antes da inscrição da acção apenas não eram afectados pela eficácia directa e, quando condenatória, pela eficácia executiva da sentença

---

Quando o caso julgado incide sôbre uma relação que é prejudicial quanto a outras, visto que dependem daquela, não podem deixar de sofrer o efeito da decisão proferida." (ALBERTO DOS REIS, Eficácia do caso julgado em relação a terceiros, *Boletim da Faculdade de Direito da Universidade de Coimbra*, vol. XVII, p. 237).

[4] Na doutrina *vide*, entre outros: SILVA FERRÃO, Terceiros, *Dicionário Elementar Remissivo ao Código Civil Portuguez*, Lisboa, 1869, p. 175 e Registo, *Dicionário Elementar Remissivo ao Código Civil Portuguez*, ob. cit., p. 136; DIAS FERREIRA, *Código Civil Portuguez*, vol. II, Coimbra, Imprensa da Universidade, 189, p. 217; REIS MAIA, *Direito Geral das Obrigações*, Barcelos, Companhia Editora do Minho, 1926, p. 540; GUILHERME MOREIRA, *Instituições de Direito Civil Português*, vol. I, Parte Geral, ob. cit, p. 527 e ss.; VAZ SERRA, Hipoteca, *Boletim do Ministério da Justiça*, 1957, nº 62, p. 7, 8 e 48; *idem*, Enriquecimento sem causa, *Boletim do Ministério da Justiça*, nº 81, p. 40-41, nota 44-a; MANUEL DE ANDRADE, *Revista de Legislação e de Jurisprudência*, Ano 63º, p. 307 e *Teoria Geral da Relação Jurídica*, vol. II, *Facto Jurídico em Especial – Negócio Jurídico*, reimp., Coimbra, Coimbra Editora, 1974, p. 18; RUI DE ALARCÃO, Invalidade dos negócios jurídicos – Anteprojecto para o novo Código Civil, *Boletim do Ministério da Justiça*, 89º, p. 243; MANUEL SALVADOR, *Terceiro e os Efeitos dos Actos ou Contratos – A Boa Fé nos Contratos*, Lisboa, Esc. da Cadeia Penitenciária de Lisboa, 1962, p. 123 e ss., p. 155 a 175, p. 191 e ss., p. 244 e nota 329, p. 350 e ss., *etc*..

Na jurisprudência *vide*, entre outros, acórdãos do Supremo Tribunal de Justiça: de 21 de Fevereiro de 1890, *Direito*, XXVIII, p. 246; de 9 de Janeiro de 1891, *Boletim dos Tribunaes*, 1891, nº 235, p. 263; de Junho de 1901, *Revista de Legislação e de Jurisprudência*, XLI, p. 223; de 12 de Abril de 1932, *Revista de Legislação e Jurisprudência*, Ano 65º, p. 124; de 10 de Novembro de 1944, *Boletim Oficial*, Ano 4º, p. 583; de 26 de Outubro de 1946, *Vida Judiciária*, 9º, p. 460; de 25 de Março de 1949, *Boletim do Ministério da Justiça*, nº 12, p. 278; de 3 de Julho de 1951, *Boletim do Ministério da Justiça*, nº 26, p. 165; de 2 de Outubro de 1951, *Boletim do Ministério da Justiça*, nº 60, p. 485; de 13 de Maio de 1952, *Boletim do Ministério da Justiça*, nº 31, p. 365; de 3 de Janeiro de 1953, *Boletim do Ministério da Justiça*, nº 35, p. 217; de 1 de Julho de 1953, *Boletim do Ministério da Justiça*, nº 50, p. 425; de 16 de Julho de 1957, *Boletim do Ministério da Justiça*, 69º, p. 551; de 21 de Julho de 1959, *Boletim do Ministério da Justiça*, 89º, p. 489.

proferida numa acção não proposta contra si[5], ou seja, sempre se entendeu que o terceiro apenas beneficiava de uma protecção processual que não o colocava numa posição inabalável. Consequentemente, afirmava-se que o autor da acção, e verdadeiro titular do direito, que obtivesse uma sentença favorável numa acção sujeita a registo e não registada (ou não registada com prioridade), não estava, por qualquer forma, impedido de posteriormente intentar contra o terceiro (subadquirente do réu) e titular registal uma nova acção declarativa[6,7].

---

[5] Por todos, vide: *Revista de Legislação e de Jurisprudência*, Ano 31º, p. 244; ALBERTO DOS REIS, *Comentário ao Código de Processo Civil*, vol. III, Coimbra, Coimbra Editora, 1946, p. 82; *idem*, *Revista de Legislação e de Jurisprudência*, Ano 84º, p. 139 e Ano 69º, p. 332; MANUEL DE ANDRADE, *Noções Elementares de Processo Civil*, Coimbra, Coimbra Editora, 1956, p. 293, nota 1; MANUEL SALVADOR, *Terceiro e os Efeitos dos Actos ou Contratos – A Boa Fé nos Contratos*, ob. cit. nota 364 e p. 350 e ss.; PEDRO PITTA, *Revista de Notariado de Registo Predial*, 1941, nº 7, p. 97 e ss..

[6] Provavelmente por isso, "rara era a acção, sujeita a registo levada aos livros" (Cfr. CATARINO NUNES, *Código do Registo Predial Anotado*, ob. cit., p. 173).

[7] A doutrina e a jurisprudência, na vigência do Código de Seabra, além do referido no texto, consideravam que o titular de um direito, *mesmo que nunca tivesse constado como titular registal* e também não houvesse obtido um assento registal que alertasse para a discrepância entre a realidade tabular e extratabular, veria a sua posição jurídica prevalecer em face de um terceiro que visse a sua posição jurídica afectada consenquencialmente pela inexistência ou pela invalidade do facto jurídico aquisitivo do seu *dante causa*. Uma vez que afirmavam que tal decorria do princípio *nemo plus iuris in alium transferre potest quam ipse habet* e do princípio *resoluto iuris dantis resolutur ius accipiens*.

É claro que aplicando o princípio *nemo plus iuris ad alium transferre potest quam ipse habet* à hipótese de dupla venda do mesmo bem imóvel, feita sucessivamente pelo mesma pessoa a favor de diversos adquirentes, a primeira venda devia prevalecer, uma vez que a segunda era nula por se traduzir numa venda a *non domino*. No entanto, tal não ocorria, porque o legislador português, nesta hipótese, estatuia de forma expressa em sentido contrário.

Acrescente-se que o legislador não poderia ter actuado de outro modo, uma vez que, instituindo um sistema registal, não podia negar aos terceiros a protecção mínima que lhes é concedida pelos sistemas registais mais "fracos".

Como é consabido, o mínimo de garantia que qualquer Registo imobiliário oferece é a chamada força negativa ou preclusiva da publicidade: aquele que pretende adquirir sabe que, se inscrever a sua aquisição no Registo, fica a salvo dos ataques de qualquer "terceiro" que haja adquirido um direito incompatível do mesmo *dante causa*, que não tenha obtido o registo a seu favor ou que o tenha obtido posteriormente a si – em virtude da primeira dimensão da inoponibilidade, anteriormente explicitada. (A este propósito, MOUTEIRA GUERREIRO, O registo como instrumento de protecção das garantias do aproveitamento económico das coisas (congresso de Moscovo), *in Temas de Registos e de Notariado*, Centro de Investigação Jurídico Económica, Coimbra, Almedina, 2010, p. 277 e ss., afirma: "«sistemas registais» (referentes

Ora, repetimos, hoje não se pode afirmar que o registo de qualquer acção garante sempre a eficácia directa da sentença que a julgue procedente – e também seja registada – contra "terceiros" subadquirentes do réu, mas que se limita a assegurar tal eficácia directa.

Antes de explicitarmos o acabado de afirmar, cumpre referir que, para nós, é inequivoco que os efeitos do registo das acções perante terceiros não decorrem, por qualquer forma, do estatuído no nº 3 do art. 263º do Cód.Proc.Civil, tal como não decorriam do n. 3 do art. 271º do anterior Cód.Proc.Civil, nem do nº 2 do art. 271º dos Códigos de 1939 e de 1961[8].

Consideramos que os efeitos do registo das acções perante terceiros não decorrem, por qualquer forma, do estatuído no nº 3 do art. 263º do Cód.Proc.Civil, uma vez que este preceito legal – para além de só ser aplicável quando na pendência da acção ocorra a transmissão da coisa ou do direito litigioso – não assegura que a sentença produza os seus efeitos *em face de um terceiro* (o adquirente da coisa ou direito litigioso). Ao invés, de acordo com tal preceito legal, a sentença produz efeitos directos contra o subadquirente do réu porque ele é havido como parte processual e não como um terceiro.

Acresce que a parte final do nº 3 do art. 263º do Cód.Proc.Civil apenas consagra uma excepção ao regime da substituição processual, para a hipótese de o adquirente haver obtido com prioridade o registo e, assim, ter conseguido tornar o seu facto aquisitivo processualmente oponível ao pedido formulado pelo autor da acção, assegurando-se, consequentemente, de que assumirá, se quiser, a posição de terceiro perante a lide.

Portanto, o nº 3 do art. 263º do actual Cód.Proc.Civil, tal como os seus antecedentes, não é o preceito que fixa os efeitos do registo das acções contra terceiros. É, isso sim, uma norma que se limita, na primeira parte, a prever o que é mera consequência do facto de o adquirente se ter habilitado ou ter sido substituído pelo transmitente e, na parte final, a introduzir uma excepção ao regime da substituição processual em virtude das regras registais.

---

aos registos imobiliários) devem ser considerados *apenas* os que, como mínimo, tenham o denominado efeito de mera oponibilidade ...".

[8] Em sentido contrário, entre outros, *vide*: ISABEL QUELHAS, Registo das Acções, [on-line], disponível: http://www.fd.uc.pt/cenor/images/textos/publicacoes/20100730_Registo_de_Accoes.pdf, p. 5; SILVA PEREIRA, Registo das acções (Efeitos), [on-line], disponível: http://www.fd.uc.pt/cenor/images/textos/publicacoes/20100730_DOC070314-004.pdf, p. 6.

Posto isto, regressemos ao inicialmente afirmado.

Hoje não se pode defender que o registo de qualquer acção garante *sempre* a eficácia directa da sentença que a julgue procedente – e também seja registada – contra "terceiros" subadquirentes do réu, *mas que se limita a assegurar tal eficácia directa*.

Porquanto:

Por um lado, não temos dúvidas de que existem acções que, não obstante estarem sujeitas a registo, as respectivas inscrições provisórias não conduzem à eficácia directa das sentenças – que as julguem procedentes e também sejam registadas – contra terceiros, não intervenientes no processo, que adquiram direitos sobre a coisa, mesmo que na pendência do pleito. Isto porque, uma sentença, proferida numa acção registada com prioridade, na nossa perspectiva, só é processualmente oponível a "terceiros" não intervenientes na lide se produzir contra eles um efeito substantivo ou substancial. Ora, acontece que, actualmente, ao contrário do que ocorria na vigencia do Código de Seabra, nem todas as sentenças, proferidas em acções sujeitas a registo e prioritariamente inscritas, produzem um efeito substantivo ou substancial contra terceiros subadquirentes do réu não intervenientes na lide.

Por outro lado, na vigência do actual Código Civil, o registo de determinadas acções não se limita a garantir a eficácia directa da sentença, que julgue procedente a lide e também seja registada, perante terceiros.

Na verdade, como começamos por referir, o efeito do registo da acção, ou a função por si desempenhada, não é uniforme: varia consoante a acção em causa. E, o máximo que se pode defender é que o efeito do registo de uma acção, *em regra*, é determinado pelo nº 1 do art. 5º do Cód.Reg.Pred. –, nos termos do qual o registo da acção garante que a futura sentença, depois de registada, produzirá os seus efeitos substantivos *directamente* contra os subadquirentes do réu[9] – em conjugação, naturalmente, com o estatuído no Código Civil a propósito da sentença que julgue procedente a lide em causa, bem como, pelo estatuído, ou não, por este diploma legal, sobre a inscrição registal da referida acção.

---

[9] Assim, o legislador, ao introduzir o nº 4 do art. 5º do Cód.Reg.Pred., nos termos do qual "terceiros, para efeitos de registo, são aqueles que tenham adquirido de um autor comum direitos incompatíveis entre si", parece ter-se esquecido de que a expressão "terceiros" utilizada no nº 1 do mesmo preceito legal também inclui os subadquirentes do réu, não intervenientes na lide, de uma acção sujeita a registo.

Traduzindo-se, claramente, em excepções a esta regra, nomeadamente, o registo da acção de execução específica de um contrato-promessa meramente obrigacional tendente à constituição ou transmissão de um direito real e o registo da acção de impugnação pauliana.

Concretizando e exemplificando.

A) O registo da acção pode *assumir apenas a função do registo da acção na vigência do Código de Seabra*, ou seja, quando prioritário, garantir a eficácia directa da sentença que a julgue procedente – e também seja registada – *contra "terceiros"* subadquirentes do réu – afastando, portanto, a regra segundo a qual a sentença só produz efeitos directos *inter partes* –, e assegurar, ainda, a exequibilidade da sentença quando condenatória.

É o que ocorre sempre que a sentença produza efeitos substanciais reflexos contra um terceiro independentemente do registo da acção e da sua conversão em definitivo, em virtude da relação de prejudicialidade/dependência existente entre a relação jurídica sobre a qual recai a decisão judicial e a relação jurídica da qual é parte o terceiro.

Assim, por exemplo, uma sentença que julgue procedente uma acção de reivindicação causa, ineluctavelmente, prejuízo aos subadquirentes do réu, quer tenham "adquirido" antes, quer depois, de proposta a acção e independentemente do facto de haverem obtido com prioridade o registo do respectivo "facto aquisitivo", porquanto, após o trânsito em julgado da acção de reivindicação, torna-se inquestionável que o réu nunca foi o proprietário da coisa e, portanto, que o seu subadquirente "adquiriu" a *non domino*.

Do mesmo modo, se em causa estiver uma sentença que julgue procedente uma acção de preferência, uma vez que também esta gera, necessariamente, prejuízo ao subadquirente do réu que haja adquirido do obrigado à preferência, quer tenha "adquirido" antes, quer depois, de proposta a acção e independentemente do facto de haver obtido com prioridade o registo do respectivo "facto aquisitivo", uma vez que, após o trânsito em julgado da acção de preferência, o adquirente do obrigado à prelação é substituído pelo preferente com eficácia *ex tunc* e, portanto, o seu subadquirente é havido como um adquirente a *non domino*[10].

---

[10] A propósito da acção de preferência, por todos, *vide*: Vaz Serra, Anotação ao acórdão do Supremo Tribunal de Justiça de 20 de Junho de 1969, loc. cit., p. 469; Antunes Varela, Anotação ao acórdão do Supremo Tribunal de Justiça de 20 de Junho de 1969, loc. cit., p. 487 e ss.).

B) O registo prioritário da acção pode não garantir a eficácia directa da sentença que a julgue procedente e que também seja registada contra um "terceiro" que haja adquirido do réu, nem assegurar a sua eventual eficácia executiva, uma vez que pode não alterar nem ampliar os efeitos substanciais da sentença que a venha a julgar procedente.

Assim acontece com o registo prioritário da acção de execução específica – quer em causa esteja um contrato-promessa com eficácia real, quer meramente obrigacional e tendente à constituição ou transmissão de um direito real.

Na verdade, a sentença que julgue procedente a acção de execução específica produz apenas um efeito: a realização coerciva da prestação obrigacional que o devedor não cumpriu, ou seja, a celebração do contrato prometido. Portanto, a sentença que julgue procedente uma acção de execução específica, prioritariamente registada, não produz um qualquer efeito substantivo *reflexo contra um eventual subadquirente* (imediato ou mediato)[11] *do réu* de um direito total ou parcialmente incompatível com a pretensão do autor. Isto porque, entre a relação obrigacional julgada e a relação real de que o subadquirente do réu faz parte não existe um qualquer nexo de prejudicialidade/dependência. Na verdade, o referido subadquirente é um terceiro juridicamente interessado, titular de uma relação real incompatível e independente em face da relação obrigacional sobre a qual recai a sentença que julgue procedente a acção. Consequentemente os *efeitos substantivos* que a sentença produz não o atingem nem o obrigam.

Mais, a sentença que julgue procedente a acção de execução específica registada não produz – para além dos efeitos substantivos que lhe são típicos – um qualquer novo efeito substantivo contra os subadquirentes do réu, nem vê, consequentemente, ampliada a sua eficácia subjectiva.

Acrescente-se, ainda, que se em causa estiver o registo da acção de execução específica de um contrato-promessa dotado de "eficácia real", tal registo, depois de convertido em definitivo, não produz um qualquer novo efeito substantivo contra os subadquirentes do réu, porque, substantivamente, nada acrescenta ao registo do próprio contrato-promessa ao qual as partes tenham atribuído eficácia perante terceiros.

Contra, não se afirme que o terceiro que haja adquirido um direito incompatível o verá decair ou ficar onerado após o registo da sentença que

---

[11] Nesta matéria, sempre que utilizarmos a expressão *subadquirente do réu* estaremos a fazer referência quer aos seus adquirentes imediatos quer aos mediatos.

julgue procedente a acção, porquanto, sendo tal inquestionável, também é inegável que não é uma consequência do efeito substantivo gerado pela sentença, mas sim da aquisição do direito incompatível pelo autor – decorrente da celebração coactiva do contrato – e esta (a aquisição do direito) não é minimamente assegurada pelo registo da acção mas, apenas, pelo registo do contrato-promessa dotado de "eficácia real".

Por fim, segundo o nosso entendimento, ao *registo de uma a acção de execução específica de um contrato-promessa, meramente obrigacional, de transmissão ou constituição de um direito real de gozo, por si só* (ou seja, *independentemente do registo da sentença*) deve ser reconhecida a função de garantir a possibilidade de cumprimento da pretensão obrigacional tal como esta existia no momento em que foi lavrado[12].

Portanto, entendemos que a este registo, provisório por natureza, deve reconhecer-se o papel de: conservar intactas as condições de cumprimento existentes no momento em que o mesmo é solicitado, ou seja, manter a situação existente no momento em que é lavrado.

Ora, só se pode reconhecer esta função ao regiso da acção de execução específica se se afirmar que este registo gera, perante o autor da acção, a ineficácia substantiva provisória dos títulos aquisitivos de direitos a favor de "terceiros" (*fundem-se ou não na vontade do réu/promitente*); títulos aquisitivos esses que, surgindo *na pendência da lide*, caso fossem substantivamente eficazes, frustrariam ou prejudicariam a pretensão obrigacional do autor feita valer em juízo. E isto porque só assim se conservam intactas, até ao momento da execução da sentença que julgue procedente a acção, as condições de cumprimento existentes no momento em que o registo a favor do autor é solicitado ou, por outra via, porque só assim se garante, efectivamente, a pretensão – actual e exigível – do autor da acção.

Acresce que tem de se reconhecer que a ineficácia de tais títulos aquisitivos se torna definitiva, na medida do necessário, logo que o autor adquira o direito real, através do contrato celebrado coactivamente – pela sentença que julgue procedente a acção –, e obtenha o registo definitivo. Por isso, o direito adquirido após o registo de uma acção de execução específica de um contrato-promessa meramente obrigacional, *torna-se definitivamente*

---

[12] Para mais pormenores sobre ao registo de uma a acção de execução específica de um contrato-promessa, meramente obrigacional, de transmissão ou constituição de um direito real de gozo vide Mónica Jardim, *Efeitos Substantivos do Registo Predial – Terceiros para Efeitos de Registo*, ob. cit., 2013, p. 632 e ss..

ineficaz e decai ou fica onerado; no entanto, sublinhámos, tal não ocorre em virtude da eficácia substantiva da sentença, mas sim, porque o registo da acção gera a *ineficácia provisória* dos títulos aquisitivos incompatíveis com a pretensão creditória feita valer em juízo e, depois, uma vez julgada procedente a acção, o autor vitorioso, publicita o seu direito real e, assim, torna definitiva tal ineficácia.

É verdade que o autor vitorioso, publicita o seu direito real, decorrente da celebração coactiva do contrato, através do registo da sentença, mas tal não altera em nada o afirmado. Isto porque, como é evidente, não se pode confundir o efeito substantivo da sentença que julgue procedente a acção de execução específica – a celebração coerciva do contrato prometido – com o efeito decorrente de tal contrato – a aquisição do direito real.

Ora, quem segue este entendimento, como nós, não pode negar que o registo provisório em apreço consubstancia uma reserva de prioridade em sentido impróprio *lato sensu perante actos incompatíveis posteriores*.

De facto, o registo da acção de execução específica "guarda o lugar" para um direito que ainda não nasceu, mas que há-de vir a nascer, e garante, também, desde logo, direitos insusceptíveis de acederem ao registo: o direito à prestação *in natura* e o direito à execução específica.

Ou seja, o registo da acção de execução específica, anunciando registalmente uma pretensão obrigacional de mutação real, assume a função de uma reserva de prioridade em sentido impróprio *lato sensu*, uma vez que garante a pretensão creditória à celebração do contrato prometido – *já exigível* na esfera jurídica do autor, mas que não pode aceder ao registo – e, assim, assegura o direito real que pode vir a ser adquirido no futuro e que, caso o seja, beneficiará da prioridade registal do assento provisório da acção[13].

---

[13] Em causa não está uma reserva de prioridade *em sentido próprio*, uma vez que tal assento não se limita a assegurar o autor, enquanto eventual futuro adquirente de um direito real, perante a inscrição de factos jurídicos que venham a ocorrer entre o momento em que consulta o Registo e o momento em que venha a ser proferida e registada a sentença que julgue procedente a acção, garante também a pretensão exigível de que já é titular.
Mas também não se pode afirmar que em causa esteja uma *reserva de prioridade em sentido impróprio strito sensu*, uma vez que não se limita a assegurar o direito de crédito à prestação *in natura* e o direito à execução específica já existentes na esfera jurídica do autor da acção, garante ainda a oponibilidade do futuro direito real que venha a ser adquirido em virtude da celebração coactiva do contrato prometido e que seja publicitado mediante a conversão do registo da acção em definitivo após o averbamento da sentença. De facto, em causa não está

Deste modo, o eventual e futuro direito real é garantido e vê a sua oponibilidade imediatamente assegurada perante direitos que venham a constituir-se e a aceder ao Registo, porque o assento registal provisório por natureza protege a pretensão creditória – actual e exigível – que o antecede, perante tais direitos, ao determinar a ineficácia relativa destes e ao "guardar lugar" para si. O mesmo é dizer que a prevalência do direito real adquirido pelo autor vitorioso, em face de direitos reais anteriormente constituídos, não é mais do que a concreção de tal ineficácia anterior.

C) O registo da acção pode não assumir a função do registo da acção na vigência do Código de Seabra mas, somente, *uma função de publicidade notícia*. Tal ocorre, sempre que, mesmo beneficiando de prioridade, o registo da acção, por um lado, não garanta a eficácia directa da sentença que a julgue procedente – e também seja registada – contra *"terceiros" subadquirentes do réu* – não afastando, portanto, a regra segundo a qual a sentença só produz efeitos directos *inter partes*. E, por outro, quando tal registo não consubstancie uma reserva de prioridade em sentido impróprio *lato sensu*.

Assim, por exemplo, o assento prioritário da acção pauliana. De facto, não obstante o legislador, através do Dec.-Lei 116/2008, ter sujeitado a acção de impugnação pauliana a registo (embora não obrigatório), não alterou o regime substantivo previsto no art. 613º do Código Civil, consequentemente, o subadquirente beneficia sempre da protecção que a lei atribui ao adquirente a título oneroso e de boa fé, não sendo atingido pela sentença que defina o direito entre o credor e o transmitente, mesmo que esta tenha sido precedida pelo registo prioritário da acção.

Portanto, o legislador continua a condicionar o êxito da acção de impugnação pauliana, contra os subadquirentes mediatos, ao facto de estes haverem adquirido a título gratuito ou a título oneroso, mas de má fé e, desse modo, acautela os interesses dos subadquirentes mediatos a título oneroso e de boa fé, quer tenham adquirido antes ou depois da propositura da acção e mesmo que não tenham obtido o registo do seu facto aquisitivo.

Na verdade, tal como na vigência do Código Civil anterior (cfr. art. 1037º do Código de Seabra), os subadquirentes mediatos que adquiram

---

apenas uma prioridade obtida; se assim fosse, nada justificaria a necessidade de o direito real adquirido coactivamente, através da sentença, também aceder ao registo.
Para mais pormenores sobre a figura da reserva da prioridade *vide* MÓNICA JARDIM, *Efeitos Substantivos do Registo Predial – Terceiros para Efeitos de Registo*, ob. cit., p. 109 e ss..

a título oneroso, na pendência da acção já registada, nem por isso podem ser havidos como de má fé e se de boa fé não podem sofrer prejuízo. Isto porque, o legislador não estatuiu que a aquisição posterior ao registo da pauliana equivale à má fé do adquirente, ao contrário do que, por exemplo, determina quanto à acção de simulação (cfr. art. 243º do Código Civil).

Em resumo, a inscrição prioritária da acção em apreço não conduz, por qualquer forma, à alteração do regime substantivo e, por isso, segundo o nosso entendimento, não pode produzir outro efeito para além da mera publicidade notícia[14]

---

[14] Por ser esclarecedor, passamos a citar, parcialmente, o parecer do Conselho Técnico da Direcção-Geral dos Registos e do Notariado proferido no processo nº R.P. 19/98-DSJ-CT, no qual se defendeu a não sujeição a registo da acção de impugnação pauliana, além do mais, por tal registo apenas poder assumir a função de mera publicidade notícia. (Cfr. parecer do Conselho Técnico dos Registos e do Notariado proferido no processo nº R.P. 19/98-DSJ-CT, recolhido na base de dados da DGRN – Direcção-Geral dos Registos e do Notariado – Publicações – BRN, II caderno, 4/1999, [on-line] consultado em 2 de Março de 2011. Disponível: http://www.dgrn.mj.pt/BRN_1995-2001/htm).
"A procedência da acção pauliana *individual* deixa intocada a validade da transmissão que por efeito do acto impugnado se processou a favor do réu adquirente e, consequentemente, incólume o registo que estendeu a sua eficácia a terceiros.
(...)
A acção pauliana tem hoje no nosso direito carácter pessoal e escopo indemnizatório e da sua procedência resultam apenas efeitos meramente obrigacionais, limitando-se a eliminar, através da responsabilização do terceiro que de má-fé se locupletou (*adquirente*), o dano sofrido pelo credor impugnante como consequência do acto impugnado, que, no mais, fica intacto (*vd.* Henrique Mesquita, in *Revista de Legislação e de Jurisprudência*, ano 128º, p.p. 222 a 224 e Autores aí citados).
Ora, a natureza obrigacional do direito do credor (a ser indemnizado nos termos sobreditos) confina os efeitos da procedência da acção *inter partes* (credor e terceiro adquirente demandado na acção), efeitos esses que por isso são insusceptíveis de atingirem eventuais subadquirentes, relativamente aos quais o credor só pode exercer aquele direito em *acção adrede contra eles intentada* visando que contra eles também se verifiquem os requisitos gerais da impugnação pauliana (artº 613º do CC).
E cremos que este ponto é extraordinariamente importante para o tema de que agora nos ocupamos.
É que entre os interesses do credor prejudicado com os actos de alienação praticados pelo devedor e os daqueles subadquirentes (a título oneroso) que tenham procedido de boa-fé, não obstante o vencimento na impugnação daqueles actos, o legislador dá prevalência absoluta a estes últimos.
O que desde logo significa que no nosso ordenamento jurídico, contrariamente ao que sucede com o Código Civil italiano – onde, para além de se lhe atribuir um efeito de ineficácia do acto em função do credor, mantendo-se embora os bens no património do adquirente,

se sujeita a acção a registo que torna aquele efeito oponível aos subadquirentes posteriores, independentemente do seu estado (subjectivo) de consciência relativamente ao prejuízo que os respectivos actos causam ao credor, mesmo quando o direito adquirido seja a título oneroso (artºs 2901º, 2902º e 2652º, nº 5) -, o subadquirente (em iguais circunstâncias) desfruta sempre da protecção que a lei dispensa ao adquirente a título oneroso e de boa-fé, mesmo que, ao admitir-se *de jure constituto* o registo da acção pauliana, esta tenha sido registada (artºs 612º, nºs 1 e 2, e 613º, nºs 1, *b*), e 2, do CC).

Certo é que já se pretendeu que o registo da acção pauliana – condicionado aliás à procedência desta – constituiria presunção *juris et de jure* da má-fé por parte do subadquirente (que assim não teria de ser apurada), sempre que o registo de acção antecedesse o registo das transmissões posteriores ao acto impugnado.

Todavia, tal perspectiva tabular contraria frontalmente – pelo que é de rejeitar – o regime jurídico a que está sujeita a impugnação das posteriores transmissões ou constituição de direitos na medida em que se exige, como seu requisito no caso de a nova aquisição ser a título oneroso, a má-fé enquanto efectiva consciência do prejuízo que o acto causa ao credor (artº 612º do CC) e essa é um estado subjectivo (quer do alienante, quer do adquirente) com o qual não interferem os efeitos, objectivos e automáticos, do registo.

Aliás, cremos que tal presunção só poderia valer relativamente aos subadquirentes posteriores ao registo da acção e não também relativamente àqueles que lhe foram anteriores (embora com registo posterior ao da acção).

Como também houve quem tivesse intentado aplicar à impugnação pauliana o artº 435º, nº 2, do CC, que prevê o registo da acção de resolução de contratos.

O registo da acção pauliana tornaria assim oponível o direito nela exercido – o direito de o credor a ser indemnizado a que atrás nos referimos – a terceiro que não tenha registado o seu direito antes daquele registo.

Todavia, julgamos que tal solução não é de aceitar.

E não o é, desde logo, porque ela contrariaria o regime jurídico a que estão sujeitas as posteriores transmissões e constituições de direitos quanto à sua impugnação pelo credor nos termos a que já aludimos.

Depois, porque nenhum paralelismo (ou analogia) existe entre a acção resolutória e a impugnação pauliana.

Visando situações e finalidades muito distintas, a lei equipara, quanto aos seus efeitos, a resolução à nulidade ou anulabilidade dos negócios jurídicos com as ressalvas constantes da lei, enquanto na procedência da impugnação pauliana deixa intactas a validade e a eficácia do acto impugnado. Daí que bem se compreenda que a lei ligue ao registo da acção resolutiva os assinalados efeitos de oponibilidade a terceiros, que já não se justificam numa acção de cariz meramente pessoal e de escopo indemnizatório como é a acção pauliana.

Finalmente, porque chegaríamos ao absurdo de tornar oponível o referido direito indemnizatório a quem tivesse eventualmente adquirido o seu direito mesmo antes de celebrado o acto impugnado, mas que não tivesse registado ainda a sua aquisição à data em que a acção pauliana ingressou no registo.

Cremos ter assim demonstrado que, mesmo a admitir-se – repete-se – *de jure constituto* o registo da acção pauliana, este não poderia alcançar o efeito típico que no nosso sistema registral é próprio do registo: a oponibilidade a terceiros do facto inscrito a partir da data do seu registo.

(...)
Assim na falta de disposição legal que determine a sua sujeição a registo, será que a mera publicidade-notícia poderá justificar, mesmo no plano do direito constituído, a admissibilidade da acção em causa a registo?
Pela afirmativa se pronunciou Menezes Cordeiro, "de modo a que a publicidade registral dê a conhecer ao público a precisa situação dos bens" (*Revista da Ordem dos Advogados*, ano 51º, p. 567).
Por nossa parte, julgamos porém não haver motivo para tal.
Não evidentemente porque o sistema registral em vigor no nosso ordenamento jurídico não conheça casos de eficácia tabular reduzida àquela publicidade-notícia (designadamente, ao nível das anotações).
Mas essencialmente porque esses casos devem constituir a excepção relativamente à regra geral contida no artº 5º do CRP (arvorada aliás em princípio enformador do nosso direito registral), segundo a qual o registo confere, a partir da sua data, ao facto inscrito eficácia relativamente a terceiros.
Quando não imposto por lei, o registo que escape a esta regra não pode deixar de constituir um elemento perturbador da clareza do registo, dificultando a sua leitura e a interpretação do sentido e alcance dos registos em vigor, com todas as consequências nocivas que daí advêm para a segurança do comércio jurídico imobiliário, que precisamente ao registo predial cabe garantir.
Importa, por isso, que haja lei a determinar o registo com eficácia reduzida à publicidade-notícia para que o facto possa ingressar efectivamente nas tábuas (cfr. artº 11º do CC).
De resto, para que prevenir terceiros quando os seus interesses estão já protegidos pelo próprio regime previsto na lei substantiva para a impugnação das transmissões e da constituição de direitos ocorridas posteriormente ao acto impugnado e, designadamente, no artº 613º do CC.
E do ponto de vista do credor impugnante também se não vislumbra interesse juridicamente relevante a justificar a admissibilidade do registo da acção pauliana, pois dele não pode retirar outros benefícios ou vantagens que não lhe advenham da própria procedência da acção.
Bem pelo contrário, registando a acção, poderia mesmo criar dificuldades para provar a má-fé do subadquirente, que poderá então, eventualmente, invocar a falta de consciência do prejuízo que o respectivo acto causava ao credor por estar convencido de que o registo da acção assegurava a prioridade do direito do credor nele publicitado, por força dos próprios princípios que enformam o registo e, nomeadamente, dos que se contêm nos artºs 5º e 6º do CRP, atrás aludidos.
Assim, em face de todas estas razões e ao arrepio mesmo de anterior entendimento perfilhado por este Conselho consideramos, na senda aliás da doutrina expendida por Henrique Mesquita no seu citado estudo, que a acção pauliana, no nosso ordenamento jurídico, não está sujeita nem é passível de registo." (Sublinhámos).
A propósito da não sujeição a registo da acção de impugnação pauliana, antes da entrada em vigor do Dec.-Lei 116/2008, *vide*, ainda: o parecer do Conselho Técnico dos Registos e do Notariado proferido no processo R. P. 150/2005 DSJ-CT onde se afirmou, além do mais, que: "não obstante se possa entender o direito do credor impugnante como um encargo ao direito de propriedade, o mesmo não se enquadra na previsão da alínea u) do nº 1 do artigo 2º do CRP, pela simples razão de não se encontrar especialmente prevista na lei a sua sujei-

D) O registo prioritário da acção, contra terceiros que hajam adquirido *pendente litem*, pode *limitar-se a* garantir a eficácia directa da sentença que a julgue procedente – e também seja registada –, bem como a sua exequibilidade, quando condenatória. Mas, contra terceiros adquirentes *ante litem*, pode *atribuir à sentença que a julgue procedente* – e que também aceda ao Registo – *um efeito substantivo novo e desfavorável*, estendendo, assim, os seus limites subjectivos e assegurando a sua eventual exequibilidade contra tais terceiros.

É o que acontece quando em causa esteja, por exemplo, uma sentença proferida numa acção de revogação de uma doação.

ção a registo." (Cfr. parecer do Conselho Técnico dos Registos e do Notariado proferido no processo R. P. 150/2005 DSJ-CT, recolhido na base de dados do Instituto dos Registos e do Notariado – Doutrina – Pareceres do Conselho Técnico, Registo Predial/Casa Pronta, 2005, [on-line] consultado em 3 Novembro de 2011. Disponível: http://www.irn.mj.pt/IRN/sections/irn/doutrina/pareceres/predial/2005); o acórdão do Tribunal Constitucional nº 273/2004, publicado no Diário da República, II Série, nº 134, de 8 de Junho de 2004, que decidiu: "não julgar inconstitucional a norma que se extrai dos artigos 2º, nº 1, alínea u) e 3º, nº 1 alínea *a*), do Código do Registo Predial, quando interpretada em termos de não admitir o registo da acção de impugnação pauliana"; o acórdão de uniformização de jurisprudência 6/2004, publicado no Diário da República, I Série-A, nº 164, de 14 de Julho de 2004; HENRIQUE MESQUITA, Anotação ao acórdão do Supremo Tribunal de Justiça de 17 de Janeiro de 1995, *Revista de Legislação e de Jurisprudência*, Ano 128, n.ᵒˢ 3856-3857, respectivamente, p. 218 e ss. e p. 251 e ss.; QUIRINO SOARES, O problema do registo da acção pauliana – acórdão de uniformização de jurisprudência nº 6/2004 de 27.5.2003, Proc. 1174/2002, *Cadernos de Direito Privado*, nº 22, Abr.-Jun, 2008, p. 35 e ss..

Refira-se que QUIRINO SOARES pronunciando-se sobre a função da inscrição da acção pauliana caso o legislador tivesse previsto o seu registo, tal como acabou por ocorrer com o Dec.--Lei 116/2008, depois de defender que o registo da pauliana nunca poderia cumprir a função declarativa/consolidativa de desencadear um efeito de oponibilidade em relação a estranhos à causa, termina a sua anotação afirmando:

"O registo da acção pauliana seria, portanto, uma inutilidade, pois não dispensaria o credor de intentar uma subsequente acção autónoma contra o subadquirente, na qual lhe caberia alegar e provar o requisito da má fé relativamente à transmissão posterior, realizada na pendência da causa, e, também, o montante da dívida.

Precisamente porque inútil, o registo seria provavelmente fonte de falsas expectativas e de equívocos para credores que confiassem numa função declarativa/consolidativa e numa força presuntiva que a lei, ao fim e ao cabo, lhe não atribui."

Em face do exposto, mantém-se completamente válido o afirmado por HENRIQUE MESQUITA no estudo referido, ou seja, se o credor impugnante quiser precaver-se contra o perigo de o demandado, na pendência do pleito, alienar os bens que adquiriu do devedor, frustrando desse modo a satisfação do crédito, só poderá consegui-lo pela via de uma providência cautelar, designadamente pela via de um arresto.

Na vigência do actual Código Civil, o legislador continua a reconhecer apenas efeitos *ex nunc* à revogação da doação, mesmo *inter partes*, por isso, no art. 978º do Código Civil, de forma expressa, estatui que "os efeitos da revogação retrotraem-se à data da proposição da acção". Acresce que, de acordo com o art. 979º do mesmo diploma legal, "a revogação da doação não afecta terceiros que hajam adquirido, anteriormente à demanda, direitos reais sobre os bens doados, sem prejuízo das regras relativas ao registo".

Assim sendo, *quando em causa esteja uma acção de revogação da doação não sujeita a registo*, é pacífico que os terceiros adquirentes na pendência da acção são prejudicados pela sentença que a julgue procedente, uma vez que adquirem em data posterior à da produção dos efeitos da revogação e, portanto, a *non domino*.

Ao invés, os terceiros adquirentes ante litem – quer tenham adquirido de boa ou má fé, a título gratuito ou oneroso – não são atingidos pela cessação da eficácia da doação.

Quando em causa esteja uma acção de revogação da doação sujeita a registo o legislador português, perante os adquirentes *pendente litem*, continua a reconhecer ao registo prioritário da acção *apenas* a função de garantir a eficácia directa da sentença que a julgue procedente e também seja registada.

De facto, tal como na vigência do Código de Seabra, na ausência do registo da acção de revogação da doação, os direitos dos terceiros adquiridos na pendência da acção, mesmo que tenham acedido ao Registo com prioridade, são afectados pela cessação da eficácia da doação – que ocorre à data da propositura da acção –, uma vez que para todos os efeitos adquirem *a non domino*.

Efectivamente, na nossa perspectiva, o legislador não pretendeu que a falta de prioridade do registo da acção excluísse a eficácia reflexa da sentença perante os adquirentes *pendente litem*, por isso, no art. 979º do Código Civil, apenas se referiu aos adquirentes *ante litem*, estatuindo que "a revogação da doação não afecta terceiros que hajam adquirido, anteriormente à demanda, direitos reais sobre os bens doados, sem prejuízo das regras relativas ao registo" e, portanto, *a contrario*, que "a revogação da doação afecta terceiros que hajam adquirido, posteriormente à data da proposição da acção, direitos reais sobre os bens doados, mesmo que tenham obtido o registo do respectivo facto aquisitivo com prioridade".

Portanto, o legislador nacional, perante os terceiros subadquirentes do réu na pendência da acção, não atribui ao registo prioritário da acção de revogação o efeito de *consolidar os efeitos substanciais da sentença que a julgue procedente* – e também seja registada. Continua, isso sim, tal como no Código de Seabra, a reconhecer-lhe apenas a função de garantir a eficácia directa da sentença que a julgue procedente e também seja registada.

Ao invés, perante os adquirentes *ante litem*, o actual Código Civil inovou, uma vez que passou a reconhecer ao registo prioritário da acção a função *de atribuir à sentença que a julgue procedente* – e que também aceda ao Registo – *um efeito substantivo novo e desfavorável e de garantir a sua eficácia directa, bem como, a de assegurar a sua eventual exequibilidade* contra tais terceiros.

De facto, actualmente, ao contrário do que ocorria na vigência do Código de Seabra, os terceiros adquirentes *ante litem* que não obtenham com prioridade o registo dos respectivos factos aquisitivos são prejudicados pela revogação da doação, vendo os seus direitos extinguirem-se, desde que a acção tenha sido registada, bem como a respectiva sentença.

Porque assim é, o registo em apreço derroga a regra geral segundo a qual a revogação apenas produz efeitos *ex nunc* mesmo *inter partes* e estende os limites subjectivos da eficácia da sentença que a julgue procedente aos adquirentes *ante litem*.

Contrariamente, na ausência do registo prioritário da acção de revogação vale a regra geral: a revogação da doação não afecta terceiros que hajam adquirido anteriormente à demanda. E, portanto, os terceiros adquirentes ante litem – independentemente da aquisição ter ocorrido de boa ou de má fé, a título gratuito ou oneroso – gozam de uma posição inatacável, uma vez que o legislador não reconhece eficácia ex tunc à revogação da doação.

Por fim, na hipótese de nem a acção nem a aquisição *ante litem* acederem ao registo, valem, naturalmente, as regras do direito substantivo "puro" e, obviamente, os direitos adquiridos pelo terceiro com base num acto de *per se* válido e eficaz, ocorrido antes da citação do réu, não serão afectados pela revogação da doação[15].

E) O registo prioritário da acção, contra terceiros que hajam adquirido *pendente litem*, pode *consolidar os efeitos substanciais da sentença que a julgue procedente* – e também seja registada – *e garantir a sua eficácia directa e exequibilidade*. Por seu turno, contra adquirentes *ante litem*, pode *atribuir à*

---

[15] Sobre o efeito do registo da acção de revogação da doação na vigência do Código de Seabra vide MÓNICA JARDIM, *Efeitos Substantivos do Registo Predial – Terceiros para Efeitos de Registo*, ob. cit., 2013, nota 733 e p. 694 e ss..

sentença que a julgue procedente – e que também aceda ao Registo – *um efeito substantivo novo e desfavorável*, estendendo, assim, os seus limites subjectivos e assegurando a sua eventual exequibilidade contra tais terceiros.

É o que acontece quando em causa esteja, por exemplo, uma sentença proferida numa acção na qual se exerça o direito potestativo de resolução, uma vez que, não obstante o nº 1 do art. 435º do Código Civil estatuir que "a resolução, ainda que expressamente convencionada, não prejudica os direitos adquiridos por terceiro", de acordo com o nº 2 do mesmo preceito legal, "o registo da acção de resolução que respeite a bens imóveis ou a móveis sujeitos a registo, torna o direito de resolução oponível a terceiro que não tenha registado o seu direito antes do registo da acção."

Vejamos com mais pormenor.

Na vigência do actual Código Civil, a doutrina continua a afirmar que, em caso de litígio, o tribunal é chamado, *não a decretar a resolução, mas a verificar se ela juridicamente ocorreu*, isto é, se se reuniram as condições necessárias para o credor poder romper o contrato por sua vontade unilateral.

Porque assim é, *quando em causa esteja uma acção de resolução que respeite a bens móveis simples*, é pacífico que os terceiros adquirentes na pendência da acção são prejudicados pela sentença que a julgue procedente – uma vez que adquirem em data posterior à da produção dos efeitos da resolução –, ou seja, depois da data da citação do réu e, portanto, *a non domino*.

Quanto à eventual possibilidade de os efeitos da resolução retrotraírem à data da celebração do negócio ineficaz, afectando assim terceiros adquirentes ante litem, o actual Código Civil, de forma expressa, não a reconhece[16], quando em causa esteja uma acção de resolução não sujeita a registo, não sendo, portanto, os terceiros adquirentes ante litem – quer tenham adquirido de boa ou má fé, a título gratuito ou oneroso – atingidos pela cessação da eficácia do negócio jurídico do seu dante causa (cfr. o nº 2 do art. 435º do Código Civil). Isto porque, o legislador considerou que a cessação dos efeitos do facto jurídico-real em que interveio o dante causa, em princípio, não pode afectar os direitos adquiridos pelo terceiro com base num acto de per se válido e eficaz ocorrido antes da citação do réu.

---

[16] Como se sabe, a resolução tem, em princípio, efeito retroactivo entre as partes (cfr. nº 1 do art. 433º do Código Civil). No entanto, esta regra envolve desvios, uma vez que, nos termos do art. 434º, nº 1, segunda parte, do mesmo diploma legal, a resolução não tem efeito retroactivo entre as partes se tal contrariar a sua vontade ou a finalidade da resolução.

Ao invés, *quando em causa esteja uma acção de resolução que respeite a bens imóveis ou móveis sujeitos a registo*, como já afirmámos, o nº 2 do art. 435º do Código Civil estatui que o registo da acção de resolução torna o direito de resolução oponível a terceiro que não tenha registado o seu direito com prioridade.

Não delimitando o legislador o elenco de terceiros – se apenas os adquirentes *ante litem* ou, ao invés, também os adquirentes *pendente litem* – entendemos que se refere a ambos. Por isso, segundo o nosso entendimento, perante adquirentes *pendente litem*, o legislador português deixou de reconhecer ao registo prioritário da acção de resolução *apenas* a função de garantir a eficácia directa da sentença declarativa que a julgue procedente e também seja registada, tendo atribuído a tal assento o efeito de *consolidar os efeitos substanciais da sentença declarativa que a julgue procedente* e que também aceda ao Registo.

Explicitando:

Sendo certo, como referimos, que um adquirente *pendente litem* é prejudicado pela resolução porque adquire em data posterior à da sua verificação – que coincide com a da citação do réu –, se o legislador, através do nº 2 do art. 435º do Código Civil, apenas tivesse pretendido referir-se aos terceiros adquirentes *ante litem* que não houvessem obtido o respectivo registo com prioridade, por certo, tê-lo-ia dito de forma expressa, uma vez que, perante os adquirentes *pendente litem*, o registo da acção produziria o efeito decorrente do nº 1 do art. 5º do Cód.Reg.Pred., asseguraria a eficácia directa da sentença que a julgasse procedente e também fosse registada não introduzindo, assim, qualquer excepção ao regime substantivo.

Não tendo o legislador restringido o elenco de terceiros, somos levados a concluir que pretendeu que o registo da acção fosse imprescindível para consolidar a eficácia substantiva da resolução perante um terceiro adquirente *pendente litem* e garantir a eficácia directa da sentença, bem como a sua exequibilidade, quando condenatória.

Ou, noutra perspectiva, pretendeu que na ausência do registo da acção um adquirente *pendente litem* não fosse afectado pela resolução do negócio jurídico do seu *dante causa*, desde que tivesse obtido o respectivo registo.

Efectivamente, consideramos que, se o legislador não tivesse visado que a falta de prioridade do registo da acção de resolução excluísse a eficácia reflexa da sentença, perante os adquirentes *pendente litem*, não se teria limitado a afirmar que o registo da acção "*torna o direito de resolução oponí-*

vel a terceiro que não tenha registado o seu direito com prioridade"; teria, isso sim, de forma mais precisa, estatuído: "o direito de resolução não é oponível a terceiro adquirente *ante litem* que não tenha registado o seu direito antes do registo da acção"[17].

Assim sendo, na nossa perspectiva, o autor da acção, que pretenda assegurar-se que a extinção do negócio jurídico produzirá efeitos perante o subadquirente do réu *pendente litem*, deve solicitar prontamente o registo da acção.

Por fim, na hipótese de nem a acção nem a aquisição *pendente litem* acederem ao registo, valem, naturalmente, as regras do direito substantivo "puro", ou seja, a resolução ocorre na data da citação do réu e o adquirente *pendente litem* há-de ser havido como um adquirente a *non domino*.

Perante os adquirentes *ante litem*, por seu turno, o actual Código Civil, na esteira da legislação italiana, também inovou, uma vez que passou a reconhecer ao registo prioritário da acção a função *de atribuir à sentença que a julgue procedente* – e que também aceda ao Registo – *um efeito substantivo novo e desfavorável e de garantir a sua eficácia directa, bem como, a de assegurar a sua eventual exequibilidade* contra tais terceiros.

Concretizando. Actualmente, ao contrário do que ocorria na vigência do Código de Seabra, o registo prioritário da acção de resolução atribui à sentença que a julgue procedente um efeito novo e desfavorável em face de terceiros adquirentes *ante litem*, uma vez que, como resulta claramente do nº 2 do art. 435º do Código Civil, estes são prejudicados pela extinção do facto jurídico aquisitivo do seu *dante causa* e pela cessação dos respectivos efeitos, vendo, consequentemente, extintos os seus direitos. Porque assim é, o registo em apreço derroga a regra geral da irretroactividade real da resolução e estende os limites subjectivos da eficácia da sentença que a julgue procedente aos adquirentes *ante litem*, não obstante inexistir um qualquer nexo de prejudicialidade/dependência entre a relação jurídica de que são sujeitos activos e aquela que é julgada.

Ao invés, na ausência do registo prioritário da acção de resolução, os terceiros adquirentes ante litem que tenham obtido o registo dos respectivos factos aquisitivos – independentemente da aquisição ter ocorrido de

---

[17] Como se sabe, a resolução tem, em princípio, efeito retroactivo entre as partes (cfr. nº 1 do art. 433º do Código Civil). No entanto, esta regra envolve desvios, uma vez que, nos termos do art. 434º, nº 1, segunda parte, do mesmo diploma legal, a resolução não tem efeito retroactivo entre as partes se tal contrariar a sua vontade ou a finalidade da resolução.

boa ou de má fé, a título gratuito ou oneroso – gozam de uma posição inatacável, uma vez que o legislador não reconhece eficácia ex tunc à resolução e, portanto, inexiste, do ponto de vista substancial, qualquer nexo de prejudicialidade/dependência entre a posição jurídica do seu dante causa e a sua, não podendo, obviamente, o registo da acção desprovido de prioridade alterar esta realidade.

Por último, na hipótese de nem a acção nem a aquisição *ante litem* acederem ao registo, valem, naturalmente, as regras do direito substantivo "puro" e, obviamente, os direitos adquiridos pelo terceiro com base num acto de *per se* válido e eficaz, ocorrido antes da citação do réu, não serão afectados pela resolução[18].

F) O registo da acção pode *consolidar os efeitos substanciais da sentença que a julgue procedente* – e que também seja registada – *perante terceiros subadquirentes do réu a título oneroso e de boa fé e garantir também a eficácia directa da referida sentença contra tais terceiros*.

É o que pode ocorrer em duas hipóteses:

I. Quando em causa esteja uma sentença de declaração de nulidade ou anulação de um negócio jurídico que tenha por objecto um imóvel ou móvel sujeito a registo (cfr. art. 291º do Código Civil).

II. Quando em causa esteja uma sentença de declaração de nulidade de um registo (cfr. Art. 17º do Cód.Reg.Pred.).

Vejamos cada uma das hipóteses referidas.

I. Quando em causa esteja uma sentença de declaração de nulidade ou anulação de um negócio jurídico que tenha por objecto um imóvel ou móvel sujeito a registo, sempre que o registo da respectiva acção seja obtido dentro do prazo previsto na lei substantiva (mesmo que posteriormente ao registo lavrado a favor do terceiro) pode *consolidar os efeitos substanciais da sentença que a julgue procedente* – e que também seja registada – *perante terceiros subadquirentes do réu a título oneroso e de boa fé e garantir também a eficácia directa da referida sentença contra tais terceiros*. Isto porque, tal assento assume

---

[18] Sobre o efeito do registo da acção de revogação da doação na vigência do Código de Seabra vide MÓNICA JARDIM, *Efeitos Substantivos do Registo Predial – Terceiros para Efeitos de Registo*, ob. cit., p. 698 e ss..

o papel de elemento impeditivo de uma *facti-species* aquisitiva complexa a favor dos subadquirentes do réu *a título oneroso e de boa fé*, assegurando, assim, o funcionamento da regra *nemo plus iuris*.

Acresce que o registo de uma destas acções, precisamente porque consolida os efeitos substanciais da sentença perante tais subadquirentes do réu, também garante a eficácia directa da sentença contra eles, bem como a sua exequibilidade, quando condenatória.

Como se sabe, a sentença que julgue procedente uma destas acções prejudica sempre o "direito" do *avente causa* do réu que haja adquirido e ou obtido o registo do seu direito depois do registo da acção. De facto, tendo o subadquirente do réu obtido o registo do seu facto aquisitivo, após o registo da acção, tal registo, desprovido de prioridade, não o pode proteger perante o princípio *nemo plus iuris*.

E, a sentença que julgue procedente uma destas acções pode, ainda, prejudicar o direito do subadquirente do réu que haja adquirido e obtido o registo do seu direito com prioridade. Pois, como se sabe, a eficácia ex tunc da nulidade ou da anulabilidade apenas pode ser limitada porque a lei prevê uma facti-species aquisitiva especial.

Concretizando: a declaração de nulidade ou de anulação de um negócio sujeito a registo só não prejudica os direitos adquiridos por terceiros de boa fé, a título oneroso, que tenham acedido ao Registo com prioridade, se a acção não for proposta e registada nos três anos posteriores à celebração do negócio originariamente inválido.

De facto, o registo prévio a favor do terceiro, juntamente com os demais elementos – a boa fé do terceiro; a onerosidade da "aquisição"; o registo prioritário do "facto aquisitivo"; o decurso de um lapso de tempo sobre a data da conclusão do negócio cuja validade é impugnada – funciona como elemento impeditivo do funcionamento da regra *nemo plus iuris ad alium transferre potest* e como co-elemento de uma *facti-species* aquisitiva complexa e de formação progressiva.

Por seu turno, o registo posterior da acção lavrado antes do decurso do prazo previsto na lei, caso a mesma venha a ser julgada procedente, funciona como elemento impeditivo da *facti-species* aquisitiva complexa a favor de terceiro[19].

---

[19] Para mais detalhes sobre os efeitos do registo das acções de nulidade e de anulabilidade substantivas vide MÓNICA JARDIM, *Efeitos Substantivos do Registo Predial – Terceiros para Efeitos de Registo*, ob. cit., p. 70 e ss..

II. Quando em causa esteja uma sentença de declaração de nulidade de um registo, o registo prioritário da acção pode *consolidar os efeitos substanciais da sentença que a julgue procedente* – e que também seja registada – *e garantir também a eficácia directa da referida sentença perante os adquirentes do réu a título oneroso e de boa fé*. Isto porque, nos termos do nº 2 do art. 17º do Cód.Reg.Pred., a declaração de nulidade do registo só não prejudica os direitos adquiridos a título oneroso por terceiro de boa fé se o registo dos correspondentes factos for anterior ao registo da acção de nulidade.

O Código do Registo Predial, através deste preceito legal, tutela os terceiros – adquirentes de boa fé e a título oneroso que obtenham com prioridade o registo dos respectivos factos jurídicos perante a inscrição da acção de nulidade registal –, porque não permite que sejam prejudicados reflexamente, pela declaração de nulidade de um registo que haja suportado o seu.

De facto, desde 1967[20], o preceito nos termos do qual a declaração da nulidade do registo não prejudica os direitos adquiridos por terceiros – adquirentes de boa fé a título oneroso com registo prioritário perante a inscrição da acção – deixou de ter natureza meramente processual. Ou seja, os terceiros em causa não são aqueles contra quem a acção não foi intentada e que, porque beneficiam de registo prioritário, não podem ser afectados pela eficácia directa da sentença que venha a ser proferida mas, apenas, pela sua eficácia reflexa. Os terceiros são, isso sim, desde 1967, os não titulares do registo originariamente inválido que poderiam ver prejudicada a sua posição jurídica, em virtude da declaração de nulidade consequencial dos respectivos registos.

Consequentemente, um adquirente a título oneroso e de boa fé que beneficie de registo prioritário não é prejudicado pela declaração de nulidade de um registo que haja suportado o seu, mesmo que o interessado também proponha contra ele a respectiva acção e solicite a declaração de nulidade consequencial do respectivo registo[21].

---

[20] Sobre o efeito do registo da acção de nulidade registal na vigência do Código de Seabra vide MÓNICA JARDIM, *Efeitos Substantivos do Registo Predial – Terceiros para Efeitos de Registo*, ob. cit., p. 39 e ss..

[21] E, naturalmente, também não será prejudicado, se após ser julgada procedente a acção de nulidade registal, não proposta contra si, o interessado propuser contra ele uma nova acção na qual invoque que o seu registo é consequencialmente nulo porque lavrado com violação do trato sucessivo.

No entanto, cumpre acrescentar que, apesar de entendermos que, em face do direito constituído, um vício registal pode sê-lo intrínseca ou extrinsecamente – o mesmo é dizer, por si e em si, ou, ao invés, em consequência de um vício substantivo (v.g., inexistência, nulidade ou anulação do facto inscrito)[22], também defendemos que sempre que um facto jurídico aceda ao Registo e padeça de inexistência, seja nulo ou venha a ser anulado em causa estão dois actos viciados: o facto jurídico inscrito e o assento registal. E cada um desses actos está inquinado por vícios diversos.

Efectivamente, o facto jurídico inscrito padece do vício substantivo; o registo, por seu turno, é extrinsecamente nulo, porque lavrado com base num título falso ou com base num título insuficiente para a prova legal do facto registado (cfr. a parte final da al. *a)* e a al. *b)* do Cód.Reg.Pred.) e, portanto, padece de uma nulidade consequencial.

Ora, parece-nos evidente que cada um destes vícios tem o seu respectivo regime.

Assim, em nossa opinião, não obstante um registo poder ser intrínseca ou extrinsecamente nulo, nos termos do art. 16º do Cód.Reg.Pred. e o nº 2 do art. 17º do Cód.Reg.Pred. conceder tutela a um terceiro – adquirente de boa fé e a título oneroso – perante qualquer registo nulo que haja suportado a feitura do seu e, portanto, também perante um assento extrinsecamente inválido, a verdade é que, se em causa estiver um vício registal extrínseco, não há necessidade de compatibilizar ou harmonizar o art. 17º do Cód.Reg.Pred. com o art. 291º do Código Civil, porquanto aquele preceito legal se aplica à nulidade registal, nunca à invalidade substantiva que lhe tenha dado causa.

Porque assim é, não temos dúvidas de que o preceito legal que tutela os terceiros perante o vício registal, o nº 2 do art. 17º do Cód.Reg.Pred., não concede (não pode conceder) qualquer protecção aos terceiros perante a

---

Portanto, quer numa hipótese quer noutra, o registo prioritário do terceiro, adquirente a título oneroso e de boa fé, apesar de viciado não será declarado nulo.

[22] Um registo é extrinsecamente nulo, nomeadamente, quando tiver sido lavrado com base num título nulo ou que venha a ser anulado, porquanto, tendo em conta a eficácia retroactiva da nulidade e da anulabilidade, ter-se-á de afirmar que o registo, afinal, foi lavrado com base em título insuficiente para a prova do facto inscrito (cfr. al. *b)* do art. 16º do Cód.Reg.Pred.); e, por maioria de razão, um registo é extrinsecamente nulo quando tiver sido lavrado com base num título falso que seja o continente de um negócio materialmente inexistente (cfr. al. *a)* do art. 16º do Cód.Reg.Pred.).

inexistência ou a invalidade do facto jurídico inscrito que seja a causa da invalidade registal.

Por outra via, sendo o vício registal mera consequência do vício substantivo, na nossa perspectiva, um terceiro só pode beneficiar da tutela concedida pelo nº 2 do art. 17º do Cód.Reg.Pred. perante o vício registal, já não perante a inexistência ou a invalidade substantiva, uma vez que não há-de ser o regime que tutela os terceiros perante uma *consequência* da inexistência ou da invalidade substancial – o mesmo é dizer, em face da nulidade registal – a determinar o regime que tutela os terceiros perante a própria inexistência ou a invalidade substancial – ou seja, em face da *causa* da nulidade registal. Ou, de forma sincopada, não pode ser o regime da consequência a determinar o regime da causa.

Por fim, não podemos deixar de salientar que existindo uma invalidade registal extrínseca, como a mesma é mera consequência do vício substantivo, é o regime deste que, a final, assume relevância sempre que um terceiro necessite de tutela.

Isto porque, sempre que um facto jurídico aceda ao Registo e padeça de inexistência, seja nulo ou anulado, como referimos, existem dois vícios: o substantivo e o registal; ora se, de seguida, ocorrer um novo facto jurídico que tenha como sujeito passivo aquele em que interveio como sujeito activo no anterior e se também este facto aceder ao registo, naturalmente, também o novo acto jurídico e respectivo registo estarão inquinados consequencialmente.

Efectivamente, o novo facto jurídico – aquele em que intervém o terceiro como sujeito activo – é substancialmente nulo, porque *a non domino*; o correspondente registo, por seu turno, é extrinsecamente nulo, porque lavrado com base num título nulo, portanto, insuficiente para a prova legal do facto registado. Porque assim é, o sujeito activo do novo facto jurídico e titular registal, terceiro perante o primeiro facto jurídico e correspondente registo extrinsecamente nulo, só poderá ser definitiva e efectivamente protegido se puder beneficiar da tutela do art. 291º do Código Civil e, assim, não obstante ter participado de um negócio consequencialmente nulo, adquirir o direito, mediante aquisição derivada *a non domino*. Caso contrário o negócio em que interveio pode ser, a todo o tempo, declarado nulo e o respectivo registo cancelado.

Salientamos que, na nossa perspectiva, se o negócio anterior padecer de uma causa de inexistência, o terceiro, adquirente *a non domino*, não obstante ter obtido o registo do seu "facto aquisitivo" com prioridade perante o registo da acção, nunca beneficia da tutela do art. 291º do Código Civil[23].

Por fim, cumpre sublinhar que quando em causa esteja um registo intrinsecamente nulo porque falso, o terceiro também não será tutelado *definitivamente* através do nº 2 do art. 17º do Cód.Reg.Pred.. Porquanto, sendo o registo falso, afinal, o facto jurídico inscrito não chegou a ocorrer, havendo inexistência material do mesmo.

---

[23] Para mais detalhes sobre o efeito do registo da acção de nulidade registal *vide* MÓNICA JARDIM, *Efeitos Substantivos do Registo Predial – Terceiros para Efeitos de Registo*, ob. cit., p. 740 e ss..

ÍNDICE

Prefácio	5
A Segurança Jurídica Preventiva como Corolário da Actividade Notarial	7
A "Privatização" do Notariado em Portugal	19
De Novo, uma Análise da Actividade Notarial em Portugal – o Antes e o Depois da Entrada em Vigor do Decreto-Lei nº 26/2004 que Impôs a "Privatização"/Desfuncionarização	45
Registo Imobiliário Constitutivo ou Registo Imobiliário Declarativo//Consolidativo? Qual Deles Oferece Maior Segurança aos Terceiros?	69
A Euro-Hipoteca e os Diversos Sistemas Registais Europeus	91
A Eficácia Constitutiva do Assento Registal da Hipoteca ou A Constituição da Hipoteca Enquanto Excepção ao Princípio da Consensualidade	111
Panorama del Sistema Registal Portugués	139
A Delimitação de Jurisdição, Territorial e na Matéria – Reflexos nos Efeitos Registais	159
A Eficácia do Registo no Âmbito de Factos Frequentes em Tempo de Recessão Económica e em Fase de Crescimento Económico	181

O Sistema Registal Português e as Alterações Legislativas que, Directa
ou Indirectamente, lhe Introduziram Fragilidades   235

O art. 5º do Código do Registo Predial   263

Herdeiros e Legatários Testamentários e o artº 5º do Código do Registo Predial   367

A Evolução Histórica da Justificação de Direitos de Particulares para Fins
do Registo Predial e a Figura da Justificação na Actualidade   385

O Registo de Acções e Decisões Judiciais – Qualificação do Registo
e os Poderes do Conservador   459

O Efeito do Registo das Acções e Respectivas / Sentenças que as Julguem
Procedentes   479